VON DER HÖLLE BIS ZUM HIMMEL

VON DER HÖLLE BIS ZUM HIMMEL

Die jenseitige Führung des Robert Blum

durch das innere Wort empfangen

JAKOB LORBER

Band 2

5. Auflage

1995

LORBER-VERLAG · BIETIGHEIM/WÜRTT.

ISBN 3-87495-212-6

Druck: Verlagsdruckerei Otto W. Zluhan, D-74321 Bietigheim

Beginn der Niederschrift
dieses zweiten Bandes
am 19. Dezember 1849

151

Eintritt in das Museum im Hause Roberts. Eine Art Seelenfriedhof

1 Rede *Ich:* „Ja, Mein liebster Freund, wenn du schon das für einen vollkommenen Himmel ansiehst, was im Grunde nur eine etwas bessere Geisterwelt ist, in der der eigentliche Himmel erst in den Geist des Menschen einzufließen anfängt, damit er daraus erst neugestaltet wird — was wirst du dann erst sagen, so du in den wirklichen Himmel aus dir selbst heraus eingehen wirst?

2 Ich sage dir, daß dies alles nur ein Voranfang zum Eingang ins wahre Himmelreich ist. Schau, diese Urväter, Propheten, Apostel und die Mutter Maria mit dem Joseph könntest du ja gar nicht ansehen und das Leben behalten, zeigten sie sich dir in ihrer eigentlichen Himmelsgestalt. Aber mache dir nichts daraus, denn deshalb bin Ich Selbst da, um euch alle nach und nach in den wahren Himmel einzuführen. Und Ich meine, daß Ich den rechten Weg am besten kennen werde!"

3 Spricht der *Franziskaner:* „Ja, Herr, dann ist Robert Blum doch auch noch lange nicht im eigentlichen Himmel?" — Rede *Ich:* „Freilich noch nicht! Dieses Haus ist zwar schon seinem Herzen entsprossen und ist, soweit wir es jetzt kennen und sehen, schon ziemlich vollendet. Aber da gibt es noch zahllose Fächer und Gemächer, die dem Robert noch ebenso unbekannt sind wie dir. Aber mit der rechten Geduld wird euch noch alles bekannt werden.

4 Nun aber begeben wir uns durch die große Pforte in das *Museum*, dort werden euch allen die Augen ein wenig weiter aufgetan."

5 Spricht der *Franziskaner:* „Herr, was werden wir darin wohl alles zu sehen bekommen?" — Rede *Ich:* „Wirst es bald ersehen! Siehe, ein Teil unserer Gäste ist schon drinnen, hörst du ihr grenzenloses Erstau-

nen? Auch wir werden uns gleich dort befinden. Sieh nur genau durch die Pforte, die hoch und breit genug ist, und du wirst so manches zu schauen anfangen. Sage Mir aber, was du allenfalls schon erschaust!"

6 Der *Franziskaner* sieht emsig noch von ferne durch die große Pforte und sagt nach einer Weile: „Herr, das ist ganz sonderbar! Ich erschaue nichts als einen nahezu endlosen *Friedhof* mit einer Unzahl von Grabmälern. Wahrlich, ein sonderbares Museum! Je näher wir der Pforte kommen, desto klarer stellt sich ein unendlicher Friedhof meinen Blicken dar. — Ich sehe nun auch schon eine Menge unserer vorangeeilten Gesellschaft sich um die Denkmäler auf den Gräbern herumtummeln. Aber von einem freudigen Erstaunen vernehmen meine Ohren nichts, wohl aber hie und da Ausrufe wie von großem Entsetzen. Herr, in diesem Museum werden wir sicherlich wenig Amüsantes finden!"

7 Rede Ich: „Oh, sei darum unbesorgt! Ich sage dir, da wirst du unaussprechlich viel und wunderbar Amüsantes finden. Und da wir soeben durch die große Pforte in dieses Museum eintreten, sage Mir abermals, was du nun siehst!"

8 Spricht der *Franziskaner:* „Herr, was ich früher gesehen habe, tritt nun klarer und ausgeprägter vor meine Augen. — Aber unsere Gäste, wie geschäftig sie sind! Mir kommen sie vor wie eine Lämmerherde, die im Frühjahr zum erstenmal auf die Weide getrieben wird. Da gibt's des Springens und Blökens auch kein Ende. Ich muß denn doch einmal so ein prachtvolles Grabdenkmal fest in Augenschein nehmen."

9 Der Franziskaner tritt einem solchen Grabmal näher und bemerkt bald eine erhabene Schrift auf einer schwarzen ovalen Platte. Er bemüht sich, diese Schrift zu lesen, bringt aber keinen Sinn heraus, weil da einige ihm ganz unbekannte Buchstaben vorkommen. Demutsvoll wendet er sich daher an Mich und bittet, daß Ich ihm diese Schrift erläutern möchte.

10 *Ich* aber sage ihm: „Mein Freund, so wir in diesem Museum eine jede Denkschrift lesen und entziffern wollten, hätten wir die ganze Ewigkeit vollauf damit zu tun. Aber es wäre dies gerade solch eine Arbeit, wie wenn du berechnen wolltest, wieviel Samenkörner für eine künftige Fortpflanzung, die ins Unendliche geht, sich schon in einem Samenkorn befinden. Um unendliche Dinge zu begreifen, muß man nie beim Einzelnen anfangen, auch nicht bei dem Gegenstand, den man ergründen möchte, sondern immer einfach bei sich selbst. Verstehst du

dein eigenes Wesen, so wirst du auch alles andere verstehen und ergründen können. Aber solange du dir selbst nicht zur vollsten Klarheit geworden bist, kann auch alles andere in dir zu keiner Klarheit werden. Wenn das Auge blind ist, woher soll der Mensch dann Licht bekommen und wissen, worauf er steht und was ihn umgibt? Ist aber das Auge hell, dann ist auch alles hell im Menschen und um ihn herum. Und geradeso ist es auch mit dem Geistmenschen.

11 Die *Seele,* als die äußere substantielle Form des Menschen, hat in sich eigentlich gar kein Licht außer dem, das von außen in sie eindringt von anderen Wesen, die schon lange ein eigenes inneres Licht haben; ihr Erkennen ist darum auch nur ein stückweises. Denn welche Teile des seelischen Weltbildes in ihr gerade unter den Brennpunkt eines von außen dringenden Strahles zu stehen kommen, die werden dann von der Seele auch in ihrer Einzelheit erkannt und beurteilt, wie sie sich der Seele vorstellen. Fällt das Licht aber von irgendeinem Teil auf einen anderen, so tritt dadurch ein volles Vergessen des früher Gesehenen ein. Etwas ganz anderes taucht dann wie ein Meteor in der Seele auf und wird von ihr nur so lange erkannt und beurteilt, als es sich im Lichte befindet. Weicht durch eine Wendung das von außen eindringende Licht auch wieder vom zweiten, erleuchtet gewesenen Teile, dann ist es auch mit dem Verständnis der Seele über den zweiten erleuchteten Teil aus. Und so könnte die Seele eine Ewigkeit um die andere sich von außen her erleuchten lassen und würde doch immer noch auf demselben Erkenntnispunkte stehen, auf dem sie zuvor stand.

12 Aber etwas anderes und für dich noch Unbegreifliches ist es, wenn in der Seele der eigentliche, lebendige *Geist* vollkommen auftaucht und die ganze Seele von *innen* heraus aufs hellste erleuchtet. Das ist dann ein ewiges Licht, das nimmer erlischt und alle Teile in der Seele durch und durch erleuchtet, ernährt und vollkommen sich entfalten macht. So also *das* in der Seele bewerkstelligt wird, dann braucht sie nicht mehr einzelne Teile zu lernen, sondern dann ist alles auf einmal in der Seele zur vollen Klarheit gediehen. Und der völlig *wiedergeborene* Geistmensch braucht dann nicht mehr zu fragen: „Herr, was ist dieses und jenes?“ Denn der Wiedergeborene dringt dann selbst in alle Tiefen Meiner göttlichen Weisheit.

13 Damit du aber diese Wahrheit gründlicher einsehen mögest, will Ich dir nun diese Schrift lesen und du wirst sogleich tausend Fragen in

dir entstehen sehen. Und so habe denn acht! So lautet das hier Geschriebene:

[14] „Die *Ruhe* ist gleich dem Tode tatlos. Aber dies Ruhen ist dennoch kein Ruhen, sondern eine Hemmung der *Bewegung.* Räumet hinweg die Hemmpunkte, und die Ruhe wird wieder zur Bewegung! Die Bewegung selbst aber ist dennoch keine solche, sondern das Suchen eines Ruhepunktes. Und ist der Ruhepunkt gefunden und die Bewegung zur Ruhe geworden, dann ist die Ruhe wieder keine solche, sondern ein fortwährendes Streben nach der Bewegung. Diese erfolgt auch sobald wieder als die Hemmpunkte hinweggeschafft werden, durch die aus der Bewegung eine Ruhe ward. Und so gibt es eine Ruhe ohne Ruhe und eine Bewegung ohne Bewegung. Die Ruhe ist eine Bewegung, und die Bewegung ist eine Ruhe. Ja, es gibt im Grunde weder eine Ruhe noch eine Bewegung. Denn beide heben sich fortwährend auf wie eine gleich bejahende und eine gleich verneinende Größe. — O Welt, die du unter diesem Steine ruhst, du ruhst nicht, sondern bewegst dich in deinem Bestreben, das da ist deine sündige Schwere. Jetzt reifst du dem Leben entgegen. Deine Hemmbande suchst du unablässig zu zerreißen. Und so sie zerrissen sein werden, dann wirst du hinaus ins Unendliche stürzen und wirst im Unendlichen wieder suchen, was du nun hast. Ein Leben weilt, ein Leben flieht; aber das weilende will fliehen, und das fliehende sucht die Weile. — Gott, du Urquell des wahren Lebens, gib der Ruhe die wahre Ruhe und der Bewegung die wahre Bewegung!“

[15] Sage Mir nun, hast du diese Inschrift verstanden? — Spricht der *Franziskaner:* „Herr, das war für mich rein japanisch, mehr kann ich darüber nicht sagen! Aber erläutere uns das doch ein wenig mehr!“

152

Gefangene der Materie. Wie sollen sie erlöst werden? Vorschlag des Franziskaners

[1] Rede *Ich:* „Siehe, das erläutert dir das Gefühl deines eigenen Lebens, dem Ruhe und Bewegung zu gleichen Teilen beigegeben ist! Du kannst natürlicherweise gehen und stehen, sitzen oder liegen. So du lange umhergegangen und dadurch etwas müde geworden bist, welches

Bedürfnis empfindet dann dein Leben?" — (Antwort: „Nach Ruhe!") — „Gut, sage Ich, und du suchst dann auch Ruhe und nimmst dir diese. So du aber wieder völlig ausgeruht hast und siehst muntere Bewegung um dich her — etwa eine Herde munterer Lämmer, die Vöglein von Ast zu Ast hüpfen, einen Bach rasch dahinrauschen und dergleichen mehr — sage Mir, welch ein Bedürfnis fängt dann dein durch die Ruhe neugestärktes Leben wieder zu empfinden an?" — (Antwort: „Oh, nach Bewegung, nach viel Bewegung!")

2 „Wieder gut! So wird es dir auch aus dieser Inschrift klar werden, daß sowohl die Ruhe wie die Bewegung an und für sich nichts sind als nur abwechselnde Bedürfnisse jedes Seins und Lebens. Dinge, die notwendig gerichtet sind, müssen sich freilich entweder in ununterbrochener Ruhe oder in unausgesetzter Bewegung befinden. Aber Wesen, die ein freieres Leben in sich bergen, haben Ruhe und Bewegung unter einem Dach zum freien Gebrauch anheimgestellt. Daher die Bitte: »Herr, gib der Ruhe eine *wahre* Ruhe und der Bewegung eine *wahre* Bewegung« nichts anderes besagt als: »Herr, gib uns die Ruhe und die Bewegung *frei* und halte uns nicht mehr im Gericht!« Oder noch deutlicher: »Führe uns nicht in Versuchung, sondern erlöse uns vom Übel des Gerichtes!« — Sage Mir, hast du das nun wohl verstanden?"

3 Spricht der *Franziskaner:* „Ja, Herr und Vater, das ist mir nun ganz klar! Aber wer sind denn die, welche da unten ruhen und aus deren Bedürfnis solch eine Inschrift sich hier unseren Augen beschaulich darbietet? Wer sind sie, die hier nach Erlösung dürsten?"

4 Rede *Ich:* „Höre! Alle, die von der *Materie* gefangen sind, ruhen unter diesen Denkmälern, die ihnen das Gericht über alle Materie zum ewigen Gedächtnis Meiner urgöttlichen Weisheit, Macht und Stärke gesetzt hat.

5 Deine *Seele* ging ebenfalls aus einem solchen Grabe hervor und wurde in ein anderes Grab gelegt, bereitet aus Blut und Fleisch. Darin spann sie sich wie eine Seidenraupe wieder in eine leichtere und eines sich fortentwickelnden Naturlebens fähige Materie, die sie nach ihrer eigenen Form ausbildete. Als ihr dies gelang, hatte sie eine größere Freude an der Form als an sich selbst und hing sich ganz an die tote Form des Fleisches.

6 Das Fleisch aber ist wie alle Materie in sich selbst tot. Wird nun die Seele mit der Materie eins, wie soll sie dann ungerichtet bleiben, so alle

Materie in ihr selbst dem unvermeidlichen Gerichte anheimfallen muß? In die Seele ist zwar ein neuer *Geist* gelegt. Mit ihm eins zu werden, sollte die Seele eigentlich alles aufbieten. Aber so die Seele alles tut, um mit ihrer *Materie* eins zu werden — wie soll dann der Geist in der Seele ein Herr seines Hauses werden?

7 Ich sage dir: Da wird der Geist selbst in der Materie begraben! Und hier siehst du solche begrabene Geister in einer Unzahl. Jedes Grab birgt seinen eigenen. Und dessen Worte sind es, die du hier auf der schwarzen Tafel gelesen hast und noch lesen kannst auf zahllosen anderen. Aber der noch lebendige Geist ächzt und seufzt aus seinem harten Grabe um Erlösung. — Und da sage du Mir, was wir hier machen sollen?"

8 Spricht der *Franziskaner:* „Herr, keiner, der nur einen Funken Liebe in seinem Herzen trägt, wird da um eine rechte Antwort verlegen sein. Man helfe ihnen, so man helfen kann und mag! Und man helfe ihnen bald, so es möglich ist! Sie sollen hervorgehen aus ihren Gräbern. Die Materie lassen wir wie durch einen chemischen Apparat sich verflüchtigen und das rein Geistige soll dann frei werden!

9 Daß die Menschen nun auf der Welt zumeist schlecht und gröbst materiell werden, kann ihnen mein Herz durchaus zu keiner Sünde rechnen. Denn man betrachte nur ihre leiblich-irdische Stellung, ihre unverschuldete Armut! Dann in moralischer Beziehung ihre totale Erziehungslosigkeit, meist eine Folge der allgemeinen wirtschaftlichen Verarmung, die wieder aus den ehernen Herzen der reichen Geizhälse folgt — und man richte dann einen armen, aller Not und Verzweiflung preisgegebenen Menschen! Von einer Moral und geistigen Bildung kann da keine Rede sein. Für die Bildung des Geistes geschieht für die Armen nichts, außer daß sie genötigt werden, an Sonn- und Feiertagen in eine sogenannte Kirche zum lateinischen Gottesdienst zu gehen und sich im Winter nicht selten Füße und Hände zu erfrieren.

10 Wenn nun die meisten Menschen dieser Art in jeder Hinsicht schlecht werden, wenn sie sich gegen jedes Gesetz empören, ja sogar zu Gottesleugnern werden — wer kann es ihnen im Ernste verargen, so er diese und noch viele andere Umstände genau erwägt! Ich nicht, wahrlich, bei Deinem heiligsten Namen nicht! Darum wahrhaft helfen, zuerst leiblich und dann erst moralisch — dann wird es mit der Erde bald besser aussehen als nun!

[11] Die Erde ist nun eine barste Hölle für die Menschheit. Man mache sie wenigstens zu einem Viertel-Paradies, und die Menschen werden Gott wieder anerkennen! Denn in der Hölle tut sich's mit dem Studium der höheren Moral auf keinen Fall mehr, dessen bin ich voll überzeugt. Also helfen, wo zu helfen ist und dann heraus mit allen, die in den Gräbern schmachten! Das ist für ewig mein lebendigster Wahlspruch."

153

Wichtige Lebenswinke
Satan — Stammvater der Materie und aller Menschenseelen
Gottes Erlösungsplan

[1] Rede *Ich:* „Lieber Freund, dein Herz ist gut, weil du ein gebührendes Mitleid mit deinen Brüdern hast — eine Eigenschaft, die gar vielen deiner irdischen Glaubensgenossen mangelt. Aber deine Erkenntnis ist noch sehr gering.

[2] Meinst du denn, Ich kümmere Mich etwa um die Menschheit auf der Erde nicht mehr? Oder glaubst du, daß dein Herz mehr Liebe hat als das meinige? Oder daß Ich nicht mehr einsehen könne, was der auf Erden lebenden Menschheit frommen möchte? Siehe, dein Herz ist ja gut. Aber gut wie ein Blinder, der einen Geier koset in der Meinung, er sei eine sanfte Taube! Weißt du wohl, woher die meisten Menschen der Erde ursprünglich stammen und wie sie jeweils geführt werden müssen, um durch allerlei Erlösungsmittel zu wahren, freien Menschengeistern herangebildet zu werden? Siehe, das hast du noch nie gewußt und eingesehen. Und dennoch willst du Mich ganz leise beschuldigen, als hätte Ich die Schuld, daß es nun mit der Menschheit so schlecht und elend stehe. Das ist sehr eitel von deines Herzens Weisheit!

[3] Hast du auf der Erde nie gesehen, wie die Metalle aller Art und das Glas bereitet werden? So du je in einem Schmelzofen das Erz sich erglühen und dann zischend und tobend in ein Becken ergießen sahst — was mußte dein Gefühl dabei empfinden, so es an die Möglichkeit dachte, daß solche Materie etwa irgendeine stumm-intelligente Empfindung haben könnte? Welch ein Schmerz muß ihr innewohnen, so sie

durch des Feuers Allgewalt in ihrer ersten Form gänzlich zerstört und in eine neue überzugehen genötigt wird! Und so du dann das abgekühlte feste, blanke und nützliche Metall ansiehst, wird es dir dabei auch so wehmütig zumute? Siehe, dann hast du eine Freude und lobst den Verstand der Menschen, die durch die Kraft des Feuers so nützliche Metalle und so herrlich schimmerndes Glasgeschirr zuwege bringen.

4 Und so ist es auch mit der Bildung des Menschen. So er krank ist oder lahm, blind, taub, stumm und manchmal voll Aussatz — da wird ein weiser Arzt alles aufbieten, um den Kranken wieder gesund zu machen. Aber so die Krankheit starke und schmerzliche Heilmittel fordert, ist es da vom Arzte wohl weise und liebevoll, aus einem unzeitigen Mitleidsgefühl dem Heilbedürftigen jene Mittel vorzuenthalten, durch die dem Kranken einzig und allein zu helfen ist?

5 So du Ohren hast zu hören, so höre: *Satan* ist ursprünglich als ein Geistmensch geschaffen worden. Als er aber durch ein Gesetz seine volle Freiheit hätte erkennen und annehmen sollen, ward er unwillig und fiel durch die Verachtung des Gesetzes und somit auch durch die Verachtung Gottes. Da er aber gleich Adam ein Urvater der ferneren Menschen für die Ewigkeit hätte werden sollen, so trug er auch gleich einem Samenkorn Aeonen von künftigen Menschen in sich und riß sie sogestaltet von Mir, seinem Schöpfer, los. Die Folge davon war die *materielle Schöpfung* aller Welten, welche da ist ein notwendiges Gericht. — Er allein für sich kann wohl noch lange bleiben, was er ist; aber die zahllosen Keime der Menschen werden ihm genommen, auf dem freilich harten Wege durch die Materie. Diese Keime aber gehen aus seinem *gesamten Wesen* hervor: bald aus seinen Haaren, aus seinem Haupte, bald aus seinem Halse, seiner Zunge, seinen Zähnen, seiner Brust, aus seinen Eingeweiden, aus seiner Haut, seinen Händen und Füßen. Und siehe, je nachdem die jeweilige Menschheit aus des gefallenen Satans einem oder dem andern Teile hervorgeht, muß sie auch entsprechend behandelt und geführt werden, um die Stufe der wahren Vollendung zu erreichen.

6 Wenn man das weiß, kann man dann mit Grund gegen Mich auftreten und fragen: »Herr, warum hilfst Du den Elenden nicht und läßt sie verschmachten und zugrunde gehen?« Siehe, Ich lasse niemanden zugrunde gehen, selbst den Satan und die barsten Teufel nicht. Aber so lassen kann Ich sie nicht, wie sie — wider alle Meine Ordnung,

von der die Erhaltung aller Dinge abhängt — es in ihrer eigensüchtigen Blindheit wollen. Sondern Ich muß auf jede mögliche ordnungsmäßige Weise sorgen, daß sie alle am Ende doch jenes Ziel erreichen, das ihnen von Meiner Ordnung von Ewigkeit her gestellt ist.

7 Meinst du aber etwa, daß da in diesen Gräbern lauter armes Proletariat, das gewisserart wegen seiner Armut zu sündigen genötigt ist, im Gerichte gefangen rastet? Oh, da bist du in großer Irre! Siehe, die da unten sind lauter Großstämmler, lauter Wesen, die in den verschiedensten Dingen wohlunterrichtet waren. Aber da sie alles, was sie kannten und hatten, nur zum Vorteile ihres Hochmutes, ihrer harten Unversöhnlichkeit, ihrer fleischlichen Wollust, ihres Neides und Geizes verwendet und somit ihre Seele zu sehr vermaterialisiert haben — so stekken sie nun auch in den Gräbern desselben Gerichtes, das sie sich selbst bereitet haben!

8 Dort hinter dem Grabmal wirst du eine Öffnung entdecken. Gehe hin, schaue hinein und sage Mir, was du siehst! Dann erst wollen wir weiter diese Sache miteinander erörtern."

154

Grabesgeheimnisse und jenseitige Kuren
Der große Sammelplatz göttlicher Gnade

1 Der *Franziskaner* geht darauf sogleich, die besagte Öffnung aufzusuchen. Als er sie findet, schaut er aufmerksam hinein. Anfangs ist alles stockfinster. Aber nach einer kleinen Weile wird es dennoch soweit hell, daß er mit Not wahrnehmen kann, was sich alles in der inneren Höhlung vorfindet und welche Erscheinungen dort bemerkbar sind.

2 Nach einer Weile des Betrachtens fängt er zu reden an: „O Herr, um Deines heiligsten Namens willen, da gibt es aber Geschichten! Ich entdecke das Zimmer eines Gelehrten. In einer Ecke einen ganz großen Bücherschrank voll mit allerlei bestaubten Bänden und in der anderen Ecke einen Schreib- und Studiertisch mit einer Menge übereinandergelegter Schriften. An der hintern Wand aber befindet sich ein großes Lotterbett, auf dem ein nacktes, sehr unästhetisch aussehendes Weibs-

bild liegt, und zwar in keiner moralisch zu nennenden Situation. Und nun kommt auch der Gelehrte sehr häßlichen Aussehens an das Lotterbett und sagt: »Coiba, laß uns des Lebens höchste Wonne genießen! Denn das Leben ist nur dann Leben, so es im Wonnegenusse schwelgt!« Nun entkleidet er sich auch und — o du Hauptvieh! Nein, das ist zu arg! Herr, ist denn kein Wasser bei der Hand, damit ich dem Schweinekerl seine Brunst ein wenig abkühlen könnte? Ich glaubte hier unten einen toten Leichnam zu entdecken. Nein, das wäre mir ein sauberer Leichnam! Das ist wahrlich ein sonderbares Schweine-Museum das!"

3 Rede *Ich:* „Lasse du das nur gut sein! Denn dadurch würdest du ihn zum Zorn reizen und an ihm mehr verderben als gut machen! Solche Menschtiere sind sehr zornsüchtig, und es ist nicht gut, sie in ihrer Brunst zu stören. So er aber mit seinem Vorhaben fertig sein wird, dann wird ihm seine Natur schon von selbst zeigen, welch schmerzliche Verdienste er sich dadurch gesammelt hat. Warte nur ein wenig, er wird mit seinem Wonneakt bald zu Ende sein und dann wirst du sogleich einen anderen zu sehen bekommen. Gib nun acht!" — Der *Franziskaner* sagt bald darauf: „O du verzweifelte Mette! Des Gelehrten wie seiner fetten Coiba wollüstiges Wonnegefühl hat einen ganz bösen Ausgang genommen. Furchtbares Weheklagen, fürchterliche Verwünschungen dieses Aktes werden nun deutlich vernehmbar, und beide krümmen sich wie getretene Würmer, vor Schmerz am Boden herumkriechend. Ah, das ist ein widerwärtiger Anblick! Wahrlich, so beide nicht gar so schändliche Schweinspelze wären, ich würde Dich, o Herr, für sie um Erbarmen anflehen. Aber da tue ich's gerade nicht! Dies Lumpenpack soll es von Grund aus empfinden, was die Unzucht für ein höllisches Labsal ist!"

4 Spricht *Miklosch:* „Freund, lasse mich auch da ein wenig hineingucken!" — Spricht der *Franziskaner:* „Komm nur her und schaue!" — Miklosch sieht durch die Öffnung hinein und spricht: „Ah, Tausend! Das ist wahrlich sehr arg! O Herr, die beiden müssen einen ungeheuren Schmerz empfinden. Vielleicht wäre denn doch eine Linderung am Platze?"

5 Sage *Ich:* „Laßt das nur gut sein! Wenn solche verknöcherte Buhler gebessert werden sollen, müssen sie ganz ernst angepackt werden, denn geringe Rupfer sind für solche materielle Seelen von gar keiner Wirkung. Ich sehe dieser Art Menschenwesen ohnehin lange durch die

Finger. Aber so alle sanfteren Mahnungen und Rupfer nichts nützen, dann werden sie mit all Meinem Vollernste angegriffen. Und nur durch die Fülle des Schmerzes fangen sie ein wenig an, in sich zu gehen und werden dann für etwas Höheres aufnahmefähig. Daher lassen wir sie ganz ruhig die glühschmerzliche Frucht ihrer lustigen Tätigkeit genießen!"

6 Spricht *Miklosch:* „Aber Herr, es ist wahrlich nimmer zuzusehen! Sie schreien fürchterlich und fangen vor Verzweiflung förmlich sich zu zerfleischen an. Welch schaudererregende Verwünschungen sie über den begangenen Akt ausstoßen! Ah, das ist wahrlich entsetzlich! Herr, geht es denn unter allen diesen zahllosen Denkmälern und Leichensteinen also zu?"

7 Rede *Ich:* „Hie und da noch viel schlechter, aber hie und da auch etwas besser. Denn alle diese haben auf der Erde nicht zu klagen gehabt, als hätten sie kein Licht über das geistige Leben erhalten. Aber da sie das Licht nicht in ihr Herz, sondern nur in ihr loses Gehirn aufnahmen und dabei im Herzen die alten Böcke geblieben sind voll schmutzigen Sinnes und auch voll Hochmut und geheimen Zornes, so müssen sie in diesem Museum erst wieder ganz neu umgestaltet werden. Nützen alle sanften Operationen nicht, so muß dann leider zu den schärferen vorgegangen werden, ansonsten sie nimmer zu retten wären. Lassen wir aber nun diese und gehen wir zu einem andern Grabe über!"

8 Spricht einmal der Graf *Bathianyi:* „Herr, Du bester Vater, da gleich daneben steht ein vergoldetes Grabmal, und zwar, so ich recht lese, mit der sehr mystischen Inschrift:

9 »Gott, Freiheit, Glückseligkeit! Mensch, Kettenhund, Elend, Tod! Der Mensch, ein Schmarotzertier auf dem weiten Gewande der göttlichen Heiligkeit, möchte Gott lieben wie eine Laus den Leib eines Menschen. Aber das ist der Gottheit lästig, daher tötet Sie in einem fort das menschliche Ungeziefer. Welcher Mensch weiß denn, welche Liebe die Läuse zu ihm haben? Je mehr Läuse der Mensch über seine Haut bekommt, von desto mehr Lausliebe wird er umfangen sein. Aber an solch einer lausigen Liebe hat der große, weise Mensch kein Wohlgefallen; daher wendet er alles an, um sich dieser lausigen Liebschaften zu entledigen. Und so macht es auch die große Gottheit! Sie ist stets bemüht, Sich der lausigsten Menschenliebe zu entledigen. — Aber die

Gottheit sollte keine Läuse erschaffen und ihnen kein Bewußtsein geben, so Ihr die Lausliebe ein Greuel ist! Denn ist die Laus auch endlos klein gegen die endlos große Gottheit, so hat sie aber doch ein sehr zartes Gefühl und empfindet den göttlichen Abscheu-Druck ebensoviel schmerzlicher, als das Übergewicht der göttlichen Machtschwere größer ist denn das elendste Sein einer Laus, vulgo Mensch. Daher, Du große Gottheit, sei gnädig Deinen Läusen und vernichte sie für ewig ganz und gar!«

10 Wahrlich, eine sonderbar schmutzige, merkwürdige Inschrift! Da möchte ich Einsicht nehmen, von welcher Art etwa der Einwohner dieses Grabes ist."

11 Sage *Ich:* „Mein lieber Ludwig, dieses Vergnügen kann Ich dir sehr leicht gewähren! Gehe hin an die Rückseite dieses Grabmals, wo du eine runde Öffnung finden wirst, dort sieh hinein, und du wirst sogleich im klaren sein!" — Der Graf Ludwig *Bathianyi* tritt sogleich hinter das Grabmal und entdeckt die Öffnung. Er beugt sich nieder und richtet seine Blicke fest durch die Öffnung in das Innere des Grabes. Nach einer kurzen Weile spricht er ganz erstaunt über den Befund: „Oh, das ist ja im höchsten Grade frappant! Ein äußerst schmutziger Affe größter Art, ganz mit zerzausten Pfauenfedern behangen, spaziert in einem Saale auf und ab, legt öfter einen Finger auf die Nase und bald wieder auf die sehr niedere Stirne, dieselbe ein wenig philosophisch reibend. Und dort auf einem Ruhebette kauern etwa sieben oder acht etwas kleinere, höchstwahrscheinlich weibliche Affen und wispeln sich gegenseitig etwas ins Ohr. Nun aber spricht der große Affe mit kreischender Stimme: »Ja, ja, Russen und Türken taugen nicht füreinander! Der Böhm hat sie schon beim Schopf. Hintendrein kommen die Engländer und Franzosen und werden dem Russen zeigen, wie weit's von Europa nach Sibirien ist! Und 's liebe Österreich wird zu einem Abwischfetzen und wird am Ende tanzen müssen, wie's die andern haben wollen. Hahahaha, das geht jetzt grad so, wie ich mir's g'wunsch'n hab! O ihr armen Deutschen, ihr dummen Slaven, ihr welschen Esel und ihr ungarischen Ochsen! G'schieht euch ganz recht, daß ihr alle miteinander englisch, französisch und türkisch werdet! Denn ihr habt's ja so g'handelt und habt es so hab'n woll'n! O ihr Hauptviecher! Im Parlament habt's nicht einig werden können, aber am Galgen der allgemeinen Armut und Verzweiflung werd't ihr euch dann ver-

einen können! Nun g'schieht's euch recht, ihr welschen, deutschen, ungarischen und slavischen Rindviecher! Hahaha! Mi geht's zwar nix mehr an, denn ich bin versorgt. Aber a Freud hab ich ganz unsinnig, daß es jetzt so kommt, wie i's mir auf der Welt oft gedacht hab!«"

12 Spricht der *Graf* weiter: „Ach Herr, Du guter heiliger Vater, was dieser Affe zusammenschwärmt, das ist ja der Welt ungleich! Sage uns doch, ob daran denn doch etwas Wahres sein könnte." — Sage *Ich:* „Alles ist möglich auf der Welt, je nachdem die Menschen irgendwo noch mit Mir wandeln oder auf ihre eigengestaltete Macht vertrauen. Höre du aber diesen Affen nur weiter an!"

13 Der Graf legt Aug und Ohr wieder an die Öffnung, und der *Affe* spricht nach einigem Räuspern weiter: „Wo nur meine Malla so lange bleibt! Aha, da kommt sie schon, sicher mit einer Menge Neuigkeiten von der Welt!" — (Malla tritt in den Saal.) — „Grüß dich! No, was gibt's denn Neues auf der Lauswelt?"

14 Spricht die *Malla,* die auch sehr äffisch aussieht: „Nit zum sagen, mein Mallwit! Alles is konfus, kaner waß mehr, wer da is Koch oder Kellner! Die Minister in Österreich arbeit'n auf einem Türl, wo's leicht werden durchgehen können, wann's die Suppen ganz werden versolzen hobn. Aus die Kleinen mochn's Große und aus die Groß'n mochn's Kleine. Gelt, mein lieber Mallwit, das Ding geht lustig ganz nach deinem Wunsch!" — Der Mallwit lacht dazu freudig. —

15 *Malla* spricht weiter: „Die Reichen werden große Steuern zu zahlen kriegen und schimpfen drum schon jetzt wie die Rohrspatzen. Die Geistlichen können über d'Regierung nit gnua fluchen. D'Landleut wollen von zahlen nix wissen. Die Künstler und Professionisten geben sich langsam der Verzweiflung hin. Das Militär hofft immer aufs Silbergeld und Gold; aber es kimmt holt koans. No, und den Spaß! Der Papst hot holt no immer d'„Franzosen" und hot sich dofür von Neapel, Spanien und Österreich Ärzte verschrieben; aber es is gleich umsonst, er wird holt von die Krankheit nit los, und das wird dem lieben Papst wohl den Garaus mochn! Hahaha!

16 Spricht der Affe *Mallwit:* „Ganz nach meinem Wunsch! Wie i's auf der Welt oft g'sagt hab, so kommt's jetzt! — Aber der Spaß vom Papst ist im Ernst nicht schlecht, und es kann nicht anders werden! Wie leicht wär's im Jahr 1848 g'west, wie wir noch auf der Welt waren, so die dummen Menschen sich nur einigermaßen verstehn hätt'n woll'n.

Jetzt habn sie den saubern Dreck. Aber es g'schieht ihnen allen vollkommen recht! — Jetzt aber schau, daß ich was zu essen bekomm'! Ich bin schon verdammt hungrig und unsre Töchter auch dort auf dem Sofa."

17 Spricht der *Graf* weiter: „Jetzt läuft die Äffin Malla zur Tür hinaus! Bin doch auf das Speisegericht neugierig! — Aha, da kommt sie schon wieder mit einem ganzen Korb voll. Aber was das für eine Speise ist, das mag jemand anders bestimmen! Die Geschichte sieht wahrlich so aus, als wenn das lauter halbgesottene weibliche und mitunter auch männliche Leibesteile wären. Er fällt mit Heißhunger über den Korb her und klaubt sich nun gleich die größten heraus. Die kleinen und mageren läßt er im Korbe. Malla und ihre Töchter aber machen sich über die Teile männlichen Aussehens! Ah, das ist ja doch rein zum wahnsinnig werden! Und mit welcher neidischen Begierde das alles verschlungen wird! »Gottlob, jetzt wär' ich wieder satt! Das waren vortreffliche Austern! Es müssen auch die marinierten Schnecken recht gut gewesen sein; aber mein Magen verträgt sie nicht. Jetzt könnt ihr wieder hinausgehen, so ihr euch im Freien ein wenig vergnügen wollt!«

18 Spricht die *Malla:* »Lieber Mallwit! Is jetzt nit ratsam, denn es streichen allerlei wilde Tiere draußen herum, als wenn die ganze Höll los wär. Und wann sie was erwischen, no, Gott sei dem gnädig! Drum moan i, wir bleiben besser zu Hause. Wenn d' Höll Jagd holten tut, dann is nit gut ins Freie z' gehn!« — Spricht der *Mallwit:* »O weh, o weh! Gute Welt, kannst dich freuen, wann's so ist! Du wirst bald wieder sehr blutig in deinem Gesicht' aussehen! — Aber ich merke, daß da von dem Dunstloch ein unangenehmer Luftzug herabweht. Geh doch ein wenig nachsehen, was es da für Geschichten hat.« — Spricht die *Malla:* »Ah, was wird's denn sein? Geht holt bißl a höllischer Wind! Müss'n mer holt's Dunstloch zustopfen, da wird der Luftzug gleich sein End habn!« Die Malla bringt aus einem Winkel eine Menge schmutziger Fetzen und bemüht sich, das Loch zu verstopfen, aber es gelingt ihr nicht."

19 Spricht der *Graf* weiter: „Herr, wie wäre es denn, so man sie durch dieses Loch anredete?"

20 Rede *Ich:* „Das ist noch lange nicht an der Zeit! Lassen wir sie, die Angst ob der vermeintlichen Höllenjagd wird das beste an ihnen tun. Du mußt dir von seiner anscheinenden Tugend wegen der Anrufung

Gottes keinen zu großen Begriff machen, auch nicht wegen seiner scheinbaren politischen Nüchternheit, denn alles das, was er spricht, ist sein Wunsch und seine Liebe. Aus seiner Kost aber konntest du hinlänglich entnehmen, wessen Geistes Kind er samt seiner Familie ist. Aus seiner Gestalt hast du das noch sehr Unmenschliche seines Wesens wahrgenommen. Daher ist hier vorderhand nichts anderes zu tun, als ihn gehen zu lassen wie eine unzeitige Frucht und abzuwarten, bis er reif wird.

21 Dies aber ist darum ein ganz besonderes Museum, weil hier ganz *verdorbene* Geister durch einen besonderen Akt Meiner Gnade wie die Pflanzen in einem Treibhause wieder zum Licht und Leben zurückgeführt werden. Dieser Kunstsammelplatz Meiner Gnade und besonderen Erbarmung hat seine Aufseher und Wärter, die wie echte Gärtner mit aller nötigen Weisheit bestens versehen sind. Du kannst versichert sein, daß alles, was ihrer Pflege anvertraut ist, zur sicheren Reife kommen muß.

22 Und so verlassen wir nun diese Stelle und begeben uns dorthin, wo du bei einem großen, sehr kunstreichen Denkmal fast alle unsere Gäste versammelt siehst. Dort wirst du und ihr alle Meine neuangekommenen Freunde noch deutlicher gewahr werden, warum dieser Ort, der sich eigentlich noch immer unter dem Dache von Roberts Haus befindet, das *Museum* dieses Hauses heißt.

23 Ich sagte einst auf der Welt zu Meinen Brüdern: »Ich hätte euch noch vieles zu sagen, allein ihr könntet es jetzt nicht ertragen. Wenn aber der Geist der Wahrheit zu euch kommen wird, der wird euch in alle geheime und vor den Augen der Welt verborgene Weisheit Gottes leiten!« So ist es nun auch hier. Ich kann euch nicht auf einmal alles zeigen und erläutern. Aber durch die Umstände wird der ewigen Wahrheit Geist in euch selbst erweckt. Dieser wird euch dann alles klar machen, was euch jetzt noch dunkel und unerklärlich ist. Gehen wir nun schnell weiter dorthin, wo sich alle versammeln, da wird euch allen ein mächtiges Licht angezündet werden! Denn wo ein Aas ist, da sammeln sich die gewaltigen Adler!“

155

Das große Pyramidendenkmal. Licht- und Lebensworte des Herrn Über Geist, Seele und Leib. Die wahre Auferstehung des Fleisches

1 In ein paar Augenblicken sind wir an Ort und Stelle. Die vielen anderen Gäste, von den Aposteln geführt, wie auch die Urväter machen uns in größter Ehrerbietung Platz. Wir treten dem großen *Denkmal* näher, das ähnlich aussieht wie eine der größten Pyramiden Ägyptens.

2 Auf der Spitze der *Pyramide* ist eine große Goldkugel angebracht. Jede Stufe der Pyramide ist mit einem breiten Goldreif umfangen, in dem allerlei Inschriften eingegraben sind. In die Pyramide führt von der Nordseite her nur eine Türe, durch die man ordnungsmäßig ins Innere gelangen kann. Einige Ellen hinter dem Eingang sind nach rechts und links zwei Seitengänge, und noch etwas tiefer hinten befindet sich eine Treppe in die Tiefe hinab und eine in die Höhe hinaufführend. Obschon die Pyramide äußerlich von lauter undurchsichtigen, schweren Steinen erbaut zu sein scheint, durch die kein Licht ins Innere des riesigen Denkmals zu dringen vermöchte, sind aber im Innern dennoch die vielen Räume so hell erleuchtet, daß man darin alles gut wahrnehmen kann.

3 Der schon überaus neugierige Franziskaner *Cyprian* fragt Mich: „O Herr, Du bester Vater, was hat wohl dieses zu sagen? So eine ungeheure Pyramide muß auch eine ungeheure Bedeutung haben!" — Rede *Ich:* „Mein lieber Freund, habe nur Geduld, denn so einen Baum haut kein Holzknecht mit einem Hieb auseinander! Es hat wohl auf der Erde einen heidnischen König namens Alexander gegeben, der den berühmten gordischen Knoten mit einem mächtigen Schwerthiebe entwirrte. Aber auf diese Weise werden hier im Reiche der reinen Geister die Wirrknoten nicht gelöst, sondern nur mit gerechter Weile und Geduld! Daher also ein wenig mehr Geduld, Mein lieber Freund Cyprian!"

4 Der *Franziskaner* gibt sich zufrieden und sagt: „Herr, Du bester Vater, Du hast vollkommen recht! Hier ist die unvergängliche Ewigkeit und in ihr dürften wir Weile in größter Fülle haben, um uns alle

Einsicht zu verschaffen. Was bliebe uns am Ende auch übrig, so wir mit einem Schlage in alle himmlische Weisheit hineinfielen? Nichts als bald darauf eine ewige Langweile!" — Spricht der *Graf:* „Freund, du fängst schon wieder an, ein wenig satirisch zu werden! Ich sage dir, nimm dich in acht! Denn der Ort, wo du stehst, ist heilig! Daher laß endlich ab von solchen Witzeleien!"

5 Rede *Ich:* „Nur keinen Streit hier! Du, Bruder Ludwig, hast zwar recht, aber des Cyprian Bemerkung hat auch etwas für sich. Wir haben hier viel wichtigere Dinge vor uns. Geh du, Freund Cyprian, lieber hin zu Robert und beheiße ihn samt seiner Gemahlin zu Mir! Denn er muß hier bei dieser Gelegenheit die Hauptrolle übernehmen."

6 *Cyprian* verneigt sich tiefst vor Mir und richtet schnell den Auftrag an Robert aus. — *Robert* kommt auch samt Helena gleich zu Mir und bittet Mich um die Kundgabe Meines Willens.

7 *Ich* sage zu ihm: „Liebster Freund, Bruder und Sohn Robert! Siehe, dies Museum ist ebenfalls ein wesentlicher Teil deines Hauses, und Ich will ihn gerade dir ganz besonders ans Herz legen. Du hast bisher schon viel getan und große Dinge vollbracht, so daß Ich mit dir hoch zufrieden bin. Dein *Geist* ist in der schönsten Ordnung. Aber deine *Seele* hat noch hie und da zu wenig Festigkeit, was auch nicht anders sein kann, weil die Verwesung deinen *Leib* noch nicht völlig aufgelöst hat. — Aber hier ist der Ort, wo du zur vollen Festigkeit deiner Seele gelangen kannst und auch wirst. Aber es ist dazu so manches sehr wohl zu beachten!

8 Siehe, der Leib eines jeden Menschen ist ein wahres Millionengemenge von allen möglichen Leidenschaften der Hölle, die in eine gerichtete Form zusammengefaßt sind. Du hast doch einmal etwas von der Auferstehung der Toten wie der Lebendigen gehört, wie auch von einer Auferstehung des Fleisches. Nicht minder von einem sogenannten Jüngsten Tage, an dem von Mir alle, die in den Gräbern sind, nach ihren Werken auferweckt werden, entweder zum Leben oder zum ewigen Tode.

9 Siehe, hier ist der Ort, wo Ich dir diese Geheimnisse eröffnen muß, und das nach deiner eigenen Natur und Beschaffenheit. Und durch dich dann erst allen, die mit dir der gleichen Ursache wegen in die Geisterwelt gekommen sind und in deinem Hause Aufnahme finden mußten, weil sie schon auf der Erde durch Gedanken, Gesinnung, Worte, Wün-

sche und mitunter auch Werke mehr oder weniger in deinem Geiste lebten.

10 Du warst von allen der erste, den Ich hier aufnahm und für dessen ferneres Fortkommen Ich hier sorgte. Also mußt du hier, wo es sich um die endliche Vollendung handelt, auch der erste sein, der diese an sich vollführt, auf daß sie dann auch an alle anderen übergehen kann.

11 Ich habe schon erwähnt, daß deine Seele noch keine eigentliche Festigkeit hat. Wie aber soll diese erreicht werden? Ich sage dir und somit auch allen andern:

12 Wie Ich als der Herr Meinem Menschlichen nach euch allenthalben voranging und eine gute, unverwüstbare Bahn legte, so müsset ihr alle Mir auf derselben Bahn in allem nachwandeln, so ihr zum ewigen Leben wahrhaftig gelangen wollet!

13 Ich bin nicht nur der Seele und dem Geiste nach auferstanden, sondern hauptsächlich dem Leibe nach. Denn Meine Seele und Mein urewigster Gottgeist bedurften wohl keiner Auferstehung, da es doch zu den größten Unmöglichkeiten gehört hätte, als Gott getötet zu werden. Wie Ich Selbst aber dem Leibe nach auferstanden bin als ewiger Sieger über allen Tod, so müsset ihr alle auch euren Leibern[1] nach auferstehen. Denn Mich als vollendeten Gott könnt ihr erst in euerem auferstandenen, geläuterten und verklärten Fleische[1] anschauen. Das Fleisch aber ist im Gericht, und dieses muß dem Fleische genommen werden, ansonst es nimmer zur Festigung der Seele dienen kann.

14 Siehe diese *Gräber* an — sie alle bergen dein ganz vollkommen eigenes Fleisch, gesondert nach seinen Millionen von gerichteten Teilen, aus denen es zusammengefügt war. Die *Wesen,* die du unter den Grabmälern entdeckt hast, sind im Grunde nur Erscheinlichkeiten der verschiedenen Wünsche, Begierden und Leidenschaften, die du in deinem Fleische als gerichtete Teile deines ganzen Naturwesens beherbergtest[2]. Diese müssen nun geläutert werden durch allerlei Mittel, um sodann deiner Seele zu einem wahrhaft festen, lebendigen Kleide zu werden.

---

[1] „Leib" und „Fleisch" ist hier natürlich nicht buchstäblich, sondern im übertragenen Sinne zu nehmen. Es ist darunter (nach Ziff. 14) der grobsinnliche Teil, die aus Satan stammende „Fleischeskraft im Fleische unseres Naturwesens" (Kap. 156, 1) zu verstehen. D. Hrsg. — [2] Dargestellt durch das Charakterbild verschiedener Sonderpersönlichkeiten. D. Hrsg.

15 Wie aber Ich aus Meiner höchsteigenen Kraft und Macht Mein Fleisch erweckte, so müßt auch ihr alle euch durch die Kraft Meines Geistes in euch an dieses wichtige Werk machen und es zur wahren Vollendung bringen. Denn wer wahrhaft Mein Kind sein will, der muß Mir in allem gleichen und alles das tun, was Ich getan habe und noch tue und tun werde!

16 Aber nun machst du, Robert, große Augen und fragst Mich in deinem Herzen: »Herr, was ist das, wie werde ich das zu bewerkstelligen imstande sein?« — Geduld, du sollst es sogleich erfahren!"

156

Erklärung des Pyramidendenkmals. Wanderung in die Unterwelt Fegfeuer, Himmel und Paradies

1 Rede *Ich* weiter: „Siehst du hier vor uns diese *Pyramide?* Sie ist deines Leibes *Herz!* Wie aber das Herz der Träger aller zahllosen Keime zum Guten und zum Bösen ist, so ist auch dieses Denkmal in Form einer Pyramide der Inbegriff alles dessen, was da rastete und handelte als Fleischeskraft im Fleische deines Naturwesens. Gehe nun mit deiner Gemahlin in diese Pyramide und betrachte alles wohl, was sich darin aufhält in der Höhe wie in der Tiefe und an allen Wänden.

2 So du alles besehen haben wirst, dann komme wieder zurück und sage es vor allen, was du angetroffen hast. Und Ich werde dir die weitere Weisung geben, was dir zu tun noch übrigbleibt. Aber verweilen darfst du bei nichts! Sollte dich aber irgendeine Lust bei einer oder der anderen Sache anwandeln, so sieh auf deine Helena und sie wird dich davon abziehen!

3 Und so trete nun deine Wanderung in die Unterwelt an, begleitet von Meiner Gnade und Liebe, mutig und voll besten Trostes! Denn auch Meine Seele mußte vor der Auferstehung Meines Fleisches in die *Unterwelt* hinabsteigen und dort alle frei machen, die da im Fleische Meines Fleisches noch der Erlösung harrten."

4 Nach diesen Worten verneigt sich Robert tief und tritt sogleich seine Wanderung an.

5 Der *Franziskaner* aber fragt Mich, ob er nicht etwa auch mitgehen dürfe. *Ich* aber sage zu ihm: „Mein Lieber, so du ganz reif wirst, dann wird auch auf dich ein Gleiches zu tun kommen, wenn schon deiner Beschaffenheit wegen in einer andern Form. Denn nicht allen ist eine und dieselbe Form entsprechend; diese hängt vielmehr von der hervorragendsten Hauptneigung ab, die eine Seele ihrem Fleische einprägte. Warte darum schön ab, was Robert alles für Dinge hervorbringen wird! Dadurch wirst du schon mehr oder weniger innewerden, auf welche Art du selbst in die Unterwelt steigen wirst."

6 Spricht der *Franziskaner:* „Herr, ist denn diese Unterwelt etwa so eine Art Vorhölle, sozusagen das gewisse Fegefeuer?" Rede *Ich:* „Ja, so etwas dergleichen! Aber dennoch ganz anders, als wie du es in deinem noch ziemlich römisch befangenen Herzen herumträgst."

7 Spricht der *Franziskaner:* „Also kommt denn eigentlich doch niemand sogleich, wie man sagt, vom Mund auf in den Himmel?" — Rede *Ich:* „Nicht leichtlich, Mein Lieber! Denn so Ich Selbst zur Unterwelt mußte, der Ich doch der Herr Selbst bin — so wird schon auch ein jedes Meiner Kinder es tun müssen! Denn ein jedes Obst muß vollkommen reif sein, bevor man es genießen kann. Blöde und unwissende Kinder meinen freilich, eine Kirsche sei schon reif, wenn sie nur ein wenig gerötet ist. Aber der kundige Gärtner weiß genau, wie rot die Kirsche aussehen muß, um völlig reif zu sein. — Also ist's durchaus nichts mit dem »vom Munde aus gleich in den *Himmel* kommen«! Wohl aber in das geistige *Paradies,* wo ihr euch nun an Meiner Seite befindet. Es ist genug, so Ich zu einem Sünder sagte: »Heute noch wirst du bei mir im Paradiese sein!« — Aber nun Ruhe, denn Robert wird bald wieder da sein."

8 Der *Franziskaner* möchte noch gerne etwas sagen auf diese Meine Worte. Aber der *General,* der sich mit Dismas und dem verklärten Pater Thomas gerade dem Franziskaner am nächsten befindet, legt sogleich die ganze flache Hand auf den Mund des Franziskaners und sagt nichts als: „Der Herr Gott Vater hat geboten, nun stille zu sein, und so heißt es zu gehorchen! Verstanden?

9 Rede *Ich:* „Laß das gut sein, Freund *Mathia!* Hier gibt es von Mir aus kein positives Gesetz. Will Cyprian reden, so soll es ihm nicht verwehrt sein!" — Spricht der *Franziskaner:* „Nein, nein, ich will nicht reden, obschon es mich ein wenig gejuckt hatte. Soeben kommt aus der

Pyramide Robert zurück, und ich freue mich schon kindlich auf seine Erzählung. Aber er steht nun vor uns und macht eben nicht das zufriedenste Gesicht, auch seine Gefährtin nicht! Es muß ihnen die Sache nicht ganz zusammengegangen sein. Aber jetzt nur stille!"

157

Bericht von seiner Unterwelt
Die heiligen Inschriften auf den Pyramidenstufen
Große Heilslehre und deren Wirkung auf Robert

1 In diesem Augenblick tritt *Robert* mit seiner Gemahlin vor Mich hin und beginnt wie folgt zu reden: „O Herr, Du guter heiliger Vater aller Menschen und Engel! Da sieht es schlimm, sehr schlimm aus! Wäre dieser Pyramide Inneres ein Augiasstall, wenn auch noch ums Zehnfache ärger, dann wäre es ein Leichtes, ihn zu reinigen. So aber übersteigt der Sündenmist des Inneren und besonders das *Untere* dieser Pyramide den Augiasstall ums Millionenfache! Und da ist wahrlich an keine Reinigung mehr zu denken, könnte man auch alle Flüsse der Erde hineinleiten. — In den *oberen* Regionen dieser Pyramide präsentiert sich eine Unzahl von tausenderlei leichtfertigster Bilder aus meinem gesamten Erdenleben. Die *unteren* Gemächer aber sind erfüllt von allerlei unbeschreiblichem Unflat, der von übelstem Geruch begleitet ist. O weh, o weh! Wer wird mir Armem helfen, diesen Stall zu reinigen?"

2 Rede *Ich:* „Mein lieber Freund Robert! Keine Arbeit ist so groß, als daß sie mit tauglichen Mitteln nicht könnte in die beste Ordnung gebracht werden. Aber es gehört dazu eine rechte Einsicht und Geduld. Siehe an die unermeßliche Schöpfung von ihrem Beginn bis zu ihrem einstigen notwendigen Ende, und von ihren kleinsten organischen und unorganischen Teilchen bis zu ihrem für dich unermeßlich großen, geordneten Ganzen — und du wirst darin sicher die nach deiner gegenwärtigen Einsicht fast nimmer mögliche Ordnung, Erhaltung und Leitung zum rechten Endzwecke gewahren. Und doch steht dies große Schöpfungsgebäude bestgeordnet da, und kein Atom kann seiner Bestimmung entgehen! So ist es um so mehr möglich, deinen irdischen

Augiasstall zu reinigen! Aber es gehört dazu die rechte Einsicht und Geduld und ein fester, durch nichts beirrbarer Wille!

3 Damit du aber vor allem zur rechten *Einsicht* gelangen magst, so gehe hin zu den äußeren Staffeln der Pyramide, die mit einem beschriebenen Goldreifen umfaßt sind. Lies, was darauf geschrieben steht! Das wird dir sagen, was du da alles zu tun haben wirst.“

4 *Robert* geht hin und liest zuerst die Inschrift des *untersten* Reifes. Diese lautet:

»Kommt alle zu Mir, die ihr mühselig und beladen seid, es soll euch Erquickung werden!« — Und weiter liest er: »Haltet euch an die alleinige *Liebe!* Wahrlich, so die Zahl eurer Sünden wäre wie die des Sandes am Meere und des Grases auf der Erde, so wird die Liebe sie ganz und gar tilgen. Und wäre eure Schande vor Gott gleich dem Blut der Sündenböcke, so soll sie von der Liebe weiß gewaschen werden wie weiße Wolle und wie der feinste Byssus!«

5 Und weiter liest er an der *zweiten* Stufe:

»Die Liebe ist das Leben, das Gesetz, die Ordnung, die Kraft, die Macht, die Sanftmut, die Demut, die Geduld und dadurch der Kern aller *Weisheit!* Der Weisheit sind nicht alle Dinge möglich, weil die Weisheit nur einen gewissen Weg geht und sich mit dem nicht befassen kann, was unrein ist. Aber der *Liebe* sind alle Dinge möglich. Denn sie ergreift auch das, was verworfen ist, mit derselben Innigkeit, wie das, was in sich selbst schon das Reinste ist. Die Liebe kann alles brauchen, die Weisheit aber nur, was die Liebe gereinigt hat.«

6 Und weiter liest er an der *dritten* Stufe:

»Frage dein Herz, ob es sehr lieben kann, ob es Gott über alles lieben kann ohne Interesse, außer dem der Liebe selbst? — Frage dein Herz, ob es um Gottes willen den Bruder mehr als sich selbst lieben kann? — Frage dein Herz, ob es wahrhaft und völlig rein lieben kann? — Kann es Gott darum lieben, weil Gott eben Gott ist? Und kann es den Bruder wegen Gott und aus purer Liebe zu Gott wie einen Gott lieben? — Kann dein Herz das, so ist deine Verwesung zu Ende, und du selbst stehst vollendet vor Gott, deinem Herrn, Vater und Bruder!«

7 Und weiter liest er auf der *vierten* Stufe:

»Gott Selbst ist die urewige, reinste Liebe, und ihr Feuer ist das Leben und die Weisheit in Gott. Die Liebe ist also aus Gott wie in Gott das Leben und das Licht aller Wesen. Die Funken aus dem Essenfeuer der reinsten Liebe Gottes sind die Kinder Gottes — gleichen Ursprungs aus dem einen Herzen Gottes! Auch du bist ein solcher Funke! Fache dich an zu einem lebendigen Brande, und du wirst in deinem Herzen Gott schauen!«

8 Und weiter liest er auf der *fünften* Stufe:

»Das *Wort* aus dem Gottes-Herzen ist der Liebe Allkraft. Daher ist das Wort und der ewige Sohn aus Gott eins. Gott Selbst ist das volle Wort, das im Feuer der Liebe gezeugt wird. — Du aber bist auch ein Gotteswort, erzeugt im Gottes-Herzen! Darum werde wieder ein volles Wort Gottes! Werde ganz Liebe, volle Liebe in Gott — so wirst du zum Gottes-Sohn gelangen und eins sein mit Ihm! Aber du gelangst nicht zu Ihm außer durch den Vater, der da ist die *Liebe* und das *Wort* selbst in sich, von Ewigkeit zu Ewigkeit stets derselbe!«

9 Und weiter liest er auf der *sechsten* Stufe:

»*Christus* ist allein der *Mittler* zwischen Gott und der Menschennatur. Durch den Tod Seines Fleisches und durch Sein vergossenes Blut hat Er allem Fleische, das da ist die alte Sünde Satans, den Weg gebahnt zur Auferstehung und Rückkehr zu Gott! — Christus aber ist die Grundliebe in Gott, das Hauptwort alles Wortes, das da ist Fleisch geworden, und dadurch geworden zum Fleische alles Fleisches und zum Blute alles Blutes. Dieses Fleisch nahm freiwillig alle Sünde der Welt auf sich und reinigte sie vor Gott durch Sein heiliges Blut. — Mache dich teilhaftig dieses größten Erlösungswerkes Gottes durch das Fleisch und durch das Blut Christi, so wirst du rein sein vor Gott! Denn kein Wesen und kein Ding kann rein werden durch sich, sondern allein durch die Verdienste Christi, die da sind die höchste Gnade und Erbarmung Gottes. Du allein vermagst nichts, alles aber vermag Christus!«

10 Und weiter liest er auf der *siebenten* Stufe:

»Dein irdisches Wohnhaus ist voll Unflates. Wer wird es reinigen? Wer hat die Kraft und die Macht allein? Siehe, *Christus*, der ewige Hohepriester vor Gott, Seinem ewigen Vater! Denn Christus und der Vater sind eins von Ewigkeit. In Christo allein wohnt alle Fülle der Gottheit körperlich. Und diese Fülle ist der Vater als die reinste Gottliebe. Diese ergreife mit deiner Liebe, und sie wird dein Fleisch reinigen und erwecken, wie sie erweckt hat das Fleisch Christi, das sie selbst in sich barg.«

11 Und wieder weiter liest er auf der *achten* Stufe:

»Du erschrickst über die große Menge deiner argen Geister, die auf der Welt dein Fleisch und Blut beherrscht hatten, und fragst mit Paulus: Wer wird mich erlösen von meinem Fleische und frei machen von den Banden des Todes? Siehe hin: *Christus,* der getötet ward, ist auferstanden und lebt, ein Herr von Ewigkeit! Wäre Er im Tode verblieben, so es möglich gewesen wäre, da wäre dir ebenfalls der ewige Tod sicher. Aber da Christus auferstanden ist, wie du Ihn nun selbst siehst, so ist es unmöglich, daß da jemand im Grabe belassen werden könnte. — Denn wie durch die eine Schlange der Tod kam über alles Fleisch, so kam auch das Leben durch den einen Gottmenschen über alles Fleisch der Menschen der Erde. Aber zugleich auch ein neues Gericht, obschon das alte Gericht, das den Tod in sich barg, durch dieses Einen Auferstehung für ewig vernichtet ward. Dieses neue Gericht ist auch ein Tod; aber kein Tod zum Tode, sondern ein Tod zum Leben! — Mache dich an die Liebe durch deine Liebe, damit dies neue Gericht deines Fleisches durch die Werke des Einen zu einem wahren Leben wird. Du stehest an der Quelle, trinke des lebendigen Wassers in der Fülle!«

12 Und auf der *neunten* Stufe liest er weiter:

»Die pure *Weiberliebe* ist Eigenliebe! Denn wer von der Weiberliebe sich so weit verziehen läßt, daß ihm daneben die Nächstenliebe und aus dieser die Gottesliebe zur Last wird, der liebt sich selbst im Wesen des Weibes! Lasse dich daher von der reizenden Gestalt eines Weibes nicht gefangennehmen übers gerechte Maß, ansonsten du untergehst in der Schwäche des Weibes, während doch das Weib in deiner Kraft erstehen soll zu einem Wesen mit und in dir! — Wie du aber ein oder das andere Glied deines Wesens liebst, also liebe auch das Weib, auf daß es eins werde mit dir! Aber *Gott* liebe über alles, auf daß du in solcher mächtigsten Liebe neu geboren werdest zu einem wahren, freiesten Bürger der reinsten Himmel Gottes für ewig und dein Weib wie ein Wesen mit dir!«

13 Und noch weiter liest er auf der *zehnten* Stufe:

»Suche, suche, suche, daß du dich nicht übernimmst, so du groß wirst! — Siehe an des Herrn Demut, Sanftmut und Güte! Er ist der Herr von Ewigkeit. Alles, was die Unendlichkeit fasset, ist Sein eigenstes Werk. Seine Kraft ist so groß, daß alle Werke der Unermeßlichkeit vor dem leisesten Hauche Seines Mundes in ein ewiges Nichts zurücksinken müßten. Und dennoch steht Er einfach und ohne allen Anspruch bei Seinen Kindlein, als wäre Er nahezu der Allergeringste unter ihnen. Er liebt sie und unterhält sich mit ihnen, als hätte Er nur sie allein in der ganzen Unendlichkeit, die doch von zahllosen Myriaden der wundersamst herrlichen und liebweisesten, reinsten Wesen strotzet! — Also suche, suche, suche der Geringste zu werden und zu bleiben für ewig!«

14 Auf dieser letzten Stufe wird *Robert* so mächtig gerührt vor Liebe zu Mir, daß er laut zu weinen anfängt. Er sieht bald diese oberste Inschrift, bald wieder Mich und manchmal auch sein neues Weib an und sagt nach einer Weile des Staunens: „O du heilige Inschrift! Du bist so einfach, ohne allen Wortprunk hier auf reinstes Gold geschrieben — und dabei so ewig wahr wie Derjenige Selbst, dessen allmächtiger Finger dich hier in dies Gold gegraben hat! — O Gott! Jetzt, jetzt erst fängt mich eine ungeheure Liebe zu Dir ganz allein zu durchdringen an. Und dabei gewahre ich erst, daß ich Dich noch nie völlig wahr geliebt habe! Aber nun ist es anders geworden! Du ganz allein bist nun der Herr meines Herzens, meines Lebens! — Ewige, unbesiegbare Liebe, Dir allein nichts als Liebe, Liebe und Liebe, Du mein Gott und Vater Jesus!!

15 Als Du mir die schönste Helena zum Weibe gabst, da fühlte mein Herz zu Dir mehr eine innige Dankbarkeit als eine rechte Liebe. Und mit pünktlichstem Gehorsam gegen Deine Gebote meinte ich schon sicher die Vollendung zu besitzen. Aber wie weit war ich da vom wahren Ziel! Ja, ich wußte nicht einmal so recht, wie man Dich neben Helena mehr als diese lieben könne. Aber nun ist es anders geworden! Ich liebe nur Dich allein über alles und sehe in dieser Liebe ein ganz neues Leben erwachen! O Herr und Vater, o Jesus, Du meine einzige Liebe!“

158

Roberts feurige Gottesliebe. Helenas gute Rede Ihre Scheu vor dem Allerheiligsten. Des Herrn stärkende Erwiderung

1 Mit diesen Worten springt Robert förmlich von der Höhe der Pyramide und eilt so hastig zu Mir hin, daß er sogar seines schönsten Weibes vergißt. Bei Mir angelangt, will er Mir sogleich zu Füßen fallen und sein Herz vor Mir ganz ausschütten. Aber Ich mache ihn darauf aufmerksam, daß er diesmal der Helena, seines Weibes, vergessen habe.

2 Darauf spricht *Robert* selig ergriffen: „O Herr, Vater Jesus, wer kann in Deiner Nähe für etwas anderes Sinn haben als allein für Dich! Ich liebe die überaus schöne und fromme Helena wie ein gutes Glied meines Wesens oder meines geistigen Leibes — aber mein alles bist nun für ewig *Du* ganz allein, mein Gott, mein Herr und Vater! Was wäre mir ohne Dich eine ganze Welt voll Helenas? Nichts! Habe ich aber Dich, so kann ich auch ohne eine Helena vollkommen glücklich sein. Aber ich will sie dennoch holen, weil sie eine Gabe aus Deiner Hand ist und darum mir auch endlos wert, teuer und angenehm."

3 Rede *Ich:* „Ja, gehe hin und hole sie! Denn sie sieht ganz traurig zu uns her und meint, dich beleidigt zu haben, dieweil du sie verlassen hast!"

4 *Robert* eilt nun zu Helena und sagt ihr: „Komm, komm, mein geliebtes Weib! Ich habe nur aus übergroßer Liebe zum Herrn deiner auf ein paar Augenblicke vergessen. Aber nun ist schon wieder alles in schönster Ordnung! Komme daher jetzt mit mir hin zum Herrn und sei nicht mehr traurig!"

5 Spricht *Helena:* „Mein liebend Herz dem Herrn und dir zum Dank dafür, daß du mich wieder anschaust! Denn mir kam wahrlich ein Kummer ins Herz, daß ich in meiner Seele mich irgend versündigt zu haben meinte. Aber nun ist alles wieder mehr als gut, denn dich zog die allein gerechte und wahre Liebe von mir hin zu Gott, dem heiligen Vater! Nun ziehe aber du auch mich hin vor Ihn, der noch immer der alleinige Besitzer meines Herzens ist und auch ewig verbleiben wird. Lasse unsere Herzen eins werden vor *Ihm,* der sie zuerst erfüllt hat mit Seiner Liebe, auf daß — so nun dein Fleisch lauter wird durch die

Auferstehung im Feuer der Gottesliebe — auch das meinige mitgeläutert werde und wir uns dann wie ein Herz, ein Sinn, eine Liebe, ein Leben und Wesen vor Ihm des seligsten Lebens erfreuen können!"

6 Robert zerfließt nahezu vor Liebe und bringt nun die Helena zu Mir. Als sie bei Mir ist, will auch sie auf ihr Angesicht niederfallen. *Ich* aber hindere sie ebenfalls daran und sage zu ihr: „Ja, Meine allerliebste Helena, getraust du dich denn nicht mehr, Mich so zu lieben, wie du Mich ehedem geliebt hast? Schau, Ich bin ja stets der Gleiche!" — Spricht *Helena* weinerlich: „Fürs Auge ja! Aber fürs Herz bist Du viel anders geworden: viel größer und heiliger! Das Herz bebt nun vor Deiner Größe und Heiligkeit, denn Du bist wahrhaftig der einige *Gott!*"

7 Rede *Ich:* „Ja, allerliebste Helena, das hast du doch schon früher gewußt und hast doch keine gar so gewaltige Heiligenscheu vor Mir gehabt. Ja du hast Mich sogar nach deiner ganzen Herzenslust geküßt! Denke zurück und bleibe dir gleich, so wie Ich Mir unwandelbar gleich bleibe, so wirst du in keine solch unnötige Furcht vor Meiner göttlichen Majestät mehr verfallen!"

8 Spricht *Helena:* „O Herr, Du überguter, heiliger Vater! Das tut sich wohl in gar keinem Falle mehr! Denn beim ersten Erkennen hat Dein Göttliches noch mehr einen menschlichen Anstrich und Du bist für das Herz eines armen Sünders zu ertragen. Aber wenn einem die stets größer und wunderbarer werdenden Vorkommnisse nun zu klar den endlosen Unterschied zeigen zwischen Dir, o Herr, und einem Geschöpfe, das sich nach den Gesetzen Deiner Ordnung selbst frei auszubilden hat — dann ist's mit diesem menschlichen Anstrich aus. Wie unverhüllt steht dann Deine Gottheit in aller Heiligkeit vor unseren Augen! Daß uns da alle mehr oder weniger eine gewisse Heiligenscheu vor Deiner Gottheit anwandeln muß, ist ja doch ganz klar.

9 Ich habe schon in den zwei Sälen, die mir in diesem Hause Roberts zuerst zu Gesichte kamen, des Wunderbaren zur Übergenüge gehabt, um mich darüber eine Ewigkeit zu verwundern und Dich wegen Deiner Güte, Liebe und Weisheit zu preisen. Aber da führte uns Deine Liebe in dieses Museum, durch welches das fleischliche Wesen Roberts entsprechend bildlich dargestellt werden soll, und da hat es der Wunder kein Ende. Und besonders der erhabene Sinn jener merkwürdigen Inschriften an den Stufen der großen Pyramide, da könnte man bis auf

den letzten Tropfen zerfließen vor lauter Ehrfurcht und Anbetung, von der das arme Herz für Dich, o Herr, ergriffen wird! — Daher kann von meiner ersten, gar so furchtlosen Stellung wohl keine Rede mehr sein!"

10 Rede *Ich:* „Deine Entschuldigungen gelten bei Mir eben nicht gar viel! Was du nun fühlst, weiß Ich wohl am allerbesten. Aber das weiß Ich auch, daß geschrieben steht: »Seid vollkommen, wie auch euer Vater vollkommen ist im Himmel!« Wie möglich aber kann das ein Kind erreichen, so es vor dem Vater einen noch größeren Ehrfurchtsrespekt hat als ein Hase vor dem Gebrüll eines Löwen?"

159

Gleichnis vom Kunstmaler und seinen Schülern
Des Herrn liebweise Belehrung bringt Helena wieder zur himmelsbräutlichen Liebe

1 Rede *Ich* weiter: „Siehe, Ich werde dir nun ein *Gleichnis* erzählen. Und wir werden sehen, wie sich die Sache, die Ich von dir verlange, darin ausnehmen wird:

2 Es gab einmal auf der Erde einen großen Meister der Malerei, dessen Bildern nichts abging als das Leben, damit die dargestellte Sache auch zur vollsten Wahrheit würde. Dieses Meisters Werke zogen aus allen Gegenden der Erde eine große Menge Bewunderer herbei, darunter auch so manches Talent, das sich gerne ausbilden wollte. Das freute den Meister, und er bot alles auf, um aus den jungen Talenten etwas zu machen.

3 Unter den vielen Kunstjüngern dieses Meisters waren einige mit den besten Talenten begabt. Sie hatten aber vor der unübertrefflichen Kunstgröße ihres Meisters einen so ungeheuren Respekt, daß sie es kaum wagten, einen Pinsel zur Hand zu nehmen. Denn sie glaubten, daß all ihre noch so große Mühe vergeblich sei, um auch nur ein Atom von der Größe ihres Meisters zu erreichen. — Die anderen, minder Talentierten aber dachten: »Wohl wissen wir, daß unser Meister unerreichbar in seiner Art dasteht und wir ihm nie das Wasser reichen wer-

dcn. Aber mit dem Respekt vor seiner Kunst wollen wir's doch nicht so weit treiben, daß wir uns darob nichts zu malen getrauen. Wir wollen im Gegenteil ihm sehr zugetan sein und von ihm lernen, soviel wir nur immer imstande sind. Das wird ihn gewiß mehr freuen, als so wir in seinem Kunstatelier bloß stumme Bewunderer seiner Werke blieben. Denn es muß dies ja auch ein Lob des großen Meisters sein, wenn Tausende, hingerissen von seinen großen Kunstwerken, sich nach Möglichkeit ihrer Kräfte beeifern, dem großen Meister in einem oder anderem näherzukommen. — Und siehe, Meine liebe Helena: die von zu großer Ehrfurcht Hingerissenen lernen von dem großen Meister wenig oder nichts, während sich die anderen durch ihren Fleiß und Eifer unter der Leitung des großen Meisters zu tüchtigen Künstlern heranbilden.

4 Sage Mir nun deine Meinung: welcher dieser beiden Jüngergattungen wird der Meister den Vorzug geben — den zu Ehrfurchtsvollen, oder den weniger Ehrfurchtsvollen aber desto eifrigeren Nachahmern seiner Kunst, für die ihr Herz glüht?

5 Oder wer wäre dir für dich selbst lieber — einer, der von deiner Schönheit so niedergedrückt ist, daß er sich um keinen Preis den Mut zu nehmen getraut, dir seine Liebe zu bekennen, — oder einer, den deine Schönheit zur Liebe so anfacht, daß er den Mut hat, dir zu gestehen, wie unbeschreiblich er dich liebt! Sage Mir da deine Ansicht!"

6 Spricht *Helena:* „O Herr, die zweiten! Ich ergebe mich schon ganz, denn ich sehe meinen Irrtum nun ein!"

7 Rede *Ich:* „Nun gut, was wirst du dann Mir gegenüber tun? Wirst du wohl wieder so zutraulich sein, wie ehedem nach deiner Erlösung vom Joch deines geistigen Todes?"

8 Spricht *Helena* etwas stotternd: „Hm, soll freilich, a—b—er hm, wenn Du nur nicht gar so heilig wärest! Wenn ich bedenke, daß Du Gott, der ewig Allmächtige, Heilige und Allweiseste bist und ich eigentlich nichts als nur ein kleinstes Gedankenfünkchen aus Dir, —da überkommt mich so eine ungeheure Ehrfurcht vor Dir und Deinen heiligsten Augen, daß ich in die tiefste Tiefe vor Dir versinken könnte!

9 Du siehst zwar wohl sanftmütig aus wie ein frömmstes Lämmchen und so herzensgut wie eine Mutter, so ihre liebsten Kinder ihr die Hände küssen. Aber Stürme, Blitz, Hagel und Donner kommen doch auch manchmal aus Deinen holdseligen Augen über die ganze Welt zum Erschrecken für alle Menschen. Da sage ich mir so ganz heimlich:

Der Allmächtige sieht wohl aus wie ein Mensch, aber Er ist dennoch etwas ganz anderes. Und Spaß versteht Er schon gar keinen: Er ist wohl unendlich gut denen, die Er liebt; aber mit jenen, die sich Seine Ordnung nicht wollen gefallen lassen, diskuriert Er ganz anders!

10 Solche Gedanken drängen sich ganz ungebeten meinem Herzen auf, und ich kann dann nicht dafür, daß sich meiner stets eine größere Ehrfurcht vor Dir bemächtigt. Ja, ich möchte sogar behaupten, daß Du Selbst als Gott es nicht so recht begreifen kannst, was ein schwaches Geschöpf fühlen muß, so es sich vor Dir befindet. Dir ist es sicher ein wahrer Spaß, vor Trillionen Deiner Geschöpfe zu stehen und sie frei nach Deiner göttlichen Lust zu lieben. Aber wir Geschöpfe können das nur mit einem geheimen Ehrfurchtsschauder.

11 Wenn ich mir's getraute, wie ich's möchte, da könnte ich Dich freilich, wie man zu sagen pflegt, rein zu Tode lieben. Aber — ja, da ist ein ungeheures Aber dazwischen!“

12 Rede *Ich:* „Was du nun für ein grundgescheites Wesen bist! Ich werde bei dir noch Unterricht nehmen müssen. Aber schau, du furchtsames Lapperl, wenn Ich nicht fühlen könnte, was du als ein Geschöpf zu fühlen vermagst, von wem anderen könnte dir dann überhaupt ein Gefühl eingepflanzt sein? Ich habe dich ja ganz und nicht halb erschaffen! Jetzt hast du wieder einmal einige Überbleibsel aus deiner Wiener Weisheit hervorgeholt!

13 Schau, zu was wäre denn ein schwacher Herrgott gut? Der Herrgott muß allmächtig sein und über alles weise, sonst müßte Er ja am Ende samt dir zugrunde gehen! — Nun, was meinst du jetzt, bin Ich noch so fürchterlich oder vielleicht etwa doch nicht?“

14 Hier fängt die *Helena* wieder an zu schmunzeln und sagt nach einer Weile: „Du liebster himmlischer Vater! Du kannst einem aber schon so zureden, daß man am Ende alle übertriebene Furcht vor dir verlieren muß! Aber jetzt sollst Du von mir auch geliebt werden ohne Maß und Ziel!!“

15 Sage *Ich:* „So komme her an Meine Brust und mache deinem Herzen Luft!“ — Die Helena besinnt sich gar nicht mehr, fällt Mir an die Brust und bedeckt diese mit einer großen Menge von Freudentränen, Liebeseufzern und Küssen.

160

Pater Cyprian nimmt Ärgernis an Helenas Liebessturm
Gewaltige Donnerworte gegen Priesteranmaßung

1 Als Helena eine gute Weile an Meiner Brust in höchster Liebe schwelgt, kommt Pater *Cyprian* näher hinzu und sagt: „Ich glaube, die will Dich schon ganz allein besitzen! Was wird denn hernach auf uns noch kommen? Diese Robertus-Gemahlin ist in Dich, o Herr, ganz nagelfest verliebt, und das scheint mir denn doch ein bißchen zu viel zu sein! Siehe, die allerseligste Jungfrau und noch eine Menge hier anwesende andere Frauen lieben Dich sicher auch über alles, aber solche Umstände machen sie doch nicht. Du bist zwar der Herr, und ich werde Dir ewig nichts vorschreiben; aber etwas sonderbar kommt mir diese Geschichte doch vor. Denn die verbeißt sich ja förmlich in Dich! Nein, so ein verliebtes Ding habe ich aber doch in meinem ganzen Leben nicht gesehen! Sie gibt noch nicht nach!“

2 Rede *Ich:* „Gelt, das nimmt dich wunder! Und es wandelt dich auch zugleich ein kleiner Ärger an. Aber Ich sage dir: Es ist nicht gut dem, der an Mir Ärgernis nimmt! Wer Mich nicht liebt wie diese Helena, wahrlich, der wird an Meinem Reiche einen geringen Anteil haben!

3 Liebtest du Mich auch wie diese, so würde dich ihre Liebe nicht ärgern und dir nicht übertrieben vorkommen. Aber da du an wahrer Liebe viel ärmer bist als diese da, so ist dir ihr großer Reichtum ein Dorn in deinen Augen. Aber was Mich Selbst betrifft, sage Ich dir, daß Mich ihre große Liebe nicht im geringsten geniert. Aber deine Bemerkungen haben Mich wahrlich ein wenig zu genieren angefangen!

4 Daß da die Mutter Maria und noch eine Menge anderer Weiber ihre innere, inbrünstige Liebe zu Mir hier im Paradiese nicht auf eine so auffallende Weise äußern, hat seinen Grund darin, weil sie als schon lange rein himmlische Wesen dieselbe Liebe *innerlich* in sich bergen, die diese Helena nun äußerlich kundtut. Nun weißt du genug! Und trete jetzt ein wenig in den Hintergrund, da sonst diese hier ihrem Herzen nicht den Mir erwünschten freien Lauf lassen könnte!“

5 Spricht der *Franziskaner* noch ein wenig verweilend: „Herr, so

sich aber mein Herz zu Dir in aller Liebe auch so heftig entzünden möchte, werde ich da auch noch im Hintergrunde zu verbleiben haben?"

6 Rede *Ich:* „Die wahre Liebe ist hier der allein gültige Maßstab, nach dem bemessen wird, wie nahe sich jemand bei Mir befinden kann! Hast du eine rechte, von allem Eigennutze freie Liebe, da bist du Mir auch am nächsten. Je mehr Fünklein Eigennutz aber aus deinem Herzen emporsprühen, desto weiter kommst du von Mir zu stehen.

7 Siehe, die römischen Bischöfe halten nun Sitzungen auf der Erde über ihre kirchlichen Dinge, als da sind Geld, Ansehen und Konzessionen über noch weitere Verfinsterung der Menschen. Dazu treibt sie der Eigennutz. Sie sind daher ungeheuer ferne von Mir, und ihre Sitzungen werden fruchtlos und ihr Rat wird unnütz bleiben. Weil sie sich ein Vorrecht bei Mir anmaßen, sage ich dir: Diese sind die allerletzten!

8 Wer da vorgibt, daß er Mich liebe, ist aber dabei um Meine Liebe andern neidig — der ist Mein Freund nicht und Meiner Liebe nimmer wert! — Und wer da sagt: »Nur durch diese oder jene bußfertige Weise kannst du dich der Liebe Gottes und des ewigen Lebens im Himmel versichern« — der ist ein Lügner und gehört zu seinesgleichen in die Hölle! Denn Ich bin ein Herr und liebe, wen Ich will, und bin gnädig, wem Ich will, und mache selig, wen Ich will! Ich binde Mich nie an eine von herrsch-, ehr- und selbstsüchtigen, gemästeten Propheten erfundene und die schwache Menschheit in schwerster Knechschaft haltende Art und Weise. Wehe allen, die sich erfrecht haben, Meine Liebe an die Menschheit zu spenden, als ob sie dazu allein das Recht hätten! Ihr Recht soll ihnen bald ganz gewaltig verkürzt werden!

9 Siehe, Mein Freund Cyprian, gleich wie die römischen Bischöfe nun auf der Erde ihre Beratungen halten, durch die sie nur ihre alte Macht- und Glanzstellung aufrechthalten wollen, während ihnen an dem wahren Heil Meiner Völker weniger gelegen ist — ebenso ist in dir auch noch etwas echt Römisch-katholisches, das dieser Meiner Tochter Meine Liebe neidet und dein Herz deshalb mit geheimem Ärger erfüllt. Darum sagte Ich zu dir, daß du darob in den Hintergrund zurücktreten sollst, weil dein Neid und dein Ärger Meine liebe Tochter in ihrer Liebe zu Mir beirrt. Aber gebieten will Ich es dir dennoch nicht, weil du vor Mir auch schon einige Proben einer etwas geläuterten Liebe

abgelegt hast. Kannst du bleiben, so bleibe! Gestattet dir aber dein geheimer Neid und Ärger das Bleiben nicht, dann gehe!"

10 Der *Franziskaner* macht bei diesen Worten ein trübes Gesicht und sagt bei sich: „Nein, so strenge hatte ich mir Ihn nimmer vorgestellt! Mein Gott und mein Herr, was wird denn aus mir, so Er mir die Türe weiset? Ja, Er hat ewig recht, an uns Pfaffen ist kein gutes Haar vorhanden. Doch was wird aus uns, so Er uns gehen heißt? Aber ich kann ja auch bleiben, sagte Er auch! Bin ich aber auch geeignet zu bleiben, frei vom Neid und Ärger? Leider nein, aber es soll, es muß anders werden! — Ja, der Herr sagte früher einmal, daß die Menschen ihrer Seele und ihrem Leibe nach aus dem gefallenen und gerichteten Satan sind, und das entsprechend aus einem oder dem andern Teile des Fürsten der Lüge. Ich werde sicher aus dessen Hörnern sein, weil sich in meinem Herzen nichts als abstoßendes Zeug bekundet. Und noch andere Dinge werden aus Satans bösestem Herzen sein, weil sie aus nichts als Neid, Geiz, Herrschsucht, Hochmut und einer Menge dergleichen Teufeleien zu bestehen scheinen. O Herr, treibe auch bei mir den Satan aus!"

11 Sage *Ich:* „Nun kannst du schon wieder hier bei Ludwig und seinem Freunde verbleiben! Besprich dich aber unterdessen mit deinem Amtsgenossen Thomas und seinem Freunde Dismas, die werden dir das Teufelsrestchen schon austreiben."

12 Cyprian tut das viel heitereren Angesichtes. Ich aber berufe Robert zu Mir.

161

Wunderbare Verwandlung der Seelengrüfte
Robert empfängt seinen himmlischen Namen
Der Engel Sahariel als Führer

1 Als *Robert* in übergroßer Liebe schnell zu Mir kommt und eine beinahe ausgelassene Freude darüber hat, daß seine Helena vor Mir so viel Gnade gefunden — da verschwinden auf einmal alle die *Grabmäler,* und statt ihrer steigen mächtige Lichter empor gleich aufgehenden *Sonnen.* Diese erheben sich, in lieblichster Ordnung aufwärts und aufwärts schwebend, bis sie wie am hohen Himmelsgewölbe als stark

leuchtende *Sterne* erster Größe in herrlichsten Gruppen Ruhe nehmen.

2 Nach einer Weile voll Staunens aller Anwesenden kommt aus der Höhe herabschwebend ein *leuchtender Geist.* Er bleibt auf derselben Stelle stehen, wo ehedem die bekannte Pyramide stand, und hält ein himmelblaues, mit vielen leuchtenden Sternen besetztes Faltenkleid in seiner Rechten.

3 Alle überrascht dies so, daß sie sich vor Ehrfurcht kaum zu atmen getrauen. Selbst *Robert* steht betroffen vor Mir und getraut sich kaum, die Zunge zu rühren. Nur *Helena,* zwar auch voll Staunens, faßt den Mut und fragt Mich, was denn dies wohl zu bedeuten habe.

4 *Ich* sage darauf: „Siehe, Meine Tochter, dies alles kommt aus dem *Fleische* des Robert! Der Engel dort hat daraus ein *Gewand* zusammengefaßt und hat es auf Mein Geheiß nun dem Robert wie aus den Himmeln überbracht. Zur Erreichung dieses Hauptzweckes hast auch du sehr viel beigetragen. Denn die große Liebesmacht deines Herzens half sehr, das Fleisch aufzulösen und zu reinigen. — Daher gehe du zu dem Engel hin und führe ihn hierher, daß er vor Meinen Augen dem Robert das Himmelsgewand überreiche und anziehe! Denn das ist schon ein wahres Kleid zum ewigen Leben!"

5 *Helena,* ganz entzückt über Meinen Antrag, eilt schnell zum leuchtenden Engel hin und bittet ihn, sich zu Mir begeben zu wollen. Und der Engel zieht auch sogleich mit ihr zu Mir her. Bei Mir angelangt, macht er eine tiefe Verbeugung und überreicht das Kleid freundlichsten Angesichts dem beinahe vor Liebe und Ehrfurcht zerfließenden Robert, der sich im selben Augenblick schon angekleidet erschaut, als ihm der Engel das Kleid überreicht.

6 Als Robert nun mit dem Kleide der Unsterblichkeit angetan vor Mir steht, frage *Ich* ihn: „Nun, Freund und Bruder Robert-*Uraniel,* wie gefällt dir dieses Gewand und wie kommt dir diese Verwandlung vor?" — Spricht *Robert-Uraniel:* „Herr, Du alleiniger, der höchsten Liebe vollster heiliger Vater! Ich habe es dann und wann schon auf der Erde dumpf empfunden, daß es im Verlaufe des reineren Lebens manchmal Augenblicke gibt, die des Menschen Zunge verstummen machen und selbst die Gedanken stehen stille. Wollte man darüber etwas sagen, findet man keine Worte. Um wieviel mehr muß das hier im Geisterreiche der Fall sein, wo ein außerordentliches Wunder das andere verdrängt! Daher wirst du, o Herr, mir wohl vergeben, daß ich

hier vor zu großer Freude und Liebe zu Dir beinahe sprachunfähig bin. Diese erhabenste Sache ist zu plötzlich gekommen, als daß ich mich darüber gleich fassen könnte. Aber so Du, heiligster Vater, mir eine kleine Weile gönnen wolltest, werde ich dann über all das ein Wörtchen zuwege bringen."

7 Rede *Ich:* „Nun gut, so gehe mit diesem Engel! Er wird dir nun dieses ganze Museum als wirklich wahrhaftiges Museum zeigen. Am Ende aber komme wieder hierher und sage allen, was du darin gesehen und gehört hast. Auf daß du aber eher mit der Mühe fertig wirst, sollst du an der Seite Meines Engels mit wahrhaft geistiger Bewegung wandeln. Diese Bewegung aber ist jene Schnelle, von der du auf der Welt oft gesprochen hast. Du nanntest sie den Gedankenflug." — (Mich an den Engel wendend:) „*Sahariel,* sieh an deinen Bruder Uraniel! Führe ihn durch diese Wunder seiner Seele und zeige ihm auch seine erste Erde, von der auch du ausgegangen bist! Es sei und es geschehe!"

8 Und *Sahariel* spricht zu Robert-Uraniel: „Komm, Bruder, und schaue, lerne und bewundere des Vaters endlose Weisheit!" Sogleich erheben sich beide und verschwinden vor den Augen aller, die hier in der geistigen Welt mit Robert-Uraniel angekommen waren.

162

Helena im Zwiegespräch mit dem Herrn
Wesen und Bewohner der Hölle

1 Es sieht sich aber auch *Helena* nach Robert-Uraniel um. Da sie ihn nirgends erschaut, fragt sie Mich sanft, wohin nun Robert möge entschwunden sein samt dem Engel?

2 *Ich* aber frage Helena noch sanfter, ob es ihr etwa bange sei um Robert-Uraniel? Und *Helena* erwidert: „O Du heiligster Vater! Wie könnte mir das sein an Deiner von höchster Liebe erfüllten Brust? Wohin könnte Robert auch gelangen, daß er Deinen Augen unsichtbar würde? Wer aber im Lichte Deiner Augen wandelt, verirrt sich ewig nimmer und kommt wieder, begrüßt von seiner an Deinem Herzen ruhenden Liebe! Oh, er wird nun viele und große Wunder Deiner All-

macht, Weisheit und Güte schauen. Was wird er uns da für Herrlichkeiten zu erzählen wissen!“

3 Rede *Ich:* „Ja, so wird es auch sein. Aber Ich könnte dir unterdessen auch einige merkwürdige Wunderdinge erzählen, die vielleicht noch seltsamer wären als jene, die du nun von Robert-Uraniel erwartest. Was meinst du da?“

4 Spricht *Helena:* „O liebster Vater, das könntest Du freilich besser als alle Engel Deiner Himmel! Aber so Du mir etwas erzählen würdest aus Deiner eigenen Gottesgeschichte, so würden wohl Trillionen von Jahren erforderlich sein, bis ich ein Wort aus Deinem Munde in der Tiefe fassen könnte — obschon ich sehr neugierig wäre, von dem Schöpfer aller Dinge so manches zu vernehmen.

5 Für mein Herz von besonderem Interesse wäre es, von Dir zu erfahren, worüber Du, o Herr, mit Deinen Aposteln nach Deiner heiligsten Auferstehung magst gesprochen haben. Und worüber der Evangelist *Johannes* sagte: Du habest noch vieles mit ihnen geredet, was er nicht aufgezeichnet habe; denn hätte er es auch aufgeschrieben in viele Bücher, so würde sie die Welt doch nimmer fassen und begreifen! Nichts hat so sehr meine Neugierde unbefriedigt gelassen als eben diese Schlußbemerkung des Apostels Johannes. Da mußt Du ja ganz wunderbare Sachen Deinen lieben Aposteln kundgetan haben!“

6 Rede *Ich:* „Ja, Meine liebste Helena! Aber diese Geschichten waren so großartig und tief, daß du sie auch in der Geisterwelt unmöglich begreifen könntest. Aber es wird schon in Kürze eine Weile kommen, wo du das alles sehen und verstehen wirst, denn in Meiner großen Himmelsbibliothek sind derlei Dinge getreuest aufbewahrt. Wenn du einmal dahin gelangen wirst, da wirst du ein vollkommenstes Evangelium zu lesen bekommen! Daher verlange nun von Mir eine andere Geschichte!“

7 Spricht *Helena:* „O Du süßester Vater, erzähle mir etwas von dem Fall des Luzifer! Denn das ist auch so etwas, das mir auf der Welt stets dunkel geblieben ist.“ — Rede *Ich:* „Meine Allerliebste, auch das wäre noch etwas zu früh für dein Herz, denn diese Geschichte würde dich zu sehr angreifen. Darum wähle dir lieber etwas anderes!“

8 Spricht *Helena:* „O heiligster Vater, so sage mir denn, was hat es mit der Hölle, von der auf der Erde von den Geistlichen bei weitem mehr als von den Himmeln gepredigt wird, für eine Bewandtnis? Wer

kommt eigentlich in die Hölle? Gibt es eine oder gibt es keine? Denn sieh, Du liebster Herr und Gott Jesus: Ich war auf der Welt doch gewiß schlecht genug, ein rechtes Wiener Früchtl, wie man nur eines suchen kann. Der Papst samt allen Geistlichen hätten mich ohne Gnade und Barmherzigkeit in die Hölle verdammt. Und trotz aller meiner Schlechtigkeit bin ich nun doch seligst bei Dir! Und so dürften noch so manche hier in Deiner heiligsten Gesellschaft sich des ewigen Lebens freuen, von denen auf der Erde so mancher Erzpapist sagen würde: »Nein, diese Kerls sind sogar für die Hölle zu schlecht!« Und siehe, sie sind hier in Deinem Heiligtum und loben in ihrem Herzen Deine unendliche Güte, Weisheit, Macht und Stärke! Wie schlecht müssen sonach jene sein, die da in die Hölle kommen, so es überhaupt eine gibt!"

9 Rede *Ich:* „Meine liebste Helena, deine Frage ist nicht ohne Interesse, und die Beantwortung wird nicht ohne Nutzen sein. Aber anstatt dir darüber ein Langes und Breites zu erzählen, werde Ich dir ein höllisches Individuum vorführen lassen, das nun gerade auf dem Sprunge ist, in die Hölle zu kommen und auch sicher in die unterste, ärgste Hölle kommen wird. An diesem argen Wesen wirst du am einleuchtendsten ersehen, wer so ganz eigentlich in die Hölle kommt. Denn es gibt eine *Hölle,* die in *drei Grade* geschieden ist, der unterste ist der allerschlimmste. Und du wirst Mich dann loben, so du ersehen wirst, wer, wie und warum einer in die Hölle kommt. Fürchte dich aber nicht, der Arge wird sogleich da sein!"

163

Auftrag an Petrus und Paulus, den einstigen Beduinenhäuptling Cado vorzuführen Des Petrus vergebliche Liebesmühe um Gewinnung des frechen Geistes

1 *Ich* berufe darauf Petrus und Paulus zu Mir und sage: „Gehet hin und bringet Mir den *Cado,* der vor vierzehn Erdtagen in diese Welt kam! Es ist fürs erste sein Wunsch. Fürs zweite geschehe es, damit diesen neuen Brüdern auch der leiseste Schimmer der Meinung benommen werde, als stecke da hinter Mir trotz all Meiner Liebe etwas despotisch Tyrannisches. Also gehet hin und bringet ihn!"

2 Die beiden verschwinden plötzlich und sind im Augenblick bei dem berüchtigten *Cado*. Als sie sich so plötzlich bei ihm befinden, prallt er förmlich zurück und schreit: „Alle Teufel! Was sind denn das für zwei Bestien mit Menschenlarven? O du verfluchtes Bestienvolk, das wird mich noch an den Bettelstab bringen!"

3 Spricht *Paulus:* „Freund, wir kommen nicht, um von dir irgendein Almosen zu erbetteln. Dergleichen bedürfen wir nicht, da uns ohnehin alle Schätze der Himmel und der Erde zu Gebote stehen. Aber etwas anderes haben wir mit dir vor, was dir viel heilsamer wäre als alle Schätze der Erde. Und das besteht darin, dich, so noch möglich, vor dem ewigen Tode in der Hölle zu retten. Denn du warst auf der Erde ein vollendeter Teufel in Menschengestalt und sonach ein schon ganz höllisches Wesen. Nun stehst du in der Geisterwelt auf dem Sprung zur untersten Hölle, ja bist eigentlich deinem Inneren nach schon lange in ihr. So du es aber noch willst, haben wir die Macht, dich davor zu retten. Aber du mußt uns folgen und alles das willig tun, was wir dir anraten werden."

4 Spricht *Cado:* „Was!? Was faselt ihr zwei Hauptspitzbuben da! Bin ich denn je gestorben? Bin ich etwa nicht mehr auf der Erde im Besitze aller meiner Güter, meines Goldes und Silbers? O ihr Canaillen! Auf welch eine feine Art ihr mir einige Goldstücke herauslocken möchtet für einen Himmel, den es nirgends gibt, und mich erretten von einer Hölle, die nichts ist als eine Erfindung arbeitsscheuer Pfaffen! Seht, daß ihr weiterkommt, sonst rufe ich alle meine Hausteufel zusammen und lasse euch mit Hunden hinaushetzen! Da schaue man einmal solche Lumpen an! Von der Hölle retten und den Himmel verschaffen könnten sie einem ums Geld! Schaut, daß ihr weiterkommt, sonst werde ich euch sogleich Himmel und Hölle austreiben!"

5 Spricht *Paulus:* „Freund, solche Rede ficht uns nicht an, und wir haben auch keine Furcht vor dir. Aber das sei dir gesagt: so du uns nicht gutwillig folgst, wirst du unsere Gewalt zum Verkosten bekommen! Denn für das ist schon gesorgt, daß dir auf dein Rufen keine Teufel zu Hilfe kommen. Wir wissen übrigens sehr wohl, wie du auf der Erde zu deinem Reichtum gekommen bist. Da waren wohl eine Menge hungriger Teufel in deinen Diensten, und ein Heer großer, reißender Hunde umlagerte dein Schloß, fiel Reisende an und hielt sie fest, bis deine Hausteufel kamen und sie um ein bedeutendes Lösegeld von den Be-

stien befreiten. Wohl bist du öfter verklagt worden; aber die Kläger richteten nichts aus, weil die Richter in deinem Solde standen. Wir könnten dir von deinen Räubereien vieles erzählen, aber am rechten Ort wirst du deine unmenschlichsten Greueltaten alle vor dir erschauen. Und es wird sich da zeigen, ob du vor ihnen Abscheu und eine wahre Reue bekommen wirst. Wirst du das, so bist du noch zu retten, wenn aber nicht, ist die unterste Hölle dein Anteil! Und nun komme mit uns gutwillig, sonst werden wir Gewalt brauchen!"

6 Schreit *Cado:* „Ihr Hunde wollt mir Gewalt antun? Alle Teufel herbei!! Wir wollen sehen, wie weit ihr mit eurer Gewalt ausreichen werdet!" Er harrt eine Weile unter gräßlichem Zähneknirschen auf seine Hausteufel, aber es kommt niemand und kein Gebell irgendeines Hundes läßt sich vernehmen. Auch sein Schloß, das er bisher noch immer wie auf der Welt als sein vermeintliches Eigentum vor sich sah, fängt an ganz nebelig zu verrinnen gleich einer Eisblume auf einer Glasscheibe, die von erwärmter Luft bestrichen wird.

7 Als *Cado* solches nun zu merken beginnt, schreit er auf: „Verrat, Verrat! Ihr elenden Hunde, ihr habt mir etwas angetan! Weichet von mir, ihr Hunde!! Bei allen Teufeln, ich will euch nicht folgen! Ihr seid ein paar Zauberer, ihr habt meine Sinne verhext! Hinweg von mir, ihr Höllenhunde!!"

8 Bei diesen letzten Ausrufen aber befindet sich Cado schon vor Mir und der Helena wie auch vor all den anderen Gästen, ohne aber außer Petrus und Paulus irgendwen von uns zu sehen. Helena erschrickt vor ihm, da er vor Zorn förmlich glüht und dampft, aber Ich stärke sie, daß sie ihn ruhiger betrachten kann. — Ich gebe nun Petrus einen Wink, mit Cado einen Bekehrungsversuch zu machen und ihn auf Augenblicke paradiesische Gegenden schauen zu lassen.

9 *Petrus* beginnt sogleich äußerst weise und sanfte Worte an Cado zu richten und sagt: „Freund Cado, sei vernünftig! Sieh, die Erfahrung muß dich ja belehrt haben, daß auf der Erde alle Güter eitel und bald vergänglich sind, und daß am Ende der Reichste wie der Ärmste das gleiche Los des Sterbens miteinander teilen. Alles Fleisch muß sterben, alle Materie vergehen, nur der inwendige Geist bleibt unverwüstbar! Sieh, du bist dem Leibe nach gestorben und lebst jetzt nur in deiner mit Geist erfüllten Seele unverwüstbar fort. Hänge daher nicht mehr an dem, was für ewig vergangen ist. Bekenne aber deine großen Welt-

schulden, und wir wollen für dich Zahler sein und dich dann aufnehmen in unsere wahre und für ewig beständige Welt, in der es dir nimmer an irgend etwas gebrechen soll. Da siehe hin gen Morgen! Jene herrlichen Ländereien und Paläste sind unser, und du sollst sie haben! Aber deine Schulden mußt du uns bekennen, auf daß wir sie auf uns nehmen können!"

10 *Cado* sieht flüchtig hin und beschaut die herrlichen Ländereien: Nach einer Weile sagt er höhnisch: „Wisset, Mäuse und Ratten fängt man am leichtesten mit einem Köder. Manche Narren zahlen doppeltes Eintrittsgeld ins Theater, so ihnen ein Zauberkünstler Nebelbilder zeigt. Aber so ein dummer Hecht bin ich nicht, daß ich sogleich in die Angel bisse! Glaubst du, dummer Tagdieb, ich werde deinem Blendwerk Beifall zollen? Ich weiß es, was und wer du bist, und kenne auch mich sehr genau. Außer dem Leibe bin ich um so freier und werde tun, was mich freut. Aber ein dummer Jude wird mir nie ein Wegweiser sein! Verstehst du dieses, dümmster Esel? Was fragst du denn nach meinen Schulden auf der Erde? Bist du so mächtig und allweise, wirst du ja doch schon lange erfahren haben, worin sie bestehen! Berichtige sie dann auch, wenn du schon so eine Lust zum Schuldenzahlen für andere hast! — Was gehen dich überhaupt meine Verbrechen an? Habe ich dich denn um deine je gefragt? Schaut, daß ihr bald weiterkommet, sonst werdet ihr an mir den rechten Teufel finden! Habe ich euch etwa angerufen gleich einer alten Betfrau? Nein, das tut ein Cado, der Schrekken der Wüste Armeniens, nimmer! Cado ist ein Herr, und die Erde bebt vor seinem Namen! Aber euer Jehova ist ein Bettler und ein Hauptpfuscher in allen Dingen! Glaubst du, ein Cado kennt etwa den Jehova nicht und seine ans Kreuz gehängte Jesus-Pfuscherei? Oh, ein Cado kennt alles, sogar seine ganze Lehre kennt er besser als du, der du sein Fels hättest sein sollen für alle Zeiten. Aber der Fels ist anstatt aus fester Steinmasse aus Schafbutter angefertigt worden und daher auch zerronnen. Und so ist von diesem Felsen auch nichts anderes übriggeblieben als dessen nichtssagender Name und eine Menge hölzerner Statuen, Bilder und falscher Reliquien! Du bist der Peter und dein Begleiter ist der etwas gescheitere Paul oder Saul (der letzte Name dürfte der richtige sein!). Sagt mir lieber, was es denn mit euerem Meister in dieser Geisterwelt für eine Bewandtnis hat! Richtet er noch fleißig die Toten und die Lebendigen? Ist er auch so dumm wie ihr beide?"

[11] Spricht *Petrus:* „Der hat uns eben an dich abgesandt, daß wir dich vor dem ewigen Untergang erretten sollen!" — Spricht *Cado:* „Warum ist er nicht lieber selbst gekommen? Er hat sich vielleicht bei den Gerichten verkühlt und hat darauf einen Schnupfen bekommen und wird jetzt nicht ausgehen können? Daher hat er euch wahrscheinlich an mich abgesandt, auf daß ihr mich erwärmen sollt durch euren starken Atem! Aber Cado ist kein Schaf, wie es der zu Bethlehem geborene Messias der Juden war, darum ihm denn auch seine Landsleute am Kreuze ihre Ehre bezeugt haben. O ihr dummen Schöpse! Meint ihr denn, daß ein Cado sich auch bei der Nase herumziehen läßt wie irgendein hungriger Jude? O weit geirrt, meine lieben Schafe Gottes! Cado ist ein Löwe und nimmer ein Gottesschaf! Versteht ihr das? — So ihr zu euerm Meister kommt, richtet ihm einen schönen Gruß aus von mir und saget ihm, daß es mir sehr leid tut, daß er auf der Erde kein Cado, sondern ein ganz gewöhnliches Schaf war!"

[12] Spricht *Petrus:* „Freund, auf diesem Wege wirst du nicht weiter kommen. Dein Weg führt zur Hölle und zur ewigen Qual aus dir selbst, denn du bist verdorben bis in die innerste Faser deines Lebens! Damit du aber weißt, wer nun *Jesus* der Gekreuzigte ist, war und ewig sein wird, so sage ich dir als einer Seiner getreuesten Zeugen: Er ist Gott, der Einige und Alleinige, der Ewige, ein Herr und Meister, heilig in der ewigen Unendlichkeit! Er allein kann dich erhalten, aber auch fallen lassen für ewig. — Sieh noch einmal gen Morgen hin den Himmel offen, aber siehe auch gen Mitternacht der Hölle Rachen weit aufgetan: Wohin willst du ziehen? Kein Gott wird dich richten und kein Engel und wir beide auch nicht. Aber dein Wille sei dein Richter!"

[13] Spricht *Cado:* „Also dort der sogenannte Himmel und da gegen Mitternacht die romantische Hölle! So, so, das ist sehr schön. Was kostet denn dieses von euch hergezauberte Spektakel? Ihr seid ja ein paar Magier höchster Art! Sagt mir, ist die Hölle nach altjüdischer Art oder römisch-katholisch, griechisch, türkisch oder indisch? Der Himmel ist wohl persisch?"

[14] Spricht *Petrus:* „Cado, Cado! Du bist ein frecher Geist und treibst schnöden Unfug mit der unendlichen Güte und Erbarmung Gottes! Sieh, wir sind dir wohlwollend gut und bereit, dir jeden nach der Ordnung Gottes ersprießlichen Dienst zu leisten. Wir haben dich noch mit keinem harten Wort beleidigt, außer daß wir dir zeigten, wie es der

Urgerechtigkeit Gottes gegenüber mit dir steht. Und du bist wie ein wütender Tiger gegen uns entbrannt! Warum denn das, Freund? Sei doch gegen uns in deiner Ohnmacht so, wie wir im Besitze aller Macht aus Gott gegen dich sind. Wir werden uns dann leichter verständigen als bisher. Glaube mir, der ich dich durch und durch kenne, daß es mit dir wahrlich äußerst schlecht steht aus der bösesten Liebe deines Herzens! Du kannst dir ewig nimmer helfen. Aber so du vor uns deine Missetaten bekennst und dein Herz vor uns auftust, setzt du uns dadurch instand, daß wir dein Herz ausfegen können. Verschließt du es aber stets mehr vor uns, so wird dein arger Unflat im Herzen erstarren und es wird nimmer möglich sein, dich zu erretten vor dem ewigen Tode! Cado, bedenke doch diese heilsamsten und freundlichsten Worte!“

15 Spricht *Cado:* „Ich bitte euch, ersparet euch jede Mühe und ärgert mich nicht vergeblich! Habt ihr denn nie gehört, daß jene, die schon von Kindheit an gewohnt sind zu herrschen, nimmer gehorchen können und wollen? Ihr könnet von mir nur im Wege meiner Gnade und Großmut etwas erreichen, aber auf dem Wege eures Rates ewig nichts! Ein rechter König darf sich niemals raten lassen, so er sein gebieterisches Ansehen behaupten will. Er muß allezeit herrschen!“

164

Grundböses Wesen des Cado
Der Herr über göttliche Züchtigung

1 Spricht darauf abermals *Petrus:* „Aber du warst doch dein ganzes irdisches Leben hindurch kein König! Wie kannst du da sagen, daß du schon von der Wiege an zum Herrschen geboren gewesen wärest? Du warst nichts als ein Beduinenhäuptling, und das nur in den letzten Jahren deines Lebens. Früher warst du ein Schafhirte und daneben ein Helfershelfer deiner löblichen Vorgänger. Erst durch die schmähliche Heirat mit der ältesten Beduinenhäuptlingstochter bist du zum Häuptling erhoben worden. Du hast somit auf der Erde lange blindlings gehorchen müssen und hast erst in den letzten Jahren eine schnöde Herrschaft über dein lumpigstes Räubergesindel und deine Bluthunde aus-

geübt. Und so meine ich, daß dir das Herrschen eben nicht in dem Grade angeboren sein möchte, wie du es uns gesagt hast!"

2 Spricht *Cado:* „Das ist gleich! Was ich nicht will, das will ich durchaus nicht! Ihr möget selbst Götter sein, so werdet ihr mich doch so lange nicht auf eine andere Idee bringen, bis ihr mir ein anderes Herz und einen andern Willen einhauchen werdet. Glaubt ihr denn, daß ich die Hölle fürchte? Oh, da irret ihr euch sehr! Einem allmächtigen Gott gehorchen kann jeder feige Esel; aber Gott den hartnäckigsten Trotz bieten und alle seine Weisheit zuschanden machen, das kann nur ein starker Geist, der auch vor der ärgsten Hölle keine Furcht kennt. Werft mich in kochendes Erz, und ich werde euch im höchsten Brandschmerze dieselbe Antwort erteilen. Denn groß ist der Geist, der seinen Schöpfer auch unter den größten Schmerzen verachten kann! — Welchen Dank soll ich dem Schöpfer auch schuldig sein? Ich bin nur dann gegen jemanden zu Dank verpflichtet, so er mir das tat, um was ich ihn ersucht habe. Den Schöpfer aber habe ich sicher nie ersucht, daß er mich hätte erschaffen sollen. Er hat es eigenmächtig getan! Es ist dann Schande genug für seine angepriesene höchste Weisheit und Macht, daß er an mir eine barste Pfuscherei von einer Schöpfung zuwege gebracht hat. Oder vielleicht muß ich wegen der Erhaltung des Ganzen gerade so sein, wie ich bin? Ihr werdet daher weder auf die eine noch auf eine andere Art mit mir etwas ausrichten. Seht daher, daß ihr weiterkommt!"

3 Hier wird Cado ganz schwarz und seine Gestalt entsetzlich häßlich, so daß Helena sich sehr zu fürchten anfängt. Seine Augen werden glühend wie die eines wütenden Hundes und er macht Miene, die beiden Apostel anzufallen. Aber *Petrus* sagt zu ihm: „Im Namen Jesu gebiete ich dir, daß du dich vor uns ruhig verhältst, sonst sollst du die Schärfe des Gotteszornes zum Verkosten bekommen, sobald du wagst, nur einen Finger gegen uns zu heben!"

4 Cado bebt nun vor Wut und wird in seinem Innersten ganz glühend, äußerlich aber aller Kleidung bar. So steht er häßlichsten Anblickes vor uns, ohne jedoch unser ansichtig werden zu können.

5 *Ich* frage nun Helena: „Nun, geliebte Tochter, was sagst du zu dieser Seele? Findest du, daß von Meiner Seite auch nur im geringsten etwas unterlassen worden sei, das für ihre Rettung zu tun wäre? Du sagst in deinem edlen Herzen ein Nein! Und so ist es auch. Es ist bei

diesem Geiste alles aufgeboten worden, was nur immer als ein Meiner Liebe entsprechendes sanftes Mittel gedacht werden kann, aber ohne den geringsten Erfolg. Dieser Geist wurde sozusagen auf den Händen getragen. Starke Engel wurden zu seiner Bewahrung beordert. Aber sein Wille, der frei bleiben muß, war stets mächtiger als Meine Liebefesseln. Er zerriß sie alle und spottete ihrer allzeit gräßlich. Es fehlte ihm nicht an der Erkenntnis: er kennt jeden Buchstaben der Schrift und hatte sogar das Vermögen, mit der gesamten Geisterwelt zu verkehren. Er kennt Mich und Meine Göttlichkeit und kann doch Meiner spotten. Für ihn ist jeder Herrscherstuhl ein Fluch, so er ihn nicht sein eigen nennen kann. Ein Greuel ist für ihn jedes Gesetz, das nicht er gegeben. Er kennt nur seinen Willen, und der Wille eines andern ist für ihn ein Verbrechen. Sage Mir, was kann da Meine Liebe noch ausrichten bei solch einem Wesen?“

6 Spricht *Helena:* „Ach du großer, lieber, heiliger Vater! Solch ein Wesen verdient eine fernere Gnade nimmer von Dir; wohl aber so lange eine gerechte Züchtigung, bis es in aller Demut zu Kreuze kriechen wird.“

7 Rede *Ich:* „Wäre alles recht, so die Züchtigung von Mir ausgehend nicht auch schon ein Gericht wäre! So Ich die Menschen ihrer großen Bosheit wegen züchtige, muß die Züchtigung ja so gestellt sein, daß sie als eine natürliche Folge der Böswilligkeit erscheint. Gleichwie sich jemand selbst einen Schlag versetzt und der darauf folgende Schmerz als eine notwendige und ganz natürliche Folge seines Tuns sich darstellen muß. Und so muß jede von Mir ausgehende Züchtigung beschaffen sein, wenn durch sie die Freiheit des Geistes und der Seele nicht untergraben werden soll.

8 So darf auch bei diesem argbösen Geiste keine andere Züchtigung angewendet werden, als die er sich selbst aus seinem höchsteigenen bösen Willen, der Ausgeburt seiner Liebe, geben wird. Wenn er dann aus solch eigener Schöpfung den Schmerz satt bekommen und sich gewisserart selbst ersticken wird in seiner Wut, dann erst wird es wieder möglich sein, sich ihm auf einem gelinderen Wege zu nahen. Er kommt somit nach und nach in die unterste und allerärgste Hölle — aber nicht etwa von Mir dahin verdammt, sondern durch sein eigenes *Wollen.* Denn er schafft sich diese Hölle selbst aus seiner *Liebe!* Was aber je-

mandes Liebe ist, das ist auch sein Leben, und dieses darf ihm nimmer genommen werden!“

9 Spricht *Helena:* „Aber Herr, Du allein wahrste und vollkommenste Liebe und Erbarmung! So er dann in solcher bösesten Liebe verharrt und Dir zum Trotze lieber ewig das Ärgste erleidet, als seinen starren Willen zu beugen unter Deinen sanftesten — was dann mit solch einem Geiste? Wäre denn bei solch ganz argen Geistern nicht ein glimpfliches Gericht in nützliche Anwendung zu bringen? Der Geist würde sich mit der Zeit vielleicht daran gewöhnen und am Ende daraus eine Tugend machen, wie es zu Zeiten auch auf der Welt der Fall war.

10 Zum Beispiel: eine Dirne findet Versorgung in einem eingezogenen Hause mit der Weisung, sich von nun an so zu betragen, als wäre sie in einem strengen Kloster. Das ist für eine rechte Nachtwandlerin sicher ein kleines Gericht. Sie überlegt sich die Sache wohl eine Weile. Aber da der Vorteil eines guten, geregelten Lebens doch sehr anspricht, läßt sie sich gerne das Gericht gefallen, gewöhnt sich endlich an die Ordnung, wird darauf eine ganz züchtige Person und bleibt und stirbt dann auch als solche! Und so meine ich denn, daß so etwas vielleicht bei Cado auch der Fall sein könnte.“

11 Rede *Ich:* „Ja, Meine geliebte Helena, das ist bei diesem Geiste schon auf allerlei Art und Weise angewendet worden, leider aber allzeit ohne den geringsten Erfolg. So bleibt uns nun nichts mehr übrig, als ihn sich selbst zu überlassen. Will er durchaus die Hölle, so genieße er sie denn in aller Fülle. Dem, der etwas Böses selbst will, geschieht auch für ewig kein Unrecht. Wer in der Hölle verharren will, der verharre! Ich werde keinen bei den Haaren herausziehen wider seinen Willen. So ihm die Geschichte dann doch einmal zu derb wird, wird er sich schon von selbst einen Weg daraus bahnen. Macht ihm aber die Hölle Freude und ist ihm die ewige Nacht lieber als das alles beseligende Licht, so wähle er das, was ihm Freude macht! Bist du damit einverstanden?“

12 Spricht *Helena:* „Herr, du bester Vater! Jetzt vollkommen! Habe auch gar kein Mitleid mehr mit solch einem dümmsten Esel. Aber was wird mit diesem Teufel jetzt geschehen?“ — Rede *Ich:* „Das wirst du gleich sehen. Ich werde nun den beiden Aposteln einen Wink geben, ihn völlig freizulassen und ihn — aber nur in seiner Sphäre — tun zu las-

sen, was er will. Du wirst dann schon sehen, was es da mit diesem Geiste für einen weiteren Fortgang nehmen wird."

13 Ich gebe nun den beiden den vorbezeichneten Wink. Und *Petrus* sagt zu Cado: „Da wir beide uns zur Genüge überzeugt haben, daß du dich durch uns nicht für die Himmel Gottes vorbereiten lassen willst, so gehe von hinnen und tue, was dir Freude macht! Denn das will auch dein Gott und unser Gott Jesus Jehova Zebaoth! Von nun an wird Gott keine Boten mehr an dich absenden. Wir beide waren die letzten!" — Nach diesen Worten werden die beiden für ihn unsichtbar, während er selbst allen Anwesenden wohl sichtbar wie auch mit jeglichem Gedanken und Worte vernehmbar bleibt.

165

Cado im Höllenschwitzbad
Des Herrn unverbrüchliche Willensfolgenordnung

1 Als *Cado* sich nun allein befindet, sagt er bei sich: „Dank der Hölle, daß ich diese beiden Luder endlich losgeworden bin! Ha, da seh ich ja Bekannte, mehrere meiner Gesellen, ja sogar meinen einstigen Häuptling! Das wird ein Jubel sein, so wir zusammenkommen und uns leicht wiedererkennen! Sehen doch noch alle wie auf der dummen Welt aus!"

2 Die Schar nähert sich ihm stets mehr und mehr, und sein vormaliger *Häuptling* stürzt mit großer Hast auf ihn los, packt ihn an der Kehle und schreit fürchterlich: „Ha! Schurke! Elender Hund! Bist du endlich hier, damit ich dir's zahle, daß du dir durch ein schändliches Mittel meine Königstochter zum Weib verschafft hast! Warte, du elender Schurke, diese Schmach sollst du mir nun in einem Schwitzbade büßen, daß dir darob Hören und Sehen vergehen wird! Unbeschreibliche Schmerzen sind mir hier zugefügt worden durch Flammen und Glut. Aber keiner ärger als der, daß ich hier am Orte der Qualen und Schrecken erfahren mußte, daß ein gemeinster Hund meine erhabene Königstochter sich zum Weibe gemacht hat. Aber dafür sollst du Hund auf eine Art gezüchtigt werden, wovon der ganzen Hölle noch nie etwas geträumt hat!"

[3] Auf diese Worte macht Ludwig *Bathianyi* folgende Bemerkung zu Dismas, Pater Thomas und dem General: „Nun, das ist ein löblicher Empfang! Der König-Häuptling scheint auch ein ganz starker Kerl zu sein, denn Cado kann sich trotz all seines Ringens aus den Krallen seines Häuptlings nimmer loswinden. Nun kommen auch dessen Helfershelfer herbei, und — o verflucht! — nein, da vergeht wahrhaft dem beherztesten Geiste Hören und Sehen! Mit glühenden Stricken umwickeln sie ihn nun wie die Spinne mit ihrem Fadenschleim eine Fliege. Cado raucht nun von allen Seiten und schreit erbärmlich um Hilfe. O Herr, das ist gräßlich! Da, sehet hin, wie sie ihn vor sich stoßen und hinwälzen! Und dort im finstersten Hintergrund sehe ich einen Thron wie von weißglühendem Metall. Gegen diesen Thron wälzen sie stets heftiger den sehr zu bedauernden Cado. Was wird denn da geschehen? Sollte etwa da das verheißene Schwitzbad sein? O Herr, gar sehr bitte ich dich, vergib mir meine Sünden! Aber das ist zu arg! Sie stellen ihn richtig auf den Thron hinauf, von dem nun auf allen Seiten lichterlohe Flammen schlagen. Und er wird extra noch mit glühenden Ketten gefesselt. — Oh, dies schaudererregendste Schmerzgeheul des geknebelten Cado! Herr, willst Du mir so viel Macht einräumen, daß ich hingehe und den Cado frei mache? — Und da kommen andere mit glühenden Spießen und fangen an, von allen Seiten ihn zu durchstoßen! Von jeder Wunde fließt eine gräßlich dampfende Glühmasse! Herr, ich bitte Dich, gib mir Macht und laß mich hineilen, diesen wahrhaftig ärmsten Teufel zu befreien!“

[4] Rede *Ich:* „Lasse das gut sein und sei froh, daß zwischen uns und ihnen eine unübersteigliche Kluft gestellt ist — sonst würden auch die Auserwählten zur Qual kommen. Warte aber nur ein wenig ab! Bald wird diese Sache ein anderes Gesicht bekommen. Denn der zu große, unausstehliche Schmerz wird Cado bald zum Meister seiner Fesseln machen. Dann wirst du den zweiten Akt eines höllischen Dramas zu Gesicht bekommen.“

[5] Spricht *Bathianyi:* „Herr, ich bin schon mit diesem über alle Maßen zufrieden und auch alle anderen hier. Auch die liebste Helena scheint mehr als genug zu haben!“ — Spricht Helena ganz erschüttert: „Übergenug! Denn das ist gräßlich, übergräßlich!“

[6] Rede *Ich:* „Meine lieben Kindlein, ihr müßt das sehen, damit ihr vollkommen rein werdet. Denn ein jeder Engel muß auch die Hölle

kennen, wie sie beschaffen ist und was da für Früchte aus ihrer bösen Liebe erwachsen. Denket nicht, Ich ließe so etwas aus einer Art Zorn und Rache geschehen. O das ist ferne Meinem Vaterherzen! Aber ihr wisset, daß ein jeglicher Same seine bestimmten Früchte trägt und jede *Tat* auch eine bestimmte *Folge* haben muß, wie jedwede Ursache ihre bestimmte Wirkung. Und das alles wegen der ewigen Ordnung aus Mir Selbst, ohne die nie auch ein Atom hätte erschaffen werden können und ohne die noch weniger an eine Erhaltung des Geschaffenen zu denken wäre. Nun aber hat dieser Geist so sehr wider die für ihn *frei* gestellte Ordnung gehandelt, daß er durch solches Handeln sich selbst die notwendigen Folgen hat bereiten müssen. Sie dürfen wir wegen der Erhaltung der ewigen Ordnung nicht früher abändern, als bis dieses nun höchst unglückliche Wesen durch die schmerzhaften Folgen seiner früheren Handlungen *aus sich selbst* zu anderen Handlungen getrieben wird, die dann auch andere, bessere oder aber auch noch schlimmere Folgen nach sich ziehen werden!

7 So jemand einen guten Samen in die Erde legt, wird daraus auch eine gute Frucht erwachsen. Legt aber jemand statt des Weizenkornes den Samen einer Tollkirsche ins Erdreich, so wird er nur wieder eine Tollkirsche und keinen Weizen ernten.

8 Es dürfte Mir aber leicht jemand einwenden: »Wäre alles recht, o Herr; aber Du hättest Deine Ordnung nicht in so ungeheuer grelle Extreme treiben sollen!« — Gut, sage Ich und füge aber die Frage hinzu: Ist das Lichtextrem einer Sonne darum als ein Fehler Meiner Ordnung zu beklagen, weil wegen seiner außerordentlichen Stärke jedes Auge erblindet, das da so toll wäre, stundenlang unverwandt in die Sonne zu schauen? Oder ist das alles verzehrende Feuer etwa mit einem zu heftigen Hitzegrad begabt? Ist nicht die Last eines Berges zu gewaltig, die Schnelligkeit des Blitzes zu groß, die Kälte des Eises zu scharf und die Masse des Meerwassers zu ungeheuer? — Wie sähe es aber mit einer Welt aus, auf der die Ordnung in den Elementen nicht so bestellt wäre? Wenn des Feuers Hitzegrad nur lau wäre, könnte es wohl die harten Metalle schmelzen? Wären aber die Metalle weich, wozu könnten sie dann nütze sein? Wäre die ganze Erde etwa so weich wie Butter, welches Geschöpf von nur einigem Gewicht würde auf so einer Welt bestehen können? Und so die Sonne nicht ein so intensivstes Licht besäße, würde sie dann wohl auch imstande sein, auf Entfernungen von sehr

vielen Millionen Meilen die für die Planeten erforderliche Wärme und das über alle Maßen nötige Licht zu bieten?

9 Es möchte vielleicht jemand sagen: »Es sollen ja alle Extreme sein und bestehen, aber wozu ist denn beim Menschen die außerordentlich große *Schmerzfähigkeit* gut?« Die Antwort auf diese Frage ist leicht: Stellt euch die Menschheit als schmerzunfähig vor; gebet ihr dann ein freies Erkenntnisvermögen und einen völlig freien Willen. Sanktioniert dann die Gesetze wie ihr wollt, und es wird niemand ein Gesetz beachten! Denn wer keine Empfänglichkeit für Schmerzen hat, der hat auch keinerlei Lust. Und würden wollüstige Menschen, so sie nur mit purer Lustempfindlichkeit begabt wären, sich nicht in aller Kürze gänzlich verstümmeln, so sie bei einem allfälligen Abtrennen eines Gliedes statt des schützenden Schmerzes nur Lust und Wohltun empfänden?

10 Dieser aus übergroßem Schmerze heulende Cado wäre sicher für ewig verloren, wäre er schmerzunfähig. So aber wird er in seinem Hochmut vielleicht noch geraume Zeit Trotz bieten. Wenn ihn aber der Schmerz zu gewaltig erfaßt, so wird er am Ende mit sich sehr handeln lassen und wird sich auf bessere Wege begeben.

11 Ihr seht nun aus Meinen Worten, daß da jede Fähigkeit und Beschaffenheit eines Menschen wie auch jedes andern Wesens aus Meiner ewigen Ordnung bestens berechnet ist. Es darf an ihr kein Häkchen fehlen, so der Mensch vollkommen werden soll, was er werden kann. Wenn aber alles so sein muß, dann müsset ihr hier neben Mir stets denken: »Was jemand selbst will, trotz der großen damit verbundenen und ihm wohlbekannten Nachteile, dem geschieht auch ewig kein Unrecht, und ginge es ihm noch tausendmal schlechter!« — Nun aber gebt weiter acht auf die vor sich gehende Handlung! Und du, Meine liebste Helena, erzähle uns, was du siehst!"

12 Spricht *Helena:* „O Herr, das ist zu ungeheuer gräßlich! O wohl dir, Robert-Uraniel, daß du das nicht mit uns schauest, du würdest erstarren vor Grauen!" — Rede *Ich:* „Sorge dich nicht um Robert! Er sieht diese Szene ebensogut, wo nicht noch besser als du! Denn im Geisterreiche gibt es keine Ferne, von der aus man irgendein Geschehnis weniger klar sehen würde. In dieser Welt gibt es ganz andere Nähen und Fernen, und diese befinden sich lediglich im Herzen eines jeden Geistes. Je inniger sich Geister lieben, desto näher sind sie sich. Je

schwächer aber die gegenseitige Liebe ist, desto ferner sind sie sich auch. — Verstehst du das? Sieh jetzt nur mutig die Szene an!"

13 Helena schaut nun mit mehr Mut und Ergebung nach der Szene hin, da sie einsieht, daß die Sache unmöglich anders sein kann, als wie sie wegen des Gesamtbestandes der ewigen Ordnung sein muß.

166

Cado wird frei und nimmt Rache
Der Häuptling lenkt ein. Satanischer Höllenplan

1 Es macht aber auch der Franziskaner *Cyprian* mit dem Grafen Bathianyi und dessen Freund Miklosch eine etwas größere Annäherung zu Mir und richtet seine Augen scharf auf den Schreckensort. Nach einer Weile fängt er unaufgefordert an zu reden: „O du entsetzliche Schwerenot! Cado, von namenlosem Schmerz gedrungen, zerreißt nun alle Fesseln, als wären sie ein lockeres Spinngewebe. Er fällt über seine Peiniger her wie ein wütender Tiger und wen er ergreift, den zerreißt er in kleine Stücke! Die Stücke krümmen sich und hüpfen am glühend aussehenden Boden umher wie abgehauene Stücke einer Schlange! Den glühenden Thron zermalmt er zu Staub! Die Spieße werden vernichtet, und nun stürzt er sich auf seinen irdischen *Häuptling*, der sich zur Wehr stellt und dem wütenden Cado mit gräßlicher Stimme entgegenruft:

2 »Rühr mich nicht an, Hund, sonst sollst du meine Rache in namenloser Schärfe kennenlernen! Glaube nicht, daß ich hier verlassen und ohnmächtig vor dir stehe. Sowie du mich nur mit einem Finger anrührst, wirst du von Millionen mächtigster Geister umringt und in eine Qual geworfen werden, gegen die alles, was du bis jetzt verkostet hast, ein kühlender Balsam war! Willst du aber, da ich in dir nun einige Kraft entdeckt habe, mit mir gegen einen anderen Fürsten einen Bund machen, so soll dir der auf Erden an mir begangene Frevel völlig nachgelassen werden. Du sollst mein intimer Freund sein und mein königliches Ansehen als mein Schwiegersohn im Vollmaß teilen!«

3 *Cado* wird nun etwas stutzig und schreit nach einer Pause noch immer grimmig: »Elendster Teufel! So du mir nun — da du ein kleines

Pröbchen meiner unbesiegbaren Macht und Kraft gesehen hast — solch friedliche Anträge machst, warum hast du das nicht eher getan, als ich dir doch so harmlos freundlich entgegenkam? Wahrlich, du hättest an mir einen Freund gefunden, mit dessen Hilfe du die ganze Schöpfung aus den Angeln hättest heben können. So aber hast du dir an mir einen Feind gezogen, wie die ganze Hölle keinen zweiten soll aufzuweisen haben. Du glaubtest, mich vernichten zu können, bist aber gräßlich enttäuscht worden und machst als Besiegter mir nun friedlich schimmernde Anträge. Aber Cado wird deinen Worten ein verdammt kleines Gehör schenken und dir tausendfach vergelten, was du ihm geliehen hast!«

4 Hier streckt Cado seine Hände nach dem Häuptling aus. Aber der *Häuptling* macht einen Sprung zurück und schreit: »Blinder Esel! Mußte ich dir das nicht antun, da du sonst nimmer zu dieser Kraft gekommen wärest! Denn hier werden Geister nur durch große Leiden geläutert und zu mächtigen Helden umgestaltet. Und so habe ich dir durch meine grausam scheinende Behandlung ja nur einen größten Freundschaftsdienst geleistet und nicht meinen vorgeschützten Rachedurst gekühlt. Das tat ich dir aber nur wegen der nahen Verwandtschaft, damit du schnell zu jener Kraft gelangest, ohne die sich in diesem Reiche kein Wesen behaupten kann. So du aber das nicht anerkennen willst, versuche immerhin dein loses Vorhaben an mir zu vollziehen, und du wirst dich überzeugen, daß du noch lange nicht der Mächtigste in dieser Welt bist!«

5 Hier stutzt *Cado* noch mehr und sagt nach einigem Umherschauen: »Dummes Luder von einem Beduinenhäuptling, wenn sich die Sache so verhält, warum hast du mir das nicht gleich gesagt? Ich will dir's aber als meinem Schwiegervater in allen Teufelsnamen gelten lassen und annehmen, daß es also ist. Aber wehe dir, so ich dahinterkomme, daß du mich nur so beredet hast! Dann sollst du mir's millionenfach büßen! — Aber nun sage mir, wie der Ort heißt, wo wir uns befinden, und ob es hier keine Burgen und reichbeladene Karawanen gibt, die man etwas leichter machen könnte? Denn unser irdisches Handwerk werden wir hier doch nicht etwa aufgeben müssen?«"

6 *Cyprian* fortfahrend: „Schönes Vorhaben! Zwei Kerls, wie sie nur in der untersten Hölle ausgeheckt werden können! — Der *Häuptling* bedenkt sich ein wenig und sagt dann mit geheimnisvoller Würde: »Freund, auf der Erde waren wir pure Mückenfänger, hier aber sind

wir zu mächtigen Löwen herangereift, denen ganz andere Pläne durchzuführen vorgesteckt sind. Du weißt, daß bis jetzt noch immer die alte Gottheit die drückend tyrannischste Obergewalt ausgeübt hat, und sie hat diese durch ihre Menschwerdung noch mehr befestigt. Wir ersten Geister dieses Reiches unbegrenztester Freiheit aber haben mit unserem Scharfsinn die verborgenen Schwächen der alten Gottheit aufgefunden. Wir werden sie nun in aller Kürze von ihrem alten Thron stürzen und mit ihr machen, wie du ehedem mit deinen Peinigern getan hast. Dann werden wir die ganze alte Schöpfung zerstören und an ihre Stelle eine neue und allerfreieste setzen! Wie gefällt dir dieser Plan?«

7 *Cado* zuckt mit den Achseln und sagt: »Der Plan wäre wohl unser würdig, aber ich zweifle sehr, daß er uns je gelingen wird. Denn die alte, grausame Gottheit ist stets von größter Schlauheit und sieht gerade da am besten, wo wir an ihr Blindheit zu gewahren wähnen. Daher meine ich, daß es mit der Ausführung dieses großartigen Planes durchaus nicht gehen wird.«

8 Spricht wieder der *Häuptling:* »Du bist hier ein Anfänger und redest nach deiner noch sehr beschränkten Einsicht. Du hast noch zu irdisch-dunkle Ansichten von der Gottheit und unterstellst ihr noch Allwissenheit und unbegrenzte Macht. Du siehst die Gottheit noch immer als ein ungeteiltes, allwaltendes Wesen, das nur zu wollen braucht, um eine Myriade neuer Welten aus sich ins Dasein zu rufen. Das kann sie zwar und tut es auch immer, weil das ihr höchstes Vergnügen ist. Aber wir wissen, wohin solch eine Lust die Gottheit mit der Zeitenfolge bringen muß. Sieh Freund, die alte, schwach gewordene Gottheit ist bettelhaft kindisch geworden! Ihre Sache ist, nur immer erschaffen und erschaffen, gehe es, wie immer es gehen mag. Hast du denn auf der Erde nicht schon bemerkt, wie der Gottheit der Zwirn ausgeht? Sie überhäuft die Bäume mit zahllosen Blüten und hat am Ende zu wenig Stoff, alle die Blüten zu einer Frucht zu ernähren. So setzt sie auch Menschen auf Menschen in die Welt. Geht ihr endlich der Erhaltungsfaden aus, so muß sie ihre Lieblinge wie die Fliegen dahinsterben lassen. Und in allem wirst du ähnliche göttliche Verlegenheiten bemerken, aber freilich leider nicht ahnen können, worin der Grund liegt. Wir aber wissen nur zu gut, wie die Gottheit schwächer und schwächer wird und samt ihrer großen Haushaltung am Ende auf den Hund kommen muß. Und

so ist es uns auch möglich, Pläne zu entwerfen, die ihren Untergang notwendig befördern müssen.«"

167

Cados wahnsinniger Höllentrotz
Vermessener Umsturzplan des Häuptlings
Der Höllenschlund tut sich auf

1 *Cyprian* berichtet weiter: „*Cado* schüttelt abermals den Kopf und sagt: »Freund, deine Pläne sind eitel! Ich bin zwar der Gottheit entschiedener Feind, aber nicht ihrer Schwäche, sondern ihrer zu ungeheuren Macht wegen. Es ist mein vollkommen freier Wille, entweder hier im Orte der Qualen zu verbleiben oder umzukehren und Besitz zu nehmen an allen möglichen Freuden eines himmlischen Lebens. Aber ich ziehe dennoch vor hierzubleiben, weil ich der Gottheit endlos große Macht nur zu gut kenne. Wäre die Gottheit nur um einen Grad schwächer, hielte ich's sogleich mit ihr und würde sie verteidigen gegen jeden Angriff. Aber eben da sie so unendlich mächtig und unbesiegbar ist, bin ich ihr entschiedenster Feind. Ich weiß, daß meine Feindschaft barste Torheit ist und sie mich jeden Augenblick vernichten kann. Solange aber ich einen freien Willen habe, will ich ihr entschiedensten Trotz bieten, bloß um ihr zu zeigen, daß sie mit ihrer Allmacht und Weisheit mit mir dennoch nichts richten kann, solange sie mich in der gegenwärtigen Willensfreiheit beläßt. Es ist für einen Helden wahrlich der größte Hochgenuß, als ein Atom gegen die endlose Größe Gottes sich derart zu stemmen, daß sie nichts dagegen auszurichten vermag! Ich werde daher auch nie ihre eingebildeten Schwächen, sondern vor allem ihre unendliche Kraft zu erforschen bemüht sein. Und je mehr Kraft und Stärke ich in ihr entdecke, desto unbeugsamer werde ich mich ihr gegenüber gebärden. Siehe, das ist mein Sinn, der sich für einen Helden ziemt! Aber dein Plan, die Gottheit zu entthronen, gehört zu den größten Lächerlichkeiten. Die Gottheit ist das unendlichste Wesen in jeder Hinsicht! Daher gib deinen Plan auf und tue, was ich tue. Du wirst einen Hochgenuß haben dadurch, daß du dir selbst das Zeugnis geben

kannst, der höchsten Gottesmacht mit deiner barsten Nullkraft dennoch Trotz bieten zu können!«

[2] Spricht der *Häuptling:* »O du dummer Esel! Meinst du denn, daß du aus dir selbst heraus bist, wie du bist? Sieh, du bist ja gerichtet und kannst nimmer anders wollen. Du meinst dadurch der Gottheit zu trotzen, so du bist, wie *sie* will, und nicht, wie du willst! Solange Gesetze und Fesseln ein Wesen binden, ist es nicht frei, sondern Sklave einer höheren Macht. Und solange die Gottheit unserem Wirken unübersteigliche Grenzen setzt, sind wir die elendsten Sklaven. Von einer Freiheit kann bei uns so lange keine Rede sein, als wir aus unserer eigenen Macht das harte Joch der Gottheit nicht völlig von uns zu weisen imstande sind. Können wir aber der Gottheit trotzen, und muß die Gottheit diese Schmach erdulden, so ist das doch sicher ein Zeichen, daß sie schwach ist. Ist sie aber in einem schwach, so wird sie auch in vielem anderen vielleicht noch schwächer sein. Daher ist es an uns, alle ihre schwachen Seiten sorglich auszukundschaften und sie dann mit unserer Übermacht anzugreifen und gänzlich zu verderben.«"

[3] Der Franziskaner *Cyprian* für sich: „O du verzweifelter Lump! Was der für löbliche Ideen hat! Schau, schau! Ich habe immer noch gemeint, die höllischen Geister müßten in ihrer fürchterlichsten Qual eine ewig brennende Reue über ihre großen Sünden fühlen, ohne je eine leiseste Hoffnung auf Erlösung zu haben. Aber wie ich sehe, ist die Sache ganz anders. Sie *wollen das alles selbst,* bloß um Dir, o Herr, hartnäckigsten Trotz bieten zu können! Die Kerle haben nur Freude über ihre grenzenlose Verstocktheit, das ist wahrlich nicht übel! — Aber Herr, solchen Lumpen möchte ich an Deiner Stelle denn doch ein bißchen ihre Freude versalzen. O ihr Hauptlumpen, wartet, dieser Freudenbecher soll euch mit einer Galle gefüllt werden, an der ihr für ewig sollt hinreichend zu lecken haben!"

[4] Sage *Ich:* „Mein lieber Cyprian! Diese Erscheinung mußt du leidenschaftslos beobachten, sonst füllst du dein eigenes Herz mit demselben Stoff, mit dem der beiden höllischen Geister Herz erfüllt ist. Denn Drohung, Rache und Krieg sind Eigentümlichkeiten der Hölle, wie sie sich dir soeben zur Schau stellen. Sieh nur hin, wie soeben eine Horde gleich glühenden Drachen aus einer mächtig qualmenden Höhle zum Vorschein kommt und unsere beiden Räuberhäuptlinge umstellt, begrüßt und sie belobt ob ihrer gut höllischen Gesinnung. Und wie die

beiden sich nun auch in eine gut ausgebildete Drachengestalt umzuwandeln beginnen, was so viel sagen will, daß sie nun vollends ins echt Höllische übergehen, das sich in ihnen nun völlig ausgebildet hat.

5 Ich sage dir, es bleibt diesen Geistern nichts geschenkt. Jedes Lästerwort wird zu einem glühenden Stein auf ihrem Haupte. Und sie werden bei solch einer Last schon nach und nach inne, ob sie stärker seien als die Gottheit und fähig, ihre argen Pläne gegen Mich je in Ausführung zu bringen! — Gott ist durch und durch die reinste Liebe, und aus solcher Liebe die höchste Weisheit, Ordnung und Macht. Alles das, mag es dir noch so schrecklich vorkommen, ist Meine Liebe, Weisheit und Ordnung. Es muß alles so geschehen, damit alles bestehe und nichts verlorengehe!

6 Die eigentliche Höllenqual wird für diese Geister erst jetzt ihren Anfang nehmen. Du siehst nun auch die ehedem von Cado zerrissenen Quälgeister sich wieder ergänzen — nur nicht in einer menschenähnlichen, sondern in einer Schlangengestalt. Passe recht auf, und du wirst gleich der eigentlichen Hetze ansichtig werden. Aber du, Helena, darfst nun nicht mehr hinsehen, weil das für dich zu arg wäre! Ihr anderen aber sehet hin, und du, Cyprian, kannst auch nebenher erzählen, was du erblicken wirst!"

168

Gewalten der Finsternis
Höllische Tücke und himmlische Wachsamkeit

1 Der Franziskaner Cyprian tritt nun einige Schritte näher, um die Szene ungehinderter betrachten zu können. Aber *Ich* sage zu ihm: „Cyprian, nähern darfst du dich dem Orte des Greuels nicht, weil das einen üblen Eindruck auf dich machen könnte! Daher mache die Schritte wieder zurück, du wirst die Sache auch von deinem früheren Standpunkte gut übersehen können."

2 *Cyprian* tritt auf diese Anrede sogleich zurück und sagt: „O Herr, ich danke Dir für Deine väterliche Zurechtweisung! Ohne sie wäre ich am Ende ganz hingezogen worden, was wahrhaftig höchst unglücklich für mich hätte werden können. — Nun fängt aber auch dort die hölli-

sche Geschichte an, ein ganz verzweifeltes Aussehen zu bekommen! O Kreuz, Blitz und Donner, diese Nordgegend bekommt nun ein schauderhaftes Aussehen! Eine finster gähnende Grotte öffnet sich weit durch die schroffen Wände eines Gebirges, aus dessen Schluchten und gigantischen Spalten sich ein stets dichterer finsterer Qualm entwickelt. Auch vernehme ich ein unheimliches Toben gleich dem eines entfernten großen Seesturmes. Oh, das fängt an, sehr bedenklich zu werden! Nun erschaue ich zu oberst des Gebirges über der schaudervollen Grotte zwei Engel sehr düster ernsten Aussehens! Wer etwa doch diese zwei Engel sind?"

3 Sage *Ich:* „Sehe sie nur besser an, du wirst sie leicht erkennen!" — Cyprian beschaut sie nun schärfer und erkennt bald Sahariel und Robert-Uraniel. Er will sie Mir nennen; aber Ich untersage ihm solches wegen der Helena, deren Herz zu zartfühlend ist, als daß es ohne Vorbereitung das Geschäft ihres Gemahls auf einer für ihre Begriffe so gefährlich scheinenden Stelle mit rechter Ruhe betrachten könnte. — Cyprian versteht solchen Wink und schweigt. — Aber *Helena,* wennschon an Meiner Brust mit ihrem Gesicht ruhend, fragt dennoch Cyprian, ob er die zwei Engel noch nicht erkannt habe. — *Cyprian* aber entschuldigt sich recht klug: „Jawohl! Aber ich habe nun vor lauter Schauen keine Weile, dir ihre Namen zu nennen. Gedulde dich nur, sie werden ohnehin bald selbst herkommen." — *Helena* gibt sich damit zufrieden und verbirgt ihr Gesicht an Meiner Brust vor den angekündigten Greuelszenen der Hölle. Ein stets mächtigeres Tosen und Toben zeigt nun an, daß die Hölle wieder etwas sehr Arges auszuführen beabsichtigt.

4 *Cyprian* aber, dem dieses donnerähnliche Dröhnen nicht gefallen will, sagt zu Mir: „Aber Herr, Du heiligster, bester Vater! Was soll denn aus dieser stets gröber werdenden Brummerei werden? Es fängt sogar dieser Boden, auf dem wir nun stehen, zu beben und sich zu heben an! Und dort, wo die schaudererregende Grotte — aus der nun stoßweise Flammen mit massenhaftem Qualm herausschlagen — sich weiter auszudehnen scheint, wälzen sich jetzt über das Gebirge herab fürchterliche Gewitterwolken gleich losgerissenen großen Felsstücken. Die Sache bekommt ein niederträchtiges Aussehen, obschon die höllische Gruppe sich noch friedlich und nichts Arges ahnend vor dem Eingang der schrecklichen Grotte befindet und nicht einmal Miene macht, etwas

zu unternehmen. — Ich bitte Dich, Herr, sage uns doch, was aus dieser sonderbaren Vorbereitung am Ende herauswachsen wird? Ich entdecke sonst nichts als immer mehr Flammen, die aus der Grotte schlagen. Ebenso stets mehr des dicksten Rauches aus der Grotte wie aus anderen Klüften des Gebirges und ein ständiges Anwachsen der Gewitterwolken. Die beiden Engel auf der höchsten Spitze des Gebirges sind ganz ruhig und scheinen diese grauenhaften Vorbereitungen gar nicht zu bemerken. Der unerträgliche Sturmlärm scheint nicht bis zu ihren Ohren zu dringen."

5 Rede *Ich:* „Mein lieber Freund! Die Hölle ist nie gefährlicher und unheilbringender, als so sie sich äußerlich ganz ruhig verhält, aber dafür innerlich mit desto größerer Wut zu toben beginnt — wie dies soeben der Fall ist. Dagegen aber ist auch der Himmel nie wachsamer gegen die Hölle gestellt, als wenn er sich bei solchen Umtrieben der Hölle ganz ruhig und gleichmütig zu verhalten scheint. So lange die Hölle bloß innerlich gärt und tobt, schreitet der Himmel nicht ein. Aber wenn sie, mit der Weile ermutigt, ihre Wut nach außen hin in Wirksamkeit treten läßt, dann wird schon auch der Himmel seine Gegenmittel in nachdrücklichste Wirksamkeit treten lassen. — Gib nur genau acht, wie die Hölle nun ihren alten Versuch, Mich zu fangen und zu stürzen, tückisch unter dem Deckmantel äußerer Ruhe erneuern wird. So du jetzt einen Blick auf die Erde werfen magst, wozu du bloß über deine Achsel links zu schauen brauchst — wirst du genau gewahren, wie die Hölle nun auch an den Höfen gleichermaßen tätig einzuwirken sich bemüht, um die ganze Erde in einem alles verheerenden Krieg zu entflammen. Sie wird ihr Vorhaben auch hie und da zum Ausbruch bringen; aber dann passe auf, auf welch eine Weise ihr da das Handwerk gelegt wird! — Betrachte daher nur diesen Höllenausbruch und seine Folge, so wirst du leicht schließen können, wie sich auf der Erde alles das, was hier nun vorgeht, in entsprechender Weise nachbilden wird. — Siehe, der Rumor wird schon wieder stärker, die Flammen in der Grotte werden intensiver und der Qualm selbst glühend! Die Rotte vor der Grotte wird zahlreicher und fängt an, sich gegen uns her zu bewegen. Nun wird es bald losgehen!"

169

Der höllische Himmelssturm bricht los — Friedensgeister in der Höhe Furchtbare Wendung für die Scharen der Finsternis

1 *Cyprian* wendet kein Auge ab von der Szene. *Ich* aber gebe Meinen Dienern einen Wink, und diese verstehen, was sie zu tun haben.

2 Nach einer kurzen Weile sagt *Cyprian* ängstlich: „Herr, wir werden uns am Ende doch zu einem Rückzug bequemen müssen. Denn die Hölle scheint nun alle ihre viele tausend Jahre alten Gefangenen freizulassen, damit sie mit vereinten Kräften Dich samt dem ganzen Himmel in Beschlag nehmen. Sie wandern nun keck auf uns zu! Und diese Gestalten, wahrlich mitunter lächerlich gräßlich! Wie sich einige aufblähen und bald darauf wieder zusammensinken bis zur Größe eines kleinen Affen! Auch allerlei Waffen fange ich an zu entdecken! Spieße, Lanzen, Schwerter und Gewehre aller Art. Das geht ja auf einen ordentlichen Krieg los! Aber gegen wen denn? Gegen uns etwa doch nicht? Sehen sie uns denn auch, weil sie sich gerade gegen uns her richten?"

3 Sage *Ich:* „Freilich gilt der Krieg von seiten der Hölle allzeit uns! Sehen können sie uns nicht; wohl aber vermuten sie uns hier, weil sie an der Stelle gegen uns her, die eigentlich der geistige *Mittag* ist, eine Art Helle wahrnehmen. Sie mühen sich vergeblich ab, uns näherzukommen. Sie meinen wohl, daß sie vorwärts gehen, aber ihr scheinbares Vorwärts ist ein Rückgang und ein stets mehr Sichentfernen von uns. Daher lassen wir sie auch traben, da wir wissen, wie weit und wohin sie mit dieser Bewegung kommen werden.

4 Sie werden aber mit der Weile inne, daß sie um nichts vorwärtskommen trotz all ihres Mühens. Und dies wird das Zeichen zum Ausbruch ihrer inneren Wut sein, in der sie sich selbst gegenseitig ohne Schonung anfallen und zerreißen werden gleich wilden Bestien. Gib jetzt nur recht acht, ganz besonders auf ihre Bewegung!"

5 Cyprian achtet nun sehr auf alles, was sich in der Bewegung der Höllenrotte ergibt. — *Miklosch* und Graf *Bathianyi* aber sagen einstimmig: „Herr, übergroß ist Deine Langmut und Geduld, daß Du solchem Treiben mit Deiner sanftmütigsten Gelassenheit zusehen kannst!

So es auf uns ankäme, würden wir diesem Gesindel einen ganz kuriosen Ernst entgegensenden. Nein, solch eine Frechheit, sich Dir entgegenstemmen zu wollen, ja Dich sogar, so es möglich wäre, gänzlich zu vernichten! Nein, das ist zu überhöllisch arg! Solch ein Gedanke würde von uns aus schon einer ewigen Züchtigung wert sein!"

6 Rede *Ich:* „Meine lieben Kindlein, lasset beiseite, was nur immer den Namen Ärger hat! Denn seht, aller noch so geringe Ärger entstammt der Hölle und verträgt sich nie mit der reinen Natur Meiner himmlischen, noch kleinen Kindlein, als wie ihr es nun noch seid. Ihr müßt euch überhaupt über gar keine Erscheinung, wie böse sie auch immer aussehen mag, auch nur im geringsten ärgern. Denn das Ärgern der Kinder der Himmel verleiht der Hölle einen Vorschub und gibt ihr Stoff zum Wiederärger, den sie nur zu leicht und zu bald vergrößert und in einen neuen Wirkungsstand setzt. — Denket aber dafür in euerem Herzen, daß dies alles also geschehen muß, so in jene Grotte auch einmal ein sanfteres Licht dringen soll. Denket, daß die ganze Hölle aus Wesen besteht, die teils durch ihre und zum Teile durch die Geschichte der Weltgroßen zu solchen Teufeln geworden sind und ihr geistiges Leben gänzlich verwirkt haben. Sie sind nun unendlich unglücklich und werden noch stets unglücklicher werden. An uns aber, die wir alle Macht innehaben, liegt es nun, ihnen so viel als möglich zu *helfen,* und zwar durch jedes Mittel, durch das eine Hilfe noch möglich erscheint.

7 Dieser nun bevorstehende Kampf gegen uns setzt ihr mattes Scheinleben in eine größere Tätigkeit, durch die sie vor der völligen Auflösung geschützt werden. Durch den fehlgeschlagenen Versuch werden sie dann wieder in Kenntnis gesetzt, daß sie gegen Gott nichts vermögen. Dann werden viele aus ihrer Rotte bescheidener werden und sich bei einer ähnlichen künftigen Unternehmung nicht mehr beteiligen. Und das ist dann ein wirklicher Fortschritt dieser verlorenen Schafe. Für sie stehen uns dann schon wieder eine Menge wirksamster Mittel zu Gebote, sie in eine etwas hellere Belebung zu leiten, ohne uns direkt an ihrem freien Willen, der ihr Leben ist, zu vergreifen. Daß aber derlei Bäume nicht mit einem Hiebe gefällt werden dürfen, werdet ihr hoffentlich einsehen?"

8 Spricht *Miklosch:* „O ja, Herr und Vater! Nun ist uns schon wieder alles klar, und es ist alles gut, was Du, o Herr, anordnest! — Aber nun

entdecke ich, daß auf den Spitzen der überhohen Gebirge sich lichte Geister stets mehr zu sammeln beginnen. Auch auf der höchsten Spitze stehen neben den zwei ersten eine Menge anderer uns ganz unbekannter kräftigster Engel. Und da, seht in die Lüfte empor! Ungeheure Scharen schweben in wohlgeordneten Reihen und haben ein scharfes Auge auf die Bewegungen der höllischen Rotte. Und die Höllenrotten scheinen sie zu bemerken, weil sie nun auf einmal ihre grimmigsten Gesichter erheben und ihre Wurfgeschütze aufwärts zu richten beginnen."

9 Spricht *Cyprian:* „Ja, Bruder Miklosch, hast recht! Dort nahe an der wahren Teufelsgrotte habe ich schon eine Art Raketen in die Höhe steigen sehen, die aber nicht bis zur Achtelhöhe des Gebirges kamen. Auch sehe ich nun, wie ganze Massen an den schwarzgrauen Felswänden aufwärts zu klimmen anfangen, aber ganz verzweifelt schlechte Fortschritte machen. Von unten her werden sie entsetzlich bedroht, und zum weiteren Emporklimmen scheinen sie auch keine Lust zu haben. Die Geschichte fängt an, ein tragisches Aussehen zu bekommen! Nun ist eine ganze Rotte über eine sehr hohe Steilwand herabgestürzt und wird nun gleich wieder angetrieben, neu aufwärts zu klimmen. Sie sträubt sich, indem sie auf die Unmöglichkeit hinweist; aber man fängt an, sie mit glühenden Spießen zu bearbeiten. Ah, das ist schauderhaft!"

10 Rede *Ich:* „Gebt jetzt alle genau acht, denn nun beginnt die eigentliche Hetze! Nun soll aber Miklosch, der mehr gelassenen Geistes ist, die Szene weiter erzählen, wie sie vor sich geht — und zwar ohne alle verwundernden Zwischenrufe! Also sei es!"

11 Spricht *Miklosch:* „Herr und Vater! Ich armes, sündiges Wesen danke Dir aus aller Tiefe meines Herzens für diesen herrlichen und großen Auftrag, den Bruder Cyprian abzulösen in diesem wahrlich jeden noch so standhaften Beobachter höchst in Anspruch nehmenden Geschäfte. Aber ich muß daneben auch sogleich offen bekennen, daß es mir dabei um nichts besser gehen wird. Denn die Mißerfolge jener höllischen Mühen sind selbst für die Hölle und ihre Streiter zu grell und schaudererregend, als daß selbst das beherzteste Gemüt dabei ohne Erschütterung bestehen könnte. Daher bitte ich Dich zu diesem Zwecke wohl um eine ganz besondere Stärkung, wenn ich nicht mitten in der Nacherzählung des Geschauten schon beim dritten Satze steckenblei-

ben soll. In Deinem allmächtigsten und heiligsten Namen will ich dann versuchen, wie es mir mit dem Nacherzählen gehen wird.

[12] Soeben stürzt eine ganze, große Felswand über eine Menge, die hinaufzuklimmen genötigt wurden, und begräbt und zerschlägt eine große Masse der höllischen Streiter. Und hinter der eingestürzten Wand ergießt sich lichterloh eine gräßlich brausende und zischende Lavaflut und begräbt in ihrem raschen Vordringen bei weitem mehr als ehedem die eingestürzte Wand. — Nun ersehe ich auch wieder den schon sehr verunstalteten Cado und dessen Häuptling. Sie scheinen im Vordergrund Rat zu halten, was da weiter zu tun und zu unternehmen sei, da, wie es scheint, kein Teufel mehr eine Lust zeigt, über die schroffen Felsenhänge für nichts hinaufzuklettern. Die mächtigeren Teufel treiben die schwächeren wohl noch höllisch-energisch an. Aber da ist von einem Gehorsam keine Rede mehr, und ein jeder, vor dem Lavastrom fliehend, scheint nun allein dem eigenen Willen zu gehorchen. Welch gräßliches Jammergeschrei, welch eine namenlose Not! Es brechen nun aus mehreren Spalten des Gebirges glühende Lavagüsse hervor und stürzen gleich gewaltigen Wasserfällen in die Tiefe herab. Dort über eine hohe Felsenwand stürzt gleich einem Niagarafall eine ungeheure Masse glühend geschmolzenen Erzes unter furchtbarem Krachen in die Tiefe. Und die Rotten, groß und klein, fliehen vor den herwogenden Feuerfluten, heulen und fluchen entsetzlich.

[13] Cado und sein Häuptling machen ebenfalls eine schnelle Bewegung gegen uns her und erklimmen einen mäßig hohen Hügel, der sich zu unserer Linken befindet. *Cado* macht dem Häuptling scharfe Vorwürfe wegen seines unausführbaren wahnsinnigen Plans, die allmächtige Gottheit besiegen zu wollen. Nun habe er den Sieg vor seinen dümmsten Krokodilsaugen! Er solle nun die Löcher zustopfen, aus denen die Gottheit über ihn und sein mißhandeltes Heer so reichlich Feuerfluten hervorsprudeln läßt, und soll auch die Begrabenen hervorholen. Aber der *Häuptling* macht die Bemerkung, daß dies alles nur blinder Lärm sei und die Feuerflut bald erschöpft sein werde.

[14] *Cado* lacht dazu höhnisch und sagt: »O du dümmster Teufel! Da sieh ein wenig hinauf, wie sich da stets neue, gewaltige Quellen auftun und wie die Glühflut in wenigen Augenblicken auch unsern Hügel umspülen wird. Du wirst leicht gewahren, wie bald nach deiner Idee der Gottheit Zornquellen versiegen werden! Sieh hin gegen die Grotte,

deren Inneres wahrscheinlich deine Königswohnung ist: sie ist bereits voll glühend fließenden Erzes, auf dessen dampfendem Spiegel ganze Scharen deiner mächtigsten Kämpfer schaudererregend schwimmen und mit des Feuerstromes rascher Flut wahrscheinlich in einen endlosen Abgrund hinabgeschwemmt werden. Das wäre mir ein Sieg! Du wirst doch bald wieder einen Feldzug gegen die Gottheit unternehmen? O herrje, die Flut hat bereits auch unsern Hügel erreicht! Nun heißt es weiterfliehen, sonst werden auch wir in diese Schwimmanstalt der Gottheit aufgenommen! — Der *Häuptling* erkennt nun die höchste Gefahr und schreit: »Dorthin, gen Abend, wo einige meiner tapfersten Kämpen hinfliehen, fliehen auch wir! Aber eiligst, sonst sind wir verloren!«

15 Spricht *Cado:* »Schöne Tapferkeit bei solchem Fersengeld! Oh, ich überdümmster Teufel! Zwei so grundehrliche Boten hatte die Gottheit an mich schlechtestes Luder abgesandt, und ich verschmähte sie! Nun sehe ich meinen gräßlichsten Untergang und kein Retter mehr naht sich mir!« — Schreit der *Häuptling:* »Fliehe, sonst bist du verloren! Denn diese Flut ist arg und wen sie begräbt, der ist begraben für ewig! Ich fliehe nun!« Mit diesen Worten stürzt der Häuptling jählings den Hügel hinab.

16 *Cado* aber bleibt und schreit ihm nach: »Fliehe nur, Satan! Der ewigen, allmächtigen Gottheit wirst du ebensowenig entfliehen wie ich. Wir beide haben dies Los wohl verdient, daher werden wir ihm auch nicht entfliehen, denn der Gottheit Rachefinger umspannt die Unendlichkeit!«“

170

Untergang der Höllenmacht
Cado als Überlebender zeigt bessere Regungen
Der Geist ist willig, aber das Fleisch ist schwach

1 *Miklosch* berichtet weiter: „Cado schaut nun bebend dem fliehenden Häuptling nach und sieht, wie eine Feuerglut diesem schon nahe an die Fersen kommt. Der Fliehende heult entsetzlich, und schon mancher hervorzuckende Funke leckt an seiner Haut. Das entsetzt Cado, und es

scheint ein jeder Funkenbrand, der des Häuptlings Haut berührt, auch die seine gewaltig zu stechen.

2 Nun aber hat die Flut den fliehenden Häuptling erreicht und Cado schreit: »Du allmächtige Gottheit — er ist verschlungen! Und kein Wesen kommt ihm zu Hilfe! Seine Mächtigen sind bereits alle begraben. Ich bin auf diesem Hügel — der bereits auch zur Hälfte von der gräßlichen Flut umflossen ist und wo nur ein schmaler Streifen gen Morgen hin noch passierbar ist — auch auf dem Punkte, in einigen Augenblicken sein Los zu teilen. Wollte ich auch an die unglückliche Stelle hinrennen, würde ihm das nun nichts mehr nützen. Ich bleibe, wo ich bin, und die göttliche Allmacht soll mit mir machen, was sie will, denn zu entfliehen ist ihr nimmer. — Dies Feuermeer muß aber auch eine unermeßliche Brennhitze haben, da es mich schon hier so unausstehlich brennt.

3 Großer Gott, welche Schmerzen von höchster Schärfe werden nur zu bald mein ewiger Anteil sein! Das ist also die fürchterliche *Hölle*, deren Wurm nimmer stirbt und deren entsetzliches Feuer nimmer erlischt! O Gottheit, habe Erbarmen mit einem Kinde der Hölle, das zwar überaus schlecht ist, aber doch wenigstens seine Greuel erkennt und nun leider zu spät bereut! — Ich habe zwar schon eine entsetzlich schmerzliche Höllentour durchgemacht, aber beim Anblick dieser rein *göttlichen* Strafmacht hat mich alle Kraft verlassen. Und ich fühle nun kaum die Kraft eines Insektes in mir und muß mich demnach gefangennehmen lassen von der gerechten Zornflut des göttlichen Rachefeuers.«"

4 *Miklosch* fortfahrend: „Nun sinkt Cado auf seinem Hügel zusammen und erwartet die verzehrende Flut, die zwar noch mächtig hin und her wogt, aber dennoch nicht mehr steigt. Bis auf Cado ist nun alles, was gegen uns zu Felde ziehen wollte, von ihr verschlungen. Nur das kommt mir noch unerklärlich vor, daß die mächtigen Himmelsfürsten sich noch nicht entfernen wollen. Auch die schauerliche Grotte, über die Hälfte erfüllt mit dem Feuerstrom, hat ihr drohendes Aussehen noch nicht verloren."

5 Rede *Ich:* „Der Kampf ist noch nicht zu Ende und der Cado noch nicht völlig verloren. Gebt nur acht, was weiter geschehen wird! Darauf erst soll euch eine genügende Aufklärung zuteil werden."

6 *Miklosch* beobachtet jetzt hauptsächlich den Hügel, auf dem Cado wie tot zusammengekauert liegt, und berichtet weiter: „Aber da die

schreckliche Flut doch nicht an seine Haut gelangen will, so fängt er sich wieder emporzurichten an, um zu sehen, was es denn mit diesem Zornsturme der Gottheit für einen Fortgang nehme. Er sieht, daß das Feuermeer nicht höher steigt, als es sich anfangs über eine unübersehbare Fläche ausgebreitet hatte und zu bedeutender Höhe angestiegen war.

7 Diese Erscheinung flößt Cado mehr Mut ein, und er spricht bei sich: »Was haben nun alle diese Esel davon, daß sie sich wieder einmal den argen Spaß machten, mit der allmächtigen Gottheit einen Kampf zu wagen! Aber ich selbst bin eigentlich auch ein Ochse, denn warum habe ich ehedem den Antrag jener zwei *Boten* nicht angenommen, mich von dem schauervollen Untergang zu retten! Wo sind diese Herrlichen nun? Rings um mich her ist Nacht, nur das glühende Feuermeer wirft einen matten Zornschimmer über mein verfluchtes Wesen. Gegen Morgen dort in weitester Ferne entdecke ich einen freundlicheren Schimmer als dieser hier ist. Wie wäre es, wenn ich dahin zöge? Gefährlicher kann es doch nirgends mehr sein als hier in der Mitte der untersten Hölle!«

8 Nun macht sich *Cado* auf die Beine und fängt an, sich gegen uns her zu bewegen. Aber sein ganzes Bewegen hat ein Aussehen, als ob er sich selbst mit seiner Schnellfüßlerei foppen möchte, denn er zappelt fast immer auf demselben Punkte. — Was kann da wohl die Ursache sein, daß er bei seinem festen Willen nicht weiterkommt?“

9 Rede *Ich:* „Der Grund liegt darin, daß solche Geister auch bei besten Vorsätzen und guter Erkenntnis dennoch ein Herz voll Unflat haben, aus dem fortwährend böse Dünste in die Kammer des Willens aufsteigen und stets einen Rücktritt bewirken, wo der bessere, aber schwächere Willensanteil einen Fortschritt tun wollte. Es geht ja vielen auf der Welt auch so: sie kennen das Gute und das Wahre und nehmen sich auch immer vor, es auszuüben. Aber gewöhnlich in den Augenblicken, da sie das Gute und Wahre in ihren Willen aufnehmen wollen, dunstet dann auch ihr Fleisch am meisten; sie werden schwach und kommen trotz ihres Strebens nicht vom Fleck. Und so ist der Geist stets willig, aber das Fleisch ist schwach! An diesem Cado habt ihr nun ein lebendiges Beispiel, wie ein Mensch oder Geist aus seiner eigenen Kraft nichts vermag ohne Mich. Mit Mir aber vermag er alles!“

171

Veränderte Szene — Versuchungsvolle Höllengeister
Cado ruft die Gnade und Hilfe der Gottheit an

1 Rede *Ich* weiter: „Nun aber gebt weiter acht, und du, Miklosch, mache den Erzähler. Denn es ist hier in dieser Gesellschaft nicht jedem gegeben, das Kommende zu schauen, aber in Unkenntnis soll niemand belassen werden.“

2 *Miklosch* fängt nach einer kurzen Weile wieder zu erzählen an: „Ah, das ist wahrlich im höchsten Grade tragikomisch! Aus dem Feuermeer, das noch immer grauenerregend mit donnerartigem Getöse dahinwogt und eine zahllose Menge Blitze entsendet, erheben sich nun ganz muntere Gestalten in Unzahl. Von vorne sehen sie recht anmutig aus, aber vom Rücken her wie halbverweste Totengerippe. Das Wogen der glühenden Flut scheint sie nicht im geringsten zu genieren und die gewaltigste Glühhitze scheint ihnen nur ein höchst angenehmes Gefühl zu verursachen. Die Blitze fahren durch sie durch wie Wasser durch ein Sieb, ohne die munteren Gestalten im geringsten zu belästigen. Wahrlich im höchsten Grade sonderbar! Ah, sie mehren sich stets mehr und machen einen förmlichen Reigen. Eine von vorne sehr elegant aussehende Gruppe bewegt sich in zierlichen Schritten gegen *Cado* hin, der diese Erscheinung mit größter Aufmerksamkeit betrachtet, ohne jedoch daran ein sichtliches Wohlgefallen zu haben. Aber dennoch staunt er ganz verblüfft diese vielen Tänzergruppen an. Eine Gruppe macht jetzt knapp am Hügel graziöse Bewegungen und scheint Cado zu unterhalten, denn er hat sie schon ein paarmal recht wohlgefällig angelächelt. Aber den Rücken bekommt er nicht zu Gesicht.

3 Nun eilen ein paar *Tänzerinnen* mit rosenfarbigen Schleifen zu ihm auf den Hügel und winken ihm, ihnen auf den glühenden Tanzboden zu folgen. — Aber *Cado* entschuldigt sich und spricht: »Meine Füße würden sich auf solch einem Tanzboden nicht halten, daher bleibe ich, wo ich bin. Bleibet ihr aber, wo es euch gut zu gehen scheint! Ich brauche von solch einem brennheißen Vergnügen wahrlich nichts!« — Aber zwei kommen ihm näher und geben sich alle Mühe, ihn auf das glühende Eis zu locken. *Cado* aber gebietet ihnen, sich ihm nicht mehr

zu nahen, ansonsten er wider sie Gewalt gebrauchen müßte. Je mehr er aber ihnen droht, desto mehr zeigen sie ihm von ihren Vordergrundsreizen und bestreben sich, ihn ganz zu bezaubern. Wahrlich ein sonderbares Schauspiel! Merkwürdig ist, daß die Höllengrazien bei allen verlockenden Bewegungen doch nicht aus ihrer Haltung kommen, daß Cado ihrer Rückenteile ansichtig werden könnte. Eine bemüht sich nun, ihm die Schleife gleich einer Schlinge um den Hals zu werfen.

4 *Cado* aber weicht einige Schritte zurück. Er hebt einen Stein auf, schleudert ihn der Grazie an die Brust und schreit mit wahrer Donnerstimme: »Zurück, Höllenbestie! Wenn Satan, dein Gebieter, kein besseres Verführungsmittel hat, einen armen Teufel noch tiefer in die Hölle hinabzuziehen, dann soll er sich heimspielen lassen! Glaubt denn dieses der Gottheit widerspenstige Rindvieh, Vögel meines Gelichters werden sich dummen Weltfinken und Gimpeln gleich auf seine alten, saudummen Leimruten setzen und sich fangen lassen? Da irrt er sich, ein Aar setzt sich nie auf eine Leimspindel! Saget das euerm Ochsen von einem Gebieter!«

5 Nun spricht die *zweite Kameradin:* »Aber lieber Freund, du irrst dich gewaltig über unsere große Fürstin Minerva! Siehe, sie kennt deinen großen Geist und will dir durch uns Genien eine kleine Vor-Auszeichnung zuteil werden lassen. Danach wird sie dir dann selbst im höchsten Glanze ihrer Macht und Kraft liebreichst entgegenkommen, um dich einzuführen zu den allerhöchsten Ehren! Dies, weil du der einzige warst, der diesen von der alten Gottheit gegen einige Feiglinge der großen Fürstin gerichteten Feuerwogen beharrlichen Widerstand geleistet hat. Erkenne daher die Gnade, die dir deiner unbezwingbaren Kraft wegen die allerhöchste Fürstin der Unendlichkeit zuerkannt hat!«

6 Spricht *Cado:* »Ist eure hohe Fürstin vielleicht noch dümmer als ihr gemeinsten Höllenfetzen?« — Spricht ganz pomphaft die *Ungesteinigte:* »Was für eine entsetzliche Frage! Die hohe Minerva, die Göttin aller Weisheit, bei der sogar Zeus und Apoll in die Schule gehen müssen!« — Spricht *Cado:* »Oh, ich habe nicht gewußt, daß hier das alte Göttergesindel auch noch existiert! Ihr seid gewiß auch eine Art von Göttinnen?« — Spricht *sie:* »Nun freilich, ich bin ja die berühmte Terpsichore, die Göttin des Tanzes! Und diese hier, nach der du grausam einen Stein geschleudert hast, ist die herrliche Euphrosyne, die Göttin des

Frohsinns. Die Arme leidet nun einen starken Schmerz, aber sie trägt ihn geduldig aus großer Liebe zu dir!«

7 Spricht *Cado:* »Na, nun weiß ich genug, um euch mit allem Ernst sagen zu können, daß ich die Minerva im höchsten Grade verachte und von ihr ewig nie eine Ehre annehmen werde. Saget ihr, ich bin zwar ein entschiedener Feind eines gewissen Juden Jes-ja, Jesus, richtig Jesus heißt er. Und ich bin auch mehr oder weniger ein Feind seiner Lehre in mancher Hinsicht. Aber so ich diesem verachteten Judenpropheten als ein Esel Dienste leisten sollte, bin ich dazu bei weitem eher erbötig, als von eurer Minerva die höchste Ehre anzunehmen! Und nun fahret ab, ihr sauberen Geniusinnen! Aber sehet zu, daß euer Tanzboden nicht zu heiß wird!« — Spricht *sie:* »Na warte nur, da wir dich nicht erweichen können, sollst du die Minerva selbst sehen, aber von ihr keines Blickes gewürdigt werden!« — Spricht *Cado:* »Oh, das wird mir sehr angenehm sein, hauptsächlich das letzte, verstanden?«"

8 *Miklosch* fortfahrend: „Nun entfernen sie sich und hüpfen tänzelnd unter den andern Gruppen fort. Jetzt verlieren sie sich so, daß ich sie nirgends mehr zu entdecken vermag. Aber nun wird das Glühmeer schon wieder unruhiger. Das Wogen fängt stärker an und die Oberfläche wird glühender und leuchtender. Die zahllosen Tänzerinnen fliehen jetzt von höchster Angst gepeitscht in wilder Unordnung über die Oberfläche gegen die Grotte hin und stürzen sich unter gräßlichem Schmerzgestöhn entsetzt in einen furchtbaren Abgrund.

9 *Cado* macht hier eine kleinlaute Miene und sagt bei sich: »Die Gottheit sei aller Kreatur gnädig! Und wenn an der Hilfe des Propheten *Jesus,* der ein Liebling der Gottheit sein soll, etwas Wirksames ist, so helfe auch er! Denn diese Qualen sind für jedes lebende Wesen, ob Leib, Seele oder Geist, doch zu unaussprechlich hart! Übrigens muß die weiseste Minerva ihre Dienerschaft nicht gar zu artig empfangen haben, weil sie so entsetzlich zu wehklagen anfingen. — O Du große, allmächtige Gottheit, habe ich auch eine Strafe verdient, so lasse mir nur ein bißchen Gnade für Recht widerfahren! Denn diese Strafe für zeitliche Vergehen, wie immer sie beschaffen sein mögen, ist doch als ewig während zu unverhältnismäßig grausam. Lasse uns zunichte werden, und wir sind für ewig zufrieden, denn wer nicht ist, dem ist doch sicher alles recht. — Ich habe Dir, allmächtiger Gott, wohl ehedem trotzen wollen, als ich noch nicht die Macht des gräßlichsten Schmerzes ver-

kostet hatte. Aber da ich nun eine höchst geringe Einleitung zum ewig dauernden höllischen Schmerzenszustand verkostet habe, ist mir wahrlich für ewig alle Lust vergangen, mich Dir je wieder einmal widerspenstig zu zeigen. Ich bin gewiß kein Feigling, aber was zuviel ist, ist zuviel! Zugleich aber danke ich Dir, du große, allmächtige Gottheit, als ein ärmster Teufel für so viel Gnade, daß Du mich bis jetzt noch nicht in den Pfuhl geschleudert hast. O welch qualvoller Anblick ist doch dieses erschreckliche Glühmeer! Welch unerklärbare Schmerzen müssen die empfinden, die unter seinen weißglühenden Wogen begraben ruhen!«

[10] Hier wird *Cado* still und scheint zu weinen. Er seufzt bitterlich und ruft nun in klagendem Ton aus: »O du elendestes Geschöpf! Du Spielball in den Händen einer unerforschlichen Macht! Was ist dein Los sonst, als eine ewige, gräßlichste Verzweiflung im Gefühle deiner Ohnmacht! Die Erde war dir beschieden, daß du durch ihre tausend Lockungen zu einem Teufel werdest. Dann war dir der elende Leib genommen; nun stehst du als ein allerärmster Teufel, ein Fluch der unerbittlichen Gottheit, vor den Pforten der ewigen Qual! Und weil du ein Teufel bist, reicht dir auch keine helfende Macht einen leisesten Hoffnungsstrahl zur Erlösung! — Wo seid ihr beiden Freunde nun, die ihr mich habt ins Paradies bringen wollen? Damals war ich blind, aber nun bin ich sehend. Warum kommt ihr denn jetzt nicht, um mich zu retten als einen Sehenden, da ihr mich ehedem als Blinden habt retten wollen vor dem Abgrund? Aber ich schreie jetzt vergeblich, denn der Jammer aus der Verdammung eines armen Teufels dringt nimmer an ein göttliches Ohr. Wer verflucht ist, dem ist die ewige, schmerzvollste Verzweiflung sein schreckliches Los. Wehe mir! Dies ist der Anfang, dem aber kein Ende folgen wird!«“

172

Cados irdische Lebensgeschichte — Weitere Herzenserprobung Die höllische Minerva im Staatswagen Cados geweihte Steine der Abwehr

1 *Miklosch* fortfahrend: „Nun starrt er wieder trübsinnig vor sich hin und wirft dann einen Blick nach der entsetzlichen Grotte, aus deren Hintergrund stets gewaltigere Flammen emporschlagen, begleitet von unheimlichem Tosen und Stimmen, wie sie nur höchster Schmerz einem Gemarterten erpressen kann.

2 Dem *Cado* stehen die Haare zu Berge. In seiner Miene malt sich Furcht und Verzweiflung, und in seinem Inneren wird es zornglühend. Nun faßt er einen Stein und spricht mit bebender Stimme: »O komm nur, du mir angesagte Minerva, du Urgrund alles Übels! Dieser Stein soll dir dein Gehirn messen, wieviel der grausamsten Weisheit doch darin vorhanden sei. Gott oder ein Teufel gebe mir Antwort: Wer sind die Gequälten, wer quält sie, und was ist ihre Schuld? — Keine Antwort? Auch aus der Hölle keine! Das ist schon die Art der Mächtigen, daß sie die Stimme eines armen Teufels als nichts betrachten. — Mein Herz, du fragst umsonst, hier gibt es keinen Trost mehr! Du bist verloren, verloren auf ewig! Gewöhne dich an die Diamanthärte der Hölle, an die Ferne von Gott und an die Unzulänglichkeit jeder deiner Bitten! Aber welch eine schaudervollste Angewöhnung wird das werden?! Auf der Erde ging es zwar, daß ich mich an die Greuel gewöhnen konnte, die zu verüben ich von meinem Häuptling genötigt wurde. Aber damals war ich ein aller Menschenbildung bares Raubtier und hatte von keiner Religion nur den leisesten Begriff. Erst als ich Selbstherrscher wurde, lesen und schreiben lernte und dabei zu einer geraubten griechischen Bibel kam, wurde ich zum ersten Mal über das Dasein eines allmächtigen Gottes belehrt.

3 Ich las das Neue Testament und machte da Bekanntschaft mit dem berühmten Juden Jesus, dessen Lehre bis auf einige Widersprüche viel für sich hatte. Ich ließ mir einen sogenannten Geistlichen an meinen Hof bringen, aber was war dessen Erklärung? Ein jedes alte Weib hätte mir eine bessere gegeben. Der Pfaffe verlangte von mir bloß

Opfer zur Sühne meiner Sünden und verbot mir das weitere Forschen in solchen Büchern, durch die des Menschen Geist getötet werde. Ich sah, daß er ein Lump war, ärger denn ich; ich ließ ihn darum gehen und legte die Schrift zur Seite. So ich dadurch zu einem Teufel wurde, so frage ich, ob ich daran wohl alle Schuld trage?

4 Wenn ein Soldat auf dem Schlachtfeld Menschen ermorden muß, kann eine höchst weise Gottheit ihm das in sein Schuldbuch schreiben? Nein, und ewig nein! Ist aber auch der Gottheit Weisheit mit dem Dunste ihres Allmachtsdünkels umnebelt, dann freilich muß einem armen Teufel in seiner Nichtigkeit alles recht sein, was die Allmacht über ihn verfügt. — Aber was hadere ich! Geht es für die armen Teufel nicht schon auf der Erde so zu? Die allmächtige Gottheit ruft sie ins Dasein auf einem Boden, auf dem für sie kein Gräschen wächst. Und nehmen sie sich eines ohne den Willen des Besitzers, haben sie als Diebe schon das Gesetz am Genick. O du schöne Weisheit und Gerechtigkeit, die dem Reichen gibt im Übermaß und den Armen verhungern läßt!«"

5 *Miklosch* fortfahrend: „Nun werden die Flammen sehr tätig, und Blitze fahren in Unzahl über die Fläche des wogenden Glühmeeres. Ich gewahre jetzt ein starkes Drängen im Hintergrund dieser Grotte voll des verzehrendsten Feuers. Sie macht auf mein Gemüt einen gräßlichen Eindruck. Wie muß sie erst Cado vorkommen, der in der vermeinten Anwartschaft steht, in selbe zu gelangen! — O Tausend, nun fängt es aber in der Grotte entsetzlich zu toben an! Flammen und ganze Bündel mächtigster Blitze fahren empor zu den noch in unverrückter Ordnung weilenden Himmelsscharen, die allem gleichmütig zusehen.

6 Nun läßt sich aus der Grotte ein angstvolles Jammern vernehmen. Es kommt näher und näher. Cado hält sich die Ohren zu. Das ist teuflisch merkwürdig! Nun kommt aus der innersten Grotte ein Prachtexemplar von einem kaiserlichen Galawagen, von sechs glühenden Drachen bespannt, zum Vorschein. Und im Wagen, der selbst glühend zu sein scheint, sitzt eine Art *Minerva*, in ihrer Rechten ein Zepter und in ihrer Linken eine glühende Lanze.

7 Sie gebietet nun dem Glühmeere Ruhe, doch es bleibt stets gleich unruhig. Jetzt winkt sie mit dem Zepter in den Hintergrund und sogleich stürzt eine Unzahl teuflisch aussehender Geister unter gräßlichem Geheul aus den Flammen hervor. Sie gebietet ihnen, die Wogen des Glühmeeres zu bändigen. Die Teufel, unter allen erdenklichen Ge-

schmeißgestaltungen, werfen sich sogleich darauf und bringen richtig etwas Ruhe zuwege. Aber es scheint dies der Göttin noch nicht zu genügen, deshalb ruft sie noch eine größere Menge solcher Geister herbei. Diese stürzen mit großer Wut hervor und decken mit ihrer Scheußlichkeit beinahe die ganze sichtbare Oberfläche des Glutenmeers. Und diese wird jetzt ganz ruhig, so weit sie von den Scheusalen bedeckt ist.

8 Nun erst fängt Minerva an weiterzufahren und nimmt gerade gegen den vor Entsetzen fast starr gewordenen Cado Richtung. Der aber versieht sich nun mit Steinen, und wie ich merke, bezeichnet er diese zum Teil mit dem Namen ‚*Jeoua*', und zum Teil auch mit Deinem Namen ‚*Jesus von Nazareth*'. Er sieht verzweifelt grimmig aus und droht schon von weitem der sich nahenden Minerva.

9 *Minerva* aber herrscht ihm entgegen: »Wage es nur, meine Majestät zu beleidigen, so du in tausend Stücke zerrissen sein willst! Sieh, ich komme zu dir, um dich glücklich zu machen, und du willst mich steinigen! O du Blinder, was ist deine Macht gegen die meinige? Die ganze Schöpfung, alle zahllosen Sterne und Welten sind aus mir! Ein Hauch aus meinem Munde verweht sie auf ewig, und du willst mit mir einen Kampf beginnen!? O du tollster Tor! Sieh und höre mich vorerst und dann versuche dich an mir!« — Spricht *Cado:* »Ob mächtig oder schwächer als eine Mücke, das ist mir ganz gleich. Ich warne dich, nahe dich mir nicht, sonst sollst du verdammt schlecht bedient werden, denn ich verachte dich bis in den tiefsten Abgrund der Hölle! O du bildschöner Satan von einer Minerva, meinst du denn, mit deiner reizenden Gestalt wirst du mich verlocken, daß ich mich dir ergebe? Packe ein mit all deinen Reizen! Wahrlich, nicht einmal mit meinem Kot möchte ich deine Haut beschmieren! Fahre ab, sonst sollst du die Kraft meiner Hände zum Verkosten bekommen. Sieh diesen Stein, ‚Jeoua' ist sein Name!«"

173

Cado und Minerva im Zwiegespräch
Schreckensproben der Höllenfürstin — Cados wahrer Stein der Weisen
Gott Jesus ist Sieger! Sein Name ist der Hölle ein Greuel

1 *Miklosch* berichtet weiter: „Spricht die *Minerva:* »Aber Cado, für so unverschämt grob hätte ich dich wahrlich nicht gehalten. Zwar haben mir ein paar Favoritinnen meines Hofes erzählt, welch ein roher Schroll du sein sollst, doch ich nahm ihre Aussagen nicht gleich als bare Münze. Aber da ich mich nun von deiner höchst ungebildeten Weise, mit hohen Geistern zu verkehren, selbst überzeugt habe — bin ich genötigt, mit dir in einem andern Tone zu reden. — Zuerst sollst du einer kleinen Strafvollstreckung zusehen und daraus entnehmen, wie ich mit Geistern deiner Art umzugehen pflege. Sollte dich dieser Anblick noch nicht mürbe machen, so werde ich dann auch dich meine Schärfe verkosten lassen, weil dir meine Herablassung nicht gefallen will!«

2 Minerva winkt, und augenblicklich werden von schrecklich aussehenden Teufeln eine Menge Marterwerkzeuge herbeigeschafft und im weiten Kreise um Minerva aufgestellt. Dann werden von noch gräßlicheren Teufeln eine Menge noch ganz menschlich aussehender, allerärmster Delinquententeufel aus der schauderhaften Grotte herbeigeschleppt. Diese heulen furchtbar und viele winden sich aus tiefster Verzweiflung bittend vor Minerva, daß sie ihrer schonen möchte. Aber sie winkt stumm den vor Martergier ordentlich glühenden Teufeln, und diese ergreifen mit wilder Hast ihre Opfer und beginnen sie auf das unbeschreiblichste zu martern.

3 Ah, das ist doch der gräßlichste Anblick! Wenn diese Teufel so wie wir schmerzfähig sind, ist das etwas, worüber selbst der weiseste Cherub verstummen muß. Das Martern geht nur langsam und planmäßig vor sich. O Herr, du ewige Liebe, erbarme dich dieser unglückseligsten Teufel und lasse den armen Cado nicht in vollste Verzweiflung übergehen! Ich höre von ihm nichts mehr als: »O Gott, o Gott, o Gott! Wo bist Du? Ist es denn möglich, daß Du so etwas ruhig ansehen kannst? Ich bin verloren, verloren!« Er fällt wie ohnmächtig zusammen.

4 Jetzt ruft *Minerva* dem Cado höhnisch zu: »Nun, du tapferster

Held, wo ist denn jetzt dein Mut und Starrsinn? Beliebt es dir, mir etwa noch länger trotzen zu wollen? — Versuche es doch, und ich werde dir sogleich meine Kraft zeigen. Wie gefällt dir dies kleine Pröbchen, das ich vor deinen Augen aufführen lasse? Nicht wahr, die Sache macht sich?«

5 *Cado* aber springt plötzlich wie neu gestärkt auf und heult der Minerva zu: »Satan! Grund alles Bösen! Was haben diese verschuldet, daß du sie so quälen läßt? Wenn dir nur ein Funke Weisheit innewohnt, so forsche in dir dem Grund nach und gib ihn mir kund! So er mich befriedigt, dann will ich dich anbeten! Rede, oder ich zerreiße dich in Atome!« — Hier bricht *Minerva* in ein gellendes Gelächter aus und ruft: »O du elendester Wurm, du wagst es noch, bei all dem Geschehenen mich als die Herrin der Unendlichkeit förmlich um Rechenschaft anzuheulen! Warte, es soll dir sogleich die verheißene Züchtigung zukommen! Diese wird dir sagen, aus welchem Grunde die Allmacht so manches zu tun pflegt nach ihrer Laune, ohne ein geschaffenes Wesen zuvor um Genehmigung anzubetteln.«

6 Nun winkt *Minerva* ihren Büttelteufeln, Cado zu ergreifen. Sogleich springt eine Menge grimmigster Teufel auf ihn zu, um ihn zur Martermaschine zu schleppen. Aber da sehe man den *Cado* an! Nein, eine solche Kraft hätte ich in ihm nicht gesucht! Im Augenblick wirft er allergewaltigst einen Stein unter sie, daß sie wie durch einen Zauber auseinanderstieben, als wäre ein gewaltiger Blitz unter sie gefahren. Keiner scheint mehr Lust zu haben, einen wiederholten Angriff zu wagen.

7 Als *Cado* ersieht, daß ihm der mit *Deinem* Namen, o Herr, bezeichnete Stein einen so gründlichen Dienst geleistet hat, legt er die Hände auf seine Brust und sagt: »Nicht mehr du Judenprophet Jesus, sondern Du — *Gott Jesus!* Du hast mir geholfen! Dir sei all mein Dank und alle meine Achtung auch aus der Hölle, in der ich mich befinde!«"

8 *Miklosch* fortfahrend: „Überaus merkwürdig ist es, daß beim Nennen Deines allerheiligsten Namens sämtliche Teufel samt Minerva wie von einer Million Blitze zu Boden geschmettert worden sind und keine Lust mehr zeigen, sich wieder zu erheben.

9 *Cado* aber fragt nun die zusammengekauerte Minerva: »Nun, du holdeste Beherrscherin der Unendlichkeit, wie geht es dir jetzt? Mir scheint, du bist ein wenig angegriffen? Möchtest du dich nicht ein we-

nig näher zu mir begeben? Vielleicht könnte ich dir helfen mit noch so einem Stein der Weisen!«

10 *Minerva* richtet sich nun wieder auf, findet aber zu ihrem Leidwesen, daß ihre Lanze gebrochen und ihr Zepter beschädigt ist. Sie betrachtet ihre Herrschaftsabzeichen eine Weile und sagt: »Das ist sehr übel für meine Herrschaft! Denn es sprach einst das mächtige Fatum zu mir: ‚Minerva, du weiseste und mächtigste Königin über alle Sterne! So es je geschehen sollte, daß dir deine Lanze gebrochen und dein Zepter beschädigt würde, dann wird es mit deiner Herrschaft ein baldiges Ende nehmen, und du wirst verabscheut werden ärger als ein Aas!' — Ja, das unerbittliche Fatum hat wahr gesprochen! Kein Engel der Himmel konnte je meine Macht brechen. Aber einem niedrigsten Teufel, der doch bei aller Bosheit ein dümmster Teufel war, wurde es vorbehalten, daß er mich stürze!«

11 Nach diesem Selbstgespräch wendet sie sich an Cado: »Dümmster aller Teufel, wie ist dir nun, da du mich so schmählich hintergangen hast? Wirst du nun als das Sinnbild rohester Dummheit die Welten, Sonnen und alle Elemente lenken? Wirst du sie aufhalten, so sie nun bald, da ich sie nicht mehr erhalten kann, über dich hereinstürzen? Meinst du, auch eine ganze Welt mit ihrer Schwere wird sich von deinen schmutzigsten Steinen im Fall aufhalten lassen?« — Spricht *Cado:* »Wenn du als allmächtige Beherrscherin der Unendlichkeit dich vor meinen Steinen nicht schützen konntest, wie werden sich dann deine miserablen Werke vor ihnen schützen? Wer so eine saubere Gottheit wie dich besiegt, für den werden wohl ihre Werke auch nicht unbesiegbar sein. Kümmere dich dessen nicht! Da weiß es schon eine andere Gottheit als du, was sie aus deinen Werken machen wird. — Sage mir lieber, wie viele so arme Teufel hinter jener Grotte noch weilen, die du zu deinem Privatvergnügen auf das scheußlichste martern lassen willst? Und wie viele sind schon von jeher vielleicht noch ärger gequält worden? Sage mir die genaue Wahrheit, sonst sollst du von mir übel bedient werden!«

12 Spricht *Minerva:* »Sieh, du blinder Tor! Alles, was du hier sahst, war nichts als eine flüchtige Ausgeburt meiner Phantasie zur Probe deines Mutes. Ich allein bin eine Wirklichkeit alles andere war ja nur Schein und kein Sein. Daher hattest du mit dem Schein auch einen leichten Kampf zu bestehen. Wäre dir hier eine Wirklichkeit entgegenge-

treten, hätten dir deine Steine sicher keinen Sieg verliehen. Du hast nur einen Schein und keine Wirklichkeit besiegt!« — Hier denkt *Minerva* etwas nach und sagt nach einer Weile: »Auf deine Frage kann ich dir daher auch keine Antwort geben — zumal auch mein gerechter Stolz nie zugeben könnte, daß ich mich mit so einem dümmsten Teufel in ein Weisheitsgespräch einlassen möchte. Verstehst du solches?«

13 Spricht *Cado* spöttisch: »Schau, schau, was du doch für ein kluges Tier bist! Also nur den Schein hätte ich besiegt durch den Gottnamen Jesus? Und doch sagtest du soeben von dir selbst, daß du eine allmächtige Wirklichkeit bist! Wenn ich mit meinem Stein bloß deine grausamsten Phantasiebilder besiegt hätte, wie kommt es dann, daß du dich in Wirklichkeit nun ganz gelähmt vor mir befindest? Rede nun und mache mir die Sache erklärlich!«

14 Spricht *Minerva:* »Das ist auch nur ein Scheinsieg, da ich mich nur so stelle, als wäre ich besiegt. Denn als Besiegte stünde ich nicht mit aller Entschlossenheit vor dir und wäre nicht bereit, mit dir noch zahllose Male den Kampf zu erneuern! Ich gebrauchte gegen dich reinstes Nichts dieses Scheingefecht nur aus Schonung für dein mir leider zu wohlgefälliges Wesen, welches mein Herz mit unverdienter Liebe gegen dich erfüllt. Besäße ich nicht diese zarte Rücksicht, so hätte ich ein paar allerschwächste Mückengeister über dich gesandt, die deine Macht in nichts verwandelt hätten. Wenn du mir aber viel Flausen machst, werde ich denn doch noch genötigt sein, dir mit der Wirklichkeit entgegenzukommen.«

15 Spricht *Cado:* »Hm, merkwürdig! Nein, du bist wirklich ein scharmantes Wesen. Schau, so viel Herzensgüte hätte ich bei dir nicht erwartet! Daß du überaus gut sein mußt, haben mir ja deine Phantasiebilder hinreichend bewiesen. Ebenso deine schönen Ideen der Gottes-Entthronung, die du früher durch deine Hauptmacht ausführen wolltest, die nun unter dem Glutmeer begraben liegt. War etwa das auch leere Spiegelfechterei? — Der erste Empfang von Seite deiner Apostel war an mir wenigstens verdammt wirklich, was ich zu meiner Witzigung nur zu klar verspürt habe. Dieselben Apostel aber sind hernach in einer ungeheuer vermehrten Anzahl gegen die wahre, allmächtige Gottheit zu Felde gezogen, um höchstwahrscheinlich deinen uralten Plan auszuführen. Aber die allmächtige Gottheit war gleich so keck, die Feuerschleusen dieses Gebirges zu öffnen und begrub deine Haupt-

macht unter den Wogen des Glühmeeres. Sage mir gütigst, ob das alles auch nur Schein war ohne alle Wirklichkeit?«

16 Spricht *Minerva* mit zornverbissenen Lippen: »Das war leider kein Schein! Daß es aber so ungünstig für mich ausfiel, daran ist leider dein dümmster Häuptling schuld. Denn ich habe es ihm tausendmal gesagt, daß es jetzt noch nicht an der Zeit sei. Aber er handelte eigenmächtig und hat nun den Lohn für seine wahnwitzige Tollkühnheit! Wann wird sich wieder so eine Gelegenheit darbieten?«

17 Spricht *Cado:* »Ich glaube, in alle Ewigkeit nimmer! Packe daher ein mit deinem dümmsten Plan. Gott ist und bleibt Gott ewig! Und du — ein allerdümmstes Wesen, schlecht und elend genug, so du diesen Plan nicht aufgeben wirst. Was für ein unsagbar schönes Wesen wärst du, wenn du nicht so bösdumm sein möchtest! Lege einmal dein uraltes, stets fruchtloses Handwerk, und nimm an den Willen der Allmacht, der du ewig nimmer zu widerstreben imstande bist! Ergib dich, du deiner Gestalt nach unbeschreiblich Herrliche, und ich selbst will dich mit einer Liebe umfassen, von der unter den geschaffenen Geistern die ganze Unendlichkeit kein Beispiel gesehen hat. Sonst muß ich dich trotz deiner höchsten Schönheit dennoch zutiefst verachten.«

18 Spricht *Minerva* etwas weniger leidenschaftlich: »Wüßtest du, was ich weiß, würdest du von deiner Gottheit anders reden. Aber dennoch hast du recht, daß du so zu mir redest, denn es ist wirklich so! Aber ich kann mich ewig nimmer ändern. Denn ändere ich mich, so ist im nächsten Augenblick außer Gott und mir kein geschaffenes Wesen mehr in der ganzen Unendlichkeit, keine Sonne und keine Erde! Ich muß daher in der ewigen Qual stecken, auf daß die Geschöpfe aus mir in aller Seligkeit schwelgen können. Aber nun habe ich es satt, und es muß einmal anders werden!«

19 Spricht *Cado:* »O du arme Mutter der Unendlichkeit, komm her zu mir, ich werde dich zu unserm lieben Herrgott *Jesus* führen, nachher wird schon alles wieder gut werden!«

20 Schreit *Minerva:* »Nur diesen Namen nenne mir nimmer, sonst ist es gleich ganz aus mit uns beiden! Denn dieser Name ist mir ein Greuel!!«“

174

Cados Weisheit gegen Minervas Verblendung
Anerkenne den Gottmenschen Jesus!

1 *Miklosch* berichtet weiter: „Spricht *Cado:* »Aber liebe Mutter der Unendlichkeit, holdeste und schönste Minerva! Warum denn gerade vor diesem so menschenfreundlich klingenden Namen einen solchen Widerwillen? Was hat er dir denn getan? Ich finde gerade in diesem Namen sehr viel Tröstendes und Beruhigendes! Also heraus mit der Sprache, was für einen Haken hat es da?«

2 Spricht *Minerva* ganz erbost: »Freund, da hat es den unendlich größten Haken, den alle Ewigkeiten nicht gerade biegen werden! Denn in diesem Namen ist die Gottheit wahnsinnig geworden und hat ihre Urhöhe und Tiefe verlassen. Sie hat sich aus törichtester Liebe zu ihren Phantasiegeschöpfen in einen engen Rock gepfercht, aus dem sie nun nicht mehr herauszubringen ist. Denke dir eine aus purer Affenliebe zu ihren Geschöpfen von ihren mistigsten Kreaturen mißhandelte, ans Kreuz gehängte Gottheit! Eine Gottheit, die sich zu einem Aas herunterwürdigt, statt auf ihrer Höhe und Glorie in meiner lichtvollsten Gesellschaft zu bleiben und über alle Wesen zu herrschen, die aus mir ihr unverwüstbares Dasein nehmen! Was, frage ich, was kann ich als die höchste Weisheit von solch einer toll gewordenen Gottheit halten? Ich könnte vor Schande und Schmach vergehen, wenn ich auf solch eine entsetzliche Erniedrigung schauen muß! Würde auch ich mit der Gottheit toll, so geht die ganze Unendlichkeit in Trümmer und alle Wesen haben zu sein aufgehört. Siehe, das ist der verzweifelte Haken!«

3 Spricht *Cado:* »Merkwürdig! — Aber was ist denn hier so merkwürdig? Oh, nicht die Erniedrigung der Gottheit zu ihren Geschöpfen herab! Das ist in meinen Augen noch lange nicht so merkwürdig, als daß die höchst weise Göttin Minerva so schauderhaft geistesbeschränkt ist, sich von der großen Gottheit eine so überaus dumme Vorstellung zu machen! Erlaube mir: wie kann die Gottheit als der reinste Urgeist, als die mächtigste Urkraft aller von ihr ausgehenden Kräfte je schwach werden? Sie, die die Unendlichkeit umspannt und der ewige Mittelpunkt ist — könnte je schwach, ja am Ende sogar wahnsinnig werden?

Nein, Minerva, du magst sonst sehr weise sein, ja sogar so weise, wie du verführerisch schön bist; aber der Witz mit der göttlichen Schwäche und Tollheit ist dir nicht gelungen! Zudem sehe ich, daß du außerordentlich herrschsüchtig bist und es dir beliebt, mit mir einen Spaß zu machen. Und so ärgere ich mich auch nicht mehr über deine mir bezeigte Dummheit.

4 Aber weil ich ein großes Wohlgefallen an deiner Schönheit habe und dich im Ernste liebe, gebe ich dir einen Rat. Dieser besteht darin, daß du dich mit dem Gottmenschen *Jesus* auf freundschaftlichen Fuß stellen sollst! Lasse wenigstens Seinen Namen in deinem Reiche öfters ausrufen zu deiner eigenen Überzeugung, was daraus etwa entstehen könnte. Ich bin überzeugt, daß du dadurch in aller Kürze zu ganz anderen Vorstellungen über die Gottheit gelangen wirst. — Siehe, ich bin vielleicht ein viel ärgerer Teufel noch als du. Ich kenne Jesum nur dem Namen und einigen Bestimmungen Seiner Lehre nach, die wahrlich göttlich weise sind und sogar jedem redlich denkenden Geist- oder Fleischteufel höchste Bewunderung abnötigen müssen. Es kommt mich wahrlich nicht schwer an, Ihm die tiefste Achtung zu zollen. Warum soll dann gerade dir das so schwer und unausführbar vorkommen?

5 Geh und sei nun einmal gescheit! Dumm warst du ohnehin schon lange genug. Schau, wir zwei taugten denn doch hübsch füreinander. Es wird deswegen noch Schlechtes genug geben, wenn es auch nicht mehr von uns ausgehen wird. Der gute Herrgott wird noch eine hübsche Weile zu tun haben, bis Er all unserer Nachkommenschaft vollends Meister wird, so wir auch unser Teufelmachergeschäft für immer aufgeben. Es darf dir darum wahrlich nimmer leid sein, denn du hast davon noch allzeit einen scheußlichen Lohn empfangen. Und am Ende könnte es der Gottheit bei einer Gelegenheit einmal doch einfallen, dich für ewig ganz zu vernageln. Und was hättest du dann von all deiner sauersten Mühe und Arbeit? Daher folge meinem Rat um so mehr, als du mir doch ehedem selbst zu verstehen gabst, daß deine Existenz genau wie die der Gottheit für ewig unverwüstbar sei!«

6 *Minerva* ist hierauf stumm, steht als ein unbeschreiblich schönstes Weib knapp am Hügel auf ihrem Wagen und scheint über Cados Worte nachzudenken.“

175

Minervas Bedingungen der Ergebung — Cados Erwiderung

1 Miklosch berichtet weiter: „Nach einer Weile richtet *Minerva* ihr Angesicht wieder gegen Cado und sagt: »Freund, ich muß dir offen gestehen, daß du mich sehr interessierst. Es liegt in deiner schönen Gestalt wie auch in deinen Worten mehr Geist und Wahrheit, als du selbst noch ahnst. Aber ich kann deiner Rede nicht eher Gehör bieten, bis die von mir geschaffene Erzhure des neuen Babel vollends gestürzt ist. Ich habe sie aufgerichtet zu einer Feuerprobe für alle, die auf den mir widrigsten Namen getauft wurden, und wollte der Gottheit nur beweisen, daß auch ihre Lehre in ein abgefeimt tollstes Heidentum umgestaltet werden kann. Scheinbar ist mein Werk gelungen, und die neuen Babylonier wissen sich nun vor Nacht und Grauen nicht mehr zu helfen. Sie haben allen Geist verloren. Vom Christentum ist keine Spur mehr zu entdecken. Sie haben nur noch ein morsches Gerippe und erwürgen sich der toten Haut wegen, in der schon seit nahe einem vollen Jahrtausend kein Leib und noch weniger eine Seele samt ihrem Geist sich befindet. Aber das muß so geschehen: Meine Greuel müssen durch aus sich gezeugte neue Greuel vernichtet und die Menschheit in eine neue Pflanzschule versetzt werden. Wenn solches bewerkstelligt ist, dann sollst du mir unter die Arme greifen, und ich werde mit dir eines Sinnes sein ewig!«

2 Spricht *Cado:* »Holdestes und schönstes Weib der ganzen Schöpfung Gottes, mache mir keine so schweren Bedingungen, deren Erfüllung wahrlich nicht abzusehen ist! Lasse das hundemäßige Neu-Babel! Lasse die Gottheit allein walten, der es ein leichtes sein wird, alle von dir angelegten Krummwege zu ebnen! Du aber folge mir und werde fortan glücklich! Gedenke nicht mehr dessen, was du warst, sondern vielmehr, wie glücklich du wieder werden kannst! Und wie glücklich ich sein werde an deiner Seite und mit uns zahllose Myriaden in Anschauung deiner unendlichen Schönheit! Denke dir meinen Schmerz, so ich dich verachten müßte deines tollen Starrsinns wegen. Ich bitte dich, du unbeschreiblich Schönste, folge meinem Rat! Bei der Allmacht der Gottheit schwöre ich dir, daß du von mir nicht hintergangen wirst!

Du Zentralsonne alles Lichtes, verlasse deinen Wagen, wirf Zepter und Lanze von dir und ziehe an den herrlichen Schild der Liebe! Komm an meine Brust, und du sollst für alles Ungemach, das dir je begegnet ist, die reichlichste Entschädigung finden! Mit deiner Scheinmacht wirst du mich nie besiegen, aber mit der Liebe wirst du mich zum Sklaven deines Herzens machen!«

3 Spricht *Minerva:* »Cado, Cado! Du wagst mit mir ein gefährliches Spiel! Was wirst du tun, so dich der eifersüchtige Himmel meinetwegen auf das härteste verfolgen wird? Blicke auf, und du wirst sehen, wie ich von zahllosen Milliarden in meiner Unterredung mit dir belauscht werde! Meine mit nichts zu vergleichende Schönheit ist ja eben mein ewiges Unglück. Ich sollte nur *Einen* lieben, für den aber in meinem Herzen keine Liebe thront. Will ich aber meine Liebe jemand anderem zuwenden, dann ist aller Himmel voll Zorn und Rache gegen mich und den, dem ich mein Herz zuwende. Möglich, daß es dir vielleicht gelingt. Aber wehe dir und mir, wenn es dir nicht gelingen sollte!«

4 Spricht *Cado:* »Du hast in Hinsicht der Milliarden himmlischer Belauscher wohl recht. Ich ersehe sie nun auch, aber ich erkenne in ihnen Freunde und keine Feinde. Siehe, sie alle winken mir Beifall zu! Sollte aber ihre Freundlichkeit eine Kriegslist sein, so werden sie es mit mir zu tun bekommen. Kurz, ich lasse nimmer ab von dir! Du bist mein, und keine böse Macht soll dich mir nehmen. Denn auch ich bin unzerstörbar und bin mächtig aus Gott — und aus keinem Teufel, der ich selbst einer bin!«

5 Spricht *Minerva:* »Cado, Cado! Reize die Götter nicht, denn du bist nur ein schwacher Mensch! Sieh, die da oben werden mich bald in ein häßliches Kleid werfen, was wirst du dann sagen?«

6 Spricht *Cado:* »Nein, nein, sieh hinauf! Alle geben mir Zeugnis, daß sie solch einer Tat unfähig sind! Alle haben eine Freude, daß du in deiner urwahrsten Gestalt so lange verharrst und sie Gelegenheit haben, die erste ‚Urschönheit', den ersten ‚Grundgedanken alles Seins aus Gott' anzustaunen. O ‚Lichtträgerin' alles dessen, was der geschaffene Geist schön nennen kann, mache keine Bedingung mehr und komme! Mein Inneres sagt mir, daß auf deine Rückkehr alle Himmel schon Zeitenläufe vergeblich harrten und sich sehnten, dich als die Krone endlicher Vollendung aller Dinge und Wesen die Ihrige nennen zu können. Laß erweichen dein Herz und genieße an meiner Seite höchste

Seligkeiten! Fühle einmal auch die Wonne, für die du — als erste, größte und vollendetste Idee aus Gott — bestimmt warst und noch bist!«

7 *Minerva* sieht Cado nun recht freundlich, aber doch noch mit Herrscheraugen an und sagt: »Cado, hast du dir im Ernst vorgenommen, mich schwach zu machen? Oh, hoffe nicht zu voreilig! Denn mächtigste, größte Geister haben sich an mir versucht und sind am Ende mit Spott und Schande unverrichtet abgezogen. Wie kann es dir einfallen, mich zu gewinnen für dein Herz und am Ende gar für die mir über alles verhaßten Himmel, die ich besser kenne als du armer, blinder Teufel! Jedes Wesen muß sich selbst treu bleiben! Es muß entweder vollkommen ein starker Teufel sein oder umgekehrt ein dummer Himmelsbote. Aber wenn ein Teufel wie du zugleich auch eine Art Engel sein will, der muß mir widrig werden, obschon er sonstige Eigenschaften besitzt, vor denen ich eine gerechte Achtung habe. Mein lieber Cado, so du mein Herz gewinnen willst, mußt du es anders anfangen! Wahrlich, ich bin dir nicht abgeneigt. Willst du mich aber gewinnen, so mußt *du* mir folgen und zu mir kommen, aber nicht verlangen, daß *ich* das tue!«

8 Spricht *Cado:* »Aber Herrlichste, ich will dich ja nur für mich selbst gewinnen! Ob sich die Himmel darüber freuen oder ärgern, ist mir gleich. Ich will ja nur dich und nicht die dir verhaßten Himmel und beharre für ewig bei diesem Verlangen! Aber den mächtigsten Himmeln trotzen werde ich auch deinetwegen nicht, obschon ich dich mehr liebe als alle Schätze der Unendlichkeit!

9 Siehe, ich halte ein jedes Wesen, dich nicht ausgenommen, für höchst dumm, das mehr tun will als es vermag. Überaus dumm aber ist ein Wesen, das selbst die bittersten, endlos vielen Erfahrungen nicht klüger zu machen imstande sind. Was wohl hast du gewonnen durch deinen unbeugsamen Starrsinn? Bist du dadurch mächtiger oder reicher oder schöner geworden? Oder waren dir die dezillionenfachen Züchtigungen, derer du teilhaftig wurdest, eine Wollust? Da gleichst du jenen eselhaften Völkerbeherrschern, die lieber ihr ganzes Reich zugrunde richten, als sich in ihrer Dummheit von einem niederen Weisen etwas raten zu lassen.

10 Du zwar schönstes, aber dabei auch allerdümmstes Weib — wenn ich dich besiegen wollte, da brauchte ich ja nicht ein Wort mit dir zu verlieren, denn da genügten diese Steine! Und da sieh eine neue Waffe!

Es ist eine Wurfschlinge, mit der ich umzugehen verstehe. Ich brauche sie nur nach dir zu werfen, und kein Teufel und Gott deines Maßes befreit dich mehr aus meiner Macht! Aber ich selbst will dich nicht fangen und nötigen, sondern alles dir selbst überlassen, damit der Sieg über dich nicht mein, sondern allein dein freies Werk sei!

11 Meinst du denn, daß ich Freude hätte, so du mir zu eigen würdest durch meine Macht über dich? So du aber meine wohlgemeinten Worte beherzigst, dich selbst besiegst und dich mir gibst zur ewig treuen Gefährtin, bist du für mich eine Unendlichkeit aller Seligkeiten! — Was wirst du nun tun? Lichtträgerin, um deiner endlosen Schönheit willen bitte ich dich: ermanne dich und laß ab von deinem Starrsinn! Du kommst mir ewig nimmer aus. Denn richte ich mit dir nichts aus durch meine Liebe, so werde ich Gewalt gebrauchen und dich so an mich ketten!«

12 Spricht *Minerva:* »Aber lieber Freund, warum soll denn gerade ich mich besiegen und mich dir ergeben? Kannst du nicht dasselbe tun? Denn ich dürfte für dich doch wohl mehr Anlockendes haben als du für mich. Zudem wäre es ordnungsmäßiger, daß der Bräutigam zur Braut hinginge als die Braut zu ihm!«

13 Spricht *Cado:* »Allerdings! Ich wäre auch schon lange bei dir, so der Boden, auf dem du stehst, ein anderer wäre. Ich verstehe mich aber nicht, auf solch einem Boden zu wandeln. Dich aber trägt jeder Boden, und so kannst du wohl eher zu mir kommen als ich zu dir!«

14 Spricht *Minerva:* »Was wirst du aber mit mir machen, wenn ich zu dir komme?« — Spricht *Cado:* »Törichte Frage! Lieben und glücklich machen werde ich dich, und aus diesem Hügel ein neues Paradies gestalten der Gottheit zur Ehre, die mich mit Kraft versieht!«

15 Spricht *Minerva:* »In einem Paradies bin ich schon einmal schändlich hintergangen worden! Mein Adam, deiner Erde Erstling, hat mich auf eine Art betrogen, daß ich mir's für die ganze Ewigkeit merke! Noch auf keinem Weltkörper ist es der Gottheit gelungen, mich so hinters Licht zu führen als eben auf dieser Erde. Und daran war das schmähliche Paradies schuld. Ich bin da zum erstenmal der Gottheit aufgesessen und genieße nun über 6000 Jahre lang die elendsten Früchte davon! Daher komm du mir mit keinem Paradies, so du mich im Ernst für dich stimmen willst! Aber ich mache dir einen Vorschlag — wenn du diesen annimmst, dann bin ich die Deine für ewig!

16 Der Vorschlag aber lautet: Gelobe mir, den Namen *Jesus,* daran ich fast ersticke, nimmer auszusprechen! Und wirf alle Steine von dir und die Schlinge auch, so soll dir dafür mein Herz zum Lohn werden. Tue das, und ich bin dein für ewig und werde dir allein leben!«

17 Spricht Cado: »Meine reizendste Minerva! Jesus oder kein Jesus, das wäre mir ein Ding. Und die Steine und diese Götterschlinge, ich könnte deiner auch ohne ihre Hilfe Herr sein. Aber da du zu allen Zeiten die größte Künstlerin im Lügen und Sitzenlassen warst und sicher noch bist, so kann ich keinen Vorschlag annehmen, bis du den von mir gemachten annehmen wirst. Aber bald, denn ich merke, daß die himmlischen Zeugen über uns unruhig werden! Entschließe dich rasch, denn meine Geduld geht nun auch zu Ende!«"

18 *Miklosch* fortfahrend: „Minervas Gesicht wird nun finsterer und herrschsüchtiger. Sie sinnt nach Widersätzen, aber es scheint ihr kein rechter einfallen zu wollen. Sie möchte sich vor heimlicher Wut in ihre eigenen Lippen beißen, wenn sie sich nicht vor Cado scheute. Wahrlich komisch anzusehen, wie sich die Erfinderin des Hochmuts und der Lüge alle erdenkliche Mühe gibt, dem Cado keine Schwäche zu verraten. Aber dieser läßt sie nun keinen Augenblick aus den Augen und hält die Wurfschlinge schon in Bereitschaft. — Nein, da bin ich wahrlich neugierig, was nun die *Satana* für ein Manöver ausführen wird!«"

176

Cado erhält stärkeren Engelsschutz — Minervas Gegenvorschläge
Die Hölle zeigt neue Schreckensmienen

1 *Miklosch* berichtet weiter: „Nun begeben sich aber auch unser Freund *Robert-Uraniel* und sein Gefährte *Sahariel* unvermerkt auf den Hügel zu Cado hin, der ihrer aber nicht ansichtig wird.

2 Auch die *Schein-Minerva* scheint die Ortsveränderung der beiden nicht zu merken. Sie mustert hin und her, aber Cado steht wie eine Mauer auf seiner Hut. Dies scheint der Minerva nicht zuzusagen, daher sie immer auf den Boden starrt und nachdenkt, was sie nun tun soll. Sie schneidet allerlei Gesichter, bald ein ernstes, bald ein freund-

liches, bald ein weises, nun wieder ein herrisches; aber überall schaut der alte, heimliche Sünder heraus.

3 Die Geschichte scheint *Cado* langweilig zu werden. Er räuspert sich kräftig und fragt Minerva: »Nun, Holdeste, ich habe ein ziemliches Weilchen geharrt, aber es kommt von deiner Seite zu keinem Entschluß, noch zu irgendeiner Tat nach meinem Wunsch! Ich gebe dir noch eine kurze Bedenkzeit. Wird diese zu nichts führen, dann sollst du meine Fertigkeit im Gebrauch der Wurfschlinge zu bewundern bekommen! Seit deinem Sein hast du aus den Myriaden der von dir verführten Geister noch keinen gefunden, der dir ein Meister gewesen wäre. Sie alle waren deiner List nicht gewachsen, aber an mir wirst du dich verdammt verrechnen! Ich sage dir wiederholt: Mich fängst du nicht! Ein Cado macht sich aus Gott, Tod und Teufel nichts, und Himmel und Hölle sind ihm einerlei. Der Cado steht unter keinem Kommando! Was er tun will, das wird er auch tun, weil er es kann! Daher entschließe dich sogleich, sonst fliegt die Schlinge an deinen herrlichen Nacken!«

4 Spricht *Minerva:* »Aber lieber Cado, sei doch ein wenig manierlicher! Ich kann ja doch nicht so urplötzlich aus meinen alten, üblen Gewohnheiten heraushüpfen. Ich glaube, wenn du deinem Heldentum ein wenig mehr Geduld hinzufügst, wird dir das auch nicht schaden. Daß ich dem Schein nach nicht sogleich auf dein Begehren einging, hat seinen Grund! Denn auch mir muß es zustehen, *den* zu erproben, mit dem ich, der ganzen Unendlichkeit größte Schönheit, mich verbinden möchte. Wenn ich an dir kein Wohlgefallen hätte, hätte ich mich schon lange von dir entfernt. Aber dein höchst sonderbares Wesen fesselt mich mit zauberischer Gewalt. Und ich lasse mir von dir Dinge sagen, die ich mir selbst von der Gottheit noch nie habe gefallen lassen. Bist du damit noch nicht zufrieden?«

5 Spricht *Cado:* »Herrlichste der Schöpfungen Gottes, ich liebe dich unendlich. Um dir gegenüber nicht unartig zu sein, will ich noch einige Augenblicke zuwarten. Aber länger wolle du meine Geduld nicht erproben!«

6 *Minerva* lächelt nun und wirft ihre zerbrochene Lanze in das beruhigte Glutmeer, auf dem noch immer zahllose breitgeschlagene Geister liegen und dessen Wogen niederhalten.

7 Als die Lanze von dem Meer verzehrt ist — was Cado für ein gün-

stiges Zeichen zu halten scheint — erheben sich auf einmal aus dem Glühpfuhl eine Menge schrecklichst aussehender Gestalten und umlagern die Minerva. Einer, der die Gestalt aller *Drachen* und furchtbarsten Bestien in sich vereinigt, donnert Minerva mit Tigergebrüll zu:

8 »Elendste! Ist das dein Dank für die Trillionen Dienste, die wir dir Ewigkeiten hindurch geleistet haben. Dir zuliebe scheuten wir kein Opfer, keine Mühe und selbst die ungeheuersten Schmerzen und Qualen nicht, um uns endlich deiner uns so oft versprochenen Liebe zu versichern. Dankst du uns damit, daß du uns aus Liebe zu einem neuen Teufel, der kaum erst die Nase in die Hölle gesteckt hat, schmählichst verlassen willst? — Nein, nimmermehr wirst du uns das tun! Eher zerstören wir dich, die Hölle und alle Himmel, bevor du einen Schritt von dieser Stelle tust! Siehe, unsere Diener bändigen dieses Meer und leiden entsetzliche Qual, damit du als Gebieterin ruhig darauf wandeln kannst! Und du willst uns verlassen und nimmer jene Lust gewähren, die du uns so oft verheißen hast? O wage es nur, du elendeste Hure, dir soll dafür ein Lohn werden, von dem selbst die Phantasiefülle der Gottheit nie etwas geträumt hat! Rede nun, was wirst du tun? Sieh nur hinauf, wie dein Held den Mut sinken läßt und sich nach allen Seiten umsieht, ob es nicht irgendwo ein Loch zum Durchgehen gäbe! — O rufe ihn dir zur Hilfe, rufe ihn! Warum rufst du ihn nicht, deinen Erwählten?«

9 *Minerva* scheint vor Schande, Zorn und Wut vergehen zu wollen. Sie bebt am ganzen Leibe und scheint vor lauter Grimmfieber keines Wortes fähig zu sein. *Cado* aber gebärdet sich noch grimmiger und scheint in sich zu beraten, was er nun tun soll. Diese gräßlichsten Giganten flößen ihm denn doch Respekt ein, und zugleich erfährt er ein Zeugnis über Minerva, das ihn über deren Treue und Liebe sehr bange macht. Deshalb ist er auch unschlüssig, was er jetzt tun soll. Aber Minerva macht so sehnsüchtige Blicke, daß er sich von ihr nicht trennen mag. Er fängt daher an, seine Steine zu mustern und zu ordnen.

10 Nach einer kleinen Weile richtet sich *Cado* auf und sagt zu den gräßlichen Unholden: »Eure Macht und eure Trugkunst kenne ich, sie ist nicht euer Werk! Ihr für euch selbst seid nur leere Schemen und pure Phantasiegebilde dieser einen, der ihr eine nichtigste Scheindrohung macht. Wäret ihr wirkliche Wesen, so möchte ich euch sogar belohnen für einen Dienst, den ihr mir nun geleistet habt. Denn durch euer Be-

nehmen und eure Worte wurde ich mit ihrem Charakter näher vertraut, und das ist für mich von größter Wichtigkeit. — Zerreißt sie, so ihr es könnt! *Ich* könnte es tun, aber ich will es nicht, weil sie solch einer Mühe von meiner Seite aus gar nicht wert ist.

11 Satana, wenn dir noch ein Pröbchen ähnlicher Art auszuführen möglich ist, so tue es nur! Dabei bekomme ich desto mehr Gelegenheit, dich durch und durch kennenzulernen. Mit euch, ihr Schemen, aber werde ich nun im Namen *Gottes, Jesu des Gekreuzigten,* sogleich fertig werden! Seht diesen Stein an, er ist bezeichnet mit dem Gottnamen *Jesus* nebst drei Kreuzen! Dieser Stein wird zeigen, wessen Geistes ihr seid!«

12 Hier hebt *Cado* einen Stein vom Boden und fängt an, ihn zu einem kräftigen Wurfe zu schwingen. — *Minerva* aber schreit ängstlich auf: »Cado, um alles, was dir heilig ist, tue das nicht! Du bist im selben Augenblick für ewig verloren, in dem der Stein deine Faust verläßt. Die Macht dieser Geister, die du irrig für Ausgeburten meiner Phantasie hältst, ist unbändig. Was sie ergreifen, entreißt ihnen keines Gottes Macht mehr. Verhalte dich ruhig! Vielleicht gelingt es mir, sie zu beschwichtigen und dann meine Befreiung mit dir ins Werk zu setzen!«

13 *Cado,* der jetzt dem geheimen Einfluß der hinter ihm stehenden beiden Schutzgeister mehr und mehr ausgesetzt ist, spricht ernstlich: »Deine Worte sind wie Seifenblasen, es ist keine Wahrheit in ihnen. Du bist eine Lügnerin von jeher gewesen, hast aber dadurch niemandem mehr geschadet als gerade dir selbst. Darum sei versichert, daß ich nur das tun werde, was du mir am meisten widerraten wirst! Daher im Namen meines Gottes, meines *Heilandes Jesus!*«

14 Hier wirft Cado den Stein dem ersten großen Unhold an dessen Drachenkopf. Ein fürchterlicher Knall wie aus tausend Kanonen geschieht, als der Stein den Kopf des Unholds berührt. Alles bis auf Minerva verschwindet, die nun bebend auf einem Sandhaufen ganz nackt steht und sich vor Cado zu verbergen sucht, was ihr aber nicht gelingt.

15 *Cado* aber fragt sie: »Nun, Holde, wie siehst du nun aus! Wo ist die mir angedrohte Gefahr? Und wo die drohenden Machtgeister, die ehedem Himmel, Hölle, Gott und alle Erde zerstören und dich der Untreue wegen züchtigen wollten? Wo sind sie nun? — Sieh, es tut sich nimmer mit deiner Kunst! Du kommst mir nicht mehr aus! Ein

anderer würde dich züchtigen nach Gebühr, aber ich vergebe dir alles. Nur folgen mußt du mir, sonst gebrauche ich eine Gewalt, der du keinen Widerstand wirst leisten können. Sieh, du bist verlassen von allem, was dir je irgendeinen Schein von Macht verliehen hat. Nichts hast du außer mich und deine unbeschreiblichen Formen-Schönheit. Lehne dich daher festwillig an mich, und ich werde dich einen rechten Weg führen, einen Weg der wahren Liebe zu dir. Aber *frei* mußt du mir folgen!«

16 Spricht die tief beschämte *Schein-Minerva:* »Ja, ja, ich will, ich muß dir folgen! — Aber nur einen Schritt näher tue zu mir, wenn du wirklich Liebe zu mir in deinem Herzen hegst. Da ich mich dir nun schon über tausend Schritte genähert habe, könntest du doch einen Schritt näher zu mir her wagen!«

17 Spricht *Cado:* »Du weißt ja, daß ich einer bin, der auch nicht um ein Haar mit sich handeln läßt und nie deinem Verlangen eher folgen wird, als bis du dich auf dem Standpunkt völliger Umwandlung deiner urbösen und ungetreuesten Gesinnung befinden wirst. Daher unterlaß für die Folge alle Forderungen an mich. Ich bin böser als du, obschon deine Urbosheit die Unendlichkeit mit dem härtesten Gericht erfüllen könnte. Aber da zu deiner Wiedergewinnung aller Engel Mühe an deinem unbeugsamen Starrsinn scheiterte, muß dich ein Teufel der Teufel dahin wiederbringen, von wo du ausgegangen bist. Aber dieser Teufel ist kein Teufel deiner Art, sondern einer ganz andern Art! Seine Macht hat er von oben, aber sein Wesen gehört der Hölle an. Du allein bist sein Lohn, den er aber verschmähen wird, so er ihm nicht frei, sondern gezwungen zuteil wird. Darum folge mir!«"

177

Minerva wittert eine List der Gottheit — Cado erklärt ihr den Grund Ein Kleid fällt vom Himmel — Minervas Neugier

1 *Miklosch* berichtet weiter: „Spricht die *Minerva:* »Freund Cado, wahrlich, ich liebe dich! Es ist wohl die erste wahre Liebe, durch die mein Herz je bewegt ward. Aber so tue mir doch den Gefallen und er-

kläre den Grund deiner Hartnäckigkeit! Es muß dem ein großer und allerfeinster Plan zugrunde liegen. Man hat mit mir etwas vor von allerhöchster Seite, und du bist deren verkapptes Werkzeug. Der Plan muß mir enthüllt werden, sonst bringst du mich ungezwungen nicht um ein Haarbreit weiter von dieser Stelle. Was wird es dir auch nützen, an mir selbst Gewalt zu üben? Du weißt, welch hartnäckigsten Trotz ich der Gottheit selbst bieten kann, um wieviel mehr dir! Die Gottheit ist endlos mächtig und kann aus mir machen, was sie will, jedoch nur durch ewigen Zwang. Aber das Herz und der Wille sind mein und verstehen jeder Macht zu trotzen! Auch der deinigen — obschon du der einzige bist, der meinem Herzen seit Urbeginn am nächsten gekommen ist. Wäre es nicht so, hättest du statt meiner wahren Urgestalt schon lange ein häßlichstes Scheusal vor dir. Nun weißt du, wie ich bin und sein muß. Daher gib mir den Grund an, warum du mir gegenüber so unbeugsam bist!«

2 Spricht *Cado:* »Warum verlangst du von mir das, was ich dir schon sonnenklar dargetan habe? Ich darf darauf nicht eingehen, weil ich dich dann nimmer freimachen könnte. Du mußt zuerst ungezwungen dich in meinen Willen begeben und ihn zu dem deinigen machen. Dann werde ich auch alles tun, was du aus dir selbst wollen wirst!«

3 Spricht *Minerva:* »Gewiß, so ich nur das will, was du willst, wirst du freilich meinem Willen leicht nachkommen! Aber wo ist dann meine eigene Willensfreiheit?« — Spricht *Cado:* »In dem, daß du *frei* das willst, was ich will, und sonach deinen Willen mit dem meinigen zur Einheit machst! Denn ohne diese ist ewig an keine höhere, wahre Wirkung zu denken.«

4 Spricht die *Minerva:* »Das ist mir zu dunkel! Ich verstehe dich nicht, erläutere die Sache genauer!« — Spricht *Cado:* »O du sonderbare Trägerin alles Lichtes und Leuchtens, das da ausgegossen ist durch alle endlosen Räume! Wenn du solche Dinge nicht faßt, die doch so klar sind, wie wirst du dann Tieferes aus dem unversiegbaren Born der rein göttlichen Weisheit zu erfassen imstande sein?

5 Siehe, du sollst wieder frei werden und in eine rechte Ordnung eingehen! Darum mußt du zuerst in meine Willensordnung eintreten, damit dadurch dann auch dein eigener Wille frei wird. Mache wenigstens einen Versuch! Behagt es dir nicht, so kannst du ja in dein altes Gericht zurückkehren!«

6 Spricht *Minerva* heiteren Angesichts: »Nun denn, auf diesen Antrag will ich eingehen! Falls mir der Rücktritt nicht verwehrt ist, wenn mir der neue Zustand nicht behagen sollte, dann sei es, wie du willst! — Aber ich bin nackt und schäme mich vor dich hinzutreten. Verschaffe mir ein Kleid, und ich werde mich sogleich zu dir begeben!« — Spricht *Cado:* »Auch das kann ich dir nicht eher gewähren, als bis du meinem ersten Verlangen nachgekommen bist, soeben ist ein herrliches Gewand wie vom Himmel herab zu meinen Füßen gefallen! Es ist für dich in einer Art, wie die Himmel noch kein ähnliches gesehen haben! Also komm und nimm es als ein würdiges Brautkleid aus meinen Händen!«"

7 *Miklosch* in seinem Bericht fortfahrend: „Minerva stutzt ein wenig und richtet ihre großen, feurigen Augen nach der Stelle, wo nun zu Cados Füßen ein Gewand in ein rotes Tuch eingewickelt sich befindet. Sie möchte es wahrscheinlich näher besichtigen, ob es ihrer Annahme wert sei und strengt ihre Augen an, um etwas vom eigentlichen Kleide zu erspähen. Aber es ist so gut in das rote Tuch eingewickelt, daß nirgends etwas davon zu erspähen ist. Die Neugierde der Minerva wächst stark. — Ich bin nun wahrlich selbst voll Neugier, was dieses mit allen bösesten Salben geschmierte Satanswesen jetzt tun wird! Herr, unser liebster, heiligster Vater Jesus! Wird diese alte Lügnerin sich wohl einmal bekehren für immer? Und wird es dann besser werden auf den Weltkörpern, besonders auf unserer Erde?"

8 Rede *Ich:* „Mein liebster Freund *Miklosch,* das wird alles die Folge zeigen. Betrachte nur den ferneren Verlauf der Szene und mache dieser Gesellschaft den Dolmetscher wie bisher, und du wirst samt allen Brüdern und Schwestern ins Klare kommen!"

178

Minerva lenkt ein und nähert sich
Letzte Schritte vor dem Ziel

1 *Miklosch* kehrt nun wieder seine Augen der Szene zu und spricht: „Aha, Minerva wird nun unruhig, man sieht aus jeder Bewegung, wie sie nur zu gerne das rote Bündel vor sich enthüllt hätte.

[2] *Cado* merkt solches wohl und fragt sie: »Bist du denn an den Boden geheftet? Begib dich hierher, dann wirst du es leichter haben, in das Geheimnis dieses Bündels zu dringen. Bist du aber angeschmiedet auf deinem Boden, so sage es mir. Deine Füße will ich dir auch von hier aus frei machen.« — Spricht *Minerva:* »Dazu ist keine Notwendigkeit, denn ich bin frei und kann gehen, wohin ich will! Wie sieht das Kleid aus? Geh, sag mir's, lieber Cado!«

[3] Spricht *Cado:* »Komm selbst und du wirst es sehen und dich darob sehr erstaunen!« — Spricht *Minerva:* »Ei, du bist aber hart! Muß ich aber auch in dich vernarrt werden! Nein, so etwas hat die Ewigkeit noch nicht erlebt! Nun denn, ich will's wagen! Aber so du mir etwas tust, kehre ich sogleich um und komme nie wieder zu dir zurück!«"

[4] *Miklosch* fortfahrend: „Nun verläßt Minerva endlich ihren Standpunkt, eine Art Glühsandhügel, und begibt sich sondierenden Schrittes hinauf zu Cado, hinter dem noch immer die zwei bekannten Freunde verweilen. Im Augenblick, als Minerva ihren reizend schönen Fuß auf den vom Glutmeer freien Hügel setzt, verschwindet alle Glut. Auch von der scheußlichen Grotte ist nichts mehr zu erschauen, und das greuliche Gebrause und Gedonner sind verstummt. Das Hochgebirge scheint auch etwas niedriger geworden zu sein und hat den schroffen Charakter nahezu verloren, nur hie und da sind noch einige nackte Felsen zu entdecken. Kurz, die ganze Gegend bekommt ein angenehmeres Aussehen und ist zwar nicht stark, aber doch hinreichend erleuchtet.

[5] Wahrlich, Cado ist ein Künstler in seinem Fach! Denn diese Prinzessin der Ewigkeit in sich verliebt zu machen — ein Wesen, dem die Liebe fremder sein muß als mir das Ende der Unendlichkeit — da gehört mehr dazu als Ohren, Augen, Mund und Hände! Cado ist bis jetzt zwar noch ein sogenannter Teufel, aber vor solch einer Teufelschaft habe ich wahrlich allen Respekt! Charakter hat er, Unbeugsamkeit und einen Mut, der ins Schauderhafte geht. Wenn man so etwas nicht selbst gesehen hätte, wäre solch eine Erzählung unglaublich! Wir können nichts anderes tun als staunen und Dich, o Herr, preisen, daß Du so etwas endlich hast geschehen lassen. Nun ist aber auch zu erwarten, daß die gesamte Erde — vielleicht nach wenigen Stürmen — in ein Stadium übergehen wird, das allen Himmeln sehr erwünscht sein wird.

[6] Aber gar zu sehr beeilt sich Minerva gerade nicht bei ihrer Annäherung zu Cado, denn ihre Schritte sind klein und gemessen. Alle Augen-

blicke findet sie etwas am Boden, klaubt es auf, betrachtet es eine Weile und wirft es dann wieder hastig von sich. Mir kommt es vor, als wären am Boden geflissentlich allerlei scheinbare Schmucksachen verstreut, welche die Schlaue stets näher zu Cado hinlocken sollen. Wahrlich, die List ist gar nicht übel! Ich kann mich erinnern, auf der Erde in einer sibyllischen Weissagung gelesen zu haben: »So aber Satan bekehrt würde, wird er auf Perlen und Diamanten einhergehen und wird sie verschmähen. Dann wird die Hölle verschlossen werden, und die Ketten des Wahnes werden schmelzen wie Wachs an der Sonne.«

7 Wahrlich, die Geschichte sieht beinahe so aus! Sie kommt näher und ist nun keine vierzig Schritte mehr von Cado entfernt. Jetzt muß sie etwas sehr Bedeutendes gefunden haben. Mit großer Hast beugte sie sich zum Boden und hob etwas wie ein Diadem auf, das sie nun beifällig betrachtet und bei dem sie keine Lust zeigt, es ebenso von sich zu schleudern wie die früheren Dinge.

8 Nun fragt *Minerva* den Cado: »Freund, wer hat denn diese vielen Kostbarkeiten hier verstreut? Sind sie für mich, oder sind sie für jemand anders zu einem neuen Fall gelegt? Hier ist ein herrliches Diadem, meines Hauptes wert! Soll ich's behalten oder von mir schleudern?« — Spricht *Cado:* »Das Gute behalte und das Schlechte wirf von dir! Zuviel von derlei Dingen würden dich derartig belasten, daß du kaum einen Schritt vorwärts tun könntest. Das Diadem behalte, aber weiter hebe nichts mehr auf! Verstehe das und sei folgsam!«

9 Spricht die *Minerva:* »Ja, ja, ich komme schon. Aber da liegt vor mir schon wieder ein herrliches Armband! Cado, erlaube mir, daß ich es noch aufhebe, denn das ist meines Armes würdig!« — Spricht Cado etwas ungeduldig: »Ei, du schmuckgieriges Wesen, laß das verlockende Armband! Dein Arm ist ohnehin so schön, daß er für sich allein als ein Schmuck betrachtet werden kann. Hier aber zu meinen Füßen harrt deiner ja ein Schmuck, dem keiner in der Unendlichkeit gleichkommt. Daher verweile dich nicht über Gassenkehricht, sondern komm und nimm eiligst von dem Besitz, was für dich bereitet ist!«

10 *Minerva* kommt nun, das Armband von sich werfend, schnell in die Nähe Cados. Nur drei Schritte trennen sie noch. — Sie spricht nun zu Cado: »Freund, so weit bin ich dir entgegengekommen, drei einzige Schritte fehlen noch. Diese wirst du wohl mir entgegengehen können! Ich sehe es dir nur zu sehr an, wie meine wahrlich mächtigen Reize dein

ganzes Wesen erbeben machen. Du liebst mich unaussprechlich, das sagen mir deine Augen! Tue mir daher den kleinen Gefallen und mache nur diese drei kleinen Schritte zu mir!«

11 Spricht *Cado:* »Endlos Schönste! Es werden noch himmlische Zustände kommen, da ich dir Millionen Schritte entgegeneilen werde. Aber hier erheischt es eine festeste, für dein alleiniges Wohl berechnete Ordnung, daß ich zuvor keinen deiner Wünsche erhören darf, bis du alles erfüllt haben wirst, was ich von dir verlangen muß. Daher mache auch noch die drei kleinen Schritte, da du schon dreitausend hast tun können!«

12 Spricht *Minerva:* »Wer bemüßigt dich denn, von mir all das zu verlangen? Wer ist dein Gesetzgeber?« — Spricht *Cado:* »Niemand mir Bewußter kann mir vorschreiben, was ich von dir verlange. Ich selbst bin mein eigener Gesetzgeber und lasse mir weder von einer Gottheit noch von irgendeinem Teufel etwas vorschreiben. Ich war ehedem vor Gott durch dessen zwei größte Geister. Sie waren gut und weise und zeigten mir Himmel und Hölle, auf daß ich mich entschiede. Und ich wollte den Himmel nicht und verstand der Hölle den gerechten Hohn zu sprechen! Ich sah ein wahnsinnigstes Unternehmen, dem ewig nie ein Gelingen folgen kann. Es ward sodann von dir auf mich Fahndung gemacht, aber alle deine Trugkünste scheiterten an der Härte meines Willens und an der Festigkeit meiner Absicht, dich vom Joch deiner eigenen Blindheit zu befreien! Sage doch, wer könnte mir so etwas vorschreiben?

13 Sieh, in der ganzen Unendlichkeit gibt es kein Wesen, dem ich gehorchen würde. Denn ich bin ein Herr meiner selbst und kümmere mich um niemand anders außer allein um dich, weil du mir so unendlich gefällst. Und weil du nach Gott als erstes, größtes und mächtigstes Wesen dastehst, das nun im vollsten Sinn wieder das werden soll, was es der höchsten Weisheit Gottes zufolge hätte werden sollen. Aber das geht auf keinem andern Weg als nur auf dem, den ich dir vorschreibe. Daher nun kein Zaudern mehr mit den drei Schritten, sonst wirst du nicht zu deiner Urschönheit und Würde gelangen!«

14 Spricht *Minerva:* »Mein im vollsten Ernst geliebter Cado, es ist alles gut und herrlich, was du mir nun gesagt hast. Ich kann da nichts einwenden. Aber wenn uns für alle Zukunft die Liebe leiten soll, verstehe ich nicht, wo du diese hernehmen wirst, da du nun mir zuliebe

dich nicht um ein Haar von der Stelle rühren wirst. Siehe, ich will noch zwei Schritte tun. Den einen, letzten aber mußt *du* tun, und sollte ich darauf eine Ewigkeit harren! Denn nun ist ja bei mir ohnehin an keine Umkehr mehr zu denken, da ich mich dir schon so weit habe gefangen gegeben! Tue mir daher diesen kleinen Gefallen!«"

179

Endkampf und Wendung
Das stolze Urwesen Satanas kommt wieder — Cado bleibt fest
Gleichnis vom rettenden Lotsen

1 *Miklosch* berichtet weiter: „Spricht *Cado:* »Aber Holdeste, warum verlangst du denn etwas von mir, das ich nicht tun kann, *weil* du es von mir verlangst! O du unverbesserliche Krone der Unendlichkeit! Nun mußt du ohne Erbarmen auch den letzten Schritt tun, den ich sonst unfehlbar getan hätte! — Ich bitte dich um deines eigenen, höchsten Vorteils wegen, verlange für die Folge nichts mehr von mir. Sieh, nur einen Schritt noch, und die ganze Unendlichkeit ist gerettet und befreit vom härtesten Joche eines ewigen Gerichts! Und du sollst als das glücklichste Wesen leuchten mit dem Licht aller Sonnen, die der unendliche Raum faßt!«

2 Spricht *Minerva:* »Ja, ja, das könnte wohl sein — wenn ich nur so dumm sein könnte, das zu tun, was dir beliebt! Aber diese Dummheit fehlt mir, und das ist sehr traurig für deine glänzenden Aussichten für mich. Es fehlt freilich nur mehr ein einziger, kleiner Schritt. Aber so ich ihn aus freiestem Wollen heraus nicht machen will und jeder deiner Beredungen Hohn ins Angesicht lachen werde — durch welches Mittel wirst du mich dann zwingen? Äußerlich ja, aber innerlich ewig nimmer!!

3 Denn wisse, ich bin ein Wesen, aus dem die Unendlichkeit alle ihre Wesen hat. Ich bin ein Wesen der Wesen — die ganz gleiche negative Machtpolarität, wie da die Urgottheit die positive ist! Ich bin der endlos große Boden, auf dem die Urgottheit ihre Werke erbaut! — Und, fasse das wohl, du unendliches Nichts vor mir — du willst mich

durch einige elende Worte dir, dem nichtigsten Staub untertänig machen und mich etwa bestechen durch deine endlos dummen Schmeicheleien, mich, das vollendetste Wesen der ganzen Unendlichkeit! — O du elender Dummkopf! Wohl sehe ich dich beben vor Wollust und erkenne deine große Gier nach dem Vollgenuß meiner Umarmung. Aber mache dir ja keine schmutzigen Gedanken, so du diesen letzten Schritt für meine Gunst nicht wagen willst! Ich mache keinen Schritt mehr — mein festester Wille!!«

4 Spricht *Cado:* »Oh, schau, schau, wie gescheit du nun auf einmal bist! Du willst mich eine Ewigkeit auf diesen letzten Schritt harren lassen? Ich wünsche dir selbst dazu recht viel Geduld, denn meiner Geduld wirst du nie Meisterin werden! Was macht es mir? Der eine Schritt hindert wenig! Aus meinem Wollen heraus kann ich mit dir tun, was mir immer beliebt. Und somit brauche ich eigentlich nichts mehr, was da meinen Vorteil betrifft. Daher verharre du, so es dir beliebt, nur immerhin, ich werde dadurch gar nichts verlieren. In meinen Händen habe ich dich einmal. In einen Drachen kannst du dich auch nicht mehr verwandeln, und so ist es mir eigentlich lieber, wenn du so bleibst. Juchhe, das wird ein wahrhaft lustiges Leben werden! Minerva, das hast du gut gemacht!«

5 Spricht *Minerva* ganz verdutzt über solche Verwandlung des Cado: »Das hätte ich nie geglaubt, daß du ein so feiner Halunke bist! Aber traue dir nicht zuviel zu! Wenn ich nur die verdammte Liebe zu dir loswerden könnte, ginge die Sache gleich anders. Aber gerade du mußt meine Schwäche durchschauen. Nein, das halte ich nicht aus! Verflucht sei, der dich gebildet hat! Aber warte nur, du sollst an mir noch deinen *Satan* kennenlernen!!«

6 Spricht *Cado* ganz phlegmatisch: »Oh, das macht nichts! Ich habe dich einmal und damit die reizendste Schönheit, die sich nicht mehr verhäßlichen kann; und das genügt einem Cado vollkommen! Übrigens bleibt es dir deshalb nicht verwehrt, den verlangten letzten Schritt zu tun. Wenn es dir also langweilig genug wird, wirst du meinem Verlangen wohl von selbst nachkommen. Bis dahin aber nur juchhe, denn ich habe dich, meine holdeste Minerva!«"

7 *Miklosch* in seinem Bericht fortfahrend: „*Minerva* möchte nun zerbersten vor Zorn. Sie möchte sich überaus gerne in ein scheußliches Wesen verwandeln, aber es geht nicht. Sie bemüht sich zu fliehen, aber

ihre Füße sind wie an den Boden geheftet, nur gegen Cado hin kann sie den Fuß erheben. Sind das aber wohlgeformte Füße! Wahrhaftig, dem Cado alle Achtung! Wie er solch einer allerreizend üppigen Schönheit gegenüber, die er nun ganz in seiner Gewalt hat, solche Mäßigung beachten kann! Da gehört mehr dazu, als was ich bis jetzt begreife. Vor dieser Schönheit sich wenigstens kalt zu zeigen — allen Respekt!

8 Wie sich die Minerva nun zornig stellt, und den armen Cado verächtlich anstarrt! Sie bemüht sich, ihr schönes Gesicht zu verzerren. Aber je mehr sie es tut, desto interessanter wird es. Und *Cado* sagt auch zu ihr: »Holdeste, gib dir keine Mühe! Denn je mehr du dein Gesicht verziehst, desto anziehender wirst du für mich! Du bist wahrlich eine Göttin!«

9 Spricht *Minerva* beinahe weinend vor Zorn: »O du verfluchtes Leben, wenn es sich so zu gestalten beginnt! Bin ich denn keine Herrin, keine Fürstin aller Fürstinnen mehr? Muß ich mich von solch einem dümmsten Esel verspotten lassen? Kann ich denn nicht zurück, nicht dich auf ewig verlassen? Du hast doch früher mir zugestanden, daß ich zurück kann, wann und wie ich will!«

10 Spricht *Cado:* »Mit dieser Verheißung ist es so lange nichts, als du nicht völlig in meinen Willen eingehen wirst. Denn du bist und bleibst so lange im Gericht, als du deines eigenen Starrsinns Sklavin bleibst. Siehe, so jemand in einer großen Gefahr weilt und ein bewanderter Lotse ihm Hilfe bietet — er sie aber nicht ergreifen will, obschon er sich selbst nicht helfen kann — so bleibt er auch so lange Sklave der Gefahr, in der er sich befindet, als er sich der angebotenen Hilfe des Lotsen nicht bedient hat.

11 So ist es auch mit dir der Fall! Ich reiche dir hier meine hilfreiche Hand, um dich von einer gräßlichen Gefahr wegzubringen und dich dann in vollste Freiheit zu versetzen. Du aber verschmähst meine Hilfe. Deine allen Zweckes bare, hochmütige Tollheit treibt dich an, alles zu unternehmen, was deinen Untergang früher oder später wird herbeiführen müssen. Darum kannst du auch jetzt nicht mehr zurück, sondern mußt hier auf dieser Klippe verweilen. Und so ich dich nicht bewahrte vor dem Untergang und hielte die Wogen zurück, die dich sonst schon lange weggespült hätten, wo wärst du nun?

12 Mir, wie gesagt, kommst du nimmer aus, und du kannst dich nicht

um ein Haarbreit von mir entfernen! Was willst du dann fürder tun als die reinste Sklavin meines Willens?! Wirst du mir wohl ewig Trotz zu bieten imstande sein?«"

180

Cado erquickt sich an Brot und Wein — Minervas Ärger Cados deutliche Belehrungen über ihren Unwert

1 *Miklosch* berichtet weiter: „Spricht *Minerva:* »Ja, das kann ich, so ich's will. — Habe ich auch hier keine wirksame Macht mehr, so kann ich dennoch in meinem Innersten in hartnäckigster Widerspenstigkeit ewig verharren! Aber ich werde das wegen meiner dummen Liebe zu dir vielleicht doch nicht tun, sondern diese Sache reichlich überdenken und, wenn ich da einen Vorteil für mein Herz entdecke, mich deinem Rat unterordnen. Aber wohlgemerkt, ich werde mich noch lange besinnen!« — *Cado* entgegnet ganz gleichgültig: »Ganz wohl, meine Liebe! Je länger du aber auf deine völlige Umkehr wirst warten lassen, desto länger wirst du auch unglücklich verbleiben und desto schwerer diesen einen, letzten Schritt tun! Das beachte daneben auch!«

2 *Cado* setzt sich nun nieder. Da es ihn hungert und dürstet, so nimmt er etwas Brot und Wein und verzehrt beides. Und da er dabei ein behagliches Gesicht macht, muß seine Stärkung von einer großen Lieblichkeit sein. — *Minerva* betrachtet den Schmausenden mißvergnügt und sagt mehr wie zu sich: »Na, eine Lebensart hat er, die muß er in der Schule der Bären und Wölfe sich zu eigen gemacht haben! Der Kerl frißt ja wie ein Wolf und sauft wie ein Walfisch. Er hat noch einen Becher und ein gutes Stück Brot, aber seine Schroffheit läßt es nicht zu, mir damit einen Antrag zu machen. Ich würde auch von solch einem Esel wohl ohnehin nichts annehmen! Aber es schickte sich doch, mir, als der ersten Größe der Unendlichkeit, damit ein Angebot zu machen! Wie der Kerl aber frißt! Der ist fähig, die ganze Schöpfung hohl zu fressen!

3 Aber was nun? Etwas muß ich ja doch auch unternehmen! Wenn ich nur jenes Bündel, in dem sich für mich ein herrlichstes Gewand befinden soll, näher zu mir herziehen könnte! Was aber tun? So zuschauen,

bis er sich vollgefressen hat? Oh, das ist eine verflucht dumme Lage! Aber warte nur, du grober Esel, es soll noch ganz anders werden mit der Folge der Zeit!«

4 *Cado* ißt und trinkt noch immer ganz behaglich und sagt nun wie zu sich: »O Gott, das war doch ein herrliches Brot und ein Wein, der muß auf einer Sonne gewachsen sein! Jetzt wäre ich lammfromm und gut wie ein Esel! Und die schönste Frau Satana, nun umgetaufte ‚Minerva' bei mir, mir untertänig! Juchhe, mir geht's gut! — No, no! Was machst denn du, mein holdestes Minerverl, für ein saures Gesicht dazu? Sei guten Mutes und setze dich traulich zu mir her! Wenn du das tust, soll's dir auch für den noch zu machenden letzten Schritt abgerechnet sein. Geh, Minerverl, mache mir einmal eine rechte Freude! Schau, alle himmlischen Wesen freuen sich mit. Da sieh nur aufwärts, und du wirst es sogleich selbst entdecken. Und wir beide, endlos edler und vollkommener als dies ganze Himmelsgesindel, hocken da beisammen wie ein Paar kranke Esel mit langen Essiggesichtern! Pfui, lassen wir uns doch nicht beschämen und seien wir noch zehnmal heiterer als alle da über uns! Geh, setze dich nur gleich zu mir her!«

5 Spricht *Minerva* ganz beleidigten Gesichtes: »Halte dein Maul, grober, besoffener Lümmel! Was der nicht alles möchte! Gleich zu ihm setzen soll ich mich! Es wäre für ihn solch eine Unterhaltung freilich wohl nicht übel. Aber nichts da! Solche Früchte wie ich werden für derlei Esel wohl ewig nimmer reif werden! Versteht Er das?«

6 »Nicht, Minerverl«, spricht *Cado* weiter, »warum solltest du für mich nicht reif werden können?! O du bist sehr reif, denn du bist auch schön alt geworden! Aber nur ein einziges Bußerl von diesen rechtesten Rosenlippen, oh das wäre schon gar über alles! So komm und mache meinem Herzen eine rechte Freude!«

7 Spricht *Minerva:* »O gleich, gleich, mein Herr Gebieter! Sie wissen ja, wie gerne ich solchen Wesen folge, so sie das oder sonst was wünschen. Sie können es gar nicht glauben, wie sehr ich Sie liebe! Beruhigen Sie sich daher nur noch einige Ewigkeitchen, dann werde ich Ihren besoffenen Wünschen schon nachkommen!«

8 Spricht *Cado:* »Wie es dir gefällig ist! Mir ist alles ein und derselbe Teufel, ob um ein paar Ewigkeitchen früher oder später! In meiner unauflösbaren Gewalt bist du einmal, und mehr brauche ich zu meinem Vergnügen nicht. Da ich aber mehr auf deine wahre Wohl-

fahrt sehe als auf die meinige, darum allein möchte ich dich aus deiner ungeheuren Torheit heben und dich wieder frei und glücklich machen. Aber wenn du lieber eine Sklavin deiner blindesten Torheit verbleibst — gut, so bleibe, was du bist, nämlich das dümmste und schlechteste Wesen in der ganzen Unendlichkeit! Mich wird das äußerst wenig bekümmern.

9 Hebe deine zwar überschönen, aber dümmsten Augen empor und sieh, wie sich da oben Trillionen ihres göttlichen Daseins freuen, obschon sie wohl wissen, daß du das unglücklichste Wesen in der ganzen Unendlichkeit bist. Und so kann auch ich mich nach meiner Art ganz prächtig ohne dich beseligen. Ich muß dir auch noch gestehen, daß ich von nun an gar nicht mehr darauf poche, dich für deine eigene Freiheit in Gott deinem Schöpfer zu gewinnen. Denn ich weiß ja, daß du ein eigensinnigstes Luder bist und mit dir bis jetzt weder Gott noch irgendein Teufel je etwas ausgerichtet hat. Aber das alles stört mich nicht. Du bist mein und bist unschädlich gemacht wie eine Natter, der man das Gift genommen hat. Willst du für dich selbst frei und glücklich werden, weißt du nun zur Genüge, was du zu tun hast! Von nun an wirst du von mir aus keine Einladung mehr erhalten. Gehabe dich nun wohl in deinem Wahn und halte nur daran fest, daß mir da alles eins ist!«

10 Nach diesen Worten denkt Minerva sehr stark nach und sagt: »Was wird denn dann mit meinem höchsten Ansehen, das ich bis nun in der ganzen Unendlichkeit genossen habe?«

11 Spricht *Cado:* »Laß dich um Gottes willen deines eingebildeten Ansehens wegen nicht auslachen! Dich beschämt ja, was die reine Weisheit betrifft, ein jeder Esel. Wo aber ein Wesen, sei es äußerlich noch so schön, so dumm ist wie kein zweites mehr in der ganzen Unendlichkeit, da wird es mit dem wahren Ansehen wohl einen derben Faden haben! Rede mir daher nimmer von einem vermeintlichen Ansehen, das du dir nur selbst gegeben hast. Verschone mich mit derlei Albernheiten!«

12 Spricht *Minerva:* »Nun, sei nur nicht gar so aufbrausend! Ich werde doch etwa noch wert sein, daß du dir mit mir eine kleine Mühe nimmst und mich belehrst, wo es mir fehlt!« — Spricht *Cado:* »O Liebste, dir fehlt gar viel, ja dir fehlt *alles!* Da werde ich noch vieles zu reden haben mit dir, obschon ich kein Freund des Redens bin.«

13 Spricht wieder *Minerva:* »Nun, habe nur Geduld mit meiner

Dummheit und Schwäche! Denn so ich dann selbst dir zum Lohn werde, dürftest du ja für deine Mühe doch hinreichend entschädigt sein!« — Spricht *Cado:* »Allerdings, wenn du je zu belehren bist! Nimmst du aber wie bisher gar keine Belehrung an, so ist mir dann mein Hinterteil lieber als du, trotz all deiner noch so unendlichen Schönheit! Solches beherzige, denn ich bin durchaus kein sinnlicher Teufel!«"

14 *Miklosch* in seinem Bericht fortfahrend: „*Minerva* reibt sich die Stirn und scheint mit sich sehr uneins zu sein. — *Cado* aber wendet sein Gesicht nun gerade zu uns herüber und macht eine Miene, als ob er von uns etwas wahrnehme. Was mich aber sehr wundert ist, daß er, da er doch all die Himmelsgeister über sich wohl erschauen dürfte, die zwei bei ihm, nämlich Robert-Uraniel und dessen Begleiter Sahariel, nicht zu sehen scheint. Denn da macht er gar keine Miene, als nähme er jemanden hinter sich wahr."

181

Bathianyi und Miklosch über diese Szene
Minerva macht den letzten Schritt — Das Himmelsgewand als Lohn
Mögliche Folgen der vollen Erlösung Satanas

1 Sagt nun Graf *Bathianyi,* den diese Szene zu langweilen beginnt: „Freund Miklosch, du bist wahrlich ein prächtiger Wiedergeber des Geschauten, und es ist äußerst interessant dich anzuhören. Aber diese Geschichte zwischen dem Cado und der sogenannten Minerva, die besser Luziferina oder Satan hieße, wird etwas langweilig. Ich bewundere nur die ungeheuere Geduld des Herrn, wie auch die der Erzväter, Propheten und Apostel! Diese betrachten die höchst einförmig gewordene Szene, als läge da Gott weiß was für eine ungeheure Wichtigkeit darin! Für mich bekommt die ganze Geschichte mehr und mehr das Gesicht eines fadesten Romans, der eine ganze Ewigkeit fortspinnen kann. — Cado verdient wahrlich allen Respekt! Aber die Minerva ist ein feines Luder, die sich in alle Gestalten, Formen und Elemente verwandeln kann und somit auch nie zu fangen ist. Sie stellt sich zwar hie und da blöde, aber von ihrem innersten, verborgenen Plan läßt sie

wohlweislich nichts merken. Oh, das ist eine Canaille! — Gib jetzt nur wieder acht, Freund Miklosch! Du wirst sehen, daß ich recht habe!"

2 Sagt *Miklosch:* „Lassen wir das alles nur dem Herrn über! Ich meine, daß da am Ende schon alles recht werden wird." — Sagt *Bathianyi:* „Ja, das meine ich auch; es wird am Ende alles gut werden! Aber wann wird dies Ende kommen?! Wir werden es wohl sicher erleben, weil wir ewig leben werden. Aber es ist unsereinem zu verzeihen, wenn man bei der ersichtlichen Lumperei der schönen Minerva notgedrungen auf die Idee gerät, daß diese Geschichte zwischen dem Cado und ihr wohl schwerlich je zu einem Ende kommen werde."

3 Spricht *Miklosch:* „Weißt du, Bruder, was mich betrifft, so kümmert mich das im Grund wenig. Im übrigen interessiert mich diese Sache außerordentlich, denn das ist sicher keine Alltagsgeschichte! Zwei allerdurchtriebenste Geister der Hölle liegen sich in den Haaren, und es wird sich bald zeigen, welcher von ihnen den Sieg davonträgt. Ich halte es noch immer mit Cado." — Spricht *Bathianyi:* „Ich auch! Denn so es überhaupt ein Ende gibt, soll doch hoffentlich die gute Sache obenauf zu stehen kommen. Jetzt steht die Geschichte noch verzweifelt schiefrig da! — Sieh du aber nur wieder hin und erzähle uns weiter, was dort vor sich geht."

4 *Miklosch* schaut hin und sagt: „Schaue auch du gleichfort hin, und du wirst ebenfalls ersehen können, wie *Minerva* nun freundlich dem *Cado* die Hand reicht, und dieser jedoch zu ihr sagt: »Das nützt dir nichts. Alles, was du mir aus deinem Wollen zur Annahme anträgst, darf ich nicht eher annehmen, bis du auch den *letzten* Schritt gemacht haben wirst! — Hebe den Fuß an den meinigen her, dann hast du deine Aufgabe gelöst und bist wieder zu deiner Freiheit gelangt! Von da an werde ich dann auch manches tun können, was du von mir wünschen wirst!«

5 Spricht *Minerva:* »Nun denn, um zu erfahren, wie du dein Wort halten wirst, hebe ich meinen rechten Fuß vom Boden und setze ihn an den deinigen hin! Alle Himmel und Höllen sollen mir ein Zeugnis geben, ob ich jemandes Willen je so weit nachgekommen bin wie dem deinigen! Aber wehe dir, Cado, so du mich im geringsten hintergangen haben solltest, da ich dich liebe! Ich müßte an dir eine Rache nehmen, wie sie noch nie da war!«

6 *Minerva* hebt nun ihren rechten Fuß im Ernste vom Boden, setzt

ihn zum Fuße Cados hin und sagt: »Nun habe ich erfüllt, was du von mir verlangtest! Was wirst du jetzt wohl tun?«

7 Spricht nun *Cado:* »Hebe auch den andern! Dann erst hast du die Bedingung ganz gelöst, und ich werde dir dann sagen, was ich tun werde! Im Grunde habe ich es dir schon ohnehin gesagt, was danach geschehen wird. Aber da du ein sehr kurzes Gedächtnis zu haben scheinst, so werde ich das Gesagte kurz wiederholen. Aber zuvor muß der letzte Schritt ganz und nicht nur zur Hälfte gemacht werden! Darum also noch mit dem andern Fuß aus der Gefangenschaft, und es wird sich dann sogleich alles andere in bester Ordnung befinden!«

8 Spricht *Minerva:* »Nun, mit scheint, daß deine Forderungen an mich nimmer ein Ende nehmen. Aber weil ich schon so viel getan habe, so will ich auch das noch tun! Aber sieh dich vor, daß ich dich dann nicht verlasse! Denn du weißt, daß mir dann der freieste Rücktritt in meinen vorigen Zustand gestattet ist als eine Hauptbedingung zu dieser meiner mich entwürdigenden Handlung nach deinem Willen.«

9 Nun hebt die Minerva auch den zweiten Fuß nach und sagt: »Jetzt ist es vollbracht! Ich habe deinen Willen ganz erfüllt! Nun, was geschieht jetzt?« — Spricht *Cado:* »Endlos Holdeste! Hier löse das Bündel auf! Nimm das Gewand heraus und bedecke deine mein ganzes Wesen mächtig erregenden Reize!«

10 *Minerva* beugt sich nieder und löst das Bündel auf. Als sie darin ein karminrotes, mehr als die Sonne hellstrahlendes Kleid, besetzt mit einer schweren Menge strahlendster Diamanten und Rubinen erschaut, erschrickt sie vor dieser ungeheuern Lichtmasse so, daß sie förmlich zu Boden sinkt und in einer Art Betäubung beinahe ohne Regung vor Cado liegt.

11 *Cado* fragt sie: »Nun, Minerva, wie ist dir? Gefällt dir das urkönigliche Gewand? Habe ich dich angelogen, oder habe ich dir die Wahrheit gesagt? Was hältst du nun von mir?«

12 *Minerva,* vor lauter Staunen kaum der Sprache mächtig, sagt mit bebender Stimme: »Cado, das ist zu viel, zu groß, zu herrlich!! Ich kenne doch alle Himmel und deren Bewohner — aber mit solch einem Kleid habe ich da noch nie jemanden angetan gesehen, nicht einmal die Gottheit in ihrem unzugänglichen Licht! Wie soll ich nun — aus meiner ärgsten und tiefsten Verworfenheit kaum ein wenig auftauchend — solch ein Feuergewand anzunehmen und am Ende gar zu tragen im-

stande sein! Ich habe daran zwar eine unbeschreibliche Freude, aber anzuziehen wage ich es wahrlich nicht! Denn das Tiefste der Hölle kann nicht so bald mit dem Höchsten der Himmel einen zu schnellen Bund eingehen! Dazu gehört noch eine lange Zeit, in der ich über mein höllisch-grundböses Wirken nachdenken muß, um mich über es mehr und mehr hinaussetzen zu können. Denn bedenke, daß ich der Urgrund alles Bösen und alles Gerichts bin! Wie und wann ich mich aber über meine urböse Stellung werde erheben können — o Cado, wie ferne noch ist eines solchen Zeitraums Herbeikommen!«

13 Spricht *Cado:* »Törin, zähle die Sonnen im endlosen Raume! Zähle die Planeten alle, die nicht selten zu Trillionen wie Atome im Äther um eine einzige und letzte Zentralsonne kreisen, die noch lange keine Haupt-Zentralsonne ist! Zähle den gerichteten Sand nur eines kleinsten Planeten! Summiere alle Materiepartikel, die im Äthermeer des ewigen Raumes gerichtet rasten und über ihren kleinen Rücken das Licht von einer Unendlichkeit zur andern tragen müssen! Sieh, alles das ist arg gerichtet aus *deinem* höchsteigenen Gericht! Wie lange wohl müßtest du da zählen und wie viel denken, bis du den Grund eines jeden gerichteten Atoms der ganzen Unendlichkeit durchdächtest? Sieh, das wäre im höchsten Grad töricht! Daher tue du das, was ich dir zu deiner wahren Freiwerdung anrate, und du wirst der ganzen Großrechnung nicht bedürfen, um wahrhaft frei und dadurch auch der allmächtigen Gottheit in ihrer Jesus-Menschheit wohlgefällig zu werden!«

14 Spricht *Minerva:* »Geliebter Cado, du hast wohl recht! Aber nur den gewissen Namen sprich mir nicht mehr aus, denn dieser ist für mich im höchsten Grad unerträglich. Ich kann dir zwar nicht sagen, warum, aber es ist einmal so: der Name brennt mich mehr als alles Feuer der Hölle!«

15 Spricht *Cado:* »Sieh, das ist schon wieder im höchsten Grad töricht von dir! Gerade in diesem Namen wie in keinem anderen ist für dich und mich ein ewig wahres Heil zu erringen. Deshalb lobe und preise du in Zukunft lieber diesen Namen, so wirst du vollkommen siegen über alles Böse in deinem Herzen! Du wirst dann einen wahren Triumph feiern über alles, was dich je zu solch einem großen, fortlaufenden Abfall von der ewigen Gottheit mag verleitet haben!«

16 Spricht *Minerva:* »Guter Cado, du hast viel leichter reden als ich. Bedenke, wie viele Äonen ärmster Wesen schmachten noch in größter

Qual, die ich ihnen bereitet habe. Wie soll ich überhaupt je frei und wahrhaft glücklich werden können, solange die zahllosen durch mich unglücklich Gemachten in aller Qual schmachten müssen? Ich soll nun glänzen in diesem Kleid, und zahllose Kinder aus mir sollen meinetwegen ewig schmachten! Nein, das geht nicht, das kann nicht sein!«

17 Spricht *Cado:* »Kümmere dich um etwas anderes! Seit die Gottheit zum Körpermenschen ward, hat sie auch die ganze materielle Schöpfung auf ihren Namen genommen und damit jeden Menschen von dir unabhängig und dem eigenen Gewissen zinsbar gemacht! Alle Welt ruht nun auf der Schulter Gottes und auf denen der freien Menschen. Und du stehst mit der Gottheit schon lange in keiner Verrechnung mehr. Tue daher, was ich dir sage, und du wirst frei sein in allem!«"

182

Minervas neue Ausflüchte — Cados Entgegnung
Von Buße und Bekehrung — Bedeutsame Erlösungstatsachen

1 Miklosch berichtet weiter: „Spricht die *Minerva:* »Aber es ist von der Gottheit eine Art Buße zur Vergebung der Sünden angeordnet, ohne die kein Mensch und somit noch um vieles weniger ein Teufel selig werden kann. Siehe, ich aber war und bin noch aller Sünde Grund und ein Pfeiler des Gerichts und des Todes. Wie soll dann erst ich ohne Buße frei und endlich gar selig werden? Es müßte daher über mich wohl die größte Buße kommen, so ich im Ernste frei und selig werden sollte? Wie aber könnte ich Buße wirken in diesem Lichtgewand? Dazu gehört ein härenes Büßerkleid und Asche und Sack! Verschaffe mir ein solches Büßerkleid, und ich will die ernsteste Buße zu wirken anfangen!«

2 Spricht *Cado:* »Jawohl, du und Buße wirken — das ginge so hübsch zusammen! Verstehst denn du, was wahre Buße wirken heißt? Meinst du, ein härenes Kleid, Asche und Sack machen die Buße aus? Oder glaubst du nach römischer Art etwas tun zu müssen, um zur wahren Sündenvergebung zu gelangen? Ich, wennschon gleich dir der Gottheit gegenüber ein Teufel, halte das für die wahre Buße, so man das Schlechte, das der Gottesordnung Widrige, freiwillig verläßt, sei-

nen Willen fest und unerschütterlich unter das Panier der ewigen Gottesordnung stellt. Sodann selbst unerschütterlich fest das will, was man als solcher göttlichen Ordnung gemäß erkennt. Wenn du so handeln wirst aus deinem neu geregelten Willen, dann wirst du auch rechte Buße wirken. Aber ein härenes Gewand, Asche, Sack, Generalbeichte, Kommunion und meinetwegen eine Million Messen gehören ins Fach der größten Menschentorheiten, weil sie den Menschen nur schlechter machen. Durch meinen *Willen* allein kann ich besser werden. Alles andere hat keinen Wert weder vor bessern Geistern noch vor Gott!

3 Du weißt auch, was ein jeder Geist durch seine höhere Weisheit genau ersehen kann. Wolle sonach nichts aus dir heraus, sondern bloß was ich will, so wirst du deines eigenen Kerkermeisters bald loswerden. Solange du aber noch mit deinen eigenen Willensbrocken mir entgegentreten wirst, wird es mit dir noch lange nicht besser werden! — Sieh, an Weisheit und gediegener Erkenntnis hat es dir nie gemangelt. Wohl aber an einem guten Willen, darum bist du zum Grund alles Schlechten und Bösen geworden! — So ein Wesen aber gut und edel werden will, muß es mit seinem ersten, wilden Willen dasselbe Experiment machen, das auf der Erde ein Gärtner mit einem Wildling macht: Er schneidet ihm die Krone ab, spaltet dann den Rumpf und setzt einen edlen Zweig hinein. Dann wird ein neuer, edler und guter Fruchtbaum daraus. — So mußt auch du es mit deinem alten Wildling von Willen machen! Wenn es dich auch eine Weile bekümmern wird, daß du dir die alte Krone nehmen lassen mußt, so mache dir dennoch nichts daraus! Denn du wirst dafür zu einer herrlicheren, besseren und edleren Krone gelangen.«

4 Spricht *Minerva:* »Cado, du bist zwar eigensinnig wie ein Teufel, aber dabei weise wie ein Gott!« Spricht wieder *Cado:* »Was nützt mir meine Weisheit, so sie außer mir niemand befolgen will! Ich predige tauben Ohren, und vor blinden Augen mache ich Spektakel. Ich habe, bei Gott dem Allmächtigen, bis jetzt geredet zur Übergenüge, aber was nützt das alles? Ich zeigte dir, warum du dich gänzlich meinem Willen unterordnen sollst. Aber du hast tausend Ausflüchte, und so du schon etwas tust, da tust du die Sache nie sogleich und auch nie ganz so, wie ich es haben will und muß! So du mich nun weise findest wie einen Gott, warum tust du denn dann nicht gleich, was ich von dir verlange? Das herrlichste Kleid liegt vor dir und wirft seinen mächtigen Strah-

lenglanz gleich einer Zentralsonne in die weite Unendlichkeit hinaus. Aber sein mächtiges Licht, das da bestimmt ist, nach dem Inneren deines Wesens seinen Strahl zu treiben, muß sich noch immer vergeblich verzehren. Warum denn das? Gib mir dafür einen Grund an!«

5 Spricht *Minerva:* »Ich habe dir den Grund schon angegeben, du aber hast ihn widerlegt mit der Schärfe deiner Weisheit. Aber dessen ungeachtet bleibe ich doch dabei, daß ich mich für dieses göttliche Gewand viel zu unwürdig fühle, um es gleich einem anderen gemeinen Fetzen anzuziehen. Einen anderen Grund kann ich dir unmöglich angeben, und wenn du dich darüber noch so ärgern solltest. — Ziehe du es an, wenn du schon so viel Mut besitzt, und ich werde dann deinem Beispiel folgen. — Übrigens noch etwas: Wie würde es dann auf der Erde und in allen anderen Welten aussehen, wenn ich dieses Kleid anzöge? Wird es den dort neuzubildenden, noch in die gröbste Materie verhüllten Geistern besser oder etwa noch schlimmer ergehen? Gib mir eine begreifliche Erklärung, und ich werde dann sogleich alles tun, was und wie du es wünschst.«

6 Spricht *Cado:* »Ich habe ja gewußt, daß sie richtig wieder noch eine die Sache verzögernde Ausflucht finden wird! O du ganz verzweifeltes Wesen! Was gehen denn uns nun die Erde und alle anderen zahllosen Welten an? Die Gottheit wird es wohl schon wissen, was sie damit machen wird. Wie von nun an die Menschen auf der Erde oder auf der Sonne untereinander leben werden, hat für uns nicht die geringste Beziehung. Wir leben und handeln nur für uns. — Ich habe dir schon ehedem klar gesagt, daß du selbst außer allen Einfluß auf die Weltkörper gesetzt wurdest. Dies seit der Menschwerdung der Gottheit, in der ein zweiter Adam aus Gott alle Schöpfung samt all ihren Übeln auf die eigene Schulter nahm und nun alles also leitet, wie es Seine ewige Ordnung verlangt. Daher hast du dich von nun an um nichts anderes mehr zu kümmern als allein um dich selbst! — Ziehe das Gewand an, dann wird sich zeigen, was da weiter zu geschehen hat!«

7 Spricht *Minerva:* »O du lebendiges Buch, du sprichst ja als ob du ein Jünger Salomos wärst! Aber ich sehe nun ein, daß du einesteils doch recht hast. Und so will ich mich denn vor dir zu einer Putzgretel umgestalten und eine recht dumm-hochmütige und eitle Person spielen, da du daran eine so große Freude hast! Wird's dir dann besser sein, so du

mich vor lauter Glanz gar nicht wirst anschauen können? Ich ziehe es nun an. Aber komme mir nicht sobald wieder mit einem anderen Begehren!«"

183

Minervas Herrlichkeit im Himmelskleid
Robert und Sahariel geben sich zu erkennen
Erziehung zur wahren Freiheit und Selbständigkeit

1 *Miklosch* in seinem Bericht fortfahrend: „*Minerva* zieht jetzt wirklich das Gewand an. O Tausend, das ist stark! Nein, das ist ja nimmer zum Aushalten, diese unsagbare Schönheit! Herr und Vater Jesus, sei mir armem Sünder gnädig! Herr, ich würde entweder tot oder ein Narr, so ich diese zu große Schönheit nur einige Sekunden noch anschauen müßte! Wie aber ein Cado und die zwei anderen, Robert-Uraniel und Sahariel solch eine Nähe ohne Verlust ihres Lebens aushalten können, ist mir ein Rätsel! Wohl gehen den beiden Letztgenannten die Augen vor lauter Glanz und Schönheit über. Aber wie Cado es in ihrer größten Nähe auszuhalten vermag, das begreife, wer es kann! Bruder Bathianyi! Geh und vertrete mich für eine Weile, denn ich kann es wahrlich nimmer aushalten!"

2 Spricht *Bathianyi:* „Freund Miklosch, das kann wohl nicht ausgeführt werden! Ich habe nur ein paar flüchtige Blicke hingeworfen und bin davon schon schachmatt. Was würde aus mir erst werden, so ich mich eine längere Weile in sie vergaffte? Ich bedanke mich, liebster Freund, für diesen deinen Antrag! Versieh du nur selbst diesen angenehmen Dienst, ich werde das meinige mir schon aus deinen Worten entnehmen."

3 Spricht *Miklosch:* „Nun gut, so werde aber ich ein reiner Narr! — Nun, so etwas! Jetzt geben die beiden Engel dem Cado und der Minerva sich zu erkennen, und beide scheinen ganz verblüfft zu sein, daß sie nun auf einmal zwei fremde Gesellschafter bekommen. Cado betrachtet die beiden forschenden Blickes und scheint sie fragen zu wollen, woher sie kämen, ob von oben oder von unten. Ich bin nun gespannt, was da herauskommen wird!

4 Nun wischt sich *Cado* die Haare aus dem Gesicht, nimmt beiden gegenüber eine heldenhafte Stellung an und sagt: »Woher seid ihr? Was wollt ihr und wer seid ihr? Gebt pünktlich genaueste und wahrste Antwort! Verstehet wohl — der *Teufel Cado* verlangt solches von euch!«

5 Tritt *Robert* vor und spricht: »Wir beide sind deine innigsten Freunde, sind von oben wie auch von unten zugleich her. Wir haben dich insgeheim beschützt, ansonsten du diese Urkönigin aller Materie nicht so weit gebracht haben würdest. Nun aber am Ende deines großen Werkes kommen wir, dich zu beglückwünschen, daß dir dies so herrlich gelungen ist, woran die Mühe so vieler mächtiger Brüder scheiterte. Solltest du dich in irgend etwas, das gut ist vor Gott, unserer Dienste bedienen wollen, stehen wir dir zu Gebote!«

6 Spricht *Cado:* »Für euren allfälligen Schutz danke ich euch und auch für eure Wache über mich! Aber ich bekenne euch beiden, daß es mir lieber gewesen wäre, wenn ihr mich weder beschützt noch bewahrt hättet. Denn mir genügt der Name und die Kraft des großen *Einen,* alles andere ist bei mir eitel nichts! Ich ersuche euch darum, daß ihr euch sogleich von mir entfernt, ansonst müßte ich Gewalt gebrauchen. Denn meine heißgeliebte Minerva ist noch lange nicht auf dem Punkt, fremde Gäste, die ein sehr schmarotzerisches Aussehen haben, zu ertragen. Wird sie einmal ganz vollendet sein, dann könnt ihr wiederkommen und euch ihrer Wiedergenesung freuen. Aber nur keine weitere Hilfe mehr, denn das würde meine Mühe nur verzögern und keineswegs verkürzen. Also Gott befohlen, meine Freunde!«

7 Spricht *Minerva:* »Freund Cado, da ich nun das urkönigliche Gewand anhabe, glaube ich hier auch schon ein Wörtchen reden und etwas begehren zu dürfen. Ich fordere sonach, daß diese beiden Weisen von ‚oben und unten her' hier bleiben und mir in so manchem einen Dienst leisten können, so sie's wollen!«

8 Spricht *Cado:* »Nur das hat zu geschehen, was ich anordne! Muß ich nachgeben, bist du wieder auf wenigstens eine halbe Ewigkeit verloren samt mir. Vergiß nicht, daß wir beide *Teufel* sind und eine andere Bahn zu gehen haben als die Engel Gottes, um zur Vollendung zu gelangen. Freunde, tut mir sonach diese reinste Freundschaft und geht, denn in eurer Gegenwart kann ich Minerva nimmer weiter führen!«

9 Spricht *Robert:* »Freund Cado! Du kennst uns noch zu wenig, wenn du meinst, daß wir dir hinderlich sein könnten bei Ausführung

deines guten Planes mit Minerva. Siehe, was du bisher geredet und getan hast, das hast du *durch uns* getan. Denn Gott der Herr, dessen Name überherrlich ist, hat uns dazu die gerechte Kraft und Macht erteilt. Hättest du allein vor dieser sogenannten Minerva gestanden, wärst du schon lange als ihr schnödes Opfer gefallen. Wir waren es ja, die dir jegliches Wort in den Mund gelegt haben. Wir haben deine Steine, die du als Waffe gebrauchtest, gesegnet und gekräftigt und ließen die Feuerflut nicht höher steigen, damit du auf diesem Hügel eine sichere Zuflucht finden solltest. Da sich aber die Sachen so und nicht anders verhalten, wie sollen wir dir nun hinderlich sein können? Förderlich ja, das wollen und können wir dir bei deinem löblichen und allen Himmeln gefälligen Werk sein. Sei daher ganz unbesorgt unseretwegen!

10 Wir bleiben darum noch eine Weile bei dir, damit du nun frei aus dir selbst das Fernere wirst tun können, was zur Vollendung dieses Großwerkes vonnöten ist. Es wird unser Rat von jetzt an nicht mehr heimlich, sondern offen erfolgen und eine Tat nur auf dein Verlangen geschehen, damit du dadurch samt Minerva wahrhaft frei werden kannst. Du wirst ganz frei unseren Rat entweder annehmen oder von dir weisen können. Würden wir wie bisher in dich heimlich einfließen, so könntest du nimmer frei und dadurch selig werden. Denn in diesem Fall bliebest du nur ein Werkzeug in unseren Händen. Wir aber geben nun das Werkzeug frei aus den Fesseln des Gerichts, auf daß es dann aus sich selbst etwas werde vor dem Herrn. Dies muß aber das schwache Werkzeug erkennen und danach sich selbst bestimmen. Dann wird es in Kürze zur wahren und freien Vollendung gelangen und nicht weiterhin in der genötigten Knechtschaft verbleiben. So sei es im Namen des Herrn Jesu, des einigen Gottes Himmels und aller Welten!«

11 Spricht *Cado:* »Wenn so, dann bleibt freilich hier! Denn ich muß und will selbst frei handeln, um frei zu werden von jeglichem Joch. Ob aber Minerva auch noch bleiben wird, das ist eine andere Frage.«

12 Spricht *Minerva:* »Die Schritte, die ich nun vorwärts gemacht habe, bleiben; ich werde sicher keinen Rückgang mehr tun. Aber diese beiden himmlischen Gauner müssen mir jetzt aus den Augen, da sie gegen mich geheim und hinterlistig gehandelt haben! So sie hier bleiben, werde ich keinen Schritt mehr vorwärts tun!«

13 Spricht *Robert:* »Nicht so, holdeste Minerva! So wir dir etwas

Arges zugefügt haben, wollen wir sogleich gehen. Du aber mußt selbst bekennen, daß wir dir nur etwas höchst Gutes erwiesen haben durch die Kraft Gottes, die in uns tatkräftig ist. Du solltest dankbar einsehen, daß wir dich so weit freigemacht haben von den Fesseln der Hölle und sie mehr und mehr haben verstummen gemacht in deinem Herzen, in dem ehedem der Grundkeim allen Übels gelegen ist. Gedenke der schaudervollen Zeitenlänge, in der du höchste Qualen — freilich durch dein eigenes starres Wollen — durchlitten hast, und unsere für dein künftiges Wohl besorgte Gegenwart wird dir sicher nicht unangenehm sein können!«

14 Spricht *Cado* zur Minerva: »Ganz richtig! Also denke nach, und es wird dann alles gut werden! Die beiden müssen nun bleiben, weil ich es ihnen gebiete. Hast du auch gegen mein Gebot etwas einzuwenden?« — Spricht *Minerva:* »O ja, denn du gebietest, weil die beiden dich dazu nötigen!«

15 Spricht *Cado:* »Da irrst du, ich lasse mich von niemandem bei meinem freien Wollen nötigen. Wäre ich aber gerichtet, solches tun zu müssen, dann wirst du dich dem um so weniger widersetzen können, was da ausspricht mein gerichteter Wille, indem er dann nicht mehr mein, sondern des allmächtigen Gottes ist. Und so denn bleibe es bei dem, was die beiden bestimmt und ich nun geboten habe!«

16 Spricht *Minerva:* »Ja, im Eigensinn bist du groß und weißt die Sache so zu drehen, daß du von deinem Ansehen nichts verlierst. Nur ich, der Erstling aller Kreatur, soll bei dir um ein Ansehen betteln! Aber ich werde mich zwar äußerlich in dein Wollen fügen wie bisher, weil ich zu schwach bin, dir einen wirksamen Kampf zu bieten. Aber das Innere gehört mir und hat von nun an nichts als einen Fluch für dich wie auch für deinen Freundschaftsbund, Amen!! Verstehst du dieses Amen?«

17 Spricht *Cado:* »O ja, soviel Verstand besitze ich, gottlob auch noch etwas mehr. Wird nun einmal dein Äußeres recht durchgegerbt werden, dann wird sich auch dein Inneres dem zuwenden, was ich mit dir nach der unwandelbaren Gottesordnung will. Und dazu sage auch ich ein unwandelbares Amen!! Verstehst auch du, was ich mit diesem unwandelbaren Amen gesagt habe?«"

184

Sahariel über das Amen — Minervas Liebesantrag
Des Engelsboten weise Antwort — Gleichnis von den zwei Brunnen
Cado enthüllt die Sachlage

1 *Miklosch* berichtet weiter: „Nun aber tritt *Sahariel* hinzu und sagt: »Hört! Auch mir steht ein Recht zu, ein gar kräftiges Amen auszusprechen. Ich tue es dennoch nicht, weil hinter einem jeden Amen ein Gericht steckt. Ich rate euch daher, eure Amen zurückzunehmen. Denn es steht niemandem ein Recht zu, über etwas, das mit der göttlichen Ordnung nicht in Übereinstimmung steht, aus sich heraus ein Amen zu sprechen. — Wohl aber darf ein jeder Geist in dem ein ewiges Amen in sich tragen, was da betrifft den Willen Gottes! Dies Amen ist das Urleben aller Wesen und ihre höchste Freiheit, so sie es aus sich selbst heraus sich völlig zu eigen machen. Jedes andere Amen aber erzeugt Hochmut, Stolz, Geringschätzung alles Wahren, Guten und Göttlichen. Es baut Kerker, schmiedet Ketten und facht an das Feuer allen Verderbens. Nehmt darum euer Amen zurück und begebt euch in ein ewiges Gottes-Amen! Dann werdet ihr beide am ehesten frei werden von der Hölle, die noch recht stark in euren Herzen tobt. Befolgt diesen Rat und ihr werdet wahrlich nicht schlecht fahren!«

2 Spricht *Minerva* zum Cado gewendet: »Hast du es vernommen, du eingebildeter Weisheitspinsel? Das sind Worte voll echt himmlischer Salbung, auf die man bauen kann! Sieh, ich bin deinen Worten gefolgt, aber je mehr ich sie in Erwägung zog, desto klarer wurde mir, daß du nur ein blinder Abenteurer bist. Ein Teufel, der zwar Macht besitzt, sie aber bloß dazu verwendet, damit zu einem Gauklertriumph zu gelangen! Packe nur ein mit deinen Weisheitssätzen, und auch deine Davidssteine kannst du dir zum Andenken aufbewahren. Denn nicht deine Steine, sondern diese beiden Boten haben mir die Lanze gebrochen und mein ewiges Zepter zerschlagen. Daher gebührt nur ihnen, nicht aber dir der Ruhm und Preis. — Sahariel, nimm mich hin! Ich will dir ein Preis sein, denn du hast dich um mich verdient gemacht!«

3 Spricht *Sahariel:* »Du aller äußeren Schönheit Krone! Mir wie auch meinem Freund Uraniel gebührt ebensowenig ein Preis wie dem

Freund Cado, denn wir sind nur Diener nach dem weisen Plan des Herrn, Werkzeuge in Seiner Hand! So wir auch etwas tun, das aussieht, als täten *wir* es, ist dies dennoch nur ein Schein, da doch nur *Er* es ist, der alles vollbringt! Was daher dem Herrn wohlgefällig ist, das geschehe! — Wir alle sind des Herrn und sind nach dem Grad unserer Demut vor Ihm, wie unserer Liebe zu Ihm ein Preis, der allein Ihm gebührt! Uns aber gebührt nichts, als was uns Seine große Liebe, Gnade und Erbarmung bietet. — Du mußt dich darüber aber ja nicht betrüben: Sollte ER Selbst dich aus Seiner endlosen Liebe heraus an mein Herz binden, dann werde ich dich auch mit dankbarster Würdigung für ewig annehmen! Ist dir, du gestaltlich schönste Lichtträgerin, das recht und genehm?«

4 Spricht *Minerva:* »Schönster Sahariel, deine beinahe unbegrenzte Bescheidenheit nötigt mir Bewunderung ab. Wie Milch und Honig floß deine himmlische Rede in meine bewegte Brust, und ich atme jetzt nur Liebe über Liebe für dich, du mein göttlich schönster Sahariel! Welch ein freundlicher Ernst strahlt aus deinem jugendlich-zarten Jünglingsgesicht! Welch ein himmlischer Adel durchweht dein ganzes Wesen! Und welch eine himmlische Harmonie leuchtet gleich einem Morgenstern aus allen deinen Gliedern! — Ich muß dir gestehen, daß ich dich über alle Maßen liebe. Und so du mir nicht deine Gegenliebe gibst, dann bin ich das unglücklichste Wesen der ganzen Unendlichkeit! Sieh, ich bin auch schön! Gut freilich bin ich leider nicht. Aber wer weiß denn, ob ich eben durch dich nicht auch so gut werden kann, wie ich schön bin? Gerne möchte ich dir das reinste Herz bieten, so ich's hätte. Aber nimm es an, wie es ist, vielleicht wird es an deiner Seite auch edel und rein werden. Verschmähe meinen Antrag nicht, denn er entstammt der ersten Liebe meines ewig langen Seins!«

5 Spricht *Sahariel:* »Meine strahlend holdeste Minerva! Dein Sein ist wohl schon ein sehr langes, aber kein ewiges. Vom Anfang her ist es nicht. Gott allein ist ewig. Alles andere aber hat aus Ihm heraus einen Anfang genommen. Ob auch jemand aus uns um einige Dezillionen von Erdjahren länger besteht, so ist er deshalb noch lange nicht ewig. Du hast dich in deinem Eifer zwar ein wenig verstiegen, aber das macht nichts. Wenn du nur sonst eine *wahre* Liebe zu mir in deinem Herzen verspürst — woran ich zwar noch ein wenig zweifle — so kann ich über solche poetischen Übertreibungen ruhig hinwegschauen. — Du

hast mir dein Herz angetragen, und ich nehme diesen Antrag an. Nur eine einzige kleine Bedingung knüpfe ich daran: daß du mir willig und fröhlich folgst zum Herrn und Freund Cado mitnimmst! Kannst du das tun, so sind wir quitt.«

6 Spricht *Minerva:* »Freund, das ist eine unendlich große, für mich rein unausführbare Bedingung! Ich zum Herrn der Unendlichkeit mit dir hinziehen und den mir nun über alles verhaßten Cado auch mitnehmen? Alles andere, nur das nicht, weil es mir so gut wie unmöglich ist! Du mußt mir zuvor mein Herz reinigen, dann erst kannst du mir mit solchen Bedingungen kommen! Es wäre die sofortige Erfüllung auch für dich keine Ehre vor Gott, da es von einer zu geringen Achtung vor der allmächtigen Gottheit Zeugnis gäbe. — Ich sage dir, nimm mich unbedingt an, und du wirst damit keine schlechte Fahrt machen!«

7 Spricht *Sahariel:* »Das wird sich schwer tun, weil noch zu viel Gerichts in deinem Herzen rastet. Das kann nur dadurch verringert werden, so du dich stets mehr unserem in Gott geordneten Wollen ohne Zwang unterwirfst. Täten wir nun, was du willst, so begäben wir uns selbst in dein Gericht und würden es dadurch noch härter machen, während wir es mildern und verringern sollen.

8 Die Sache verhält sich gleichnisweise so, wie wenn da zwei Brunnen wären, von denen der eine voll ist des reinsten Wassers, der andere aber voll Schmutzbrühe. Leitet man das ergiebige Wasser des reinen Brunnens in den zweiten, unreinen hinein, so wird der Pfützengehalt dieses schlechten Brunnens gereinigt und am Ende selbst zu einem guten Wasser werden. So man aber die Schmutzbrühe des zweiten Brunnens in den ersten, reinen leiten würde, würden beide Brunnen schlecht und unbrauchbar werden!

9 Siehe, du hast nun ein handgreifliches Beispiel, woraus du leicht ersehen kannst, warum wir das Wasser deines Willens in den unseren nicht aufnehmen können. Aber es muß dir auch klar sein, warum du zu deinem eigenen Wohl das Wasser unseres Willens in das deines Willens solltest überströmen lassen. Tue sonach das, was wir wollen, und du wirst gereinigt voll edlen Wassers werden! Hast du doch selbst den Wunsch geäußert, daß du durch mich rein und edel werden möchtest! Ja, du kannst das, so du es willst. Aber da mußt du das tun, was ich im Namen des Herrn dir zu tun vorgeschlagen habe!«

10 *Minerva* sieht nach dieser einfach-weisen Belehrung vor sich hin

und scheint darauf zu sinnen, wie sie sich von dieser ihr lästig werdenden Gesellschaft loswinden könnte.

11 *Cado* scheint das auch zu merken und sagt nun zu Sahariel und Robert-Uraniel: »Liebe Freunde! Obschon ich selbst ein Teufel bin, so darf ich aber doch bemerken, daß wir mit dieser Schlange nichts ausrichten werden. Ihre hartnäckige, böseste Schlauheit übersteigt alle meine Begriffsgrenzen. Ihr ist es niemals ernst, in ein besseres Sein überzutreten, denn dieses Schlangenwesen ist durch und durch voll des Giftes. Was sind ihr schon alles für triftigste Vorstellungen gemacht worden, deren vollkommenste Weisheit sie ebensogut wie wir einsieht. Aber ihr alter Satanswille bleibt stets der gleiche. Sie tut wohl, als ob sie in unser Wollen eingehen wollte. Aber das tut sie nur zum Schein und wendet dabei alles an, uns am Ende in ihren Sack schieben zu können. Aber da sage ich: Nichts da, Satanas! Uns wirst du nicht lange mehr foppen, denn wir kennen dich!«"

185

Minerva will sich rechtfertigen
Cados Widerlegung — Entlarvung ihrer Bosheit
Sahariel wendet sich zum Gehen

1 *Miklosch* berichtet weiter: „Spricht *Minerva:* »Schweig, du dümmster Esel! Was verstehst du, was ich zu tun habe? Meinst du denn, die göttliche Ordnung sorgt nur für die positive Polarität der Wesen und Dinge? Muß denn die negative Polarität nicht im gleichen Maß ausgebildet dastehen? Ist nicht alles Leben ein fortwährender Kampf beider Polaritäten? Du dummer Esel, nimm einem Baum die Wurzel und frage ihn dann, wie lange er noch Früchte tragen wird! Haue den Tieren die Füße ab und sieh, wie sie dann weiterkommen werden! So durch eine sogenannte gute oder *positive* Kraft das Blut zum Herzen zurückgedrängt wird und darauf durch eine sogenannte böse Kraft, die ich als *negativ* bezeichne, wieder vom Herzen hinausgetrieben werden muß, wenn das physische Leben fortdauern soll — sage mir, welche Kraft ist denn da die vorzüglichere, die anziehende oder die abstoßen-

de? Siehst du, grober Lümmel, was du in deiner Dummheit alles zusammenredest? — Es versteht sich wohl von selbst, daß die negative Kraft der positiven untergeordnet bleiben muß, weil sie aus ihr hervorgeht — das reine Wasser muß das trübe reinigen und nicht umgekehrt! Aber das alles ist auch Gottes Ordnung. Wenn Rom nicht finster wäre wie die Nacht, würde die Menschheit nicht nach dem Licht fragen. Also bin auch ich, wie ich bin, aus Gott und werde auch so verbleiben — wie du sicher ein Esel in Ewigkeit!«

2 Spricht *Cado* lakonisch: »Ja, ja, den letzten Namen auf dich angewendet, möchte es sich wohl so begeben! O du Dummheits-Prinzessin aus allen Fixsternen! Du wirst mir etwas vorsagen von einer positiven und negativen Kraft und von ihrer gegenseitigen Notwendigkeit! Sage mir, du schönste Eselin, ist Gott eine ganze oder nur eine halbe Macht und Kraft ohne dich? Bist du notwendig, damit Er ist? Oder könnte Er vielleicht auch ohne dich bestehen, so wie Er ohne dich Ewigkeiten bestanden hat? — O du gänzlich zweckloses Geschöpf, du willst mir die Notwendigkeit des Bösen aufdisputieren, ohne das es unmöglich etwas Gutes geben könne? Du blindestes Weibswesen, worauf gründet sich denn die reinste Liebe, Güte und Macht Gottes? Muß etwa die Gottheit, die doch sicher in allem das vollkommenste Wesen ist, auch zuvor böse sein, um hernach gut sein zu können? O lacht doch alle Himmel über solch eine Weisheit! Man erzählt sich von der fabelhaften Minerva, daß sie aus dem Haupt des Jupiter entsprungen sei. Aber jene Minerva wirst du sicher nicht sein. Dein Kleid glänzt freilich wie eine Sonne, doch was nützt das, wenn im Rock ein blitzdummes Wesen steckt! — Hat dir der himmlische Freund Sahariel nicht zur Übergenüge gezeigt, wie die Sache zu deinem alleinigen Nutzen vor sich gehen kann? Warum folgst du denn nicht seinem Rat? O du Haupt aller Bosheit, ich kenne dich nun ganz! Auskommen wirst du mir wohl ewig nimmer. Und mit deinem Zurückspringen in die alte Drachenhaut wird sich's auch nimmer tun, dafür ist schon durch dieses Strahlengewand gesorgt. Was aber wirst du jetzt tun?«

3 Spricht *Minerva:* »Schweig, du dümmster Esel! Mit dir zu reden ekelt es mir! Merke es dir: Jetzt werde ich es euch erst recht zeigen, was ich kann! Meine Regimenter, besonders die unter der römischen Hierarchie habe ich noch, und ich werde sie spielen lassen! Inquisitionen, Galgen, Schafotte und Scheiterhaufen sollen wieder erstehen und ihr

Wesen ums hundertfache ärger treiben! Und die Herrscher sollen ihre Untertanen mit glühenden Ruten schlagen und sie erwürgen lassen zu Tausenden! Daraus wirst du bald ersehen, was ich auch ohne Drachenhaut zu bewirken imstande bin!«

4 Spricht *Cado:* »Aber ich sage dazu: Bis hierher und nicht um ein Haar weiter! — Nun hast du uns in deiner Dummheit selbst deine menschenfreundlichen Pläne verraten. Bravo, das hast du gut gemacht! Mehr brauche ich nicht zu sagen. Das unsrige werden wir dann schon zu tun verstehen.«

5 Spricht dazu *Robert:* »Die geheimen Vorkehrungen sind bereits getroffen. Diesmal wird sich Satan selbst den völligen Untergang bereiten. Sein Lohn wird ein fürchterlicher sein!«

6 Spricht *Sahariel:* »Liebe Freunde, ereifert euch nicht dieser Unverbesserlichen wegen! Die Hauptmacht ist ihr genommen, und mit ihrer Scheinmacht wird ihr wenig geholfen sein. Es wird diese alte Schlange wohl noch etliche beißen und vergiften, aber dann wird der Herr Selbst zu den Sterblichen kommen und wird der Schlange das Handwerk legen! Sie soll nun tun, was sie will. Je ärger sie es anfangen wird, desto eher wird sie mit ihrer schnöden Arbeit fertig werden. — Und nun genug der Arbeit mit und in der Hölle! Wir werden uns jetzt auf den Rückweg zum Herrn und zu unseren lieben Brüdern machen. Diese aber soll, gänzlich verlassen, hier machen, was sie nur immer will! — Richte dich auf, Bruder *Cado!* Denn du hast Gnade gefunden vor Gott, darum du dein Böses in dir in Gutes und Wahres gekehrt hast. Du wirst nun auch mit uns hinziehen zum Herrn und Er wird dir eine große Macht geben, über die Hölle zu wachen. Diese Minerva aber wird dir untertan verbleiben, weil du sie besiegt hast mit der Waffe der göttlichen Gerechtigkeit. Mach dich also auf und wandle in unserer Mitte hin vor den Herrn!«

7 Spricht *Minerva:* »So! Mich, die Perle der Unendlichkeit, wollt ihr nun verlassen und gleichsam davonjagen wie eine feile Dirne vom Tanz! O das ist schön und löblich von euch! Früher habt ihr durch lauter Lockungen es so weit gebracht, daß ich nachgab und zu euch herkam. Und nun wollt ihr mich verlassen, weil ihr der Meinung seid, daß ich unverbesserlich sei! Aber dem ist nicht so: Ich bin vielleicht wie kein zweites Wesen einer Besserung fähig. Aber nur der soll über mich triumphieren, der mir die notwendige Geduld und Liebe erweist! Ich

bin arm geworden, allenthalben spricht man mit tiefster Verachtung von mir. Soll ich da nicht voll Mißtrauen sein gegen jegliches Wesen, das sich mir naht? Allzeit wurden mir Verheißungen gemacht, damit ich umkehre zu Gott! So ich aber nahe daran war, verließen mich die anfangs stets mutig auftretenden Bekehrer und überließen mich meinem Schicksal. Aber tut nur, was ihr wollt, ich werde wohl auch wissen, was ich zu tun haben werde. — *Cado!* Willst du bleiben, so bleibe, und ich werde dir dann folgen. Aber mit diesen zweien ziehe ich nicht!«"

186

Minerva rechtet weiter — Sahariels Langmut
Bathianyis Ärger über die Unverbesserliche

1 *Miklosch* berichtet weiter: „Spricht *Cado:* »Was ich mit dir bisher ausrichtete, war nicht mein, sondern dieser mächtigen Gottesfreunde Werk. Bekäme ich nun allein mit dir zu tun, wohin würde ich kommen, da du mir allein in jeder Hinsicht zu mächtig wärest. Du hast so viele Belehrungen und Witzigungen empfangen, als es Welten im endlosen Raum gibt. Aber es war alles vergeblich, da dir dein hochmütiger Wahnsinn stets lieber war als die strahlende Weisheit der vielen an dich gesandten Gottesboten. Deine Sache ist: Alleinherrschaft über alle Himmel, über alle Materie und über alle Höllen! Du willst drei Herrscherkronen, drei Zepter und drei Schwerter! Das ist und war, wie gesagt, stets deine Sache. — Und nun soll ich ärmster, schwächster Teufel allein bei dir verbleiben und mit dir alle bereits erschöpften Bekehrungsversuche nochmals machen? Dazu wird sich ein Cado nimmer gebrauchen lassen! — Darum gehe ich mit diesen beiden lieben Gottesfreunden! Du wolltest ja frei sein! Siehe, diese Freiheit ist dir nun eingeräumt, und du kannst tun, was du willst! Wir sind davon überzeugt, daß du diesmal dir ein Grab zum ewigen Tode bereiten wirst, weil du uns nicht folgen wolltest. Tue nun aus deiner eigenen Macht, was du willst, aber erwarte von Gott nimmer die Zulassung irgendeiner Gewalt!«

2 Spricht *Minerva:* »So bitte ich euch alle drei, daß ihr noch eine

Weile bei mir verbleibt und Versuche zu meiner noch immer möglichen Besserung macht! Denn am Willen fehlt es mir ja doch sicher nicht.«

3 Spricht *Sahariel:* »O ja, das sicher nicht, da du viel zu viel Willen hast! Aber was für einen, das ist eine andere Frage. Doch wir wollen deinem Begehren nachkommen und noch einige Augenblicke mit dir die möglichste Geduld haben. Sollten diese an dir nichts ändern, wirst du auf immer verlassen werden!«

4 Spricht *Minerva:* »Nun denn, so bitte ich euch, daß ihr mir kurz erklärt, was ich zu tun habe, um frei zu werden vor Gott und aller Schöpfung.« — Spricht *Sahariel:* »Schönste, da brauchst du nur so zu bleiben, wie du bist! Denn frei vor Gott und allen Seinen Geschöpfen warst du seit deinem Anbeginn her. Es fragt sich nur, ob du *in* Gott, deinem Schöpfer und Herrn, wahrhaft frei werden willst? Was du aber dabei zu tun hast, weißt du so gut wie wir. Handle danach freiwillig! Wolle und tue das, was wir wollen und tun, so wirst du auch das erlangen, was wir dir im Namen des Herrn verheißen haben!«

5 Spricht *Minerva:* »Ich müßte also zuvor eine Sklavin werden, um dann erst in eine sicher sehr geknechtete Freiheit überzugehen! Das wird sich bei mir schwer tun lassen, weil in mir ein Gefühl gegen jede Erniedrigung sich auf das entschiedenste ausspricht! Gibt es denn keinen andern Weg als diesen, den ich unmöglich zu wandeln vermag?«

6 Spricht *Sahariel:* »Wie es nur einen Gott, eine göttliche Ordnung und nur eine Wahrheit gibt, so gibt es auch nur einen rechten Weg, der zu Gott und der wahren ewigen Freiheit führt. Wer diesen nicht wandeln will, bleibt ewig ferne von Gott, Seiner Ordnung, Wahrheit und Freiheit. Wer aber in der alleinigen Wahrheit in Gott nicht frei wird, bleibt dir gleich ein elender Sklave in Ewigkeit! Nun sage du aber auch uns ganz kurz und entschieden, was du jetzt tun wirst! Willst du mit uns zum Herrn Jesum hin oder willst du nicht?«

7 Spricht *Minerva:* »Ich wollte, so ich's könnte! Aber ich kann es nicht, weil es mir vorderhand noch nicht möglich ist. Doch ich will mir nun alle erdenkliche Mühe geben, euch folgen zu können. So ich euch dann in Kürze bekanntgeben werde, ob oder ob nicht — dann könnt ihr tun, was immer euch eure Ordnung gebietet!« — Spricht *Sahariel:* »Gut, gut! Auch noch diesen Gefallen wollen wir dir erweisen. Mache dich daher sogleich an die Bekämpfung deines bösen Hochmuts!«“

8 *Miklosch* in seiner Betrachtung fortfahrend: „Aha, da seht nun ein-

mal hin, wie die lose Minerva nun druckt und schluckt und die Augen verdreht, als wäre es ihr noch so ernst, sich zu bessern! Das muß eine durchtriebenste Canaille sein!"

9 Spricht Graf *Bathianyi:* „Freunde, bei der alten Hure schaut keine Besserung mehr heraus! Eine dreifache Krone im Herzen und im Kopfe, und dazu eine Besserung durch Demut! Ich habe doch alles vernommen, was ehedem Cado und nun alle drei mit dieser Primadonna der Hölle verhandelt haben. Wie weit sind sie mit ihr gekommen?! Das Strahlenkleid hat sie wohl angezogen, weil das ihren Stolz und ihre herrschsüchtige Eitelkeit erhöhte. Aber zu etwas, das nur irgend nach einer geringsten Demütigung riecht, werden die drei sie nie bewegen! Ich meine, man sollte das Luder irgendwohin auf ewig festbannen und sich dann weiter nicht mehr darum kümmern, denn bessern wird diese sich wohl ewig nimmer."

10 Spricht *Miklosch:* „Lieber Freund, überlassen wir das dem Herrn! Er wird es am besten wissen, was Er mit diesem sonderbaren Wesen tun wird. — Mich aber interessiert fürs erste die ungeheure Geduld unseres allgütigsten, heiligsten Vaters. Und fürs zweite die mehr als merkwürdige Art, wie sich die Schein-Minerva überall und zumeist auf eine scheinbar bescheidene Weise durchwindet, wenn es gilt, daß sie sich umkehren soll. Ich begreife nur nicht, wie sie bei ihrem urhäßlichen Charakter äußerlich so unsagbar schön sein kann! Aber es gibt ja auf der Welt auch Ähnliches! Die schönsten Tiere sind gewöhnlich auch die bösesten, die schönsten Blumen giftig und die schönsten Weiber gewöhnlich eines sehr schlüpfrigen Charakters. Unter allen kirchlichen Anstalten auf der Erde steht die *römische* in der äußeren Pracht und Schönheit sicher bei weitem obenan, doch im Inneren ist sie ohne Zweifel die schlechteste. Und so scheint es mir wenigstens, daß gerade in der vollendeten, lediglich *äußeren* Schönheitsform der eigentliche Hauptcharakter des Höllenwesens zu suchen ist."

11 Spricht Graf *Bathianyi:* „Ja, da hast du ganz recht! Die schönsten Länder der Erde werden gewöhnlich von den schlechtesten Menschen und bösesten Tieren bewohnt und das Unkraut wuchert da ungeheuer. In den Palästen wohnen zwar gewöhnlich die äußerlich schönsten Menschen, aber welches Geistes Kinder sind sie allermeist? Was äußerlich zu sehr glänzt, ist meistens des Teufels!"

12 Spricht auch der nebenstehende *General:* „Wohl wahr! Je mehr

Orden auf dem Rock, desto mehr Menschen muß man umgebracht und Tausende zu Sklaven gemacht haben! Die Orden stehen zwar gut, aber darunter das Gewissen steht schlecht, so noch eines da ist! Und das ist auch Satan in deutlichster Form, nicht wahr, liebe Brüder im Herrn?"

13 Spricht *Bathianyi:* „Ja, hie und da ist manchmal etwas daran, aber freilich nicht allzeit. Denn es gibt doch auch Männer, die ihre Ehrenzeichen auf die redlichste Art erwoben haben. Verdienstorden, deren Besitzer biedere Menschen sind und somit auch auf rechtlichstem Weg zu ehrenden Auszeichnungen gekommen sind. Und so ist nicht anzunehmen, daß unter jeder mit Orden geschmückten Brust ein schlechtes oder gar kein Gewissen zu Hause sei!"

14 Spricht der *General:* „Du hast in deiner Weise ganz recht, aber ich in meiner auch. Auch ich verdamme nicht jede geschmückte Brust. Aber der erste Schmuck jeder Brust bleibt die reine und wahre Liebe zu Gott und zum Nächsten. Wo diese einer noch so geschmückten Brust mangelt, gelten bei mir alle anderen Ehrenanhängsel nichts. Wenn aber der Herr selbst sagte: »So ihr alles getan habt, so bekennt, daß ihr unnütze und faule Knechte wart!« — wie soll da ein wahrer Nachfolger Christi sich ein ehrendes Verdienstzeichen auf seinen Rock hängen lassen können? Ich meine, dagegen wird doch niemand etwas einzuwenden haben, denn das ist Gottes Wort!"

15 Spricht *Bathianyi* etwas gereizt: „Ja, und nocheinmal ja! Du hast recht, aber ich habe deshalb eben auch nicht unrecht. Es versteht sich von selbst, daß es ohne Liebe kein Recht und ohne Recht auch keine wahre Liebe geben kann!"

16 Spricht *Miklosch:* „Brüder, wie ich merke, kommt ihr vor dem Herrn als allein ewig wahrem Richter in eine Art Rechtskampf wegen nichts und wieder nichts! Da, wenige Schritte zu eurer Rechten steht der Herr voll Liebe, Güte und Sanftmut! Ihn fragt, und ihr werdet erfahren, wer von euch das vorzüglichere Recht hat! Wer aber wird hier vor dem Herrn selbst einen irdischen Ordensstreit beginnen wollen, der gerade jetzt, bei dieser vielleicht für die ganze Ewigkeit wichtigsten Erscheinung dort im Norden am ungeeignetsten Platze ist!"

187

Minervas theatralischer Abgang zu ihrem letzten Kampfe
Sahariel, Robert und Cado kehren heimwärts
Der Herr nimmt Cado auf

1 Rede *Ich:* „Halt, halt! Und nun keinen Lärm, denn die Schwangere ist in Kindsnöten und darf in der Geburt nicht gestört werden! — Miklosch, gehe nun wieder an dein Geschäft und mache den Dolmetsch! — Ich sage euch, die Ernte ist zur Reife gediehen, aber die Schnitter sind auch gerüstet zur Arbeit. Ich merke auf der Erde einen starken Jammer: Satan möchte sie schlagen mit zehnfacher Finsternis. Aber dieses letzte Mal wird er seine Rechnung nicht finden, denn seine Mühe sei verflucht! Von nun an wird jeder Schritt Satans auf sehr kurze Zeit von großer Bedeutung sein für die Erde, den Prüfungsort Meiner Kinder! — Schaue wieder und rede!"

2 *Miklosch* sieht wieder hin und spricht: „Ah, alle Wetter! *Minerva* braust nun auf einmal auf und verlangt ein Schwert zum Kampf auf der Erde wider den Unglauben und alle Ketzerei!

3 *Sahariel* aber deutet auf die Zunge und sagt: »So dieses lebende Schwert nichts fruchtet, ist auch jedes andere vergeblich! Das lebendige Schwert mit dem Herzen im Verband wirkt für die Ewigkeit — wie auch der Herr sprach: ‚Dieser sichtbare Himmel und diese Erde werden vergehen, aber Meine Worte ewig nimmer!' — Also, wenn du es redlich meinst, wirke durch Worte, das Schwert aber lasse stehen! Denn so du mit dem Schwert predigen wirst, da wird das Schwert dein sicheres Ende sein. Denn wer nach dem Schwert greift, der wird auch durch das Schwert umkommen. — Begib dich in Frieden, sonst wird deine Zeit arg verkürzt werden!«

4 Spricht *Minerva:* »Ich will ein Schwert, geschehe darauf, was da wolle! Ein Schwert, ein Schwert gebt mir! Denn nun will ich endlich einmal mit Gewalt von heute bis morgen die Erde fegen!«

5 Spricht darauf *Robert:* »Nun gut denn, du verlangst ein Schwert. Hier ist eines! Nimm es hin und gebrauche es nach deinem Wissen und Gewissen! Der Lohn wird dir diesmal auf der Ferse folgen.«

6 *Robert* reicht ihr ein Schwert. — *Minerva* reißt es ihm aus den

Händen und lacht echt satanisch dabei auf: »Hahaha! Ist das ein Schwert, aus Blei oder Pappendeckel! Ist das etwa ein Sinnbild eurer himmlischen Macht und Stärke?« — Spricht *Robert:* »O nein, Holdeste! Wohl aber ist es ein Symbol *deiner* nunmehrigen Macht! Gehe hin und kämpfe damit, du Elende, und erringe deinen Sieg! — Willst du aber mit uns ziehen, so steht dir auch dieser Weg offen! Nun erkläre dich, was du tun wirst!«

7 Spricht *Minerva:* »Ich werde kämpfen auch mit diesem Schwert!« — Spricht *Robert:* »Nur zu mit dieser Waffe! Aber gib acht, daß sie dir morgen auf der Erde nicht zu kurz wird! Diesmal soll dir der letzte Kampf, aber allein nur auf deine Rechnung, zugelassen werden. Und genug nun der Worte mit Satan. Gehen wir unseres Weges! Der Herr richte dich nach Seinem Wohlgefallen!«"

8 *Miklosch* fortfahrend: „Nun verschwindet *Satana* plötzlich und die drei eilen unter Vortritt Sahariels hierher. Jetzt bin ich neugierig, was sie etwa von ihren anderweitigen Himmelsbereisungen erzählen werden! Sie kommen, sie kommen schnell!"

9 Im selben Augenblick sind die drei auch schon hier. *Sahariel* tritt vor Mich hin, verneigt sich tiefst und spricht: „O Herr! Du alliebender, allmächtiger, heiligster Gott und unser aller Vater! Mit Bruder Robert-Uraniel bin ich in Deinem Namen hinausgegangen, um ihm ein Fünklein Deiner endlosen Herrlichkeit zu zeigen. Er sah seine Urheimat und hatte eine ungemeine Freude daran, denn alles preist dort Deinen Namen. — Doch auf dem Rückweg führte uns Dein heiliger Geist zu einer großen *Szene,* die für alle Deine Himmel und für die kleine Erde als Geburtsstätte Deiner Kinder von größter Bedeutung sein wird. Aber diese Szene war ein glühendheißes Werk! Die ganze Hölle empörte sich wider Dich und Deine Himmel! Satan schmückte sich gewaltig, um durch seine Schönheit alle Himmel an sich zu ziehen.

10 Hier aber steht ein starker Geist, in sich schlecht und recht, böse und gut — ein Wesen seltener Art! Dieser Geist warf zuerst aus seinem eigenen Willen heraus der Fürstin der Hölle den Fehdehandschuh hin und kämpfte mit ihr wie einst David mit dem Riesen Goliath. Ihr Äußeres bezwang er wie ein Meister, aber das Innere dieser Fürstin blieb wie bisher noch stets dasselbe. Dieser beherzte Geist steht hier, sein Name ist *Cado.* Und so bin ich und Robert-Uraniel um einen Bruder reicher hierher zu Dir, heiligster Vater, wiedergekehrt. Wir wollen

Dich nicht bitten, daß Du ihn aufnehmen möchtest in Dein Reich, da Deine unendliche Güte und Liebe uns schon lange zuvorgekommen ist. Aber unsere große Freude wollen wir hier nach unserer Herzenslust ausschütten darüber, daß Deine Liebe und Macht uns einen so herrlichen Bruder hat gewinnen lassen! Liebe, Preis und alle Ehre Dir allein dafür!"

11 Rede *Ich:* „Meine Liebe, Meine Gnade und meinen Segen euch und ihm! Er war schon wie verloren. Aber ein Fünklein war noch in ihm, das da lebendig ward in der Qual, die ihm sein einstiges irdisches Oberhaupt bereitet hat. Das rettete sein Herz und verlieh ihm eine große Kraft, mit der er Mir dann unaufgefordert einen großen Dienst erwies. Er soll dafür auch einen großen Lohn überkommen und ein Meister werden im Kampf wider die Hölle.

12 Mein geliebter Cado, tritt näher zu Mir, denn Ich habe dir Großes und Wichtiges zu geben!" — *Cado* verneigt sich tief und sagt dann: „Herr, ich hatte von Dir wohl eine ganz andere Vorstellung. Aber da ich Dich nun in der schlichtesten Einfachheit sehe, so bist Du mir unter diesem Bild auch am angenehmsten. Ich frohlocke tiefst, daß Du als das allerhöchste Gottwesen so schlicht und einfach bist! So habe ich mir die Gottheit oft in meinem Herzen gewünscht, wenn ich sie mir auch stets unzugänglich denken mußte, weil meine Begriffe mir keine andere Vorstellung ermöglichten. Aber da ich hier meinen Gott und allmächtigen Schöpfer so finde, bin ich nun über die Maßen froh und stelle sofort Dir, o Herr, meine kleinste Kraftwenigkeit zum bereitwilligen Dienst. — Aber nur müßig lasse mich nicht sein, denn meine Freude ist, etwas Gutes zu tun. — Was wird nun mit der sogenannten Minerva geschehen? Soll sie so verbleiben, oder sollen wir doch noch weitere Besserungsversuche machen? So wie sie ist, wird sie viel Unheil auf der Erde anstiften, worauf sie ganz sicher ausgegangen ist."

13 Rede *Ich:* „Sei deshalb ruhig, lieber Cado! Diesmal ist ihr wie allen ihres Sinns die Falle gelegt, in der sie sich unausweichbar fangen wird! — Wir aber werden nun etwas anderes beginnen!"

188

Der Herr mit Robert und Helena — Wiedersehen der beiden Gatten Ein wahres Ehepaar der Himmel

1 Rede *Ich:* „Robert, siehe hierher! Die du lieb hast, ist die ganze Weile an Meiner Brust gehangen. Du hast sehr viel gesehen und hast große Erfahrungen gemacht. Aber frage sie, was auch sie unter der Zeit deines wichtigen Ausseins gesehen und gehört hat! Du bist in Meine Himmel gedrungen und deine Helena tief in die großen Geheimnisse Meiner Liebe. Was meinst du nun, wer von euch beiden an tiefen und wichtigen Erfahrungen des Lebens wohl die weitesten Fortschritte gemacht hat?"

2 Spricht *Robert-Uraniel:* „O Herr, sicher die liebste Helena hier! Denn wer an der Urquelle selbst schöpft, empfängt sicherlich des Lebens reinstes Licht. Wer aber durch Deine heilige Ordnung genötigt wird, an den weitgedehnten Ausflüssen Deiner Liebe, Weisheit und Macht die Wunder Deiner Erbarmung zu besehen, der trinkt Deine Gnade nur tropfenweise, — während Helena ganze Ströme Deines Urlichts in ihr Herz aufnimmt und dadurch in den ungeheueren Sehkreis Deiner endlosen Erbarmungen und Wundertaten geleitet wird. Eine flüchtige Sekunde ungetrübten Schauens in Dein Herz muß ihr ja mehr enthüllen als mir in der Ferne von Dir ein ganzes Jahrtausend! Wie werde ich nun vor ihr bestehen? Ich, ein durch winzige Lichttropfen gesättigter Geist! Und sie, Meere des Lichts aller Weisheit in sich fassend!"

3 Rede *Ich:* „Dessen kümmere dich nicht! So jemand auf Erden sich ein Weib nimmt, so wird sie ihm um so lieber sein, je reicher sie an guten Eigenschaften ist. Und so wird es dir hier wohl auch nicht unangenehm sein, so hier dein rechtes Weib einen derartigen Schatz von Mir überkommen hat, daß ihr beide daran für die Ewigkeit zur Genüge haben werdet. Ihr Schatz besteht in einer unschätzbaren Fülle der *Liebe,* und dein Schatz an Weisheit ist auch nicht der kleinste.

4 Wohl bist du nur mit Tropfen gespeist worden, wo sie Ströme in sich eingesogen hat. Aber so du einen solchen Tropfen in die Fülle ihrer Liebe tauchen wirst, wird daraus eine Unzahl von Wundern und neuen

Geschöpfen und Werken entstehen, an denen du dich nimmer wirst satt sehen können. Du wirst darin erst Meine Macht, Größe, Liebe und Weisheit in aller Fülle stets mehr zu ersehen und anzubeten beginnen. Denn alles, was mit dir bisher geschah, das war nur eine nötige Vorbereitung zu dem, was du von nun an beginnen wirst.

5 Du sahst dein *Haus* zuerst von außen, es gefiel dir ungemein. Als du aber in den ersten Saal deines Hauses kamst, gefiel es dir noch bei weitem besser, da du darauf bald zu einer Gesellschaft kamst, die zwar noch sehr roh aussah — deinem Inwendigen in allem entsprechend. Aber sie ward bald sanft, als dein Inneres selbst lichter und sanfter wurde. Darauf wurde ein zweiter Saal geöffnet, der große *Speisesaal*, wo du die Tische zu ordnen hattest, die dir viel Bangens machten. Darauf traten wir in einen dritten, sehr großen Saal, das *Museum* benannt. Da lerntest du alle deine Mängel und des Todes Samen in dir kennen und schafftest sie aus dir nun alle hinaus, indem du auf den Grund der Hölle (von deinem Urentstehen an) zu dringen und dich von ihr zu reinigen hattest. Und nun stehst du noch im selben Museumssaal vor Mir.

6 Aber hier ist des Bleibens noch nicht! Daher werden wir uns nun in die große *Schatzkammer* begeben, in der dir die Schätze ersichtlich werden, die du mit Helena als eine freie Mitgabe von Mir erhältst. Rufe daher die ganze große Gesellschaft zusammen. Wir werden uns dann sogleich in den vierten Saal begeben, der da ist die große Schatzkammer deines Hauses. Grüße aber vorerst deine *Helena,* dein himmlisches Weib!"

7 Robert begrüßt nun die Helena mit wahrer Engelszärtlichkeit, und diese erwidert holdseligst den Gruß. *Robert* vergeht nahe vor Wonne und ruft. „O du meine himmlische Helena, wie groß bist du nun, und wie klein bin ich vor dir!"

8 Spricht *Helena:* „Liebster Robert-Uraniel, vor Gott dem Herrn, unserem Vater voll reinster Liebe, gibt es weder irgend etwas Großes noch etwas Kleines! Er gibt dem einen Werke diesen, dem anderen Werke einen anderen Zweck. Wo aber der Zweck göttlich, da ist auch das Mittel gut. Ich bin ein Mittel und du auch in der Hand der göttlichen Liebe. Du bist so wie ich weder groß noch klein, sondern gleich mit mir in der Liebe vor Gott. Daher machen wir uns gegenseitig keine Lobreden mehr, sondern ergreifen wir uns recht innig in Gott, unserem

heiligen Vater! Deine Weisheit vermähle sich mit meiner in Gott reif gewordenen Liebe! Und werden wir so dann *eins* vor Gott, so werden wir ein wahrhaftiges Ehepaar im Himmel und werden als ein solches wirken nach der Ordnung Gottes!"

9 Spricht *Robert-Uraniel:* „Holdeste Schwester im Herrn und Vater und Weib meines Herzens! Du hast vollkommen recht! Wie selig doch haben mich deine Worte gestimmt! Denn ich sah darin den Geist der reinsten göttlichen Liebe in mein Herz überströmen. Welch eine liebliche Harmonie entfaltete das in meiner hochseligen Brust! O Gott, welchen Seligkeiten gehe ich nun entgegen! Was alles wird meinen Augen in der geheimen Schatzkammer des Herrn begegnen! Seligkeiten ohne Maß, jede von neuen, nie geahnten Wundern der göttlichen Liebe, Weisheit und Macht begleitet!" — Hier umarmt Robert-Uraniel dic Helena und küßt sie auf die Stirne.

10 *Ich* aber segne sie beide abermals und bedeute Robert, daß er nun alle zum Weiterzug aufrufen soll.

189

Cyprian beim Herrn — Der beste Dank
Des Herrn Führungsweise — Gerichtswege Roms

1 *Robert* verkündigt nun den vielen Freunden, was nach Meinem Willen jetzt zu geschehen habe.

2 Währenddessen aber tritt Pater *Cyprian* zu Mir hin und sagt: „Herr, Du bester Vater der Menschen und Engel! Das rein höllische Zwischenspiel hat ein hübsches Weilchen gedauert. Das beste an der Sache ist, daß mit dem Verschwinden jenes wirklichen Ur-Satans nun auch das leidige Abbild aus meiner Brust gänzlich verschwunden ist. Denn die beiden Brüder Dismas und Thomas haben mit mir nahezu die gleiche Teufelsaustreibung ins Werk gesetzt, wie der famose Cado mit der Schein-Minerva. Ich bin nun, soweit ich mich immer durchforsche, wenigstens von alledem rein, was in mir römisch war. Geiz, Neid, Habsucht, Herrschsucht und Rechthaberei sind nun ferne von mir. Mit leichtem und freiem Gemüt stehe ich jetzt vor Dir und bitte Dich auch

um einen kleinen Segen. Da Du den guten Bruder Robert so übermäßig gesegnet hast, daß er sich vor lauter Seligkeit beinahe nimmer zu helfen weiß, wirst Du auch mir meine Bitte nicht als Vermessenheit anrechnen!"

3 Rede *Ich:* „Nein, das ewig nicht. Nur kommst du mit deiner Bitte etwas zu spät, denn Ich habe dich schon gesegnet!" — Spricht Pater *Cyprian:* „So ist es an mir, Dir, o Herr und Vater, dafür gebührend zu danken!"

4 Sage *Ich:* „Ist auch schon geschehen! Denn Ich lese es in deinem Herzen, und das ist Mir der gültigste Dank. Hast du Mir aber den schon geleistet, wozu hernach noch einen schlechteren hinzufügen?" — Spricht *Cyprian:* „Aber davon weiß ich selbst kaum etwas! Wie soll dann eine mir ganz unbewußte Handlung vor Dir Wert haben können?" — Sage *Ich:* „Weil sie Meiner Lehre im Evangelium gemäß ist wonach auch die linke Hand nicht wissen soll, was die rechte Gutes tut in Meinem Namen! Meinst du noch immer, ein Mir wohlgefälliger Dank müsse Mir nach Roms Art unter schallendem Glockengeläut, unter gewaltigem Tönen der Orgeln, Pauken, Trompeten und Posaunen und unter dem sinnlosen Geplärr lateinischer Hymnen dargebracht werden? O Freund, alles das ist vor Mir ein barster Greuel! Wer Mir recht danken will, der danke Mir im *Herzen,* und zwar so, daß sein hochweiser Verstand dabei nicht mehr zu tun hat als ein gemeiner Handlanger bei irgendeiner Meisterarbeit. Solch einen Dank hast du Mir dargebracht. So Ich damit überaus zufrieden bin, was willst du hernach noch?"

5 Spricht *Cyprian:* „Mein Gott und Herr! Du bist zu gnädig und barmherzig, daß Du die puren Gedanken des Herzens als etwas Dir Wohlgefälliges ansehen magst! Du ordnest alle Dinge richtig, und Deine Kinder führst Du den rechten Weg, daß sie nimmer irren können. Mein Herz machte seine Lebensschläge in großer Trübnis, aber Du ließest es nicht zu, daß es in seiner Nacht erstarrte und keiner Pulse der Liebe zu Dir mehr fähig geworden wäre. Darum Dir allein ewig alle Anbetung und alle unsere Liebe!

6 Es geht zwar nun auf der Erde wieder sehr traurig und finster zu, aber es ist so recht wie Du es zuläßt. Es muß ja auch das Unkraut zur Reife kommen und seine Wurzel dürr werden, damit es dann von Grund aus vernichtet werden kann. Wie das Gute von Dir, so auch

muß das Böse sich tatkräftig äußern, damit es wahrhaft als Böses erkannt und verworfen werde.

7 DasBöseste auf der Erde ist nun das römische Pfaffentum. Es erhebt sich unter der Maske der Frömmigkeit und steigt höher und höher. Aber so es bald mit seinem stolzen Flügelpaar an die Decke Deiner Himmel schlagen wird, werden ihm die Flügel zerstört werden durch Feuer aus den Himmeln. Es wird da einen erschrecklichen und letzten Fall tun, nach dem keine Erhebung mehr möglich sein wird. Ein trauriger Weg zwar, aber gut und gerecht ist er und verfehlt nimmer des Zieles Mitte!

8 Ich war falsch, schlecht und böse vor Dir, o Herr, und stieg höher und höher, um desto tiefer zu fallen. Aber als ich völlig gefallen war, da kamst Du, halfst mir wieder empor und machtest so aus einem Teufel einen Menschen nach Deinem Maß. Und so tust Du, o Herr, fortwährend! Denn Deine Erbarmungen sind unbegrenzt, und Deine Liebe und Gnade erfüllt alle Räume der Unendlichkeit. Den Niederen erniedrigst Du noch mehr, damit er vollkommen werde und näherkomme Deinem Herzen. Aber die Hohen erhöhst Du und bereitest ihnen den vollkommenen Fall, daß sie als Gefallene sehen mögen, wie eitel all ihr Mühen war und wie gar nichts sie sind vor Dir, o Herr! Wohl aber denen, die ihren sicheren Fall merken und sich demütigen vor Dir! Die sich aber in ihrem Fall werden erhalten wollen, denen ein dreifaches Wehe! Denn ihr Weg wird ein heißer sein und ihre Umkehr nahezu unmöglich.

9 O Rom, o Rom! Du pochst vergeblich an die eherne Pforte deiner alten Macht! Sieh, die Riegel sind verrostet, mit denen du selbst die Türe zum Gottesreich verrammt hast allen, die hinein wollten! Ich stehe vor Gott dem Allmächtigen, und Sein Auge sagt mir: deine letzte Mühe wird dir einen schnöden Lohn bringen! Aber wehe dir! Der Herr hat dir eine Nacht vorbereitet, die dich verschlingen wird wie eine hungrige Schlange einen Sperling!“

10 Sage *Ich* darauf: „Amen! Du hast gut, wahr und weise geredet vor Meinem Angesicht. Und so sei es, wie du nun geredet hast vor Mir!“

190

Der Altväter Heilsbitte — Antwort des Herrn
Vorbereitungen zur Wiederkunft des Herrn

[1] Treten alle *Propheten* und *Apostel* zu Mir und sagen: „Ja, Amen! Dein Name werde geheiligt, wie hier in Deinen Himmeln also auch auf Deiner Erde als einer wahren Probestätte für die Geschlechter, die zum ewigen Dasein erkeimen unter Deinem Herzen! Aber nur das, heiliger Vater, bitten wir Dich alle aus *einem* Herzen und aus *einem* Mund: Lege dem Satan endlich einmal sein schnödes Handwerk! Nimm hinweg von Deiner Erde den Purpur und mache verschwinden Gold, Silber und Edelgestein, damit die Menschen nicht mehr nach dem Schimmer dieser unflätigen Dinge gieren, sondern nur nach reiner Liebe und Wahrheit streben! Welche Schätze des Geistes müssen zu Grabe getragen werden, weil das Jagen nach all den eitlen Dingen die Menschheit hindert, ihren Geist nach Deiner Ordnung zu erwecken und daraus unvergängliche Reichtümer für Zeit und Ewigkeit zu schöpfen!

[2] Lege endlich einmal Satan sein schnödes Handwerk! Mit seinem Verschwinden aus der Sphäre der Wirkung muß die Menschheit zu allem Guten und Wahren geneigter werden, widrigenfalls muß die Menschheit stets tiefer ins Verderben sinken. Wohl sind Deine Ratschlüsse unerforschlich und unergründlich Deine Wege. Niemand ist bekannt, wie Du vorgehst, um alles am Ende dem besten Ziel zuzuführen. Bei manchen Wesen wird wohl eine übergedehnte Zeit erfordert, bis sie zu ihrem vorbestimmten Ziel gelangen. Also eine Abkürzung der langen Wege und der Zeiten Dauer, wie Du, o Herr, sie Selbst Deinen Völkern verheißen hast, wäre uns Gottgesinnten wohl das sehnlichst Erwünschte!

[3] Es ist wahrlich schade für Deine schöne Erde, daß sie die ihr stets neu geschlagenen Wunden nimmer zu heilen vermag, so Du ihr die stets gleichen Quäler nicht vom Leibe schaffst. Was Du aber tun wirst, Herr und Vater, das tue bald! Denn sonst verschmachten die Menschen vor zu banger Erwartung der Dinge, die noch über die Erde kommen. Wir hier warten freilich leicht, da ob der großen Seligkeit bei Dir, heiliger Vater, auch vor uns tausend Erdjahre gleich sind einem flüchtigen

Lenztag. Aber den noch in sterblichen Hüllen lebenden Brüdern auf Erden werden bange Minuten zu Jahren und Jahre zu Ewigkeiten. Daher tue auf, o Vater, den reichen Born Deiner Liebe und Gnade, suche die Armen auf Erden gnädig heim und kürze diese arge Zeit ab! Dein heiligster Wille geschehe allzeit!"

4 Rede *Ich:* „Ihr tut wohl daran, daß ihr so bittet. Aber es geht euch bei euren Bitten so wie jenen, die überall zu spät kamen und darum auch vor Mir stets zu spät kommen müssen, weil Ich überall und in allem der Erste bin. Ihr seid wie Meines Leibes Glieder, die nicht eher zu handeln vermögen, bis Mein Geist sie zu handeln antreibt. So es aber in euch allenthalben Meines Geistes bedarf, wie könnt ihr wohl meinen, daß Ich erst durch eure Bitte müßte bewogen werden etwas zu bewerkstelligen, dessen Notwendigkeit Ich schon eingesehen habe, bevor noch irgendein Geist aus Mir sich eines freien Bewußtseins erfreute! Wenn ihr über eine Sache erst nachzudenken beginnt, habe Ich schon um tausend Jahre vorgesorgt und alles so in Gang gesetzt, daß die Wirkungen gerade so zum Vorschein kommen müssen. Sonst könnte am Ende der allgemeine Hauptzweck unmöglich erreicht werden, der da ist euer ewiges, schöpferisch-freiestes Leben Meiner göttlichen Gegenwart gegenüber.

5 Soll Ich denn alle Hierarchien durch ein Feuer vom Himmel mit einem Schlage vertilgen? Das geht nach dem großen Werke der Erlösung wohl nicht mehr! Keine allgemeine Sündflut und kein Untergang Sodoms und Gomorras mehr!

6 Aber ein jedes Übel der Erde ist nun sein eigener Richter, und die Strafe folgt der Sünde auf der Ferse. Die Hierarchen verlangten ihre alte grausame Priesterfreiheit. Und sehet, sie sei ihnen gegeben, aber ohne materielle Macht! So aber nun die Hierarchen von ihrer grausamen Freiheit auch weiterhin bösen Gebrauch machen, werden sie dadurch Tausende bewegen, aus ihrer schlechten Gemeinde in eine bessere überzugehen. Während ihr hier bittet, sind schon Tausende von Rom abgefallen! Kann da die Zeit noch mehr verkürzt werden? Ist nicht alles getan zu ihrem Untergange, der nun bald notwendig geworden sein wird?

7 Wie könnte Ich je wieder zur Erde kommen, so nicht der argen Hierarchie auf wirksame Weise ihr altes Handwerk gelegt würde? Käme Ich aber als Gott — nun, das begreift ihr sicher, daß da die ganze

Erde gerichtet würde und kein Wesen auf ihr eines freien Atemzuges mächtig wäre.

8 So Ich aber zur Erde komme, kann Ich nur zu den Armen kommen. Erst so ist auf der Erde ein rechter Ausgleich aller herrschsüchtigen Bestrebungen möglich, und daneben auch Mein Entgegeneilen dem Verlorenen.

9 Eure Bitte aber war dennoch recht, denn sie ward euch so gegeben; aber Meine Handlung kam ihr um vieles zuvor! — Nun aber kommt Robert-Uraniel mit seinen Scharen. Daher seid alle bereit zum nötigen Weiterzug!“

191

Aufbruch zum Saal der Vollendung
Robert und Helena gefolgt von Cado vor verschlossener Himmelspforte
Minerva tritt wieder auf

1 Alles begibt sich nun schnell in Meinen Willen. *Robert-Uraniel* kommt und sagt: „Herr und Vater, es ist alles geordnet nach Deinem Willen und Deiner heiligen Ordnung!“

2 Sage *Ich:* „So gehen wir denn gen Morgen, wo du in scheinbar großer Ferne zwei mächtige Säulen siehst! Dort ist der vierte Großsaal der Vollendung, wo der eigentliche Himmel erst seinen Anfang nimmt. Nimm hier dein Weib, auf daß du aus Meiner besonderen Liebe in dir vollkommen eingehest in das Reich deiner Liebe und Erkenntnis!“

3 Auf Meine Worte hin umfaßt *Robert-Uraniel* mit aller Liebe seine Helena und bittet Mich, daß Ich an seiner Seite, und zwar zwischen ihm und Helena in den Großsaal einziehen möchte. — *Ich* aber sage: „Du mußt einmal frei zu wandeln anfangen, ansonsten du stets eines Gängelbandes bedürftest. Ich aber werde ohnehin im Großsaal zugegen sein, wenn du dort eintrittst. Wo immer du mit der Liebe zu Mir dich hinbegeben wirst, werde Ich bei dir sein, da deine Liebe zu Mir Ich Selbst bin! Denn Ich bin überall gegenwärtig, wo wahre und reine Liebe in einem Herzen zu Mir in rechter Fülle gegenwärtig ist. — Und

so gehe denn voran und öffne die Pforte in das Reich der Vollendung deines Herzens!"

4 Hier macht Robert eine tiefe Verbeugung vor Mir und tritt sogleich seine Reise an. Er wandelt wohlgemut mit seiner *Helena*, die ihn unterwegs fragt, wie es ihm hier im Reiche Gottes eigentlich vorkomme und ob er sich wohl schon ganz heimisch fühle. — Sagt darauf *Robert-Uraniel:* „Manchmal kommt es mir sehr fremd vor, besonders so der Herr Sich nicht neben mir befindet. Aber so der Herr sichtlich in meiner Nähe weilt, bin ich wieder ganz zu Hause. Nur alle die Erscheinungen kommen mir, trotzdem ich sie recht wohl verstehe, noch immer befremdend vor, weil ihr Auftreten oft gar so unvorbereitet zum Vorschein kommt. Doch ich habe mich auch daran schon gewöhnt. — Aber nun ist schon die Pforte da, aber verschlossen! — Was nun?"

5 Spricht *Helena:* „Nun, die werden wir im Namen des Herrn eben aufzumachen versuchen. Sieh, es steckt ja ein goldener Schlüssel darin!" — *Robert* ergreift sogleich den Schlüssel und fängt an, ihn nach rechts und links zu drehen, aber die Tür will sich nicht öffnen. Er dreht wieder, und stärker als zuvor drückt er mit Gewalt an die beiden Torflügel, doch vergebens!

6 Darob wird *Robert* etwas bange und er spricht zu Helena: „Siehe, mein geliebtes Weib, ich muß dir offen gestehen, daß ich mich wieder einmal sehr fremd fühle, wie einer, der ganz verlassen ist von seinen früheren Helfern in der Not. Siehe dich einmal um, ob du selbst in weitester Ferne jemanden erschauen kannst! Außer Freund Cado, der uns ganz still gefolgt ist, entdecke ich keine Seele und keinen Geist!" Spricht *Helena:* „Wahrhaft sonderbar, außer Cado sehe auch ich niemanden, und das Tor läßt sich nicht öffnen! Und doch hat uns der Herr Selbst hierher beordert. Versuche noch einmal die Tür zu öffnen, ich werde dir helfen, vielleicht wird es dann gehen!"

7 *Robert* macht sich nun wieder an den Goldschlüssel und dreht ihn nach allen Seiten, während Helena kräftig an die beiden Flügel drückt. Die Bemühung geht eine gute Weile vor sich, aber ohne Erfolg. Als beide schon etwas abgemüdet sind, sagt *Helena:* „Weißt du, mein geliebter Robert-Uraniel, über die Möglichkeit hinaus kann sich niemand zu einer Tat verpflichtet fühlen. Wir haben bereits alle unsere Kräfte daran verwendet, aber diese Himmelspforte läßt sich durchaus nicht öffnen, woran wir doch kaum schuldig sind. So bleibe sie denn in des

Herrn Namen verschlossen! Aber Freund Cado könnten wir noch um eine Mitwirkung ansprechen, vielleicht versteht er damit besser umzugehen als wir beide." — Spricht *Robert-Uraniel:* „Du hast recht, das werde ich sogleich tun!"

8 *Robert-Uraniel* spricht: „Liebster Freund, du hast uns ganz allein ein freundliches Geleit gegeben. Du hast auch des Herrn Auftrag an mich vernommen, daß ich mit meinem Weibe hierher ziehen und dies Tor öffnen soll. Allein alle unsere noch so kräftigen Versuche scheiterten an diesem Tor! Daher will ich dich hiemit ersuchen, mit mir noch einen dritten Versuch zu machen. Vielleicht gelingt es uns dreien, diese riesige Himmelspforte doch zu öffnen. Gelingt es aber nicht, so mag der Herr dann tun mit uns, was Ihm wohlgefällt!"

9 Spricht *Cado:* „Lieber Freund, es wird dir mein Wirken wenig Segen bringen. Was einem Gott zusteht, gebührt nicht einem Ochsen! Du bist berufen und auserwählt, ich nicht einmal berufen. Aber ich werde dir dennoch die verlangte Hilfe leisten. Du weißt ja, nur die werden das Himmelreich besitzen, die es mit Gewalt an sich reißen! So fangen wir's denn in Gottes Namen an!"

10 *Robert* macht sich abermals an den Schlüssel und dreht ihn siebenmal nach links. Und da bei allem Kraftaufwand die Pforte noch nicht aufgeht, dreht er den Schlüssel nach rechts so lange, als er sich immer drehen läßt. Dabei wird während des Drehens in einem fort kräftigst gegen die Pforte losgedrückt, allein sie bleibt beharrlich verschlossen.

11 Robert-Uraniel kratzt sich hinter den Ohren. Und *Cado* sagt: „Ich habe dir ja gesagt, daß es nicht gehen wird! Ich weiß doch, daß diese geistigen Dinge um vieles hartnäckiger sind als die irdischen. Ein Berg auf der Erde ließe sich eher versetzen, als so ein Geistertor sich öffnen! Mein Rat wäre hier, die Geschichte abzuwarten! Unsere Bestimmung kann nicht darin bestehen, dem Herrn Gott Jesus immer auf der Nase zu sitzen. Es ist uns demnach ein Ort angewiesen worden, wo wir so lange zu verharren haben, bis uns von höheren Mächten diese Himmelspforte aufgetan wird. Was wir aber tun könnten wäre, uns an den evangelischen Rat zu halten: »Suchet, so werdet ihr finden! Bittet, so wird euch gegeben, und pochet an, so wird euch aufgetan!« — Wer weiß, ob das Tor nicht dann schon vor uns offen stünde. — Was meinst du, mein Freund, in dieser Sache?"

12 Spricht *Robert-Uraniel:* „Ja, du hast da durchaus recht. Aber daß

der Herr mich förmlich genötigt hat, mich eilends hierher zu begeben und diese Pforte zu öffnen, da uns großwichtige Dinge dahinter erwarten! Nun bin ich hier und richte mit der Pforte nichts. Das ist denn doch etwas sonderbar. Aber ich werde deinem Rat folgen!“

13 Spricht hiezu *Helena:* „Freunde, wahrlich es gehört viel dazu, um in das Himmelreich Gottes eingehen zu können! Mich geniert hier nichts so sehr als dies herrliche Strahlengewand. Wenn ich ein ganz ordinäres Bauernkleid hätte, so würde mich dieser verweigerte Eintritt in das eigentliche Himmelreich weit weniger genieren. Wahrlich, bei dieser Geschichte könnte man auf den Herrn ordentlich ungehalten werden! Früher Milch und Honig von bester Qualität, und nun einen rechten Bittertropfen darauf! Und an Stelle des Himmelsbrotes, das man schon im wahren Übermaß genossen hat, kommt nun eine Hafergrütze! Prosit Mahlzeit, das wird eine sonderbare himmlische Süßigkeit abgeben! Aber wenn ich Närrin nur dieses dumme Kleid loswerden könnte, denn mich geniert's schon ganz entsetzlich! — Gefällt dir, mein geliebter Robert, noch dein uranisches Sternengewand?“

14 Spricht *Robert:* „Auch mir wäre ein anderes um eine Million lieber, aufrichtig gesprochen! Ich komme mir nun in diesem göttlichen Sternenkleid, wie ein gefoppter himmlischer Esel vor. Bei Gott, eine Lederhose und eine Jacke vom gröbsten Tuch wäre mir lieber! Ich habe mich in meinem ganzen irdischen und geistigen Leben niemals so geschämt wie diesmal in diesem fatalen Himmelsgewande! Wenn ich es nur gegen ein anderes vertauschen könnte!“ — Spricht *Helena:* „Ich gäbe das meine um den schmutzigsten Küchenfetzen her, denn es gibt nichts Erbärmlicheres, als ein Königsgewand zu tragen auf einer Schweinehirtenwiese.“

15 Spricht *Cado:* „Meine liebsten Freunde, ihr redet mir aus dem Herzen! Das muß auch Christus als Herr der Unendlichkeit tief gefühlt haben, da Er so oft gegen die Kleiderpracht geeifert hat. Er trägt ja auch hier im Reiche alles Lichtes das allereinfachste Kleid! Ich bin selbst ein größter Feind von jeder Kleiderpracht, mag sie nun auf der Welt materiell oder hier im Reiche des Geistes geistig sein. Daher gebe ich euch ganz recht, daß ihr euer für hier unpassendes prachtvolles Himmelsgewand verabscheut. Hat es nun in euren Augen keinen Wert, dann ist alles gut und recht. In meinen Augen hat selbst solch ein himmlischer Flitter nie einen Wert gehabt! — Aber was werden wir nun vor

dem Öffnen der Pforte beginnen? Werden wir zu bitten, zu suchen und zu pochen anfangen?"

[16] Spricht *Helena:* „Ich meine, das werden wir schön bleibenlassen! So sie uns der Herr nicht öffnen will, soll sie verschlossen bleiben in alle Ewigkeit, Amen!" — Spricht *Robert:* „Hast eben nicht unrecht, meine geliebteste Helena! Aber weißt du, so man es schon einmal bis zur Himmelspforte gebracht hat, sollte man sich doch noch einige Mühe geben, auch durch diese zu kommen! — *Bitten* ist gerade keine Schande, *suchen* noch weniger und was das *Anklopfen* betrifft, so will ich gleich auf den beiden Flügeln einen Lärm machen, der sich gewaschen haben soll! Nein, das gefällt mir: ehedem machte ich schon, als selbst ein Engel, mit Sahariel die ausgedehntesten Himmelswanderungen und nun stehe ich wieder in eurer Gesellschaft wie ein Ochse am Berge! Es geht uns nur noch die famose Minerva ab! Das wäre wirklich ein Spaß, diese hier über die Torsperre losziehen zu hören!"

[17] Spricht *Cado:* „Nenne den Wolf nicht zu oft, sonst kommt er gerannt! — Wahrlich, so ich mich nicht irre, kommt sie schon daher, uns eine Visite zu machen! Nun sehen wir, wie wir sie wieder loswerden!" — Spricht *Helena* ganz verblüfft über diese Erscheinung: „Aber die muß ein feines Gehör haben! — Nun Robert-Uraniel, das wird eine hübsche Geschichte werden! Hast aber auch ihren Namen in unserer mißlichen Lage nennen müssen! Das wird eine schöne Messe werden! Am Ende zieht sie uns noch alle drei mit sich in die allerunterste Gott-steh-uns-bei!"

[18] Spricht *Cado:* „Ah, von dem ist keine Rede! Das eigentlich Fatale besteht nur darin, daß man sie nicht so bald wieder loswerden kann, so sie einmal da ist!" — Spricht *Robert:* „So suchen wir eben zu verhindern, daß sie herkommt; denn mit so viel göttlicher Kraft und Gewalt werden wir etwa doch noch ausgerüstet sein!" — Spricht *Cado:* „Versuche es! Aber ich meine, daß dies nichts nützen wird. Sie wird gleich sagen, daß auch sie das vollste Recht habe, vor die Pforte des Gotteshauses zu kommen und da Einlaß zu begehren. Ob sie hineingelassen wird, ist freilich eine andere Frage. Lassen wir sie nur ungehindert wandeln und tun nicht dergleichen, als ob wir sie bemerkten. Wird sie sich dann etwa an uns machen, so werden wir ihr schon etwas zu erzählen wissen, was sie sicher nicht gerne hören wird. Nur aber dürfen wir uns gegen sie weder freundlich und noch weniger richterlich-gebie-

terisch benehmen, sondern ganz gleichgültig, was sie am wenigsten vertragen kann. So werden wir sie am ersten loswerden. Ich glaube, sie so ziemlich durch und durch zu kennen."

192

Minerva vor der Pforte. Derbe Begegnung mit Helena

1 Spricht *Robert:* „Dein Rat ist wahrlich sehr gut! Doch jetzt nur stille, sie kommt schon eilig in unsere Nähe! Das herrliche Kleid hat sie noch an und das Pseudoschwert aus Blech und Pappendeckel. Auch von ihrer außerordentlichen Schönheit scheint sie noch nichts eingebüßt zu haben. Sie ist wirklich unendlich schön, und man könnte die Behauptung aufstellen, daß es der lieben Gottheit gar nicht möglich wäre, eine noch größere gestaltliche Schönheit ins Dasein zu rufen! Aber ich glaube, man darf auch ihre Gestalt nicht zu sehr rühmen; sie könnte dadurch noch eitler und stolzer werden, als sie ohnehin schon ist." — Spricht *Cado:* „Ja, ja, überhaupt von und mit ihr nicht reden, sonst bringt man sie nicht leichtlich vom Halse!"

2 Spricht hinter dem Rücken Cados schon die *Minerva:* „Richtig, du triffst den Nagel wohl immer auf den Kopf! Du willst die anderen lehren, wie sie mich am ehesten loswerden könnten — als ob ich mich etwa jemandem je schon aufgedrängt hätte! Dazu besitze ich wohl zu viel Ehre in mir und bin zu stolz. Und du, mein Freund Cado, darfst dies schon gar nicht fürchten, denn wir kennen uns doch schon so hübsch lange. Soll ich dich etwa bei deinem wahren Namen nennen?"

3 Spricht *Cado:* „Schweige! Sonst sollst du von meiner dir bekannten Höflichkeit gleich ein neues Pröbchen erfahren! Dort ist die verschlossene Pforte. Versuche, ob dich wer hineinlassen wird. Denn du gehörst etwa ja auch dort hinein?" — Spricht *Minerva:* „Lecke mich! Ich tue, was *ich* will, und nie was du willst! Verstehst du das?"

4 Spricht *Cado:* „O das verstehe ich ganz vollkommen! Denn du bist eitel und stolz und somit auch dumm zur Genüge! Wie solltest du da wollen und tun können, was dir für ewig wahrhaft frommen möchte? So du aber mit uns etwa noch etwas zu reden haben solltest, so bitte ich

dich um eine gewähltere Sprache, bessere Ausdrücke! Denn so du schon mich nicht berücksichtigen willst, dann berücksichtige unsere hier gegenwärtige allerzarteste Himmelsdame!"

5 Spricht *Minerva:* „Das wäre eine rare Himmelsdame! Diese allergemeinste Proletariertrud — vor der soll ich am Ende noch gar Respekt haben? Ich, das erste Wesen in der ganzen Unendlichkeit! Und die — das letzte aus dem lumpigst berühmten Lerchenfeld! Du hast einen hübschen Begriff von einer Himmelsdame, wenn du dieses echte Wiener Mistbratel für eine solche ansiehst! Gratuliere, du hast es im Himmel mit deiner Weisheit wahrlich schon weit gebracht!"

6 Hier unterbricht sie die vor Ärger nahe glühend gewordene *Helena:* „Nun, du stolzes Aas! Weißt etwa über mich noch was Schlechteres, du aus der ganzen Unendlichkeit zusammengedroschenes Schwein! Nein, das gefällt mir! Will dieses Hauptluder aus allen Fixsternen sich über mich hermachen! Na warte, ich werde dir deine polierte Eselshaut schon etwas runzlicher klopfen, weil sie dich gar so juckt! Glaubst du schönes Obers von der höllischen Rindsuppe, ich kenne dich etwa nicht? O da sei ganz unbesorgt, du schmutzigstes Jesuitenschnupftuch! Die will mich eine Proletariertrud nennen! Jetzt schau nur, daß du bald weiterkommst, sonst zeige ich dir, wo die ewigen Zimmerleute Gottes für dich das Loch gemacht haben!"

7 Spricht *Robert:* „Aber ich bitte dich, holdeste Helena, du mein von Gott Selbst mir gegebenes Weib, ereifere dich nicht! Schau, mit dieser Schein-Minerva richtet Gott Selbst nichts, was sollen erst wir mit ihr richten! Du weißt ja, daß auf Disteln keine Datteln und auf den Dornhecken keine Feigen wachsen! Lasse sie daher reden, was sie will, denn in unsere Ohren dringt ihre Stimme wahrlich nicht und noch weniger in unsere Herzen!"

8 Sagt *Helena:* „Ja, ja, das weiß ich wohl. Aber das weiß ich auch, daß man dem Teufel das Maul stopfen muß als ein ehrlicher Christ! Schau, jetzt ist sie schön still, weil sie sieht, daß sie nimmer gröber werden kann als unsereins. Die soll nur einmal noch sich mucksen, so will ich ihr ein Lerchenfelder Liedl anstimmen, daß sie für alle Ewigkeit damit genug haben soll! Nein, dies Giftbratl vom heiligen Erzengel Michael soll mich dann erst kennenlernen! Wahrhaftig, ich könnte sogar unserem lieben Herrgott eine Grobheit ins Gesicht sagen, wenn Er je diesem Leibstuhle Petri eine Gnade erweisen möchte. Die ist ja schon

lange für die Hölle zu schlecht, daher leiden sie die anderen Teufel gar nicht mehr unter ihnen! — Hast es aber auch hierher berufen müssen!"

9 Spricht *Cado* zur zornbebenden Minerva: „Nun, bist du mit deinem Grobheitslexikon schon zu Ende, daß du auf diese würdevollen Komplimente keine Erwiderung zuwege bringst? Mir scheint, daß du eine Meisterin gefunden hast und nun durch dein Schweigen bekennst, daß die Lerchenfelderin recht hat!" — Spricht *Minerva:* „Ich bitte dich, rede mir von dieser Galgenschnur nichts mehr, denn ich habe sie genossen!"

10 Unterbricht sie *Helena:* „Schau nur, daß du weiterkommst, sonst setzt's noch Gelsen und spanische Mucken ab! Kennst du diesen Lerchenfelder Salat?" (Der Minerva die beiden Fäuste zeigend): „Ich sag dir's, wenn du nicht bald weitergehst, putz ich dir so eine kleine Tagwacht über dein rotziges Großmaul runter!" — Spricht *Robert:* „Aber ich bitte dich, Helena, um Gottes willen! Wir kommen ja anstatt in den Himmel Gottes gar zum Schmierseppl nach Lerchenfeld! Bedenke doch, wie du als wahrer Gotteslìebling dem Herrn an der heiligen Brust lagst und alle Gnade von Ihm einsogest — und nun bist du ganz wieder eine vollendete Lerchenfelderin! Schau, das mußt du ganz ablegen, sonst wird dir die Pforte noch lange nicht aufgehen!"

11 Spricht *Helena:* „Nun, ich glaube, dir ist's etwa gar leid, daß ich diesem ewigen Mistvieh ein paar Wahrheiten ins Gesicht gesagt habe!" — Spricht *Robert:* „Nein, liebste Helena, das sicher nicht! Aber um deinen nun schon ganz himmlisch gewordenen Mund ist es mir leid, der sogar schon mit Gott gesprochen und mir manche recht herrliche Lehre in der Liebe gegeben hat!"

12 Spricht *Helena:* „Mund hin, Mund her! Die Wahrheit muß einmal heraus! Daß sich die Wahrheit auch aus dem schönsten Munde nicht am besten ausnimmt, das ist schon was Altes. Aber wie kommt es denn, daß du die Wahrheit gerade aus meinem Munde als übelklingend darstellst, während du die Lüge aus dem ebenfalls schönen Munde jener Teufelsgretl nicht sehr häßlich gefunden zu haben scheinst? So es dir um meinen Mund schon leid ist, wenn er auf lerchenfeldisch dieser ewigen Gottesschnipferin eine Lektion gibt, um wieviel mehr leid sollte es dir dann erst um jenen holdesten Mund sein, über dessen Lippen wohl noch nie ein wahres Wort gekommen ist! Sage lieber ihr einige gute Rügen ins Gesicht und laß mich reden, so ich einmal im Zuge bin!"

13 Spricht *Minerva:* „Bist einmal fertig, du ungehobeltes Lerchenholz? Du hast die Höflichkeit sicher nie auf einer hohen Schule studiert, denn etwas Gröberes ist durch meine Ohren noch nie gedrungen." — Unterbricht sie *Helena:* „Nun, schau nur gleich, daß du etwa kein Ohrengeschwür bekommst! Ich soll etwa ihre Grobheiten von ganzem Herzen demütig einstecken, wie ein frommes Jesuitenbeichtkind, wenn es von seinem Herrn Gottesstellvertreter mit Höll und Fegfeuer gefüttert wird! Da warte du ein bißchen! Wenn du mir nicht aus den Augen gehst, wird es zwischen uns beiden noch einen Mordsspektakel absetzen! Darum sage ich dir nun ein für alle Male, daß du dich nun gleich aus dem Staube machst, sonst möchte dein schönes Gesicht bald ein anderes Aussehen bekommen!"

14 Sagt *Cado:* „Sei ruhig, Helena, und du auch, Freund Robert! Ich werde nun mit Minerva allein reden und mit ihr etwas sehr wichtiges abzumachen versuchen. Vielleicht gelingt es mir, sie dem Herrn wieder um einen Schritt näherzubringen. Aber ihr müsset euch unterdessen ruhig verhalten." — Spricht *Robert:* „Ja, Bruder, tue das! Ich wäre nun schon wahrlich sehr froh, so wir sie bald loswerden könnten. Es geht von ihr ein wahrer Zwietrachtssamen in die über, die ihr zu nahe kommen! Ich glaube, die brächte in kürzester Zeit alle Engel durcheinander. — Ich wünsche dir viel Glück zu deinem löblichen Vorhaben! Nur zweifle ich an dem geringsten Erfolge deiner Mühe; denn dies Wesen wird nur als genötigt guttun, aber als vollkommen frei ewig nie! Darauf getrauete ich beinahe meine ganze Seligkeit zu setzen."

15 Spricht *Cado:* „Du dürftest zwar nicht ganz unrecht haben. Aber meine Seligkeit getrauete ich mich dennoch nicht darauf zu setzen. Die Ewigkeit ist endlos lang. Und in solchen endlosen Zeiten und Zuständen könnte noch so manches geschehen, von dem bis jetzt noch keinem Geiste etwas durch seinen Sinn gefahren ist. Daher nehmen wir alles als möglich an, was nicht mit der göttlichen Ordnung im grellsten Widerspruch steht. Aber etwas daran setzen, ob dies oder jenes irgendwann möglich oder unmöglich sein sollte, hieße so viel, als in die göttliche Weisheit selbst einen Zweifel setzen. Bei Gott sind alle Dinge möglich, warum auch nicht die volle Umkehr Satans?"

193

Indische Weisheit über Satan. Mahnung zur Geduld
Ein kleines Plätzchen ist leichter gefegt als die gesamte Schöpfung

1 *Cado* fortfahrend: „Siehe, ich fand einmal in einem Buch altindischer Weisheit eine sehr denkwürdige Stelle, die ungefähr so lautete:

2 »Im urewigen Sein war nur Gott allein. Und die Unendlichkeit und Ewigkeit war Er Selbst im klarsten Schauen Seiner Selbst. Seiner Gedanken und Ideen war kein Ende. Aber wie sich an einem schwülen Abend zahllose Scharen von allerlei Eintagsfliegen in loser Freiheit kreuzen ohne wahrnehmbare Ordnung, so stiegen auch die Gedanken und Ideen in der Gottheit auf und ab und hin und her. Aber noch war der endlose Raum wesenleer. Nur ihre großen Gedanken sah die endlose Gottheit in sich selbst in ungezwungener Freiheit große Bewegungen machen. Dann schied die Gottheit die Ideen von den Gedanken, und das war ein erstes Ordnen in der Gottheit Selbst. Die großen Ideen stellte sie nach und nach fest, nur den Gedanken ließ sie den freien Lauf.

3 Als aber die Ideen fester und fester gestellt waren, da zeigte es sich, daß sie nicht völlig lauter waren. Da beschloß die Gottheit, ihre Ideen selbst zu läutern und schied das Lautere von dem Unlauteren. Als dies bewerkstelligt war, stellte die Gottheit all das Unlautere wie außer sich, festete es durch ihr allmächtiges Wollen und belebte es durch den Geist ihrer freiesten Gedanken.

4 Und es ging da hervor ein großer Geist voll Unlauterkeit — zur Läuterung durch sieben andere Geister, welche die Gottheit aus ihren lauteren Ideen durch den freiesten Geist ihrer Gedanken ins Dasein rief. —

5 Und siehe, Bruder Robert, hier vor uns steht dieser erste große Unlauterkeitsgeist, an dessen Läuterung noch immer gearbeitet wird. Daher müssen wir nicht sogleich zweifeln, wenn so etwas längere Zeit braucht als manches andere. — Dieser Geist ist wohl das Unlauterste, was du dir nur immer vorstellen kannst, aber zu seiner Zeit einer völligen Läuterung nicht unfähig. — Wir dürfen darum nicht ungeduldig werden, weil wir leichter zu läutern waren als dieser Geist.

Denn ein kleines Plätzchen kann doch eher und leichter gefegt werden als der Boden einer ganzen Welt. Dieser Geist ist in sich der Gesamtausdruck der ganzen Schöpfung, während die ganze Erde samt allen ihren Wesen kaum als ein Atom seines eigentlichen Wesens anzusehen ist. Daß da ein winziges Geistlein eher zu läutern ist als dieser allergrößte geschaffene Urgeist, der Gesamtbegriff aller Schöpfung, wirst du ebenso einsehen wie ich. Aber weil zur Läuterung einer solchen Größe etwas mehr erfordert wird, so muß man auch diese Sache Gottes wohl bedenken und sich in aller Geduld in die Anordnungen Gottes fügen! Lieber Freund, das berücksichtige ein wenig, und du wirst dich dann in meine Mühen leichter fügen. — Und nun zur Minerva!"

194

Minervas satanische Versucherlehre. Cados schlagende Richtigstellung

1 Hier wendet sich *Cado* zur Minerva und sagt: „Wie lange noch, Satana, wirst du unsere Geduld mißbrauchen? Willst du selbst gar nichts tun außer Arges und Böses? — Siehe, so die Gottheit einen Diamanten erschaffen hätte, so groß, daß ein Blitzstrahl von einem Pol zum andern eine Million Erdjahre bedürfte — und hätte hierzu auch ein kleinstes Kolibri-Vögelein mit der Bestimmung erschaffen, daß es alle tausend Jahre einmal zu dieser Diamantkugel flöge und nur einmal mit seinem Schnabel an sie stieße — so hätte das Vögelein der Kugel schon lange den Garaus gemacht. An dich wurden schon tausende solcher Zeitenläufe verwendet, und noch bist du ganz dieselbe, die du warst im Anfang aller Zeiten! Kein Geist kann es fassen, welche Geduld dir die Gottheit stets erwies und welche Wege eingeschlagen wurden, um dich zu läutern. Aber wahrhaft ungeheuerlich zu denken: bisher vergebens! Ich meine, es wäre nun wohl an der Zeit, dein ganzes Wesen in jene Ordnung zu bringen, die dir von Gott schon von Ewigkeit her vorgezeichnet ist!"

2 Spricht *Minerva:* „Was tat ich denn je, das wider deine Gottesordnung gewesen wäre? Du sprichst fortwährend von einer gewissen Gottesordnung und scheinst im Grund es selbst auch nicht einmal zu

ahnen, was diese eigentlich ist und worin sie besteht. Wenn ich, als der ausgeschiedene unlautere Teil, den fortwährenden Gegensatz zum reinen Teil der Gottheit darstelle, und das unverrückt, so wie die Gottheit Selbst unverrückt in ihrer Reinheit verbleibt — ist das dann etwas anderes als eben die Gottesordnung selbst in ihrer Gesamtumfassung? Und was tue ich denn, das man vor Gott als Unrecht, als etwas Arges und Böses bezeichnen könnte? Es ist wahr, ich versuchte stets die Menschheit, ob sie in ihrer Tugend für Gott und Seine Liebe feuerprobehältig sei oder nicht. War sie es, nun, so hatte meine Versuchung ohnehin für alle Ewigkeit ein Ende. War sie es nicht, so ward ihr durch meine Versuchung nichts als eine neue Gelegenheit gegeben, sich in der wahren Tugend zu festigen.

3 Den Stolzen mache ich noch stolzer, daß er durch dieses Laster am Ende in sich selbst gedemütigt werde. Denn nichts heilt dieses Laster besser als seine Überschwenglichkeit, wenn nicht schon auf der materiellen Probewelt, so doch später hier — was ein gewisser Cado an sich selbst mag erlebt haben! So mache ich auch die sinnlichen Böcke noch geiler, als sie von Anfang an sind. Und das so lange, bis sie sich in ihrem Laster bis in ihre letzte Lebensfiber selbst gefangen haben und ihnen ihr Hang zur größten Qual und Pein wird, worauf sie dann aus eigenem Antrieb diesem Laster den Rücken kehren und den Weg der Keuschheit zu wandeln anfangen. Schon auf der Materiewelt habe ich durch gewisse körperliche Krankheiten der Sinnengier Grenzen gesetzt. Helfen diese nicht, so habe ich hier in der geistigen Welt noch viel stärkere Mittel, den Seelen dieses Laster am Ende verächtlich zu machen.

4 So mache ich es mit jedem Laster. Ich bin scheinbar ein Förderer des Lasters, das ist wahr. Ich fühle jedem Hiob auf den Zahn. Aber noch nie ist von mir aus ein Laster belohnt worden, außer der Lasterhafte war noch zu wenig lasterhaft, um das Laster zu verabscheuen. Da freilich mußte ich durch allerlei Lockungen den Lasterhaften noch lasterhafter machen, um ihn auf den Gipfelpunkt zu heben, wo er dann das Laster als solches erkennen mußte, um für ewig von ihm Abschied zu nehmen. — Ich und die Gottheit verfolgen stets das gleiche Ziel, nämlich die Reinigung der geschaffenen Seelen, damit sie tauglich würden, den ungeschaffenen reinsten und mächtigsten Geist aus Gott zu tragen.

5 Gott ist der Töpfer, ich aber bin das Feuer! Wie aber zum Kochen kein Topf zu brauchen ist, der nicht zuvor im Feuer selbst gefestet wurde, so ist auch keine Seele eher fähig, das Feuer der göttlichen Liebe zu ertragen, bis sie durch mich feuerbeständig gemacht wurde. So ich aber das tue, was ich tun muß, wie kannst du zu sagen wagen, daß ich nicht nach der Ordnung Gottes (der ich wie alle Dinge ewig unterstehe) lebe und handle? Ja, so du mir je nachweisen kannst, daß ich das Laster belohnt hätte, dann hast du recht! So ich aber des Lasters unerbittlichste Züchtigerin bin, da ist deine Rede blind und schabt an der Rinde, wo sie nie des Kerns ansichtig werden kann.

6 Oder kannst du dir eine Tätigkeit denken aus allein positiver Bewegung? Muß nicht ein Fuß jeweils ruhen, damit in der Zwischenzeit der andere die positive Bewegung machen kann? Ein Fuß muß also stets eine Sünde gegen die Bewegung machen, damit aus dem Widerstand gegen die Bewegung und aus der Bewegung des andern Fußes eine vollkommene Bewegung wird. Muß es nicht eine Nacht geben, damit der Sehende das Licht schätzen lernt? Muß es nicht wenigstens einen scheinbaren Tod geben, auf daß durch ihn das Leben verherrlicht wird? Und was wäre denn die Seligkeit für den Geist, dem das Gefühl möglicher Unseligkeit nicht innewohnte! So es keinen Schmerz gäbe, wie sähe es da mit dem Wohlgefühl der Gesundheit aus? Und gäbe es kein wenigstens scheinbar Böses, wie sähe es dann mit dem Guten aus? — Siehe, alles muß seinen Gegensatz haben, damit es sei! Und so ich der Grund alles Gegensatzes bin, wie bin ich dann wider die Ordnung Gottes?“

7 Spricht *Cado:* „Meine liebe Minerva! So du auf einer Universitätskanzel der Erde eine solche salbungsvolle Rede über die Gottesordnung deines satanischen Wesens gehalten hättest, wahrlich, du hättest bei diesen gelehrten Gremien ein nicht unbedeutendes Aufsehen erregt! Aber wenn du mich zu einer guten Überzeugung über dein Wesen zu bringen vermeintest, hast du einen lächerlichen Fehlschuß gemacht. Denn damit zeigtest du, daß du dich selbst noch nie erkannt hast und daher gar nicht wissen kannst, wie du beschaffen bist und welche Richtung du dir selbst nach der Gottesordnung geben sollst. Und fürs zweite kennst du mich gar nicht, nicht einmal dem Namen nach, daß du vor mir solch dummes Zeug dich auszusprechen getraust!“

8 Unterbricht ihn *Minerva:* „Du heißt Cado!“ — Spricht *Cado*

weiter: „So heißt mein Rock, den ich nun anhabe. Aber ich selbst heiße anders! — Sage, wie kann es dir je einfallen, daß Gott die Seele durch Laster bessern wolle oder zulasse, daß sie durch Anhäufung von Lastern rein, stark und zum Tragen Seines Geistes kräftig werde? Um dir deine Narrheit zu zeigen, frage ich dich bloß, ob ein Kleid dadurch vollkommener wird, wenn man Tag für Tag einen neuen Riß in dasselbe macht? Oder wird eine verstimmte Harfe reiner klingen, wenn man, anstatt sie rein zu stimmen, sie stets mehr verstimmt? Werden aus einer Schule, in der nichts als Huren, Fluchen, Stehlen, Rauben, Plündern und Morden gelehrt wird, wohl reine, sanfte, ehrlich-gute, liebe und moralische Menschen hervorgehen? Und wird es mit einem Kranken besser werden, wenn man ihm durch giftige Arzneien und gewaltige Züchtigungen zu Hilfe kommt?

9 O sieh, du Dümmste und Blindeste, zehntausend Beispiele könnte ich dir anführen, wo eins genügt, den krassen Unsinn deiner Rede handgreiflich darzustellen! Was wolltest du denn damit beweisen? Etwa deine Unschuld — weil du kein Laster je belohnt hättest? O Unsinn über Unsinn! Sage mir, wie möglich könnte man den Toten einen Lohn geben? Wie kannst du einen Stein belohnen für einen Dienst, den er dir durch seine natürliche, in ihm hart gerichtete Schwere geleistet hat? Oder welchen Lohn kannst du einem gebratenen Vogel darum geben, daß er sich von dir hat fangen, braten und essen lassen?

10 In solcher Weise also willst du behaupten, ganz der göttlichen Ordnung gemäß zu handeln? Und von dir selbst willst du sagen, du und Gott verfolgen ein und dasselbe Ziel? — O du Allerelendeste! Gott willst du dich gleichstellen, ja dich Ihm sogar voranstellen, als wärst du noch vorzüglicher als Er? Meine Liebe, das ist etwas zu arg! Das kann fernerhin nimmer geduldet werden! Daher wird von nun an selbst deine Scheinfreiheit wieder sehr bedeutend eingeschränkt werden. Denn du hast dich an den Rechten Gottes stark vergriffen und vergreifst dich auf der Erde blind an ihnen mit deinen Baalsdienern, die im Gold und Silber Gott zu dienen vorgeben! Und du hast dich an den Rechten der Könige und ihrer Völker vergriffen, und sie werden dir darum bald einen Garaus machen! Dir wird nichts übrigbleiben, als mit einigen wenigen Schweinen die bekannten Treber zu fressen! Hebe dich aber nun von dannen, denn deine Gegenwart ist mir zum Ekel geworden!"

195

Minerva und Helena. Eine heilsame Entladung
Cado über das Königtum als Zuchtrute. Minerva geht

1 Spricht *Minerva,* sich von Cado abwendend: „Ich werde gehen, so ich es selbst will! Aber gebieten lasse ich mir's von niemanden, weder von Gott noch von jemand anderem, der wähnt, er habe über mich Gewalt! Verstanden, Herr Cado? Ich bin eine erste Majestät der ganzen Unendlichkeit, und alle Wesen müssen erbeben, so ich mein Haupt und meinen Arm erhebe. Ich werde mit euch nun in einem anderen Ton reden, denn meine nie besiegbare Kraft erteilt mir dazu das unbestreitbare Recht! Wo aber ist der, der es mir nehmen könnte? Ich allein bin ein Herr! Alles andere ist unter meiner Knechtschaft von Ewigkeit her gewesen!!"

2 Unterbricht sie *Helena:* „Meine lieben Freunde und Brüder, jetzt halte ich es aber nimmer aus! Nein, was dieses Ewigkeitsschwein sich alles zu sein einbildet, das ist ja der ganzen Unendlichkeit unfaßlich! Jetzt will sie sogar mehr als Gott der Herr selber sein! O du Mistschwein, du höllisches! Jetzt schau, daß du weiterkommst, sonst werden meine Mandelbäume für dich bald zu blühen anfangen!!" — Spricht *Minerva:* „Schweig, du Lerchenfelder Jauchenkröte, sonst vernichte ich dich!"

3 Helena, förmlich wachsend vor Ärger, ruft darauf laut: „Was sagst du, unterhöllisches Zündholz? Du Parfümbüchse aus allen Schmutzwinkeln der Welt! Du dürrer Ast am Baum der Erkenntnis, du übergrausliches Schwein, du willst mich vernichten? Nicht genug, daß sie mehr sein will als alle Menschen und Engel Gottes, nicht genug, daß sie mehr sein will als Gott Selbst! Nein, das ist dem Satan aller Satane noch viel zu wenig! Er oder sie, was immer ein und derselbe Satan ist, will auch dazu noch alles vernichten! Natürlich, was sollte denn so einem allmächtigen Schwein nicht alles möglich sein?"

4 Spricht vor Wut bebend die *Minerva:* „Nein, das ist zu stark! Gott, wie kannst du es zulassen, daß dein urerstes, vollkommenstes Geschöpf von einem Dreckwurm so gräßlich gelästert wird! Stopfe

diesem ekelhaften Wurm das Maul, sonst muß ich mich an ihm vergreifen!"

5 Bemerkt die *Helena* zu Robert: „Aha, sie läßt schon ein wenig mit sich handeln! Jetzt ruft sie schon den lieben Herrgott an! Aber der wird ihr etwas pfeifen!" — Hier tritt *Minerva* wutentbrannt zu Helena hin und sagt mit gellender Schreistimme: „Wenn du noch ein Wort redest, so vergreife ich mich an dir, so wahr ein Gott lebt!!"

6 *Helena* aber springt vor Ärger auf und gibt der Minerva eine derart wohlgezielte Maulschelle, daß diese niedersinkt, einige Schritte von der Helena hinpurzelt und eine Weile erschöpft liegenbleibt. — Helena aber, erfreut über ihr gelungenes Zuchtwerk, sagt nach der wohlgeführten Maulschelle: „Da hast du, stolzer Wanzenduft aus der Hölle, ein kleines Vorspiel! Wenn's aber beliebt, kann das Hauptspiel nachfolgen!"

7 Spricht *Minerva,* sich vom Boden erhebend und ihr Gesicht abwischend: „Habe genug, um mir den rechten Begriff von der Humanität und Liebenswürdigkeit der lieben Kindlein des Herrn Himmels und aller Erden zu machen! Besonders schön aber ist das von dir, Cado, der du mich auf dem bewußten Hügel vor lauter Liebe gefressen hättest, daß du mich hier ohrfeigen läßt, als wäre ich auf der Erde ein allerletztes Kuhmensch! Es bleibt dir aber vermerkt, verstehe!"

8 Spricht *Cado:* „Ist dir sehr recht geschehen! Warum bist du nicht gegangen, als ich dich zu gehen hieß!" — Spricht *Minerva:* „Habe ich denn von Gott deshalb den freiesten Willen empfangen, um ihn für ewig in die engste Zwangsjacke des Gehorsams einzupferchen? Hätte der Schöpfer gewollt, daß ich gehorche, so hätte Er mich doch sicher gleich dir mit gehorsamem Willen begabt. Aber da Er das sicher nicht wollte, bin ich eben wie ich bin — nämlich meines eigensten und niemandem gehorchenden freiesten Willens! So Gott alle Wesen mit einem Gehorsamswillen begabt hätte, wer würde dann den blinden Völkern der Erde ein regierender Kaiser, König oder Fürst sein können? Denn du wirst wissen, daß diese niemandem zu gehorchen pflegen, außer einem guten Rat zu ihren Gunsten!"

9 Sagt *Cado:* „O ja, das weiß ich! Darum sprach Jehova durch den Mund Samuels zu den Kindern Israels: »Zu allen Sünden, die dieses Volk vor Meinen Augen schon begangen hat, tut es nun auch diese größte hinzu, daß es gleich den Heiden von Mir einen König verlangt.

Ja, es soll einen haben, auf daß er es züchtige und führe in die Gefangenschaft!« — Sieh, so lautet das Gotteszeugnis über die Könige. Kannst du daraus schließen, daß Regenten aus dem Willen Gottes hervorgegangen sind? Ich sage dir, die Regenten aller Zeiten, auch die besten, sind lediglich aus dem Willen der Völker der Erde hervorgegangen! Würde ein Volk zur Erkenntnis kommen, daß es *Gott* in aller Wahrheit zum ewigen Regenten über sich setzte, so würde Gott solch ein Volk sogleich von dieser Zuchtrute freimachen und es selbst durch Seine Engel in Menschengestalt leiten. Aber so die Völker nur um Erhaltung solcher Zuchtruten zu Gott flehen, müssen sie sich auch alle Schläge gefallen lassen, die ihnen ohne Schonung von diesen zugefügt werden.

10 Alle Regenten, mögen sie gut oder böse sein, gehen nicht aus dem Willen Gottes, sondern aus dem Hochmut der Menschen hervor, die da groß und mächtig sein wollen durch den Glanz ihres Königs. Weil aber die dummen Völker lieber einen Menschen über sich setzten als Gott, den Herrn aller ewigen Herrlichkeiten, so verleiht Gott diesem Menschen auch jene gebieterische Gewalt, mit der er seine Untergebenen ganz nach seinem Willen züchtigen kann, wenn sie *seine* Gesetze nicht beachten. Und diese Gewalt ist dann auch von oben, und der König muß sie üben, weil er von oben so gerichtet wird! Glaube nicht, daß da ein König wollen kann, was er frei will — sondern ein König muß wollen, wozu ihn der Gotteszorn nötigt. Hat ein König auch keinem Menschen zu gehorchen, so muß er dennoch Gott wissentlich oder unwissentlich gehorchen. Aber so er Liebe übt für Recht, so wird Gott Seinen Zorn im gewalthabenden Könige auch sänftigen und in Liebe umwandeln. Verstehst du solches?

11 So du mich verstehst, werde sanft und übe Liebe — dann wird Gott dich ansehen und sanfter ziehen dein Herz! Und ein sanftes Herz wird dich in alle Zukunft bewahren vor jeder Mißhandlung. Gehe und werde so, dann wirst du Ruhe haben und wirst geachtet sein! Wahre Achtung wie auch wahre Freiheit werden nur aus der Liebe gezeitigt. Wer sich aber Achtung erzwingen will, dem wird sie nur zum Schein aus Furcht zuteil. Und diese Achtung ist ein Fluch, und zwar derselbe Fluch, der seit deinem Beginn dein Anteil gewesen ist! — Fasse solches und ändere dich!"

12 Spricht *Minerva:* „Ja, ja, ich gehe und werde streben, mich wo-

möglich zu ändern!“ — Hier kehrt sie den dreien den Rücken, geht von dannen und verliert sich bald aus dem Gesichtskreis von Helena und Robert, aber nicht auch aus dem des Cado.

[13] Als *Helena* von der Minerva nichts mehr sieht, sagt sie: „Gott dem Herrn allein alles Lob, der mir in eurer Mitte den Mut gegeben hat, daß ich dieser ersten Feindin alles Lebens die Courage habe abgewinnen können! Ich meine, von nun an dürften wir vor ihr endlich Ruhe haben?“ — Spricht *Cado:* „Wir wohl! Aber auf der Erde wird sie noch viel Unheil stiften. Doch dann wird sie mehr und mehr in sich gehen durch gewaltige Züchtigungen und Demütigungen! — Aber nun fragt es sich, was wir jetzt beginnen werden? Denn seht, die Pforte hat sich noch nicht geöffnet!“

196

Roberts und Helenas Ärger vor der Himmelspforte
Cados weiser Rat

[1] Spricht *Robert:* „Ja, mein geliebter Freund, da steht mein Verstand noch immer still! Wer sich da auskennt, der muß weiterher sein als ich. Hätte der Herr gesagt: »Dort vor jener Pforte harret Meiner, bis Ich nachkomme und euch das Tor des Lebens öffne!« — da wäre dieses Warten erträglich und man könnte sich das längere Harren wohl gefallen lassen. Aber es sprach der Herr doch ausdrücklich von einer offenen Tür, und daß ich mit Helena sogleich vorauseilen und gewisserart für den Empfang der Nachkommenden dasein möge! Hauptsächlich aber sprach Er von der hier nötigen Eile wegen großwichtiger Dinge, die uns da erwarten.

[2] Wir eilten nach bester Möglichkeit hierher, fanden aber die Pforte uneröffenbar und stehen schon eine geraume Weile vor dem verschlossenen Eingang. Was heißt das, und warum das alles? Das ist wahrlich etwas zu stark! Ich lasse mir wohl auf der Erde von dummen Menschen eine April-Sendung gefallen; aber hier vom Herrn Selbst sieht diese Fopperei doch etwas sonderbar aus!

[3] Wir erfüllten bisher, soweit unsere Kräfte genügten, des Herrn Willen sicher vollkommen. Es geht nun nicht mehr weiter, und so

bleiben wir denn hier auch stehen. Ums vierte Gemach aber werde ich mich von nun an wenig kümmern! Freilich heißt es, daß das Himmelreich Gewalt leide, aber kann man ihm wohl eine größere Gewalt antun, als sie einem zu Gebote steht? Wir haben unser Möglichstes geleistet, nun soll sich jemand anderer daran machen und sein Glück versuchen!"

4 Spricht *Helena:* „Gerade dieser Meinung bin auch ich! Was einmal durchaus nicht gehen will, davon wende man sich ab und lasse es stehen."

5 Spricht *Cado:* „Meine Lieben, ihr urteilt zwar recht vernünftig; aber trotzdem kann ich mich eurer Meinung nicht anschließen, da ich an der Möglichkeit nicht zweifle, daß diese Pforte geöffnet werden kann. Haben wir denn schon alles versucht? Nein, das haben wir wahrlich nicht! — Wenn nun die Pforte doch offen wäre und ihr sie nur darum nicht hättet öffnen können, weil ihr sie umgekehrt zu öffnen euch bestrebtet?

6 Ihr habt die Pforte wohl mit aller Kraft hineindrückend öffnen wollen. Ich aber sah den Irrtum zwar gut ein, konnte ihn euch aber nicht eher aufdecken, bis ihr selbst durch ein gewisses Suchen, Bitten und Anklopfen dahintergekommen seid. Ich habe euch wohl auf diesen evangelischen Rat aufmerksam gemacht, aber ihr habt ihn nicht befolgt. So habt ihr auch nicht entdecken können, daß die Pforte nicht nach innen, sondern nur nach außen aufzumachen ist. Und das aus dem Grunde, weil auch die Pforte im kleinsten Maße das Himmelreich vorstellt, das man mit Gewalt *an sich* reißen, nicht aber *von sich* wegschieben darf! Ist es doch schon im natürlichen Sinne so, daß man, so man etwas haben will, es gewisserart an sich ziehen muß.

7 In den Himmeln ist in allem dieselbe unwandelbare Ordnung, der nirgends zuwidergehandelt werden darf. So ist es auch beim Toraufmachen, und ihr habt daher nichts ausgerichtet. Versucht nun, im Namen des Herrn mit der Eröffnung dieser Pforte ordnungsgemäß vorzugehen, und ihr werdet es sicher erreichen."

8 Spricht *Robert:* „Liebster Freund, ich begreife nun meinen Irrtum. Aber etwas anderes begreife ich nicht, und das bist du selbst! Woher nimmst du solche Weisheit, vor der sogar der weiseste Cherub Respekt haben müßte? Wahrlich, das ist mir ein Rätsel! So der Herr hier wäre, so könnte Er mich unmöglich weiser belehren."

9 Spricht auch *Helena:* „Ja, das ist wahr! Wie der Freund Cado weise ist, das ist wahrlich allen Himmeln unfaßlich. Er muß es aber auch sein, sonst hätte der Teufel auf jenem Hügel keinen solchen Respekt vor ihm gehabt! Darum habe auch ich eine besonders große Hochachtung vor Cado."

10 Spricht *Cado:* „Aber liebe Freundin, weißt du nicht, daß Cado eigentlich selbst ein Teufel war und daß sonach auf dem bewußten Hügel des Nordens ein Teufel dem andern in den Haaren lag?" — Spricht *Helena:* „Wenn Cado jemals ein Teufel war, so war ich es sicher zehnfach. Aber Cado war nie im Ernst ein Teufel! Vielleicht bloß nur erscheinlich, um den wahren Teufeln desto mehr entgegentreten zu können! Und das ist auch eine große Weisheit, die einem wahren Teufel jedoch unmöglich ist, weil in ihm keine Liebe wohnt."

11 „Bravo!", sagt *Cado,* „das ist dir gut gelungen! Solange in Cado keine Liebe war, war in ihm auch keine Weisheit. In dem Maße aber, wie Cado in sich die Liebe aufnahm, belebte er auch die Weisheit und kämpfte dann mit dieser wider den Teufel — eine Waffe, vor der jeder Teufel den größten Respekt hat.

12 Aber nun macht euch einmal an die Eröffnung der Pforte! Denn ich sehe dort in wohl noch sehr großer Ferne die ganze Gesellschaft sich hierher bewegen. Was wird sie sagen, so sie uns hier vor der noch uneröffneten Pforte treffen wird?"

13 Spricht *Robert:* „Ich habe nur noch einen einzigen evangelischen Anstand bezüglich der Pforte selbst: Es heißt im Worte des Herrn ausdrücklich: »Die Pforte aber, die in den Himmel führt, ist eng. Ihr müsset durch die enge Pforte ziehen, so ihr in den Himmel kommen wollt!« — und ungefähr so weiter im Buche des Lebens. Betrachte aber diese Pforte, welche Höhe und welche Breite! Meinst du wohl, daß dies ein rechter Eingang in den Himmel ist?"

14 Spricht *Cado:* „Freund, du hast noch manche materielle Vorstellung vom Gotteswort. Bedeutet denn die enge Pforte im Evangelium nicht die Demut des Herzens, und nicht eine wirkliche Tür? Aber öffne sie nur, diese hohe Pforte, sie wird dir wohl auch noch etwas eng werden!"

15 Spricht *Robert:* „Merkwürdig, wie dumm man zuweilen wird! Ein Ochse bleibt vor einem Tor stehen, aber unsereiner wollte mit dem Kopf gleich durch die Mauer rennen. Ich wollte diese Pforte stets von

mir weg aufmachen. Und als es auch mit Gewalt nicht ging, da war ich verdrießlich, wollte meine Kleider nicht mehr und wünschte mir die Minerva her. Aber daß es mir statt all dieser Dummheiten eingefallen wäre, die Pforte zu mir herwärts aufzumachen, von dem ist mir nicht eine Silbe eingefallen! Nicht, Helena, du wirst mit mir eine rechte Freude haben, weil ich so schön dumm bin?"

16 „Ah, das ist alles eins", spricht die nun wieder sehr muntere *Helena,* „ich bin ja ebenso dumm! Hätte mir doch auch einfallen können, was Freund Cado uns geraten hat. Zwar wissen wir noch nicht bestimmt, ob die Pforte auch wirklich sich herwärts öffnen läßt. Aber es ist schon dumm genug, daß wir beide noch keinen Versuch damit gemacht haben. — Nun aber versuche die Geschichte noch einmal nach hineinwärts, und dann erst, wie es dir Freund Cado geraten hat!" — Spricht *Robert:* „Nein, nach hinein versuche ich's nimmer, aber nach heraus zu mir soll sogleich ein Versuch gemacht werden!"

197

Die Pforte öffnet sich und zeigt die Stadt Wien
Das Wesen jenseitiger Erscheinlichkeiten
Robert staunt über Cados Weisheit

1 Damit tritt Robert sogleich zur Pforte hin und macht mit leichter Anstrengung den Versuch. Und siehe, der hohen Pforte breite und schwere Flügel gehen ohne allen Anstand auf!

2 Als nun die Pforte geöffnet dasteht, beginnt *Robert* hell aufzulachen und sagt: „Da haben wir nun den Himmel in wahrlich seltsamster Art vor uns! — Nein, das ist wahrlich überkomisch! Helena, komm her und schau!"

3 *Helena* kommt und sieht mit großer Aufmerksamkeit durch die geöffnete Pforte und sagt: „Ja, das ist Wien, wie es leibt und lebt! Und wir stehen hier am Wienerberg bei der „Spinnerin am Kreuz"! O du himmlische Süßigkeit: Wien und nichts als Wien! Also das ist das glorreiche vierte himmlische Gemach deines Hauses? Ah, jetzt können wir uns in Wien gleich wieder um einen Dienst umsehen! Nein, ko-

misch ist das wohl, den Himmel erwarten und dafür nach Wien auf die Erde kommen! Was sagst du dazu?"

4 Spricht *Robert:* „Ich habe es dir ja gesagt, als du mit der Minerva gar so gewaltig gelerchenfeldert hast — daß wir statt in die reinen Gotteshimmel noch nach Lerchenfeld kommen werden. Und sieh, meine Prophezeiung ist in Erfüllung gegangen! Ich muß nun aber auch unseren Freund Cado herführen, damit er die liebe Wienerstadt sieht!"

5 *Robert* ruft den Cado und sagt zu ihm: „Nun, Freund, wie gefällt dir der Himmel des irdischen Hauses Österreich? Ein sauberes himmlisches Jerusalem das! Siehst du die Palisaden, die Schießscharten und die schönen Kanonen, Mörser und Bombenkessel? Nimmst du die Wachen und ihre herrlichen Blockhäuser wahr? Ah, das ist wirklich schön: die himmlische Stadt im Belagerungszustand!"

6 Spricht *Helena:* „Freund Cado, sage mir, ob wir uns für die Sterblichen nicht auf kurze Zeit könnten sichtbar und darauf wieder unsichtbar machen? Ein bißchen möchte ich mir den Spaß machen, die lustigen Wiener ein wenig zu necken! Und sollten Robert, ich und du etwa gar in dieser Stadt Wohnung nehmen, werden wir doch gewiß den Belagerungszustand zuvor aufheben!" — Spricht *Cado:* „Aber liebste Helena, meinst du denn im Ernst, daß dies das wirkliche, irdische Wien sei? Das ist ja nur eine Erscheinlichkeit und sonst nichts! Hat doch Robert zuvor von einer engen Pforte geredet, durch die man ins Himmelreich einziehen soll. Und sieh, da steht sie schon vor uns! Ihr werdet bei dem Durchgang noch auf so manche Engstellen kommen, die euch sehr schwerfallen werden; aber es wird dennoch zum Durchkommen sein."

7 Spricht *Robert:* „Das meine ich auch, aber wie — das ist eine andere Frage! Wenigstens muß dies erscheinliche Wien doch eine Abbildung vom wirklichen irdischen sein, sonst könnte es ihm doch nicht auf ein Haar gleichsehen. Erlaube mir übrigens noch eine Frage: Du sagtest vordem, daß dies Wien nur eine Erscheinlichkeit sei, und doch steht es so klar vor uns wie wir selbst. Sind demnach wir uns gegenseitig auch nur pure Erscheinlichkeiten? Oder sind wir wirklich das, was wir zu sein scheinen? Ist diese Pforte etwa auch nur eine bloße Erscheinlichkeit? — Ich kann mich in den Begriff ‚Erscheinlichkeit' noch immer nicht finden. Denn nach meiner Beurteilung ist eine Erscheinlichkeit nichts anderes als entweder der Reflex eines wirklich vorhandenen

Dinges oder Wesens — oder sie wird als Erklärung eines Begriffs zur Prüfung eines Geistes nur für einen Moment erschaffen. Hat sie ihren Dienst verrichtet, tritt sie wieder aus der Sphäre jeglichen Daseins. Das ist meine Idee über den Begriff „Erscheinlichkeit". Es muß mir aber darüber volle Klarheit werden, sonst bin ich genötigt, alles für eine bloße Erscheinlichkeit zu halten, was mir seit meinem überirdischen Hiersein unter die Augen gekommen ist."

8 Spricht *Cado:* „Du hast eine ganz richtige Idee von der Erscheinlichkeit. Nur das ist etwas unrichtig, daß eine Erscheinlichkeit etwas ganz Leeres sein soll, weil sie vorderhand bloß Erscheinlichkeit ist. Sieh, eine Erscheinlichkeit ist in der geistigen Welt entweder wirklich nur ein Abbild eines schon in der Wirklichkeit vorhandenen Dinges. Oder sie ist ein Probeplan zu einer neuen Schöpfung, zuerst beschaulich dem Herrn allein, dann aber auch jedem Geist, der seinem Innern nach mit der neuerscheinlichen Idee des Herrn in irgendeinem Liebeverband steht. Daß aber solch eine Idee mit der Sphäre des Beschauers stets in entsprechende Beziehung kommt wie ein Gleichnis — das ordnet des Herrn Weisheit so lange an, bis der Geist jene Stärke erreicht, in dem Erscheinlichen selbst das Wirkliche und Unvergängliche zu erkennen.

9 Ein hier anlangender Geist ist zuerst noch viel zu zart und schwach, als daß man ihm gleich die kräftigsten geistigen Wirklichkeiten entgegenstellen könnte. Er würde sich an ihnen sehr stoßen und am Ende aufreiben, wie wenn man auf der Erde ein neugeborenes Kind anstatt in weiche Windeln auf hartes Holz und Steine legen würde. Aber nicht alles, was ein neu hier angekommener Geist zu Gesicht bekommt, ist pure Erscheinlichkeit, sondern meist nach der Kraft des Geistes zum größten Teil Wirklichkeit!

10 Die Pforte hier ist eine geistige Wirklichkeit, und wir uns gegenüber auch. Aber jenes *Wien* dort ist nur eine Erscheinlichkeit, als ein Abbild der wirklichen, irdischen Stadt Wien, das ihr beide in eurer eigenen Seele beschaulich bergt. Dieses Bild aber beschwert eure Seele noch und erzeugt auch zuweilen Unlauteres in ihr, das sich dann in irgendeinem gereizten Lebenszustand den Weg bahnt und in die ‚redende Erscheinlichkeit' tritt. Solches kann aber in Gottes Liebelicht, das da ist der reinste Himmel, nicht Eingang finden, da etwas Unreines in die Himmel Gottes unmöglich eingehen kann. Und so tritt nun aus eurer Seele vor Eingang in die reinsten Gotteshimmel das letzte un-

reine Bild der Stadt Wien heraus, auf daß ihr es beschauen und darauf für immer aus euch verbannen möget.

11 Es wird euch zwar noch einige Mühe und Arbeit kosten, jedoch mit Hilfe des Herrn wird sich auch das machen. Darum seid mutig im Herrn, so wird alles leicht und vollkommen vonstatten gehen!“

12 Spricht *Robert:* „Aber liebster Freund, sage mir bloß, woher du nur deine Weisheit nimmst? Denn das war schon wieder geredet wie aus dem heiligsten Munde des Herrn Selbst! Ich war früher stets der Meinung, du seist mit uns darum hieher gezogen, daß du durch mich und Helena für die Himmel möchtest vorbereitet werden. Und nun geschieht gerade das Gegenteil: Du bist unser vollendetster Meister, und wir beide haben kaum die Fassungskraft, dich soviel als nötig zu verstehen. Sage mir, bist du im Ernst derselbe Cado, der auf dem Hügel dort die Minerva schlug mit Wort und Tat? Oder bist du bloß als Cado maskiert und bist irgendein erster Erzengel Gottes? Denn nur auf diese Art läßt sich deine Weisheit begreifen, sonst bleibt sie mir ein Rätsel. Also, liebster Freund, sage mir, woher du deine Weisheit borgst!“

13 Spricht *Cado* lächelnd: „So es an der rechten Weile sein wird, wirst du alles erfahren. Kümmere dich vorderhand dessen nicht, da viel wichtigere Dinge vor dir stehen. Sieh, die große Gesellschaft kommt! Tritt darum in die Pforte!“

14 Spricht *Robert:* „Ganz wohl! Aber du mußt auch mit mir, denn du bist doch zehntausendmal reifer für die reinsten Himmel Gottes als ich!“ — Spricht *Cado:* „Nun, das versteht sich doch von selbst, daß ich dich nicht allein werde gehen lassen, ebensowenig Helena, die ich ebenfalls sehr liebhabe.“ — Spricht *Robert:* „Aber wie werde ich denn die große Gesellschaft hier in der Pforte empfangen? Was werde ich zum Herrn sagen? Wie mich wegen meiner Dummheit bei Ihm entschuldigen, wie bei den Propheten, den Aposteln und den vielen anderen Weisen, die sich bei dieser wahrhaft heiligsten Gesellschaft befinden? O Freund, hilf mir da ein wenig aus meiner Not!“

15 Spricht *Cado:* „Aber ich bitte dich, sei nicht läppisch! Kindlich magst du zwar sein, aber kindisch nicht! Denn *kindisch* ist nur der Verstand der Kinder, aber *kindlich* ist ihr Gemüt, und das ist von größtem Wert vor Gott. Ich werde dir schon heimlich eingeben, was du wirst zu reden haben — viel nicht, aber das wenige muß gut sein!“

16 Spricht *Robert:* „Ja, wie wirst du mir denn heimlich eingeben können? Da müßtest du ja förmlich Gott sein, oder der Herr müßte dir dazu Kraft verliehen haben!“ — Spricht *Cado:* „Ei, bist du aber ein lästiger Grübler! Muß man denn gleich alles bis auf den letzten Grund einsehen? Die Ewigkeit ist lang, und es wird sich in ihr gewiß noch sehr viel einsehen lassen. — Gib nun acht, die Apostel kommen: voran Petrus, Johannes und Paulus als die ersten! Mit ihnen wirst du zuerst zu tun bekommen.“

198

Merkwürdiges Verhalten der Gesellschaft gegenüber dem scheinbaren Cado. Robert erkennt mit Helena den hohen, göttlichen Freund

1 Die drei Apostel treten nun vor die Pforte hin, grüßen Robert und dessen Weib Helena auf das herzlichste und zeigen große Freude, wieder bei Robert zu sein. Die andere übergroße Gesellschaft aber fällt vor der Pforte aufs Angesicht und ruft ein himmlisch-harmonisches Hosianna dem Herrn entgegen.

2 Robert schaut sich nach allen Seiten um, von wo etwa der Herr käme, aber Er will sich von keiner Seite sehen lassen. Wohl aber ersieht Robert hinter der Gesellschaft noch jemanden, der dem Cado nahezu auf ein Haar gleichsieht. Wärenddem hört das Hosiannarufen nicht auf und Robert merkt es auch den drei Aposteln genau an, daß sie von übergroßer Ehrfurcht ergriffen vor lauter Liebe und heiliger Empfindung kaum etwas zu reden imstande sind.

3 *Robert* fragt darauf eiligst den Cado: „Lieber himmlischer Freund und Bruder! Diese alle sind von einer mir unbegreiflich heiligen Scheu hingerissen. Alle liegen auf ihren Angesichtern. Ja sogar die glorreichste Jungfrau Maria an der Seite ihres würdigsten Joseph macht da keine Ausnahme. Ich schaue mir samt Helena schon beinahe die Augen aus und sehe alle in solcher Ergriffenheit — sogar dort im Hintergrund einen knienden Geist, dir auffallend gleichsehend, der sich auch vor lauter Erbauung kaum mehr zu helfen weiß! Sage mir doch, vor wem sind denn diese alle gar so hingerissen, da doch der Herr noch nirgends zu sehen ist! Oder sehen Ihn diese vielleicht schon in großer

Nähe, und nur mein Auge mag noch nichts erschauen? O liebster Freund, laß mich doch jetzt nicht sitzen!“

4 Spricht *Cado:* „Mein lieber Freund, was soll ich denn sagen? Schau, Augengläser und Fernrohre gibt es hier nicht! Was also soll ich dir tun?“ — Spricht *Robert:* „Uns womöglich den Herrn zeigen, sonst nichts! Denn zum Herrn muß ich hin und muß Ihn grüßen aus allen Kräften meines Lebens. Wo, wo ist Er denn? Wann kommt Er, der Heiligste aller Himmel?“

5 Spricht *Cado:* „Wenn du den Herrn auch jetzt noch nicht siehst, bist du wirklich aus dir selbst heraus ein wenig blind! Da frage die drei, vielleicht sehen diese ihn auch nicht?“

6 Spricht *Robert:* „Sonderbar von dir, daß du mir gerade jetzt so halbe Antworten gibst, wo mir eine ganze dienlich wäre. Du wunderst dich auch nicht darüber, daß diese ganze Gesellschaft hier zerknirscht daliegt und sich vor Ehrfurcht nicht einmal aufzuschauen getraut! Wahrlich, dich bringt nichts aus deiner Fassung, weder der offene Himmel noch die finstere Hölle!“

7 Spricht *Cado:* „O nein, lieber Freund und Bruder! Ich gebe dir wohl ganze Antworten, die du aber leider nur halb verstehst. Warum hast du denn für deine so dringliche Angelegenheit nicht die drei befragt, wie ich dir riet? Die hätten dir schon lange gesagt, wo sich allenfalls der Herr befindet. Aber da fehlt dir der Mut, was von dir eigentlich ein wenig dumm ist. Denn sie werden doch als Bürger der Himmel nicht mehr sein wollen als unsereins. Im Himmel ist alles gleich. Und der niederste ist der beste, und das ist der Herr Selbst! — Sieh dich also nach Dem um, und du wirst Ihn bald haben. Aber Er ist dir zu wenig, so magst du Ihn auch nicht erkennen, obschon du Ihn schon lange siehst. Verstehst du das?“

8 Spricht *Robert:* „Ah, das wäre doch komisch — Ihn sehen und nicht erkennen! Ich, der ich schon geraume Weile seit meiner Ankunft in dieser Geisterwelt um Ihn war, sollte Ihn nun auf einmal nicht mehr erkennen können? Freund Cado, du bist wohl sehr weise, aber diese Behauptung scheint dir denn doch mißlungen zu sein. Denn nach deiner Behauptung müßtest entweder du selbst oder gar die Helena der Herr sein! Ich bin es ewig nicht und die drei Apostel neben uns auch nicht. Helena ist doch ein Weib und kann's darum auch nicht sein. Du bist unter uns am einfachsten, denn deine höchst unansehnlichen Kleidungs-

stücke entbehren jeder Zierde, schmücken auch wahrlich nicht im geringsten, sondern decken nur deines Leibes Blöße. Du mußt daher nach deiner eigenen Behauptung es Selbst sein — obschon du dem Cado noch immer wie ein Ei dem andern gleichsiehst! Hm, solltest du also wirklich — der Herr Selbst sein!?

9 Wenn das im Ernst so wäre, träfe mich vor Schande beinahe ein Schlag, trotzdem ich nun ein Geist bin!! Denn wie viel Dummes und sogar Schlechtes habe ich vor Dir durcheinander geredet! Ja, jetzt geht mir auch noch ein anderes Licht auf! Du hast mich überall ans Evangelium gewiesen, und das hätte der eigentliche Cado, der mit der Schrift doch unmöglich so vertraut sein kann, doch nicht so umfassend zuwege bringen können! Jetzt begreife ich Deine ewig unerreichbare Weisheit! Ja, Du bist es schon, niemand anders kann es sein!!

10 Aber da Du es bist, o Herr, was auch diese ganze Gesellschaft bezeugt durch ihr unbegrenztes Ergriffensein, so lasse mich und Helena nun zu Deinen heiligen Füßen hinfallen und Dir unseren schuldigsten Dank in aller Zerknirschung der Herzen darbringen! — Helena, sieh hierher! Unser Begleiter, dieser überweise, himmlische Cado, ist nicht der eigentliche Cado! Bloß das Kleid ist wie das des dir bekannten Cado! Aber darin steckt ganz unerkennbar der Herr Selbst! Verstehst du: der Herr Selbst!!"

11 *Helena,* solchen Ruf kaum vernehmend, stürzt sich jäh dem Herrn zu Füßen und schreit: „O Herr, verdamme mich doch nicht, denn ich war entsetzlich roh und grob vor Deinen Augen! O Gott, was habe ich getan!!" — Sage *Ich,* noch immer als Cado: „Stehe auf, Meine liebste Tochter! Denn Ich liebe dich eben deshalb, weil du so bist und warst, wie du nach Meinem Willen sein mußt! Steh also nur auf, denn wir müssen nun — nach Wien!"

199

Eintritt der Gesellschaft ins erscheinliche Wien
Volkstümliche Szenen an der Paßschranke

1 Spricht *Robert:* „O Herr, möchtest Du mir nicht ein wenig kundgeben, was wir eigentlich in diesem erscheinlichen Wien machen werden

und was uns da alles begegnen wird? Denn wenn ich so unvorbereitet an Deiner Seite in diese Stadt komme und diese ganze große Gesellschaft mit uns — so weiß ich wahrlich nicht, wie wir da empfangen werden oder wie ich mich da zu benehmen habe, um nicht in Verlegenheit vor Dir zu kommen."

2 Rede *Ich:* „Um das hast du dich nicht zu sorgen, so Ich bei dir bin! Die ganze Gesellschaft geht ohnehin nicht mit, sondern nur Ich, die drei Apostel, du und Helena. Alle andern bleiben hier bis zu unserer Wiederkunft.

3 Sieh aber nun nach Wien hin, wie es nicht etwa leer, sondern ganz so bewohnt ist wie auf der Erde. Und zwar entsprechend von den selben Menschen, die seit dem Erdjahr 1848 bis in dies gegenwärtige Jahr 1850 diese Stadt bewohnt haben und noch bewohnen, entweder als Geister oder noch als Materiemenschen. Gehen wir daher nur hin, auf daß du dein ‚enges Pförtlein' bald mögest durchgemacht haben! Da zu euren Füßen liegen dunklere Überwurfskleider, diese werft zuvor über eure himmlischen!"

4 Robert und Helena tun sogleich wie geheißen und sehen nun pilgermäßig aus. Ebenso auch die Apostel, die ganz drei Pilgern allenfalls aus Jerusalem gleichsehen. Meine Kleidung aber gleicht der eines einfachsten Juden. So kostümiert treten wir unsere kurze Reise in das vor uns liegende Wien an.

5 Bei der Zoll- und Paßlinie angelangt, die sich zunächst der sogenannten „Spinnerin am Kreuz" befindet, fragt *Robert,* der neben Mir geht: „Herr, sehen bloß wir die verschiedenen wachhabenden Mannschaften, oder sehen sie uns etwa auch? Da ginge es uns schlecht, denn wir haben ja keine Pässe!" — Sage *Ich:* „Ja, sie sehen uns auch; aber nicht alle, sondern jene nur, die sich auch schon in der Geisterwelt befinden. Aber diese werden durch ein gewisses Einfließen die noch Irdischen auf uns aufmerksam machen, und da wird es dann freilich eine kleine Hetze abgeben. — Laß jetzt Petrus vorangehen, der weiß es am besten, wie man mit solchen Zöllnern und Einnehmern umzugehen hat."

6 *Petrus* geht sogleich zum Zöllner hin und sagt: „Freund, wir sind Reisende von weit her, haben aber keine Pässe, denn in unserem himmlischen Reich ist volle Freizügigkeit für ewige Zeiten. Wir können dir daher nicht mit Reisepässen aufwarten. Wir sind aber kreuzehrliche

Wesen, haben uns nirgends etwas zuschulden kommen lassen und sind noch überall ohne Schwierigkeiten durchgekommen. Daher glaube ich, daß man uns auch hier keine Anstände machen wird."

7 Spricht der *Zöllner:* „Mein Freund, wahrscheinlich aus China! So ihr nichts Zollpflichtiges bei euch habt, könnt ihr von mir aus sogleich weiterziehen. Da vorne ist noch eine Maut, dort werden die Pässe abgenommen und geprüft. Seid ihr im Ernst Chinesen?"

8 Spricht *Petrus:* „Ja, ja! Also dort vorne ist das Paßamt? Wir sind Ihnen für diese Auskunft sehr verbunden!" — Spricht der *Zöllner:* „Nun, ich glaube gar, dieses zerlumpte Bettelgesindel möchte etwa noch großtun!"

9 Spricht *Petrus:* „Freund, beurteile die Menschen nie nach ihrem Rock! Du kannst nie wissen, was vielleicht dann und wann hinter einem schlichten Rock stecken könnte." — Spricht der *Zöllner:* „Sicher selten etwas anderes als Lumpen und Vagabunden, die man aufgreifen und per Schub dahin zurückschicken muß, wo sie zu Hause und gerichtszuständig sind! Verstanden, mein Herr?"

10 „Jawohl", spricht *Petrus,* „diese Sprache ist heute nur zu gang und gäbe, als daß sie die arme Volksklasse nicht verstehn sollte. Wer hier in einer Prachtkutsche vorüberfährt mit bordierter Dienerschaft, mit dem redest du sicher ganz anders. Aber mit uns Barfüßlern redest du, als wären wir nur eine Gattung Tiere. Sieh, das ist nicht löblich von dir! Laß uns aber nun weiterziehen, vielleicht werden bei der vordern Maut die Aufseher nicht so scharf sein wie du." — Spricht der *Zöllner:* „Dort werden sie mit euch sicher nicht viel Umstände machen! Seht nun, daß ihr weiterkommt, sonst lasse ich euch noch arretieren!"

11 Spricht *Robert* zu Mir: „So sind sie! Und das ist noch einer der Besseren! Wenn man mit so einem Menschen zu tun bekommt, könnte man vor Grimm und Ärger geradewegs zerbersten! O Menschen! O Erde!" — Spricht auch *Helena:* „Wenn der uns noch länger mit seinen Geringschätzungsreden belästigt hätte, so hätte ich ihm etwas gesagt! Denn ich kenne diesen Kerl. Gut, daß wir weiterziehen, sonst wäre ich wohl mit ihm zusammengewachsen. Na, der hätte sich verwundert!"

12 Sage *Ich:* „Nur nicht zu laut, Mein Töchterchen, denn dieser Zöllner hat lange Ohren! So er das vernähme, bekämst du ein schweres Tun mit ihm." — Sagt *Helena:* „Aber ärger, o Herr, wird er doch nicht sein als die Satana selbst?" — Sage *Ich:* „Das kommt darauf an! Die

Hunde als Wächter sind in ihrer Art oft um vieles böser als ihre Herren. Die Herren reden bloß, aber die Hunde beißen! Aber wir kommen nun schon zu der zweiten Maut! Petrus fängt mit der Polizei schon zu reden an. Wir wollen sehen, was da herauskommt!"

13 Sagt *Helena:* „O eingesperrt werden wir, so Du, o Herr, von Deiner Macht keinen Gebrauch machst!" — Sage *Ich:* „Meine liebe Tochter, sei ohne Sorge! Ein leisester Hauch Meines Mundes und die ganze Erde samt allen ihren Kerkern ist nicht mehr! Und so haben wir uns vor keinem Kerker zu fürchten. — Aber nun horchen wir auf Petrus, der soeben befragt wird: »Woher des Wegs? Wo sind die Pässe? Her damit!«"

14 Spricht *Petrus:* „Geduld, nur eine kurze Frage: Sage mir, kann da niemand, auch kein Einheimischer, ohne Paß in die Stadt?" — Spricht der *Polizeisergeant:* „Bekannte Einheimische wohl, aber Fremde nie! Seid ihr nicht Bürger dieser Stadt, müßt ihr einen Paß haben, sonst kommt ihr nicht hinein! Gehört ihr aber dieser Stadt an, so müßt ihr euch examinieren lassen, auf daß ich sehen kann, wes Geistes Kinder ihr seid."

15 Spricht *Petrus:* „Nur zu, ich werde dir alles genau angeben!" — Hierauf fragt der *Sergeant:* „Wie heißt Er?" — Spricht *Petrus:* „Simon Juda, Jonas Sohn, genannt Petrus." — Der *Sergeant:* „Das klingt sonderbar! Aber wer ist Er denn, was treibt Er für ein Gewerbe?" — Spricht *Petrus:* „Ich bin ein Fischer von Geburt aus, gehe aber nun aufs Menschenfischen aus, schon seit nahe 2000 Jahren."

16 Spricht der *Sergeant* zu einem Gehilfen: „Bewache diesen, denn der gehört ins Narrenhaus! Der Kerl bildet sich ein, daß er Petrus, der berühmte Apostel sei! Nein, was man bei einer Kontrolle doch alles erlebt!"

17 Hierauf wendet sich der *Sergeant* an Paulus: „Wer seid denn Ihr und wie heißt Ihr!" — Spricht *Paulus:* „Ich bin ein Teppichweber, dann ein Apostel der Heiden. Mein erster Name war Saulus und der spätere war und ist noch Paulus." — Spricht der *Sergeant* zu einem zweiten Gehilfen: „Bewahre auch den, denn auch dieser ist reif ins Narrenhaus!" — Darauf, sich zu Johannes wendend, fragt er auch diesen Apostel: „Wer seid denn Ihr? Etwa auch so ein Apostel Christi?"

18 Sagt *Johannes:* „Ich bin der Evangelist Johannes und zugleich auch Apostel des Herrn Jesu Christi!" — Spricht der *Sergeant* zu

einem dritten Gehilfen: „Gehört auch ins Tollhaus! Bewacht sie wohl! Es sind noch drei dort, die werden wohl sicher des gleichen Geistes sein!“

19 Hier tritt voll Ärger *Helena* vor und sagt zum Sergeanten in echt Lerchenfeldischer Weise: „Sö Haupttappschädl von an böhmischen Feldwebel, geben's acht, daß ihnen die drei nit etwa auskommen!“ — Spricht der *Sergeant* ganz spinngiftig über diese Anrede: „Was hat sie gesagt? Na warte du! Dir werden wir das Rohe schon herabarbeiten!“ — Hier springt *Helena* zum Sergeanten hin und sagt: „No, no, du alter Schwefellebertigel aus der höllischen Apothek'! Schau nur gleich, daß dein böhmisches Zartg'fühl kein Leibschad'n kriegt! Schau, schau, ehrgeizig auch noch! Laß sich der Herr den Grimm vergehn, sonst sag i ihm was, das ihm nit am besten schmecken möcht!“

20 Spricht der *Sergeant:* Wes Landes ist Sie gebürtig, Sie ungehobeltes Mensch?“ — Spricht *Helena:* „No denken's nach! Können Sie sich noch auf das Wirtshäusl erinnern, von dem Sie dreimal hinausgeworfn san's worden wegen Unzucht und Stänkerei? Schaun's, dort bin i gebürtig!“ — Sagt der *Sergeant:* „Was brodelt Sie daher? Ist Sie denn ein Lerchenfelder Früchtl?“ — Spricht *Helena:* „Ja, die Schwarzmaxl-Lenerl! Kennen's mi denn nimmer?“

21 Spricht der *Sergeant:* „Ja, aber sag mir, wie kommst denn du zu dieser Narrengesellschaft? Das ist gut! Die Schwarzmaxl-Lenerl! Sag mir doch, wo bist denn seit der Revolution hingekommen? Man hat von dir ja gar nichts mehr gehört und gesehen!“ — Spricht *Helena:* „Na, g'storben bin i halt! Und jetzt bin i wieder lebendig da und geh mit meine guten Freunde mei Heimat b'suchen — wann's nix dawider habn! Daß aber die keine Narren san, da steh i ihnen gut dafür.“ — Spricht der *Sergeant* etwas besänftigter: „Ah, meine Liebste, diese drei sind vollkommene Narren und müssen demnach ins Narrenhaus! — Bei den zwei letzten aber wird es sich erst durch ein Examen zeigen, wes Geistes Kinder sie sind. Ich werde sie daher auch gleich vornehmen.“

22 Hier tritt *Robert* von selbst vor und sagt: „Freund, du willst mich und meinen heilig großen Freund untersuchen, ob wir etwa sinnesverrückt seien? O du blinder Hascher! Das hättest du lange schon bei dir selbst tun sollen, auf daß du es in der Einsicht soweit gebracht hättest, daß du schon lange nicht mehr dem Leibe nach lebst im eigentlichen

Wien, sondern nur auf der erscheinlich-geistigen Erde! Meinst du denn, daß du hier der wirkliche Linienaufseher bist? In deiner Einbildung bist du es und sonst gar nichts. Glaubst du, daß du hier irgendeine Gewalt oder Recht hast, uns zu untersuchen? Ich sage es dir, du hast kein anderes Recht als das Recht eines Narren, der dazu noch blind und taub zugleich ist!

23 Denn du bist ja schon lange gestorben, und zwar an der Cholera im Jahre 1849 der irdischen Rechnung nach! Abgesandte Geister aus den Himmeln haben es dir bereits gesagt, daß du dem Leibe nach gestorben bist. Aber du lachtest sie aus und sagtest: »Ihr hirnverrückten Kerls, seht ihr denn nicht, wie ich noch ganz rüstig ein erster Polizeisergeant bin? Wollt ihr das nicht glauben, stecke ich euch ins Loch und ihr werdet es dann gleich sehen, ob ich gestorben bin oder noch lebe!« — Bei solcher Gegensprache verließen dich dann die Boten aus den Himmeln und ließen dich in deiner Narrheit, in der du nun schon über ein Erdjahr verharrst und andere hilfswillige Geister als Narren erklärst. — Meinst du wohl noch im Ernst, daß du ein leibhaftiger Polizeisergeant der Stadt Wien bist? Da schau den Schrankbaum an! Merkst du es nicht, wie er nun vor uns stets durchsichtiger und nichtiger wird?"

24 Spricht der *Sergeant:* „Das ist alles leeres Geschwätz, das eine Amtsperson nicht anhört, sondern ihr hohes Amt ausübt, wie es ihre Instruktion streng gebietet! — Wie heißt Er denn? Hat Er einen Paß oder irgendeinen sonstigen Ausweis?" — „Nein!", donnert ihm *Robert* ins Ohr, daß darob der Sergeant ganz schwindlig wird und um Hilfe zu rufen anfängt. — Wieder donnert ihm *Robert* ins Ohr: „Was willst du, daß ich dir tun soll? Willst du leben oder sterben für ewig? Denn einen zeitlichen Tod gibt es hier nimmer. Wer hier stirbt, der stirbt für ewig!"

25 Hier schreit der *Sergeant* entsetzlich um Hilfe. Darauf erscheinen drei gemeine Diener aus einer Wachtstube und wollen *Robert* in Empfang nehmen. — Dieser aber donnert über sie so ein gewaltiges ‚Halt!', daß darob alle so zusammensinken, als ob sie vom Blitz gerührt worden wären. Und als sie wie bewußtlos am Boden liegen, sagt *Robert:* „Herr, so es Dein Wille ist, können wir unbeirrt weiterziehen. Die drei dort, die Petrus, Paulus und Johannes bewachen, blasen wir hinweg und haben dann freien Abzug von dieser Linie."

26 Sage *Ich:* „Es wäre wohl recht, aber dieser Sergeant muß zuvor auch Mich Selbst examinieren! Ist dies geschehen, dann werden wir weiterkommen, ohne daß uns diese auch nur das geringste Hindernis in den Weg legen können." — Spricht *Robert:* „Ganz wohl, o Herr! Dein Wille allein ist heilig!"

27 Hier erhebt sich der *Sergeant* wieder und sagt voll Grimm: „Wer ist hier ein Herr, und wessen Wille ist da heilig? Hier regiert allein der Kaiser! Was darunter oder darüber, ist nichts als Asche! — He Mannschaft, habt acht! Nehmt dies ganze Gesindel fest, führt es vors Gericht und sagt dort, wie sich dieses sozialistische Gesindel hier benommen hat! — Dieser Schreier aber soll hier in der Wachtstube zuvor noch extra für sein Schreien mit fünfundzwanzig Stockstreichen belohnt werden! Ergreift ihn und schleppt ihn ins Wachtzimmer!" —

28 Drei Mann umstellen Robert und wollen ihn binden. Aber da springt *Helena* hinzu und sagt: „Wer es wagt, Hand an Robert zu legen, der ist des Todes!" Als aber einer doch Robert beim Kragen packt, bekommt er im Augenblick eine solche Maulschelle von Helena, daß er sogleich wie tot auf den Boden fällt. Nun wollen die zwei andern die Helena packen, werden aber von ihr derart bedient, daß beide jählings die Flucht ergreifen. Auch jene drei, welche die Apostel bewachten, sind flüchtig geworden. Der Sergeant ruft ihnen Galgen und Mordio vergeblich nach, aber es kehrt sich keiner mehr um. Denn diese haben leise zu ahnen angefangen, daß es mit unserer Gesellschaft eine sonderbare Bewandtnis haben müsse.

200

Der Zollsergeant examiniert den Herrn
Er gibt der Gesellschaft freie Bahn
Ein Steuereinnehmer folgt dem Herrn

1 Aber der *Sergeant* ist noch ganz in Wien und sieht und hört daher nur, was seines vermeintlichen Amtes ist. Nur etwas bescheidener wird er, weil ihn alle Gehilfen im Stich gelassen haben. Er begibt sich zu Mir und fragt, wer denn Ich wäre, wie Ich hieße und ob Ich keinen Paß besäße?

[2] Und *Ich* sage zu ihm: „Wir kommen unmittelbar aus den höchsten Himmeln. Ich bin Christus, der Herr, und bin nun hierher gekommen, die Toten zu erwecken, die Verlorenen aufzusuchen und die Kranken zu heilen. Allen, die eines guten Willens sind, soll ein großes Heil widerfahren!"

[3] Spricht der *Sergeant,* zu dem sich noch einige Individuen vom Mauthause gesellen: „Gut gesprochen! Du bist noch der gescheiteste Narr von all den früheren, die ihre Narrheit mehr als einen Deckmantel ihrer geheimen Absichten vorschoben, um mich zu täuschen. Ich kenne mich aber nun genau aus und weiß, woran ich bin. So muß ich euch durch allerhöchsten Willen ja wohl passieren lassen. Wenn der katholischen Kirche freiestes Schalten und Walten in ihrer klerikalen Sphäre eingeräumt wurde, darf sich auch ein exponierter Sergeant nicht mehr wundern, so ihm gewisse verkappte Jesuiten und Liguorianer in allerlei Gestalten begegnen werden! Es wird bald wieder Ablässe und Wunder zu regnen anfangen. Die Jakobsleiter wird wieder zwischen Erde und Himmel aufgestellt werden, auf der Engel, Apostel, die seligste Jungfrau, andere Heilige und nicht minder auch Christus Selbst auf- und absteigen werden, natürlich ums Geld und andere kostbare Buße. Ihr seid schon die erste Probe! Ja, ja, wir kennen uns schon aus!

[4] Ihr könnt weiterziehen! Hätte ich eher gewußt, von welchem Geist ihr getrieben werdet, so hätte ich euch kein Hindernis in den Weg gelegt, wozu ich auch die geheime Weisung habe. Die Zusammenstellung ist wahrlich als gelungen zu betrachten, bis auf Robert Blum und die Schwarzmaxl-Lenerl, die sicher jeder lustige Wiener in vielfacher Hinsicht kennt. Der eigentliche Blum wird zwar von Schmerzen nicht mehr viel geplagt sein. Aber die Erfindung eines Pseudo-Blum ist gut, und dieser Name hat noch viel Gewicht in Wien! Auch eine verkleidete Barrikadenheldin ist für eure Zwecke nicht schlecht, denn zum Gimpelfang gehört ja ein niedlicher Lockvogel mit einem heroisch klingenden Namen. Der Zweck heiligt ja jedes Mittel! — Und du bist Christus, der Herr Selbst? Oh, das ist sehr schön! Nun, wenn solche Christusse der römisch-katholischen Kirche nicht wieder auf die goldenen Beine helfen, dann adieu Papst und Rom und Pfaffentum!"

[5] Rede *Ich:* „Freund! Ich weiß, daß du ein Protestant bist. Du denkst übers römische Christentum nicht unbillig, denn dieses ist vor Gott von

Grund aus ein Greuel in allen seinen herrschsüchtigen Mühen, wovon ihm aber keine mehr gelingen wird. Aber Mich und Meine kleine Gesellschaft verkennst du ungeheuer! Ich aber will dir nichts mehr aufbürden, indem du frei bist und glauben und tun kannst, was du willst. Aber noch einmal sei dir kundgetan, daß du dich nun nicht mehr auf der Welt der Materie, sondern in allem Ernst in der Geisterwelt befindest. Und daß alles das, was du außer Mir und Meiner Begleitung siehst, nichts als leere Erscheinlichkeit ist, die für dich aber zu geistigen Wirklichkeiten werden könnte, wenn du dich an Mich anschließen würdest. — Aber du bist in deinem Herzen noch zu weit von Meinem Reich entfernt und kannst Mich daher in deiner Blindheit auch nicht erkennen. Bleibe daher, wo und was du bist, vielleicht sehen wir uns später noch einmal wieder."

6 Spricht der *Sergeant:* „Wird mich sehr freuen, wenn nicht in dieser, so vielleicht doch in einer andern Welt! — Wünsche übrigens eine gute Verrichtung in der Residenzstadt! Der noch immer andauernde Belagerungszustand dürfte euerem Unternehmen günstig sein. Darum noch einmal: gute Verrichtung und einen schönen Gruß nach Maria-Zell! Adieu!"

7 Wir begeben uns nun ohne weiteren Anstand in das Innere der Stadt, und der Sergeant schaut uns mit seiner Gesellschaft nach. Als auch der Einnehmer der Steuer-Maut hinzukommt, um zu erfahren, was es denn mit diesen sonderbaren Reisenden für eine Bewandtnis habe, sagt der Sergeant: „Das sind verkappte Jesuiten als fromme Missionare! Weißt du, seit die Kirche wieder frei ist in unserem lieben Österreich, haben ihre Pfaffen wieder die alte Jakobsleiter aufgefunden und sie geradewegs am Himmel angelehnt. Mit den alten Kirchenstrafen geht es wenigstens so geschwind nicht, und mit der goldenen Buße der Kreuzfahrer auch nicht. Aber wir werden bald von großartigsten Wundern von allen Seiten rührendste Kunde erhalten!

8 So waren z. B. diese sechs, nach höchsteigenem Bekenntnis, nichts weniger als Christus Selbst, der nun alle Kranken gesund machen wird etc.! Vielleicht hilft Er auch den Finanzen Roms auf die Beine? — Die drei ersten waren Petrus, Paulus und Johannes der Evangelist. Ein bildsauberes Menschl haben's auch bei sich g'habt, unter dem Namen Schwarzmaxl-Lenerl, die Barrikadenheldin! Und jetzt werd völlig tot vor Verwunderung: den Robert Blum auch! Nun, g'fällt dir dieser

Spaß? Meine Mannschaft, die etwas schwachen römischen Geistes ist, hat dabei Reißaus genommen und mich allein sitzen lassen! — Nun, Freund, was sagst du zu dieser Errungenschaft vom Jahre 1848?"

9 Sagt dazu der *Steuereinnehmer:* „Mein lieber Freund, diese Geschichte sieht wohl dem ersten Anschein nach etwas spaßhaft aus, aber im Grunde liegt, wie mir mein inneres Gefühl sagt, doch etwas sehr Ernstes in dieser Geschichte! Ich will schon zugeben, daß die Pfaffen bei der nun wieder erreichten kirchlichen Freiheit so manches versuchen werden, wodurch ein ihnen wünschenswerter Volksaberglaube wieder belebt werden könnte. Aber auf diese Weise, Freund, das werden sie bleibenlassen! Ich bin sicher kein Freund der Pfaffen. Aber ich glaube, daß sich zu solch einem Geschäft wohl keiner herbeilassen würde, selbst so er davon bedeutende Vorteile zu erwarten hätte.

10 Ich halte von dieser Geschichte etwas ganz anderes: Entweder sind diese sechs verkleidete hohe Personen, oder sie sind im Ernste das, als was sie sich ausgaben. Aufrichtig gesagt, mir kommt meine ganze Lebensgeschichte hier in „Wien" doch etwas sonderbar vor. Und das bringt mich immer mehr auf die Vermutung, daß ich mich entweder in einem Traumleben befinde oder von irgendeinem sonderbaren Schwindel geplagt werde. So zum Beispiel habe ich seit ungefähr zwei Jahren auch nicht einen Fuhrwagen gesehen und ebensowenig eine Equipage, was gewiß sehr sonderbar ist. Auch gehen äußerst wenige Menschen hier vorüber. Und von einem Hineintragen von Lebensmitteln ist auch keine Rede mehr. Gewöhnlich werden seltene, mir ganz unbekannte Wurzeln und Kräuter, auch geselchte Wölfe, Füchse und kleine Bären vorbeigetragen und noch eine Menge anderes dummes Zeug mehr, daß man darüber geradezu lachen muß. Ich kann dafür von niemandem eine Steuer erheben, weil derlei Dinge in keinem Steuertarif vorkommen. Halte ich jemanden dazu an, so gibt er mir gar keine Antwort und geht unaufhaltsam seines Wegs weiter. Mir aber fällt es auch gar nicht ein, daß ich jemanden anhalten soll.

11 Letzthin sah ich in Gedanken vor mich hin und bemerkte ein großes Goldstück etliche Schritte vor mir am Boden liegen. Ich eilte hin, um es aufzuheben. Als ich hinzukam, war das Goldstück verschwunden und an seiner Stelle lag eine zertretene kohlschwarze giftige Natter. Ich wollte sie mit meinem Stock wegschleudern. Als ich sie kaum berührt hatte, verwandelte sie sich in einen häßlichen Raubvogel, der im

selben Augenblick davon flog, als ich den verwunschenen fortschleudern wollte. — Letzthin bin ich ebenfalls auf außergewöhnliche Weise von einer Erscheinung betroffen worden: Ich sah zum Fenster hinaus, es regnete stark. Mir fiel erst jetzt auf, daß ich bis dahin zwei Jahre lang weder regnen noch schneien sah. Ich eilte schnell hinaus, um mich ein wenig anregnen zu lassen. Aber da war vom Regen keine Spur mehr! Ich fing nun an, über die Sonderbarkeit der Witterung nachzudenken. Da kam es mir wahrlich merkwürdig vor, daß ich hier noch nie eine Sonne gesehen hatte und nicht einmal weiß, woher wir das Licht haben. Oder hast du schon einmal eine eigentliche Nacht erlebt? Oder einen Winter, Frühling, Sommer oder Herbst? Alles dauert hier im selben Zustand fort, und uns fällt es gar nicht auf, daß die Sachen hier so sonderbar stehen!

12 Durch diese Vorkommnisse bin ich genötigt zu glauben, daß wir uns tatsächlich nicht mehr auf der eigentlichen Erde befinden und dem Leibe nach schon gestorben sind. Und weiter, daß die sechs Männer doch leicht das sein können, für was sie sich ausgegeben haben. Weißt du was, ich werde ihnen nachgehen! Bei denen muß ich ins klare kommen!“

43 Spricht der *Sergeant:* „So warte, ich werde auch mit dir gehen!“ — Beide machen sich sogleich auf den Weg und folgen uns eiligst nach.

14 Als sie zu uns kommen bei einem Hause, in das wir zuerst Petrus sandten, damit er die Kranken darin heile, sagt der *Steuereinnehmer:* „Meine erhabensten Freunde, und besonders Du, Urweiser von Nazareth! Eure Rede fiel mir auf und weckte mich so, daß mir darauf verschiedenes anderes aufzufallen begann. Zugleich durchrieselte mich bei eurer Gegenwart ein so merkwürdig wohltuendes Gefühl, daß ich mich kaum halten konnte, euch sogleich zu folgen. Ich kämpfte zwar eine Weile gegen dieses Gefühl und schützte ihm meine Beamtenpflichten vor. Aber mein Gefühl sagte mächtig laut: »Was kaiserlich, was königlich! So Gott dich ruft, dann hört der Kaiser und der König für ewig auf!« — Und ich wandte auf solche Stimme meines Gemütes hin meinem Mauthaus sogleich den Rücken, folgte meinem innersten Triebe und bin nun bei euch, ihr lieben Freunde! Erlaubt mir nun, daß ich mich bei euch wenigstens so lange aufhalten darf, bis ich durch eure Güte und Weisheit so viel Einsicht erlange, wo und was ich denn hier eigentlich bin. Ist das Wirklichkeit oder etwa nur ein ewiger Traum?

Lebe ich noch auf der Erde? Ich bezweifle das stets mehr. So es euch möglich ist, da zündet mir in meinem Gehirnkasten ein kleines Lichtlein an!"

201

Der Steuereinnehmer wird vom Herrn aufgenommen, der Sergeant zurückgewiesen Paulus' Missionsgang ins Haus ‚Zum guten Hirten'

1 Rede *Ich:* „O ja, das tun wir recht gerne! Nur mußt auch du dann deinen Teil zu verrichten nicht unterlassen. Bleibe also bei uns und gib auf alles acht, was wir reden und tun werden. Und tue das, was dir gut dünkt, dann wirst du bald ins klare kommen!"

2 Hier tritt der *Sergeant* vor und fragt: „Freund, darf auch ich bleiben? Denn auch ich habe mich eines Bessern besonnen!" — Sage *Ich* zu ihm: „Du bist wie ein Fuchs und traust dir viel zu. Aber es wird nicht ein jeder angenommen, der da kommt und sagt: »Freund, auch ich will bei dir bleiben!« — Wer bei Mir bleiben will, der muß eines reineren Herzens sein als du. Hast du doch nie an Christus geglaubt, wie möchtest du nun Dem folgen, den du für einen verschmitzten Jesuiten hältst? Wir werden uns wohl noch einmal sehen, für jetzt aber wäre es für deine Erkenntnis noch zu früh. Daher geh nur wieder auf deinen Posten zurück. Gib zuerst dem Kaiser das Seine und sieh, wie du dann Gott das Seine geben wirst! Du wurdest geladen und fandest es nicht der Mühe wert, der Einladung zu folgen. Darum werden die an den Straßen und Zäunen zu Mir kommen und ein Gastmahl mit Mir eher halten als die zuerst Geladenen."

3 Spricht der *Sergeant:* „Bei dieser Sprache wird's einem ehrlichen Menschen ohnehin übel, und somit Gott befohlen!" Hier geht der Sergeant schimpfend auf seinen Posten zurück.

4 Der *Steuereinnehmer* aber sagt: „Das hätte ich von diesem Menschen nicht geglaubt! Es ist wohl schwer, Christus als den allmächtigen Gott anzunehmen, da man sich unter dem Begriff Gott etwas zu unendlich Großes und heiligst Erhabenes vorstellt; während Christus doch nur vollkommen ein Mensch war wie ein jeder andere Mensch — nur

mit dem Unterschied, daß Er mit dem Geist Gottes mehr noch erfüllt war als ein Moses, Samuel, Elias und andere Propheten. Aber Christus ganz verwerfen, Ihm nicht einmal die Würde eines Weisen zukommen zu lassen, das ist etwas zu stark!"

5 Sage *Ich:* „Gut, was aber hältst *du* von Christus?" — Spricht der *Steuereinnehmer:* „Oh, ich halte Ihn so lange für das höchste Gottwesen, als sich nicht ein größerer, besserer und vollkommenerer Gott auffinden läßt. Mit einem Gott, den als endlos großes Wesen ein geschaffenes endliches Wesen nie wird erschauen können, ist mir wahrlich wenig gedient. Christus, der ist mir schon recht! Aber irgendwo ein unendlich großer Gott-Vater oder ein noch unbegreiflicherer Heiliger Geist können von mir aus sein, wie sie wollen, mich werden sie nie genieren. Ich halte mich nur an Christus, das andere wird dann schon Er machen!"

6 Sage *Ich:* „Recht so! Halte dich nur an Ihn so fest als immer möglich! Alles andere wird sich dann schon von selbst finden. — Nun aber kommt Petrus aus dem Haus. Wir wollen hören, welche Ergebnisse er zuwege brachte." — Spricht *Petrus:* „Herr, da sieht es schlimm aus! Ohne Gericht wird sich da wenig bezwecken lassen. Denn da gibt es eine Verstocktheit, eine Blindheit und einen Wahn, der selbst in Sodom und Gomorra kaum anzutreffen gewesen sein dürfte. Wäre ich angreifbar, wahrlich diese Brut hätte mich in Stücke zerrissen! Herr, diese Kranken bedürfen eines kuriosen Arztes und einer ebenso kuriosen Medizin!"

7 Sage *Ich:* „Nun gut, so lassen wir sie! Aufdringen werden wir uns niemandem, und so ziehen wir weiter!" — Spricht *Robert:* „O Wien, o Wien! Auch du hast gerichtet, die zu dir gesandt waren! Der Herr vergebe es dir! Ich werde keine Rache je an dir nehmen, aber da du des Herrn vergessen willst, wirst du gewaltig heimgesucht werden. Du magst den Herrn nicht annehmen, so Er dich heilen will. Darum wird eine große Trübsal über dich kommen und große Not und Schmach! Dann wirst du rufen: »Herr, hilf mir!« Aber der Herr wird verziehen, und die Hilfe wird dir zu spät werden!" — Rede *Ich:* „Ja, du sollst recht haben! Ich will hier auf diesem Weg nicht voraussehen, sondern es nehmen, wie wir's finden werden. Aber sollte uns allenthalben ein solcher Empfang werden, dann, Robert, sollst du völlig recht haben!"

8 Wir begeben uns nun weiter und kommen bald zu einem Haus,

an dessen Außenmauer ein ‚guter Hirte' aufgemalt ist. *Helena* sagt: „Herr, hier heißt es ‚Zum guten Hirten'! Unter solch einem Aushängeschild dürften vielleicht etwas bessere Geister hausen!" — Sage *Ich:* „Ich will nicht vorhersehen. Geht aber hinein und erforscht es!" — Spricht der *Steuereinnehmer:* „Meines Wissens hat dieses Haus noch nie etwas Besonderes beherbergt. Ich meine, das wird noch schlechter bestellt sein als das frühere." — Spricht *Robert:* „Einen Versuch können wir ja wagen, was kann uns geschehen?"

9 Sagt *Johannes:* „So ihr wollt, will ich das Haus betreten." — Sagt *Paulus:* „Bruder im Herrn, mit Heiden kann ich am wirksamsten umgehen, laß daher mich hier den Versuch machen! Denn du, geliebter Bruder, bist viel zu sanft gegenüber solchen Wesen und würdest auch wenig ausrichten. Ich aber bin etwas barsch und ernst und verlange, wo du zu bitten pflegst. Richte ich aber nichts aus, so werdet ihr, du und Petrus, auch nichts ausrichten." — Spricht *Johannes:* „Lieber Bruder, gern gönne ich dir dies Geschäft im Hause Roberts. Aber ich meine, daß hier auch deine Schritte vergeblich sein werden. Denn wo die Liebe fehlt, geht der Ernst noch leerer aus!"

202

Paulus im Proletarierklub ‚Zum guten Hirten'
Der Apostel als Goldmacher. Inflationstheorie und Lebenstaumel
Gleichnis vom Wettrennen

1 *Paulus* geht nun ins Haus und sagt darin zu einem Haufen Menschen, die gerade eine geheime Beratung halten, wie sie eine Demonstration gegen das Ministerium ins Werk setzen könnten: „Der Friede sei mit euch! Ich bin der Apostel Paulus, ein Knecht Jesu Christi, vom Herrn Selbst zu euch gesandt. Ich ermahne euch in aller Liebe und Geduld und christlicher Sanftmut, daß ihr ablaßt von euren nichts fruchtenden Beratungen, von euren unlauteren Begierden und den daraus hervorgehenden Werken! Kehret eure Herzen dem Herrn zu, tragt Ihm eure Not vor, und Er wird euch wahrhaft helfen! Er wird vor euch Sein Ohr und Herz nicht verschließen, so ihr in eurer Not in euren Herzen bittet: »Herr, Du liebevollster, heiliger Vater, hilf uns doch aus

unserer großen Not, denn wir sind ja auch Deine Kinder!« Wenn ihr so redet, wird der Herr mitten unter euch sein und wird jedem das Seinige geben. — Bedenket, daß eine jede Menschenhilfe keine wahre Hilfe ist. Sucht also die Hilfe bei Gott, dem Herrn aller Herrlichkeit, und es wird euch für ewig wahrhaft geholfen werden!"

2 Tritt *einer* aus dem Haufen vor und sagt: „Was willst du, verkappter Pfaffe? Sieh, daß du weiterkommst, sonst sollst du hier auf die beste Art Jesus Christus kennenlernen!" — Spricht *Paulus:* „Lieber Freund, ich sage dir, daß du und deine ganze Gesellschaft euch schon seit geraumer Weile nicht mehr auf der Welt, sondern im Geisterreich befindet. Ihr tut aber noch immer, als wärt ihr in eurem Fleisch auf der finsteren Welt. Laßt euch darum ermahnen und werdet dieses wahren Zustands inne!"

3 Schreit der *Hervorgetretene:* „Hinaus mit diesem Erzpfaffen! Jetzt will uns der Kerl begreiflich machen, daß wir schon gestorben wären! Ah, da geht der Spaß zu weit! Daß er sich für Paulus ausgibt, ist sicher eine schwärmerische Finte des neuen Paulusvereins, er gehört ins Narrenhaus! Aber daß wir schon Geister seien, ist zu viel auf einmal! Darum hinaus mit solch einem Paulus!"

4 Spricht *Paulus:* „Hört, ich will euch noch ein Wort sagen, und danach könnt ihr mich hinaustreiben oder behalten, wie es euch beliebt. Als ich selbst zu Damaskus in Asien vor nahe zweitausend Jahren zu einem Gesandten Christi erwählt wurde, da geschah mir nicht selten, daß ich ebenso wie nun hier, manchmal wohl noch ärger angefallen wurde wegen der bei den Erzjuden und anderen Völkerschaften verhaßt gewordenen Heilslehre Jesu. Aber so ich zu jemandem sagte: »Freund, prüfe die Lehre und behalte davon, was dir gut dünkt! Sie kostet dich ja nichts als nur deinen Willen und ein wenig Verstand zur Prüfung!« — Da war so mancher beruhigt, der mich im ersten Augenblick vor Wut hätte zerreißen mögen. Und mancher wurde am Ende selbst ein Eiferer für Jesu Heils- und Lebenslehre. — Und so sage ich nun auch zu euch: Prüfet zuvor, was ich zu euch geredet habe! Habt ihr etwas gefunden, das sich an euch bewahrheiten sollte — was kann euch dann hindern, es anzunehmen und euer Leben danach zu richten? Wahrlich, ihr müßtet rein von allen Sinnen sein, so ihr das Bessere von euch wieset und das minder Gute behieltet! Darum prüfet, prüfet, und dann erst urteilt!

5 Was aber habe ich mit dem neuen Paulusverein zu tun? Ich sage euch: In der Lehre und der zwecklichen Tendenz ist er von mir noch weiter entfernt als die materiellste Erde vom geistigsten Himmel! — Mehr kann ich, als der lebendige und leibhaftige Paulus nicht sagen. Ihr könnt meinem Bekenntnis hinreichend entnehmen, daß ich kein finsterer Pfaffe und noch viel weniger ein Paulusvereinler bin!“

6 Sprechen nun *mehrere* recht proletarisch: „Ja, die Rede wär grad so dumm nicht. Aber zwei dümmste Sachen sind doch dabei! Und das ist, daß du der wirkliche Paulus sein willst, und daß wir schon gestorben wären! Da hätten wir ja entweder keine Leiber mehr und wären pure Geister — oder wir wären wohl gar nicht mehr, was das Gewissere ist. Oder haben denn deine Geister auch Leiber?! Wenn das so wäre, dann magst du recht haben, aber sonst in Ewigkeit nicht!“

7 Spricht *Paulus:* „Ich sagte ja zu euch: Prüfet, und es wird sich zeigen, ob ich zu euch eine Unwahrheit geredet habe!“ — Sprechen *mehrere:* „Prüfen, prüfen — das ist leicht gesagt! Aber wie, das ist eine andere Frage. Wie sollen wir denn das prüfen? Sollen wir das etwa einem Minister unterbreiten?“

8 Spricht *Paulus:* „Habt ihr kein Geld bei euch?“ — Sprechen die *anderen:* „Geld? Welch eine dumme Frage! Wie kämen denn wir und Geld zusammen! Und das in Wien noch dazu, wo schon lange kein Geld mehr existiert! Papiergeld ja, aber schon lange kein rechtes Geld mehr! Wenn dir mit so einem Fetzen gedient ist, können wir dir damit schon aufwarten.“ — Spricht *Paulus:* „Laßt sehen, es soll sich zeigen, was sich daraus machen läßt!“

9 Sprechen die *Redner* des Klubs: „Schau, der du durchaus der berühmte Paulus sein willst, nimm denn unseren Gewinn, einen baren Zehn-Kreuzer-Fetzen! Verwandle ihn, so es dir möglich ist, in zehn Dukaten, und rechne dann auf unsere allseitige Dankbarkeit!“

10 *Paulus* nimmt die Zehn-Kreuzer-Note und verwandelt sie augenblicklich in zehn wirkliche gewichtige Dukaten. — Die *Klubisten* staunen über die Maßen und sagen: „Nein, Freund, du kannst mehr als Birnen braten! Ah, das ist wirklich mehr als zuviel! Das wäre so ein Künstler nach dem Herzen Rotschilds und noch vieler Millionen Herzen! Hörst du, Paulus, wir behalten dich! Du bist uns von Herzen erwünscht!“

11 Spricht *Paulus:* „Nicht deshalb wollen wir in nähere Freundschaft

treten, sondern damit ihr der Kraft Gottes in mir gewahr werden möget und daraus erseht, daß ich kein Lügner und Betrüger bin! Ich verlangte von euch ein Geldstück, und ihr alle hattet nicht einmal einen reellen Kreuzer. Das zeigt auf euer Leben hin, das ihr noch immer für ein irdisch materielles haltet.

12 Aber ihr gabt mir in der Zehn-Kreuzer-Note ein rechtes Zeugnis über den Gehalt eures Lebens! Euer nunmaliges Leben gleicht ganz diesem schlechten Papiergeld, dessen innerer Wert so gut wie keiner ist. Ihr möchtet aus eurem falschen, völlig wertlosen Leben ein wirkliches herausbeuteln, aber eure Mühe ist vergeblich. Alles Wertlose läßt sich durch abermals Wertloses unmöglich verwerten: So ihr fürs Papier wieder Papier ausgebt oder einlöst, welchen Wert hat dann das Papier? Ich sage euch: keinen! Je mehr neues Papier fürs ältere gesetzt wird, desto wertloser werden beide.

13 Geradeso ist es auch mit dem Leben! Das irdische Leben ist an und für sich völlig wertlos. Sein Wert liegt lediglich darin, daß man durch eine rechte Spekulation fürs irdische, nur scheinbare Leben ein wirkliches aus der göttlichen Lebenswechselbank eintauschen kann. Wenn ich aber das irdische Leben nur verwerte, um in der geistigen Welt in ein noch leereres Leben einzugehen, so nehme ich schlechtes Papier fürs bessere frühere und bin somit ein Narr und ein unsinniger Spekulant!

14 Habt ihr aber noch nie ein Wettrennen gesehen, wo gute Läufer innerhalb gewisser Schranken einen Rundlauf machen, um als erste das bestimmte Preisziel zu erreichen? Der Preis gilt allen! Aber die sich die Mühe des besseren Laufens nicht nehmen, müssen sich's selbst zuschreiben, so sie leer ausgehen. Ich aber sage euch: Laufet alle, der Preis ist groß und reicht für alle hin! So ihr aber gut laufen wollt, da müßt ihr aller eitlen, dummen Dinge ledig sein, damit euch nichts im Laufe hindert und die Füße nicht vor der Zeit müde macht! Der Lauf ist ein ordentlicher Kampf. Wer aber da kämpft, der kämpfe mit vollem Ernst, denn der Gewinn ist eine gute Sache. Aber wer ihn nicht ernstlich mit aller Mühe anstrebt, bleibt ein armer Teufel ewig!

15 Ich machte auf euer Verlangen aus der Zehn-Kreuzer-Note zehn gute Goldstücke, und ihr habt darüber eine große Freude! Ich tat das durch meine geheime Kraft, um euch zu zeigen, was sich aus eurem papierenen Leben machen ließe, so ihr danach auch ein Verlangen trüget. Denn euer hiesiges materiell scheinendes Leben gleicht ganz

der Zehn-Kreuzer-Note, die aber keinen reellen Wert hat, weil sie nichts Reelles zur Deckung ihres Nennwerts besitzt. Kann aber jemand wie ich hinter diese Note zehn reelle Dukaten legen, dann freilich wird sie einen hohen Aufwert erhalten. So laßt denn auch ihr euch umwandeln! Werft von euch alles Eitle, Leere, Nichtige! Macht leicht eure Füße und tretet an den Wettlauf nach des wahren Lebens Ziel. Und es soll euch an meiner Seite ein rechter Preis werden!"

203

Die gewonnenen Sechs. Paulus' Werbung um die übrigen
Rede über die Zeit der besonderen Gnade
Die verblendende Fleischeslust

1 Spricht der zuerst hervorgetretene *Klubist* zu den anderen: „Reden tut er schon wie a Buch! Und a bißchen auf die Schwarzkunst versteht er sich auch! Und ein prächtiges Gemüt hat er auch! Und so närrisch es auch klingt, daß er uns für Geister und sich selbst für den Apostel hält — aber so ganz leer scheint seine Behauptung nicht zu sein! Mir ist auch schon manches aufg'fallen, was i euch nit hab sagen wolln. Aber d' Sach ist einmal so und darum mein i halt, wir sollten grad diesem Paul folg'n! Schlecht meint er's nicht mit uns!"

2 Sagen *einige:* „Probieren können wir's ja! Ist was dran, so kann's nichts Schlechtes sein. Und ist nichts dran, so haben wir nichts verloren. — Also gut, wir fünf sind mit dir einverstanden! Was die anderen machen, geht uns nichts an. Wir aber sind dabei!" — Sagt der *erste:* „Wenn nur noch *einer* wär', so machten wir grad die heilige Zahl Sieben aus! Nun, hat von euch keiner mehr Lust dazu?"

3 Tritt *einer* aus der Menge hervor und sagt: „Nun, weil ich von allen, die mit euch stimmen, der Dümmste bin, so will ich in eure heilige Zahl treten. Und so wären nun ‚die sieben Schwaben' beisammen! Aber das müßt ihr mir schon erlauben, daß ich als der Letzte hinter euch gehe und zu euch sage: ›Jockele, geh du voran, du hast Stiefel an!‹ Solange es gut geht, bin ich überall dabei. Wenn's aber schief zu gehen anfängt, werde ich als Letzter beim Umkehren sicher der Erste sein. Wie es auch irgendwo in einem Evangelium heißt: Es werden dann die

Ersten die Letzten und die Letzten die Ersten sein — nämlich beim Davonlaufen!

4 Ihr wißt, daß ich stets ein lustiger Kauz war und bin. Aber daß wir schon gestorben sein sollen, geht mir nicht ein, denn wir müßten ja doch etwas davon wissen! Das Sterben ist doch keine so unbedeutende Sache, daß sie der Betreffende total sollte vergessen können. Aber sei ihm nun, wie's ihm wolle, um zehn Dukaten kann man ja so etwas mitmachen. Ich hätte selbst noch ein halbes Dutzend Zehnkreuzerfetzen. Vielleicht verwandelt's mir der gute Paulus auch in Goldstücke!"

5 Hier wendet sich dieser *siebente* an Paulus und spricht: „Höre, lieber guter Freund, ich habe hier gerade noch sechs solcher Fetzen. Möchtest du sie mir nicht auch in Goldstücke umschaffen?" — Spricht *Paulus:* „Warum denn nicht, so dir nach deiner blinden Meinung damit gedient ist! Wo hast du deine Fetzen?"

6 Sagt der *siebente:* „Hier sind sie schon — beinahe jeden Zusammenhangs ledig!" — *Paulus* rührt sie an, und es werden im selben Augenblick sechzig Dukaten daraus. — Der *siebente* sinkt beinahe zu Boden vor Verwunderung und sagt nach einer Weile: „Jetzt ist es klar, das ist ein Wunder bester Art! Beim früheren dachte ich, daß du bloß ein Trugstückchen produziert hättest. Nun aber glaube ich auch an sämtliche Wunderwerke Christi und an alles, was ich sonst ewig nie hätte glauben können. Sieh, du guter Mann Paulus, nun glaube ich auch, daß du im Ernst der eigentliche Paulus bist, wie auch, daß wir schon gestorben sind."

7 Sagt der *zuerst* Hervorgetretene: „Ja, der Meinung bin ich nun auch festweg! Aber nicht so sehr wegen dieses Wunderwerks als vielmehr seiner früheren Rede wegen. Denn da hat wirklich der alte Paulus, wie er einst mag geleibt und gelebt haben, groß und stark herausgeleuchtet! Und je mehr ich bei mir über die Rede nachdenke, desto mehr Paulus finde ich darin und desto mehr Wahrheit! Das Dukatenmachen ist wohl sehr blendend, ob's aber deshalb auch gut und wahr ist, ist eine andere Frage. In der Welt der Geister können doch sicher allerlei zauberhafte Dinge zum Vorschein kommen. Der gute Paulus darf sich nur recht fest hundert oder tausend Dukaten denken, und da die Geister Gedanken sehen können, so werden auch wir als Geister des Paulus Dukatengedanken beschauen können!"

8 Sagt der *siebente:* „Ja, aber wie kommt es denn, daß wir als Geister auch schon seit geraumer Zeit uns mit lauter klingenden Gedanken beschäftigten, aber es kam statt der Fetzen auch nicht ein schlechtester kupferner Pfennig zum Vorschein. Es muß also hinter der Paulinischen Dukatenmacherei etwas ganz anderes stecken als nur feste Gedanken!"

9 Sagt der *erste:* „Ist nicht in Abrede zu stellen! Aber dabei bleibe ich dennoch, daß seine Rede besser war als seine Dukatenmacherei!" — Sagt der *siebente:* „Allerdings! Aber er hat in seiner Rede auch gezeigt, was eigentlich seine Dukatenmacherei für uns bedeutet. Wir können letztere sonach ziemlich der Rede gleichstellen."

10 Spricht *Paulus:* „Eure ganze Gesellschaft besteht aus einhundertzwanzig Menschen. Sieben haben sich meinen Worten und Taten gefügt. Somit bleiben noch hundertunddreizehn, die sich nicht gefügt haben! Was ist mit ihnen?" Sagt *einer* aus diesen: „Wir bleiben und brauchen nichts mehr von deiner Lehre und von deinem Gold!"

11 Spricht *Paulus:* „Jetzt ist geöffnet die Pforte zum Reiche Gottes! Wer da hinein will, wird auch hinein kommen. Wer aber nun nicht will, der wird dann, so die große Pforte der besonderen Gnade wieder geschlossen wird, schwer hineinkommen! Denn obschon der Herr stets unveränderlich ist in Seiner Liebe und großen Erbarmung für alle Seine Geschöpfe und Kinder, so ist Er dennoch in der Gabe Seiner besonderen Gnade nicht allzeit gleich. Nicht jeder bekommt sie, sondern nur wenige, die da von Anfang an erwählt und dazu schon zugerichtet sind, die besondere Gnade in sich ohne Nachteil für ihr Sein fassen und ertragen zu können. Auch sind nicht zu allen Zeiten Propheten da. Nicht jedes Erdjahr bringt seine eigenen zum Vorschein. Da gibt es kaum von hundert zu hundert Jahren irdischer Zeitrechnung Propheten, die erweckt sind nach dem Willen des Herrn aus Seiner besonderen Gnade. Sie schauen Dinge des Geistes und hören das Wort aus dem Munde Gottes und verkündigen dann beides den Schwachen und den Blinden der Erde, damit auch diese selig werden und eingehen mögen in die Gnadenhimmel Gottes.

12 Und so hört ihr Tauben und seht ihr Blinden! Nun ist wieder eine solche Epoche der besonderen Gnade des Herrn! Boten aus den höchsten Himmeln durchziehen nach allen Richtungen die unteren und untersten Sphären der finsteren Geisterwelt! Ja, der Herr Selbst tut dasselbe, um die Unglücklichen glücklich zu machen! Auf der Erde und in

allen Weltkörpern werden nun besondere Propheten und Knechte des Herrn erweckt und geben den anderen Menschen das Licht und das Wort aus den Himmeln!

13 Leider kehren sich nur wenige daran. Viele aber tun, was ihr tut: sie lachen den Propheten ins Gesicht und spotten ihrer oder drohen ihnen gar! Aber diese Zeit wird bald wieder vergehen und die besondere Gnadenpforte Gottes wird wieder auf lange hin verschlossen werden den Kindern der Welt. So ihr dann rufen werdet in großer Not, da wird euch keine Antwort werden. Und so ihr auch suchen werdet, da werdet ihr dennoch nichts finden. Jetzt aber, da noch die Zeit der besonderen Gnade währt, braucht ihr einfach nur zu wollen, und ihr werdet angenommen! Denn nun werdet *ihr* gerufen und an die Tür eures Herzens wird von uns gepocht. Ihr braucht bloß ernstlich ‚herein' zu sagen, und die Aufnahme ins Gottesreich ist bewerkstelligt! Jetzt tut der Herr alles, was ihr wollt, zu eurer Beseligung für ewig. Aber nach dem baldigen Ablauf dieser besonderen Gnadenzeit werdet ihr alles mögliche tun können und werdet dennoch nichts erlangen!

14 Aber ich sehe euren Sinn! Danach *wollt* ihr nicht dem Geist angehören und seiner sanften Stimme aus den Himmeln nicht folgen, weil ihr auf die tote Stimme eures vermeintlichen Fleisches hört und Weiber wollt, um mit ihnen den Rest eures Lebens zu verbuhlen! Aber eure Bocksgestalt will den Weibern nicht mehr gefallen. Und die an euch noch Vergnügen fänden, die wollen eurem Sinn nicht behagen, weil ihr geilen Fleischböcke nur junges und fettes Fleisch wollt.

15 Wartet aber nur noch ein wenig! Diese besondere Gnadenzeit wird nimmer lange währen, und es werden dann Weiber über euch kommen, denen werdet ihr über alle Maßen dienen! Da werdet ihr dann heulen und wehklagen und werdet euch vom Fleische der Weiber entfernen wollen, aber all euer Bestreben wird dann vergeblich sein. Die Weiber werden um eure Lenden glühende Fesseln, aus Schlangen gemacht, schlagen. Und sie werden euch versenken in die Grube des Verderbens für ewig, daraus euch dann auch keine künftige Gnadenzeit mehr wird befreien können! — Wehe jedem hier in der Geisterwelt wie auch jedem Unzüchtigen auf der Welt, so er sich von der Gnade abwendet und seine Augen nach dem Fleische der Weiber richtet! So wahr ein Gott lebt und Sein Wort durch meinen Mund nun an euch ergeht, so gewiß wird das, was eurer Gier nun wie ein Himmel

voll Lust sich zeigt und euer Herz verlockt, in Kürze für alle euresgleichen eine Hölle gräßlichster Art werden!

16 Ihr schimpft über die Regierungen der weltlichen Fürsten, weil ihr Aufwand zuviel benötigt und ihr dabei zu kurz kommt. Aber dies geniert euch hauptsächlich eures unbefriedigten Fleisches wegen! Weil eure Finanzen nicht auslangen und ihr gewisserart mit den Schweinen die Treber speisen müßt, und das nur selten, so seid ihr darob voll Grimms gegen die Fürsten, die da die schönsten Weiber haben können, soviel sie nur wollen.

17 Aber das seht ihr nicht ein, daß Gott der Herr dies so geschehen läßt, damit ihr erkennt, daß euch Gott für etwas Besseres bestimmt hat als bloß für die Werke des Fleisches. Der Mann, solange er auf einer Welt im wahren Fleische des Todes lebt, hat wohl auch diese zu verrichten nach weisem Ziel und Maß — aber nicht als Bestimmung seines Seins, sondern als eine nüchterne natürliche Verrichtung, wie es deren zur Bedienung des zeitlichen toten Fleisches mehrere gibt.

18 Wer da auf einer Welt es tut nach Maß und Ziel, der tut wohl. Wer es aber ganz unterläßt, der tut besser. Denn der Herr gab dem Fleische diesen Sinn nicht zu einem Bedürfnis, sondern als eine Eigenschaft zum nüchternen und weisen Gebrauch. Wer aber daraus ein Bedürfnis macht, ist ein elender Sünder. Die Gnade Gottes weicht aus seinem Herzen, da er dem stummen Gesetz des Fleisches gehorcht und sich damit einen Himmel der Böcke und der Hunde nach der Gerechtigkeit des Todes und Gerichts erbaut!

19 Fasset es, wer es fassen kann: Wer immer an einem Gesetz, auf dem ein Gericht lastet, eine Lust findet und das Gesetz der Wollust wegen beachtet, hat das Gericht schon in sich. Wer aber das Gericht in sich trägt, der ist ein Sklave und ist für die Freiheit in Gott in aller Wahrheit verflucht.

20 Darum sollt ihr *über* dem Gesetz des Fleisches stehen durch die freie Macht der Selbstverleugnung und durch die Liebe und den lebendigen Glauben an Gott den Herrn, auf daß ihr allen Gesetzes und allen Gerichtes ledig werdet! Ein Sklave des Gesetzes, ob natürlich oder moralisch, kann in das Reich Gottes nicht eher eingehen, als bis er jeden Gesetzes ledig geworden ist. Niemand wird zwar im Reiche Gottes nach dem Gesetz gerichtet, aber das Gesetz selbst ist schon das Gericht. Nur wer sich in der Liebe zu Gott über alles Gesetz frei erhebt, der

wird auch *frei* werden in Gott und in aller Wahrheit! Denn die Liebe in Gott ist die alleinige Wahrheit!

21 Nun habt ihr es alle gehört, und niemand kann sich entschuldigen, als hätte er es nicht vernommen! Tuet daher nun, was euch als Bestes dünkt!“

204

Gute Antwort eines aus der Schar
Paulus' letzte Rede an die Hartnäckigen
Der lustige Wiener und die derben Tiroler. Alle ziehen weiter

1 Sagt *einer* aus der Mitte der hundertunddreizehn: „Diese Rede war gewichtig und deckt mir manches Geheimnis des Lebens auf. Wer am Gesetz hängt, der hängt auch wie am Galgen des Gesetzes-Geistes. Sünde, sowie nach ihr die Strafe sind nichts als Kinder des Gesetzes. Je mehr es Gesetze gibt, desto mehr gibt es auch Übertretungen und Strafen. Das Gesetz ist für irdische Menschen zwar nötig, dabei aber doch stets ein Übel und ein Fluch in der Gesellschaft.

2 Wären die Menschen so wie sie als wahre Menschen sein sollen, benötigten sie sicher keines Gesetzes und stünden weit über jedem Gesetz. Aber da die Menschen oft mehr Tiere von der bösesten Art als Menschen sind, bedarf es freilich auch entsprechender Gesetze, durch welche die wilden Leidenschaften der Menschheit gebändigt werden. Was wäre eine große Menschengesellschaft ohne Gesetzesordnung? Daher müssen wohl Gesetze sein als ein Übel gegen ein anderes Übel. Aber trotzdem läßt sich doch immer eine weise Gesellschaft von Menschen denken, die keiner Gesetze bedarf und dadurch auch völlig frei und glücklich sein muß. — Das alles sehen wir recht gut ein und können diesem Paulus nur recht geben!

3 Wie aber kann sich ein Mensch von noch so entschiedener Weisheit übers Gesetz hinaussetzen, mag das Gesetz ein natürliches, ein moralisches oder politisches sein? Hält man das Gesetz, ist man offenbar ein Sklave des Gesetzes. Setzt man sich darüber hinaus, so wird man vors Gericht gezogen, wo einem des Gesetzes Fluch zuteil wird. Macht man

aber das Gesetz gewisserart zur zweiten Lebensnatur und hat an seiner Erfüllung eine förmliche Lust, gleich einem Scharfrichter an der Hinrichtung eines armen Sünders — so ist man dadurch sich selbst zum lebendigen Gesetz geworden. Und weil das Gesetz selbst dem Menschen ein Fluch ist, so muß denn auch ein Mensch, der es zum Selbstgesetz gebracht hat, der hartnäckigste Fluch sein. Wahrlich, da heißt es wohl: Herr, wer wird vom Gesetze je erlösen können!

4 Wir sind aus lauter Soll und Muß zusammengesetzt. Das Muß ist rein des Teufels, und das Soll ist um nicht vieles besser. Was einmal geschehen *muß* nach dem Willen einer allmächtigen Gottheit, das ist schon gerichtet. Was aber als dem menschlichen freien Willen anheimgestellt geschehen *soll,* das ist zwar noch nicht gerichtet, aber es steht in der beständigen Erwartung des Gerichts.

5 Nun frage ich euch als einer eurer Freunde: Was wollen wir tun? — Dieser Mensch mit dem Apostelnamen, oder meinetwegen auch derselbe Apostel selbst, hat uns diese Geschichte klar und wahr auseinandergesetzt. Folgen wir ihm? In die Hölle, die es sicher nirgends gibt, wird er uns nicht führen und vor ein Gericht auch nicht! Und so können wir ihm ja auf die Gasse hinaus folgen. Da wird sich's dann zeigen, was er eigentlich mit uns will."

6 Sagen die *anderen:* „Ja, ja, wenn wir schon wirklich in der lieben Ewigkeit sein sollten, wäre es dumm von uns, wenn wir einem Paulus nicht folgen möchten! Und gefällt es uns draußen nicht, können wir ja immer wieder umkehren, denn gezwungen können wir draußen ebensowenig werden wie hier."

7 Spricht nun wieder *Paulus,* der sich unterdessen ruhig verhielt: „So frei ihr hier seid, ebenso frei sollt ihr in dem Befolgen meiner Lehre und meines guten Rates sein! Meine lieben Brüder in Gott dem Herrn, was verliert ihr eigentlich, so ihr diese Stube verlaßt? Nichts als eine leere Erwartung einiger wollüstiger Dirnen, die euch eure blind erhitzte Einbildung vormalt, die aber für euch in solch naturmäßigem Zustand nirgends in Wirklichkeit zu finden sind. Was ist ein leeres Phantasiebild gegen die Wahrheit? — Ich aber will euch für all das ekelhafte Leere die vollste Wahrheit geben! Was soll euch denn hernach noch abhalten können, mir zu folgen in die heiligen Sphären des Lichtes, der Wahrheit und des Lebens, welches ist die Liebe in Gott, der da ist Christus, der Ewige, der Wahrhaftige!

8 Ihr seid nun schon eine geraume Weile leibesfrei hier in eurer eingebildeten Erwartung. Aber welche Erfolge sind euch geworden? Seht, gar keine, außer daß sich euch dann und wann ein nebliges Gebilde eines weiblichen Wesens auf einige Augenblicke gezeigt hat und dann wieder in nichts verrann. Dies ist alles, was ihr hier als euch Beseligendes aufzuweisen habt! Nicht einmal einen schlechtesten Wein und nicht einen Bissen Brot, kurz gar nichts habt ihr noch genossen! Und dennoch wolltet ihr anfangs nichts hören vom Verlassen dieses leeren Ortes, der zu nichts taugt.

9 Wohl euch, daß ihr nun den Entschluß gefaßt habt, mir zu folgen! Denn nun werdet ihr erst dahin gelangen, wo die Urwahrheit und Urwirklichkeit alles Seins und Bestehens zu Hause ist. In der Welt ist alles Lüge und Täuschung. Euer Besitz, eure Wissenschaft, eure Künste und Schätze, euer Leben selbst — nichts als Lüge und Trug war es! Und wäre die materielle Welt etwas Besseres, so müßte sie beständig sein, wie die Wahrheit selbst für ewig beständig bleibt! Was aber bleibt in der Welt beständig? Ich sage euch, nicht einmal das Wort Gottes! Denn auch dieses wird von der Lüge der Welt durchtrübt und dann in allerlei Dummes, Falsches und Böses verkehrt. Darum ist es den Menschen verhüllt gegeben, auf daß es in seinem Heiligsten nicht verunreinigt werden kann. Die Welt ist nichts als eine auf eine bestimmte Probezeit gerichtete Lüge. So diese beim Menschen aufhört, beginnt erst das Gottesreich der ewigen Wahrheit! — So macht nun auch ihr in euch der Welt ein Ende, auf daß dann das Gottesreich in euch anfangen kann Platz zu greifen! Und so folget denn mir alle!“

10 Sagt *einer,* der seiner Natur nach von gutem Humor ist: „So leb' denn wohl du stilles Haus, wir zieh'n von dir vergnügt hinaus! O du liebes Gebäude, wie schön haben wir in dir Hunger und Durst und an durchaus keinem Geldüberfluß gelitten! Wie oft sind wir vor Rührung zwischen deinen vier Wänden zu Tränen gekommen, an deren niederen Fenstern dem Licht nur sehr kleine beschmutzte Flächen zur Durchpassierung belassen sind. Freunde, daß wir beim Verlust dieses Hauses nur ungeheuer gewinnen, wird hoffentlich jedem von euch klar einleuchtend sein!

11 Das Spaßigste bei der Sache aber bleibt, daß wir schon sämtliche unsere Madensäcke abgelegt haben und bloß Seelen sind mit Haut, Haaren und Knochen. Aber auch als Seelen müssen wir Hunger und viel

Durst verspüren, haben aber wenig, um sie zu stillen! Daher wird's wahrscheinlich kommen, daß man schon auf der Welt oft sagt: Das ist eine arme, hungrige und durstige Seele! Ja, ja, über ein elendes Leben in Wien steht denn doch nichts auf! Seien wir froh, daß wir nimmer leben auf der Erd'! O, Wien, wohin treibt dein Unsinn!

12 Schau, schau, während meines Geplausches sind wir nun sämtliche auf die Gasse gekommen! Wie war denn das möglich? Ich kann mich gar nicht erinnern, daß ich nur einen Fuß in die Höhe gehoben hätte!"

13 Sagt sein *Nachbar,* ein recht derber Patron: „Wie kannst du so dumm sein? Siehst denn nit, dös ist halt eine Zauberei, Gott steh uns bei!" — Sagt der *Humorist:* „Wenn nur ein Tiroler nie sein Maul auftät! Wenn ein Tiroler zu reden beginnt, bebt die ganze Erde vor Dummheit!" — Sagt der *Tiroler:* „Dös laß stehn, daß du mi schimpfst, sonst kriegst mir eine auf dei Gfrieß, daß dir die rote Suppn abarinnen wird."

14 Sagt der *Humorist:* „O du dummer Kerl von einem Tiroler! Siehst denn nicht, daß wir jetzt Geister sind, die bloß Willen und Verstand, aber keine Leiber haben? Peter! Stecke ein dein Schwert, es hat ja keinen Wert! Wer mit dem Schwert umgeht, der kommt durchs Schwert um! Das steht geschrieben in der Heiligen Schrift! Hast du sie einmal gelesen?" — Sagt der *Tiroler:* „Wie kunnt ich's denn lesen, bin doch nie in a Schul gangen! Aber dös weiß i wohl, daß i von d'r Heiligen Schrift mehr weiß als du!"

15 Sagt der *Humorist:* „Nun, werde nur nicht so massiv wie die Berge in deinem Landl! Schau lieber dorthin, wo unser Paulus nun so freundlich mit einem lieben, schlichten Manne sich bespricht, und wie ihm jener die Hand drückt wie aus lauter Freude! Und dann schau weiter rechts hin, ein Mädchen, wie's keine zweite mehr gibt! Du, dös wär so a rechte Tausendelement-Lisl! Da gehen wir ein wenig näher hin! Meiner Seel, die wär mir lieber als die österreichische Staatsschuld! Was meinst du blatternnarbiger Tiroler?" — Sagt der *Tiroler:* „Du bist halt noch immer a damisches Luder! Siehst denn nit, daß auf solchen Bäumen für uns keine Feigen wachsen? Bleiben wir, wo wir san, des ist viel gscheiter für uns."

16 Spricht der *Humorist:* „Gelt, du hast nur keine Courage, sonst gingst du schon hin! Ja, ja, die Courage fehlt dir wohl stark! Ich aber werde hingehen und werde dem guten Paul meinen Dank abstatten,

daß er uns zu unserem Wohl ins Freie geführt hat! Wir sind freilich nun noch in unserem lieben Wien, aber doch wenigstens in einer der belebtesten Straßen, wo es stets sehr lebhaft zugeht! Und das ist schon ein ungeheurer Profit." Spricht der *Tiroler:* „Siehst, was du für a Hauptlump bist? Meinst, ich kenn dich etwa nit? Dös Menschl sticht dich in d' Augn, und döshalb mögst hingeahn, aber nit etwa n' Paul z'dankn! Ober schau nur, daß d' weiter kimmscht, sünscht wirst bald seahn, obs die Tiroler Courage habn oder nit! Verstehst mi?"

17 Spricht der *Humorist* zu einem anderen Nachbar: „Freund, magst du mit mir hingehen, dem Paulus zu danken, daß er uns aus dieser Bleikammer befreit hat? Denn mit diesem vierschrötigen Tiroler ist nichts anzufangen. Also, wenn's dich nicht geniert, so gehe mit!" — Spricht der *Angeredete:* „Ich geh auch nicht! Denn du hast auch mich beleidigt, indem auch ich ein Tiroler bin, freilich mehr gebildet als der andere. Ihr Wiener seid nichts als gemeinste Mistkäfer, und es ist für keinen ehrlichen Mann eine Ehre, mit euch in Familie zu leben!"

18 Spricht der *Humorist:* „O je, o je! Jetzt hab ich's gut gemacht! Zwischen zwei Feuern vom gröbsten Kaliber! Jetzt habe ich aber auch die höchste Zeit, daß ich weiterkomme, sonst entleert sich noch ehestens ein echtes Tiroler Hochgewitter über mein Haupt!"

19 Hier verläßt der *Humorist* seine Hochgebirgsgesellschaft und begibt sich schnell zu Paulus hin und sagt: „Liebwertester Freund, du hast uns allen eine große Wohltat erwiesen. Aber es ist noch keinem eingefallen, daß er sich hier im Freien bei dir dafür bedankt hätte, daß du uns durch die Wahrheit deiner Rede aus unserer wahren Bleikammer befreit hast. Ich habe daher mir als erster die Freiheit genommen, dir als unserem allerwertesten Freund hiermit meinen tiefsten und wärmsten Dank darzubringen!"

20 Sagt *Paulus* ein wenig lächelnd: „Schön von dir! Aber nur hättest du hier auch den Hauptgrund angeben sollen. Sieh, der grobe Tiroler hatte recht, als er zu dir sagte: »Nicht der Paulus, sondern das ‚Menschle' sticht dir in die Augen!« — Also in Zukunft nur alles, was wahr ist! Denn hier, vor uns, ist es wohl keiner Seele möglich, sich zu verstellen! Gehe aber jetzt auch zum ‚Menschle' hin und mache ihr dein Kompliment! Aber vergiß nicht, daß sie schon das Weib eines Mannes ist, und zwar desjenigen, der neben ihr steht!"

21 Spricht der *Humorist:* „Lieber Freund, ich danke dir für diese

Belehrung, sie ist durchaus wahr! Aber daß ich nun dieser holdesten Dame sogleich ein Kompliment machen soll, während sie mit ihrem Gatten in ein Gespräch versunken steht, dürfte doch ein wenig unschicklich sein! Je mehr ich sie aber betrachte, desto bekannter kommt mir ihr Gesicht vor, wie auch das seine. Er hat eine außerordentliche Ähnlichkeit mit dem berüchtigten — hm, fällt mir gerade jetzt der Name nicht ein! Kurz, er sieht einem Hauptdemokraten gleich, den ich vor ein paar Jahren oft in Wien gesehen habe."

22 Spricht *Paulus:* „Daran liegt auch vorderhand sehr wenig. Wir haben nun sehr viel wichtigere Dinge zu tun, als uns mit ein paar Namen herumzubalgen. Ich werde dir aber nun einen andern Rat geben. Den befolge und es wird dein Schaden nicht sein! Falle nun vor meinem höchsten und allerbesten Freunde auf deine Knie nieder und sage: »O Herr, sei mir armem Sünder gnädig und barmherzig! Nimm mich als ein sehr verlorenes Schaf in deiner großen Gnade auf und laß mich die Ausflüsse deiner Liebe und Erbarmung genießen!« Sage solches aber mit aller Wärme deines Herzens, und dir soll dafür Heil widerfahren!"

23 Spricht der *Humorist:* „Freund, du verlangst viel von mir! Bedenke, wie mich alle meine Bekannten für einen barsten Trottel ansehen werden! Und so mich dann jemand fragen wird: Wer ist denn der, vor dem du wie vor dem allerheiligsten Altarsakrament bei der Wandlung auf die Knie gerutscht bist, als ob er unser Herrgott wäre? — was werde ich dann zur Antwort geben?" — Sagt *Paulus:* „Nichts als: »Tue auch du desgleichen, es wird für dich besser sein als solch ein leeres Fragen! Denn Der, vor Dem ich niederfiel, ist Jesus Christus, der Herr Himmels und aller Welten!«"

24 Hier fällt unser *Humorist* auf den Boden nieder und sagt hell lachend: „Nein, was z'viel ist, ist z'viel! Entweder bist du zeitweilig ein Narr, oder dir beliebt es, uns alle dafür zu halten und dich an unserer Schwäche zu belustigen! Es ist genug, daß wir dich unter dem Namen eines alten, berühmten Apostels verehren, weil du uns durch deine Lehre wirklich zu einem wahren Apostel geworden bist. Aber daß nun dein noch schlichter als du aussehender Freund so mir und dir nichts Christus der Herr sei, und die zwei anderen höchstwahrscheinlich auch ein paar Apostel und jene Dame etwa gar die allerseligste Jungfrau mit dem hl. Joseph, das geht vom Himmelblauen schon ins Kirschrote über!

25 Ich sage dir, Freund, nun ganz ernst: Mit derlei Späßen bleibe uns vom Halse, denn sie könnten dir verdammt übel bekommen! — Denn wisse, mein sonst hochschätzbarster Freund, obschon ich zwar kein Pharisäer bin in der römisch-katholischen Art, so bin ich dennoch ein wahrer Verehrer Christi und bekenne vollkommen Seine unbestreitbare Göttlichkeit. Aus diesem Grunde ist Er mir viel zu erhaben und heilig, als daß ich Ihn hier in den gemeinsten Wiener Straßenkot herabziehen sollte! — Glaube mir, obschon ich zwar in manchen Punkten, besonders im Punkt des schönen Geschlechts, kein Mönch, kein Plato und kein Sokrates bin, so bin ich dessenungeachtet ein großer Freund, Verehrer und Anbeter Christi! Daher bitte ich dich wohl, mit diesem Namen aller Namen ein wenig behutsamer umzugehen!"

26 Sagen nun auch die *sieben,* die sich zuerst dem Paulus angeschlossen haben: „Ja, der Pepi hat recht! Christus, den Herrn, muß man höher achten! Und es ist nicht schön von unserem sonst achtbaren Freund, daß er den Gottessohn in einen ganz gewöhnlichen Menschen herabziehen will!" — Sagt *Paulus:* „Seid nur ruhig, es soll sich bald zeigen, ob ich recht habe oder nicht! Ziehen wir nun weiter, denn hier sind wir bereits vollkommen fertig! Der Herr geht, und so gehen denn auch wir!"

205

Phantastische Vermutungen der Mitläufer
Neue sonderbare Begegnungen
Die längstverstorbenen Ahnen des Hauses Habsburg-Lothringen

1 Sagt im Gehen der *Humorist:* „Was soll nun das wieder heißen: Der Herr geht, also gehen auch wir! Wer ist denn der Herr, warum ist er ein Herr? Der Mensch wird doch nicht im Ernst behaupten wollen, daß dieser echt polnische Schachermann am Ende doch Christus der Herr sein soll!" — Sagt ein *anderer* neben dem Humoristen: „Du, Seppl, jetzt wird mir ganz klar, was es mit dieser Gesellschaft für eine Bewandtnis hat!" — *Seppl* fragt: „Nun, was denn? Rede! Bin neugierig, dein Urteil zu vernehmen!"

2 Spricht der *andere* weiter: „So höre denn! Das sind russische

Spione unter dem Deckmantel einer gewissen transzendentalen Pietistik, mit der sie die Menschheit blenden! Es ist wahr, der sogenannte Paulus sprach wie ein Buch, und seine zwei Geldwechslergeschichten sind von einer Art, hinter der sich kein Betrug sollte denken lassen. Aber eine plumpe Maske ist schlechter als gar keine, daher haben diese Russitschkis eine feine Maske gewählt. Christus, Paulus, sicher auch Petrus, Jakobus oder Johannes und gar etwa auch Joseph und Maria! Ein recht rares Sextett! — Der Christus wird so ein Hauptmagier sein und sehr hieroglyphisch reden, so er überhaupt etwas redet, denn gewöhnlich sind solche Hauptmagier stumm. Der sogenannte Paulus wird sein nächster Helfershelfer sein, auch in der Magie nicht unbewandert, aber hauptsächlich beim Redezeug zu Hause. Die andern zwei scheinen mir mehr Taschenspieladjudanten zu sein. Und der ganz vordere mit der schönen Zirkassierin ist höchst sicher ein feiner Pfiffikus und kennt sich überall aus. Und seine Holdeste ist so ein Lockvögelein und manchmal, natürlich gegen viel Geld, so ein liebes Zugpflästerchen für gewisse Anschoppungen im Unterleib. Zwar alles menschlich, aber der Art nach doch sogar für unser großes Wien etwas selten! Nun Seppl, fangst schon an, dich ein wenig auszukennen?"

3 Sagt der *Humorist:* „Ja, die Geschichte hat wohl ein Gesicht, daß man so etwas glauben sollte! Aber für ganz möchte ich die Sache denn doch nicht annehmen. Denn der Paulus ist wirklich ein Weiser wie in ganz Wien kein zweiter, und der sogenannte Christus, zwar ganz ein polnischer Jude, scheint sonst ein überaus guter Mann zu sein ohne die geringste kaufmännische Tücke. Die andern vier, die Zirkassierin mitgezählt, sehen sehr honett aus und man entdeckt nichts Gemeines an ihnen. Also laufen auch wir mit, als ob wir bezahlt würden. Die Sache fängt an, für mich ein bedeutend anderes Gesicht zu bekommen, als es im Anfang der Fall war: Schau hinauf ans Firmament! Der Himmel ganz rein, keine Sonne, und doch ist Tageshelle! Schau auch diese uns bekannte Gasse an! Siehst du außer uns auch nur eine Seele wandeln? Alles ist leer, die Häuser sind wie ausgestorben. Und auf der Straße wächst unglaublicherweise das schönste Gras! Sag mir, fällt dir dies nicht auf?"

4 Sagt der *andere:* „Allerdings! Am sonderbarsten sieht wirklich das Firmament aus. Der Himmel ist förmlich licht-indigoblau, und alles ist beleuchtet wie von der Sonne am hellen Mittag. Aber nirgends ist et-

was zu entdecken, das der Sonne gleichen möchte, und kein Gegenstand wirft einen Schatten! Überall gleiches Licht, und nirgends ein leuchtender Körper, weder eine Sonne, noch ein Mond, noch ein Stern! Ja, du hast recht, das ist schon sehr merkwürdig!"

5 Sagt der *Humorist:* „Nun, ich glaub's auch, daß die Sache ein wenig merkwürdig ist. Die Stadt, die Häuser, Gassen und Plätze sind wohl ganz Wien. Auch der Belagerungszustand mit seinen verpalissadierten Bastionen und Kanonen dauert in völlig gleicher Gestalt fort. Nur ist das Wach-Militär nicht so streng gegen die Besucher der Bastionen und läßt sie ihre Wege wandeln. Aber sieh dir einmal die Menschen an, so dir welche begegnen. Sie sind meist weltfremd, wild und dumm wie die Chinesen, und traurig und wehmütig, als wenn sie die Cholera hätten. Dort vor einem Haustor stehen so einige Zigeuner. Schau nur, was die für Froschgesichter machen und wie sie dann und wann einander beriechen, ob kein Silber oder Gold aus ihnen röche. Hast du so etwas je im lieben Wien gesehen?"

6 Sagt der *andere:* „Ist wahr, sehr merkwürdig! Aber he, he! Was wandert denn dort für Wien ganz Fremdes uns entgegen? Beim Kukkuck, das sind ja große schwarze Straußvögel! Sie haben ungeheuer lange Hälse und noch längere Beine! Es sind eine Menge und sie kommen uns näher! Wahrlich, mit denen möchte ich gerade nicht einen Gassenkampf beginnen! — Freund Seppl, zupf da ein wenig den Herrn Paul, der wird dir darüber wohl eine Auskunft zu geben vermögen!" — Sagt der Humorist *Seppl:* „Warum soll das gerade ich tun? Die Vögel werden wohl einer großen Menagerie ausgekommen sein! Der Herr Vetter wird sich doch vor diesen afrikanischen Kapaunen nicht fürchten!"

7 Sagt der Vetter *Holzbaumer:* „Nein, das gerade nicht. Aber wissen möcht' ich doch, wo diese Viecher her san. Vielleicht sein's etwa gar böse Geister? So wir etwa doch in der Geisterwelt sind, wäre so was ja leicht möglich!" — Spricht der Humorist *Seppl:* „Geister werden's wohl sein, aber keine bösen! Denn Geist muß alles haben, was da lebt. Aber nun machen die Luder förmlich Front vor uns, und aus ihren sonderbaren Mienen ist eine gewisse Kampfgier nicht zu verkennen. Der Herr Vetter könnt' am Ende mit seinen bösen Geistern auch noch recht haben! Nun muß ich doch im Ernst den guten Paulus ein wenig zupfen!"

8 Hier zupft der *Humorist* den Paulus und sagt: „Höre, edler Freund, was hat's denn da mit den schwarzen Straußen für eine Bewandtnis? Werden sie uns fressen oder was?" — Sagt *Paulus:* „O nein, sorget euch um nichts, diese werden uns nichts tun. Sie ziehen uns nur in Parade entgegen, um uns zu ersuchen, daß wir sie in ihrem Palast besuchen sollen. Daher seid ganz ruhig, in Kürze werdet ihr ohnehin erfahren, was es mit diesen Eisenfressern für eine Bewandtnis hat."

9 Der Humorist Seppl ist nun beruhigt und sein Vetter auch. Sie beruhigen auch die andern, die mehr oder weniger über diese Erscheinung stutzen. Als wir aber in die Nähe dieser Vögel kommen, verlieren sie mehr und mehr ihre Straußgestalt und werden zu sehr hager aussehenden Menschen. Ein paar treten vor und ersuchen Robert, daß er seine ganze Gesellschaft in ihren alten, höchst adeligen Palast führen möchte.

10 Robert erwidert, daß er der Herr nicht sei und weist die beiden an Mich. Aber die *beiden* sagen: „Wann du nöt Herr, worum voran gahn?" — Und *Robert* sagt: „Weil es des Herrn Wille ist! Und so ist es auch Sein Wille, daß ihr euch an Ihn wenden sollt, so euch in irgend etwas wahrhaft geholfen werde. Wir alle anderen können euch nicht helfen außer durch Lehre und Rat. Die Tat aber ist des Herrn allein! Darum wendet euch an den Herrn, was Er anordnen wird, das wird geschehen!"

11 Auf diesen Bescheid Roberts verfügen sich die *beiden* zu Mir und sagen: „Wonn du Herr, so gah mit ons sämtlich deiner Gesellschaft! Wür bitten di dorom!" — Sage *Ich:* „Was sollen wir bei euch? Wer seid ihr Hohen denn, daß Ich euch nicht kenne?! Was waren eure Taten? Ich kenne die Geister nur nach ihren Taten und nie nach ihrer Gestalt!"

12 Sagen die *zwei:* „Wür sund kane Geister noh, wür sund Herzog und Erzherzog und König und noh mehr! Und wür wohnen alle in einem Höchstadlings-Palast. Und do sollst du mit ons gahn, wür werden ons dort besser verstahn." — Sage *Ich* zu Robert: „Also führe uns denn dahin, und wir werden sehen, was sich dort alles offenbaren wird!"

13 *Robert* sagt nun zu den zweien: „So ihr vernommen habt, was der Herr geredet hat, so tretet vor mich hin und führt uns alle in euer Haus!" — Sagen die *beiden:* „Wür hohn kan Haus, wür hohn an Höchstadlings-Palast, weil wür sund von de höchste Adel!"

14 Sagt *Helena*, die schon etwas pitzlich wird über die langweilige Gesprächsweise dieser Höchstadeligen: „Nun, schaut's nur gleich, daß euer Höchstadlings-Palast am End nicht so ein recht schmutziges Saustallerl ist! Jetzt wollen die einen Palast haben! Nein, das ist wohl zum Lachen! So graupige und kleinzerlumpte Kerls und einen Höchstadlings-Palast!" Sagt *einer* der Höchstadeligen: „Mane Jongfr, sei se stad mid Maul, sonst leg i an Schlos af ihr Maul! Se moß froh san, wonn sie onser Herrgott lebn laht! Hat se verstahn?"

15 Sagt *Helena:* „Sie sagen's mir, wie lang ist es denn schon her, seit Sie gestorben sind? Sie müssen nach Ihrer Sprache doch hübsch viel vor Adam auf der Welt gelebt haben? Nein, ist das eine Sprache, bei der man alle Zustände bekommen möchte! Nun, wie ich merke, geht der Weg ja zu den Kapuzinern! Soll etwa dort der Höchstadlings-Palast sein?" — Sagt der *eine* Höchstadelige: „Stad sei mid dan Maul! Du verstahn ons nöt, du best su jong. Dorom holt stad dane Maul! Bei de Kopozenr son mer wohl, obr nöt of der Erd' sondern ondr der Erd, verstahn du Jongfr!"

16 Sagt *Helena:* „Ja, ja, mir kommt es auch so vor, daß ihr noch hübsch fest unter der Erde zu Hause seid! Das wird wohl das erstemal sein, daß ihr euch über der Erde befindet!" — Sagt der *eine* zornig: „Iche hohn de scho gsagt, daß dei Maul holdn sulst! Abr tost du nöt fulgn man Wort, so werd i dr mußn ane obe schlogn! Hast du mi verstahn?"

17 Sagt *Robert* zu Helena: „Meine Geliebteste! Mußt nicht gar zu viel reden mit diesen Wesen, denn sie sind sehr roh und könnten dir im Ernst Leid antun! Ich sehe ja, wohin sie uns führen werden, und so braucht man weiter nicht mehr darum zu fragen. Sieh, das sind lauter längst verstorbene Regenten des Hauses Habsburg und Lothringen! Nun ruhen sie in der Herrschergruft bei den Kapuzinern, teilweise auch bei den Augustinern wie auch einige in den Stephansdom-Katakomben — das ist ihr Höchstadlings-Palast! Wir werden uns nun sogleich bei ihren Särgen befinden. Daher sei nur still!"

206

In der Kaisergruft bei den Kapuzinern
Viel Totes in den Särgen! Die Hauptfrage ist Jesus!
Verschiedene Ansichten über Rom

1 Mittlerweile kommen wir wirklich bei den Kapuzinern in der Gruft an, was einigen unserer neuen Begleiter nicht recht zusagt. Denn unser *Humorist* macht gleich die Bemerkung: „Nun frage ich jeden unter euch: Was haben wir nun bei der Geschichte gewonnen? Gar nichts! Von einem Loch hat uns der gute Paulus herausgefoppt, damit wir nun in ein noch ärgeres gesteckt werden. O das Leben ist doch schön! Das Leben ist eine eingehülste Beweglichkeit, aus Hunger, Durst und allerlei Elend zusammengesetzt. Dies eingehülste Elend-Leben wird stets von einer Grube in die andere versetzt, und darin scheint auch seine Bestimmung zu liegen. — Bei der Zeugung nimmt die Wanderschaft ihren Anfang und hört nachher ewig nimmer auf. Nur so schön fort von einem Trübsalsort zum andern, in Ewigkeit Amen!

2 Hier in der alten Fürstengruft können wir den alten Habsburgern ein bißchen herumspuken helfen, denn sie allein werden keinen Spuk mehr zuwege bringen. So eine Spukerei von einem Karl oder Rudolf oder Leopold wäre sicher ein Labsal für die hungrigen Mägen einiger Kapuziner, denen die Messen trotz ihres Kanzellärms nichts mehr eintragen. Wenn so ein Geisterspuk von vielen beobachtet werden könnte in der Fürstengruft — welchen Glauben an die Messen und die vollkommenen Ablässe würde das wieder mit sich bringen! Also, vivat! Freunde, den Kapuzinern soll geholfen werden!"

3 Sagt ein *anderer:* „Aber Freund, wo steht denn geschrieben, daß wir deshalb bei den Fürstensärgen in der Kapuzinergruft bleiben müßten, weil wir mit den Freunden hierhergekommen sind, die uns ehedem aus dem ersten Arrest befreit haben? Das war wohl wieder schwach, lieber Freund Seppl! Ich aber meine, diese Fürsten werden wohl auch den Wunsch haben, von ihrem langen Schlaf einmal erweckt zu werden. Daher haben sie sich, so gut es ihnen möglich war, an diese wundermächtigen Freunde Gottes gewendet. Daß wir dann auch mit hierher gezottelt sind, ist unsere Sache, indem wir ebensogut hätten draußen

bleiben können. Da wir nun aber schon hier sind, seien wir ruhig und hören, was die Wunderfreunde Gottes mit diesen alten Fürstengeistern alles tun werden!"

4 Sagt der *Steuereinnehmer:* „Nun, das ist einmal ein Wort, das sich auf so einem ernsten Platze hören läßt! Ein jeder dieser Särge ist eine Weltgeschichte von Völkern, die unter einem dieser Regenten gelebt, gewandelt und gehandelt haben. Und wo Gott Selbst leibhaftig so einen Ort besucht, da müssen solche Protzer und Patzer wie wir beide wohl schön das Maul halten, sonst könnte es uns am Ende nicht am besten gehen. Dort schau hin, wie Paulus und der Herr Jesus und die zwei andern, wahrscheinlich auch Apostel, die alten Särge wehmütig betrachten! Und höre wie *Paulus* nun sagt: »O Herr, Deine Liebe, Gnade und Erbarmung hat keine Grenzen, aber da gibt es noch viel Totes in diesen Särgen!« — Hörst du, Seppl? Sehr viel Totes gäbe es noch in diesen Särgen!"

5 Spricht der *Seppl:* „No ja, das wird doch ein jeder Mensch wissen, daß in so einem Sarg keine Tanzlustbarkeiten gegeben werden. Daß aber diese alten Fürsten mit ihrem oft sehr tyrannischen Herrschen über die armen Völker so manches Stück einer traurigsten Geschichte zuwege gebracht haben, das weiß ich so gut wie du! Und inwieweit diese Särge ehrwürdig oder nicht ehrwürdig sind, weiß ich auch! — Ob aber jener schlichte Jude, mit dem der sogenannte Paulus sich bespricht, *Jesus*, der bekannte Gottessohn ist oder nicht, das ist eine andere Frage! Möglich ist alles. Aber hier mangelt uns noch sehr die Gewißheit, was man lieber für wahr als für unwahr halten möchte. Meinst du denn, daß ich etwa ein Feind Christi sei oder an Ihn nicht glaube? Oh, da irrst du dich sehr! Ich verehre Ihn unendlich hoch und eben deshalb trage ich noch immer Bedenken mit diesem Juden da. Ich gebe auf alles acht! Sehe ich aber, daß Er es etwa doch ist, dann sollst du Wunder schauen an meinem Benehmen gegen Ihn! Denn weißt du, ich liebe Ihn unendlich!"

6 Sagt der *Steuereinnehmer:* „Das ist sehr schön von dir, aber aus deinen früheren Reden hätte man das nicht leichtlich herausgefunden!" — Sagt *Seppl:* „Ja, ja, weil ich über die römischen Pfaffen nicht zu honnett gesprochen habe, hast du geglaubt, ich sei etwa auch so ein halber Fetzen von einem Antichristen! Aber Freunderl, da hat's Zeit! Ja, mein Lieber, man kann dadurch erst ein lebendiger Verehrer und

Anbeter Christi sein, wenn man im Herzen ein Feind des Papsttums ist; denn Christentum und Papsttum verhalten sich gerade wie ja und nein. Wenn du mir das nicht glaubst, so gehe hin zu Paulus, der wird es dir auf hebräisch sagen, wenn du es deutsch nicht verstehen solltest!"

7 Sagt der *Steuereinnehmer:* „Ich habe die römische Religion nicht gar so schlecht gefunden und man kann in ihr auch selig werden." — Sagt der *Seppl:* „O ja, wenn man mit dem Bauernkalenderhimmel zufrieden sein will. Aber hübsch viel Geld kostet es und Zeit und Geduld! — Nun heißt uns Paulus stille sein, und so gehorchen wir ihm!"

207

Anliegen der Regentengeister. Ihre Erzählung vom feurigen Reiter und dessen Weissagung über Weltende und Wiederkunft
Die Regenten erbitten irdische Hilfe, Paulus verheißt geistige

1 *Paulus* richtet sich auf und sagt zu den Bewohnern der Gruft: „Ihr habt uns berufen, euch gewisserart dringend nötig hierher zu folgen. Was wollt ihr denn, daß wir euch hier tun sollen? Welches Tatenvermögen traut ihr uns wohl zu? Und wodurch wart ihr denn genötigt, zu uns zu kommen? Redet, auf daß wir euch helfen nach eurer Not und nach der Rührigkeit eures Gemüts!"

2 Tritt der *eine* vor und sagt: „Ich bin ein Römisch-Deutscher, (Anmerkung: Die Würde wird bei irdisch hochgestellten Personen im Geisterreich nicht leichtlich genannt, manchmal auch die Namen nicht), bin hier meines Namens und der Würde nach der Erste und heiße Rudolf. — Ich sah letzthin eine große Bewegung in der Luft, und ein feuriger Reiter trat zu mir hin und sagte: »*Dieses euer Haus wird euch wüste gelassen werden und kein Stein auf dem anderen! Die Erde wird durch Feuer und Blut gesäubert werden! Ein großes Wehe wird erschallen aus dem Munde der Großen, und Feuer und Pest wird zu Millionen hinraffen die Armen! Und es soll kommen der Welt Ende!*« — Das waren die Schreckensworte des feurigen Reiters. Und als er geredet hatte, da hat uns alle eine große Furcht angewandelt, daß wir zu schreien anfingen vor zu großer Angst.

3 Aber der feurige Reiter sagte darauf zu uns: »*Es wird aber zuvor noch berufen Gott der Herr alle, auch die Verworfensten. Ins Geisterreich wird der Herr Selbst kommen und wird sich zu erkennen geben allen, die ihre Nacht gefangenhält. Die sich an Ihn wenden werden, die wird Er auch erhalten. Es werden Ihm aber vorangehen Seine Knechte Petrus, Paulus und Johannes und werden den Gefangenen verkünden das Licht, welches da kommt aus dem Namen des allmächtigen Gottes. Und die den Namen aufnehmen werden in ihr Herz, die werden selbst einen neuen Namen bekommen, und der Herr wird wieder aufrichten ihre morschen Festen und zerfallenen Burgen.*

4 *Ebenso wird der Herr auch kommen auf die Erde, und zwar zuerst auch nur durchs Wort aus dem Herzen und Munde der Weisen, die Er erweckt hat und deren Er noch mehrere erwecken wird. Dann aber, so die Erde wird geläutert sein, wird Er auch kommen in Seiner allerheiligsten Person zu all denen, die Ihn lieben und eines reinen, erbarmenden Herzens sind!*« — Darauf verließ uns der feurige Reiter, fuhr wie ein Blitz von dannen, und wir sahen ihn dann nicht wieder.

5 Nun aber haben wir ein Gerücht vernommen, daß in unsere alte Residenzstadt Wien über die ‚Spinnerin am Kreuze' Menschen angekommen seien, die sich für Gottesboten ausgeben und auch Wundertaten verrichten, um für die Blinden die Wahrheit ihrer Sendung zu bekräftigen. Wir sind bei dieser Kunde, sogleich unseren Höchstadlings-Palast verlassend, in guter Ordnung hinausgeeilt, um womöglich mit solchen Boten selbst zusammenzukommen. Wir sind mit ihnen wirklich zusammengetroffen und haben sie hierher geführt. Ihr selbst seid unleugbar solche Boten!

6 Wir Fürsten legen darum unser Anliegen zu euren Füßen — dahingehend, daß ihr unsere alten Festen und Burgen wieder aufrichten und derart befestigen möchtet, daß sie nimmer von irgendeinem Feinde wieder erobert und zerstört werden. Auch diesen unseren Höchstadlings-Palast möget ihr derart festen, daß ihn nimmer jemand soll verwüsten können! — Das ist nun unser ganzes Anliegen, dessentwegen wir euch entgegenkamen und euch hierher geführt haben. Denn könnte diesem Höchstadlings-Palast irgend etwas Übles zugefügt werden, so wäre das auch rück- und vorwirkend ein großes Unglück für die hohe Habsburg-Lothringer Dynastie, und es stünde bald sehr ihr Fortbestand auf dem Spiel.

7 Im Erdjahre 1848 ward in unserem Höchstadlings-Palast nur ein einziger Stein ein wenig locker, und seht, die Dynastie hatte zu tun, um sich in ihrem uralten Ansehen zu behaupten! Sie hat sich nun wieder gefestet und hat den redlichen Sinn, ihre Untertanen bestens zu regieren und zu leiten, die Guten zu belohnen und die Bösen rücksichtslos zu bestrafen nach dem Maße ihrer Vergehen. Gewiß vollkommen dem Willen Gottes gemäß, weil Er Selbst es so tut und so haben will. Es wäre darum wahrlich ein unberechenbares Übel für alle untergebenen Völker, so die Dynastie nur in irgendetwas könnte gefährdet werden oder am Ende gar um ihren alten Thron kommen würde!"

8 Sagt *Paulus:* „Freunde, die Prophezeiung des feurigen Reiters ist wohl richtig, doch noch nicht verwirklicht. — Aber eure Bitte und eure Sorge, die euch zu bitten nötigt, ist eitel und sehr töricht! Was können euch die alten Festen und Burgen auf der Erde mehr nützen, deren viele Tausende durch der Zeiten Walten schon in Schutt verwandelt worden sind! Es hat wohl der feurige Reiter von der Aufrichtung eurer Festen und Burgen geredet. Aber es sind darunter *nicht* zu verstehen eure alten irdischen Festen und Burgen, sondern euer Glaube und eure Hoffnung durch die Macht der Liebe zu *Jesus,* Gott dem Herrn! Das ist die Feste und die Burg! Diese will der Herr bei euch, die ihr hier zufolge eures höchsteigenen Wollens in tiefer Geistesnacht schmachtet, schon seit langen Zeiten aufrichten und neu beleben. So ihr das *wollt,* sage ich zu euch im Namen des Herrn, der auch hier ist, den aber ihr nicht erkennet und noch nie erkannt habt: Das wird der Herr euch auch tun, so ihr Ihn darum bitten werdet!

9 Auch die irdische Dynastie wird Er erhalten, solange Er es für gut findet und solange diese so handeln wird, daß die Völker von ihr aus in keine zu große Not geraten. Sollten die Völker aber in ihrem Herzen laut zu klagen anfangen, dann wird der Herr der Dynastie auch bald ein volles Ende zu machen verstehen. Denn die Dynastie ist vor Gott nichts, und ihr Thron ist auch nichts, und sie ist nicht da des Thrones wegen, und der Thron nicht der Dynastie wegen, sondern sie ist da als ein weise-sein-sollender Hirte der Kinder Gottes! Kann oder will sie diese Gottesherde nicht hüten vor allerlei Übeln und nimmer Gott geben, was Dessen ist, dann ist sie nicht mehr zu brauchen. Der Herr wird dann auch wissen, einer hochtrabenden Dynastie ein völliges Ende zu bereiten!"

208

Fortsetzung der Dynastenbelehrung. Gleichnis von den faulen Hirten Die Dynastien sind nur der Völker wegen da Mahnung zur Demut und Hinweis auf den Herrn

1 *Paulus* fortfahrend: „Ich, Paulus, ein wahrer Knecht des Herrn Jesus, sage dir und euch allen: Vor Gott dem Herrn sind alle Throne und Dynastien ein Greuel. Aber so die Dynastie den Willen des Herrn achtet und handelt nach solchen Grundsätzen, die aus dem Worte Gottes und aus Seiner Liebe und Erbarmung abgeleitet sind, dann ist die Dynastie über den Thron erhaben und dem Herrn recht und genehm. Mit solch einer Dynastie ist dann des Herrn Gnade, Macht, Kraft und Stärke. Wehe dem Feinde, der sie angriffe, wahrlich, er wird zu Staub und Asche zermalmt werden! Merkt euch das, ihr alten, selbst in eurem Geiste tiefst eingefleischten Dynasten: Keine Dynastie ist an und für sich etwas, und kein Thron hat einen Wert und einen Bestand, wenn nicht jemand tatsächlich von Gottes Gnaden darauf sitzt!

2 Eine Dynastie, die der Herr aber so lange wie die Habsburger auf dem Thron beläßt, muß dem Herrn im allgemeinen doch recht sein, ansonsten sie schon lange gleich anderen Dynastien sich auf keinem Throne mehr befände. Ihr aber seid eben deshalb hier so lange in eurer Nacht und Blindheit, weil ihr in euren Herzen die Dynastie für etwas haltet, das auf der Erde und auch noch in der Geisterwelt das allerhöchste sei und für deren Erhaltung der Herr Seine Allmacht verwenden solle. O seht, das ist ein großes Irrsal in euren Eingeweiden! Der Herr ist freilich die alleinige Stärke und Macht jeglicher Dynastie und jeglichen Thrones. Aber nicht der Dynastie und des Thrones, sondern der Völker wegen, die vor Ihm allein etwas sind!

3 Gott der Herr tut gegenüber einer jeden Dynastie, was da tut ein Haus- und Grundherr, der viele Weideplätze und viele Herden hat. Wenn ein oder mehrere *Schafe* seiner Herde schlecht sind, wird sie der Besitzer mit aller Sorgfalt pflegen, daß sie gut werden mögen. Aber so der *Hirte* faul wird und schlecht, da wird dieser mit dem Herrn der Herden übel zu tun bekommen. Bessert er sich nicht, wird ihn der Herr aus dem Dienst jagen und ihm nimmer eine Herde zur Hut anver-

trauen. Wenn der Herr aber auch *hundert* Hirten vom Dienste hinwegtut, weil sie schlechte Hirten waren, so wird er aber nicht *ein* Schaf darum wegtun, weil es schlecht geworden ist, sondern er wird es behalten und pflegen; aber einen schlechten Hirten wird er vom Dienst entfernen.

4 Seht hin über die ganze Erde! Die Völker sind noch dieselben; aber wo sind alle Dynastien, die einst diese Völker beherrschten? Sie sind schlechte Hirten geworden und somit auch ihres Dienstes verlustig gegangen! Entfernt sonach aus euren Herzen, was töricht ist und überaus nichtig vor Gott! Ziehet aus wie ein schlechtes Kleid euren Dynastenhochmut und zieht an ein neues Gewand der Demut und wahren Erkenntnis, auf daß ihr dadurch mögt in die Zahl der Gotteslämmer aufgenommen werden, die da sind die wahren Gotteskinder!

5 Ihr habt die Worte vernommen, die der feurige Reiter an euch gerichtet hat. Da hieß es auch, daß bald auf die Boten, denen ihr entgegengegangen seid, der Herr Selbst kommen und eure zerstörten Festen und zerfallenen Burgen aufrichten wird. — Ich, Paulus, aber sage euch noch viel mehr als jener feurige Prophet zu Pferde:

6 Seht, der Herr, der da nach uns kommen sollte, ist gleich mit uns da! Dieser hier an der Seite meines Herzens ist es. Zu Diesem gehet hin und tragt Ihm die Anliegen eurer Herzen vor! Er allein besitzt die Urquelle des lebendigen Wassers. So ihr das trinken werdet, da wird es euch ewig nimmer dürsten! Darum, da Er Selbst hier persönlich wesenhaft gegenwärtig ist, so geht hin vor Ihn: Er allein kann und wird euch helfen! Wir anderen haben keine Hilfe in unserer Macht, wohl aber die Eigenschaft, unsere blinden Brüder für die Hilfe aus Gott vorzubereiten.“ —

7 Sagt darauf der erste Dynast R.: „Von Anfang her war deine Rede gut und du hast uns die Sache recht gezeigt! Aber daß dieser hier an deiner Herzseite Christus, der Herr, sein soll, also Gott Selbst von Ewigkeit, das ist dumm von dir! Wenn ein Herrscher auf der Erde kein Abzeichen, wie etwa einen Hausorden und dergleichen trägt und einhergeht wie ein geringster Stallknecht eines gemeinen Bürgers, dann mag er sich es selbst zuschreiben, so er mit Kot beworfen wird! So aber ein irdischer König auch durch äußeren Glanz zeigen muß, wer er ist — so wird das wohl beim ewigen Herrscher aller Herrscher um so mehr

der Fall sein! Zudem heißt es ja auch: »Gott wohnt im unzugänglichen Lichte«."

[8] Spricht *Paulus:* „O ja, das letztere ist auch richtig, aber nicht für jedermann! Siehe hin! Gerade das Licht, in dem sich der Herr nun befindet, wird für dich und deinesgleichen wohl das unzugänglichste sein; denn das Licht der Demut und der Selbsterniedrigung ist für Wesen euresgleichen wahrlich das verborgenste. Ich, Paulus, sage euch: wäre der Herr strahlend wie eine Sonne zu euch gekommen, so hättet ihr Ihn sogleich anerkannt; aber in diesem Kleide ist Er euch unzugänglich! Es wird euch aber schwer werden, fürder in Seine Nähe zu kommen! Ihr wißt nun alles; tuet sonach, was ihr wollt! Ich habe ausgeredet vor euch."

209

Ein alter Dynast und der Herr
Der Dynast bittet um ein echtes Gotteswunderzeichen

[1] Hierauf tritt einer dieser noch geistig toten *Dynasten* vor Mich hin und sagt: „Du hast vernommen, was jener Paulus und der alte R. von dir geredet haben. Die Sache klingt nahezu unglaublich, aber ich will mich an alledem nicht stoßen. Ich komme daher zu dir um zu vernehmen, ob am Zeugnis des Paulus über dich im Grunde etwas Wahres sei. Ich will jenen guten Mann gerade nicht als Lügner ansehen, da er mir viel zu ehrlich aussieht. Aber leicht kann er für dich zu sehr eingenommen sein und dich deshalb in seiner starken Liebe vergöttern.

[2] Ich will diesen guten Mann deshalb weder loben noch tadeln, aber prüfen will ich die Geschichte doch, da ja geschrieben steht, daß man solle alles prüfen und das Gute behalten. Sage mir daher selbst, was wir von dir halten sollen! Kann Gott wohl in deinem Aufzug Seinen Geschöpfen erscheinen? Und kann Gott, der Unendliche, überhaupt von Seinen Geschöpfen gesehen und gesprochen werden?"

[3] Sage *Ich:* „Freund, du verlangst von Mir nicht Worte, sondern Taten. Handle Ich vor dir aber wie ein Mensch in seiner Ohnmacht, so wirst du sagen: »Das kann jedermann tun, ohne darum ein Gott zu

sein!« Tue Ich vor dir aber Ungewöhnliches, so wirst du Mich entweder für einen Magier oder für einen Naturgelehrten halten und sagen: »Das geht ganz natürlich zu, so man dazu die rechte Kenntnis und Praxis hat. Man ist deshalb noch lange kein Gott, wenn man auch anscheinend Wunder ans Tageslicht fördert! — Würde Ich vor deinen Augen aber eine Tat verrichten, deren nur Gott fähig sein kann, so würde sie dir dennoch nichts nützen, sondern nur ungemein schaden. Denn da wärst du zum zweitenmal gerichtet, und zwar leicht zum ewigen Tode. Denn ein Gefesselter kann in Mein Reich nicht eingehen, spricht der Herr. Glaube also den Worten des Paulus, so wirst du leben! Mehr von Mir sagen kann auch Ich dir nicht, da du noch lange nicht dazu reif bist.“

4 Sagt darauf der *Dynast:* „Du hast wohl recht. Aber das sehe ich nicht ein, warum mir ein wirkliches Wunder als eine von deiner Gottheit zeugende Tat schädlich, ja sogar tödlich werden soll! Ist doch alles ein Wunder der Allmacht und Weisheit Gottes, was immer ich anschaue, und ich bin mir selber das größte. Und sieh, das alles bringt mich nicht ums Leben! Ob nun von Gott zu den zahllosen Wundern noch eins hinzukommt, sollte bei Gott doch ein- und dasselbe sein. Mich berührt es gar nicht, in welcher Gestalt die Gottheit sich ihren Geschöpfen zeigen und vor ihren Augen ein außergewöhnliches Werk wirken will. Ich werde in meinem Geiste dennoch ungebunden bleiben und denken und handeln wie jetzt, wo ich von deiner Gottheit noch keine feste Überzeugung habe.

5 Du kannst also tun, was du willst. Ich werde stets derselbe bleiben, der ich bin und war. Bist du Gott, werde ich eine große Freude haben, meinen Schöpfer persönlich kennenzulernen. Bist du es aber nicht, so werde ich dich für keinen schlechten, wohl aber für einen hie und da überspannten Menschen halten, und das wird dich hoffentlich nicht bekümmern.

6 Zeige mir darum etwas Wunderbares! Erschaffe eine Welt vor meinen Augen, und ich werde mich dabei geradeso verhalten wie bis jetzt, denn bei mir ist kein Wunder größer oder kleiner. Gott ist und bleibt Gott, ob Er eine Mücke oder einen Elefanten erschafft und ob Er im endlosen Lichtgewand der Sonnen oder in dem eines Bettlers sich Seinen Geschöpfen offenbart. Was machte denn Christus mit all Seinen Wunderwerken für einen Eindruck bei den Juden? Sieh, beinahe gar

keinen, außer bei einigen für blind gehaltenen Fischern und Anverwandten. Alle übrigen hielten Ihn für einen Magier, Arzt und alles andere eher als für einen Gott. Und doch war Er wirklich Gott Selbst!"

210

Wunder und ihre Wirkung. Der Dynast erkennt des Herrn Weisheit Sein Christusbekenntnis mit Vorbehalten. Die Dynasten beraten sich

1 Rede *Ich:* „Freund, welchen Eindruck ein Wunder auf dich machen würde, weiß nur Ich am besten; daher soll dir auch keins gezeigt werden. Daß die gesamte materielle Weltschöpfung allerdings ein großes Wunderwerk göttlicher Macht und Weisheit ist, das die Menschen tagtäglich schauen können, ist wahr und richtig. Aber weil die Bewohner der Erde wie aller anderen Weltkörper eben solche Wunder schauen, die wohl die sprechendsten Gotteszeugen sind, müssen sie auch in diesen Wundern sterben dem Fleische nach, das auch ein gleiches Wunder ist.

2 Jedes Wunder ist für die beschauende Seele ein Gericht, von dem sie nur durch möglichst größte Selbstverleugung wieder befreit werden kann. Nun aber kann diese nur darin bestehen, daß der Seele alles hinweggenommen wird, was den leisesten Hauch einer Nötigung hat. Diese Wegnahme aber ist eben das, was ihr das Sterben oder den Tod des Leibes oder der Materie nennet.

3 Es muß aus der Seele alles hinaussterben, was nicht des Geistes ist. Solange irgendeine äußere Nötigung die Seele noch in einigen Lebensfibern gefangenhält, kann der freie Gottesgeist sich nicht in ihr völlig ausbreiten und die Seele frei machen von jeglichem Gericht.

4 Die Gottheit kann freilich wohl Wunder wirken, um eine Seele zur Überzeugung zu bringen. Aber diese Wunder von außen knebeln dann die Seele derart, daß diese sich an eine freie Bewegung gar nicht mehr erinnern kann, die doch die alleinige Bedingung des Lebens vor Gott ist. Daher muß dann die Seele in einen solchen Zustand kommen, in dem sie aller Äußerlichkeiten ledig wird, damit in ihr der Geist sich ausbreiten kann und der Seele vor Gott ewige Beständigkeit verleihen

kann. Denn Gott gegenüber kann nichts bestehen als nur das, was selbst ‚Gott' ist.

5 Verstehst du nun, warum Ich dir Wunder vorenthalte? Wenn Gott in die schon vernünftige Seele nicht den Geist gelegt hätte, könnte sie keinen Augenblick bestehen als ein freies Wesen; es würde ihr ergehen wie einem Wassertropfen auf weißglühendem Eisen. Die Tiere aber müssen eben darum dumm und nahezu ohne alle Erkenntnis einhergehen, weil sonst ihr Bestehen eine Unmöglichkeit wäre. Verstehst du solches?"

6 Sagt der *Dynast:* „Ja, Freund, mir kommt vor, als sollte ich's verstehen, und doch verstehe ich es nicht. Denn derartige Dinge zu begreifen, dazu gehört mehr, als daß man einige Jahre auf der Erde Krone und Zepter getragen hat. — Übrigens aber sehe ich das nun ein, aus was für einem Grund du der eigentlich Erste deiner kleinen Gesellschaft bist, denn du bist bei weitem der Weiseste unter ihnen. Du kennst die Natur der Geister- und Materiewelt aus dem Grunde und siehst die wechselseitigen Beziehungen bestens ein. Ob du aber deshalb auch schon Christus, der Herr Selbst, bist — das ist freilich wieder eine ganz andere Frage!

7 Weißt du nicht, daß man als rechter Christ behutsam sein muß mit der Annahme, daß da ein jeder, der weise ist und vielleicht auch einige Wunderzeichen zuwegebringt, *Christus* sei? Heißt es doch in der Schrift: »Es werden aber in der Zeit viele falsche Propheten aufstehen und werden Zeichen tun und sagen: ‚Sieh, hier ist Christus, oder dort ist Er!', aber glaubt es ihnen nicht! Denn des Menschensohnes Ankunft wird sein wie ein Blitz, der da vom Aufgang bis zum Niedergang fährt. Auch wird die Ankunft des Herrn sein wie die eines Diebes zur Nachtzeit!« — die freilich etwas fatal sein möchte. Denn ein Dieb tut nichts Gutes, so er heimlich in ein Haus kommt!

8 Und so, mein Freund, mußt du uns schon zugute halten, so wir mit der Annahme, daß du Christus seist, etwas zaudern. Übrigens haben wir alle gegen die übergroße Weisheit deines Geistes nicht das geringste einzuwenden. Mit den Wundern wird es sich schon so verhalten, wie du es gesagt hast, ebenso auch mit der Materie der Außenwelt. Aber daß du deshalb schon Christus bist, weil du das alles uns erklären kannst — das anzunehmen wäre etwas Gewagtes. Petrus, Paulus,

Johannes, Jakobus, das geht alles an; aber Christus? — Freund, da hört aller Scherz auf!"

9 Rede *Ich:* „Ich verlange das gar nicht, da es völlig genügt, so ihr Christum als Gott und Herrn aller Welten und aller Himmel bekennt. Aber ihr müßt euch darüber untereinander beraten und fest bestimmen: ob alle Christus als Gott, Herrn und Vater in ihrem *Herzen* anerkennen, und ob alle hier in dieser Gruft uns folgen wollen um Christus des Herrn willen! Alle andern, die ihr hier seht, sind uns darob gefolgt und werden darum ihr Heil finden. Tuet desgleichen und ihr sollt auch darob das eurige finden!"

10 Sagt der *Dynast:* „Gut, das wollen wir gleich in Vollzug bringen! Geht es, so ist's gut, und geht es nicht vollkommen, so wird es doch unvollkommen gehen!"

11 Hierauf wendet sich der *Dynast* an die gesamten Familiengruftbewohner und sagt: „Ihr alle habt vernommen, was dieser Freund hier geredet hat. Ich aber bin der Meinung, da wir hier in unserem Zustand wenig zu gewinnen und noch weniger zu verlieren haben, sollten wir gutgläubig den Antrag annehmen. — Beratet euch deshalb und gebt mir euren Willen und Entschluß kund. Wir werden dann entweder diesen Ort auf immer verlassen, oder aber auch, was sehr traurig wäre, Gott weiß wie lange noch an diesem wahrlich nicht angenehmen Ort verbleiben.

12 Ich bin ein fester Christ, und meine Losung war stets: »Christus! oder alles ist verloren!« Und so glaube ich auch jetzt: Christus müssen wir um jeden Preis des Lebens uns zu erringen streben. Denn sollte Er nach der Meinung etlicher nur eine Fabel sein, dann sind wir die unglücklichsten Wesen. Denn wer ist dann Gott, und wie, wann und wo? Wenn aber Christus Gott ist und ein Herr Himmels und aller Welt, so haben wir an Ihm einen sichtbaren, ewigen Vater voll Liebe, Güte und Erbarmung! Der verstößt Seine Kinder nicht so leicht wie ein allmächtiger, gerechtester Gott allein, in dem wohl die höchste Weisheit walten müßte, aber keine Vaterliebe und keine Erbarmung.

13 Ich, der erste aus Habsburg, aber denke so: Wer selbst voll Stolz und Hochmut ist, will auch einen höchst stolzen und hochmütigen, unzugänglichen Gott — eine Sünde des Stolzes, die manchmal auch meine Seele beschlichen hat. Aber dieser weiseste Freund hat mir begreiflich gemacht, worin die Unzugänglichkeit des Lichtes besteht, in dem Gott

wohnt. Nämlich in der Demut und unbegreiflich tiefen Herablassung Gottes, die dem Stolzen ein Greuel ist. Und ich sage daher: Mea culpa, mea maxima culpa! — Ich war einst als Kaiser auch in der Werktat so, obschon ich immer den Gedanken hatte, nur der Stolze und Hochmütige könne sich Gott also denken. Aber nun ist der Gedanke in mir zur Wahrheit geworden, und ich mache euch allen meinen irdischen Kindern den Antrag, diesem guten Freund zu folgen! Er sagt von sich selbst aus, er sei Christus. Lassen wir das noch auf sich beruhen. Möglich ist alles, aber wir wollen diese Sache noch scharf prüfen. Also was dünkt euch, meine lieben Freunde und irdischen Kinder — was werdet ihr tun?"

14 Sagt *einer* aus der Mitte: „Wir alle wissen, daß du, Rudolf von Habsburg, des Namens und der Würde der Erste bist. Aber dein Höchstadlings-Palast ist nicht hier, sondern anderswo. Du bist hier nur ein Einwohner und sollst daher hier nicht das Hauptwort führen! Vielen behagt es hier, und sie sind auch Christen! Daher werden wir auch bleiben, bis uns die Posaune zum Jüngsten Gericht hinausrufen wird, wo uns der liebe Herrgott gnädig und barmherzig sein wolle! — Wir waren zwar nach unserem Gewissen gerecht und strenge gegen jedermann, der gegen uns gesündigt hatte, aber wir übten auch sehr oft Gnade für Recht. So möge uns auch der liebe Herrgott Gnade für Recht ergehen lassen am Jüngsten Tage, bis dahin wir in aller Ruhe hier verharren wollen!"

15 Sagt der Dynast *Rudolf:* „Warum seid ihr dann mit uns ausgezogen, als wir diesen entgegengingen?" — Sagen einige *Hauptthronisten:* „Das taten wir allein der Parade wegen und auch aus etwas Furcht wegen der Prophezeiung des feurigen Reiters. Allein, da wir nun sehen, daß an der ganzen Sache nichts ist, bleiben wir wieder in unserem Höchstadlings-Palast! Verstanden? Wir bleiben hier!"

211

Maria Theresia und einige andere Dynasten stimmen Stammvater Rudolf zu — Bitte an den Herrn, sie aus der Gruft zu führen Gutes Zeugnis über Rudolf

1 Sagt darauf der Dynast *Rudolf:* „Ich hoffe, daß unter euch vielen Narren doch einige Gescheite sein werden, die mir nachfolgen! Es ist übrigens wahr, es geht in diesem Höchstadlings-Palast keinem etwas ab, außer eine gewisse Lebensfreiheit und Lebenslust. Aber ich bedanke mich für ein solches Schlaraffenleben! Lieber wäre ich ein Schafhirte als ein stummer Einwohner eines solch dummen Hochadlings-Palasts! Ihr drei edlen letzten Lothringer und auch du, meine Tochter Theresia, was ist mit euch?! Werdet auch ihr hier bleiben bis zum wahrscheinlich nie erfolgenden Jüngsten Gerichtstag?"

2 Sagt die *Theresia:* „Lieber Urgroßohm, ich werde dir folgen und meine Söhne auch! Auch wir sind satt geworden dieses Maulwurflebens. Nur einmal eine Veränderung, sonst werden wir noch zu lauter Statuen!" — Sagt *Joseph:* „Bin vollkommen dieser Meinung! Man muß den Augenblick sich zunutze machen. Wer diesen versäumt, der hat Krone und Zepter von sich geworfen, und keine Zeit bringt sie ihm je wieder zurück! Und so will ich auch nicht der Letzte sein, diesen günstigen Augenblick zu ergreifen!" — Sagt darauf *Leopold:* „Bin auch so gestimmt! Einmal muß es ja doch anders werden, denn mit dieser Hockerei hier ist es nichts. Auf der Erd' ein Sündenbock und hier ein ew'ger Stock ohne Hemd und Rock, das wird öd und fad! Darum bin auch ich so frei und schließe mich der Auswanderung an!"

3 Sagt dazu auch *Franz:* „Das werden auch wir tun, mögen die andern lachen, soviel sie wollen. Auf der Welt ging mir's schlecht; meine Jugend bestand aus Krieg, Verfolgung, Ärger, Furcht und Zorn und mein Alter aus Mühseligkeiten aller Art, aus Krankheiten und endlich aus einem herben Leibestod. Hier in der Geisterwelt, in diesem Höchstadlings-Elysium verzehrt einen die tödlichste Langeweile. Daher nur hinaus aus diesem Loch, je eher desto lieber!"

4 Sagt darauf *Rudolf* zu Mir: „Freund, wir sind beisammen, die wir mit dir hinauswollen. Einige wenige Verwandte werden sich noch an-

schließen. Und so könnten wir, wenn es dir genehm ist, uns auf den Weg machen."

5 Rede *Ich:* „Gleich, Mein recht schätzbarer Freund! Du warst Mir stets ein lieber Mann und hast dir nie eine Ungerechtigkeit zuschulden kommen lassen. Du hattest eine große Liebe zu Gott, Jesus dem Herrn. Darum wurdest du auch gesalbt zum Leiter der Völker und hast von der Gotteskraft das Erbrecht für deine Nachkommen erwirkt, so daß nun nach etlichen hundert Jahren noch immer deine Nachkommen, wenigstens mütterlicherseits, auf dem dir von Gott verliehenen Thron sitzen und die Völker leiten gut, recht und schlecht, je nach dem Tun der Völker.

6 Weil du Mir aber stets ein lieber Mann warst und die Völker gut geleitet hast, soll dir nun auch der Lohn dafür werden, auf den du schon so lange gewartet hast. — Es erscheint ein solch langes Harren als eine Ungerechtigkeit von seiten Gottes des Herrn; allein dem ist nicht also. Ein jeder Herrscher, wenn noch so gerecht, kann auf der Welt unmöglich das Hohe seines Standes in den Staub der Demut herabziehen. Er muß sich wie ein Gott förmlich anbeten lassen, ansonst er kein rechter Herrscher wäre. Das Reich Gottes aber kann nur von denen in Besitz genommen werden, die sich bis in die letzte und kleinste Lebensfiber gedemütigt haben.

7 Wer auf der Welt eine nur geringe Stellung einnahm, dem ist es auch ein leichtes, in der Demut Tiefe hinabzusteigen. Aber nicht so für den, der den höchsten Gipfel menschlicher Würde und Größe in der Welt eingenommen hat. Wer am Meer wohnt, der hat nur wenige Schritte, und er befindet sich am Ufer der Segnungen des niederen Meeres. Wer sich aber noch auf einer höchsten Bergspitze befindet, wird bedeutend länger brauchen, bis er zum Strande des Meeres hinabgelangt.

8 Die Herrscher befinden sich geistig auf solchen Höhen. Es braucht da mehr, um ans Meer zu kommen, als bei denen, die schon am Meer wohnen. Sieh, David war ein König ganz nach dem Herzen Gottes, denn er war gut und recht. Und doch mußte er in der Geisterwelt mehrere hundert Jahre harren, bis die völlige Erlösung zu ihm kam. Und so mußt auch du es nehmen, so wirst du darin die vollste Rechtfertigung der göttlichen Gerechtigkeit, Gnade, Liebe und Weisheit finden.

9 Was Ich nun dir gesagt habe, gilt allen, die auf der Erde die Krone

über Meine Völker getragen haben. Wer von euch sich darein finden will, der finde sich bald und folge Mir! Wer aber nicht will, der bleibe! — Leider gibt es manche hier, die sich noch lange nicht finden wollen. Ich aber will noch einmal, bevor wir diesen Ort verlassen, durch Mein Rüstzeug Paulus über diesen Schlaf der Blinden eine Erweckungsstimme erklingen lassen! Ihr Wille ist frei wie ihr Geist, darum darf Ich Selbst nicht bestimmen und sagen: »Diese und so viele!«, denn Ich will hier nicht vor-, sondern bloß nur nachsehen und mild sein voller Erbarmung. Denn denen Ich viel zu tragen gab, muß Ich auch eine große Nachsicht erweisen, da sie sehr müde und schläfrig geworden sind unter ihrer großen Bürde.

10 Darum, Paulus! Erhebe dich und erwecke sie, die sich *wollen* erwecken lassen!"

212

Paulus Erweckungsrede an die Dynasten Der Apostel zeigt ihre Regierungsuntaten auf und verheißt des Herrn Gnade

1 Hier erhebt sich *Paulus* und richtet folgende Worte an die Höchstadelinge: „Meine geliebten Freunde und Brüder in Gott Jesus, dem Herrn!"

2 Hier wird er sogleich vom *Vater der Theresia* unterbrochen, der ihm höhnisch vorhält: „Wann haben denn wir schon Schweine miteinander gehütet, daß Er als gemeiner Judensohn sich erfrecht, mich als Bruder anzureden! Weiß Er denn nicht, wer wir sind? Also mehr Art, Er hundsgemeiner Judenpatzen, sonst wird man Ihm zeigen, wer da ein Kaiser ist!"

3 *Paulus* aber achtet nicht darauf, sondern fährt mit seiner Rede fort: „Es steht geschrieben: »Denen wenig anvertraut ward, die werden über weniges Rechnung zu geben haben; denen aber vieles anvertraut ward, die werden über sehr vieles Rechnung zu legen haben!« Ihr aber gehört allesamt zu jenen, denen Gott der Herr sehr vieles anvertraut hat. So habt ihr nun auch eine übergroße Rechnung vor Gott dem

Herrn zu legen! Denn ich, Paulus, sage euch, die ihr noch voll alten, verrosteten, höchstadeligen Starrsinns seid, daß für euch alle nun ein eigentlichster Jüngster Tag herbeigekommen ist, an dem man von euch die strengste Rechnung fordern wird, so ihr von eurem Starrsinn nicht lasset. Denn Gott Jesus, unser Herr und Vater, obwohl die höchste Liebe, Sanftmut und Geduld, läßt mit sich nicht spaßen, da Er allzeit nur das Beste Seiner Kinder will. Und dieser Jesus, der uns alle durch Seinen Kreuzestod der Macht des Satans entwunden hat, steht hier vor euch; zwar noch immer so geduldig wie ein Lamm, aber Seine Sanftmut und Geduld ist nicht ohne Grenzen. Wehe euch, so Er einmal mit euch wird zu rechten anfangen! Nicht eins werdet ihr Ihm auf tausend antworten können, denn ihr seid allesamt große Sünder vor Ihm!

4 Wie viele habt ihr eures überschwenglichen Hochmuts wegen hinrichten lassen, nicht selten auf eine grausame Weise! Wie hart habt ihr stets einen erleuchteten Geist verfolgt! Welch schonungsloser Grausamkeiten habt ihr euch gegen die evangelischen Brüder bedient! Welch namenlosen Jammer habt ihr nicht selten in tausendmal tausend Familien gebracht! Wie habt ihr in dem dreißigjährigen Religionskrieg gegen die reine Lehre Jesu gewütet! Und wie viele andere Ungerechtigkeiten habt ihr auf eurem Gewissen! Wie sehr habt ihr stets danach gestrebt, euren Glanz zu erhöhen auf Kosten des Lebens und Blutes von Millionen, die ebensogut Gottes Kinder sind wie ihr! Wie viele Tausende schmachteten in den Kerkern schuldlos durch die Trägheit eurer Richter, die es sich unter eurem Schutz gut gehen ließen! Solche und tausend andere gröbste Sünden habt ihr auf eurem Gewissen. Ströme ungerecht vergossenen Bluts schreien um Rache wider euch zu Gott. So der Herr ausschließlich nach der Gerechtigkeit richten wollte, müßte Er euch für jede Ungerechtigkeit und Grausamkeit im Feuer der Hölle eine Ewigkeit schärfstens büßen lassen.

5 Aber Er hat nun beschlossen, allen Gnade für Recht angedeihen zu lassen, da Er keine Freude hat an den Qualen der Sünder. Er betrachtet euch als sehr Kranke und will euch helfen und kam daher als Heiland Selbst hierher zu euch. Was hält euch, ihr Blinden, denn ab, daß ihr Seinem Ruf nicht folgen wollt? Was habt ihr hier? Nichts, als was euch eure herrscherische Einbildung schafft! Und dennoch wollt ihr dem Beispiel eurer wahrhaft hohen Brüder nicht folgen, die — wohl wissend, daß vor Gott alle irdische Größe ein purstes Nichts ist — sich

dem Herrn sogleich angeschlossen haben, obwohl sie Ihn noch nicht ganz erkennen!

6 Seht an einen Rudolf, der ein Regent war nach dem Herzen Gottes, die Theresia, den biederen Joseph, den herzlichen Leopold, den leutseligen Franz und noch einige ihrer Brüder und Schwestern — sie haben auch, wie einst David, manches begangen, das nicht in der Ordnung der Gottesliebe war. Aber Gott der Herr erwog ihre Bürde, die sie zu tragen hatten, erließ ihnen wie David jegliche Schuld und hat sie nun schon in Sein Reich aufgenommen. Denn die bei Ihm sind, die sind auch in Seinem Reich. Der Herr aber will auch euch allen gnädig sein. Warum wollt ihr Seine große Gnade denn nicht annehmen? Ist es denn nicht besser, dem Gnadenruf des Herrn zu folgen, als sich durch unbeugsamen Starrsinn für die Hölle reif zu machen?"

7 Durch diese Rede werden alle bis auf einen erschüttert und fangen an nachzudenken. Nur der *eine* sagt: „Ich bleibe ein Kaiser, auch vor Gott ein Kaiser ewig!"

213

Paulus' Rede an den hartnäckigen Kaiser
Starrsinnige Gegenrede

1 Sagt darauf *Paulus:* „Mein Freund, sage dir selbst, was ein Kaiser ist — ohne Land, Volk und Macht! Ich sage dir, nichts als ein Tor! Ist denn einer je aus eigenen Gnaden Kaiser geworden, oder aus Gottes Gnaden? Wer gibt denn dem Menschen Macht, zu herrschen, und den Völkern den Willen, daß sie ihm gehorchen? Siehe, das tut Gott, der allein ewige Herr aller Macht und Kraft. So dich aber Gott zum Kaiser machte, was pochst du hernach auf deine Kaiserwürde, als hättest du dich selbst zum Kaiser gemacht!

2 Wäre es so leicht, ohne göttliche Kraft und Macht ein Kaiser zu werden, da gäbe es eine große Menge Kaiser auf der Erde; das wäre aber vor Gott ein Greuel der Greuel. Deshalb setzt Er über viele Länder nur einen Kaiser und versieht ihn mit Macht, Kraft und großem Ansehen, aber nur auf seine herrschensfähige Lebensdauer!

3 Nach dem Leibestod hört der Kaiser für ewig auf, und der Mensch,

der auf Erden ein Kaiser war, wird gleich einem seiner geringsten Untertanen. Er kann aber im Reich Gottes wieder etwas werden: durch die Demut und durch große Liebe vor allem zu Gott dem Herrn und dann zu allen Brüdern und Schwestern. Aber solch starres Beharren auf dem, was jemand auf Erden war, bringt nicht Leben, sondern den wirklichen Tod! Ich sage dir daher: Bedenke wohl, was du tun wirst! Denn siehe, das Tor der besonderen Gnade und Erbarmung des Herrn ist nicht stetig offen, wie es auf Erden auch nicht immer Tag und Sommer ist. Hier kann niemand zum voraus sagen: »Sieh, nun kommt bald das Frühjahr und dann der Gnadensommer!«, sondern das liegt im Herrn verborgen! Wann Er will, so ist es da. Er allein schließt und öffnet, wie und wann Er will.

4 Nun ist das Tor offen vor euch allen! Darum ergreift und benützt es, bevor es wieder verschlossen wird! Glaubst du denn, daß der Herr Tag für Tag körperlich von Seinen allerhöchsten Himmeln auf die Erde herabkommt und lehrt, heilt und begnadigt Seine Geschöpfe und macht aus ihnen Seine Kinder? O sieh, das tut der Herr nicht, und Er weiß allein, warum Er so etwas tut oder nicht tut. Er ist zwar stets die Liebe und Erbarmung Selbst; aber Seine besondere Gnade gibt Er nicht allzeit gleich und nicht jedem gleich!

5 Sieh, ich war einst der größte und wütendste Verfolger, und Er erwies mir dennoch die höchste Gnade und stärkte mich zu einem Weltapostel — während Er Seine anderen Apostel zumeist nur für die Juden bestellt hat. Und andere, gar viel bessere und edlere Menschen hat Er einer besonderen Gnade nicht gewürdigt. Den Weisen enthielt Er es vor und den unmündigen Kindern offenbarte Er Sein Reich und Seine besondere Gnade!

6 Daraus geht abermals hervor, daß der Herr nach Seiner innersten Weisheit tut, was Er will. Wer sich am sichersten wähnt, ist oft von tausend Gefahren umringt. Den Furchtsamen aber beschützt der Herr nicht selten derart, daß ihm auch dann nichts geschehen würde, so die ganze Erde in Splitter gerissen würde. So tut der Herr, was Er will, und bedarf nie eines Menschen Rat. Es ist aber dann die unverzeihlichste Torheit, die Gnadengeschenke aus Seiner eigenen Hand nicht anzunehmen, so Er sie jemandem freiwillig verabreicht.

7 Laß also nun fahren deinen Kaiser und nimm dafür hin des Herrn Gnade, so wirst du leben, sonst aber sterben in deinem Wahn!"

8 Sagt der *Starrsinnige:* „Du redest wohl recht weise wie ein Minister; aber welch ein Unterschied ist doch zwischen einem Minister und einem Kaiser! Führe mir den Herrn selbst vor; ich will ihn in Gnaden anhören und ihm ausnahmsweise eine längere Audienz erteilen!"

9 Spricht *Paulus:* „Ah, das geht wirklich schon über alles, was man von deiner Gnade erwarten kann! Du wolltest sogar dem Herrn eine Audienz erteilen, so ich Ihn dir vorführte! O du unsinnigster Tor, du! Nein, Freund, das geht etwas zu weit! Ich, ein Paulus, erbebe vor diesem Gedanken, und *du* kannst ihn denken und solches verlangen? Das kann unmöglich dein Werk, sondern nur ein Werk des Satans sein! Ermanne dich und stehe ab von deiner ungeheuren Torheit! Ich bitte dich, werde ein Mensch — vor Gott!"

10 Spricht der *Starrsinnige:* „Ein Regent spricht nach seiner gewohnten Weise und ein Apostel nach der seinen! Ich verstehe aber unter einer Audienz nicht etwa so Himmelschreiendes wie Er und meine, daß es unmöglich so hoch gefehlt sein kann, so ich den Herrn zu mir bitten lasse! Auf der Erde schickt man ja auch um einen Geistlichen, daß er dann komme mit Christo dem Herrn, wenn man selbst als ein Kranker nicht zu ihm kommen kann. Mache daher keinen solchen Lärm, als ob deshalb schon Himmel und Erde eingestürzt wären!

11 Bedenke dabei, daß zwischen einem Kaiser und einem gewöhnlichen Menschen doch immer ein himmelhoher Unterschied obwaltet. In welcher Sphäre jemand lebt, in der bildet sich auch sein Leben zu seiner eigentlichen Natur aus. So ich also hier vor dir meiner hohen Seelennatur nach rede, wird das doch nicht so weit gefehlt sein können, als wenn ein gewöhnlicher Mensch sich so zu reden unterfangen würde!

12 Ich war einmal ein Kaiser, das kann mir kein Gott nehmen, solange er mir die Rückerinnerung beläßt. Und so bleibe ich ewig ein Kaiser auch vor Gott in meiner Erinnerung. Daß ich aber hier weiter nichts mehr zu gebieten habe, weiß ich schon lange so gut wie Er, mein polternder Freund! Ich brauche daher aber auch nichts weiteres mehr von Ihm. Ich werde mich schon selbst weiter fortbringen. Wolle mir also gar nichts aufdringen, so werde ich das Gute und Wahre von selbst aufnehmen und darnach tun und handeln. Sonst aber bleibe ich, wie ich bin, ob gut oder schlecht, das ist eins. Verstanden, Er Polterpatron?"

13 Sagt *Paulus:* „O ja, sehr gut! Bemerke aber ganz einfach hinzu: solange dein Ich maßgeben ! dir zum Richter dient, wird das ewige Ich

des Herrn nicht Wohnung nehmen in deinem Herzen! — Die äußeren Lebensverhältnisse berücksichtigend, hast du recht in allem, was du in deiner Rede mir gesagt hast. Aber die inneren Lebensverhältnisse sind von einer ganz anderen Art! Weil sie dir ganz fremd sind, mußt du diese dir vorerst aufdringen lassen, sonst kommst du in der Geisterwelt, deren Einwohner du nun schon nahezu zweihundert Erdjahre bist, nimmer auf ein grünes Plätzchen. Wenn ich dir nach der Beheißung des Herrn die volle Wahrheit offenbare, warum behandelst du mich, als wenn ich dein Feind wäre?"

14 Sagt *der Harte:* „Ich behandle dich nicht als Feind; aber du gefällst mir nicht! Darum will ich einen andern hören, auf daß ich recht weiß, was ich zu tun habe!"

214

Lebenszeitrechnung im Jenseits — Ein weltgeschichtliches Verlangen
Gleichnis vom Taschenspieler — Der wahre Hofglanz

1 Spricht *Paulus:* „Du wirst auch einen andern erhalten, aber jetzt noch nicht, wo du in deinem Denken, Sinnen und Trachten noch beinahe wie ein Stein materiell bist. Ich, Paulus, aber bin darum ein Paulus, der winzige Apostel — weil ich zuerst von den Kindern das Grobmaterielle hinwegrasple und von ihnen den ersten Unrat wegschaffe. Solange du nicht deine materievollen Gedanken und Begierden gegen geistige vertauschst, wirst du Paulus daher nicht los! Denn das ist des Paulus Geschäft, daß er zuvor den Platz reinigt, damit hernach die rechten Bauleute das Gebäude aufführen können, das dann vom großen Baumeister eigenhändig die entsprechend herrlichen inneren Einrichtungen erhält.

2 Sei daher anfänglich nur zufrieden mit mir. Denn wer einmal den Paulus annimmt, kommt dann auch zu Petrus, zu Johannes und endlich zum Herrn Selbst. Jeder, der da anfängt, der fange mit Paulus an, sonst kommt er nimmer an den Petrus und noch weniger an den Johannes. Wer aber nicht an Johannes kommt, der kommt auch nicht an den Herrn! Denn Johannes ist gleich der Liebe des Herrn zu Seinen Kindern."

[3] Sagt der *Harte:* „Ganz wohl, aber du bist nicht getreu in deinen Angaben, und so kann ich mich auf dich nicht verlassen! Du sagtest, daß ich mich schon seit nahe zweihundert Jahren irdischer Rechnung hier in der Geisterwelt aufhalte. Siehe, das ist vollkommen erlogen, denn ich bin erst kaum 110 Jahre hier, es fehlen sonach noch 90 zu deiner Angabe! Sollten denn Geister deiner Art nicht genau anzugeben imstande sein, wie lange schon ein Geist hier wohnt? Putze dich nun aus dieser Tunke, so du's kannst, und ich will dich behalten!"

[4] Sagt *Paulus:* „Es soll dir ein solcher Streit sehr schwerfallen! Sage mir, du ausgehöhlter Hohlbohrer der Materie, wann du in der Geisterwelt das Rechnen gelernt hast, da du mich einer Lüge beschuldigen willst? Siehe, du Tor, wir rechnen hier in der Geisterwelt so: Von dem Augenblicke an, als deiner Seele vom Herrn der *Geist* eingelegt ward (was geschieht, sobald die Seele eines Kindes des ersten Gedankens fähig wird, was bei manchen Kindern schon im ersten Jahr der Geburt der Fall ist) — von dieser Zeit an ist jeder Mensch schon ein Bewohner der Geisterwelt, was ihm seine Träume nur zu klar sagen. Nur die naturwache Tageszeit ist er mit dem größten Teile seines Wesens in der Materie, obschon mancher durch geistige Gedanken, Betrachtungen, Gebete, Liebe zu Gott und edle Handlungen sich auch am hellsten Tage in der reinen Geisterwelt befindet. Und sieh, von da an beginnt auch die Rechnung, die wir hier zu rechnen pflegen. Und so du das hinzuzählst zu deinen 110 Jahren, wirst du die Annäherung an die 200 Jahre wohl sicher nicht gar so lügenhaft finden, als wie du es mir grob genug ins Gesicht sagtest."

[55] Sagt darauf *der Harte:* „Das habe ich nicht gewußt, daß man hier so rechnet. Hättest du mir davon früher eine Anweisung gegeben, so hätte ich dich keinen Lügner genannt und du mich auch nicht einen ausgehöhlten Hohlbohrer der Materie, was auch kein Kompliment ist. Und so glaube ich, daß wir uns gegenseitig quittiert haben und sind demnach einander nichts mehr schuldig. Ich bin nun gut; bist du es auch?"

[6] Sagt *Paulus:* „Ganz vollkommen! Aber jetzt mußt du dir von mir dafür noch einige Worte gefallen lassen!" — Sagt der nun *etwas Weichere:* „Rede nur, soviel du magst und kannst, ich will dich anhören! Sage mir aber auch, wie es nun in der Welt aussieht, was meine Nach-

kommen machen und wie es ihnen ergeht. Ich habe vernommen, daß es in Österreich große Bewegungen gegeben habe?"

7 Sagt *Paulus:* „Wir sind nun erscheinlicherweise in Wien selbst und werden bei dieser Gelegenheit auch manches erfahren, wie es nun auf der materiellen Außenwelt aussieht. Vorderhand aber heißt es sich mit dem befassen, was uns viel näherliegt als die Materiewelt. Du bist noch ganz von der spanischen, zumeist durch den damals höchst und reichst gestellten Priesterstand gepflegten Hofgrandezza durchdrungen. Und du meinst, daß alles Hohe nur durch einen möglichst erhöhten Glanz, der in Gold und eitlen Zeremonien besteht, aller Welt imponieren kann. Ich aber sage dir, daß es auf der ganzen Welt nichts Grundfalscheres geben kann als diese über alle Maßen dumme Annahme!

8 Sieh, ein Taschenspieler unterhält seine geblendeten Zuseher nur so lange, als diese nicht hinter das Nichtige seiner Kunst gelangen. Werden sie aber von einem Sachkundigen aufgeklärt, dann kann der falsche Zauberer schauen, wie er ein Loch zum Durchgehen findet, wenn er ihnen eine falsche für eine wirkliche Zauberei verkauft hat. Etwas anderes ist's, so ein Falschmagier sich auch als ein solcher ankündigt! Da wird jeder Zuschauer wissen, daß diese Zauberei eine rein natürliche ist und wird ganz vergnügt den Schauplatz verlassen.

9 Ebenso verhält es sich mit dem Hofglanz. Dieser kann ein wirklicher oder ein falscher sein. Wehe aber dem Regenten, der durch einen falschen Hofglanz seine Untertanen hat täuschen wollen! So sie dahinter kommen, wie es in Frankreich und anderen Staaten schon der Fall war, da wird es solch einem Falschglänzer schlecht ergehen.

10 Der wahre Hofglanz aber besteht in der Weisheit und Herzensgüte des Regenten, in einem gut verteilten und zweckmäßigen Wohlstand der Untertanen und in allerlei weisen Staatseinrichtungen, vor denen die ganze Welt einen tiefen Respekt hegen muß. Und erst nachher auch in dem, daß der Regent seiner Würde nach in seiner Residenz als das erscheint, was er eigentlich ist, nämlich ein weiser Regent eines wahrhaft glücklichen Volkes.

11 Was nützt es aber einem Regenten, in goldenen Staatswagen umherzufahren, so sein Volk in dürftige Lumpen gehüllt dahinschmachtet? Was nützt es, den Schwachen alle Bürden aufzulegen, von denen sie erdrückt werden, selbst aber sich zu ergötzen beim Elend der schreien-

den Armut? Diese wird sich in ihrem Kampfe entsetzlich rächen an solch einem Regenten, der eher ein Volksvampir als ein Volksregent genannt zu werden verdiente.

12 Sieh solch stolze Herrscher an, wie Spanien, Frankreich und England schon einige getragen haben! Sie fielen endlich als traurige Opfer einer entfesselten Volkswut! — Du bist selbst noch ganz befangen von dieser Hofgrandezza, die weder vor den Menschen noch viel weniger vor Gott einen Wert hat. Lasse sie fahren, denn sie wird dir für die Ewigkeit nie einen Segen bringen! Siehe, wäre deine Tochter Maria Theresia nicht von einem ganz anderen Geist als von dem deinen durchdrungen gewesen, bestände schon lange kein Österreich mehr! Von allen Seiten wären sie darüber hergefallen und hätten es zerrissen nach allen Seiten, wie sich's hernach unter dem Sohn deiner Tochter, wie unter dem Leopold und Franz zum Teil schon gezeigt hat. Zu all diesen Übeln hast du den Samen gelegt! Und solange die nachfolgenden Regenten in deinen Goldwagen fahren werden, werden sie von Prüfungen mancher trüben Art nicht befreit sein!

13 O Karl, du warst ein harter Regent! Werde daher nun weich vor Gott, deinem Herrn, auf daß du jene Wunden heilen magst, die dein übertriebener Hochmut den Völkern geschlagen hat. Es schmachten ihrer noch viele hier im Geisterreich, die unter dir geblendet worden sind! Gehe daher nun hin vor den Herrn, deinen Gott und Vater, lege deine große Schuldenlast zu den Füßen Jesu des Herrn, auf daß Er dich stärke und gesund mache in allem, worin du als höchst krank vor Ihm erscheinst! Denn bei Ihm sind alle Dinge möglich."

215

Des stolzen Karls Lebensbericht. Paulus rüttelt den Hochmütigen Zwiegespräch Karls mit Jesus. Endlich Gnadenbitte und Befreiung

1 Spricht *Karl:* „Wo ist der Je—Je—Je, na, jetzt bringe ich den Namen nicht heraus! Wie heißt er denn noch anders?" — Spricht *Paulus:* „Jesus Christus, das heißt der Heiland, der Gesalbte! Du kannst diesen Namen deshalb nicht aussprechen, weil nichts von Ihm in deinem Her-

zen ist. Du brauchst aber nicht stolz zu sagen: »Wo ist denn Jesus, zu dem ich hingehen soll?« Denn Er steht ja ohnehin hier bei mir und ist mir stets der Allernächste! Du brauchst dich nur an Ihn zu wenden und du bist dann schon bei Ihm, so gut es dir in deinem Zustand möglich ist. Sage wenigstens in deinem Herzen: »Herr, sei mir großem Sünder gnädig und barmherzig! Nicht wert bin ich, meine Augen zu Dir emporzuheben!« Und der Herr wird dir tun, was da des Rechts und der milden Gerechtigkeit ist."

2 Sagt *Karl:* „Also dieser ganz ordinäre Jude soll der Herr sein?" — Sagt *Paulus:* „Ja, dieser ist es, einzig und allein!"

3 Hier fängt *Karl* an, sich hinter den Ohren zu kratzen und sagt bei sich: „Das soll der Herr und Schöpfer Himmels und der Erde sein! Nicht übel, gar nicht übel! Dem hätte ich ja gleich einem gemeinen Bettler etwas geschenkt! Und das soll wirklich Gott der Herr sein? Zwar reisen manchmal auch die hohen Regenten der Erde im strengsten Inkognito. Warum sollte so etwas Gott unmöglich sein? Auf dieses Paulus Verantwortung will ich es annehmen, obschon mir diese Annahme äußerst bedenklich vorkommt, wie mir auch auf der Welt jeder gemeine Kerl unendlich fad vorgekommen ist. Ich habe deshalb auch nur einer Messe beiwohnen können, wo kein Plebs in die Kirche eingelassen wurde. Ich erteilte darum dem gemeinen Volk des Jahres auch nur eine bis höchstens vier Audienzen, weil mir dies gemeine Gesindel über alles zuwider war. Ich verlieh auch dem Hof den größten Glanz, um mich vor der unerträglichen Fadheit zu verwahren. Und nun soll ich mich wieder in die Fadheit hineinwerfen? In Gottes Namen, so sei es denn! — Dieser gemeine Jude — überhaupt ein Jude — das ist mir schon das Unerträglichste! Ich hätte als Kaiser alle Juden können hinrichten lassen, und jetzt soll ich einen gemeinen Juden als Gott den Herrn anerkennen und anbeten? O du entsetzliche, furchtbarste Fadheit!"

4 Sagt *Paulus:* „Siehe zu, daß dir am Ende nicht etwas anderes fade wird! Meinst du denn, der Herr ist auch ein solcher Erzaristokrat und findet alles fade, was sich nicht als hochadelig legitimieren kann? Ich aber sage dir: Sieh zu, daß *du* dem Herrn nicht unerträglich wirst, denn da wärest du das unglücklichste Wesen unter allen! Denn wer Gottes Einrichtungen fade findet, ist ein Kind des Hochmuts und Stolzes und somit ein Greuel vor Gott! Der Herr ist stets dem Kleinen zugewendet.

Wer da nicht wird wie das Kind eines gemeinsten Bettlers, wird nie an dem Reich Gottes teilhaben!

5 Meinst denn du, der Herr liebe die Regenten der Erde? — O da irrst du dich sehr! Sieh, der Herr duldet sie wohl als ein Übel der Völker, die selbst übel und böse sind, aber Seine Liebe sind sie nicht! Nicht in der Liebe, sondern im Zorn gab Gott den törichten Juden, die auch durch eines Königs Glanz ein großes Volk sein wollten, einen König, der sie hernach knechtete und zu Sklaven machte. Daraus aber geht hervor, daß die Könige dem Volk nicht so sehr ein Segen, als vielmehr eine Strafe sind, weil die Menschen noch immer die Welt mehr als Gott lieben.

6 Was bildest du dir hernach gar soviel ein auf das, daß du auf der Erde ein Regent warst? Gott allein ist Regent! Alle Menschen aber sind Brüder und Schwestern! Gehe hin und bekenne vor Gott deine Schuld, sonst sieht es schlimm aus mit dir!"

7 Sagt *Karl:* „Warum sollte es übel mit mir aussehen? Ich habe als Regent so gehandelt, daß mir alle Weltgeschichte ein rühmendes Zeugnis vor Gott und den Menschen geben muß. Besaß ich nicht die Liebe meiner Völker, und zwar in dem Maß, daß ich sie buchstäblich mit ins Grab nehmen konnte? Und wurden meine Anordnungen nicht pünktlich befolgt? Was Arges habe ich denn hernach angestellt, daß ich ein Übel zu erwarten haben sollte!"

8 Sagt *Paulus:* Wir wollen darüber keine weitere Kritik anstellen. Es handelt sich hier weniger darum, was du deinen Untertanen gegenüber, als vielmehr, was du dir und deinem innersten Leben selbst warst! Sagst du: »Ich habe geherrscht aus meiner Macht!« — dann war deine ganze Herrschaft schlecht. Sagst du aber: »Gottes Kraft und Macht hat mich so und nicht anders zu herrschen bestimmt!« — dann hat die Sache gleich ein anderes Gesicht. Denn der Herr sieht nie auf die Handlung allein, sondern hauptsächlich auf den Grund und die Absicht der Handlung.

9 Mag eine Handlung an und für sich noch so gerecht sein, der Handelnde aber verrichtet sie zu seiner eigenen Ehre, so ist sie schlecht für ihn. Denn der Herr sagt: »Und so ihr alles getan habt, so bekennet: Wir sind unnütze und faule Knechte gewesen!« So du sagst: »Ich war ein *Regent!*«, da handelst du schon wider Gott und gibst dir selbst ein arges Zeugnis. Sagst du aber: »Ich war nur ein schlechtes *Werkzeug* in der

Hand Gottes, und der Herr war der Regent durch meinen Willen!« dann bist du gerechtfertigt vor Gott.

10 Du besaßest wohl deines Volkes Gunst, besonders des hochadeligen, aber es wäre besser gewesen, so du die Gunst und Liebe des Herrn besessen hättest! Also Freund, nicht wir, sondern der Herr allein ist alles in allem! Dies fasse in deinem Herzen und wende dich an den Herrn, so wird es mit dir vorwärtsgehen! Ich habe nun geredet. Der Herr sei mit dir!"

11 *Karl,* durch diese Worte sehr zum Denken getrieben, wendet sich nach einer Weile zu Mir und sagt: „Du wärest nach der Aussage dieses Paulus also wirklich Christus, der Herr. Jener, der einst zu Jerusalem gekreuzigt wurde von den bösen Juden, die mir deshalb im höchsten Grad zuwider sind, derart, daß es mir noch jetzt leid tut, diese Brut wenigstens in Meinem Reich nicht vertilgt zu haben!" — Sage *Ich:* „Ja, der bin Ich! Hast du aber dagegen etwas einzuwenden, so sage, was Mir noch abgeht, um vor dir, du großer Herr, würdig als Christus auftreten zu können!"

12 Sagt *Karl:* „Das ist eine sonderbare Frage! Nach irdischer Art zu urteilen, ginge dir wohl gar vieles ab, um vor mir würdig als Christus anerkannt zu werden. Aber hier bin ich nun nicht mehr so delikat und nehme bald einen Prügel für ein Zepter und eine Schlafmütze für eine Krone an — warum denn nicht auch dich für Christus, den Herrn! Kommt mir aber irgendwann ein anderer und Tüchtigerer vor, läßt sich die Sache dann leicht ändern; der Rechte wird angenommen und der Falsche sitzengelassen! Übrigens verstehst du recht gut die Rolle als Christus zu spielen! Dein leutseliger Ernst und dein majestätisch schöner Kopf mit den großen blauen Augen machen dich sehr gut zum würdigen Repräsentanten dessen, den du hier vorstellst. Auf die Gefahr dessen, der dich mir als den wirklichen Christus anzeigte, will ich das auch annehmen und falle daher als der größte gewesene Kaiser des römisch-deutschen Reiches Dir zu Füßen und sage: »Herr, sei mir Sünder vor Dir gnädig und barmherzig!«"

13 Sage *Ich:* „Freund, Ich bin zufrieden, daß es mit dir so weit gekommen ist und wir uns nun aus dieser Gruft der Toten hinaus ins Freie begeben können. Hier, wo die Toten hausen, kann man nicht viel vom Leben sprechen. Draußen, wo ein helleres Licht das endlose All der Geisterwelt durchdringt, läßt sich auch reiner schauen und emp-

finden, wer Der ist, der hier nun mit dir redet! Und so verlassen wir denn diesen Ort und begeben uns ins Freie!"

14 Rufen nun *alle:* „Heil Dir, o Herr, daß Du solches an uns tust! Denn nun fangen wir erst an einzusehen, wo wir waren und wie es uns ergangen ist. Du allein bist unser Erlöser! — Dir ganz allein daher alle unsere Liebe, Ehre und Anbetung, denn Du allein bist würdig, dies alles von uns zu empfangen und gnädigst hinzunehmen!" — Sagt *Karl,* sich vom Boden wieder erhebend: „Herr, bei diesem Gruße bin auch ich dabei, und nun wirklich aus vollem Herzen! Aber wohin wirst Du uns nun führen?"

15 Sage *Ich:* „Hinaus in die Gassen Wiens, und da wird es sich schon zeigen, wo wir einkehren werden. Robert, gehe du mit Helena wieder voran!"

216

Geldgierige Bettelmönche am Ausgang der Gruft

1 Robert geht nun voran. Am Eingang der Gruft aber stehen zwei Mönche mit einer Geldbüchse und reden Robert um ein Trinkgeld für die armen Seelen im Fegfeuer an. Robert entschuldigt sich und sagt, daß er kein Geld habe. Die *Mönche* sagen heimlich: „Ja, ja, wieder ein Schmutzpack mehr auf der Welt!" — Nun kommen die Dynasten an den Ausgang und werden ebenfalls angesprochen; sie geben den Mönchen auch nichts, natürlich aus dem Grund, weil sie nichts haben. — Und die *Mönche* sagen: „Ja, ja! Bei diesen muß man allzeit bittschriftlich einkommen, und nachher kriegt man höchstens einen abweislichen allergnädigsten Bescheid um ein paar Jahrln später! Na, das kennen wir schon! — Aber jetzt kommen die vier Fremden, vielleicht lassn die einige Haar!"

2 Komme nun Ich mit Paulus, Petrus und Johannes. Und auch wir werden sogleich um einen Beitrag für die armen Seelen im Fegfeuer angeredet. Paulus aber fragt die Mönche, wo denn das Fegfeuer für die armen Seelen wäre. — Und *ein Mönch* antwortet ganz gravitätisch: „Zweihundert Meilen tief unter der Erde! Und noch um hundert Meilen tiefer kommt dann die Hölle mit den Verdammten, die dort ewig

brennen, weil sie nie für die armen Seelen im Fegfeuer was tun wollten!"

3 Sagt *Paulus* darauf: „Und da habt ihr wohl eine rechte Freude darüber?" — Sagen die *beiden Mönche:* „O ja, sicher! Wenn wir ihnen auch helfen könnten, täten wir's dennoch nit; denn die schmutzigen harten Luder sollen nur ewig brennen! Wir möchten kein Vaterunser beten für sie." — Sagt *Paulus:* „Aber ihr seid nicht sehr barmherzig, wie ich sehe! Wie wäre es denn, so *ihr* in der vierhundert Meilen tiefen Hölle unter der Erde wäret? Wäre es euch angenehm, so jemand gar so unbarmherzig mit euch umginge? Möchtet ihr euch ewig so sieden und braten sehen?" — Sagt der eine: „I bitt, euer Gnadn, das war aber a dumme Frag! Wie kann ma so was frogn, was nit gschehen kann? A Mönch kimmt nit so leicht in d'Höll wie an anderer Mensch — denn den schützen schon die vielen heiligen Messen, die er für die armen Seeln gelesn hat! Verstandn, euer Gnadn?"

4 Sagt *Paulus* etwas scherzhaft: „Ah, das ist freilich etwas ganz anderes! Richtig, an die heiligen Messen habe ich gar nicht gedacht! Ja, die mögen freilich für alles mögliche gut sein! Habt ihr beiden schon so recht viele heilige Messen gelesen, und mehr bezahlte oder mehr unbezahlte?"

5 Sagen *die Mönche:* „Dos is schon wieder a dumme Frag! Wer wird denn in Wean an ungezahlte Meß lesen! Waß der gnäd'ge Herr nit, daß sich die Reichn n' Himmel kaufen müssen und nur die armen Teufel werdn umsonst hineinglass'n!? Ja, mein lieber gnäd'ger Herr! D' reich'n Ludern solln nur zohln, wann's a in Himmel hineinkummen wolln. Wer den Himmel auf der Erd hat, dem gebührt in d'r anderen Welt die Höll. Und wann er dort den Himmel hobn will, so muß er'n sich kaufen, so teuer als nur immer mögli. Wir Priester Gottes habn's Recht, den Himmel aufz'tan oder zuz'machn. Daß wir ihn aber für d' Reichn nit umsonst auftun, werdn die gnäd'gen Herrn doch begreifn? Die schmutzigen Luder solln zohln, daß ihnen d'Augn übergehn, bevor sie in den Himmel hineinglassen werdn. Jo, dös tun wir, und wir habn's Recht dazu!"

6 Sagt *Paulus:* „Und wer hat euch denn das Recht gegeben?" — Sagt der *Mönch:* „Na, is das wieder a Frog! Wer wird's denn geben habn? Der Papst, als der Stellvertreter Christi auf Erden, und der hat's

Recht von Gott! Das werdn's etwa doch wissn, wenn's ka Erzketzer san!"

7 Sagt *Paulus:* „Nun gut, wir verstehen uns schon. Aber sagt mir noch, ob ihr wißt, daß ihr euch nicht mehr auf der Erde, sondern in der Geisterwelt befindet?" — Sagen *die Mönche* lachend: „Uns scheint's, daß es beim gnäd'gen Herrn z'rappln anfangt! Wenn wir in der Geisterwelt wärn, so wärn wir entweder im Himmel oder im Fegfeuer oder gar in der Höll! Das aber sieht der gnä' Herr ja doch, daß mer jetzt in aner Kirchn san und da ist kane Geisterwelt!"

8 Sagt *Paulus:* „Ich habe eingesehen, daß ihr noch für lange Zeit unheilbar seid! Daher wir euch auch so belassen wollen, wie wir euch gefunden haben. Ich bin zwar Paulus, der bekannte Apostel des Herrn; die zwei hinter mir sind Petrus und Johannes, und in ihrer Mitte ist Christus, der Herr Selbst, der euch helfen wollte. Aber ihr seid dafür noch viel zu blind, euch wird nur das Loch des äußersten Abends heilen, wo Heulen und Zähneknirschen sein wird. Gehabt euch wohl! In einigen hundert Erdjahren werden wir uns wiedersehen!"

9 Paulus geht nun. Und als Ich mit Petrus und Johannes zu den Mönchen komme, reden sie auch Mich um ein Almosen für die armen Seelen im Fegfeuer an. Ich aber gebe ihnen keine Antwort und schenke ihnen auch kein Almosen, wie auch Meine Begleiter ihnen nichts geben. Da fangen die beiden Mönche an, uns in die Hölle zu verwünschen, und heißen uns schmutzige Luder hin und her. Darauf kommen alle die Wiener nach, die wir schon früher gewonnen haben, packen die beiden Mönche und wollen sie recht wacker durchprügeln. — *Ich* aber sage zu ihnen: „Lasset sie, diese sind geschlagen zur Genüge! Alle ihre Mühe auf Erden wie hier im Geisterreich, ist von nun an eine vergebliche. Sie werden langsam verdorren wie gemähtes Gras und werden zu Futter für die Tiere aufgespeichert im äußersten Abend. Gehen wir nun hinaus! Ich sehe noch einige fruchtbare Gärten, in denen müssen wir noch eine Ernte machen!"

217

Vor dem Stephansdom. Gute Bittrede der erlösten Dynasten Schwierige Heilung geistlichen Hochmuts

1 Wir gehen nun vorwärts und befinden uns in kurzem vor dem sogenannten Stephansdom.

2 Da treten einige *Dynasten* zu Mir und sagen: „Herr, Dir hat es wohlgefallen, unsere Residenzstadt zu besuchen, um die in ihr noch vielfach hausenden blinden Geister zu beleben mit Deiner Liebe, Gnade und Erbarmung und sie zu befreien aus der Nacht des Todes. So wolle nun auch noch der Armen gedenken, die hier unter diesem Bethaus in den Katakomben leiblich und geistig begraben liegen! Wir sehen es jetzt schon klar ein, daß bei Dir alles, was auf der Welt niedrig gestellt war, einen leichten Vorzug hat. Denn solcher Menschen Vergehen liegen zumeist im Mangel einer zweckmäßigen Erziehung. Aber bei den Hochgestellten rühren ihre Sünden sicher nicht von einer verwahrlosten Erziehung, sondern lediglich von ihrem Hochmut und Eigennutz her und sind daher sicher auch hartnäckiger als bei den Niederen. Da bedarf es hier ausschließlich eines Arztes wie Dich, o Herr, damit solchen Schwerkranken geholfen werde. Besuche daher auch diese Armen hier unter den Katakomben, vielleicht werden auch hier sich einige erwecken lassen!"

3 Sage *Ich:* „Meine lieben Freunde, die ihr auf der Welt vielfach nach Meinem Herzen gelebt und gehandelt habt! Von euch freut es Mich ungemein, daß ihr euch dieser Toten hier erinnert, und Ich werde sogleich dem Wunsche eures Herzens nachkommen. Aber das sage Ich im voraus: In diesem Garten werden wir eine sehr magere Ernte halten! Denn nichts ist schwerer aus einer Seele zu bringen, ohne ihr zu schaden oder sie ganz zu vernichten, als der sogenannte theologische Hochmut.

4 Ein Kaiser, König oder Fürst dünkt sich wohl unter den Menschen der Höchste zu sein; das aber liegt seinem Stand natürlich nahe, der von ihm das zu sein auch pflichtgemäß verlangt. Aber ganz anders ist es bei diesen da unten! Das sind zumeist alte, eingefleischte *Hierarchen* aus den finstersten Zeiten. Diese halten sich fortwährend für Wesen,

denen die Gottheit Selbst gehorchen muß. Zu dieser wahnsinnigen Idee kamen sie zumeist durch die Irrlehre Roms, die jeden Priester zweimal höher stellt als die Mutter Maria, und diese wiederum an Macht zweimal über Mich Selbst, und das so, daß Ich nur durch sie zu etwas zu bewegen sei. Dazu kommen ihre Messen, in denen sie mit Mir gewisserart machen können, was sie wollen, und dabei wie ein *Papst* Alexander ausrufen: »Wer kann es wagen, mit mir zu rechten? Die ganze Erde, die ich trete, erbebt unter meiner Sohle! Und Gott halte ich in meiner Rechten!«

5 Ihr könnt daraus leicht begreifen, wie schwer es ist, Geister zur rechten Demut zurückzuführen, die sich selbst nicht nur als Götter, sondern als barste Gebieter über Gott halten. Und eben solche hausen viele da unten. Es wird daher recht schwer gehen, bei ihnen etwas auszurichten. Vielleicht ein paar dürften etwas sanfter sein; aber die andern — da werdet ihr Wunder der Hartnäckigkeit sehen! Aber ärgern dürft ihr euch nicht, auch in keine Furcht geraten; denn sie werden auch Zeichen tun durch Fixierungen ihrer Phantasie. Aber ihr müßt das alles als ein Trugwerk ansehen, das da völlig nichts ist und keine Realität hat. Und so denn, da ihr das wißt, wollen wir uns ruhig hinab begeben! Es sei!"

6 Wir steigen nun hinab in die finsteren Katakomben und lassen nur so viel Licht entstehen, als es nötig ist für die neuaufgenommenen Dynasten, auf daß sie die Einwohner dieser unterirdischen Gewölbe sehen können.

7 Als wir uns alle im Zentrum der Gewölbe befinden, kommt *Robert* mit Helena zu Mir und sagt: „Herr, Du unser liebevollster Vater! Erlaube uns nun, ganz nahe bei Dir zu sein, denn ich muß gestehen: Weder auf der Erde noch in der Geisterwelt, hat mich je so eine Furcht angewandelt wie hier in diesen Gewölben! Ich sehe noch niemanden; nur hie und da grinst uns ein halbverfaulter Totenschädel aus einem Sarg an, und ein höchst unangenehmer Moderduft beschleicht unsere Nüstern. — Und doch durchrieselt ein sonderbares Bangen mein ganzes Wesen. Das ist wahrlich höchst sonderbar! Als ich vor ein paar Erdjahren von Fürst Windischgrätz zum Tod verurteilt wurde, habe ich keine solche Angst empfunden wie nun. Du, lieber Vater, erlaubst es wohl, daß wir uns bei dieser Expedition in Deiner nächsten Nähe befinden dürfen?"

[8] Sage *Ich:* „Ganz in Ordnung, mein lieber Sohn Robert! Denn Ich will ja stets, daß da ein jeder zu Mir komme, der irgendwo belastet ist, auf daß er bei Mir erquickt werde! Bleibe also nur hier, denn der Haupttanz wird bald angehen!"

218

Kaiser Josephs Erfahrungen mit der Klerisei Grund des frühen Todes dieses Kaisers, der nun als Gerichtsengel gegen Rom bestellt wird

[1] Hier tritt der *Kaiser Joseph*[1] hin zu Mir und sagt: „Herr, sei mir Sünder gnädig! Ich sollte zwar nicht über andere etwas reden, denn ich bin selbst noch voll von allerlei Schulden. Aber da es sich hier um den römischen hohen Klerus handelt, kann ich unmöglich schweigen! Ich habe diese Brut kennengelernt wie keiner vor und nicht leicht einer nach mir. Sie ist aber von mir auch auf eine Art gesalbt worden, die ihr in ewigem Andenken bleiben dürfte. O Herr, es ist mir vor Dir nahe unmöglich, alles zu beschreiben, was ich als Kaiser mit diesen Wesen erlebt habe! Die Schändlichkeit und Gewissenlosigkeit erreicht bei dieser Kaste einen solchen Grad, daß man, um sie zu beschreiben, wahrlich keine Worte finden kann.

[2] Da es mir als Bekenner Deiner reinen Lehre nur zu hell einleuchtete, welch ein Unterschied zwischen der Lehre Roms und Deiner reinsten Himmelswahrheit hervortrat — so hätte ich der falschen Römerin für alle Zeiten den Garaus gemacht. Wäre es mir vergönnt gewesen, nur noch zehn Jahre auf der Erde zu leben — bei Deinem heiligsten Namen, da hätte ich's auch getan! Aber eben diese Luder, denen ich zum ärgsten Stein des Anstoßes geworden bin, wußten sich wie ein böses Krebsgewürm hinter meinen irdischen Lebensfaden zu schleichen

[1] Josef II., geb. 13. März 1741, gest. 20. Februar 1790, römisch-deutscher Kaiser aus dem Hause Habsburg-Lothringen, Sohn der Maria Theresia von Habsburg und des Franz Stephan von Lothringen, regierte von 1780—1790 und führte in dieser Zeit viele bedeutsame Neuerungen im Sinne geistiger Aufklärung in seinen Ländern ein (sogenannte Josephinische Reformen).

und ihn vor der Zeit zu durchnagen. Und so mußte mein Vorhaben unterbleiben.

3 Aber es freut mich dennoch, daß ich wenigstens den Weg zu ihrem Verfall gebahnt habe und dieser Anfang gute Folgen hat. Denn so oft ich in dieser Welt von der Erde Kunde erhalte, heißt es allzeit, daß die Hure Babels an unheilbarer Abzehrung leide. Und das ist für mich eine Wonne, ja ein völliger Himmel. O Herr, segne meine Arbeit, daß sie auf Deiner Erde gute Früchte trage! Es würde meine größte Freude sein, so Du mir sagst, daß ich Dir auf der Erde kein ganz unnützer Knecht war!"

4 Sage *Ich:* „Mein liebster Bruder Joseph! Ich kann dir vorderhand nichts anderes sagen als: Du warst Mir ein Knecht wie wenige vor dir und wie bisher keiner mehr nach dir! Du handeltest ganz nach Meinem Herzen und warst treu in dem dir anvertrauten Haushalt. Daß Ich es zuließ, daß du nur eine kurze Zeit auf der Erde Mir zu dienen hattest, hatte seinen Grund darin, weil die Menschheit deiner nicht wert war. Darum habe Ich sie dann auch durch Kriege und allerlei Nöte und Trübsale heimgesucht, wodurch hoch und niedrig gedemütigt ward wie nicht leicht irgendwann vorher. Und diese Demütigungen sollen fortdauern, bis der letzte böse Same von der Erde vertilgt wird.

5 Dir aber werde Ich erst jetzt ein rechtes Schwert geben, mit dem du der Hure Babels ganz anders wirst zusetzen können, als du es auf der Erde je hättest zu tun vermocht; denn du bist Mir ein rechter Kämpfer für diese allerwichtigste Sache! Was aber Babel und dessen schwarze, scharlach- und purpurrote Knechte alles für Greuel getrieben haben, brauchst du Mir hier nicht zu erzählen. Denn alles weiß Ich am allerbesten, darum aber auch die Zeit des Gerichts über sie gekommen ist.

6 Jetzt aber gib acht: Dort aus einem finsteren Gewölbe trabt ein Erzbischof aus deiner Zeit zu uns hervor. Du wirst ihn sogleich erkennen, auch er dich. Dem gib eine gemessene Antwort, wie Ich sie dir in den Mund legen werde."

219

Das wahre Wesen des Erzbischofs Migatzi
Zwiegespräch zwischen diesem und Joseph. Blick in tiefste Priesternacht

1 Spricht *Joseph:* „Ja, ich erkenne ihn an seinem Gang, er ist es. O Herr, wie sieht der aus, eine wahre Schreckensgestalt! Über einem förmlichen Totengerippe hängt ein alter sogenannter Vespermantel und auf seinem Totenschädel klappert eine Bischofsmütze voll Schmutz und Unflat. So trabt diese Gestalt langsamen und sichtlich wankenden Schrittes auf uns zu. Nun bin ich doch neugierig, was dieses Monstrum tun wird!"

2 Sage *Ich:* „Es wird dir genug zu schaffen geben. Nur mußt du dich über nichts ärgern, denn alle diese Wesen sind mehr oder weniger als Irrsinnige anzusehen."

3 Spricht *Joseph:* „Was mich bei diesem Menschen wundert, ist, daß er auf der Welt einer der hellsten Köpfe und mit mir mehr als alle anderen Bischöfe meines irdischen Regierungsreichs einverstanden war. Mir haben die Erzbischöfe von Salzburg, Prag, Olmütz, Erlau, Agram, Triest, Venedig, Trient und Mailand bei weitem mehr Mucken gemacht als mein Wiener. Ja, ich muß es offen gestehen, daß er mir in mancher Hinsicht bei meiner Reinigungsarbeit viele gute Dienste geleistet hat. Eben deshalb kann ich schwer begreifen, wie dieser Mann in einen so jammervollen Zustand geraten ist."

4 Sage *Ich:* „Mein lieber Bruder, dieser Erzbischof Migatzi war einer, der es am meisten verstand, den Mantel nach dem Wind zu drehen. Er sah sich die Prügel wohl an und beurteilte scharf, ob sie übers Knie zu brechen wären oder nicht. War ihm einer zu massiv und stark, so legte er ihn ja nicht aufs Knie, sondern ließ ihn als ganzen vergolden, damit beim Anblick solch eines vergoldeten Prügels jedermann neue Macht in seinen Händen erkennen möchte. Denn wer auf der Erde mit einem gewaltigen Kaiser Hand in Hand einhergeht, vor dem hat jeder beinahe ebensoviel Respekt wie vor dem Kaiser selbst.

5 Erzbischof Migatzi sah recht gut ein, daß man unter deiner Regierung sich nur lächerlich machen würde, so man mit dem Papst, der damals sehr von Österreich abhing, zu sehr Hand in Hand ginge. Da-

her schloß er sich lieber an dich und wurde geheim ein Gesetzgeber des Papstes. Denn er korrespondierte fleißig mit dem Stuhl und sagte diesem, was er zu tun habe, um sich gegenüber deiner Macht und Erkenntnis aufrecht zu erhalten. Weil aber der Papst sich darnach richten mußte, so war des Erzbischofs Migatzi größter Triumph, daß er gewisserart ein Papst über dem Papst war.

6 Sieh, das war der Grund, warum Wiens Erzbischof Migatzi es mit dir hielt! Aber so du meinen würdest, daß er auch innerlich so gesinnt gewesen sei, wärst du in einer großen Irre. Denn da war er mehr Papst als der Papst selbst und bei weitem mehr römisch als alle seine Kollegen. Ich sage dir, daß er dich insgeheim haßte mehr als den Tod. Aber weil er durch dich gewisserart dem Papst ein Gesetzgeber geworden ist, hielt er es mit dir und unterstützte dich in deinen Unternehmungen. Kennst du nun den Mann, der mit dir auf der Erde Hand in Hand ging?“

7 Spricht *Joseph:* „O du verschmitzter Kerl! Nein, da hätte ich mir doch eher alles als so etwas von diesem Mann eingebildet! Ja, ja, wer Politik erlernen und darin Meister werden will, der gehe zu den Schwarzen und Scharlachroten und den Purpurmäntlern — da findet er sie sicher in einem Grad ausgebildet, wie sie kaum im Kopf Satans zu Hause sein dürfte. Nun warte, du Schwarzpolitiker, du sollst an mir einen harten Knochen zum Abnagen bekommen!“

8 Sage *Ich:* „Gib aber wohl acht darauf, daß er dir nicht um vieles härter wird als du ihm! Denn Ich sage dir, daß dieser sich mit allen Salben gesalbt hat, und daß es für jeden noch so erleuchteten Geist wahrlich keine geringe Aufgabe ist, einen also Gesalbten auf den rechten Weg zu bringen. Fasse dich aber nun, er kommt uns schon sehr nahe. Sogleich wird er deiner und auch unser ansichtig werden.“

9 *Erzbischof Migatzi* wird nun seiner ansichtig, tritt rascher zu ihm hin und sagt mit stark kreischender Stimme: „Ich grüße dich, Bruder Joseph! Aber wie kommst denn du hieher in dieses elende Loch?“ — Sagt *Joseph:* „Um dich zu besuchen, Bruder!“ — Sagt der Erzbischof *Migatzi:* „Das ist sehr schön von dir. Aber wenn du noch so ein Erzketzer bist, wie du es auf der Erde warst, wirst du hier verdammt übel aufgenommen werden!“

10 Spricht *Joseph:* „Das macht nichts, denn du weißt ja, daß sich ein Joseph überall gute Aufnahme zu verschaffen versteht. Du magst mir

sagen, was du willst, und ich werde dir stets jene Antwort geben, die ich dem Patriarchen von Venedig gab, als er mir ein Gemälde zeigte, wo der Papst über den Nacken eines schwachgewordenen Kaisers auf sein Maultier steigt und den Kaiser mit stolzem Gesicht verächtlich anblickt." — Fragt der Erzbischof *Migatzi:* „Und wie lautete diese Antwort?" — Sagt *Joseph:* „»Tempi passati!, das heißt: das sind vergangene Zeiten! Jetzt diskuriert man anders!« — Und solch eine Antwort wirst auch du von mir erhalten, so du mir mit etwas kommen würdest, was mir nicht munden sollte. Denn weißt du, ich habe dir gegenüber noch nicht aufgehört, ein Kaiser zu sein. Sage mir aber nun, wie es dir hier geht und was du hier machst."

11 Spricht Erzbischof *Migatzi:* „Eine törichte Frage! Sieh mein Gesicht an, das bis zu den Knochen abgemagert ist, und dir muß die Antwort von selbst werden! Meine Arbeit aber siehst du an meiner Kleidung! Die Welt will betrogen sein, also betrüge man sie!, das ist unser Geschäft von jeher gewesen und ist es auch noch jetzt. Die Menschheit will vom größten Wunder in ihr, der göttlichen Vernunft und dem ihr gleichkommenden göttlichen Verstand keinen Gebrauch machen. Sie will einen durch Wunder hineingezauberten Glauben, damit sie dabei das mühsamere Denken entbehren kann. Also ist es klar, daß sie betrogen sein will, daher sei sie auch betrogen!

12 Jedes Stück Wunder ist ein Trug, aber das macht dem dummen Menschen nichts, wenn er nur etwas Wunderähnliches angaffen kann. Die wahren Werke Gottes aber machen auf ihn nahe gar keinen Eindruck. Die Sonne, der Mond, die Sterne, die herrliche Erde mit ihren Wundern ohne Zahl und Maß, das ist dem ochsigen Menschen rein Pomade. Aber in einen scheinbar leeren Becher eine Kugel werfen und hernach à la Hokuspokus drei herausholen — das ist Wunder über Wunder! Und so war die Menschheit, so ist sie jetzt und so wird sie sein, so lange auf der Erde Menschen existieren. Daher ist der Grundsatz der *Jesuiten* das beste, was je die menschliche Vernunft erfunden hat, denn er ist der eigentlichsten Natur der Menschheit entnommen.

13 Die weisen Ägypter haben eine der besten Religionen aufgestellt, die rein auf Mysterien und Zaubereien aller Art begründet war. Sie hielt sich deshalb auch über zweitausend Jahre. Als aber gewisse Volksfreunde aufstanden und das Volk über den Betrug ihrer heiliggehaltenen Religion aufzuklären anfingen, gab es nur zu bald eine Masse

Feinde der Priester und ihrer Religion. Die Tempel wurden zerstört und die Priester häufig getötet oder aus dem Lande vertrieben. Was aber hat das Volk dabei gewonnen? Nichts als Not, Elend, Trostlosigkeit und am Ende den völligen Verfall seiner Nationalität und seiner uralten, nahezu göttlichen Berühmtheit! Wäre es nicht besser, so diese unzeitigen Volksbeglücker mit ihrer Verstandesschärfe unter dem ägyptischen Volk nie aufgestanden wären? Das Volk wäre in seiner Dummheit glücklich geblieben. Und die Priesterschaft, die allein weiß, daß der Mensch nichts ist und ewig nichts zu erwarten hat, hätte dafür — daß sie unermüdlich bestrebt ist, dem blinden Volk den Glauben an einen Gott und an die Unsterblichkeit aufrecht zu erhalten und ihm dadurch eine hoffnungsreiche Existenz zu sichern — ihre Einkünfte genießen können. Zum Lohn, daß sie von dem Volk die größte Last auf ihren eigenen Nacken nimmt und allein mit jeder Minute der ewigen Vernichtung entgegensieht.

14 Laßt beim Volk die Einsicht lebendig aufkommen, daß es nach dem Tod kein Leben mehr gibt, und ihr werdet das Volk sogleich in alle erdenklichen Entartungen übergehen sehen! Der Priesterstand nimmt das alles auf seine Haut. Er allein sieht der ewigen Vernichtung mutig entgegen, weil er allein den Vorteil des Nichtseins vor dem Sein klar einsieht. Und so ist es wohl der größte Undank gegen diese größten Wohltäter der Menschheit, so sie als Betrüger vor dem Volke angeschuldigt werden. Sie sind es allerdings, aber nicht zum Nachteil, sondern nur zum Wohl der Völker!

15 Warum sind die Chinesen und die Japaner nahezu die glücklichsten Völker der Erde? Weil sie in ihrer Dummheit noch nie gestört worden sind, indem ihre weisen Regenten dafür Sorge tragen, daß ihre Völker nie zu irgendeiner Aufklärung gelangen. Einige wenige, die es wagten, diesen Völkern ein sogenanntes Lichtlein anzuzünden, wurden arg bedient. Und so haben sich nicht so leicht wieder andere dazu eingefunden.

16 Du selbst, mein sonst überaus schätzbarer Freund, hast aber als Regent, statt mit der Priesterschaft Hand in Hand zu gehen, ihr eine Wunde geschlagen, die ihr schwerlich die Zeit heilen wird. Was soll da ein wahrer Erzbischof von dir urteilen! Ja, was die ganze vernünftigere Menschheit? Du nahmst ihr das eine und gabst ihr nichts Besseres dafür!

[17] Wenn ein Mensch in seiner Dummheit glücklich ist, warum ihn aufwecken, auf daß er unglücklich werde? Alle Menschen sind zum Tod ausgesetzte Delinquenten. Wenn der Delinquent schläft, so ist er glücklich in seinem Traum. Wird er aber wach, was dann? Da faßt ihn der Todesgedanke, und er wird unaussprechlich unglücklich! Sage, hat der dem Delinquenten eine Wohltat erwiesen, der ihn aus dem Schlaf gerüttelt hat?

[18] Nicht umsonst nennt sich die Kirche eine Mutter. Denn sie ist den Völkern wirklich das, was die Mutter ihren Kindern ist. Sie gibt den Völkern sanft zum Schlaf reizende Speisen und Getränke, damit sie der Welt gräßlichen Jammer nie schmecken sollen. Und wer fest an der Kirche hängt und ihre Mittel gebraucht, der wird auch wahrlich den eigentlichen Todesschmerz nie empfinden. Was dünkt dich nun? Wirst du mir da auch mit deinem törichten Einwand kommen können?"

[19] Sagt *Joseph* kurz und lakonisch: „Freund, durch deine gehaltlosen Worte hast du eigentlich nichts anderes gesagt, als daß eben die Priesterschaft sich stets in der krassesten Unwissenheit befindet und diese ums teure Geld auch allen Völkern aufzubürden bemüht ist. Ich und Tausende, die so dachten wie ich, haben an der Unsterblichkeit unserer Seelen nie gezweifelt, obschon wir gottlob sehr aufgeklärt waren. Aber unser Glaube war kein blinder, sondern ein hellst sehender. Wir empfanden aber, daß *alle* Menschen das einsehen könnten, so sie nicht von der blinden Geistlichkeit davon abgehalten würden. Und das, Freund, war der Grund zu unserem Widerstand!"

220

Joseph weist Erzbischof Migatzi an den Herrn
Migatzi erklärt das Jenseits für Trug und Joseph für geisteskrank
Joseph über die Ursache seines Todes

[1] Sagt *Joseph* fortfahrend: „Schau, Freund, wie dumm und gehaltlos deine Gründe sind, mit denen du deine Kirche beschönigen willst, erhellt allein schon zur Übergenüge, daß wir beide dem Leib nach schon

vor sechzig Erdjahren gestorben sind und nun hier ganz frisch und gesund fortleben! — Würde das Volk im *wahren* Glauben unterwiesen, so würde es sich auch leichter leiten lassen und wäre emsiger in allem Guten, Wahren und Schönen. Da es aber, statt alle Dinge in ihrer Wirklichkeit zu schauen, nur schläft und sich von einem Traum in den anderen hineinschnarcht, ist bei solch einem Volk an einen geistigen Fortschritt nicht zu denken. Was hatten wir in Österreich unter der Regierung meiner Mutter aufzuweisen? Nichts und tausendmal nichts!

2 Einst habe ich in Erfahrung gebracht, wie ein Kapuziner gegen den Gebrauch von Stecknadeln mit höllischem Mord und Brand auf der Kanzel geeifert hatte, da er sie als reine Zauberei ansah. Denn es sei der leibhaftige Gottseibeiuns zu ihm gekommen und habe gesagt: »Verschreib' mir deine Seel', und ich will dich die Kunst lehren, Stecknadeln tausendweise zu machen!« Darüber habe er sich so gewaltig erschreckt, daß er vor Angst umgesunken sei. Und wäre ihm nicht die allerseligste »Maria auf der Stiege«, die er stets am meisten verehrt habe, zu Hilfe gekommen, so wäre er offenbar verloren gewesen.

3 Wenn nun das arme Volk solchen Ochsen von Geistlichen überlassen ist, frage ich: welche Früchte lassen sich von solch einem Volk erwarten? Und siehe, zehntausend ähnliche Anlässe sind mir zu Ohren gekommen und bestimmten mich dann, solchem krassen Unfug für alle Zeiten ein Ende zu machen. Gottlob, der Herr hat meine Mühe gesegnet und sie mir zu keiner Sünde gerechnet! Der Papst bekommt nun eine Ohrfeige um die andere von der lieben Welt und hat bei Millionen bereits alles Ansehen weidlich verloren. Dazu habe ich den ersten Grundstein gelegt, den früher ein Luther, Calvin, Huß und Melanchthon schon behauen haben. Ich bin dafür von Rom freilich bis in die unterste Hölle verdammt worden, aber es brachte mir gottlob keinen Schaden. Denn da sieh her: Der hier neben mir steht, ist Christus, der Herr Himmels und der Erde Selbst! Und ich glaube, wer so wie ich bei Ihm ist, der wird doch wohl ein bißchen selig sein!"

4 Sagt der *Erzbischof* ganz aufgeregt: „Du warst schon im Mutterleib ein Ketzer und wirst als solcher auch in der Hölle verbleiben in Ewigkeit! Du meinst, daß wir schon gestorben sind? O du Narr! Für die Welt, politisch genommen, sind wir freilich gestorben, weil wir uns in den Ruhestand zurückgezogen haben; aber nicht so in der Wirklichkeit, da wir doch noch alle in dem sichtbaren Wien leben und herum-

gehen und -fahren, so wir eine Gelegenheit bekommen. Das wird doch nicht etwa in der *Geisterwelt* sein! Laß dich nicht auslachen! Ich als ein Erzbischof werde es doch besser wissen, was es mit der Geisterwelt für eine Bewandtnis hätte, so es eine gäbe! Aber da es nach dem Tod kein Leben mehr geben kann, fällt die ganze Geisterwelt von selbst ins Blaue hinein. — Und mit der *Gottheit* Christi wird's auch den allmächtigsten Faden haben! Wie weit mußt du es in deiner Narrheit gebracht haben, daß du einen polnischen Binkeljuden für den Nazarener hältst, der am Kreuz lange gestorben ist und in Ewigkeit nimmer lebendig wird. Es ist wirklich viel, daß du dich nicht selbst schon für Christus gehalten hast, denn Narr zur Genüge wärst du schon lange dazu gewesen.

5 Hat dein leidender Zustand dir dein Erinnerungsvermögen so ganz und gar verstört, daß du dich nimmer entsinnen kannst, daß du als ein Narr in die geheime k. k. Irrenanstalt gekommen bist? Dieses Ereignis wird dir wohl das Gefühl gemacht haben, als seiest du gestorben! Aber dem ist nicht so: Du bist nur irrsinnig geworden, und das erzeugt in dir das Gefühl des schon Gestorbenseins. So du aber wolltest, könnte ich dich bald heilen, auf daß du dann wieder des Lebens goldene Freiheit genießen könntest. Du weißt ja, daß ich nie ein Zelote war, am wenigsten dir gegenüber. Geh, biederer Freund, komm und laß dich kurieren!"

6 Spricht *Joseph:* „Mein Freund, ich habe schon so manches über mich lügen gehört, aber so etwas ist mir noch nicht vorgekommen. Daß du an die Unsterblichkeit und an Christus nicht glaubst und nie geglaubt hast, geniert mich eigentlich gar nicht. Ich will mir auch keine Mühe geben, dich in diesen Glauben einzuführen. Aber daß du behauptest, ich sei auf der Welt irrsinnig geworden, das geniert mich, indem ich nur zu bestimmt weiß, auf welche Weise ich eigentlich das Zeitliche mit dem Ewigen vertauschen mußte.

7 Siehe, durch Fürsorge von eurer kirchlichen Seite habe ich nach dem Beriechen eines Blumenbuketts ein Übel in meinem Kopfe wahrzunehmen angefangen, das sich wie ein starker Katarrh zu äußern begann. Ich achtete dieser Sache nicht und dachte, dieser Schnupfen wird schon vergehen, aber dem war nicht so. Als es nun statt besser von Tag zu Tag schlimmer ward, ließ ich meinen Hofarzt kommen, der aber auch nichts anderes sah als einen recht hartnäckigen Kopfkatarrh. Aber

einen gewissen Druck wie aufs Gehirn im Oberhaupt verspürte ich von Tag zu Tag fühlbarer, den ich anfangs auch zu wenig beachtete. So lange, bis sich an derselben Stelle auch äußerlich ein Tuberkulum malum[1]), wie es meine Hofärzte nannten, zu entwickeln begann, das trotz aller ärztlichen Behandlung stets schlimmer wurde.

8 Endlich berief man ein Ärztekonzil zusammen. Das Konzil erkannte an meinem Kopfabszeß nichts Gefährliches bis auf einen schlichten Arzt namens Quarin. Dieser wurde von mir gefragt, ob das Übel zu heilen sei. Und Quarin sagte entschieden: Nein, wofür er von mir geadelt und bestens dotiert wurde. Von da an ging es mit meinem Leib von Stunde zu Stunde schlechter, und ich starb bald danach bei vollstem Bewußtsein, ohne die geringste Furcht vor dem Tod. Als ich starb, kam es mir vor, als ob ich ganz süß eingeschlafen wäre. Bald darauf erwachte ich, nur gottlob nicht mehr in der materiellen, sondern in der geistigen Welt.

9 Ich meine, aus dem dürfte dir denn doch klar werden, daß mein Erinnerungsvermögen nicht ganz und gar erloschen ist, wie du es behauptet hast. Was meinst du? Rede nun!“

221

Migatzi gibt für Josephs Tod eine andere Erklärung
Er verlangt Beweise über Jesus
Josephs Rede über den Geist der Liebe als einzigen Gotteszeugen

1 Spricht Erzbischof *Migatzi:* „Mein lieber, guter Freund! Du kannst zwar reden, was du willst und magst, das macht mir nichts! Alles, was du mir gesagt hast, beleidigt mich nicht. Aber daß du mich gewisserart eines Attentats auf deine Person beschuldigst, das ärgert mich! Denn ich meine, daß ich wohl dein intimster Freund, und inkognito ebenso ein Freimaurer war wie du es warst, und daher auch wußte, warum ich mit deinen Neuerungen einverstanden war. Ich erkläre dir

[1] bösartiges Geschwür

daher als ein allzeit helldenkender Ehrenmann, daß du mit deiner Vermutung auf dem Holzweg bist!

2 Sieh, das ganze Wesen deines Übels war fürs erste schon ein angeborener Organfehler, bestehend in einer Art Kopf-Skrofeln, die dir so lange keine besonderen Anstände machten, als du hinsichtlich der Venus dich mehr zurückhaltend benahmst. Als du aber dieser sehr zu huldigen anfingst und in letzter Zeit auch von einer gewissen Reizendsten so comme il faut angesteckt wurdest, da hat dein Kopfübel von diesem Gift etwas eingesogen. Du beachtetest die Sache zu wenig, und die Ärzte haben wie gewöhnlich das Übel nicht erkannt und dich falsch behandelt. So war es auch nicht anders möglich, als daß du am Ende ein Opfer deines Übels werden mußtest. Du selbst also und niemand anders war schuld an deinem entweder eingetretenen Irrsinn oder, so du schon gestorben sein willst, an deines Leibes Tod! Beschuldige fortan die Kirche nicht mehr, denn sie ist unschuldig an deinem Übel, das dich so oder so zugrunde gerichtet hätte.

3 Mir wäre es im höchsten Grade angenehm gewesen, wenn wir noch viele Jahre miteinander Österreichs Völker hätten leiten können. Aber ein Fatum hat es so gewollt, daß du und ich vom Schauplatz unseres Wirkens haben abtreten müssen. Und so sind wir beide entweder, wie du behauptest, gestorben oder, nach meinem Dafürhalten, pensioniert und in eine geheime Irrenanstalt gebracht worden, aus der wir alle Jahre ein paarmal ins Freie hinaus einen Spaziergang machen und da etwas genießen dürfen. — Joseph, sei gescheit, und halte diese Juden doch nicht für mehr als sie sind! Sollte dies aber wirklich die Geisterwelt sein, und auch an Christus etwas gelegen sein, so wird sich dieser gegenüber einem Kaiser und einem Kardinal doch anders präsentieren als wie ein gemeinster Binkeljude! Was für Beweise hast du denn für deine Behauptung? — Christus, ein Binkeljude! Aber ich bitte dich!“

4 Spricht *Joseph:* „Aber auch ich bitte dich, in der allerhöchsten, persönlichen Gegenwart Jesu, des Herrn, dich ein wenig anders zu benehmen, sonst wird es mit deiner Kardinalschaft bald aus sein! Die Geduld des Herrn muß zwar unergründlich groß sein, daß Er so gelassen solch einen Unsinn anhören mag. Aber ob sie ohne alle Grenzen ist, möchte ich wohl stark bezweifeln. Denn so oft Menschen und Geister zu lange und zu hartnäckig sündigen und sich von ihren törichten Bosheiten

nimmer abwenden wollen, wird Er sich solch Verhalten wohl nicht zu lange gefallen lassen. Hätte z. B. ich selbst auf der Erde den Anreizungen der Venus ein paar Jahre früher schon kein Gehör gegeben, als der gute himmlische Vater mich durch allerlei Vorkommnisse meines Lebens davor wohl zu öfteren Malen deutlich mahnte, so hätte ich vielleicht trotz aller Nachstellungen meiner Feinde um etliche zehn bis zwanzig Jahre länger leben und die Völker im Namen Gottes regieren können. Aber da ich die heilsamen Mahnungen des Herrn in den Wind schlug, ist dem Herrn die Geduld um ein geringes ausgegangen, und ich mußte ohne Gnade und Pardon dem Leib nach ins Gras beißen, und das schmerzlich und bitter genug. Also, Freund, stelle die Geduld des Herrn nicht auf eine zu lange Probe!"

5 Sagt Erzbischof *Migatzi:* „Aber lieber Freund, bevor ich mich vor Christus dem Herrn gehörig zusammennehmen kann, muß ich ja doch erst einsehen, daß er es wirklich ist! Beweise mir das zuvor, dann werde ich anders zu denken und zu reden anfangen. Ich habe dich ja nicht gebeten, daß ich von dir erführe, wie kurz oder wie lang die Geduld des Herrn ist. Gib mir Beweise, und es soll sich dann zeigen, ob ich da auch noch so dumm in den Tag hinein reden werde."

6 Spricht *Joseph:* „Solange dir dein eigenes *Herz* durch den Geist der Liebe nicht sagen wird: Dieser ist es! — so lange nützen dir auch alle Beweise nichts. Wird es dir aber dein Herz sagen, dann bedarfst du auch keines anderen Beweises. Wer Jesus erkennen will, muß Ihn lieben. Wer aber Jesus liebt, der hat Ihn auch lebendig *in sich.* Und das ist der alleinige Beweis, durch den jedermann Christus am ungezweifeltsten erkennen kann. Liebe Christus in diesem dir so gering vorkommenden Juden zuvor aus allen deinen Lebenskräften, dann wird sich zeigen, ob hinter diesem Juden vielleicht doch etwas mehr steckt."

7 Sagt Erzbischof *Migatzi:* „Du bist doch ein närrischer Kauz! Wie kann ich denn in diesem Juden Christus lieben, bevor ich weiß, daß er es wirklich ist! Hieße denn das nicht die Gottheit Christi tiefst herabsetzen, so man ohne alles weitere Forschen in jedem nächstbesten Juden Christus den Herrn zu verehren anfinge? Christus unter Gestalt des Brotes und Weines zu lieben, zu verehren und anzubeten, das tut sich, da Er Selbst diese Gestalten an Seiner Stelle als gleichwertig eingesetzt hat. Aber Christus in einem ganz gewöhnlichen Menschen und Juden noch dazu anzubeten, das, Freund, hieße mit der Liebe zu Chri-

stus wahrhaftig Schindluder treiben. Das werde ich wenigstens nicht tun! Ist Christus nur eine fromme Volksfabel, so ist das eine wie das andere eine Dummheit. Ist aber Christus im Ernst das, was uns die Mythe von ihm überliefert, so wäre ein Nachkommen deiner Aufforderung doch die gräßlichste Gotteslästerung, die mit der untersten Hölle bestraft werden müßte."

8 Spricht *Joseph:* „Wäre nicht übel! Was lehrt denn Christus Selbst? Sieh, du echter Pharisäer Roms, Er sagt: »So aber jemand einen armen Bruder aufnimmt in Meinem Namen, der nimmt Mich auf. Wer aber Mich aufnimmt, der nimmt auch Den auf, der Mich gesandt hat!« — Wenn also der Herr Selbst sich mit unseren Brüdern gleichstellt, wie sollten dann wir eines andern Sinnes sein? Ich sage dir, nichts als unser Hochmut ist es, der sich einen glänzendsten und allergrößt erhabenen Gott einbildet und Christus in einer niedrigeren Bekleidung fahren läßt, weil des Menschen hochmütige Seele nichts Niederes und demütig Aussehendes ertragen kann! Der Hochmütige nur wünscht sich Gott mit Krone und Zepter. Der Demütige aber so, daß auch er sich's getrauen könnte, die Augen zu einem freundlich und mehr ihm gleich aussehenden Gott zu erheben und zu sagen: »O Herr! Wohl kommst Du im Kleid der herzlichsten Demut zu mir armem Sünder; aber dennoch bin ich nicht wert, meine Augen zu Dir emporzuheben.« Was meinst du wohl, welcher von beiden dürfte Christus dem Herrn der bei weitem Angenehmere sein?"

222

Selbstgespräch Migatzis
Er möchte sich zum Herrn bekennen, fürchtet aber seine Amtsgenossen
Joseph hilft ihm zurecht

1 Sagt der Erzbischof *Migatzi:* „Warte, da muß ich ein wenig nachdenken, um dir eine würdige Antwort geben zu können!" — Hierauf legt der Erzbischof drei Finger der rechten Hand auf seine Stirne und sagt zu sich selbst: »Bei meinem armseligsten Leben, dieser Joseph ist orthodoxer als ich, der ich doch Erzbischof und Kardinal zugleich bin! Wenn ich mich nicht genierte, wäre ich beinahe genötigt anzunehmen,

was er mir von diesem Juden sagte. Wäre ich allein, so wäre es schon geschehen. Aber meine zahlreichen Kollegen, die hier mit mir diesen Vatikan bewohnen, würden über mich alle Teufel aus der Hölle heraufbeschwören, wenn ich so etwas täte. Wenn ich nur wüßte, was da Rechtes zu machen wäre! Meine Kollegen bewachen mich mit Argusaugen und behorchen mich mit Midasohren. Ich dürfte nur Miene machen, mich an diese Gesellschaft anzuschließen, so würden die Kerle gleich über mich herfallen wie hungrige Hunde. O Joseph, du hast recht in allem, was du über Rom gesagt! Es ist so und nicht anders, das weiß ich am besten. Aber was kann einer machen, der zu ihrem Gremium gehört?

2 Man muß dem Volk einen großartigen blauen Dunst vormachen, Handlungen verrichten, die einem zum Speien fade und dumm sind, und das Volk etwas glauben machen, was man selbst um alles in der Welt nicht glauben könnte. Man muß sich mit einem gottähnlichen Nimbus umgeben, während man im Grund bei weitem unter dem Wert eines Schweinehalters steht. Was ist man denn als ein Erzbischof und Kardinal? Nichts, gar nichts! Man kann nichts, und auf der erzbischöflichen Höhe lernt man höchstens seine Finanzen in Ordnung zu halten, sein hochkirchliches Regiment mit einer alles zermalmenden Hochwürde zu versehen und die Hölle stets offener zu halten als den Himmel. Das ist das hohe Amt eines Erzbischofs! Man muß sich doch bei nur irgendeinem Gewissen alle Tage ins Ohr raunen: ‚Was du vorstellst ist an und für sich nichts! Ohne Schuster und Schneider könnten die Menschen schwer bestehen, aber ohne einen Erzbischof unendlich leicht!' Das ist eine unbestreitbare Wahrheit; aber wer dürfte es wagen, sie offen auszusprechen! Wahrlich, ein schönes Geschäft für einen Ehrenmann!

3 O Joseph, du hast recht! Aber gebe ich dir recht, werden sie über mich herfallen von allen Seiten und mir den Mund zu stopfen verstehen. Wenn ich nur wüßte, wie ich mich aus den Schlingen meiner Lauskollegen losmachen könnte! Mit dem größten Vergnügen täte ich's, aber wie würde mir's da ergehen? — Ich weiß so gut wie du, lieber Freund Joseph, daß ich dem Leibe nach gestorben bin und mich schon bei sechzig Jahren oder darüber hier in der Geisterwelt befinde, obschon ich auf der Welt nicht daran geglaubt habe. Aber wehe mir, wenn ich vor meinen Kollegen so etwas fallen ließe!

4 O Joseph, hilf mir weg von meinen Kollegen, und du sollst deinen Migatzi gleich in einem anderen Licht erblicken! Ich bot dir stets, so viel es möglich war, die hilfreiche Hand. Aber es ist traurig, daß ich mit dir anders reden muß, als ich eigentlich mit dir reden möchte. Du kennst Rom wohl, aber ich kenne es besser, denn ich kenne den Grund, auf dem Rom steht. Solange über Rom nicht ein Herkules kommt und seine Köpfe kürzer macht, wird es nie Tag auf der lieben Erde werden!«

5 Auf dies Selbstgespräch macht der *Erzbischof* einen Seufzer und sagt zu Joseph: „Lieber Freund, du hast auf eine würdige Antwort geduldig gewartet, aber ich kann dir trotz all meines Denkens keine Antwort geben. Denn es gibt Dinge zwischen Mond und Sonne, von denen sich noch keine menschliche Weisheit etwas hat träumen lassen. Ich hoffe, du wirst mich verstehen!"

6 Sagt *Joseph:* „Ja, ich verstehe dich, und in diesen Räumen gibt es noch eine Menge Erzpfaffen, vor denen du unsägliche Furcht hast, die aber ebenso leer ist wie deine erzbischöfliche Hochwürde. Siehe, der Herr hat mir das Ohr meines Herzens aufgetan und ich vernahm deine Gedankenrede, weshalb ich deine Antwort schon habe. Von nun an bist du mein lieber Freund, und der Herr wird an dir gut machen, was dir noch fehlt. Laß aber ab von der törichten Furcht vor deinen finstern Kollegen. Sie werden dir nichts tun, dafür stehe ich dir! Ihretwegen sind wir auch nicht hierher gekommen, sondern nur deinetwegen, weil ich dich kenne. Bist du unser, dann sind wir hier schon fertig. — Wende dich aber nun an den Herrn! Er wird dich mit einem Wort gesund machen!"

7 Spricht der *Erzbischof:* „Lieber Freund Joseph! Du weißt, daß ich mit allem, was du als recht, gut und wahr erkennst, vollkommen einverstanden bin. Nur mit dem, daß dieser sonst überaus bieder aussehende Abrahamssohn — *Jesus,* der göttliche Meister aus Nazareth sei, kann ich mich noch nicht ganz verstehen! Jesus, der Herr, sollte denn doch etwas von der Herrlichkeit Seines himmlischen Vaters durchblicken lassen. Aber bei diesem schaut ebensowenig irgendetwas Göttliches heraus wie bei sonst einem gewöhnlichen Menschen!

8 Aber sei dem nun wie immer: Christus, der Gesalbte Gottes, der wahre Hohepriester in Ewigkeit, ist die Liebe Gottes zu den Menschen. Wenn Er mir armem Sünder *Liebe* erweisen wird, so ist Er dann mein Christus und Heiland in Ewigkeit, und wäre er auch im Gewand eines

Schusterjungen! Erweist Er mir aber keine Liebe und wird mit mir verfahren wie ein römischer Pfaffe, dann gebe ich nichts für Ihn.

9 Leider war ich selbst auch ein römischer Hochpfaffe und mußte von der alleinseligmachenden Kirche predigen und alles verdammen, was nicht vor der Tiara die Knie beugte. Aber mir war es mit solchen Verdammungen wenig Ernst. Denn ich glaubte doch mein ganzes Leben hindurch nie an ein Fegfeuer und noch weniger an eine Hölle, weil ich beides mit der göttlichen Liebe und Weisheit nicht in Übereinstimmung bringen konnte. Und fürs zweite liebte ich die Menschen zu sehr, als daß es mir je Ernst sein konnte, auch den bösesten von ihnen auf ewig zu verdammen.

10 Auch der Böseste kann nur eine gewisse Zeit hindurch böse sein und besaß im Anfang höchstwahrscheinlich ein solches Naturell, nicht anders handeln zu können. Wird ein solcher Bösewicht — nach genauer Prüfung seiner Natur, seiner Erziehung, der Handlungsbeweggründe, der Umstände, in denen er sich befand — entweder schon auf der Erde oder hier im Reich der Geister zu einer Strafe auf so lange verurteilt, bis er sich völlig bessert, dann ist eine Strafe gut und gerecht. Aber eine ewige Strafe für ein zeitliches Vergehen kann doch unmöglich von der höchsten Weisheit und Liebe Gottes angeordnet sein! Denn so etwas ziemte wohl einem Erztyrannen, aber einem Gott der Liebe nimmer!

11 Du siehst, daß ich im Inneren durchaus kein eigentlicher Pfaffe war; denn davor bewahrten mich meine menschenfreundlichen Grundsätze. Finde ich nun Christus, wie Er ist und nicht wie Ihn Rom predigt, so ist Er mir auch im Gewand eines Schusterjungen willkommen. Ist Er aber Christus nach römischer Art, dann sei uns Gott gnädig und barmherzig! Denn dann ist unser Los die ewig brennende Hölle, aus der ewig kein Ausweg mehr zugelassen wird!“

12 Sagt *Joseph:* „Bin ganz deiner Ansicht! Aber bei diesem Christus hier wirst du das finden, was du finden willst: einen Herrn, der dir wie uns allen völlig ans Herz gewachsen ist. Einen weiseren und besseren Christus kannst du dir in Ewigkeit nicht denken, als wie dieser allein wahre und einzige es ist! — Daß aber auch ich keinen rachesüchtigen Strafgott mir je habe denken können, sondern nur einen weisen und milden Vater voll ernster Liebe, beweist ja mein mildes Strafgesetz, das die entsetzliche Todesstrafe gänzlich aufhob und selbst die gröbsten Verbrecher nur mit solchen Strafen belegte, durch die sie wieder zu

Menschen werden konnten. Und das weiß ich, daß ich auch dabei durchaus keinen argen und rachesüchtigen Willen hatte. Du siehst also hieraus —."

[13] Hier unterbricht der *Erzbischof* den Joseph und sagt: „Ja, ich sehe, daß du ein edler Regent warst und ein echter Mensch nach dem Willen Gottes! Und so nehme denn auch ich deinen Freund als Christus an, möge mir geschehen, was da immer wolle. Meine Kollegen werden nun bald wie die Teufel über mich herfallen, aber Migatzi wird bei dem bleiben, was er nun angenommen hat! Ich höre sie schon kommen!"

223

Migatzis Amtsbrüder. Der eselhafte Präsident
Migatzis Bekenntnis zum Herrn
Dessen Urteil über Rom. Antwort der Bischöfe

[1] Nun stürzen auf einmal bei hundert skelettartige Wesen in zerfetzten Vespermänteln und zerquetschten Bischofsmützen aus allen Winkeln hervor und erheben in größter Aufregung ein Zetergeschrei. Einer, mit einem mehr einem Esel als einem Menschen ähnlichen Gesicht, der ihr Präsident ist, tut sich besonders hervor. Er ist zwar der dümmste von allen, aber das macht dort nichts. Denn sie ernennen deshalb immer den Dümmsten, damit sie selbst desto unumschränkter tun können, was sie wollen. Solch einer springt hastig zu Migatzi hin mit einem ernsten Gesicht, das aber in solcher Position am allerdümmsten auszusehen anfängt, so daß darüber die ganze Gesellschaft des Herrn in helles Lachen ausbricht. Als der hervortretende Präsident dies sieht, wird sein Gesicht noch ernster und daher auch noch lächerlich dümmer anzusehen.

[2] Er reißt nun das Maul weit auf und strengt sich an, einen echt römisch-apostolisch kräftigen Fluch auszustoßen. — Aber Ich mache ihm einen kleinen Strich durch die Rechnung und der Herr *Präsident* bringt nichts als ein heiser knurrendes „J—a, J—a, J—a" heraus. Helena und Robert ersticken fast vor Lachen. Sogar Petrus, Paulus und Johannes können sich des Lachens nicht ganz enthalten. Die Mon-

archen lachen auch aus vollem Hals. Und Joseph bemerkt, daß ihm sein ganzes Leben nie eine lächerlichere Visage untergekommen sei als die dieses zornvollen Präsidenten.

3 *Robert* sagt zu Mir: „Herr, ich begreife nicht, wie ich mich beim Eintritt in diese Gruft so habe fürchten können! Und nun muß ich fast zum Zerbersten lachen über diese unendlich dumme Physiognomie und über das echteste Eselsgeplärr! Das ist aber in der Entsprechung höchst bezeichnend, daß man sich nichts Treffenderes vorstellen kann. Wie mächtig hat Rom geschrien vor Grimm und Wut zu Luthers Zeiten, und wie mächtig schreit es nun den Neukatholiken gegenüber! Aber das Geschrei ist immer unverändertes Eselsgeplärr und dieser Präsident ein gelungenes und getreuestes Bild des Papsttums!"

4 Sage *Ich:* „Das wird auch der Erfolg der gegenwärtigen Mühe des Papsttums sein. Die Menschen werden die Diener weidlichst zu belachen anfangen. Und je mehr sich diese ärgern, desto mehr werden sie verlacht werden, bis sie am Ende ihr eigener Grimm verzehren wird. Was du hier siehst im kleinen, wird auf der Erde geschehen im großen! Die Diener Bileams werden alles aufbieten, werden Wundermagie treiben und schreien und plärren wie dieser hier. Das Volk aber wird sich erbauen, wie unsere Gesellschaft nun hier im Angesicht dieses »J—a« plärrenden Esels. Und diese Demütigung wird das beste Heilmittel für jene Narren sein.

5 Aber du wirst auch bald sehen, warum du dich ehedem so gefürchtet hast. Bald wird das Innere dieser Pfaffen heraustreten, und du wirst hoch erstaunen über die Trugkünste, die diese Wesen produzieren werden. Ich aber werde die Gesellschaft dahin beleben, daß sie sich dabei wie ein mutwilliges Publikum in einer mißlungenen Komödie benehmen wird. Und das wird von gutem Erfolg sein."

6 Hier tritt *Migatzi* vor Mich hin und sagt: „Herr Jesus, Du bist es wahrhaftig! Nun erst erkenne ich Dich vollkommen! Ehre sei Dir allein ewig!!" — *Ich* aber fasse ihn bei der Hand und sage: „Bruder, werde vollkommen!" Und Migatzi bekommt sogleich ein recht gutes und gesundes Aussehen.

7 Migatzi fühlt sich nun ganz leicht und gestärkt, und heller und heller wird sein Auge. Nur das Gewand bleibt noch dasselbe zerlumpte, erzbischöfliche, was ihn sichtlich stört. Er beschaut sich und sagt nach einer Weile zu Mir voll innigster Liebe und festen Vertrauens: „Herr

Jesus, Du wahrhaftigster Gott und Sohn Deines ewigen Vaters! Da Du mir schon ohne alle Verdienste um Deinen allerheiligsten Namen so gnädig bist und hast mich erlöst aus diesem Pfuhl des Verderbens, so erlöse mich auch von dem Rest, der einen widerlichen Anblick meinen Augen und einen ekligen Geruch meinen Nüstern bereitet! Sieh dieses mich anwidernde Gewand des Hochmuts und Trugs und befreie mich davon! Gib mir dafür ein gemeinstes Bettlergewand, und ich werde mich darinnen selig fühlen!"

8 Sage *Ich:* „Mein lieber Bruder, dies Gewand ist ein Gewand des Hochmuts und des Trugs zwar gewesen für den, der es hochmütig und übellustig trug. Du aber hast es getragen nur des vorgeschriebenen Ritus wegen, weil es die römisch-kirchliche Regel so vorschreibt. Und so *war* es für dich ein wahres Ehrenkleid und somit nicht verächtlich, wie du meinst.

9 Denn alles ist nicht schlecht an der Römerin! Nur das ist ein Greuel, so sie des irdischen Mammons wegen Mittel ergreift, die rein höllischer Natur sind — als da sind: falsche Wunder, falsche Heilmittel, Ablässe, Reliquien und Bilderdienst, Amulette, fromm klingende Zaubersprüche, blinde Zeremonien, Gnadenwallfahrtsorte, Kirchenschätze für leeren kirchlichen Luxus, hohe Ämter und Ehrenstellen, die ausgedehnteste Herrschsucht und die hartnäckigste Alleinrechthaberei. Ich will von ihren Meßopfern nichts sagen, nichts von ihrer Ohrenbeichte, von ihren Tempeln, Glocken und Orgeln, nichts von würdigen Kunstwerken, nichts von der Heilighaltung ihrer Bethäuser und nichts von den Begräbniszeremonien für die Verstorbenen. Denn dies alles im reinen Sinn würdig benützt ist nicht untauglich, das menschliche Gemüt zu erheben und zu veredeln. — Aber daß die Römerin diese an und für sich reinen Dinge dazu gebraucht, das menschliche Herz zu verdummen und blind glauben zu machen, daß man durch sorgfältigen Gebrauch alles dessen zum Leben in den Himmeln und nur durch sie zu Meiner Gnade gelangen könne — das ist schlecht! Denn dadurch werde Ich bei den Kindern als Vater zu einem Tyrannen gemacht, den die Dummheit wohl fürchtet, aber nie liebt. Die Verständigen und Weltläufigen aber fangen dann an, Meiner sich zu schämen. Sie wollen dann oft von einem solchen Erlöser, wie Ihn die Römerin schildert, nichts mehr hören und verwerfen damit das Kind samt dem Bad. Und das bewirkt die römische Kirche durch ihre

eigenmächtigen Lehren, Satzungen, Zugeständnisse und Privilegien, die sie als von Mir empfangen vorgibt, und durch allerlei geduldeten und gepredigten Aberglauben. Das ist es aber, wodurch sie selbst sich zugrunde richtet und eigentlich schon zugrunde gerichtet ist.

10 Das alles liegt also nicht am Kleid, sondern an seinem gewaltigen Mißbrauch. Daher behalte nur unterdessen dein Gewand! So wir bald von diesem Wien uns hinwegbegeben und unterwegs noch einem Ort geistig einen Besuch abgestattet haben werden, wird sich dein Kleid schon in ein anderes umgestalten!" —Damit gibt sich Migatzi zufrieden und dankt Mir sehr über diese ihn tröstende Belehrung.

11 Zugleich aber ertönt aus den finsteren Winkeln ein gellendes Geschrei: „Hinaus mit diesen Ketzern, mit diesen Gottesleugnern, mit diesen Vermaledeiten in Ewigkeit!" — *Migatzi* fällt förmlich in Ohnmacht und sagt bebend: „Aber Herr, kannst du das anhören, ohne sie alle mit Feuer und Schwefel zu vernichten? Um Deines heiligsten Namens willen — was wird daraus werden?"

12 Sage *Ich:* „Gar nichts! Denn Ich bin ja nicht wie ein Mensch, der gleich alles mit Feuer und Schwefel verheeren möchte! Was für Menschen und Geister trägt die Erde! Und dennoch lasse Ich täglich die Sonne auf- und niedergehen und beleuchten und erwärmen die Erde an allen ihren Punkten nach dem Maß der natürlichen Notwendigkeit. Sieh, in der Geduld und Liebe liegt die größte Kraft! Wer diese nie aus den Augen läßt, wird große Dinge erreichen! So müssen denn auch wir Geduld und Liebe haben mit allem, was schwach ist, so wird unsere Mühe stets der beste Erfolg belohnen. Lassen wir sie schreien! Sie werden schon aufhören, so sie genug geschrien haben. — Und somit keine Furcht und keinen Ärger mehr!"

13 In diesem Augenblick fängt es im Hintergrund zu blitzen und gewaltig zu donnern an. Glühende Riesenschlangen beginnen aus verschiedenen Winkeln hervorzukriechen und wütend Krümmungen zu machen. Feurige Totengerippe klappern, auch Nachteulen und Fledermäuse fehlen nicht. Und im Hintergrund ist ein gräßlich aussehender, riesiger Rachen mit furchtbar großen, nahezu weißglühenden Hauzähnen zu erschauen. Aus dem Rachen schlagen fortwährend Rauch und Flammen empor. Und auf der Stirn dieses Höllendrachen steht mit rotglühender Schrift geschrieben: »Ich bin der ewige Höllendrache, zu verschlingen alle frechen Ketzer! Alle, die auf die römische, allein-

seligmachende Kirche nichts halten und ihre heiligen Gebote belachen, werden von mir auf ewig gefressen!«

[14] Über solche Inschrift geschieht schon ein gewaltiges Lachen. Sogar die anfangs sehr furchtsame *Helena* sagt: „Diese Szene würde im Affentheater viel Aufsehen machen. Aber der Stephansdom steht ja auf einem recht schönen Grund! Hätte ich davon auf der Welt nur eine schwache Ahnung gehabt, so wäre ich die erste gewesen, die so einen Tempel mit einer brennenden Fackel heimgesucht hätte! Da schaut einmal diese Kerle an, was die alles treiben, um arme und schwache Geister in ihre hab- und herrschsüchtigen Netze zu treiben! Ah, da kommen sie nun in großer Schar in ihren erzbischöflichen Ornaten und eine Menge Dienerschaft mit ihnen. Was sie wohi nun tun werden?" — Sage *Ich:* „Sei ruhig, Meine Tochter, hör und sieh!"

224

Ohnmächtige Wut der Römlinge. Ihre Unbarmherzigkeit, Habgier und Schwindelei. Donnerworte des „Ketzerkaisers"

[1] Hier weicht auch der vielbelachte J—a-Schreier vor uns zurück. — *Alle* machen vor ihm eine tiefe Reverenz und sagen: „Allerhochwürdigster apostolischer Nuntius des Heiligen Vaters aus Rom! Wie kannst du mit diesen Ketzern noch zaudern? Verfluche sie und treibe sie alle in die Hölle ohne Gnade und Erbarmen!"

[2] Sagt jener *Schreier* mit häßlich kreischender Stimme: „Ich hab's ja schon getan, aber die Teufel sind entsetzlich hartnäckig und wollen nicht tun, was ich ihnen gebiete, sondern lachen mich obendrein noch tüchtig aus! Auch vor unseren Blitzen und Donnern, wie auch vor unserer Hölle, haben sie keine Furcht, sondern schauen sich diese doch schrecklichen Dinge so gleichgültig an, als wenn gar nichts daran wäre! Oh, das sind harte und unverbesserliche Teufel!

[3] Und einen haben sie uns doch weggefischt! O du Armer, wie bist du jetzt auf ewig verloren! Wenn du dich auch jetzt eine Zeitlang wehrst, wirst du mit der Zeit dennoch ohne Gnade samt deinen Gesellen hinein müssen auf ewig! Ja, hinein werden sie alle müssen, da ist keine Gnade und kein Erbarmen mehr!"

4 Hier tritt Kaiser *Joseph* vor und sagt: „Hört, meine Hochwürdigen! Wäre es denn nicht genug, so ihr uns nur auf einige Erdentage ins Fegfeuer werfen möchtet? Denn seht, uns sogleich in die Hölle verdammen, von der ewig kein Auskommen mehr sein soll, ist denn doch von euch zu hart. Habt daher Gnade und Erbarmen mit uns! Bedenkt doch, wie einem armen Teufel das höllische Feuer unbeschreibliche Schmerzen bereitet! Es geht einer armen Seele im Fegfeuer zwar auch nicht gut, aber von da heraus ist doch eine Erlösung zu erhoffen, aus der Hölle aber ewig keine. Darum erbarmt euch unser und befreit uns von der Hölle!"

5 Schreien darauf *alle:* „Nichts da, ihr Vermaledeiten! Nur hinein mit euch in die unterste Hölle, wo vor lauter Hitze der Diamant schmilzt. Bei uns ist kein Erbarmen für Teufel. Wir werden euch schon lehren, was es heißt, die heilige römische, alleinseligmachende Kirche zu verlachen! Darum nur hinein mit euch allen!" — Spricht *Joseph:* „So wir für uns aber zehntausend allerkräftigste sogenannte Hundert-Dukaten-Messen zahlten, ginge da die Geschichte auch nicht mit der Höllenbefreiung?" — Schreien *alle:* „Das ist viel zuwenig, um von der Hölle befreit zu werden! Da müßtet ihr zehnmal soviele Papstmessen lesen lassen, da wäre vielleicht noch etwas zu machen! Denn wir wissen, was es heißt, einen Teufel aus der Hölle zu erlösen!"

6 Spricht *Joseph:* „Was müßten denn unterdessen wir tun, bis solche Messen könnten gelesen werden? Etwa hierbleiben?" — Schreien wieder *alle:* „Dummer Teufel! Wenn ihr da verbliebet, wie könnten wir euch dann aus der Hölle erlösen? Wenn ihr erlöst werden wollt, so müßt ihr zuvor drin sein! Zahlt also zuerst die hunderttausend kräftigsten Papstmessen und geht dann geschwind in die Hölle, sonst könnt ihr nicht erlöst werden!"

7 Spricht *Joseph:* „Aber wie lange wird es denn hergehen, bis die hunderttausend Messen gelesen werden?" Schreien die *Pfaffen* alle: „Von solchen allerheiligsten Messen können nur drei in einem Jahr, und zwar vom Heiligen Vater selbst, gelesen werden. Nur er allein hat da das Recht und die Macht dazu. Jetzt rechnet selber, wie lange es da hergehn kann! Unter dreißigtausend Jahren ist gar keine Rede! Die Hölle ist und bleibt Hölle, und wer einmal drinnen ist, kommt nicht so leicht wieder heraus!"

8 Sagt *Joseph:* „Nun, jetzt bin ich schon im klaren mit euch. Nur

möchte ich noch wissen, warum denn gerade die drei Papstmessen von einer so ungeheuren Kraft sind? Man sollte doch glauben, daß, was die Würde und den Wert eines Meßopfers betrifft, eine Messe so gut ist wie die andere." — Sagt nun der frühere *Plärrpfaffe:* „Das ist so: Bei der Messenlesung durch die andern Geistlichen opfert sich nur der Gottsohn Seinem himmlischen Gottvater auf für die armen Seelen im Fegfeuer und für bußfertige Sünder auf Erden. Bei der Papstmesse aber tritt die ganze allerheiligste Dreifaltigkeit in die Hostie! Und darin liegt die ungeheure Kraft einer Papstmesse, bei der nur die Erzengel ministrieren dürfen, wenn sie von der allerseligsten Jungfrau Maria zu diesem Dienst auserkoren werden! So ist es! Hat mich der Herr Kaiser verstanden?"

9 Sagt *Joseph:* „Noch nicht ganz! Darum möchte ich auch noch wissen, warum ein Papst nicht mehr als drei Messen lesen darf, wobei er eigentlich nicht selbst die Messe liest, sondern nur bei derselben, die entweder von einem Kardinal oder einem kardinalisierten Erzbischof gelesen wird, assistiert." Sagt der *Nuntius:* „Ist das eine verfluchte ketzerische Frage! Merke sich der Herr Kaiser: Der Papst kann deswegen nicht mehr als drei Messen lesen, weil dadurch die heiligste Dreifaltigkeit lebendig für alle Zeiten auf der Erde in der alleinseligmachenden Kirche dargestellt wird. Daß aber der Papst nicht unmittelbar selbst die heiligste Dreifaltigkeits-Messe liest, sondern dabei pontifiziert und assistiert, kommt daher, weil er der Stellvertreter Jesu Christi auf Erden ist, der allen dient und sich selbst nicht bedienen lassen darf. Jetzt wird Er's doch verstehen?"

10 Sagt *Joseph:* „Ja, jetzt bin ich im klaren und weiß nun vollkommen, was ich vom Papsttum zu halten habe!" — Sagt der *Nuntius:* „Nun, und was hält man denn vom Papst?" — Sagt *Joseph:* „Nichts anderes, als daß er der vollkommene Antichrist ist und ihr alle seine getreuesten Helfer seid! — Denn wäret ihr wahre Christen, so würdet ihr Christus den Herrn, der hier neben mir steht, sicher sogleich erkannt haben. Aber da ihr in aller Fülle vollendetste Antichristen seid, verdammt ihr uns samt Christus in die Hölle, während ihr selbst euch schon lange mit Haut und Haaren darin befindet.

11 O ihr elenden Schurken! Euer Christus, den ihr ehrt und begehrt, heißt Gold und Silber! Der wahre aber, der am Kreuz für alle Menschen blutend Seine göttlichen Arme ausgestreckt hat und allen Seinen

Feinden vergab und den ewigen Vater in Sich Selbst um Vergebung für sie bat, — ist euch zum Ekel geworden. Derart, daß ihr, die ihr euch frech Seine Diener nennt, alle, die Ihm und nicht euch anhangen, ohne Bedenken mordet und am Ende noch in die unterste Hölle verdammt! O ihr Schlangen und Otterngezücht, welcher Teufel hat euch denn gezeugt? Wahrlich, wäre der Herr nicht von einer endlosen Geduld, Sanftmut und Liebe, welche Hölle gäbe es denn, die grausam genug wäre, euch aufzunehmen!

12 Ich will und darf euch kein Richter sein; der Herr tue euch nach euren schändlichen Verdiensten! Würde ich euch aber richten, wahrlich, ich sage es hier laut im Angesicht Gottes: ich würde über euern Nacken eine Züchtigung verhängen, daß sich die ganze Unendlichkeit verwundern sollte! Bei Deinem allmächtigsten Namen, o Herr, Du kennst mich, ich habe allezeit alle Geduld und Nachsicht gehabt mit den Schwächen meiner mir untergebenen Brüder. Aber bei dieser Brut der Hölle schaudere ich, und alle meine Geduld und Nachsicht hat da ihr Ende gefunden!

13 Schon auf der Erde, wo sich diese reißenden Wehrwölfe in Schafspelze verkrochen und nur im geheimen ihr schnödes Unwesen trieben, habe ich sie von einer Seite kennen gelernt, die vollkommen der untersten Hölle glich. Auf der Erde aber sah nach der Zurechtweisung doch bei manchem Pfaffen noch ein Stückchen Mensch heraus, und man hatte mit ihm denn auch eine gerechte Geduld. Hier aber zeigt sich diese Brut in ihrer wahren Gestalt und ist gräßlich anzuschauen und anzuhören. — Herr, Dein Wille geschehe, meine Geduld ist da zu Ende!"

14 Sage *Ich:* „Mein Bruder, sei ruhig und ärgere dich nicht! Denn siehe, es muß alles so kommen, sonst wären Daniel und Jesajas ja Lügner. Diese haben von ihnen geweissagt, und ihre Weissagung muß erfüllt werden! In der Folge wirst du einsehen, warum all dieses so kam und kommen mußte! — Nun aber gib weiter acht, denn es wird gleich eine andere Szene zum Vorschein kommen, von der du vieles lernen wirst! Aber ärgern darfst du dich fürder nicht!"

15 Auf obige energische Rede Josephs haben sich die Pfaffen allesamt in ihre Winkel zurückgezogen, um sich da zu beraten, mit welch einer ausführbaren Rache sie uns für den ihnen angetanen Frevel bedienen sollten, und wie sie uns wirksam in ihre vermeintliche Hölle hineinbringen könnten.

225

Maßnahmen der Kirchenhäupter. Der Herr über Glaubenserweckung Niederlagen als Hochmutsarznei

1 Nach einer Weile vernehmen wir Orgeltöne, und zwar die Melodie des sogenannten Tedeum laudamus. — *Joseph* fragt Mich: „Herr, Du bester, heiligster Vater, was soll das bedeuten? Welchen Gott loben Deine offenbaren Widersacher, denn von Dir kann da doch ewig keine Rede sein!"

2 Sage *Ich:* „Mein lieber Bruder, meinst du denn, daß sich die je um irgendeinen Gott gekümmert haben? Dieses Loblied gehört zu ihrer leeren Zeremonie und hat für sie selbst gar keinen Wert, außer daß es ihnen Geld trägt. Hier aber soll es bloß als ein Schreckmittel uns vermeinte Teufel in die Flucht treiben, da sie der Meinung sind, daß die überaus dummen Teufel sich durch scheinbar frömmliche Dinge sogleich vertreiben lassen. Zwar halten die meisten Pfaffen bei sich selbst nichts davon, aber sie üben sie dennoch aus, um damit die Dummheit noch breiter zu machen. Das ist nun der Grund, daß wir bei solch geweihten Tönen gleich davonlaufen sollen!"

3 Sagt *Joseph:* „Nicht übel! Aber gibt es denn nichts, um diesen Kerlen einen recht derben Schabernack entgegenzusenden, daß sie vor Angst speien möchten? Vielleicht könnte so etwas diese Wesen auf andere Gesinnung bringen."

4 Sage *Ich:* „Das darf aus zwei Hauptgründen nicht geschehen. Erstens, um sie nicht in ihrer Freiheit zu stören — da kein gebundener Geist mehr etwas zu seiner Besserung leisten kann und an sich so gut wie tot ist. Zweitens könnte man diese Geister, die doch selbst an gar keine Wunder glauben, durch ein noch so reines Wunderwerk nie zu irgendeinem Glauben bringen. Sie würden die großartigsten Wunder geradeso ansehen, wie zu Meiner Zeit auf der Erde die Priester und Schriftgelehrten alle Meine Wundertaten aufgenommen haben.

5 Sieh, bei Meinem Tod zerriß der Vorhang im Tempel von oben bis unten in zwei Teile; die Bundeslade verschwand und ward hernach nicht mehr gesehen; Sonne und Mond verloren ihr Licht; die Gräber öffneten sich, und die Verstorbenen kamen aus den Gräbern und ver-

kündigten Meine Ehre. Viele Heiden schlugen sich an die Brust und sagten: »Dies war wahrhaftig ein Gott!« und glaubten darauf fest an Meinen Namen. Aber die Priester und Schriftgelehrten wurden darauf nur noch härter und verfolgten mit aller Energie Meine Schüler und Meine Lehre. Mehr kann man denn doch nicht tun, als einen Lazarus, der bereits vier Tage im Grab gemodert hatte, vom sichersten Leibestod erwecken und ihn frisch und gesund den Seinen wiedergeben. Welchen Erfolg aber hat diese Tat bei den Priestern, Pharisäern und Schriftgelehrten zuwege gebracht? Nichts anderes, als daß sie hernach desto mehr zu beraten anfingen, Mich aus der Welt zu schaffen! — Aus dem kannst du ersehen, wie wenig bei diesen Wesen, die noch zehnmal ärger sind als die jüdischen Priester zu Jerusalem, ein wie immer geartetes Wunder wirken würde. Eine gute, wahrheitsvolle Rede bleibt noch immer das beste Mittel, um sie auf einen bessern Weg zu bringen, obschon vorderhand bei diesen hier nicht viel zu erhoffen ist."

6 Sagt *Joseph:* „Ja, das ist wahr, bei diesen wird sich wenig machen lassen. Neugierig aber bin ich, was die Kerle nun machen werden!" — Sage *Ich:* „Sieh nur hin, wo noch der Höllenrachen in künstlicher Glut sich befindet! Von dort aus wird nach plötzlicher Verwandlung dieser höllischen Spektakelszene die neue Prozedur beginnen. Aber du mußt dich nicht ärgern! Denn so wir uns darob wirklich ärgern würden, würde das für sie geradezu ein Triumph sein. Diesen aber ersparen wir ihnen, indem wir den Ärger zu ihnen selbst zurückkehren lassen, der ihnen dann ihre volle Ohnmacht zeigt.

7 Einen stolzen Geist kann man durch nichts eher zur Demut bringen, als wenn man ihm von allen seinen Plänen nicht einen gelingen läßt. So wollen wir es auch nun mit diesen Pfaffen wie mit allen Stolzen der Erde machen! Du wirst sehen, das wird die möglichst beste Kur für sie sein. Darum nur keinen Ärger über sie, lieber Freund und Bruder!"

8 Spricht *Joseph:* „Ich sehe nun klar ein, daß Du allein in allen Punkten recht hast! Aber mit dem Nicht-Ärgern hat es seine eigenen Wege. Wenn Du, o Herr und Vater, nicht jemandes Herz ganz mit Deiner Sanftmut erfüllst, der kann tun, was er will, so wird er sich vom Ärger dennoch nicht enthalten können, wenn er diese Wesen so schmähliche Dinge zuwege bringen sieht. Habe ich doch auf der Erde viele hunderte Male Gelegenheit gehabt, daß mir die Pfaffen mit ihren

Gesuchen und Rekursen aus den selbstsüchtigsten Gründen derartig lästig geworden sind, daß ich sie alle hätte totschießen mögen. Und so ich hinter so etwas kam, da mußte ich mich denn doch wieder ärgern bis zum Gelbwerden! Hier in dieser Welt aber kommt das noch viel ärgerlicher heraus, da man sogleich nur zu klar einsieht, welch eine allerniedrigste Absicht diese geistigen Lumpen mit jeder ihrer Handlungen verbinden.

9 Sie spielen die Frommen, um das zahlende Vertrauen ihrer Schafe zu wecken. Sie gehen barfuß einher, um den Schafen glauben zu machen, daß sie demütig seien. Sie beten öffentlich mit andachtsvollen Mienen, um die Goldminen ihrer Gläubigen beweglich zu machen. Sie machen ganz entsetzlich tiefe Reverenzen und beugen bei ihren Messen ihr Haupt nahe bis zur Erde, um zu zeigen, von welch unbegrenzter Ehrfurcht sie vor dem Tisch Gottes durchdrungen seien. Aber bei sich selbst glauben sie nichts und tun das nur, um desto mehr Messezahler anzulocken. Denn die Blindschafe meinen, daß eine Messe, mit solch einer sichtlichen Andacht gelesen, für alle Übel der Erde gut sein müßte.

10 O Herr, eine zahllose Menge solcher Dinge gibt es bei dieser Gespensterkaste, über die man sich über alle Maßen ärgern muß! Was kann man da tun? Nichts als eine Zeitlang zusehen, und wenn's einem am Ende zu arg wird, dreinschlagen wie ein Donnerwetter. Es ist richtig, daß wir uns nicht ärgern sollen, um ihnen keinen Sieg einzuräumen. Aber so ich nur einen sehe, dreht sich bei mir schon alles um! Herr und Vater, so Du mich nicht besonders hältst, kann ich für nichts gutstehen.

11 Aha! Nun ist die Hölle verschwunden, und wir stehen nun auf einmal inmitten des Stephansdoms, der noch ganz so aussieht wie zu meinen Lebzeiten. Jetzt kommen die rotbemäntelten Kirchendiener, sie zünden alle Kerzen an und decken den Hochaltar ab. Am Ende werden sie uns gar mit einem zelebrierten Amt hinausheizen wollen. Die Geschichte wird ja recht possierlich! — Freund Migatzi, wie kommt denn dir diese Sache vor?"

12 Sagt *Migatzi:* „Wie sollte sie mir wohl anders als überdumm vorkommen? Aber ärgern kann ich mich nimmer darüber, nur lachen, soviel du willst! Denn kein Mensch kann sich mehr ärgern, so diese borniertesten römischen Dummköpfe sich auch als Geister nicht kurieren lassen. Überlassen wir das alles unserem lieben, guten Herrn und Vater

und seien wir guten Muts! Diese Wesen aber lassen wir ungestört machen, was sie wollen; das wird für sie sicher die beste Kur sein. Denn wir zwei werden nichts ändern an ihnen."

13 Sagt *Joseph:* „Da hast du allerdings recht! Denn an diesen ist Taufe und Chrisam total verdorben, und es wird darum schwerlich je etwas zu bessern sein. Aber mir wird leichter zu Mut, wenn ich mich meines Ärgers dadurch entledige, daß ich hier vor dem Herrn ihnen ihre Hauptstückchen ins Gedächtnis zurückrufe. Es soll auch an ihnen erfüllt werden, was der Herr auf der Welt solchen Hauptlumpen verheißen hat: »Von den Dächern herab wird man's laut verkündigen, was ihr im geheimen Arges getan habt!« — Sie halten nun ein gespenstisches Hochamt. Bis sie fertig werden, kann ich mich noch von so manchem entledigen, was mich drückt."

226

Der Herr über das Meßopfer und die ewige Verdammnis

1 *Joseph* fortfahrend: „Herr, Du bester Vater, sage mir doch, ob denn an dem sogenannten *Meßopfer,* von dem in keiner Heiligen Schrift etwas steht, denn doch etwas daran sei? Besonders wenn stillen Ortes ein herzlich guter Priester, gläubig und in bester Meinung Dir, Gott dem Herrn, ein wahrhaft andächtiges, stilles Meßopfer darbringt. Und zwar umsonst, weil er es als zu heilig erachtet und seinen lieben Heiland um keine Silberlinge mehr verkaufen will. Ich meine, so ein Meßopfer dürfte bei Dir, o Herr, denn doch nicht ganz ohne Wert sein!"

2 Sage *Ich:* „Mein liebster Freund! Was kann bei Mir wohl ohne Wert sein, so es im rechten Sinn verrichtet wird? So Ich einen jeden Becher frischen Wassers, den du einem Durstigen reichst, hundertfach belohnen will — um wieviel mehr werde Ich ein andächtiges Meßopfer eines wirklich edelherzigen Priesters mit wohlgefälligstem Herzen ansehen und werde segnen den Priester wie sein Opfer! Ich sehe allezeit nur aufs Herz und nie auf die Form. Und durch ein liebevolles und gerechtes Herz wird jede äußere Form, wie immer beschaffen, gerecht

und gut vor Mir — obschon an der Form gar nichts liegt und sie weder äußerlich noch innerlich einen Wert haben kann.

3 Ich habe nur einmal, und das für alle Menschen, Mich Dem geopfert, der in Mir ein heiliger Vater von Ewigkeit ist. Von diesem einigen und einzigen Opfer an gibt es für ewig kein zweites ähnliches mehr. Durchs Meßopfer wird nichts zuwege gebracht, aber durch ein edles Herz dessen, der es verrichtet, sehr vieles! Denn da wird es von Mir wahrhaft gesegnet, nicht etwa als ein Opfer, sondern als Szene Meines Erdenlebens. Denn ein neues Opfer kann es nimmer geben, weil dieses schon einmal für ewig gültig vollbracht wurde, weshalb Ich auch am Kreuz zum letzten Male ausrief: »Es ist vollbracht!« Was aber einmal vollendet ist für alle Zeiten, kann dann nie wieder noch einmal vollbracht werden.

4 Ist ein rechtschaffener Priester vermöge des erhaltenen Unterrichts dennoch der Meinung, daß er ein gleiches Opfer in seiner Messe verrichte, wie Ich es verrichtet habe am Kreuz, so werden wir ihm das wohl zu keiner Sünde anrechnen, sondern zu ihm sagen: »Es sei dir vergeben, denn du wußtest ja nicht, was du getan hast!« — Wohl aber soll es jenen angerechnet werden, die bei sich über das ganze Opfer lachten und sagten: „Die Welt will betrogen sein, so werde sie denn betrogen!" Denn wer jemanden des eigenen Vorteils wegen etwas glauben machen will, worüber er bei sich selbst lacht, der ist kein Priester, sondern wahrhaft ein Teufel. Dessen Lohn aber wird gleich sein seinem falschen Eifer! — Hast du das wohl verstanden, Mein lieber Bruder Joseph?"

5 Spricht *Joseph:* „Ja, mein Herr und Vater, wie sollte ich das auch nicht verstanden haben, nachdem Du die Sache mir so wahr gezeigt hast. So ist es und kann unmöglich anders sein! O ich danke Dir, daß Du Deine Ordnung gerade so eingerichtet hast, wie ich sie mir bei meinen irdischen Lebzeiten oft vorgestellt habe!

6 Nur eines geht mir noch ab, eine Aufhellung über den fast in allen christlichen Religionssekten vorkommenden Begriff der sogenannten *ewigen Strafe.* Gibt es eine solche, oder gibt es keine? So man für die irdischen Tage ehrlichen und rechtlichen Lebenswandels eine ewige Belohnung erhält, so kann man auch annehmen, daß es füglich auch eine ewige Strafe geben müsse. Denn gebührt hier im Reich der Geister einer kurzen, edlen Tat ein ewiger Lohn, so gebührt demgegen-

über auch für eine kurze, böse Tat ein ewiger Strafzustand in der Hölle. Ich finde diese Annahme ganz logisch."

7 Sage *Ich:* „Du schon, aber Ich nicht — weil Ich mit all dem, was Ich geschaffen habe, unmöglich mehr als nur einen Zweck vor Augen haben konnte! Da Ich Selbst aber das ewige Leben bin, so kann Ich doch nie Wesen für den ewigen Tod erschaffen haben! Eine sogenannte Strafe kann daher nur ein Mittel zur Erreichung des einen Hauptzwecks, nie aber eines gleichsam feindseligen Gegenzwecks sein, daher kann denn auch von einer ewigen Strafe nie die Rede sein."

8 Spricht *Joseph:* „Herr, Dir ewig Dank, Liebe und Ehre, das verstehe ich nun ganz! Aber in der Heiligen Schrift steht doch deutlich geschrieben von einem ewigen Feuer, das nimmerdar erlischt, von einem Wurm, der nimmer stirbt! Auch steht geschrieben: »Weichet von Mir, ihr Verfluchten, in das ewige Feuer, das dem Teufel und seinen Dienern bereitet ist!« — Ja, Herr, ich kenne eine Menge Texte, wo der Hölle und ihres ewigen Feuers sehr handgreiflich gedacht wird. So es aber keine ewige Strafe gibt und es sogar von dem Sträfling selbst abhängt, in ihr zu verbleiben, so lange er will — da sehe ich dann durchaus nicht ein, wie von einem ewigen Feuer in der Schrift die Rede sein kann!"

9 Rede *Ich:* „Mein liebster Freund, es steht wohl geschrieben von einem ewigen Tod, der da ist ein ewig festes Gericht, und dieses geht hervor aus Meiner ewigen Ordnung. Diese aber ist das sogenannte Zorn- oder besser Eiferfeuer Meines Willens, der natürlich für ewig unwandelbar verbleiben muß, ansonst es mit allem Geschaffenen auf einmal völlig aus wäre.

10 Wer sich nun von der Welt und ihrer Materie hinreißen läßt (die doch notwendig gerichtet bleiben muß, weil sie sonst keine ‚Welt' wäre), der ist freilich so lange als verloren und tot zu betrachten, als er sich davon nicht trennen will. Es muß also der Geschaffenen wegen wohl ein ewiges Gericht, ein ewiges Feuer und einen ewigen Tod geben. Aber daraus folgt nicht, daß ein im Gericht gefangener Geist so lange gefangen verbleiben muß, als dieses Gericht an und für sich dauert — so wenig wie auf Erden, so du ein festestes Gefängnis erbaut hättest, die Gefangenen deshalb auch auf die ganze Dauer des Gefängnisses verurteilt werden sollen.

11 Ist denn nicht ‚Gefängnis' und ‚Gefangenschaft' zweierlei? Das Gefängnis ist und bleibt freilich ewig, und das Feuer Meines Eifers darf

nimmer erlöschen. Aber die Gefangenen bleiben nur so lange im Gefängnis, bis sie sich bekehrt und gebessert haben.

12 Übrigens steht in der ganzen Schrift nicht eine Silbe von einer ewigen Verwerfung eines Geistes, sondern nur von einer ewigen Verdammnis der Nichtordnung gegenüber Meiner ewigen Ordnung, die notwendig ist, weil sonst nichts bestehen könnte. Das Laster als Widerordnung ist wahrlich ewig verdammt, aber der Lasterhafte nur so lange, als er sich im Laster befindet! Also gibt es auch in Wahrheit eine ewige Hölle, aber keinen Geist, der seiner Laster wegen ewig zur Hölle verdammt wäre, sondern nur bis zu seiner Besserung! — Ich habe wohl zu den Pharisäern gesagt: »Darum werdet ihr eine desto längere Verdammnis überkommen!«, aber nie: »Darum werdet ihr auf ewig verdammt werden!« — Verstehst du nun deine so gefährlich aussehenden Schrifttexte?"

227

Aufklärungsrede des Herrn über die „unübersteigliche Kluft" und die Vergebung von „Todsünden"

1 Spricht *Joseph:* „O Herr, das habe ich wieder vollkommen verstanden. Aber noch einen kleinen Punkt in der Schrift verstehe ich nicht ganz. Und das ist die »unübersteigliche Kluft« in der Gleichniserzählung vom reichen Prasser, den Du vor den Augen der Welt in die Hölle gestellt hast. Wenn zwischen denen, die sich im Schoße Abrahams im Himmel befinden und denen, deren schreckliches Los die Hölle ist, eine nimmer übersteigbare Kluft besteht, wie wird dann wohl eine Erlösung aus der Hölle möglich sein? Daß aber daraus schwerlich je eine Erlösung stattfinden dürfte, geht auch noch aus einem andern Lehrtext der Schrift hervor, wo nämlich den sogenannten Sündern gegen den Heiligen Geist entweder eine nur sehr schwere oder gar keine Vergebung zugesichert ist, und das, o Herr, aus Deinem höchsteigenen Munde! Was hat es sonach mit all dem für eine Bewandtnis?"

2 Sage *Ich:* „Dasselbe, wie die Rechtsgelehrten in der Welt sagen: „Wer etwas selbst so will, dem geschieht kein Unrecht!" — Die Kluft

aber bedeutet wieder den nie übersteigbaren Unterschied zwischen Meiner freiesten Ordnung in den Himmeln und der ihr in allem widerstrebenden Unordnung der Hölle. Dieser Text bezeichnet also nur deren Unvereinbarkeit, nicht aber eine ewige Torsperre für denjenigen, der sich darin befindet.

3 Daß aber einer, der in sich selbst schon vollkommen zur Hölle wird vermöge seines freiwilligen Austrittes aus Meiner freiesten Ordnung in die notwendig gerichtete Widerordnung — daß ein solcher nicht gar zu bald und zu leicht aus der Hölle kommen wird, versteht sich von selbst. Es ist nur zu bekannt, wie hart es einem Bösestolzen und in allem Herrschsuchts-Hochmut Gefangenen ankommt, in die Sanftmut und Demut der Himmel überzugehen. So etwas ist wohl keine Unmöglichkeit, aber dennoch eine große Schwierigkeit. Du wirst in Zukunft oft noch erfahren, wie schwer es geht, jemanden völlig aus der Hölle zu heben. Der Stolze kehrt immer wieder zum Stolz zurück, der Unkeusche zur Unkeuschheit, der Träge zur Trägheit, der Neider zum Neid, der Geizhals zum Geiz, der Lügner zur Lüge, der Räuber zum Raub, der Mörder zum Mord, der Rohe zur Roheit usw. Wenn man ihnen diese Eigenschaften auch tausendmal rügt, verfallen sie doch immer wieder in die gleichen Leidenschaften, sobald ihnen die fürs ewige freie Leben bedungene Freiheit gegeben wird. Und je öfter sie wieder in einen Rückfall kommen, desto schwächer werden sie stets und desto schwerer wird es ihnen, sich aus den bösen Sünden zu erheben und als lautere Geister in Meine göttliche Freiheit überzugehen.

4 Aber verstehe, bei den Menschen-Geistern ist vieles unmöglich, was Mir dennoch gar wohl möglich ist. Denn bei Mir sind *alle* Dinge möglich!“

5 Spricht *Joseph:* „Ja, mein heiliger Vater, jetzt sind mir jene Texte klar, die ich auf der Erde wohl geglaubt habe. Aber sie haben auf mich nie einen wohltätigen Eindruck gemacht, obschon ich als Kaiser alles auf die gewissenhafteste Gerechtigkeit halten mußte und nicht Gnade üben durfte, wo mir irgendein harter Sünder unterkam.

6 Merkwürdig aber war, daß ich keine harten Richter leiden konnte. Wer von meinen Amtsrichtern die Sünder zu scharf richtete, dem war meine Gunst ferne. Wer aber die Sünder so richtete, daß er dem Sünder wohl die Größe und Schwere seiner Sünde recht genau zeigte, aber bei den Reuigen auf meinen Namen hin den Akt der Gnade übte und dem

Sünder nur mildere und leichtere Besserungsstrafen gab, der hatte an mir einen sicheren Freund.

7 Und so war es auch, wenn ich das Evangelium las. Wenn ich die Verse durchging vom verlorenen Sohn, vom guten Hirten, von der Ehebrecherin im Tempel vor Dir, wenn ich Dich den Zachäus vom Baum herabrufen hörte, den gerechtfertigten Zöllner im Tempel vernahm und Dich mit dem samaritanischen Weib am Jakobsbrunnen heilige Worte tauschen vernahm, da konnte ich mich nie der Tränen erwehren. O welch ein Gefühl hat Dein Wort am Kreuz: »Herr, vergib ihnen, denn sie wissen nicht, was sie tun!« in mir stets rege gemacht! — Aber die Stellen, wo Du, wennschon gerechtestermaßen, die Sünder mit scharfen Fluch-Sentenzen zur Hölle wiesest, machten auf mein Gemüt wahrlich keinen Eindruck. Ich sah darin wohl einen gerechten Gott walten, aber Ihm gegenüber nichts als ohnmächtigste Wesen, die sich die Machtschwere ihres Schöpfers und Richters gefallen lassen müssen.

8 Ich zwang wohl mein Herz, diesen allmächtigen Gott aus allen Kräften zu lieben, aber muß jedoch zu meiner Schande gestehen, mein Herz wollte sich in diese Liebe nicht finden. — Ich wurde durch solche Selbstprüfungen dann ein Freimaurer, um da zur tieferen Kenntnis Gottes zu gelangen. Ich habe dabei wohl recht viel gewonnen und las viel von der reinen Liebe zu und in Gott; aber der unerbittliche Richter wollte durchaus nicht untergehen und die Hölle nicht verlöschen.

9 So stellte ich mir auch oft lebendig vor, wie Du, der Du aus Liebe zu den Menschen so viel gelitten hast, um sie glücklich zu machen, eine gerechte Ursache hättest, mit den Sündern unbarmherzig zu sein und ihre Sünden unerbittlich strenge zu ahnden. Aber mein dummes Herz wollte sich dessenungeachtet in die höchste Liebe zu Dir nie ganz finden."

228

Der große „Exorzismus“ und die säumende Hilfe der „Schmerzhaftesten“

1 *Joseph* fortfahrend: „Aber nun, o Herr, bin ich auf dem rechten Weg! Jetzt verstehe ich Dein heiliges Wort, und Du, o Herr, bist mir nun die Liebe aller Liebe! — Aber nun geht das Meßopfer dieser Pfaffen zu Ende. Was wird darauf etwa geschehen?“

2 Sage *Ich:* „Mein lieber Bruder, du wirst es sogleich sehen, wie sie nun einen sogenannten Exorzismus (Teufelsaustreibung) an uns ausüben wollen. Aber wir werden dafür einen sonderbaren Gegenexorzismus in Anwendung bringen und da wirst du deine Wunder sehen, was da alles zum Vorschein kommen wird! Aber nur keinen Ärger dabei! Das ist eine Grundbedingung, ohne die wir wenig oder nichts ausrichten würden.“

3 Nun ist der letzte Monstranzensegen zu Ende und wir, als die vermeintlichen bösen Geister, sind nicht geflohen. Das ärgert nun die Pfaffen entsetzlich, und ihre zahlreiche Dienerschaft fängt an, gegen dies gehaltene Hochamt Verdächtigungen zu erheben. Einige meinen, das heilige Geschirr sei von ungeweihten Händen angerührt worden, und deshalb könne das ganze Amt vor Gott keine Kraft haben. Ein anderer sagt, vielleicht habe etwa eine Ehebrecherin oder gar eine Lutheranerin die heilige Wäsche gewaschen und dadurch das heilige Meßgerät tiefst entheiligt. Ein anderer meint, man solle noch ein Amt halten, aber mit viel tieferen Reverenzen, was der allerseligsten Himmelskönigin am besten gefiele, und er stehe dafür, daß bei einem solchen Amt die Teufel nicht gegenwärtig bleiben werden.

4 Ein anderer wieder will bemerkt haben, daß sich ein Ministrant beim „Mea culpa“ zu wenig an die Brust geschlagen habe. Ja, einen Schlag habe er sich etwa eines teuflischen Flohs wegen auf den Bauch gegeben, und das zerstöre auch die Wirkung der Messe. Denn man solle es kaum glauben, von welcher Kleinigkeit oft die Nichtwirkung einer Messe abhänge. Ihm habe das einmal ein alter, frommer Kapuziner haarklein auseinandergesetzt.

5 Einer bemerkt gar etwas Lächerliches: Das Epistelpolster sei beim

Infundieren verkehrt worden, und wenn so etwas geschieht, so ist die Messe ohne Kraft; denn aufs Epistelpolster legt die glorreiche Mutter, so das heilige Meßbuch auf das Evangeliumspolster übertragen wird, das Christkindlein. Wird aber das Polster verkehrt, so nimmt sie das Christkindlein wieder weg, und die Messe ist ohne Wirkung.

6 Ein Zeremoniarius fragt, ob nicht etwa jemand die Stola verkehrt übers Kreuz mit dem Zingulum überbunden habe? Und ein Kapuzinerprior sagt: „Ja, wenn man bei der heiligsten Handlung so unvorsichtig wäre, da könnte sich unsereiner zu Tod ministrieren, so würde das dennoch nichts nützen. Nein, die Stola verkehren! Das ist ja schon etwas Altes, daß da sogleich alle Engel, die unsichtbar bei der heiligsten Handlung ministrieren, vom Altar zurücktreten und ihre Gesichter abwenden. Und die heiligste Mutter Gottes kann da gar nicht zum Altare kommen, weil durch eine solche Unvorsichtigkeit sie alle ihre sieben Schmerzen wieder empfindet."

7 Hier wird es Meinem lieben Joseph förmlich unwohl. Robert und Helena können sich eines hellen Lachens kaum mehr enthalten. Und *Kaiser Franz* tritt zu Mir hin und sagt: „Herr, ich habe zwar nie viel auf die Pfaffen gehalten, aber hätte ich diese Dummheiten je auf der Erde gehört, da hätte ich sicher das vollendet, was mein Onkel Joseph begonnen hat!"

8 Sage *Ich:* „Das ist alles noch nichts! Bei dem bald über uns ergehenden Exorzismus werdet ihr erst die großartigsten Wunder der Dummheit kennenlernen. Denn von der römisch-katholischen Teufelsaustreiberei habt ihr alle keinen Begriff. Die Sache wird für euch alle sehr belehrend sein. Denn ihr Kaiser müßt das vorzugsweise sehen, weil ihr solche Dummheiten geduldet und hie und da sogar kräftig gefördert habt. Gebt jetzt nur acht, der famose Exorzismus wird sogleich beginnen!"

9 Ein Levit entfernt sich nun mit einigen Dienstbaren. In wenigen Augenblicken bringt er ein schwarzes Buch, das auf beiden Deckeln mit einem Totenkopf geziert ist. Die Diener bringen eine Menge schwarzer sogenannter Requiem- und Exequien-Gewänder. Die Gewänder werden nun unter lateinischen Murmeleien gewechselt, und in wenig Augenblicken steht die ganze Hohepriesterschaft ganz schwarz vor uns. Auch wird ein Katafalk verkehrt aufgerichtet, und eine Menge schwarzer Kerzen werden auf schwarze Leuchter gesteckt. Ein Rauchfaß und ein

ebenso schwarzer Weihbronnkessel fehlt nicht samt einem schwarzborstigen Sprengbartstocke.

[10] Nun tritt der Hauptpriester vor und murmelt aus dem ihm ehrerbietig vorgehaltenen Buch, und die andern sagen alle Augenblicke Amen dazwischen. Danach wird die Hälfte der Kerzen angezündet, mit dem Rauchfasse beraucht und mit Weihwasser besprengt. Dies Murmeln, Rauchen und Besprengen geschieht noch zweimal. Darauf wird ein schwarzer Strick hingelegt. Der Hauptdienstbare tritt im Namen Mariä auf den Strick, andeutend, daß er nun der Schlange den Kopf zertritt. Darauf wird eine schwarze Schüssel mit glühenden Kohlen herbeigeschafft. Das Feuer wird dreimal verflucht, der Strick wird darauf in das Feuer geworfen und selbes mit dem verbrannten Strick aus der Kirche geschafft. Nun werden eine Menge Knittel aus der Sakristei gebracht; ein jeder nimmt einen solchen in die Hand. Bei dieser Gelegenheit wird auch die andere Hälfte der Kerzen angezündet. Nach diesem Akt werden die Knittel geweiht, beräuchert, besprengt und angerührt. Als dies beendet ist, sagt der Hauptdienstbare: »Hiscum fustibus percutiantur omnia!« Das heißt: Mit diesen Stöcken muß jetzt alles zerschlagen werden, was die Teufel entheiligt haben. Nun werden zuerst die Leuchter umgeschlagen, darauf wird der Katafalk zertrümmert und das Bahrtuch in Stücke zerrissen. Zugleich macht auch der Hauptdienstbare einen kleinen Riß in das weiße Unterkleid. Darauf beginnt ein wilder Lärm; ein jeder schreit, um uns Quasiteufel aus der Kirche hinaus zu verfluchen. Daneben wird mit diesen Knitteln auf allen Bänken herumgeschlagen und solange die Knittel nicht ganz zerschlagen sind, wird mit dieser Aktion nicht innegehalten.

[11] Aber als wir trotzdem noch fest dastehen und nicht weichen wollen, beruft der Hauptdienstbare alle Teufelsaustreiber zu sich und sagt: „Hört! Wir haben nun alles getan, aber leider hat unsere Mühe nichts gefruchtet. Ich bin daher der Meinung, daß wir noch die große lauretanische Litanei beten sollen, und zwar vor dem Bilde der schmerzhaftesten Mutter Gottes. Holt es aus der geheimen Kammer der Schätze Marias und stellt es vor das Tabernakulum hin! Zündet alle Kerzen an, auf daß wir mit der Litanei sogleich beginnen können! Maria ist und bleibt unser Schutz und unsere letzte Zuflucht!"

[12] Sagt *einer* aus der Mitte: „Wenn aber das auch nichts nützen

sollte, was werden wir dann tun? Denn so dieser Generalexorzismus nichts gefruchtet hat, der doch ganz auf dem Namen der allerseligsten Jungfrau fußt, was wird dann das tote Bild der Schmerzhaftesten und die große Litanei fruchten? Ich bin gar nicht mehr dafür! Übrigens kommen mir diese Wesen auch gar nicht als Teufel vor. Man betrachte sie nur genauer, und man wird sich bald überzeugen, daß da hinter ihnen gar nichts Teuflisches zu stecken scheint." — Sagt der *Hauptdienstbare:* „Teufel können auch Engelsgestalten annehmen! Darum heißt es hier alles versuchen. Geht nur geschwind, und bringt mir die Allerschmerzhafteste herbei! Amen dico vobis!"

13 Als ein paar Diener das hölzerne Bild herbeischaffen, zeigt es sich, daß es schon außerordentlich schadhaft ist. Es fehlen dem Bild die sieben Schmerzen, die gewöhnlich durch sieben in den Leib der Maria hineingestoßene Schwerter ausgedrückt werden. Dann fehlt dem Bild die Krone, der halbe Kopf, eine Hand und der ganze tote Heiland, den sie auf ihrem Schoß trägt. Von einer Farbe und Vergoldung ist keine Rede mehr. Dafür aber ist das, was noch von der Allerschmerzhaftesten da ist, desto wurmstichiger, und die ganze Figur wäre kaum mehr zur Beheizung zu gebrauchen.

14 Als der *Großdienstbare* das zerstörte Bild sieht, sagt er verdrießlich: „Aber um Himmels willen, was ist denn mit diesem glorreichen Gnadenbild geschehen? Das sieht so jämmerlich aus wie die sieben teuren Zeiten von Ägypten. Mein Gott und mein Herr! Wie hast denn Du dies heilige Bild Deiner allerseligsten Mutter so zugrundegehen lassen können! Was wird da zu machen sein? Gibt es denn nirgends eine andere, denn mit dieser ist nichts mehr zu machen."

15 Sagt *ein Diener:* „Eure Eminenz! Unten in einer Seitenkapelle ist noch eine zur öffentlichen Verehrung Ausgestellte. Wie wäre es, so wir uns dahin begäben?" — Sagt der *Großdienstbare:* „Das ist nichts! Es muß eine Übertragbare sein, damit man sie vors Tabernakulum stellen kann. Tragt dies Bild weg und seht, daß ihr mir ein anderes herbeischafft! Das wäre nicht übel, wenn in diesen weiten Räumen nicht noch eine besser erhaltene Schmerzhafteste aufzufinden sein sollte! — Geht und durchsuchet mir alle Winkel!"

16 Die Diener tragen das zerstörte Bild wieder hinaus, kommen nach einer Weile mit betrübten Gesichtern zurück und vermelden, daß sie alle Winkel durchsucht und nichts Schmerzhaftes irgendwo haben an-

treffen können. — Darob wird der *Großdienstbare* ganz unwillig und schmäht die Dienerschaft: „So ist es, wenn man lauter Esel zu Kirchendienern hat! Wie die Ochsen rennen sie und finden nichts! Dumme Tölpel! Gehe jemand anderer suchen, es muß doch noch etwas geben!"

229

Lichtrede des ketzerischen Kirchendieners

1 Sagt ein *Kirchendiener:* „Ja, ja, sollen nur suchen gehen, werden auch einen Dreck finden! Ich finde das jetzt schon dumm, daß sich Seine Eminenz gerade auf so eine Mutter Gottes kapriziert, als wenn zwischen Maria und Maria ein Unterschied wäre! Der wirklichen Mutter Gottes wird es wohl ganz gleich sein, durch welches Bild sie verehrt wird. Ich muß hier offen gestehen, daß ich nie etwas selbst an den besten Bildern gefunden habe.

2 Ein Bild ist wohl gut, daß man damit an manches Würdige der Religion erinnert wird; aber den Bildern eine Wunderkraft zuzuschreiben, das ist heidnisch! Und wenn es der Papst auch selber mir ins Gesicht sagen möchte, daß die toten Bilder Wunder wirken können, so glaube ich ihm nicht. Können die lebendigen Menschen kein Wunder wirken, wie hernach erst die toten Bilder?

3 In Wirklichkeit ist mir eine Fliege lieber als das schönste Bild! Denn die hat Leben und ist wirklich ein Wunderwerk der göttlichen Liebe und Weisheit. Ein Bild aber ist nichts als ein Werk der menschlichen Dummheit, die einen lebendigen Gott und das ewige Leben durch tote Bilder vorstellen will. Das ist mein Glaube, die Herren können mit mir machen, was sie wollen! Daß ich aber kein altes Bild mehr suchen gehe, das schwöre ich! Ich werde niemand mehr einen Narren machen."

4 Jetzt fahren alle über diesen Ketzer her und drohen, ihn aufs schauderhafteste zu züchtigen. Und der *Großdienstbare* sagt in pathetischem Ton: „So das am grünen Holz geschieht, was wird es mit dem Reisig werden? Darum muß ein solcher Ketzer gezüchtigt und den Teufeln zur ewigen Pein und Marter übergeben werden! Er hat die

Heiligtümer der Kirche Gottes beschimpt. und ist dadurch ein Sünder wider den Heiligen Geist geworden, der weder hier noch jenseits Vergebung zu erwarten hat. Daher hinaus ins Gerichtshaus mit ihm! Von dort in die geheime Totenkammer und von dieser zu allen Teufeln mit ihm! Fiat!"

5 Hier wird der *Kirchendiener* ganz rabiat, hebt einen Stock vom Boden und sagt in einem Respekt einflößenden Ton zum Großdienstbaren: „Heda! (mit dem keulenartigen Stock drohend) Wenn du böser Pfaffe es wagen solltest, mich anrühren zu lassen, so soll jeder mich von einer Seite kennenlernen, daß euch allen Hören und Sehen vergeht! O ihr Lumpen und Spitzbuben erster Klasse, ihr alten Gott-, Kaiser- und Volksschänder! Mir wollt ihr den Tod und die Hölle geben deshalb, weil ich die Wahrheit vor Gott und aller Welt euch ins Gesicht gesagt habe?

6 Wer seid denn ihr? Kann es noch ärgere Teufel geben als euch? Ihr reißenden Wölfe in Schafsfellen! Ihr wollt jene achtbaren Menschen als Teufel aus dieser Kirche treiben und seid selbst die allerärgsten Teufel! Treibt euch selbst aus, aber nicht jene Ehrenmänner, die tausendmal eher als eure schlechten Götzenbilder verdienten, als Heilige auf die Altäre gesetzt zu werden!

7 Heißt denn das Gott dienen, so man vor geschnitzten Bildern die Knie beugt, um dem Volke vorzuspiegeln, daß man selbst daran glaube, während man von hochgeistlicher Seite nicht ein Jota glaubt von allem, was man dem Volk aufbürdet. Ihr seid es, von denen Christus im Tempel sagte: »Ihr bürdet den Armen und Schwachen unerträgliche Lasten auf, aber ihr selbst wollt sie nicht mit einem Finger anrühren. Ihr schützt den armen Witwen und Waisen lange Gebete vor, auf daß sie könnten ins Himmelreich kommen — ein Reich, an das ihr noch nie geglaubt habt — und verzehrt dafür ihre Häuser und ihr Vermögen! Ihr seid es, die da Mücken säugen und dafür Kamele verschlingen! Dafür soll aber auch desto mehr Verdammnis über euch kommen!«

8 Euer Gottesdienst muß allzeit ein Greuel vor Gott gewesen sein, denn Christus Selbst hat ausdrücklich gesagt: »Was ihr den Armen tut, das tut ihr Mir!« So ich aber an einem Sonntag nicht in euren Gottesdienst ginge, besuchte aber dafür die Armen und täte ihnen Gutes, so würdet ihr mich richten! Wessen Diener aber seid ihr, so ihr den wahren, von Gott Selbst klar bestimmten Gottesdienst richtet? — O ihr

Toren! Was ist denn vor Gott besser: das tun, was Er Selbst geboten hat, oder Ihn mit den Lippen ehren, das Herz aber ferne halten? Wann habt ihr wohl Gott gedient, da ihr Sein Wort und Sein Gesetz noch nie angenommen habt?

9 Ihr habt an Christus nie geglaubt, denn sonst hättet ihr getan, was Er gelehrt hat! Nur eure Satzungen waren euch ein kostbares Bild, zu dem Christus bloß einen abgeschabten Rahmen abgeben durfte. O ihr schändlichen Volksbetrüger, ihr haltet euch Göttern gleich und verdammt das Wort Gottes, so es nicht für euren Beutel taugt!

10 O ihr Heuchler! Warum enthaltet ihr denn das reine Wort Gottes den Gläubigen vor? Seht, des Geldes wegen tut ihr das und aus Furcht, das Wort Gottes könnte dem Volk die Augen öffnen und euch entlarven vor ihm! Darum verbietet ihr es, und weil ihr selbst es nicht glaubt! Aber darum kommt das Wort doch unters Volk, und dieses kennt jetzt nur zu gut, wessen Geistes ihr seid!

11 Greift mich, so ihr es euch getraut! Warum zaudert ihr denn? Ich werde der Eminenz sagen, worin der Grund davon steckt! — Die Eminenz hat nun, da ich so frei war, Ihre Schande und Bosheit vor jenen Ehrenmännern aufzudecken, die sogenannte Spitzbubenangst bekommen und traut sich nichts mehr gegen einen Mann zu unternehmen, der Ihr in Kraft und Verstand überlegen ist!

12 Siehe die Eminenz! Warum hat Sie denn eigentlich diese mißlungene Handlung gegen jene Ehrenmänner vorgenommen, die sie als Teufel deklariert hat? Ich werde so frei sein, es Ihr gerade ins Gesicht zu sagen: Diese Ehrenmänner, die dort stehen und unsere unbegrenzte Dummheit in Augenschein nehmen, hat Sie bei sich selbst durchaus nicht als Teufel angesehen, da Sie doch selbst nie an einen Teufel geglaubt hat.

13 Diese Dummheit hat den von der Eminenz erwünschten Erfolg nicht gehabt. Die Ehrenmänner haben Sie geduldig angehört und nur im stillen unter sich Bemerkungen gemacht. Das machte die Eminenz beinahe schäumen vor Wut, und die Eminenz suchte nun durch ein Übermaß der Dummheit auf jene Ehrenschar so widrig als möglich einzuwirken, da Sie früher durch alle falschen Höllenspektakel nichts hat ausrichten können. Mit der großen Plärrmesse ging es, wie Figura zeigt durchaus nicht. Es ward daher zum römisch-katholischen Exorzismus geschritten, der in seiner Art einzig als Krone aller menschlichen

Dummheit besteht und daher auf jene weisesten Ehrenmänner einen anekelnden Eindruck hätte machen sollen. Aber die Ehrenmänner müssen sich zum Grundsatz gemacht haben, auch vor der größten Dummheit nicht zu weichen. So blieben sie denn auch so zu Seiner Eminenz größtem Ärger hier. Was blieb der Eminenz nun noch übrig?

14 Die Eminenz dachte bei sich: Der Exorzismus ist zwar wohl aller Dummheit Krone. Aber da es dabei so mysteriös zugeht, kann auch der Gebildetste solch ein Spektakel einmal behaglich ansehen; denn es fehlt dieser Handlung das eigentliche fade Element. Das Langweiligste aber ist und bleibt doch eine langsam herabgebrodelte Lauretanische Litanei und ein altes Mirakelbild; das halten diese Weisen nicht aus, da werden sie gehen müssen, so sie nicht von der Langweile getötet werden wollen! Aber oha! hat der gute Zufall dazu gesagt. Das alte, durch den Zahn der Zeit zu sehr entstellte Mirakelbild konnte denn doch nicht mehr vors Tabernakulum (das die Protestanten schon lange den römisch-katholischen Herrgottsarrest genannt haben) gestellt werden. Und damit blieb auch bis jetzt das Fadeste, die Lauretanische Litanei, beiseite, womit diese Ehrenmänner hätten geplagt werden sollen. Wie befinden sich nun Eure Eminenz? Werden Sie mich mit in die Hölle hineinschieben?"

230

Der Kirchendiener gibt weiteres Licht
Herbe Wahrheiten für Roms Eminenz

1 Spricht ein dem Kardinal zunächst stehender *Pfaffe:* „Elender! Nur der unendlichen Sanftmut und Geduld der alleinheiligen und seligmachenden Kirche hast du es zu danken, die im stillen für dich verlorenes Schaf zu Gott betete, während du dich bemühtest, ihr tödliche Stiche beizubringen! Höre aber nun auf, die festlich geschmückte Braut Gottes zu verunglimpfen, sonst wird die Kirche dich in ihrem Gebete um dein Seelenheil fallen lassen! Dann wird sich der Erdboden unter deinen Füßen öffnen und dich auf ewig verschlingen!"

2 Hier fängt der *Kirchendiener* hell zu lachen an und sagt dann ganz lakonisch: „O du sanftmütiges Mutterl du! Gelt, wenn sich mit der

höllischen Grausamkeit und darauf mit der Dummheit nichts ausrichtet, dann wird der Wolf wieder in das Lammfell eingenäht und muß ein sanftes Gesicht machen? O über so eine Sanftmut und Geduld geht doch wohl nichts!

3 Wie sanft ist die Kirche geworden bei den berühmten Kreuzzügen! Wie freudig hat sie die verlassenen Witwen und Waisen, deren Männer sie im Morgenlande durch die Sarazenen umbringen ließ, in Klöster aufgenommen, nachdem sie sich vorerst ihre Güter und Schätze schenken ließ. O göttliche Sanftmut, die der heiligen Kirche ums bare Geld noch nie gemangelt hat. — Als ich noch auf der Welt gelebt habe (denn das werden die Herren doch hoffentlich wissen, daß wir uns alle schon lange nicht mehr auf der materiellen Erde im Fleisch befinden)" —

4 sagt ein *Pfaffe* dazwischen: „Das ist erlogen! Wir leben noch alle in der Welt, denn sonst müßten wir uns entweder in der Hölle, im Fegfeuer oder gar im Himmel befinden!"

5 Spricht der *Kirchendiener:* „Wir sind einmal in der Geisterwelt, ob ihr es glaubt oder nicht. Und darum sage ich: Als ich noch auf der Welt war, glaubte ich der Kirche auch so manches. Als aber die Nachrichten von der heiligen spanischen Inquisition kamen, wie zart und sanft sie daselbst mit ihren verlorenen Lämmern umgehe, da habe ich ganz andere Begriffe bekommen. Was haben denn Hunderttausende verschuldet, daß sie so grausam zur höheren Ehre Gottes verbrannt werden mußten? So fragte ich ganz erstaunt, und die Antwort lautete schroff: »Weil sie die Bibel gelesen haben und somit zu verdammlichsten Ketzern geworden sind!« — O Herr! rief ich in mir aus, ist es denn möglich, daß Menschen, die sich um Dein heiligstes Wort bewarben, von den römischen Mördern solch einen Lohn finden müssen? Herr! Hast Du keine Blitze und keine Sündflut mehr, um Spanien und Rom zu vertilgen für ewig?

6 Die Antwort Gottes kam langsam aber sicher aus den hohen Himmeln. Ich erlebte sie auf der Erde zwar nicht mehr, dafür aber desto heller in dieser Geisterwelt. Wo ist hier das stolze, übermütige Rom? Was ist nun der Papst? Bis auf einige wenige stockblinde Esel, die ihm, dem stolzen Stellvertreter Gottes, noch anhängen, lacht man ihm hier ins Gesicht und haßt und verachtet ihn allerorten.

7 Schon fängt man selbst in Italien an, einen Erzbischof um den andern einzunähen, und das mit vollstem Recht! Diesen Herrschern

gebührt nichts anderes; denn sie waren allezeit die größten Feinde der Menschheit, dafür aber desto größere Freunde des Goldes und Silbers.

[8] Petrus, als dessen Nachfolger sich ein jeder Papst ausposaunt, sagte einst zu einem armen Teufel, der ihn um ein Almosen anging: »Gold und Silber habe ich nicht; aber was ich habe, das gebe ich dir!« Würde das wohl auch ein Papst einem Armen sagen? So ein sauberer Nachfolger Petri könnte nur sagen: »Ich habe zwar Gold und Silber im Überfluß, aber das gebe ich dir nicht, sondern meinen apostolischen Segen, der mich nichts kostet! Und dann fahre hin in Frieden! So du unterwegs auch vor Hunger stirbst, wird deine Seele dennoch nach einem dreitägigen Fegfeuer sogleich ins Paradies kommen, wo es ihr dann gut genug geht!«

[9] Hat der große Paulus nicht geeifert wie ein Löwe wider die verbrämten Kleider sowie über jede Würde, die sich die Menschen nur zu gern beilegen? — Wann hat Christus, der Selbst sagte »Gott ist Geist und muß daher im Geist und in der Wahrheit angebetet werden« — anbefohlen, Tempel und Bethäuser um teures Geld zu erbauen und dafür tausende Arme verhungern zu lassen? — Welcher Apostel hat die lateinische Sprache denn zur göttlichen erhoben? Als ob Gott der Herr, der sicher alle Sprachen versteht, bloß an der lateinischen das größte Wohlgefallen hätte! Beweiset mir das aus der Schrift, dann will ich's euch glauben! Könnt ihr das aber nicht, so seid ihr leibhaftige Antichristen!"

[10] Sagt darauf ein vor geheimer Wut schnaubender, sehr alter *Erzbischof:* „Hat Christus der Herr nicht Seiner Kirche, d. h. Petrus und dessen Nachfolgern, vor Seiner Auferstehung die ausschließende Macht gegeben, zu lösen und zu binden?! Er hauchte Seine Apostel an und sprach: »Nehmet hin den Heiligen Geist! Denen ihr die Sünden erlassen werdet, denen sollen sie auch erlassen sein; denen ihr aber die Sünden vorenthalten werdet, denen sollen sie auch vorenthalten sein!« — Und ein anderes Mal sagt Jesus ebenfalls zu Seinen Aposteln: »Was ihr lösen oder binden werdet auf Erden, soll auch im Himmel gelöst oder gebunden sein!« — Ich meine, darin liegt Beweis zur Genüge, daß es der wahren Kirche von Gott aus ganz rechtlich zusteht, neue Gesetze zu geben, so sie es für nötig erachtet, und andere, selbst von Gott dem Herrn gegebene aufzuheben, so sie sieht, daß sie unter gewissen Verhältnissen dem Heil der Seelen nicht gedeihlich sind.

11 Daß die Kirche aber in ihrem gottesdienstlichen Ritus sich der lateinischen Sprache bedient, hat einen höchst weisen Doppelgrund. Fürs erste ist diese ausgebildete Sprache die würdigste, um Gott besonders damit zu ehren und anzubeten. Und fürs zweite ward die lateinische Sprache gegenüber dem gemeinen Pöbel als eine Schutzwehr für die besonders heiligen Kraftgeheimnisse des Wortes Gottes aufgestellt, auf daß solche nicht könnten profaniert werden. Das sind die zwei Kardinalgründe! Ein dritter besteht in der Macht der Kirche, derzufolge sie auch gesetzlich die lateinische Sprache zur allgemeinen Ritualsprache unabänderlich bestimmen kann. Ich meine, das wird doch aus der Heiligen Schrift genug erwiesen sein, mein hochweiser Herr Kirchendiener!"

12 Sagt der *Kirchendiener:* „Aus der Heiligen Schrift waren die zwei angeführten Texte wohl; nur haben sie alles eher bewiesen als das, was Eure Eminenz damit gerne bewiesen hätten. Hätte Christus, der Herr, auf die Art, wie Eure Eminenz es auffassen, der Kirche eine Vollmacht erteilen wollen, da hätte Er nicht nötig gehabt, drei volle Jahre die Apostel und noch viele andere Jünger das große Gesetz der Liebe, das Gesetz des Lebens und die großen Geheimnisse des Himmelreiches zu lehren. Sondern da würde Er bloß Seinen Aposteln ohne vorhergehenden Unterricht die Macht erteilt haben, daß sie als von Ihm Aufgenommene nun tun könnten, was sie wollen, wobei dem Vater im Himmel alles vollkommen recht wäre.

13 Wie es sich bei der römischen Kirche zeigt, ist eben in dieser Kirche außer dem Namen des Herrn und Seiner Jünger nichts mehr von Seiner Lehre anzutreffen — keine Demut, keine Sanftmut, kein Funke von einer Geduld und noch weniger von einer Liebe zum Nächsten! Vom Glauben reden wir ohnehin keine Silbe mehr. Von einem Glauben an die Macht des Goldes und des Silbers ja, der steht noch fest. Was müßte alles geschehen, um einen Papst einmal zu dem Glauben zu bringen, daß das Reich Gottes nicht in den großen Schätzen der Welt, sondern allein nur in denen eines reinen, demütigen, mit Liebe erfüllten Herzens besteht!

14 Die Machtbefugnis, die der Herr Seinen Jüngern scheinbar erteilt hat, war und ist nur eine des Heiligen Geistes Gottes im Menschen. Wer nach dem Worte Gottes lebt, durch das alle Dinge und Wesen gemacht worden sind, den überkommt auch der Geist Gottes. Denn

Gottes Wort ist eben der Heilige Geist, aus dem Mund Gottes in alle Menschenherzen übergehend, die das Gotteswort werktätig in sich aufnehmen. — Mit solchem Besitz des Gottesgeistes, der mein Herz zu einem Tempel der tiefsten Weisheit aus Gott macht, kann ich dann wohl zu einem sündigen Bruder, der Reue und Besserung zeigt, sagen: »Deine Sünde ist dir vergeben!« Ist er aber hartnäckig und will von der Falschheit und Bosheit nicht lassen, so kann der vom Gottesgeist Erfüllte auch sagen: »Freund, bei deiner bösen Beharrlichkeit kann dir die Sünde nicht erlassen werden!« — Aber zu glauben, man empfange den Heiligen Geist durch gewisse sakramentliche Zeremonien wie die nichtige Wassertaufe, die Backenstreichfirmung und gar die sogenannte Priesterweihe, — das hat nichts als eine unerträgliche Kastenbildung zur Folge, von der der Heilige Geist ferner ist, als Himmel und Erde voneinander abstehen.

15 Der Herr sagt: »Seid nicht eitel Hörer, sondern Täter Meiner Lehre, so werdet ihr in ihr erst die Kraft des Gottesgeistes erkennen lernen!« — Wie soll aber solch ein neugeweihter Alumnus je zu dieser Erkenntnis gelangen, so ihm das Lesen der Bibel untersagt ist? Er kann so nicht einmal ein Hörer, geschweige denn erst ein Täter des Wortes Gottes werden. So er aber dieser Anforderung Christi nicht Folge leisten kann, sage, woher soll ihm dann der mächtige Geist Gottes zuteil werden?

16 Meine liebe Eminenz! Denke nach, wie schlecht jene Texte auf die heidnische Kastenkirche in Rom passen, und sage: Ich bin leider auch so ein beinfester Heiligen-Geist-Usurpator gewesen! Herr, vergib es mir, denn ich war stockblind von allerlei Lockungen der Welt und des Teufels und wußte nicht, was ich tat! — Vielleicht erbarmt Sich der Herr deines armseligen Menschentums, wennschon sicher nimmer deiner kardinalischen Eminenz. Denn Eminenzen hat Christus der Herr wohl nie eingesetzt, auch der Petrus und Paulus nicht!“

231

Der Kirchendiener über christliche Gleichheit und kirchliche Ungleichheit. Der Großdienstbare verdammt den „Ketzer"

1 Nach dieser Rede kratzt sich *die Eminenz,* aber nicht der Großdienstbare, bei den Ohren und sagt nach einer Weile zu seinen Kollegen: „Dieser Kirchendiener ist ein ganz verdammter Kerl! Bei meiner armen Seele, so ich kein Kardinal wäre, möchte ich ihm beinahe recht geben. Aber als Kardinal kann man sich doch nicht von einem Mesner belehren lassen!" — Spricht der *Mesner:* „O meine liebe Eminenz! Wir sind hier, so wahr ein Gott lebt, nicht mehr auf der Erde, sondern wie ich schon einmal erwähnt habe: wir sind samt und sämtlich in der Welt der Geister, was Eure Eminenz aus mancherlei Erscheinungen leicht hätten merken können, so Sie es hätten wollen."

2 Sagt die *Eminenz:* „Wie hätte ich denn das merken sollen? Ich müßte doch etwas davon verspürt haben, daß ich gestorben bin — was doch vorausgehen muß, ehe man in die Geisterwelt kommt. Und da würde man sich doch dort als ein Geist, nicht aber als ein materieller Mensch mit Haut, Haaren und Knochen befinden! Das alles trifft bei keinem von uns zu. Wie könnten wir uns dann in einer Geisterwelt befinden? Mein lieber, hochweiser Mesner! Wie es mir immer klarer wird, so ist Er ein Narr und gehört in ein Narrenhaus!"

3 Sagt der *Mesner:* „Das hat nicht not, denn solange ich mich unter euch befinde, bin ich in einem ganz vollkommen ausgebildeten Narrenkollegium. Denn wenn Sie nicht einsehen, daß Sie sich schon lange in der Geisterwelt befinden, so müssen die Eminenzen stockblinde und begriffsunfähige Narren sein!

4 Sagen Sie mir: Wieviele Erzbischöfe und Kardinäle waren denn auf der Welt auf einmal am Stefansdom zu Wien angestellt? Hier seid ihr als Hochgeistliche allein nahe an Hundert beisammen! Wann wären denn in Wien so viele Erzbischöfe und Kardinäle tatsächlich auf einmal angestellt gewesen? Von mehreren auf einmal meldet die Geschichte, auch die der römischen Kirche und Päpste, nicht eine Silbe! So die Eminenzen aber hier nun schon einige hundert Erdjahre beisammenhocken wie die Frösche in ihrem Winterschlaf, wird das doch

nicht etwa auf der natürlichen Welt stattfinden können, sondern rein nur in der Geisterwelt!

5 Und da sage ich als ein von Eurer Eminenz deklarierter Narr: Hier sind wir uns alle gleich, wenn auch die Narrheit der Welt uns auf der finstern Erde dem Stand nach außerordentlich geschieden hat — was freilich nach der reinen Lehre Jesu auch nie hätte geschehen dürfen. Denn Jesus der Herr hat Seinen Jüngern, als sie Ihn töricht genug angingen, wer da unter ihnen der Erste sein solle, ausdrücklich gesagt: »Wer unter euch der Geringste ist und euch dient, der ist vor Mir der Erste. Nur einer ist euer Herr! Ihr alle aber seid ganz gleiche und unterschiedslose Brüder! Daran aber wird man euch erkennen, daß ihr Meine Jünger seid, so ihr euch untereinander als völlig gleiche Brüder liebt. Ein jeder aber, der den Nebenmenschen als Bruder liebt und sich über ihn nicht erhebt, außer allein in der Liebe zu ihm, der ist Mein Jünger und hat das Reich Gottes schon in sich!«

6 Meine Eminenzen, das sind Worte Christi, in denen klar dargetan ist, daß es auf der Erde besonders in geistigen Dingen nie hätte Standesunterschiede geben sollen. Nie hat Christus, der Herr, von einer geistlichen Eminenz etwas gesagt, noch weniger je etwas von einem Papst! Alle sollen gleich sein vor Ihm, indem Er allein der Herr ist über die ganze Unendlichkeit materiell und geistig.

7 Woher und wie entstanden denn in der sogenannten allein wahren Kirche so ungeheure Standesunterschiede, wie sonst in der ganzen Welt nirgends — während doch das offenbare Gebot des Herrn jeden Standesunterschied zwischen Seinen Jüngern verbietet? — Sehen die Eminenzen, das bewirkte die Hölle! — Der von oben kam, Der diente allen und opferte Sich für alle. Und das war Gott-Jesus, der Herr der Ewigkeit Selbst! Der aber als schroffster Gegner des heiligsten Ersten von unten heraufkam, der will von allen bedient sein und macht solche Standesunterschiede, damit sein Stand desto höher und unerreichbarer erscheine.

8 Die Macht, die sich die Päpste selbst gegeben haben, ist nicht von oben, sondern von unten her! Denn sie sind eben die ersten, die die heiligsten Brudergesetze mit den Füßen zertreten. Denn wer darf sich einem Papst gleichstellen und zu ihm »Lieber Bruder« sagen? Muß nicht ein jeder Katholik den Namen des Papstes gleich dem Gottesnamen mit größter Hochachtung und Ehrfurcht aussprechen und, wenn

er nach Rom käme, sich's zur allerhöchsten Gnade rechnen, zur Audienz zugelassen zu werden? Wo sind da die Gebote Christi?

9 Die Eminenzen werden daraus ersehen, daß sie auf der Erde von der größten antichristlichen Torheit gefangen wurden und in dieser Torheit denn auch Bürger der Geisterwelt geworden sind. Diese ihnen noch fest anklebende Torheit ist hauptsächlich der Grund, aus dem sie noch immer in dem Wahn leben, als wären sie nicht gestorben. Ich aber sage Ihnen, legen Sie diesen Wahn ab, welcher der heiligsten Absicht des Herrn schnurgerade zuwider ist!

10 Sie werden dann auch leicht einsehen, daß ein schlichter Mesner ebensogut eine Eminenz belehren kann wie eine Eminenz einen Mesner. Und ich möchte behaupten, daß ein Mesner nach der heiligsten Lehre ein größeres Recht hat, einen Kardinal zu belehren, der so lange blind und dumm bleibt, als ihm an der großen Würde etwas gelegen ist, die er widerchristlich auf der Welt bekleidet hat. Der Mesner hingegen ist tief genug unter der Würde eines Kardinals und daher auch der christlichen Anforderung um gar vieles näher als eine hochmütige Eminenz."

11 Sagt die *Eminenz:* „Wer sich selbst erhöht, der wird erniedrigt werden! Das steht auch geschrieben! Versteht Er das, Er naseweiser Mesner? — Sagt der *Mesner:* „O ja, ich habe es schon lange an mir selbst praktisch verstanden, denn bei mir war von einer Erhöhung wohl nie die Rede. So ich aber Christus und Sein heiliges Wort Eurer unchristlichen Eminenz gegenüber rühme, ist das doch sicher keine Erhebung meiner selbst. Sie lassen sich noch immer Eminenz titulieren und wissen, daß Christus, der Herr, doch ewig nie eine Eminenz eingesetzt hat! Das ist eigenmächtige Selbsterhöhung und somit ein Greuel vor Gott! Verstehen Sie das?"

12 Spricht der *Großdienstbare:* „Ich bitte euch, meine lieben Brüder, die ihr samt mir auf der Erde schon auf den goldenen Thronen der Himmel sitzet, laßt ab, mit diesem Ketzer euch zu zanken! Ihr wißt ja, welche Macht ihr habt. Was nützt es dem Juden, so er uns höhnt und lästert? Wir verdammen ihn im Konklave und er ist für ewig des Teufels. Was nützt es allen Protestanten, daß sie wider uns sind? Was hat Martin Luther davon, daß er sich von uns losgemacht und das Ketzertum gestiftet hat? Millionen, die seiner Lehre wegen gefallen sind, schreien fortwährend um Rache gegen ihn, und er sitzt in der ärgsten

Hölle und verflucht fortwährend den Tag, an dem ihm das Dasein gegeben ward. Warum ist er in der Hölle? Weil wir ihn im heiligen Konklave für ewig dahin verdammt haben. Kurz, was nützt es all unseren Widersachern, daß sie wider uns sind? Sie sind alle von uns verdammt und können daher unmöglich je in das Himmelreich gelangen!

13 Also verdammen wir denn auch diesen verfluchten Ketzer, und er soll dann sehen, wie er in die Himmel Gottes kommen wird. Ich sage nun in eurer Mitte: »Verfluchter Ketzer! Sei verdammt auf alle Zeiten der Zeiten!« Ihr habt dazu Amen gesagt, und er hat schon seinen Teil in der Hölle! — Seht, so müssen wir handeln und nicht irdisch zanken, sondern sogleich von der uns von Gott verliehenen geistigen Waffe ohne alles Bedenken den vollsten Gebrauch machen! In der anderen Welt aber werden sie in der Gesellschaft der Teufel schon zu verspüren anfangen, was die alleinseligmachende Kirche ihnen hätte nützen können, so sie ihr treu geblieben wären. Da werden sie dann ihre Hände nach uns ausstrecken, daß wir ihnen helfen. Wir aber werden zu ihnen sagen: »Nichts da! Ihr habt uns auf der Welt nicht hören wollen, und nun hören wir euch auch nicht! Weicht von uns auf ewig, ihr Verfluchten!« — Dann werden sie schreien: »Nun sehen wir erst ein, was heilig Großes ihr bei Gott seid und was für ein elendes Nichts wir vor euch sind. Gebt uns auf hunderttausend Jahre ins ärgste Fegfeuer, nur die schrecklichste Hölle erlaßt uns!«

14 Aber dann werden wir sagen: »Wir haben euch auf der Welt genug ermahnt! Wir sandten einen Hirtenbrief um den andern an euch, gaben euch um kleine Opfer Ablässe in Hülle und Fülle und wiesen euch ernstlich zu den Beichtstühlen und zur Buße! Aber ihr habt uns nur ausgelacht und tatet, was ihr wolltet! Hier in der Geisterwelt aber sind wir zu allmächtigen Herren geworden und könnten euch helfen, so wir wollten. Aber wir wollen es nicht, und so will es auch Gott nicht. Und somit weichet von uns in das ewige Feuer, das den Teufeln und all seinen ketzerischen Dienern bereitet ist!« — Da wird sich der Boden unter ihren Füßen öffnen und der ewige Abgrund wird sie samt den Teufeln verschlingen und ihrer Namen wird dann fürder nicht mehr gedacht werden. Seht, das tun wir und das haben wir auch bereits getan an diesem vermaledeiten Ketzer. Er soll nun schauen, wie er der Hölle entrinnen wird!“

15 Sagt darauf der *Mesner:* „Aber ein bißchen werdet ihr doch han-

deln lassen mit euch? Ich nehme ja auch ein hunderttausendjähriges Fegfeuer anstatt der großen Hölle! Gebt mir also das Fegfeuer statt der Hölle! Was wird's denn sein, ob so ein Kerl wie unsereins mehr oder weniger in der Hölle bratet!" — Schreit der *Großdienstbare:* „Aha, das Höllenfeuer fängt schon an seiner Seele zu lecken an, das verspürt er und möchte nun eine Erlösung von uns. Aber nichts da! Fort mit ihm zur Hölle und zu allen Teufeln!"

232

Der Herr bietet dem Mesner Aufnahme. Gewaltige Flammenkur an seinen Verdammern. Schluß der Szene im Stephansdom

1 In diesem Augenblick trete Ich zum Mesner hin, der Mich sogleich erkennt, und sage: „Mein lieber Bruder *Johann!* Es ist genug! Diesen ist nun alles gesagt worden durch deinen Mund, aber sie blieben wie sie allezeit waren. — Daher komme du zu Mir in Mein Reich! Diese aber sollen sich ihren Himmel und ihren Gott suchen, wie es ihnen beliebt. Zu Mir werden sie schwerlich je kommen! Was sie aber dir vermeinten, sollen sie eine Weile selbst genießen, auf daß sie an sich erfahren, wie gut sie es mit ihren Brüdern meinen."

2 Hier zeige *Ich* Mich diesen harten Pfaffen nach ihrer Vorstellung als der Herr Himmels und der Erde und sage in einem geflissentlich ernsten Ton: „Kennet ihr Mich nun?!!"

3 Sie sagen *alle* bebend: „Ja, nun erkennen wir Dich erst, Du schrecklicher Richter! Sei uns, Deinen Dienern, gnädig und barmherzig!!"

4 *Ich* aber sage sehr ernst zu ihnen: „Habt ihr nie gelesen: Seid barmherzig, so werdet auch ihr Barmherzigkeit erlangen! — Wie sah es mit eurer Barmherzigkeit aus? Habt ihr die Hungrigen gespeist, die Durstigen getränkt, die Nackten bekleidet, die Gefangenen erlöst und die Kleinmütigen getröstet? Nein, das habt ihr nie getan! Ihr wart allzeit weidlichst wider Mich und tratet Meine Lehre mit Füßen! Weil ihr so hart und unverbesserlich seid, so geschehe euch, was ihr aus eurer unbegrenzten Herzenshärte diesem Meinem wirklichen Bruder gegeben habt!"

5 Hier öffnet sich plötzlich der Boden der Kirche, Flammen schlagen empor aus der weiten Kluft, mehrere dienstbare Geister erscheinen, die sogleich die harten Pfaffen gegen die flammende Kluft hindrängen. Diese fangen dabei ein jämmerlichstes Geheul an und bitten den Mesner Johann flehentlich um Erbarmen und Fürbitte.

6 Der *Mesner* aber sagt: „Ihr habt doch immer von allen Menschen verlangt, daß sie bei Strafe der ewigen Verdammnis glauben sollen, daß ihr allein die Schlüssel zum Himmelreich und auch zur Hölle habt! Sperrt euch nun die Himmel auf und verschließet die offene Pforte der Hölle, die Christus, der Herr von Ewigkeit, vor euch aufgetan hat, damit sie euch aufnehme in ihren sanften, echt römisch-katholischen Schoß! Habt ihr mich doch erst vor wenigen Minuten für ewig in die Hölle verdammt, wie soll denn nun ich für euch einen Fürbitter bei Gott machen? Der Herr tue mit euch nach Seinem heiligsten Willen und nach Seiner Liebe und Gerechtigkeit! — Ich bin euch um ein besseres Los sicher nicht neidig, aber Besseres als vom Herrn sollt ihr von mir nimmer erwarten. Gott allein ist gut. Daher wendet euch an Ihn, denn Er allein kann euch helfen!"

7 Nun heulen die schon stark zur flammenden Kluft hingedrängten *Pfaffen:* „Lieber Johann! Bei Gott gibt es ja für die, so von Ihm verdammt wurden, keine Erbarmung mehr! Wie könnten wir uns da an Ihn wenden?" — Sagt *Johann:* „Ihr Narren! So ihr von Gott dem Herrn keine Erbarmung erwartet, wo soll ich sie dann hernehmen, da ja doch das höchst Wenige in mir nur aus Gott ist?" — Heulen die *Pfaffen:* „Nein, bei Gott kann keine Erbarmung jenseits des Grabes über eine Seele ausgegossen werden! Die Liebe Gottes dauert nur bis zum Grabe, nachher nimmt Seine strengste Gerechtigkeit den Platz der Liebe ein!"

8 Sagt *Johann:* „Ihr dummen Narren! Hat denn Gott der Herr zwei Herzen — ein kleines voll der höchsten Liebe und Erbarmung und dann ein großes voll Zorn und gerechter, unerbittlichster Strafgier? Wie kann Gott, das urvollkommenste Wesen der Wesen, aus ein und demselben Herzen nie versöhnbaren Zorn und zugleich höchste Sanftmut und Liebe ausfließen lassen! Wie kann Gott einen Geist nur so lange lieben, als er im sündigen Fleische gefangen lebt; nachher aber ihn ewig hassen wegen einiger Fehler, zu denen ihn sein Fleisch als die Freiheitsprobenatur verleitet hat!

9 Ich aber sage euch: Der Herr und Gott Jesus Christus von Ewigkeit, den wir hier leibhaftig gegenwärtig erschauen, ist — zeitlich und noch mehr ewig — die reinste Liebe und die höchste Erbarmung! Nur euer römisch-katholischer Dreipersonen-Gott ist so gesinnt, wie ihr es seid: bei dem gibt es wie bei euch keine Gnade und Erbarmung. — Wohl mir und allen, daß solch ein Gott nirgends als allein in euren bösen und überharten Herzen zu Hause ist!"

10 Hierauf drängen die dienstbaren Geister die *Pfaffen* wieder etwas näher zu der stets stärker flammenden Kluft. Und Ich lasse es zu, daß die sich sträubenden und heulenden Pfaffen der Flammen mächtige Hitze zu verspüren anfangen. — Da schreien sie: „Jesus, Maria und Joseph! Ihr lieben Heiligen und Märtyrer Gottes, kommt uns zu Hilfe! Helft uns armen Teufeln! Wie schrecklich heiß ist doch das Feuer der Hölle, und wir sollen nun ewig darinnen brennen? O Jesus, Maria und Joseph! O Christe Jesu! Erbarme Dich unser! O Mutter Gottes, bitte für uns!"

11 Hier gebe Ich den Geistern einen Wink, die Pfaffen nicht mehr zu drängen. Und es tritt *Petrus* vor und sagt zu den Pfaffen: „Sehet mich an! Ich bin der leibhaftige, wirkliche Petrus, der Fels des Glaubens, den der Herr Himmels und aller Welten dazu erwählt hat. Ihr und euer Papst nennt euch meine Nachfolger. Wie hätte ich euch je ein Richteramt übertragen können, da ich doch selbst nie eines vom Herrn überkommen habe! Hat doch uns allen der Herr das Richten — bei Strafe des Gerichts über uns selbst — verboten, indem Er ausdrücklich sagte: »Richtet nicht, auf daß ihr dereinst nicht gerichtet werdet!« — So der Herr aber Selbst also lehrte, wie soll Er uns dann zu Richtern über unsere Brüder gemacht haben? Wenn aber wir nie auch nur im Traum ein Richteramt ausgeübt haben, wie hätten wir es dann auf euch übertragen können! So ihr meine Nachfolger sein wollt, wie möchtet ihr denn von mir mehr geerbt haben, als ich euch hinterlassen konnte?

12 So aber der Herr Selbst sagte, Er sei nicht gekommen, die Welt zu richten, sondern selig zu machen alle, die durch den Glauben an Ihn selig werden wollen — woher habt denn ihr euch das Recht genommen, eure schwachen Brüder zu richten und für ewig in die Hölle zu verdammen? Seht, das habt ihr euch selbst angemaßt aus Herrschsucht und unbegrenzter Geldgier! Es tut nun auch der Herr an euch, was ihr

widerrechtlichst an euren armen Brüdern getan habt. Denn mit welchem Maß ihr ausgemessen habt, mit demselben Maß wird euch wieder eingemessen.“

13 Sagt der ehemalige *Großdienstbare* unter furchtbarem Beben: „O heiligster Apostel Petrus, du Fels Gottes! Bitte doch du den Herrn für uns arme Sünder, daß wir nicht in die Hölle, sondern lieber auf eine Million Jahre möchten ins Fegfeuer geworfen werden. Wir sehen es jetzt alle ein, daß wir greuelhaft gesündigt haben und empfinden die tiefste Reue über unsere irdische Verblendung! Wir wissen aber auch erst jetzt, daß wir dem Leib nach wirklich gestorben sind. Hätten wir das eher eingesehen, so hätten wir uns gewiß die ganze Weile in dieser Welt der mächtigsten Reue und strengsten Buße unterzogen. Aber wir wußten ja nichts und blieben daher auch bisher die alten, verstockten Sünder. Nun siehst du ja, daß wir alle hier voll tiefster Reue sind. Sei uns daher doch ein wenig gnädiger und barmherziger! Wir wollen alles tun, was immer der Herr von uns verlangt, nur mit der Hölle möchte Er uns verschonen.“

14 Sagt darauf *Petrus:* „Daß ihr brennende Reue empfindet, mußte ja so kommen. Denn eben die in Ewigkeit stets brennender werdende Reue gehört ja nach euern Dogmen mit zur Höllenqual. Sie meldet sich nun vor der Pforte der Hölle schon an und wird euch ewig nicht mehr verlassen. Solch eine Reue aus Furcht vor der Strafe hat jedoch keinen Wert vor uns. Die allein gültige Reue muß der Liebe zu Gott, nicht aber der Furcht vor der Hölle entstammen.

15 Ebenso steht es auch mit der Buße. Vor uns hat nur die freie Buße, entsprungen aus dem lebendigen Glauben und der wahren Liebe zu Gott und zu allen Menschen, einen Wert. Die von der Furcht vor der Hölle erzwungene ist völlig ohne Nutzen — und wäre sie ärger als alle Qualen der Hölle, die ihr, so Gott der Herr es will, bald werdet zu verkosten bekommen.“

16 Durch diese wenig Trost einflößenden Worte Petri werden die Quasi-Anwärter der Hölle in solche Angst versetzt, daß sie alle zu Boden sinken und da nur stöhnend die Worte: »O Je—sus, Ma—ri—a und Jo—seph! Gna—de! Gna—de!« herausbringen.

17 Während sie so wie betäubt am Boden liegen, lasse Ich die Erscheinlichkeit der flammenden Kluft verschwinden und an ihre Stelle einen großen Becher Wein hinstellen sowie sieben große Laibe des

besten Brotes. Dazu eine schriftliche Anweisung, daß sie sich daran ohne Unterschied erlaben und sodann auf alle Zeiten diese Kirche verlassen sollen, deren irdische Großartigkeit bloß dazu diene, den Hochmut der in ihr fungierenden Pfaffen ins Ungemessene zu erhöhen. So sie aber im Freien sein werden, da werde schon jemand zu ihnen kommen, der ihnen angebe, was sie zu tun haben, um den Strafen der Hölle zu entrinnen.

18 Nachdem dies alles bestellt ist, entfernen wir uns von dieser vor Angst halbtot darniederkauernden Pfaffenrotte und gehen ins Freie. Auch der Mesner Johann — als ein von Meiner Liebe und Weisheit durchglühter Bruder.

233

Weiteres Geschick der Dompfaffen
Das Wesen der Weisheitsgeister und ihre schwere Bekehrung zur Liebe
Die Militärpatrouille im Jenseits

1 Als wir uns draußen auf dem Stephansplatz befinden, zieht gerade eine Rotte Militär an uns vorüber.

2 *Robert* tritt zu Mir und sagt: „Lieber Vater, dieses Militär sieht doch etwas sonderbar aus! Ist es aus einer früheren oder aus der jetzigen Zeit? Aus meiner Erdenzeit ist es gewiß nicht. Damals war die Kleidung eine ganz andere. Aus älteren Zeiten scheint es auch nicht zu sein, da mir daraus viele Gemälde und Zeichnungen bekannt sind. Es muß doch aus der Jetztzeit sein, etwa nach dem Geschmack des jungen Kaisers, der jetzt in Österreich das Zepter führt."

3 Sage *Ich:* „Ja, so ist es! In diesem Jahre sind viele Soldaten durch Typhus und Cholera und eine Menge anderer Krankheiten aus ihren Leibern erlöst worden. Da sie aber einmal zum Militärstand gehörten, bleiben sie auch noch nach Ablegung des Leibes diesem Stande treu und erscheinen hier als Soldaten. Sie wissen auch nicht, daß sie gestorben sind. Wohl wissen sie, daß sie als Kranke ins Spital kamen. Aber sie glauben, durch eine gute Medizin seien sie in einen stärkenden Schlaf gekommen und dann am Morgen frisch und gesund aufgestanden.

4 Es ist auch gut, daß sie nicht wissen, daß sie gestorben sind, weil das für sie ein Gericht wäre. Sie müssen erst nach und nach ganz unver-

merkt eingeleitet werden. Anfangs nur durch Erscheinlichkeiten, durch die sie so gewisse Einsichten bekommen, wodurch ihnen die Welt, in der sie nun leben, stets mehr und mehr fremd vorkommt. Das macht ihr Gemüt immer unruhiger. Sie kommen auch in allerlei Unannehmlichkeiten und scheinbare Gefahren, suchen dann Schutz und Hilfe und suchen sich oft vor scheinbaren Verfolgungen zu retten. Aber sie finden keinen rechten Zufluchtsort und sind dann nicht selten genötigt, sich den Verfolgern zu ergeben. Manchmal aber verlaufen sie sich in unabsehbare Wüsten, auf denen sie dann kaum ein Ende finden. Und kommen sie schon zu irgendeinem Ende, so ist dieses gewöhnlich noch um vieles ärger als die Wüste selbst. Kurz, alle diese noch ganz in der Naturmäßigkeit befindlichen Seelen müssen noch eine Art förmlichen Todes durchmachen, bis ihr Geist in ihnen frei wird.

5 So hast du es auch bei diesen Pfaffen gesehen. Die Angst vor der Erscheinlichkeit der flammenden Höllenpforte hat sie beinahe wie tot gemacht. Nach einer Weile werden sie wieder erwachen und sich zwar noch in der Kirche befinden, aber das Geschehene wird ihnen wie ein schrecklicher Traum vorkommen. Sie werden da Wein und Brot antreffen. Und da sie sehr hungrig und durstig sein werden (was stets der Fall ist, so der Geist in der Seele freier und wacher wird), so werden sie auch gierig darnach greifen und es verzehren. Die offene Schrift neben den Broten wird ihnen die Anweisung geben, wie sie der Hölle entrinnen, vor der sie eine entsetzliche Furcht haben. Denn obschon einige bei ihren irdischen Lebzeiten an die Hölle nicht geglaubt haben, blieb ihnen aber doch das Bild. — Nun haben sie den geöffneten Rachen und die ihnen entsetzlich vorkommenden Flammen gesehen, somit ihr böses Bild in der Verwirklichung. Dadurch ist ihr Unglauben an die Hölle wieder zum Vollglauben geworden. Darum aber werden sie nach der schriftlichen Anordnung eiligst aufbrechen und sich ins Freie machen.

6 Wenn sie aus der Kirche treten, werden sie keine Stadt mehr sehen, sondern nur ein offenes, freies Land. Da werden sie schon auf gewisse Reisende stoßen, die sie weiter zu ihren Bestimmungen leiten werden in Meinem Namen. Um diese haben wir uns nicht mehr besonders zu kümmern. In einigen dreißig Jahren werden sie für den unteren Weisheitshimmel ganz geeignet sein. Höher hinauf werden sie schwerlich je kommen, weil bei ihnen das Organ der Liebe (weil nie geübt und gestärkt) zu unentwickelt ist. Dafür aber hat das Organ der weitwendi-

gen Weisheit eine viel zu große Ausdehnung und kann daher nie von ihrer schwachen Liebe überwältigt werden. Und es kann daher nie jenes Verhältnis zwischen Liebe und Weisheit hergestellt werden, das notwendig ist, um in einen höheren Himmel aufsteigen zu können.

7 Es ist zwar keine absolute Unmöglichkeit, daß auch Geister des untersten Weisheitshimmels in einen höheren Himmel übergehen können. Aber es geht immer sehr schwer, weil die Weisheit sich stets mehr in der Betrachtung als in der wirklichen Tat gefällt. Der Weise hat nur ein Wohlgefallen, so er anderen seine tiefen Einsichten darlegen kann, während der eigentliche Liebegeist nur nach dem Guten und Wahren handeln will. Da aber das Zuschauen, Betrachten und Räsonieren viel leichter als das Handeln ist, sind die Geister des untersten Himmels auch stets sehr schwer in einen höheren Himmel zu bringen. Die meistens tatlose Bequemlichkeit ist ihnen lieber als die schönste und beste Handlung. Solche Geister können nur durch eine gewisse Einförmigkeit der ihnen vor Augen gestellten Erscheinungen, dann aber auch durch erheiternde Handlungsexempel zur Tat angespornt werden. Sind sie einmal beim Handeln, so geht die Sache schon vorwärts, nur im Anfang hapert es ganz entsetzlich.

8 Und so, Mein lieber Robert, wird es auch mit diesen Pfaffen gehen. Aber es wird so sein, wie Ich es dir ehedem gezeigt habe. Sie werden noch manchen Brocken zu schlucken bekommen, bis sie in den untersten Weisheitshimmel gelangen.

9 Mit dieser *militärischen Rotte* dagegen werden wir es leichter haben. Sie hat nun vor uns Halt gemacht, da wir ihr aufgefallen sind. Sie übt hier eine Art Patrouille aus und hat nun vor, uns zu fragen, was wir hier täten. Bei der Gelegenheit werden wir ihr sogleich der Wahrheit getreu kundtun, wer wir sind, was wir hier wollen, und werden sie dann einladen, uns zu folgen in das Reich des Lebens. — Aber, Mein lieber Robert, da kommt die Reihe wieder einmal an dich. Du mußt hier für uns alle den Wortführer machen. Daher nimm dich nur recht zusammen!“

234

Eine neue Aufgabe Roberts. Der Herr über den Soldatenstand

1 Spricht *Robert:* „O Herr, das wird von meiner Seite aus nicht am besten gehen, denn der Soldatenstand ist nie meine Liebhaberei gewesen. Wo ich nur immer einen Soldaten gesehen habe, hat sich allezeit ein eigener Ingrimm meines Herzens bemächtigt, und denselben Ingrimm empfinde ich auch jetzt noch, obschon ich mich durch Deine Gnade zu einem wenigstens halbvollendeten Geiste zählen darf. — Soll ich nun diese Soldaten bekehren, müßte ich ihnen irgendeine Liebe abgewinnen können. Das aber scheint mir eine reine Unmöglichkeit zu sein. Denn diese Art Menschen sind nichts als pure Maschinen, die sich wie abgerichtete Tiere nach Kommando bewegen. Was ihnen befohlen wird, tun sie, ohne zu fragen, ob es recht ist oder nicht.

2 Ich weiß wohl, daß der Soldat gezwungen ist, so zu handeln, aber das entschuldigt die Sache bei mir durchaus nicht. Denn es ist schlecht, daß man Menschen als Hunde gebraucht, und ebensoschlecht ist es, daß sich Menschen als Hunde und reißende Wölfe gebrauchen lassen. Leider wandeln da Millionen denselben Weg, und bis jetzt ist noch keine Abänderung geschehen.

3 Du siehst also, daß ich unmöglich ein Freund des Soldatenstandes werden kann. Darum bitte ich Dich, o Herr, übertrage dies Geschäft an jemand Tauglicheren! Denn mein ganzes Gemüt sträubt sich gewaltig dagegen, besonders hier in dieser Stadt, in der ich den Soldatenstand von einer elenden und schmählichen Seite habe kennenlernen müssen."

4 Sage *Ich:* „Eben weil dir dieser Stand noch ein Dorn in den Augen ist, übertrage Ich dir dieses Geschäft. Ich sage dir, Mein lieber Sohn, du könntest nicht wahrhaft eingehen in Mein Reich, so du diesen Dorn nicht aus deinen Augen brächtest. In Meinem Reich herrscht nichts als die allerreinste Liebe, die völlig frei sein muß von allem, was auch den leisesten Schein einer Unversöhnlichkeit hat. Du mußt der Welt alles, was ihr angehört, bis auf den letzten Heller zurückerstatten, bevor du ein Bürger Meines Reiches in Fülle werden kannst!

5 Hinweg also mit allem, was da nach irgendeiner Unversöhnlichkeit riecht! In jeder Sekunde mußt du aus deinem ganzen Gemüt die

Arme für Millionen ausbreiten können! Dein Bruderkuß muß *allen* Wesen der ganzen Schöpfung gelten, ob sie dir genehm sind oder nicht! Ob Freund oder Feind, muß dir völlig gleich sein! Denn so es in Meinem Liebereich gewisse bedenkliche Rücksichten gäbe, wie sähe es dann bald mit der Weltenregierung aus?

6 Auf der Erde hast du sehen können, wie Ich Meine Sonne über Gute und Böse ohne Unterschied habe scheinen lassen und den Regen goß auf das Feld Meiner Verächter ebensogut wie übers Feld Meiner innigsten Anbeter. Warum aber tat Ich das? Weil Ich Selbst die reinste Liebe bin und in Mir ewig nie Rache oder auch nur der Schein einer Unversöhnlichkeit Platz greifen kann. Mein innerster Wunsch und Wille geht unverwandt dahin aus, alle Wesen so frei und so selig als nur immer möglich zu machen, und sollte dies, so es möglich wäre, auch auf Kosten Meiner eigenen Seligkeit geschehen.

7 Für Mich als das urvollkommenste Wesen ist es sicher nicht so selig, unter unvollendeten Wesen zu weilen und sie mit aller Geduld und Sanftmut zu leiten, als so Ich Mich unter meinen vollendeten Söhnen und Brüdern in Meinem Reich der reinsten Liebe befinde. Aber Ich tue es dennoch, weil Meine eigene Liebe es Mir zur Pflicht auferlegt. So mußt auch du dir manches gefallen lassen und stets trachten, Mir in allem völlig ähnlich zu werden!

8 Siehe, ein Soldat ist zwar an und für sich ein Feuer, welches verwüstet, zerstört und tötet. So es aber in einem großen Volksstaat keine Waffenleute gäbe, wo wäre da die Sicherheit des Eigentums, des Lebens und der Aufrechterhaltung der Ordnungsgesetze? Was dem Leben im Übermaß zwar gefährlich werden kann, muß auch hauptsächlich das Leben erhalten! Und deshalb ist der Soldatenstand durchaus nicht so schlecht, wie du meinst. Daher mußt du ihn nicht mehr mit feindlichen Augen betrachten, sondern dir dabei denken: Auch ein Soldat ist mein Bruder! Daß er eine Maschine des Gesetzes ist, darf dich nichts angehen. Denn es muß ja solche geben, auf daß unter dem Gesetz eine wahre und dauernde Freiheit erwachsen kann.

9 Muß von Mir aus nicht ein jeder Weltkörper eine Gesetzesmaschine sein, auf daß darauf freie Wesen ungestört zum wahren Leben heranreifen können? Denke dir eine freischwebende Erde voll unbeschränkten Willens — wie würde die mit ihren Einwohnern verfahren, so sie ihr fühlbar lästig werden würden? Also Freund, bedenke das alles und

du wirst dich auch leichter an das dir anbefohlene Geschäft machen, das unumgänglich nötig ist zu deiner gänzlichen Vollendung. Denn siehe, darin liegt eben der Hauptgrund, warum du dich noch einmal mit Mir Selbst nach Wien hast begeben müssen. Mache dich ans Geschäft, und Ich sage dir, daß es besser gehen wird, als du es meinst! Denn Gesetzesmaschinen sind allezeit leichter zu leiten als jene, die da Gesetze geben."

235

Roberts Ansprache an die Truppe
Er sucht ihr Klarheit zu geben über das geistige Reich

1 Robert dankt Mir zwar inbrünstig, hat aber dennoch keinen rechten Mut, mit den Soldaten ein Gespräch anzuknüpfen, bevor sie ihm dazu einen Anlaß gäben. Die Soldaten merken das, denn sie haben Meine Worte vernommen, die ihnen gefielen. Sie sind darum stille und warten, bis Robert sie angehen würde. Und so schaut nun Robert die Soldaten an und die Soldaten den Robert; kein Teil will die Offensive ergreifen.

2 Nach einer Weile tritt die schöne *Helena* hervor und sagt: „Aber lieber Robert, wie kannst du es mit dem Vollzug des Willens des Herrn auch nur eine Sekunde anstehen lassen! Hätte der Herr mir so einen Auftrag gegeben, ich wäre schon lange damit zu Ende. Du aber bringst erst einen Wust von eitlen Entschuldigungen vor, obschon du weißt, daß der Herr niemals mit Sich handeln läßt. Denn Sein Wort geht allezeit aus Seiner liebweisesten Ordnung hervor und muß erfüllt werden, ohne welche Erfüllung unmöglich je an ein Heil zu denken ist. So du aber das Wort aus dem Mund Gottes vernimmst, was zauderst du hernach? Rühre dich doch, daß die achtbare Truppe merkt, daß du ein Leben hast! Denke an den mutigen Kado zurück, der selbst dem Satan seine Courage ganz kurios abgekauft hat. Damals hast du schon den Dienst eines Schutzgeistes versehen, und nun zitterst du vor dieser kaum hundert Mann zählenden Truppe! O das ziert den großen Namen Robert Blum gar nicht!"

3 Als *die Truppe* den Namen „Blum" vernimmt, tritt sie näher und

fragt barsch: „Was ist das für ein Blum? Doch nicht der große Staatsverbrecher, den der Fürst General von Windischgrätz hat erschießen lassen?“

4 Diese Frage entzündet den *Robert,* und er tritt sogleich keck vor die Truppe hin und sagt mit lauter Stimme: „Ja, derselbe Blum steht vor euch; aber nicht mehr sterblich, sondern ewig unsterblich! Robert Blum war nie ein Staatsverbrecher. Das Zeugnis dafür gibt mir der Herr und das ganze bessere Deutschland! Aber der General, der mich hier in Wien erschießen ließ in seinem Hochmutseifer, ist nicht lange darauf zu einem wirklichen Staatsverbrecher geworden. Nur sein alter, hoher Adel und einige patriotische Vortaten haben ihn vor dem Kerker bewahrt. Tausende hier in Wien können mir das Zeugnis geben, daß ich am Ende, als Wien schon so gut wie verloren war, allen abgeraten habe, sich fernerhin über die sichtliche Übermacht zu erheben. Aber man schalt mich dafür einen Feigling. Da ergriff ich wieder das Schwert und sprach: »So ziehe denn mit mir, wer den sicheren Tod nicht scheut!« Ist das bei euch ein Staatsverbrechen?“

5 Auf diese scharfe Rede Blums tritt der *Offizier* zu ihm hin und sagt: „Freund, es hat sich 1848 die Sage verbreitet, daß Er nicht erschossen, sondern vom Fürsten heimlich in Freiheit gesetzt und ein anderer Verbrecher erschossen wurde unter dem Namen Blum. Er aber sei über Berlin und Hamburg unter fremdem Namen nach Amerika transportiert worden. Sein Wiedererscheinen in dieser Stadt gibt der Vermutung Raum, daß an dieser Mythe etwas Wahres ist. Sage Er mir getreu und wahr, wie sich Sein unverkennbares Wiedererscheinen mit dem Ihm nun kundgegebenen Gerücht verhält!“

6 Spricht *Robert:* „Freund, diese Mythe ist nichts als ein leeres Gerede alter Weiber. Ich bin im Angesicht von vielen Zuschauern, die mich gar wohl kannten, erschossen worden. Was du nun aber hier vor dir siehst, ist kein irdisch Fleisch und Blut mehr! Das ist Robert Blums ewig lebender Geist, hier von Gott dem Herrn berufen, euch dahin zu belehren, daß auch ihr alle das seid, was ich nun bin — nämlich unsterbliche Geister im großen Reich der Ewigkeit!

7 Ich selbst konnte, nachdem mir das Leibesleben entrissen war, lange nicht innewerden, ob ich wohl gestorben sei oder nicht. Lange umgab mich dichteste Finsternis, und ich erinnere mich ihrer noch stets mit Grauen. Nur Gottes Erbarmung führte mich aus der Nacht zum

heiligen Licht alles Lebens empor. Und ich ward erst in solchem Licht inne, wie so ganz eigentlich ich gestorben war. —

8 Derselbe Herr und Gott ist seitdem beinahe unverwandt bei mir. Mehrere tausend von der Erde abgeschiedene Geister haben bei dieser Gelegenheit die vollste Freiheit des ewigen Lebens erreicht. Viele bewohnen schon die freiesten Staaten der Himmel Gottes. Nur eine geringe Zahl ist in der beständigen Gegenwart Gottes vor ihrem vollen Eintritt in die Himmel hieher gekommen, um allen Guten die Erlösung zu bringen.

9 Die Gesellschaft, die ihr hier erschaut, sind schon lauter Erlöste dieser Stadt, in der manche, noch von irdischem Wahn belebt, schon einige Hunderte von Jahren traurig und elend zugebracht haben. Durch die Kraft des göttlichen Wortes sind sie dann ihres Irrwahnes innegeworden, haben das wahre Licht des Lebens erkannt und sind dann durch ihre Überzeugung gedrungen Dem gefolgt, der allein Herr alles Lebens ist von Ewigkeit.

10 Tut desgleichen, denn auf der Erde, die ihr noch zu bewohnen wähnt, ist ewig kein Heil mehr für euch. Ich würde es euch sicher nicht sagen, wenn dem nicht so wäre. Legt eure Waffen ab. Ihr werdet keine mehr gebrauchen! Denn in Zukunft wird allein des Herrn Name euere mächtigste Waffe sein. Brüder, bedenkt euch kurz und folgt mir! Ich habe euch die volle Wahrheit gezeigt."

236

Antwort des ungläubigen Offiziers. Helena mischt sich ein

1 Spricht *der Offizier:* „Du bist zwar ein guter Mensch, aber ein närrischer Kauz. Du sagtest, daß wir schon lange gestorben wären und nun hier als Geister herumwandeln. Aber schau: Da steht der herrliche Stephansdom mit dem hohen gotischen Turm gerade so, wie er immer ausgesehen hat! Nicht einmal ein Schwalbennest fehlt unter seinen vielen Gesimsen und Verzierungen. Rings herum die von alters her nur zu bekannten Häuser. Das alles müßte denn auch Seele und Geist haben und gestorben sein und auf der Welt gar nicht mehr vorhanden

sein, um hier in deiner Geisterwelt fortbestehen zu können! — Schau, für so dumm mußt du uns doch nicht halten und verlangen, daß man dir so etwas glauben könnte.

2 Ebenso schwärmtest du auch von Gott, daß Er sich hier unter euch befinde und in Wien die altgebannten Geister aus ihrer Nacht befreie, um sie dann in die Himmel zu führen. Aber solche burlesken Behauptungen gehören doch in ein allererstes Irrenhaus!

3 Gott, das für kein endliches Geschöpf je begreifbare Wesen, eine heiligste Urkraft, die die ganze Unendlichkeit durchdringt, soll sich hier in der beschränkten Gestalt eines Menschen in sterblicher Umhüllung befinden? Mein Freund, so was zu glauben, wäre ja noch bei weitem über eine Mariazeller Wallfahrt. Du bist doch, so du im Ernst der berühmte Blum bist, kein Anhänger des echt römisch-katholischen Leicht- und Aberglaubens gewesen, denn du warst ein Deutschkatholik. Wie kamst du, wahrscheinlich in Amerika oder England dazu, solch ein Zelot zu werden? Haha, es ist wahrlich zum Tollwerden! So etwas zu glauben!

4 Schau, Freund, ich könnte dich nun zwar samt deinem lieben Herrgott arretieren; aber ich unterlasse das, denn du bist mit deinen Ideen keinem Menschen mehr gefährlich. Dein Herrgott scheint auch ein ganz unschuldiges Lamm zu sein, sowie die ganze übrige, für eine Wallfahrt reife Gesellschaft. Das Beste bei dir wäre dein allerliebstes Weiberl. Der zuliebe machte ich noch selber eine Mariazeller Wallfahrt mit. Sage mir doch, was sie für eine Landsmännin ist. Ist sie eine Inglismännin, oder was sonst?"

5 Sagt *Helena:* „Ich heiße Helena und bin aus echt Oberlerchenfeld gebürtig! Das ist das gewöhnliche ‚Irland' für die armen Wiener Sünder! Verstehen's mich?" — Sagt der *Offizier:* „O Kreuz, Bomben und Granaten! Potz Blitz und alle Elemente! Also eine Lerchenfelder Zirkassierin! O verfluchte Geschichte! — Aber wie kommt denn das, daß Sie nun sein Weib sein sollen, indem meines Wissens er ja ohnehin ein Weib und auch mehrere Kinder in Sachsen hat?"

6 Sagt *Helena* echt wienerisch: „No wissen's denn das nicht, Sie Kreuzblitzer von an Offizier? Solang man auf der Erd ist, hat man freilich ein gültigs Weib und soll von rechtswegen ka zweite daneben haben. Wenn man aber amal gstorben is und mit Gottes Gnad und Barmherzigkeit in den Himmel kommen is, da kriegt man nachher

gleich an anders Weiberl, aber halt von der Erd ani. Denn im Himmel droben wachsen kani Madeln, wann's nit vorher auf der Erd geboren worden san. Schaun's nur, daß a bald in Himmel einikommen, da wird sich vielleicht für Ihnen a no so a recht saubers Weiberl auftreiben lassen! Aber unsern liebsten Herrgott müssen's zuvor wohl über alles liebhaben, sonst is nix, mein lieber Herr Offizier!"

7 Sagt der *Offizier:* „Schade um das schöne Kind, daß sie eine gar so gemeine Sprache spricht! Das ist ja ein schrecklicher Dialekt der edlen deutschen Sprache! Sagen Sie, echte Lerchenfelderin, sprechen im Himmel alle Frauenzimmer so wie Sie? Wenn das der Fall wäre, bliebe ich schon lieber in gebildeten Zirkeln auf der Erde. Nein, ist aber das eine Hundesprache."

8 Spricht *Helena:* „No, was meinen's denn, was Sie für a politiertes Deutsch sprechen? Schaun's, a jede Sprach ist schön und gut, wann's nur aus an ehrlichen Herzen und Mund kommt! Aber wann a Sprach noch so politiert ist und kommt aber aus an rechten Spitzbubenherzen, was is sie nachher wert? Was wär Ihnen denn lieber, wann ich so recht hochdeutsch redete, Sie aber dann anschmierte — oder wann ich so recht lerchenfelderisch red und es dabei mit Ihnen kreuzehrlich mein? A recht hochdeutsche Sprach hier in Wien is gwöhnlich a Verstellung. Der eine redt hochdeutsch, weil er möcht die Leut meinen machen, daß er a Glehrter is. An anderer spricht hochdeutsch, um beim schönen Gschlecht Eroberungen zu machen, hat dabei aber gewöhnlich die schmutzigsten Absichten, wie ich's nur gar zu oft erfahren hab. So geht's auch in den Ämtern und Kanzleien zu. Die Beamten, die so recht hochdeutsch reden, sind gwöhnlich die gröbsten, stolzesten und dümmsten zugleich und wollen durch ihre hohe Sprach nur ihre Fehler unsichtbar machen. Sagen's, is das alles nit a rechte Spitzbüberei? — Und das heißen Sie a gebildete Sprach, die die Leut brauchen, um anander tüchtig anzuschmieren? Jetzt hören's mir nur bald auf, sonst wird mir übel!"

9 Spricht der *Offizier:* „Nein, mein liebes Kind, so meine ich es ja nicht! Ich meine nur, daß man in einer gebildeten, guten Welt wenigstens so reden sollte, wie man schreibt, aber nicht gar so provinzialistisch. Schau, du bist ein so schönes Kind, daß ich in meinem ganzen Leben noch nie ein schöneres Wesen gesehen habe. Hättest du auch eine mehr gebildete Sprache, so wärst du eine reine Göttin. Aber wenn du

redest, streifst du den ganzen himmlischen Schönheitsnimbus herab, und man wird dadurch von der höchsten Poesie in die alltäglichste Prosa versetzt. Schau, du hast dich ehedem als eine Himmelsbewohnerin ausgegeben, was ich dir deiner Gestalt nach auch gar nicht in Abrede stellen möchte. So du aber durchaus ein himmlisches Wesen sein willst, mußt du auch himmlisch sein in der Sprache, sonst glaubt dir's kein Kuckuck, daß du eine Bewohnerin des Äthers bist."

10 Spricht *Helena:* „Ich bitt Ihnen, reden's nit gar so gschwollen! Mit Ihren Komplimenten können's Ihnen heimleuchten lassen! Meinen's denn, ich bin so eine, die sich mit an Komplimentenköder fangen laßt? Sie, da sag i Ihnen glei: »Da schaut unser lieber Herrgott zum Fenster hinaus und sagt, es wird nix draus!« — Sie, i bin a Durchgwixte! Verstehen's mich? In Oberlerchenfeld muß man anders reden, wann ma noch an überbliebnes Ganserl fangen will! Meinen's denn, ich kenn' Ihre Begierden nit? Ihnen g'fallt nur mein G'sichtl, mein Herz aber g'hört vor Ihren Augen der Katz' zu! Das geniert Ihnen freili, daß ich nit so feingesprächig bin wie an aufputztes Stadtfräulein, aber das is justament gut, denn dadurch verschaff i mir a Ruh vor Ihnen. — Da reden's mit mein' Mann! Der kann schon besser hochdeutsch als wie ich. Glauben's aber, was er Ihnen sagt, sonst werden's no lang kan Himmel zu sehen bekommen!"

11 Spricht der *Offizier,* sich die Ohren zuhaltend: „Gottlob, daß sie ausgeredet hat! Die treibt einen gebildeten Mann zur Verzweiflung mit dieser Hundesprache! O du echtester Lerchenfelder Rostbraten mit Knoblauch und böhmischem Rapunzelsalat! O Gott, o Gott! Mann! Robert! Freund! Bist du taub? Was sagen deine Ohren zu solcher Ästhetik? Du feingebildeter Sachse, du Hofmann, kannst selig sein an der Seite dieses Rostbratens? Mich brächte so eine Ehehälfte in wenigen Stunden zur Verzweiflung! Nein, diese Sprache! Und je länger sie spricht, desto hundsgemeiner! Wahrlich, so diese sonst überirdisch Schönste nur durch Zeichen und Gebärden redete, wäre sie bei weitem interessanter als mit solch einer Hundesprache! Nein, hörst du, die ist ganz sicher vor mir! Und du darfst dich nicht fürchten, daß die jemand zur Untreue bereden wird, denn die ist zu ungeheuer dumm!"

12 Spricht *Robert:* „Oh, da irrst du dich sehr! Die ist durchtrieben gescheit und hat einen Mut über zehn Husarenregimenter! Sie redet auch nicht immer so, sondern nur, wenn sie will. Oh, sie kann auch wunder-

schön reden, so es ihr rechtens zu sein dünkt. Ergibt sich aber eine sie genierende Gelegenheit, da wird sie wieder ganz Lerchenfelderin. — Füge du dich nur dem, was ich dir gesagt habe. Gehe hin und rede mit Gott, dem Herrn Jesus Christus Selbst! Überzeuge dich von allem selbst, dann erst rede und handle!"

13 Spricht der *Offizier:* „Weißt du, das klingt wohl alles sehr närrisch, aber führe mich dennoch hin! Sollte es so sein, wie du mir sagtest, so werdet ihr an mir den wärmsten Teilnehmer finden. Im Gegenteil aber einen, der sich auch der Narren annehmen kann!"

237

Des Offiziers Herzenszug. Der Vater offenbart Sich dem Liebenden

1 *Robert* führt den Offizier zu Mir hin und sagt zu ihm: „Dieser ist es, von dem da zeugen die großen Schöpfungen, alle Propheten und Sein eigenes, heiliges Wort, das große Wort vom Vater, von der ewigsten, reinsten Liebe!"

2 Spricht der *Offizier:* „Also dieser soll es sein? Das ist ja derselbe, der ehedem den Soldatenstand sehr lobend in Schutz nahm! Ah, der Mann gefällt mir sehr wohl, auch ohne deshalb ein Gott sein zu müssen. Wenn aus eines Mannes Brust Gerechtigkeit, gute Gesinnung, Liebe für Ordnung und Recht und rechte Liebe zum Nächsten hervorquillt durch Wort und Tat, so ist er, wenn auch gerade kein Gott, dennoch sicher erfüllt von einem starken Geist aus Gott. Er verdient daher die höchste Achtung und Liebe eines jeden bieder denkenden Mannes. Und diese zolle ich auch diesem Mann, bei dem ich solche Eigenschaften erfreut entdeckt habe, aus allen Kräften.

3 He, Soldaten, habt acht! Präsentiert vor diesem Mann! Er trägt zwar kein goldenes Portepee auf dem Degengriff, dafür aber ein zehnfaches in seinem Herzen. Derlei Männer sind in der gegenwärtigen Zeit rar geworden. — Komm her, du biederer Ehrenmann! Die Brust eines Kriegers ist zwar rauh anzufühlen; sie ist eine wahre Gesetzesmaschine. Aber hinter der Maschine schlägt oft ein Herz sehr warm für Gott, Kaiser, Vaterland, Recht und Ordnung. Und an so ein Herz in meiner Brust drücke ich auch dich, du Edelster der Edelsten!"

4 Hier umarmt er Mich, küßt Mich und sagt darauf: „Wahrlich, es gibt viel Schönes, was das Herz oft mit Wonne erfüllt. Aber das Herrlichste ist doch der erste Freundschaftskuß zweier Biedermänner! Darum sei du mir auch so warm als nur immer möglich gegrüßt! Deine früheren Worte an Robert haben dich mir als einen Mann gezeigt, der Kopf und Herz am rechten Fleck hat. — He! Soldaten, noch einmal: — dreimal »Gewehr heraus«! Grenadiermarsch und präsentiert!"

5 Bei dieser etwas lärmenden Gelegenheit werden mehrere Menschen aus den Häusern gelockt, und die Neugierde treibt sie an zu sehen, was da geschehe. Als wir von Zuschauern aller Art umlagert sind, will der Offizier befehlen, die gafflustige Menge auseinander zu treiben. — *Ich* aber sage zu ihm: „Freund, laß das! Auch diese Pflastertreter sollen sehen, wie da aussieht das Heil der Welt! Das sind halbtote Wesen, die niemandem nützen noch schaden können. Lassen wir sie daher gaffen!"

6 Der *Offizier* befolgt Meinen Rat und sagt: „Mein herrlichster Freund, es tut mir leid, daß ich dich verlassen muß! Aber du weißt, daß des Kriegers Zeit auf die Minute berechnet ist und ich daher mit meiner Truppe weiterziehen muß nach dem Ort unserer militärischen Bestimmung. Lebe daher wohl! Meine größte Freude wird es sein, dich ehestens irgendwo wieder zu treffen!" — Hier umarmt Mich der Offizier nochmals, küßt Mich mit tränenfeuchten Augen und will sich darauf sichtlich schweren Herzens entfernen.

7 *Ich* aber sage zu ihm mit weitgeöffneten Armen: „Mein Sohn, du bleibst hier! Du hast nicht umsonst solche Liebe zu Mir empfunden, die dich an Meine Brust gezogen hat. Ich bin ja dein wahrer *Vater* von Ewigkeit. Die Binde, die deine Augen hinderte, Mich sogleich zu erkennen, sei dir für ewig genommen! Nun freut sich der Vater, einen so lieben Sohn an Seine Brust drücken zu können! Der Sohn muß frei sein, sonst erträgt er nicht die Allmacht des Vaters. Du aber bist nun frei geworden, daher komme her an die langersehnte Brust deines ewigen, allmächtigen, allein wahren Vaters!"

8 Hier erkennt Mich der *Offizier*, stößt einen Schrei der höchsten Freude aus und fällt vor Mir auf den Boden und sagt: „O Du mein großer Gott! Ich bin ja ein Sünder, wie soll ich an Deine heilige Brust kommen?"

9 *Ich a*ber sage: „Stehe auf, Mein Sohn! So Ich dich »Sohn« heiße, bist du ohne Sünde. Denn wer so wie du in seinem Herzen Liebe trägt,

der hat keine Sünde mehr! Und hätte er Sünden gehabt, so viel des Sandes ist im Meer und des Grases auf der Erde, so sind sie ihm alle vergeben, weil er die *Liebe* hat in seinem Herzen!"

10 Nach diesen Worten erhebt sich der *Offizier* vom Boden, sieht wie trunken nach Mir hin und sagt mit hoher Begeisterung: „Warum soll ich mich nun fürchten vor Dir, da ich Dich erkenne! Du bist ja mein lieber, guter, heiligster Vater!" Hier fällt er Mir wieder an die Brust und ruft: „O welch ein Glück, welche Seligkeit, den wahren Vater gefunden zu haben! O Vaterliebe, du heiliges, größtes Wort, was birgst du in deinen unergründlich heiligen Tiefen!" — Hierauf weint er vor Liebe, Ich aber stärke ihn, daß er Meine Liebe ertragen kann.

11 Nach einer Weile läßt der *Offizier* Mich wieder aus und sagt mit verweinten Augen: „O lieber Vater! Du heilige, ewige Güte! Siehe, ich bin zwar nun so selig, wie nur je ein Wesen selig sein kann. Aber da siehe gnädig hin auf meine recht brave Truppe! Nimm auch sie an und denke nicht ihrer Gebrechen! Sei auch ihr gnädig und barmherzig!"

12 Sage *Ich:* „Mein geliebtester Sohn, du bist schon zu spät gekommen mit deiner Bitte, denn Ich habe sie schon alle angenommen. Du aber wirst auch in Meinem Reich ihr Führer und Lehrer sein und wirst an deinen Waffenbrüdern Freude haben für ewig. Sie haben viele Schätze in sich, die du erst wirst kennenlernen, so du sie von Stufe zu Stufe höher erheben wirst. Ich sage dir: Einer schon faßt mehr in sich als alles, was dein irdisches Auge je geschaut hat!"

13 Der Offizier bemerkt auch, wie die herbeigeeilte Menge gerührt diese Szene zwischen Sohn und dem wiedergefundenen Vater betrachtet. Denn die Menge meint, dieser Offizier habe seinen natürlichen Vater, den er schon lange nicht gesehen habe, gefunden. Der *Offizier* sagt daher zu Mir: „Vater, sieh hin! Die Halbtoten scheinen lebendiger werden zu wollen! Wie wäre es, so wir auch sie bei uns bleiben hießen? Mich dauern sie von ganzem Herzen, und ich möchte sie gleich alle zu mir nehmen. Ist auch irgendein räudiges Schäflein darunter, wird sich das wohl mit rechten Mitteln reinigen lassen."

14 Sage *Ich:* „Mein geliebtester Sohn, auch das ist schon geschehen, und du sollst sie alle unter dein Regiment bekommen und ihr Führer und Lehrer sein! Ich ließ sie ja deshalb von dir nicht auseinandertreiben. Gehe hin und sage ihnen, was du nun erfahren hast, und sie werden dir folgen."

238

Der Offizier als Heilverkünder
Er treibt ihre Zweifel aus und führt sie zum Herrn

1 Der Offizier verneigt sich tief vor Mir, geht unter die Menge und verkündet ihr das Heil auf eine sehr energische Weise, so daß alle ordentlich in eine Art Schwindel geraten, und die Weiber zu schluchzen und zu weinen anfangen. Denn einige Schwache meinen, es werde nun der Jüngste Tag kommen, an dem sie erweckt und gerichtet werden.

2 Aber der *Offizier* herrscht sie kräftig an und sagt: „O ihr albernen Weiber und Betschwestern! Wie fällt euch denn gar so etwas Dummes ein? Glaubt ihr denn, daß der Jüngste Tag so aussehen muß, wie die Pfaffen ihn euch vorgemalt haben? Es ist hier allerdings ein jüngster Tag für uns alle, weil wir bis jetzt in der finstersten Nacht gelebt haben. Aber Gott der Herr Selbst hat uns aufgeweckt an diesem Tag und das ist ein rechter jüngster Tag, an dem uns Heil für ewig widerfahren ist. Es gibt wohl auch ein Gericht zum Tod, in dem wir bis zur Stunde mit Haut und Haar gesteckt sind; aber das ist ein Gericht aus uns selbst und nicht aus Gott. Das Gotteswort selbst und die uns verliehene Willensfreiheit sind das, was uns richtet, ansonsten wir Steine ohne Leben wären. Haben wir uns aber aus freiem Willen den Todesstoß gegeben und können uns dann von selbst nimmer helfen — so kommt der Vater, von oben mit Seinen Engeln und hilft den Toten wieder zum Leben! Wenn die „Toten im Geist“ dann wieder zum ewigen Leben erwachen in und bei Gott, so ist das für jeden Erwachten ein wahrhaft jüngster Tag. Darum fürchtet euch nicht mehr so albern vor einem gewissen Schreckenstag, der in dieser geistigen Welt nimmer zum Vorschein kommen wird. Heißt es denn nicht in der Schrift, soviel ich mich noch entsinne: »Und Ich, spricht der Herr, werde ihn am Jüngsten Tage erwecken!« — und nicht: »Ich werde ihn am Jüngsten Tage umbringen und verdammen!«

3 Uns Menschen hat Gott der Herr fürs Licht erschaffen und nicht für eine ewige Todes- und Qualnacht. Und so erweckt Er Selbst auch alle, die im Tod noch begraben liegen. Seid daher weise und laßt euch belehren! Der Herr hat allen Menschen durch Seine göttliche Lehre das Beste gegeben. Daß sie die Menschen aus Torheit und Habsucht

grundfalsch ausgelegt haben, dafür kann der Herr nichts. Also weg mit allen Skrupeln und folget mir zum Herrn hin! Er wird euch alle selig machen nach dem Maße der Fähigkeit eines jeden von euch."

4 Sagen die *Weiber:* „Aber lieber Freund, es steht ja ausdrücklich in der Heiligen Schrift, daß nach der Auferstehung alle im Tal Josaphat zusammengetrieben werden — von Adam an bis auf den letzten Menschen. Dort werden sie den Sohn Gottes ankommen sehen in der Mitte Seiner heiligen Apostel, aller Heiligen und Märtyrer, begleitet von zahllosen Engelscharen. Und da wird sich dann der schreckliche Richter auf den Richterstuhl setzen und richten die Toten und die Lebendigen. Siehe, das steht auch in der Heiligen Schrift! Wie erklärst du dir solche Schreckensworte?"

5 Sagt der *Offizier:* „Meine lieben Weiber! Könntet ihr glauben, daß unser Gott und Vater machen kann, daß ein Kinderröckchen, ohne größer zu werden, einem Riesen am Leibe schlottere? Ohne den Riesen so klein zu machen wie ein Kind oder das Kleid riesenhaft auszudehnen, wird es sich nicht tun! Was meint ihr?" — „Ja, ja", sagen die *Weiber* und *Männer,* „das möchte sich freilich nicht tun!"

6 „Gut", sagt der *Offizier* weiter, „wir sind nun schon Geister in der Geisterwelt. Kommt ihr euch größer oder kleiner vor, als ihr auf der Welt waret?" — Sagen *alle:* „Da finden wir keinen Unterschied, vorausgesetzt, daß wir in Gottes Namen schon wirklich gestorben sein sollen." — Sagt der *Offizier:* „Nun gut, jetzt werden wir bald das Tal Josaphat besser begreifen! — Daß wir uns alle wirklich in der Geisterwelt befinden, ist nun schon klar und bedarf keines Beweises mehr. Aber ob wir auch wirklich so groß sind, wie wir auf der Welt waren, kann ich vergleichsweise erörtern.

7 Seht, da steht der Stephansturm, der Dom, die Häuser alle noch gerade so vor uns, wie wir sie auf der Welt tausend Male gesehen haben. Und wir stehen hinsichtlich unserer Größe im selben Verhältnisse zu ihnen, wie es auf der Welt der Fall war. So bemerke ich auch bei euch die ganz natürliche Größe, wie ihr sie auf der Welt hattet. Kurz, wir sind hier der Gestalt nach eher größer als kleiner geworden. Der größte Beweis aber liegt darin, daß dort Gott der Herr Selbst, dessen Gestalt sicher kein Trug ist, ebenso groß ist, wie wir es sind. Jetzt aber gebt acht, denn nun werden wir ein wenig rechnen!

8 Ich war einmal bei einer Expedition in Asien und habe das gute

Tal Josaphat gesehen. Es liegt nicht ferne von Jerusalem. Die Täler des Gelobten Landes sind schmal, ziemlich steinig und gar nicht lang. Ein Tal von mehreren Meilen Länge und etwa von einer halben Meile Breite gehört dort zu den größten Seltenheiten. Selbst das Tal am Jordan, eines der ansehnlichsten, ist durchaus nicht breit und lang, und so auch das Tal Josaphat.

9 Wenn ich in das Tal zweitausend Mann lege, so darf die Mannschaft sich schon um einen Platz umschauen. So ich aber erst eine ganze Armee von sechsmalhunderttausend Mann hineinlegte, würden die Soldaten wie die Pökelheringe das ganze Tal so ausfüllen, daß sich wegen des Gedränges kaum jemand würde umdrehen können. Eine Million Menschen im Tal Josaphat müßte vor lauter Gedränge Blut zu schwitzen anfangen. Nun denkt euch aber hundert Millionen Menschen in dieses Tal hinein, wo würden diese Platz finden? Wir rechnen aber jetzt wenigstens fünftausend Jahre, während welchem Zeitraum auf der Erde wenigstens zwei- bis dreimalhunderttausend Millionen Menschen gelebt haben — und wie viel noch darauf leben werden, das wird unser lieber Herrgott wohl am besten wissen — und diese schreckliche Menschenmasse soll im Tälchen Josaphat am Jüngsten Gerichtstag natürlichermaßen Platz haben?

10 Leutchen, denkt nur ein bißchen nach und euch muß doch die große Ungereimtheit auffallen! Wenn so etwas möglich sein soll, müßten die Menschen in die Größe der Infusionstierchen zurückgedrängt werden, um im Tal Josaphat auf einmal Platz zu haben. Den Engeln Gottes müßte dann geraten werden, sich mit den besten Himmelsmikroskopen zu versehen, um bei dem Absonderungsgeschäfte nach dem ergangenen Urteil die Guten von den Bösen zu scheiden. Das wäre wirklich eine kurios saure Arbeit für die guten, lieben Engel Gottes! Würde aber die ganze Erde zum Tal Josaphat umgewandelt, da könnten ja nicht alle zugleich den gestrengsten Richter sehen und das schreckliche Urteil auch nicht auf einmal vernehmen. Der Herr müßte da das Urteil wenigstens alle Sekunden einmal aussprechen mit ungeheuer starker Stimme, denn die Erde macht in jeder Sekunde eine Umdrehung von ungefähr fünf deutschen Meilen. Und es gehört, wenn man die ganze Sache materiell auslegen will, ein hübsches Kanonenstimmchen dazu, um auf nur wenigstens drei Meilen vernommen zu werden.

11 Ihr seht nun ein, welche Albernheiten herauskommen müssen, wenn man das Wort Gottes ganz buchstäblich und materiell nimmt. Man muß das Wort Gottes, weil es durchgängig geistig ist, auch stets geistig nehmen, so man zur Wahrheit gelangen will, die allein das menschliche Gemüt von allen unsinnigsten Dummheiten frei macht.

12 Seht, das Tal Josaphat ist seiner besonderen Eigenart wegen häufig zu Begräbnissen von angesehenen Familien benützt worden. Und wie man bei uns sagt: »Am Friedhof kommen am Ende alle zusammen, groß und klein, reich und arm, Freund und Feind!« — das gleiche sagte man auch von dem »Tal Josaphat«. Auch bezeichnet im engeren Sinn dieses Tal wegen seiner Enge und Unwirtlichkeit das Grab selbst; und im geistigen Sinn die Geisterwelt insoweit, als wir uns bis jetzt darin befunden haben. Denn auch die Geisterwelt ist so lange ein Totengrab für den Geist des Menschen, bis diesen Gott der Herr durch Seinen heiligen, allmächtigen Liebewillen (wie nun uns) daraus erweckt hat.

13 Wir waren also bis jetzt im eigentlichen Tal Josaphat. Nun kam aber der Herr mit Seiner unbegrenzten Liebe und Erbarmung und hat uns durch Seine Gnade eine lebendige Richtung gegeben. Daher sollen wir nun auch denken, wie wir Ihm danken sollen für solche endlose Gnade. Kommt daher mit mir und gebt dem Herrn die Ehre, da Er euch nun aus dem Tal des Todes und Gerichts erlöst hat!"

239

Fragen und Anliegen aus dem Volk. Geduld des Offiziers wird erprobt

1 Tritt *ein Mensch* aus dem Landvolk, ziemlich ältlichen Aussehens und durchaus kein Genius, zum Offizier hin und sagt bäuerlich stotternd: „He, he, Sö san a gwaltig gscheiter Mann! Sö habn gsagt, daß unser lieber Herrgott da wär! He, he, sagen's mir, der welche war's denn? Bitt' um Verzeihung, Euer Gnoden!" — Der *Offizier* unterdrückt das Lachen ob der komischen Frageweise dieses Landmannes und sagt darauf: „Mein lieber Freund, da seht hin! Derselbe, der nun dort unter der Ecke des Hauses Sich mit einem gewissen Robert Blum

und gleich daneben auch mit dem seligen Kaiser Joseph bespricht, und der sehr schöne, blonde Haare hat wie sonst kein anderer um Ihn herum! Nun, wie gefällt Er euch denn?"

2 Sagt der *Landmann:* „He, he, was sogen Sö? Das wär' unser liabr Herrgott? Du mein Gott, du mein Gott! Hätt' mir Ihn a ganz anderst vorgstellt! Nit größer als unsereins und denno so allmächti dabei! Wahrhaftig, das is rar! So a klaner Herrgott, und doch so allmächti! Wer sähet' Ihm das an?! Aber nix für ungut, Euer Gnoden, i red halt, wie i's verstehen tu!"

3 Sagt der *Offizier:* „Ja, mein lieber Freund, so ist es! Man sieht es Ihm freilich nicht an, aber Er ist es dennoch. — Aber nun begebt euch mit mir samt den andern zu Ihm hin! Ich werde Ihm euch alle vorführen, und Er Selbst wird euch am besten belehren und euch eurer Bestimmung am schnellsten zuführen. Laßt Ihn aber nicht lange warten, weil Ihm sonst die Geduld ausgehen könnte, und das wäre dann wahrlich kein Spaß mehr für uns. Versteht das wohl, meine lieben Freunde!"

4 Treten *ein paar andere* hinzu und sagen: „Wir haben zu Hause, wie wir da den Lärm gehört haben, alles in Unordnung verlassen; die Unsrigen wissen nicht, wo wir hingekommen sind. Wenn wir nur noch einen Sprung nach Hause machen könnten, um den Unsrigen etwas davon zu sagen, sonst werden sie in großen Sorgen sein um uns!"

5 Sagt der *Offizier:* „Ihr Toren! So ihr zu Gott dem Herrn kommen könnt, was kann euch wohl noch mächtiger am Herzen liegen? Euer ganzes Haus ist hier ja sowieso nichts anderes als eine eingebildete Chimäre. Die Wahrheit und Wirklichkeit fängt erst hier an, alles Bisherige war nichts als ein eitel nichtiger Traum! Wollt ihr also den Traum pflegen und dafür die heilige Wirklichkeit aufs Spiel setzen? Wenn Gott der Herr uns ruft, müssen wir augenblicklich alles verlassen können und Ihm folgen, sonst sind wir Seiner nicht wert.

6 Hier ruft Gott, der Herr alles Lebens, Selbst und will uns Unaussprechliches für ewig geben! Was könnt ihr wohl verlassen Gott zuliebe, das Er euch nicht tausendfältig wieder zu ersetzen imstande wäre! Versteht doch die Ordnung Gottes und erkennt, was falsch und was wahr ist! Faßt Liebe zu Gott in euer Herz und kommt mir mit keiner Torheit mehr, sondern folgt mir zu Gott dem Herrn hin, sonst lasse ich euch stehen und sitzen in eurem Tale Josaphat!"

7 Sagt noch *eine alte Dame,* die ein Gebetbuch und einen Rosenkranz in der Hand hält: „Aber Sie, gnädiger Herr Offizier! Glauben Sie nicht, daß man unterwegs zu der allerseligsten Jungfrau Maria beten soll oder zum wenigsten einen halben Rosenkranz vom bitteren Leiden?"

8 Sagt der *Offizier:* „O Gott, verleih mir Geduld! Jetzt kommt die alte Betschwester auch noch mit ihren Anständen!" — (Zu der Alten:) „Möchten's nicht auch noch beichten und kommunizieren zuvor? Wenn der wirkliche Herr und Gott da vor uns steht, werden wir doch hoffentlich keinen gebackenen mehr brauchen! Schau, du alte Schlafhaube, mir kommt dein Antrag schon sehr dumm und fade vor. Wie dumm muß er erst vor unserem lieben und weisesten Herrn und Gott erscheinen?

9 Werft von euch alle die Geist und Seele tötenden Pfaffen-Instrumente und geht mit uns zu Dem hin, der allein das Leben ist! Der wird es euch sagen, was ihr fürderhin tun sollt. Der Herr hat mit den Torheiten der blinden Menschen wohl alle Geduld und Nachsicht, aber von Freude und Wohlgefallen kann da doch ewig keine Rede sein. Dulden heißt Leiden aus Liebe, so der göttlichen Weisheit die zweckwidrigsten Sachen vorgemacht werden; und daran kann Gott ewig kein Wohlgefallen haben! Nun sage ich euch zum letzten Mal, wenn mir jemand noch mit einer Dummheit kommt hier in diesem heiligsten und wichtigsten Moment für die Ewigkeit, der wird von dieser Gesellschaft ausgewiesen und kann nach seiner Phantasiebehausung zurückkehren und sich für die ganze Ewigkeit Phantasie-Erdäpfel braten!"

10 Sagt *die Alte:* „No, no, bitt' um Verzeihung, Herr Offizier! Ich hab ja nicht gewußt, daß das Beten gar so etwas Gefehltes wär'. Ich weiß wohl auch, daß das Beten gerade nichts Angenehmes ist. Aber eben deswegen hab' ich gemeint, weil's Beten was Unangenehmes ist, daß man sich selbst verleugnen, das Kreuz des Betens auf sich nehmen und Christo dem Herrn nachfolgen soll. Und wenn wir am Wegerl dahin auch noch so ein Kreuzerl getragen hätten, hab' ich halt gemeint, hätten wir dann auch noch so ein kleines Verdienst dazu. Aber ich sehe jetzt schon, daß der Herr Offizier die heiligen Sachen besser verstehen. So tun wir denn das, was der Herr Offizier wollen!"

11 Sagt der *Offizier:* „Bleibt mir mit dem ‚Herr' weg! Nur Gott allein ist der Herr, wir alle aber sind Brüder und Schwestern. —

O Herr, wie entsetzlich dumm sind doch Deine Menschen geworden! Das Gebet, die über alles entzückende Erhebung des Herzens zu Dir, heiliger Vater, halten sie für eine Art Bußkasteiung, für ein drückendes Kreuz! Ah, das ist denn doch etwas zu stark! — Aber leider, ihre höchst geist- und sinnlose Art zu beten, wodurch der Geist nur getötet wird, ist auch im Grunde nichts anderes. Die Leute urteilen wenigstens über ihr Beten ganz richtig, und so muß man mit ihnen Geduld haben. Aber ein bißchen aufrütteln muß man sie doch, sonst würden sie schimmelig vor Dummheit. Herr, habe Geduld mit der Dummheit der Armen! Schlecht sind sie gerade nicht, aber dumm wie die Nacht! Das soll aber nichts machen, denn sie lassen sich ja belehren. Nur muß man oft wider Willen einen etwas festeren Rüttler über sie kommen lassen, dann lassen sie ihre Dummheit eher fahren. — Vielleicht kommen noch so ein paar alte Weiber her?"

12 Kaum hat der Offizier diese Worte so mehr vor sich hin ausgesprochen, so kommt schon wieder *eine andere Alte* mit einem silbernen Reliquienkreuze zu ihm und sagt: „Verzeihen Sie eine Frage! Das Kreuz da, vom Papst selbst dreimal geweiht, hat mir ein hochwürdiger Pater Kapuziner dafür verehrt, daß ich eine Schuld fürs Kloster bezahlt habe. In diesem Kreuz sind Reliquien von Christo, dem Herrn, drinnen. Was meinen Sie, könnte ich dieses teure Kleinod nicht Christo dem Herrn nun als eine Art Präsent vermachen?" — Der *Offizier* springt hier förmlich auf vor Ärger und sagt: „Nur so zu in der Dicke! O Gott, o Gott! sind diese Menschen doch unbegreiflich dumm, wie man sich nichts Dümmeres vorstellen kann!" — (Zum Weib:) „Macht nur immerhin Euer Präsentl! In Gottes Namen!"

240

Noch einige Lebensgeschichten. Weitere Geduldsproben für den Offizier

1 Es kommt sogleich ein *drittes Weibsbild* zum Offizier hin und sagt: „Sie, Herr Offizier!" — Der *Offizier:* „Was gibt es noch in Gottes Namen?"

2 Spricht das *Weibsbild:* „Sehen Sie, ich bin gestorben auf der Welt in meinem siebenundzwanzigsten Lebensjahr, und zwar im Kindbett.

Aber ich war nicht verheiratet, sondern war nur Köchin und Stubenmädl bei einem alten Witwer. Und bei der Nacht hab' ich dann dem Witwer auch müssen ein Weib abgeben. Ich hab aber auch einen andern jungen Liebhaber gehabt und hab' ihm das getan, was er gerne gehabt hätt'. Da bin ich hernach schwanger worden, und hab' dann die Schuld auf den Alten geschoben, damit er mich heiraten soll. Der alte Schippel hat's auch geglaubt, aber da hat der liebe Herrgott einen gewaltigen Strich durch die Rechnung gemacht. Ich bin im Kindbett gestorben, und der Alte hat sich nachher gewiß eine andere genommen.

3 Wie ich aber in diese Welt gekommen bin, da hat mir gleich eine andere gesagt: »Du, nimm dich zusammen! Denn du bist gestorben auf der Welt, auf der du bis jetzt in jeder Hinsicht schlecht genug gelebt hast. Fasse, daß du nun für alle Ewigkeit eine arme Seele bist, voll Sünden groß und klein! Was wirst du nun tun?« — Nach dieser schrecklichen Frag' bin ich ohnmächtig geworden, aber nach einer Weil ist mir die Besinnung wiedergekommen. Die Person, die mir eine solche Nachricht gegeben hat, war verschwunden, und ich hab' mich wieder auf der Erd', und zwar in Wien wie jetzt befunden. Nur das kam mir spaßig vor, daß ich mein Quartier und meinen Dienstgeber noch bis zur Stund nicht hab ausfindig machen können. Ich war bis jetzt so halb hin, halb her. Ich weiß, daß ich in der Geisterwelt bin, und doch weiß ich es wieder nicht! Denn manches befremdet mich immer, manches ist dagegen wieder ganz natürlich. Jetzt aber, mein bester Herr Offizier, kommt erst das Wahre!"

4 Sagt der *Offizier:* „Was?! Noch nicht gar? Nun, so rede nur zu!" — Spricht *sie:* „Sehen Sie, ich bin eine große Sünderin worden, und da hab' ich halt die Höll' verdient und den Himmel verscherzt! Denn ich hab' das Handwerk der schlechten Lieb' schon in meinem dreizehnten Jahr ganz heimlich ang'fangen mit einem Soldaten von der Artillerie. Wie ich g'storben bin, ist die Geschicht' aber so g'schwind gegangen, daß ich nicht einmal mit den Sterbesakramenten hab' können versehen werden. Hier in dieser Welt bin ich nun schon in allen Kirchen herumgerennt und hab' beichten und kommunizieren wollen; aber da ist nirgends ein Geistlicher anzutreffen gewesen. Und so bin ich halt noch voller Sünden da und trau' mir nicht zu unserem lieben Herrgott hin. Ich hab' wohl schon oft die lebendigste Reu' und Leid erweckt, aber was hilft das, wenn man nicht gebeichtet und kommuniziert hat und

auch keine letzte Ölung hat kriegen können? O du mein Gott! Was wird jetzt aus mir werden?!

[5] Das tut mich halt am meisten drucken, daß ich meinen guten Liebhaber hinterlistig hab' aufsitzen lassen wegen dem alten Schippel! Schaun's, Herr Offizier, ein arm's Madl ist und bleibt halt a dumm's Vieh bis an ihr letztes End'! O ich arme Seel', wer wird mir jetzt helfen? Wann nur unser lieber Herrgott solchen alten, gewissenlosen Saukerl'n schon auf der Erd' a rechte Straf schickte, weil sie sich gar kein Gewissen daraus machen, ein armes Mädel mit ihrem verfluchten Geld unglücklich zu machen.

[6] Hätt' dieser alte Saumagen mich denn nicht so heiraten können, ohne daß er zuvor eine Todsünd' als Bedingung hat setzen müssen? Wie ich nachher schwanger war, da hat er vom Heiraten kein Wort mehr gered't. Wenn ich ihn daran gemahnt hab', da hat er sich immer mit allerlei entschuldigt — wegen der Welt, wegen seiner Stellung, wegen seinen Verwandten, und dann hätt' er einen Prozeß, den er noch eher gewinnen müßt. Aber ich bin dann eher gestorben, als bis die erlog'ne Tagsatzung gekommen ist.

[7] Ich sag' Ihnen, Herr Offizier, mich hat eigentlich mehr die Gall' über diesen alten Lumpen umgebracht als das Kindbett! Und glauben Sie, daß ihm etwa leid war um mich? Er hat eine große Freud d'ran g'habt, daß er meiner auf so eine unschuldige Art los worden ist! — Na, ich bin noch so giftig auf diesen Saukerl, daß ich ihn zerreißen könnt', wenn ich ihn nur erwischen könnt'. Wann ich mit ihm in die Höll fahren könnt', ich machte mir aus der ganzen Höll' nichts draus!"

Sagt der *Offizier*, schon halbsteif vor Ungeduld und zugleich auch vor Ärger über den Alten, der dieses Mädel so mißbraucht hatte: „Ich bitte dich um Gott, des Herrn, willen, hört einmal auf! Daß es dir unrecht ergangen ist, ist ganz klar; aber ganz unschuldig bist du denn bei dieser Geschichte doch auch nicht. Für deinen schlechten Teil bist du bereits durch die Zulassung Gottes gezüchtigt worden, und ihm, dem Alten, wird der Herr auch nicht ein Haar schuldig bleiben. Daher vergib ihm von ganzem Herzen und komme nun mit mir zu Gott dem Herrn hin, Er wird schon alles wieder gut machen! Aber Zorn darfst du nicht haben im Herzen, sondern Liebe sogar zu den größten Feinden! Dann wirst auch du volle Liebe bei Gott finden."

[9] Sagt das *Mädchen:* „Ja, ja, Herr Offizier, Sie sind wohl ein guter

und gescheiter Herr! Es ist halt doch gut, daß ich mich vor Ihnen so recht ausgered't hab', denn jetzt ist mir viel leichter um's Herz, und ich hab' auf den dummen Alten auch gar keinen Zorn mehr. Unser lieber Herrgott wird schon wissen, was Er mit ihm tun wird. Ich bedank' mich gehorsamst für die schöne Lehr', die Sie mir gegeben hab'n!" — Sagt der *Offizier:* „Schon gut, schon gut! Sehen wir jetzt nur, daß wir zum Herrn kommen! So ihr alle bereit seid, da gehen wir; denn ich stehe schon auf Nadeln vor Ungeduld!"

10 Es kommt aber noch eine *vierte Alte* hin zum Offizier und sagt: „Monsieur! Je vous prie!" — Sagt der *Offizier:* „Nur deutsch und kein Wort französisch mehr! Wir sind in Wien und nicht in Paris!"

11 Sagt die *Alte:* „Ja, Herr Offizier, es ist nur so meine Gewohnheit! Ich kann sowieso weiter kein Wort französisch mehr. Sehen Sie, Herr Offizier, wie ich noch auf der Welt war, habe ich ein Hündchen gehabt, und das habe ich förmlich geliebt und habe es im Winter sogar bei mir im Bett schlafen lassen. Ich hätte es mir nie einfallen lassen, daß so etwas eine Sünde sein solle. Aber da ist einmal ein Pater zu mir gekommen und hat das Hunderl im Bett liegend gefunden. Na, da war's aus! Ich habe müssen das Hunderl gleich wegtun, beichten und kommunizieren und zehn schwere Messen zahlen. Ich habe das alles getan und habe meine Sünd bereut, aber manchmal ist's mir denn doch um's Hunderl leid gewesen. Und da meine ich, daß dieses Leidsein eine Sünde wäre. Sagen's mir, was ich tun soll, um ein ruhiges Gewissen zu bekommen?"

12 Der *Offizier* springt hier vor Ungeduld auf und sagt: „O Herr, Du hast wahrlich kuriose Kostgänger! Nein, das ist für einen ehrlichen Menschen auf einmal zu viel! Eine Hundskomödie ist schon da, am Ende kommt auch noch eine Katzenmusik zum Vorschein! Ich gehe! Macht ihr alten Weiber, was ihr wollt! — O du verzweifelte Hexengeschichte! Jetzt macht die sich ein Gewissen daraus, daß es ihr um ein Hündchen leid war, trotzdem sie gebeichtet, kommuniziert und sicher eine gute halbe Million Rosenkränze heruntergeschnattert hat! — (Zum Weibe:) „Geht zum Plunder mit Eurem Hunderlgewissen und werdet gescheiter, sonst muß man einen Ekel vor Euch bekommen! — Jetzt gehen wir, sonst kommen wir richtig noch auf eine Katzengeschichte, denn da hinterher lugt schon wieder eine Alte auf mich. Wer mir folgen will, der folge, denn von nun an harre ich keine Sekunde mehr!"

13 Der Offizier schickt sich zum Gehen an, aber eine fünfte Alte vertritt ihm den Weg und bittet, nur sie noch gütigst anhören zu wollen; sie habe ihm etwas ganz Wichtiges anzuvertrauen.

241

Eine denkwürdige Lebensgeschichte, die auch den Offizier interessiert

1 Der Offizier bleibt stehen und fragt sie hastig und geflissentlich ungeduldig, was sie denn für ein sicher ebenso nichtiges Anliegen habe wie die früheren vier.

2 Sagt *die Alte:* „Mein bester Herr Offizier! Das Leben auf der Welt war für mich stets eine Sache des größten Ernstes. Ich habe in meinem Hauswesen alles so eingerichtet, daß da alle, die sich nur immer in meinem Haus dienstlich befanden, das Leben also in der besten Ordnung nehmen mußten. Die Dienstleute murrten zwar anfangs, aber wenn sie sich einmal hineingelebt hatten, konnten sie es nirgends so leicht aushalten wie eben bei mir.

3 Viele Leute hielten mich zwar für eine Pedantin, wo nicht gar für eine Halbnärrin, aber das machte auf mich gar keinen Eindruck. Denn ich habe in meiner Jugend einen sehr weisen *Lehrer* gehabt, der sogar die Fähigkeit hatte, sich zu gewissen Zeiten in Verkehr mit guten Geistern zu setzen. Obwohl ich mich anfangs vor solch unheimlichen Gästen meines Lehrers sehr gescheut habe, wußte er mir nach und nach dennoch rechte Begeisterung für die Bewohner der reinen Lichtsphären einzuflößen. Er schilderte mir ihre Schönheit, Anmut und Grazie derart anziehend, daß ich bald alle Furcht vor den Geistern verlor und in mir eine große Sehnsucht rege wurde, mit den Bewohnern der Lichtsphären Gottes selbst verkehren zu können.

4 Mein Lehrer, ein Mann in den vierziger Jahren, ward mir aber auch derart zu einem Bedürfnis geworden, daß ich mir das Leben ohne ihn rein unmöglich vorzustellen begann, obschon ich damals erst vierzehn Jahre zählte. Für die Welt taugte ich zwar durchaus nicht, was mir meine Eltern von Tag zu Tag mehr klarzustellen begannen. Aber das war mir gleichgültig, denn ich fand ja in jedem Wort aus dem schö-

nen Mund meines heißgeliebten Lehrers tausendfachen Ersatz für jeden eitlen Verlust der Welt.

5 Wie aber auf der bösen Welt alles Erhabene, Wahre und Edle angefeindet und womöglich getötet wird, so erging es bald mir und meinem beinahe heiligen Lehrer. Meine sonst guten Eltern fingen an, einen bedeutenden Verdacht zu schöpfen, als würde sich zwischen mir und meinem Lehrer eine feste Liebe zu entfalten beginnen. Sie beriefen heimlich den guten Lehrer auf ihr Zimmer und hielten ihm die Sache ernstlich vor, was ich in einem Nebenzimmer ängstlich lauschend genau vernahm.

6 Der Vater, ein ziemlich barscher Mann, sagte: »Mein Freund! Sie sind zwar ein selten geschickter Mann, wohlunterrichtet in allen Künsten und Wissenschaften. Aber eines scheint Ihnen zu mangeln: die Kenntnis der Welt und dessen, was sie von Menschen eines gewissen Standes zu fordern berechtigt ist. Sie machen aus unserem schönen und guten Kind zwar eine förmliche Gelehrte, leider aber in einer Art, wie sie für die hohe Welt, der wir angehören, am wenigsten taugt. Das Mädchen schwärmt nun in Gott weiß was für Regionen herum und stellt uns tausend Dinge vor, die sie des unsterblichen Menschen für unwürdig findet. Ja, sie lacht uns manchmal sogar aus, so wir von den anerkannten Vorzügen des Adels sprechen. Mein Freund, so Sie unserem Kind solche Ideen beibringen, können wir Sie in keinem Fall mehr brauchen.

7 Zudem sind wir noch hinter ein anderes Geheimnis gekommen, was uns anfangs zwar unmöglich schien, da Sie ein Mann von etlichen vierzig Jahren sind und unsere Tochter erst ein Mädchen von vierzehneinviertel Jahren, schön und reizend wie ein Engel. Aber anhaltende Beobachtungen haben das Rätsel in völlig klares Licht gestellt, und zwar, daß das arme, von Ihnen betörte Mädchen in Sie mehr verliebt ist als Sie in das Mädchen. Sie verstehen aus alter Erfahrung, Ihre Liebe zu maskieren, aber das entschuldigt Sie vor uns nicht. Denn Sie müssen dem Kind ganz das Köpfchen verrückt haben, daß es nur nach Ihnen seufzt und ohne Sie ihm die Welt zu einer Null wird.

8 Sie werden einsehen, daß wir unter solchen Umständen das Mädchen nicht mehr unter Ihrer Leitung belassen können, sondern es anderen Händen anvertrauen müssen. Verlassen Sie daher heute noch unser Haus und empfangen Sie hier die Vergütung für Ihre nicht nach unse-

rem Sinne angewandte Mühe an unserem Kind. Hüten Sie sich aber, unserem Kind sich weiter zu nahen, denn eine solche Keckheit könnte Ihnen teuer zu stehen kommen! Hier ist Ihr Geld, und somit Gott befohlen!«

9 So ward mein Engel im elterlichen Hause abgefertigt. Der göttliche Mann, von dem ein Hauch seines Mundes mehr wog in der Schale der Wahrheit als tausend Weltgecken, die bei meinen hochadeligen Eltern wie die Schmarotzerfliegen aus und ein liefen, wurde also aus dem Hause gejagt. Ich Arme bekam dann Lehrer und Meister, vor denen mir stets mehr ekelte und graute, je mehr ich sie kennenlernte!"

10 Spricht der *Offizier:* „Sagen Sie mir, liebe Frau, hat denn Ihr Lehrer die Geschichte so mir und dir nichts hingenommen? Erzählen Sie mir das, denn Ihre Sache fängt an, mich zu interessieren."

11 Sagt die *Frau:* „Schätzenswerter Freund, was hätte der Edelste wohl darauf sagen sollen? Er wußte ja nur zu gut, wie viel mit Aristokraten in solchen Dingen zu reden ist. Das einzige, was ich mit gebrochenem Herzen vernehmen konnte, war, daß er sich für alles Gute, das er in diesem Haus genossen habe, weinend bedankte und am Ende hinzufügte: »Gnädigste Eltern des edelsten Kindes! Ich habe Ihr Haus, Gott weiß es, nie gesucht. Sie haben mich vielmehr durch allerlei glänzende Versprechungen zu gewinnen gesucht. Als ich dann in Ihr Haus kam, legte ich Ihnen als ein ehrlicher Mann meine Erziehungsgrundsätze klar vor Augen. Sie waren damit voll zufrieden und sagten dann, mich an Ihr Herz drückend: ‚Freund, wir sind reich und haben Güter; Sie sind bei uns für Ihr ganzes Leben versorgt!'

12 Ich lebte nun drei Jahre in Ihrem Haus und habe als Mensch und Lehrer nach meinem durch nichts befleckten Gewissen derart gehandelt, daß ich von meinen Grundsätzen nicht ein Haarbreit etwas wegnahm noch hinzufügte. Und nun werde ich unter einer höchst ungerechten Anschuldigung aus diesem Haus hinausversorgt! Allein das macht mir nichts, ich freue mich deshalb sogar. Denn das gibt mir einen neuen Beweis, daß mich Christus, der Herr, in dem ich lebe und sterbe, für einen Seiner Jünger als würdig befunden hat. Er, der Herr der Unendlichkeit, hat ja Selbst schwärzesten Undank von den Menschen geerntet. Und Er vergab ihnen, weil Er wohl sah, daß sie nicht wußten, was sie taten. Warum soll ich sündiger Mensch Ihre Handlung übelnehmen, die mir auf der Welt zwar zum Nachteil gereicht. Aber ich,

der ich nie solchen Vorteilen nachgejagt habe, verschmerze das leicht, was ich ohnehin nie gesucht habe.

13 Daß Sie mir Ihr Haus verbieten, schmerzt mich wohl am meisten; denn ich habe mir an Ihrer Tochter eine wahre Freundin des inneren Lebens in Christo, dem Herrn, erzogen, was in der gegenwärtigen Welt schwer noch zu bewerkstelligen ist. Aber auch das macht nichts. Denn wer immer um des Herrn willen etwas verliert, wird es zu seiner Zeit tausendfach wiedernehmen können.

14 Dieses Geld behalten Sie und tun damit, was Sie wollen! Was ich durch Gottes Gnade Ihrer Tochter gab, ist mehr wert als eine ganze Welt voll Goldes. Und so sie auch alle Schätze dieser Welt verlöre, die ohnehin eine eitle Chimäre sind, so wird sie mit dem Schatz des Geistes, den sie von mir empfing, glücklicher sein als ein Krösus, der sich goldene Paläste baut. O Menschen, wie blind und schwach seid ihr doch! Darum sehnt ihr euch nach den Irrlichtern der Nacht, die blenden und nicht wärmen. Leben Sie wohl! Vielleicht sehen wir uns in der andern Welt wieder.«

15 Der Vater, etwas ungehalten über diese rein himmlischen Worte meines göttlichen Lehrers, nahm das Geld und wollte es mit Gewalt dem guten Lehrer aufdringen. Dieser aber wies es entschieden zurück und ging zur Tür hinaus, das Haus für immer verlassend. So war die Endgeschichte mit meinem Lehrer, den ich dann leider nie wieder zu Gesichte bekam.

16 Wie schon früher bemerkt, waren meine nachherigen Lehrer wirklich so dumm, aufgebläht und dabei höchst uninteressiert, daß es wahrlich eine Schande war. Sie bewegten sich so gefühllos wie eine Maschine, und ich war ihnen bloß ein Mittel, durch das sie recht viel Geld erwarben. Ich lernte bei ihnen auch darnach, zur leidigen Galle meiner blinden Eltern. Aber dafür strebte ich, je älter ich wurde, desto inniger danach, alle Grundsätze in mir zu verwirklichen, die mir mein erster Lehrer und Meister auf eine wahrhaft himmlische Weise beigebracht hatte.

17 In späterer Zeit habe ich erfahren, daß mein göttlicher Lehrer als Offizier zum Generalkommando und von da als Hauptmann zur Armee gekommen ist. Ob er noch lebe, konnte ich nicht mehr erfahren. Ich selbst hatte leider schon mit meinem achtzehnten Jahr heiraten müssen und wurde bereits mit fünfundzwanzig Jahren Witwe. Oh, hätte

ich da meinen Lehrer finden können, wie glücklich wäre ich dann geworden! Aber Gott der Herr ließ es nicht zu. — Ich blieb hernach unverheiratet mit einer Tochter, die so ziemlich in allem mein Ebenbild war. Vor ein paar Jahren habe ich diese ewige Welt betreten und erkundigte mich hier überall nach meinem Lehrer, ob er möglicherweise auch schon da wäre. Leider aber konnte ich bisher noch keine Silbe von ihm erfahren. — Er hieß Peter; irgendeinen anderen Namen konnte ich nie von ihm erfahren; auch meine Eltern nicht — die einzige Sonderbarkeit, die dieser Lehrer besaß. Hier in der Geisterwelt möchte ich doch von ihm etwas erfahren. Sie sind ein so weiser Mann, vielleicht könnten Sie mir von ihm eine Auskunft geben? Oh, käme ich nur mit diesem edelsten Geiste noch einmal zusammen!“

18 Der *Offizier* wendet sich nun ein wenig ab und sagt zu sich selbst: „Wäre es denn möglich? Dieses armselige Weibsbild soll jene einst auf der Welt so herrliche Mathilde sein? Die beinahe himmlische Tochter eines bornierten Erzaristokraten, hier in einem so miserablen Zustand! — O Gott, du bester Vater, was hat denn dieser Engel verbrochen, daß er hier gar so armselig ankommen mußte? Die Stimme und das Benehmen sind noch erkenntlich, aber die Gestalt! O du arme Mathilde, der Herr möge dir gnädig und barmherzig sein! Wahrscheinlich wird ihre für sie sicher ungünstige Ehe sie dahin gebracht haben. Ärger, Unmut über aristokratische Dummheiten, eine unsanfte Behandlung, Untreue und Roheit ihres Gemahls mögen zu solcher Abmagerung ihrer sonst so schönen Seele wohl beigetragen haben. Nun, bei Gott sind alle Dinge möglich! Sie gehört ja nun auch zu den vom Herrn Berufenen, Er wird sie schon wieder zurechtbringen!

19 So aber hier ‚himmlische Ehen‘ statthaben, werde ich sie vom Herrn zum Weib erbitten, sollte sich auch ihre Gestalt um gar nichts ändern. Denn ihr Geist ist noch ganz so voll hoher Ideen wie zu den Zeiten, als sie meine Schülerin war. Ah, das war eine herrliche Zeit! Damals verkehrte ich mit den Geistern aus den Himmeln, ja mit Engeln führte ich Zwiesprache. Damals war auch sie ein Engel. Oh, was war das für ein herrliches Strahlen und Widerstrahlen des Lichts aus den Himmeln! O heilige Augenblicke des Erdenwallens! Die Himmel Gottes müssen zwar von unnennbarer Schönheit sein. Aber auch die Erde ist schön für den, der in seinem Herzen Gott erkennt und Ihn aus allen seinen Kräften wahrhaft liebt. — O Mathilde, was warst du auf der

Erde! Eine Sonne unter den holden Wesen deines Geschlechtes. Und was bist du nun? Ein erbärmlicher Schatten einer dürren Distelstaude, vom Halblicht des letzten Mondviertels beschienen! O Herr! Wesen, die nach einem Jahrhundert dem Grabe entsteigen, könnten doch unmöglich elender aussehen."

[20] Nach diesen Worten kehrt der *Offizier* sich wieder zur Mathilde und sagt laut: „Ich habe über dein Anliegen nachgedacht und bin dem gewissen Manne im Ernst auf die Spur gekommen. Wir werden ihn sicher finden. Nur mußt du dir eine rechte Geduld aneignen und alles, was immer nach einer Leidenschaft riecht, aus dir verbannen. Alle Liebe aber mußt du dem Herrn zuwenden und den Peter Peter sein lassen. Dann wird der Herr dafür sorgen, daß du glücklich wirst, denn bei Gott sind alle Dinge möglich! — Du hast einst Gott gefürchtet, und das war gut; denn Gottesfurcht ist die erste Stufe zur Weisheit. Nun aber mußt du Gott lieben über alles — und das wird dir höchste Seligkeit geben und eine himmlische Schönheit für ewig!"

242

Fortsetzung der Lebensgeschichte Mathildes
Enthüllungen traurigster Art

[1] Spricht *Mathilde* wie zu sich: „Das sind ja ganz die Worte meines himmlischen Lehrers! »Bei Gott sind alle Dinge möglich!«, das war sein Wahlspruch. Dann der herrliche Satz: »Gott über alles lieben, ist der Weisheit Vollendung und somit die höchste Seligkeit!« ist wiederum ganz der meines Lehrers! Er sieht ihm auch so ziemlich ähnlich, nur etwas zu jung kommt er mir vor. So mag er ausgesehen haben, als er etliche zwanzig Jahre alt war. Ich möchte alles darauf setzen, daß er es ist. Aber nur stille, mein armes Herz, du darfst ihn das nicht merken lassen! Befolge aber seine göttliche Lehre, und du wirst dann sicher die goldene Frucht ernten! Ach Gott, das kann nur er sein! Nur in seinem reinsten Herzen können solche Lehren emporkeimen und schnell heranreifen zur gesegneten Tat!"

[2] Der *Offizier* sagt bei sich, da auch er diese Worte in sich vernimmt: „Oh, welch ein herrlicher Geist in dieser gar so entsetzlichen Seele! Wenn

ich nur erfahren könnte, wo es denn bei der stecken muß! Wie kann ein solch herrlicher Geist seine Seele denn gar so vernachlässigt haben? Man sollte doch der Meinung sein, daß ein reines Herz voll Liebe, Wahrheit, Duldsamkeit und Demut schon die vollste Vollendung der Seele zur Folge haben müßte. Aber wie der Augenschein zeigt, ist es hier durchaus nicht der Fall. Sonderbar! Es muß mit ihr in der späteren Zeit etwas vorgefallen sein, sonst könnte ich mir die Sache unmöglich erklären. Wenn ich so zurückdenke, wie dies Wesen in ihrem Fleisch als Mädchen doch gar so strotzend üppig war! Und hier nun, o Gott, ist sie ein Bild des größten Elends und der größten Not! Dürftige Lumpen bedecken ihre Skelettform, kaum hinreichend, ihre Scham zu verbergen. Mein Gott, sei doch diesem armen Wesen gnädig und barmherzig!"

3 Nach diesen Worten wendet sich der *Offizier* wieder freundlich zu Mathilde und sagt: „Höre du, meine liebe Freundin! Möchtest du mir nicht im Vertrauen sagen, wie es denn wohl kommen konnte, daß du mit deiner Seele gar so auf den Hund gekommen bist? Ich erinnere mich, dich in der Blüte deiner irdischen Jahre hier in Wien irgendwo gesehen zu haben. Da warst du ja ein Muster weiblicher Fülle und Üppigkeit; und nun! So es dich nicht etwa beschämt, dann gib mir den Grund an, warum du gar so herabgekommen bist in deiner Seele bei einem so herrlichen Geiste!"

4 Sagt *Mathilde:* „Edler Freund, der du mit mir viel Mitleid zu haben scheinst! Ich habe wohl keinen Grund mehr, mich irgendwie beschönigen zu wollen hier in der Geisterwelt, wo einem von den Dächern verkündet wird, wie man auf der Erde im Fleische gelebt hat. Es ist wahr, daß mein Geist einer von denjenigen war und ist, die wahrlich der schlechtesten Gattung nicht angehören. Aber diesem Geist wurde leider eine zu üppige Fleischmasse gegeben, die je ausgebildeter desto sinnlich begehrender ward. — Mein Stand erlaubte es nicht, mein Fleisch auf jene natürliche Weise zu befriedigen, auf welche feile Dirnen dem Begehren zu Hilfe kommen. Ich war teils durch verderblichen Umgang mit Mädchen meines Standes, teils durch meine sehr sinnlich gewordene Natur auf Mittel gekommen, mich künstlich zu befriedigen. Das schadete mir aber derart, daß ich in kurzer Zeit darauf die sogenannte Bleichsucht bekam. Ein Arzt um den andern ward geholt und gefragt. Da regnete es Rezepte und Medizinen, durch die meine Natur noch aufgeregter ward als sonst, so daß ich mich desto anhalten-

der der künstlichen Selbstbefriedigung bedienen mußte, um nicht zu verzweifeln.

5 Zweimal war ich daran, mir das Leben zu nehmen! Schon in meinem siebzehnten Jahre hatte mein Fleisch einen solchen Grad der Sinnlichkeit erreicht, daß ich mit einer unbeschreiblichen Wollust mir selbst hätte mögen ein Stück Fleisch um das andere vom Leib schneiden. Wenn ich nicht nach dem Rat eines vernünftigen Arztes noch im selben Jahre geheiratet hätte, wäre ich im nächsten Jahre sicher als eine verstümmelte Leiche aufgefunden worden.

6 Es ist merkwürdig! Mein Geist blieb dabei stets hell und voll der besten Vorsätze, aber sie waren leider zu ohnmächtig, um den Stürmen des Fleisches Widerstand zu leisten. Ich weinte oft wie ein Kind über meine Unnatur, aber das half alles nichts; es mußte ein Mann mir werden, sonst gab es keine Ruh in meinem Fleisch. Zum Glück bekam ich einen sehr sinnlichen Mann. Der heilte zwar mein Fleisch mit dem, daß er mich schon im ersten Jahre schwängerte und aus meinem entarteten Leibe die letzte noch übriggebliebene Frucht holte — und sich in kurzer Zeit darauf den Tod.

7 Ich ward darauf zwar nüchterner und bekam auch wieder ein recht gutes Aussehen. Aber in meiner Seele gewahrte ich dennoch fortan ein unbehagliches Siechen, das sich durch eine gewisse Unlust zu allem Schönen, Guten und Wahren fühlbar aussprach. Ich besuchte Gesellschaften, Theater, Konzerte, reiste im Sommer von einem Bad zum anderen, versammelte im Winter um mich einen Kreis der geistreichsten Damen und Männer. Aber alles war umsonst, meiner Seele Zehrfieber war nimmer zu verscheuchen.

8 Nur der Gedanke an meinen einstigen Lehrer vermochte meine Seele in bessere Stimmung zu bringen, aber leider nur auf Augenblicke. Mein Geist war wohl der gleiche, voll des besten Willens; aber das Fleisch der Seele war entsetzlich schwach geworden. Und ich konnte mich trotz besten Willens nicht mehr erholen, weder auf der Erde und noch weniger hier in der Geisterwelt.

9 Nun wissen Sie alles und werden leicht den Grund einsehen, warum ich zu dieser elenden Gestalt gekommen bin. Wäre mein Lehrer nie von meiner Seite gekommen, stünde es um mich sicher anders. Aber Gott dem Herrn gefiel es wahrscheinlich nicht, einen Engel in einem Hause des Hochmuts zugrunde gehen zu lassen; daher nahm Er dem

Hause den Schutzengel. Und das Haus verfiel darauf in allerlei Laster der Großen und ich, dessen einzige Tochter, mit. — Ich bin zwar nun hier, so elend als möglich. Wo aber meine Eltern sich befinden und wie es ihnen und meinem Gemahl ergeht, das wird der Vater im Himmel allein wissen. Ich wünsche zwar allen ein besseres Sein als meines; aber leider wird es ihnen wohl kaum besser ergehen als mir. Wenn sie nur nicht ganz und gar verloren sind!"

10 Sagt *der Offizier:* „Meine Liebste, da hat es mit dir wohl eine schlimme Bewandtnis gehabt! Aber verzweifle deshalb nicht, sondern gehe nun sogleich mit mir zum Herrn hin. Er ist hier, um allen zu helfen, die Seinen Namen anrufen und sich an Ihn wenden. Folge mir ohne Furcht und Scheu, denn nur bei Ihm sind alle Dinge möglich!"

11 *Der Offizier* eilt nun mit Mathilde zu Mir hin und sagt: „Herr, Du allerheiligster, bester Vater! Ich brauche Dir sicher nicht kundzutun, was diesem Wesen fehlt. Denn Du, dem alle Dinge schon von Ewigkeit her bekannt sind, weißt es am besten. Ich kann darum nichts anderes tun, als Dich mit dem teilnehmendsten Herzen bitten, daß Du diesem armen Weib gnädig und barmherzig sein wollest! Dein heiligster Vaterwille geschehe!"

12 Sage *Ich:* „Weib, was willst du denn, daß Ich dir tun solle? Rede!" — Sagt *Mathilde:* „Herr! Du allmächtiger, ewiger Gott, Schöpfer aller Kreatur und heiligster Vater aller Menschen und Engel! Du siehst hier eine große geheime Sünderin vor Dir und wirst am besten wissen, welche Teufel mein Fleisch und mit diesem auch die Seele so übel zugerichtet haben. Ich war es nicht! Denn mein Wille war nach meiner reinen Erkenntnis stets dagegen, und ich warnte jeden vor dem großen Übel der Selbstbefriedigung. Und doch war gerade ich ausersehen für dieses fürchterliche Übel! Ich — im Geiste die größte Feindin davon — mußte dem Drachen des Fleisches geradeswegs zum Opfer werden!

13 O Herr, das ist sehr hart! Wer pflanzte denn solch einen verderblichen Stachel in mein Fleisch? Ich selbst unmöglich, war ich ja nur das leidige Opfer dieses Stachels. Ich ward getrieben wie mit glühenden Ruten! Und gerade wenn ich mir oft die ernstesten Vorsätze gemacht hatte, dieses Übel um Deines heiligsten Namens willen nicht mehr zu begehen, da erwachte die Gier mit zehnfacher Heftigkeit, und ich unterlag dem Drang ärger als früher. Nach solch satanisch stummer Befriedigung kam freilich allezeit die Reue über mich und zerfleischte jede

Regung einer besseren Hoffnung in mir. O Herr, o heiliger Vater! Warum mußte gerade ich so unglücklich werden?

14 Ich war doch bis beinahe in mein sechzehntes Jahr eine so reine Unschuld, wie es deren wenige geben dürfte. Warum mußte ich meinen wahren Schutzgeist von einem Lehrer verlieren? Warum durfte denn Satan hernach an des Engels Stelle mir Geister aus der Hölle zu Lehrern geben? O Gott, Du Barmherziger! Warum mußte denn ich so unglücklich werden zeitlich und vielleicht auch ewig?“

15 Rede *Ich:* „Ja, Meine liebe Tochter! Wie es mit dir steht und gestanden hat, habe Ich lange schon gewußt. Und auch wie und warum! Ich fragte dich also nicht darum, sondern nur, was du willst, daß Ich dir tun solle! Und siehe, auf diese Frage hast du Mir noch keine Antwort gegeben. Das also, Meine Liebe, rede zuvor! Hernach wird sich noch Zeit genug finden, wo du über deine irdischen Lebenserscheinungen ins klare kommen wirst!“ — Sagt *Mathilde:* „O Herr, heiligster Vater, Du siehst ja am besten, wo es mir fehlt! So es Dein Wille ist, so hilf mir da, wo es mir fehlt! Denn nur Dir allein sind alle Dinge möglich!“

16 Rede *Ich:* „Aber glaubst du wohl, daß eben Ich der eigentlich wahre, ewige Gott, Schöpfer und Vater bin? Denn sieh, Ich bin ja nur ein Mensch, wie du deren hier viele siehst! Wie kann denn ein Mensch Gott gleich sein, oder ist denn Gott auch nur ein Mensch?“

17 Sagt *Mathilde:* „Du bist *Christus,* genannt Jesus, der Heiland der Menschen, und jedes Wort aus Deinem Munde hat das Leben in sich. Und wem Du Dein Wort gibst, der hat von Dir auch das ewige Leben empfangen, denn Deine Worte sind nicht wie die Worte eines Menschen. So aber Deine Worte jedem, der sie aufnimmt, das ewige Leben geben — wie solltest Du hernach nicht Derjenige sein, den alle Engel, Sonnen und Welten als ihren wahren, ewigheiligen Vater, Gott, Schöpfer und Richter anbeten? Denn ihr Sein bist ja nur Du durch Dein allmächtiges Wort!

18 Als Du, o Herr und Vater, auf der Erde den Weg des Fleisches aus Deiner Machtvollkommenheit, Weisheit und Liebe durchmachtest, da sagtest Du als auch nur ein Mensch: »Wer Mich sieht, der sieht auch den Vater! Denn Ich und der Vater sind eins.« — So Du, o Herr Jesus, damals im Fleische eins warst mit dem Vater, wie solltest Du es nun

nicht sein? Du allein bist es. Mein Herz sagt mir, daß *Du* die ewige Liebe bist! Und so nimm mich in Deine Liebe gnädig auf, Du heiliger Vater!“

243

Des Herrn Gnade und Barmherzigkeit. Zwei Getrennte dürfen sich wiederfinden vor Gott. Selige Wonne des höchsten Himmels

1 Rede *Ich:* „O Weib! O Tochter! Dein Glaube ist groß und viel Liebe wohnt in deinem Herzen! Dir geschehe nach deinem Glauben und nach der Macht deiner Liebe! — Meine liebe Tochter, du stehst nun hungrig, durstig und nackt vor Mir. Denn das, mit dem du auf der Erde deine Seele gesättigt hast, war eine schlechte und magere Kost. Wärst du nicht in der ersten Zeit deines Erdenlebens im Geiste vorgenährt worden, und wäre deine Seele in das Kloakenleben des ekelhaftesten Gewürmes mit ganz stummem Geiste übergegangen, wärst du wohl verloren. Es wäre dann beinahe unmöglich geworden, dich je zu retten. Denn so unmöglich es ist, einen Fisch in der freien Luft am Leben zu erhalten, ebenso unmöglich ist es auch, Seelen, die sich selbst zum Pfützengeschmeiß hinabgelebt haben, in dem Lichtäther der Himmel am Leben zu erhalten. Denn wo der Drache lebt ein totes Leben, da lebt dem Tode auch sein Gewürm!

2 Aber da du in deinem Geiste vorgenährt wurdest, war die nachträgliche Kloakenkost nicht vermögend, deine Seele ganz zu verderben. Denn die Vornahrung deines Geistes würzte nach Möglichkeit die elende Weltkost deiner Seele und benahm ihr das tötende Gift. Daß aber deine Seele bei solcher Kost sich kein Fett sammeln konnte, wirst du hoffentlich einsehen. Nun aber will Ich dir wegen deines Glaubens und deiner Liebe Nahrung aus den Himmeln und ein besseres Kleid geben, das wird dir zu einem besseren An- und Aussehen verhelfen. — Robert, schaffe Brot und Wein und ein neues Kleid her!“

3 Als Ich solches ausspreche, ersieht Robert hinter sich eine Art Krämerbude mit Brot und Wein und einem Bündel, darin sich das verlangte Gewand befindet. Er bringt Brot und Wein und sein Weib He-

lena bringt das Bündel mit dem Gewand. Ich segne Brot und Wein und lasse es der Mathilde und dem Offizier verabreichen. — Als sie mit unaussprechlichem Dankgefühl mit dem Offizier das Brot und den Wein verzehrt, wird sie augenblicklich voller, bekommt ein schönes, jugendliches Aussehen und weiß sich aus lauter Dank nicht mehr zu helfen. Nun empfängt sie auch ein schönes, azurblaues Kleid mit purpurroter Verbrämung, das sie sehr schön ziert.

4 Als *Mathilde* nun so wohlversorgt dasteht, beginnt sie laut zu weinen vor Dankbarkeit, Liebe und Seligkeit. Sie fällt, nun schon so schön wie eine Blume der Himmel, vor Mir auf ihre Knie nieder und sagt schluchzend: „O Du heiligster Vater! Mein Herz kann es nur fühlen, aber die matte Zunge nimmer aussprechen, was ich nun für Dich empfinde! Deine Liebe, Deine Gnade sind endlos groß! So weit aber nun das Gefühl dieses mir neu gegebenen und durch Deine Gnade neu erweckten Lebens reicht, empfinde ich Dich als die heilige, ewige, reinste Liebe! O Du lieber Vater! Dein heiligster Name Jesus werde geheiligt ewig, ewig, ewig!!" — Bei diesen Worten übermannt sie ihre Liebe zu Mir so mächtig, daß sie mit dem Gesicht ganz auf den Boden niedersinkt.

5 Aber auch der Offizier wird so von der Liebe ergriffen, daß auch er zu weinen beginnt. — Ich aber ermahne ihn: „Freund, ermanne dich! Denn die Beseligte wird bald deiner Kraft bedürfen. Du hast sie bis hierher gebracht und wirst daher ihr weiterer Führer sein! Achte ihren Geist!"

6 Spricht *der Offizier:* „Ja, Du mein bester Vater, Herr und Gott, Dein Wort soll ewig das Leben im Zentrum meines Herzens sein! Es ist zuviel Liebe und Gnade von Dir, o heiliger Vater, auf uns niedergegangen, daß wir im Gemüt noch viel zu schwach sind, solch eine Fülle von Seligkeit zu ertragen. Aber Deines Reiches heilige Zeit wird uns mit Deiner übergroßen Liebe und Huld schon vertrauter machen. Mein ganzes Wesen aber sei ein ewiger Dank für solche Liebe und Gnade von Dir an uns armen Sündern. Große Weisheit wird zwar unsere Sache nicht sein, denn dazu hast Du, heiliger Vater, Dir Engel geschaffen aus der Flamme Deines Lichts, daß sie die unendliche Majestät Deiner Werke besingen und lobpreisen. Wir aber wollen Dich in Demut über alles in unseren Herzen preisen, denn Du allein bist all unsere Liebe und unser Leben!" — Hierauf wendet er sich zu Mathilde und

sagt: „Liebste Schwester Mathilde, steh auf und schaue, wie gar so gut, liebevoll und sanft unser wahrer, heiliger Vater ist!“

7 Hierauf erhebt sich *Mathilde,* sieht wonnetrunken um sich her und erkennt nun in dem Offizier ihren Lehrer Peter. Noch auf ihren Knien am Boden ruhend, ruft sie: „O Gott, o Vater! Du bist doch wahrlich zu gut und liebevoll! Nicht nur hast Du mich hier als unwürdigste Sünderin namenlos selig gemacht durch ein Übermaß Deiner Gnade, Liebe und Erbarmung! Sondern ich darf auch den Lehrer hier vor Deinem heiligsten Angesicht treffen, der mir schon auf der Erde die Wege zu Dir gezeigt hat. Diesem Lehrer werde ich nun von Dir zur weiteren Ausbildung übergeben: Wie Herrliches und Erhabenes werde ich von ihm erfahren, reiner und reiner werden, um würdiger anzuschauen Dein göttlich-schönstes Angesicht! Noch bin ich zwar hier in der Stadt, in der ich leiblich wie seelisch unglücklich geworden bin; aber der Ort macht für mich nicht den Himmel aus, sondern Deine sichtbare heiligste Gegenwart. Wo Du bist, o Herr, da ist auch der höchste Himmel! Mein Herz, mein ganzes Wesen sei Dir, o Vater, allein geweiht! Dein heiligster Name Jesus werde geheiligt!“

8 Tritt aus dem Hintergrund *Erzbischof Migatzi* zu Mir hin und sagt: „Herr und Vater, dieses Wesen, nun so hold wie ein schönster Stern Deiner Himmel, beschämt uns wirklich alle! Diese heilige Reinheit ihrer Sprache, diese unbegrenzte Liebe und Dankbarkeit! Kurz, in all ihren Gebärden liegt eine wahrhaft magische Würde, daß wir alle ganz hingerissen sind. Sie lehrt uns alle, Dich erst so ganz und recht erkennen! O Herr, Du ewige, reinste Liebe! Welch großen Dank sind wir Dir alle für diese Verklärung schuldig!“

9 Sage *Ich* zu Migatzi: „Mein Freund und Bruder, das gibt nicht die Weisheit, sondern allein nur die *Liebe!* Daher haltet euch alle an die Liebe, wollt ihr in den Himmeln bei Mir sein! Ihr werdet zwar in jedem der drei Haupthimmel bei Mir sein und wandeln vor Meinem Angesicht — aber so wie hier nur durch die alleinige Liebe. Diese Mathilde hat den rechten Grad der Liebe und wird demnach auch in den Himmeln bei Mir sein, wohin wir nun bald gelangen werden. Gehe hin und verkünde das allen, die hier sind!“

10 *Migatzi* dankt Mir inbrünstig für diese Belehrung und geht sogleich hin zu der großen Menge und verkündet das allen.

11 *Der Offizier* aber sagt zu Mir in seiner großen Liebe: „Herr, siehe

wir sind nun so selig als nur immer möglich; aber dort stehen noch in Reih und Glied meine Soldaten! Was soll nun mit ihnen geschehen?" — Sage *Ich:* „Lasse sie die Gewehre ablegen, denn fortan werden sie diese Waffen nicht mehr gebrauchen. In Meinem Reich kämpft man allein nur mit den Waffen der Liebe!"

244

Der jüdische Feldwebel, ein feuriger Messiasfreund im Geiste Davids

[1] *Der Offizier* geht nun hin zu den in Reih und Glied stehenden Kriegern und sagt: „Habt acht, Brüder! Bisher war ich noch immer euer Hauptmann und ihr gehorchtet mir, wie es biederen und rechtlichen Kriegern gebührt. Weil ihr aber in der Tugend des Gehorsams groß wart, so hat es Gott dem Herrn gefallen, daß Er euch auch nach eures Leibes Tod in der Geisterwelt unter meinem Kommando beließ, so lange, bis ihr durch meine Lehren und Ermahnungen auf den Punkt gebracht wurdet, wo ihr einer freieren Lebensanschauung fähig wurdet.

[2] Wir waren alle noch von den Pflichtverhältnissen der Welt gefangengehalten, obschon wir wohl wußten, daß wir uns schon seit geraumer Zeit in der geistigen Welt befanden. Wir dienten noch dem Kaiser, obschon wir keine Pflicht mehr gegen ihn zu beachten gehabt hätten. Und wir leisteten ihm sogar gute Dienste, denn die geheimsten Verschwörungen entdeckten nur wir zuerst und wirkten dann auf die noch auf der Welt lebenden Amtspersonen so ein, daß diese dann bald auf die heimlichen Machenschaften bösgesinnter Ordnungsfeinde stoßen mußten. Und so übten wir noch als Geister für den irdischen Staat einen guten Dienst bis zu diesem Zeitpunkt, in dem wir uns jetzt befinden.

[3] Aber von nun an tritt für uns alle ein ganz anderes Lebensverhältnis ein. Der Weltdienst hört nun auf, und ein rein geistiger im Namen Gottes des Herrn tritt für ewig an seine Stelle. Wir werden zwar fortan auch kämpfen im Reich Gottes, aber nicht mehr mit den Waffen zum Tod, sondern mit Waffen zum Leben. Und diese herrlichen und mächtigsten Waffen heißen: Die Liebe zu Gott dem Herrn und die Liebe zu unseren Brüdern und Schwestern, die noch in großer Armut ihres Gei-

stes stecken. Legt daher nun diese Waffen ab! Sie sind ohnehin nichts als pure Gedankenstriche unserer noch von der Erde her mitgenommenen Einbildungskraft, und es liegt daher nichts an ihrem scheinbaren Verlust.

4 Dort aber seht hin! Ein herrlich gestalteter Mann, der sich soeben mit einer himmlischen Jungfrau bespricht, die überselig vor Ihm steht: dieser Mann ist *Jesus*, der große Heiland der Welt, und ist zugleich in derselben Person Gott, das allerhöchste Wesen Selbst, der alleinige Schöpfer aller Geister und Materiewelten! — Dieser ewige Herr der Unendlichkeit läßt euch nun durch mich zu Sich rufen, auf daß Er euch gebe das ewige Leben. Legt also sogleich diese Waffen ab und folgt mir zu Gott, dem allmächtigen Vater und Schöpfer der Unendlichkeit!"

5 Auf diese kräftige und geistvolle Rede des Offiziers legen alle die Waffen vor sich auf den Boden und begeben sich mit dem Offizier zu Mir hin. — Als sie sich in einem Halbkreis um Mich gestellt haben, segne Ich sie sogleich alle. Und alle loben Mich einstimmig mit den rührendsten Lebensworten — ganz besonders ein Feldwebel, der bei dieser Gelegenheit einen vollendeten Vorredner macht.

6 Dieser Feldwebel war auf der Erde seinem Glaubensbekenntnisse nach ein Jude und hielt fest daran, daß der Messias erst kommen werde. Und daß nach einer mystischen Berechnung der jüdischen Kabbala nun eben die Zeit da sei, in welcher der Messias in der Welt erscheinen müsse, um Sein Volk, die Juden, wieder zusammenzubringen in das Gelobte Land, um es da zum mächtigsten Volke der Erde zu erheben. Mit solchem Glauben war also unser Feldwebel in die Geisterwelt übergegangen und wartete da sehnsüchtig auf den großen Messias. Als der Offizier aber seiner Mannschaft die Kunde ihrer Berufung in Mein Reich überbrachte, meinte der Feldwebel anfangs, daß Ich der erwartete große Messias der Juden sei; nur machte ihn stutzig, daß Ich auch die anderen berief, die keine Juden waren.

7 Als aber der Offizier vor der Truppe Meinen Namen nannte, da ging dem *Feldwebel* ein mächtiges Licht auf, und er sagte zu einem Kameraden, der auch Jude und eifriger Erwarter des Messias war: „Du! Mir scheint jetzt nur zu klar — wir haben Ihn denn doch verpaßt. Auf den Jesus trafen doch am leichtesten die Weissagungen zu! Aber die Dummheit: »Aus Galiläa steht kein Prophet auf!« hat Millionen geblendet. Der Messias ist nach David Jehova Selbst und braucht

nicht unter dem Mantel eines Propheten zu Seinem Volke zu kommen. Und dazu kann Er gerade Galiläa wählen, damit die dummen Menschen nicht verleitet werden, am Ende auch den Herrn aller Propheten für einen Propheten zu halten, weil Er gerade von dort herkam, von woher nie ein Prophet kommen kann. Kurz und gut, Jesus, aus Nazareth in Galiläa gebürtig, war der erwartete Messias! Wir haben ihn allezeit verpaßt, aber wir beide werden Ihn jetzt nicht mehr verpassen! So wir vor Ihn treten werden, da lasse mich reden! Ich werde Ihm unsere grobe Blindheit darstellen und dann für alle ein Lob ganz nach Davids Art aussprechen."

8 Darnach machte dieser Feldwebel denn auch für die anderen Soldaten den Hauptvorredner und ist nunmehr einer Meiner glühendsten Anbeter, so daß sich alles hoch verwundert über seine echt orientalisch-erhabene Wohlrede.

9 *Der Offizier* sagt nach einer Weile: „Ich war auf der Erde und auch hier in dieser Welt sein Vorgesetzter. Nun ist er in der Weisheit ein Seraph, und ich bei all meiner auf der Erde erworbenen theosophischen Kenntnis glattweg ein Esel! Seht nur diese herrlichen Bilder, so man ein Stein wäre, müßte man bei solch einer Rede ätherweich werden! Hätte er diese Rede nur aufgeschrieben, ich könnte sie tausendmal nacheinander lesen. Wie herrlich ist z. B. der Satz:

10 »Dorthin, Du ewiger Vater, wo der Sterne zahllose Myriaden von heiligem Schauer gedrungen ihr reines Angesicht mit dem dunklen Schleier der Nacht umhüllen, wo der lichte Aar und der glanzvolle Schwan an dem Gottesweg ewige Wache halten und ewig erstaunt in die nie gemessenen Tiefen Deiner Werke schauen — dorthin war auch oft mein mattes und von heiliger Wehmut tränenfeucht gewordenes Auge gerichtet und harrte also mit Adler und Schwan am großen Wege Jehovas, des großen Verheißenen!«

11 Dieses eine Bild habe ich mir gemerkt und fand eine so hohe Weisheit und Wahrheit darin, daß es mich zu schaudern begann! O Herr, wie kam denn dieser Jude auf einmal zu solch einer Weisheit und echt himmlischen Lyrik? Auch das Bild von der alten Zeder Libanons, von der Zinne Ararats, vom Euphrat und Ganges, von der Wiege Judas, von der Blume der Wüste — o Gott, was liegt in solchen Bildern! — O Herr, gib mir auch nur ein wenig von der Weisheit meines früheren Feldwebels!"

245

Liebe als Grundquell aller Weisheit und Ausdruckskraft
Dichtkunst des Verstandes und des Gemüts
Des Offiziers Bitte um mehr Liebe und des Herrn Antwort

Sage *Ich:* „Mein Freund, hast du nie gemerkt, daß Menschen, die so recht in der Liebe stecken, die zartesten Dichter sind? Also ist die Liebe die beinahe stets alleinige Mutter der wahren Lyrik. Ein David brannte vor Liebe zu Mir wie auch zu den Menschen und war darum auch einer der größten Lyriker. Sein Sohn Salomon war, solange er liebte, auch weise im wahren Sinn des Wortes. Als er aber dann seine rechte Liebe in das Fleisch der Weiber versenkte, ward er bald dumm und schwach in Wort und Tat.

2 Betrachte Meinen Johannes! Dieser Apostel hatte die mächtigste Liebe zu Mir und darum auch die größte Glut in der Darstellung Meines Wortes. Und in seinen Worten liegt auch die größte Weisheit wie bei keinem andern Apostel. Ihm ward darum auch die tiefste Offenbarung gegeben. So kannst du die ganze Geschichte der Erde durchgehen und wirst bei jenen Menschen die wahre Lyrik und Weisheit antreffen, die das Herz am rechten Fleck haben.

3 Wohl dichten auch die Verstandesmenschen und machen ein Langes und Breites, aber darin steckt nichts als ein höchst mühevolles Suchen eines verlorenen Groschens in der Nacht ihres Herzens. Sie kommen wohl manchmal dem Groschen auf die Spur, so sie ihn aber ergreifen wollen, da gleiten sie aus, weil der Grund, auf dem sie stehen, ein höchst lockerer ist.

4 Daher ist denn auch die sogenannte *Weltweisheit* eine größte Torheit vor Mir. Was der Mensch mit dem Verstande in hundert Jahren bei aller Mühe kaum erreicht, gibt dir die rechte Liebe in einer Sekunde. Denn die Liebe bin Ich Selbst im Menschen! Je vollkommener seine Liebe wird, desto mehr entfaltet sich Mein Ebenbild in ihm.

5 Der Verstand aber ist nur ein Schrank, in dem die Liebe ihre erworbenen Schätze aufbewahrt. Was kann aber die Seele dort finden, so das, was irgendeine erloschene Liebe früher in einer besseren Zeit hineingelegt hatte, in solch unerleuchteten Gemächern so zerstreut und

verrostet daliegt, daß auch die mühevollste Arbeit der Seele nur höchst wenig oder auch gar nichts ausrichten kann? — Gehe du in einen finstern Keller, suche darin einen verlorenen Groschen, und du wirst ihn nicht finden. So du aber ein gutes Licht anzündest, wirst du den Groschen bald finden, wenn du eine rechte Geduld im Suchen hast.

6 Siehe, dieser Feldwebel hatte allezeit eine rechte Liebe zu Gott, den er jedoch nur so kannte, wie er Ihn aus der Schrift des Vorbundes kennen konnte. Er liebte also die Gottheit, ohne Sie zu kennen, schon über die Maßen. Wie groß muß dann erst seine Liebe werden, so er mit der Gottheit persönliche Bekanntschaft macht, wie es nun der Fall ist! Und eben diese Liebe gibt ihm solch lyrische Weisheit. Willst du aber auch eine solche, mußt auch du die gleiche Liebe dir aneignen. Du liebst Mich wohl mächtig, aber der Feldwebel liebt Mich noch mehr. Wie dies aber möglich ist, das alles wird dir die nächste Folge klar darstellen."

7 Sagt *der Offizier:* „Herr, ich verstehe wahrlich nicht, wie es möglich sein könnte, Dich noch mehr zu lieben. Denn bei Deinem heiligsten Namen, ich liebe Dich doch aus allen meinen Kräften! Und so wäre es mir rein unmöglich, Dich, o Herr und Vater, noch mehr über alles zu lieben. Herr, erweitere darum mein Herz und vermehre die Liebelebensflamme, dann werde auch ich in der Liebe zu Dir gleich einem Atlas werden, der den ganzen Himmel auf seinen Schultern trägt!"

8 Sage *Ich:* „Mein lieber Freund, was du von Mir willst, ist dir selbst anheimgestellt! Denn von nun an wirst du allein der Schöpfer und Umgestalter deines Wesens und deiner Liebe sein. Frage aber den Feldwebel: wie? — und er wird es dir sagen."

246

Über die Quelle der höchsten Weisheit. Wink zur Sammlung der Gottesliebe

1 *Der Offizier* wendet sich nun an seinen ehemaligen Feldwebel und sagt zu ihm: „Höre, mein schätzbarster Freund! Du warst einige Jahre bei meiner Kompagnie und versahst deinen Dienst stets zu meiner vollsten Zufriedenheit. Hätte uns im Felde der Tod nicht ereilt, so wärst

du ohne weiteres Offizier geworden. In dieser Welt aber war nach der göttlichen Ordnung an kein dienstliches Vorrücken eher zu gedenken, als bis der Herr aller Welt- und Himmelsämter uns zu einem solchen verhelfen wird.

2 Wir sind nun vor das heiligste Angesicht des großen Alleinherrschers der Unendlichkeit gelangt durch Seine Güte und Barmherzigkeit. Wir haben Ihn kennengelernt von einer Seite, von der Ihn wohl die ganze Erde kaum kennen dürfte und haben Gnade ohne die geringsten Verdienste vor Ihm gefunden.

3 Du aber bist, wie es scheint, von uns allen Ihm sicher am nächsten gekommen. Denn als du mit Ihm in einer noch nie dagewesenen erhabensten Art geredet hast, habe ich selbst Tränen im heiligsten Auge Gottes entdeckt. Und, Freund, das ist etwas, was die ganze Unendlichkeit kaum je fassen wird!

4 Sage mir, wie du es denn angestellt hast, daß dir solch eine ungeheure Weisheit zuteil wurde. Hast du diese schon auf der Erde besessen, oder ist sie dir erst nach und nach in dieser Welt geworden durch den allmächtigen Einfluß Jesu Christi, des Herrn von Ewigkeit? Wohl weiß ich aus dem Munde Gottes Selbst, daß dir deine große Liebe zu Ihm zu solcher Weisheit verhalf. Aber nun kommt die Hauptfrage:

5 Wie bist du zu jener mächtigen Liebe gelangt, aus der in deinem Herzen eine solche Weisheit sprüht, wie sie kaum in der Flammenbrust eines Cherub anzutreffen sein dürfte? Der Herr Selbst hat mich an dich gewiesen. Sei demnach so gut und gib mir dazu eine Anleitung! Ich liebe Jesus, den Herrn, aus all meinen Kräften und wüßte wahrlich nicht, wie ich Ihn noch mehr lieben könnte. Weil du es aber weißt, so sage mir, wie das mir bisher Unmögliche doch noch möglich sein kann."

6 Sagt *der Feldwebel:* „Mein Hauptmann, mein Freund! Dein eigener Wahlspruch »Bei Gott sind alle Dinge möglich« sollte dir doch zeigen, daß die Liebe zu Gott ebensowenig zu begrenzen ist wie die Erkenntnisse über Gott. Wie kommst du nun zu solch einer Frage? Kannst du mehr sehen, als das Licht es dir gestattet? Und kann das Licht stärker sein als das, was das Licht erzeugt? So du aber ein Material hast, um ein großes Gemach zu erleuchten, dessen allein du zu deiner Arbeit bedarfst, warum zerteilst du dann das Material, um auch andere Gemächer zu erleuchten, in denen du vorderhand nichts zu tun hast?

7 Sammle das Material allein für die Erleuchtung des einen Gemachs! Ist das einmal so erleuchtet, daß du drinnen alles wie am hellsten Tageslicht wahrnehmen kannst, dann erst öffne Türen und Fenster. Es wird sodann aus dem Hauptgemach hinreichendes Licht von selbst in die Nebengemächer dringen und diese zur Genüge erleuchten. So du nicht sammelst, da zerstreust du schon deshalb, weil du nicht sammelst. Du mußt also sammeln und sparen, so du zu einem großen Reichtum gelangen willst!

8 Die Liebe ist der Himmel größter Reichtum; nach der muß man geizen. Und hat man sie, da muß man sie nicht sogleich aller Welt preisgeben. Die Nächstenliebe ist zwar gleich der Gottesliebe. Aber sie muß nur Gottes wegen in Werken bestehen, jedoch in der Flamme des Herzens nie unmittelbar, sondern stets allein nur durch Gott an den Nächsten gerichtet werden, sonst schwächt das die Liebe zu Gott. — Siehe an deine schönste Mathilde! Sie hat in deinem Herzen drei Viertel von dem, was der Herr allein haben sollte! Merkst du nun den Grund deiner Liebesschwäche?"

247

Gottesliebe und Weiberliebe
Alle Liebe soll von der Gottesliebe ausgehen

1 Sagt *der Offizier:* „Ich danke dir, lieber Bruder, für deine herrliche Erklärung. Ja, du hast vollkommen recht, die geschöpfliche Liebe ist bei mir noch bei weitem stärker als die Liebe zu Gott dem Herrn, der doch der Urgrund aller Liebe ist! — Die Weiber aber haben es auch mit der Liebe zu Gott viel leichter als wir männlichen Wesen, denn sie lieben in Gott wohl auch den endlos vollkommensten Mann, was sich mit ihrer Polaritätsnatur sehr wohl verträgt. Aber bei uns Männern ist die Sache ein wenig anders: Wir können in ein noch so vollkommenes Mannswesen nie so verliebt werden wie in ein weibliches Wesen, weil das so in der Natur begründet ist.

2 Daher meine ich, daß da zwischen der Liebe zum Weibe und der zu Gott ein bedeutender Unterschied sein muß. Man wird Gott, das

höchste Urwesen doch ganz anders lieben müssen als ein Weib. Und so glaube ich denn, daß eine bescheidene Liebe zu einem wunderlieben Weibe gar wohl neben der mächtigen Liebe zu Gott bestehen kann. Die Liebe zu Gott muß von höchster Reinheit sein, während die Liebe zum Weibe immer etwas sinnlich sein kann. Die Liebe zum Weibe hängt größtenteils an der Form, während die Liebe zu Gott eine rein innerste Beschauung der unendlichen Vollkommenheiten der Gottheit ist und ein erhabenes Lob ihrer reinsten Liebe und Güte! Ich meine, daß es im Grunde eine wahre Gottesbeleidigung wäre, so man Gott mit der gleichen Empfindung liebte, wie ein Weib.

3 Ich bin daher der Meinung, daß die nun gerettete Mathilde mir in der Liebe zum Herrn nicht den geringsten Eintrag machen, im Gegenteile mir nur zu noch größerer Liebe zu Ihm verhelfen kann."

4 Spricht der *Feldwebel:* „Glauben macht zwar auch selig, ich aber halte es mit der Seligkeit der reinen Liebe zu Gott ganz allein. Der Mensch hat nur *ein* Herz und kann somit auch nur *eine* rechte Liebe haben, aus der hernach, so die Hauptliebe reif geworden ist, alle anderen Seitenliebearten in der göttlichen Ordnung hervorgehen können. Und so bin ich der Meinung, man müsse zuvor in der Liebe zu Gott völlig feststehen; dann erst läßt sich alles andere in der schönsten Harmonie ergreifen. Ist man aber in der Liebe zu Gott noch schwankend und weiß kaum, wie man Gott mehr lieben kann als ein schönst gestaltetes Weib — da, Freund, ist die rechte Weisheit des Geistes noch etwas fern!

5 Sieh, das Herz hat nur *eine* Kammer für die *Liebe,* und diese muß zugleich sein für Gott wie auch für den Nächsten und umgekehrt. So du recht liebst, da kannst du Gott nicht anders wie ein Weib lieben, und ein rechtes Weib nicht anders wie Gott, weil das Herz des Menschen nur *einer* rechten Liebe fähig ist. Was daneben ist, gehört zur Selbstliebe und taugt nicht in das Reich Gottes.

6 Wie hat denn ein Johannes, ein Jakobus, ein Petrus, wie auch ein Paulus den Herrn geliebt? Wie liebte Ihn eine Magdalena und tausend andere mehr? Siehe, diese waren in den Herrn vollkommen verliebt, noch um einige Grade stärker als du in deine holdeste Mathilde. Und eben solch ein Verliebtsein in den Herrn hat in diesen Wesen den Grund gebildet, daß sie als rechte Liebhaber des Herrn ehestmöglich zu Seinen innigsten Freunden und zu Meistern der Liebe und Weisheit

geworden sind. — Dort hinter dem Herrn stehen Petrus, Paulus und Johannes. Gehe hin und frage sie, ob ich nur eine Silbe unwahr geredet habe!“

7 Sagt *der Offizier:* „Was sagst du? Paulus, Petrus und Johannes, der die berühmte Offenbarung geschrieben hat, wären da? Und zwar die drei ernsten Männer hinter dem Herrn?“ — Sagt *der Feldwebel:* „Ja, sie sind es, wie sie geleibt und gelebt haben.“ — Spricht *der Offizier* weiter: „Nun, da muß ich ihnen freilich gleich mein Kompliment machen gehen! Ich halte zwar nichts auf Komplimente, aber wo sie einen Grund haben, da sind sie ganz in Ordnung und dürfen nicht ausbleiben. Ehre dem, dem sie gebührt!“

8 Sagt *der Feldwebel:* „Freund! Hier aber, soviel mir mein Herz sagt, gibt es nur ein Kompliment, und das besteht für alle in der reinen Liebe! Hast du aber Liebe zu Gott dem Herrn, so fassest du in dieser Liebe auch Petrus, Paulus, Johannes wie auch alle Himmel mit ein. Mit irdisch gearteten Komplimenten aber ist's hier nichts. Daher meine ich, daß du allein dem Herrn die Aufwartung zu machen hast, alles andere macht sich dann von selbst.“

9 Sagt *der Offizier:* „Ja, du hast vollkommen recht! Und du mußt auch in allem recht haben, weil du in die wahre Weisheit so tief eingeweiht bist. Aber schaden könnte es nicht, so man sich mit jenen drei ersten Aposteln des Herrn in freundlichstes Einvernehmen setzte. Denn wir müssen doch annehmen, daß diese drei nach Gott dem Herrn die ersten Geister in der ganzen Unendlichkeit sind. Daher würde es sich meiner Meinung nach doch schicken, sich ihnen wenigstens vorzustellen und sie als die ersten Freunde des Herrn zu begrüßen!“

10 Spricht *der Feldwebel:* „Tue, was du willst! Ich habe dir nur gesagt, was hier allein nottut. Nun winkt dir aber der Herr Selbst. Gehe hin! Aus Seinem Munde allein strömt die höchste Weisheit. Fasse sie recht ins Herz und lebe danach!“

248

Über die rechte Liebe zu Gott
Gleichnis vom engen Pförtchen und der großen Bürde
Ein himmlisches Vaterunser

1 Der *Offizier* begibt sich nun schnell zu Mir hin und sagt: Heiligster Vater! Du rufst mich, und ich stehe vor Dir in aller Liebe und erwarte, aus Deinem Munde Deinen hochheiligen Willen zu vernehmen."

2 Rede *Ich:* „Mein lieber Peter! Du mußt nicht immer ‚heilig' und ‚allerheiligst' vor Mir im Munde führen! Und sodann mußt du dir die irdische Komplimentensprache völlig abgewöhnen. Denn hier, wo alle gleich sind und es nur einen Herrn gibt, ist jedes Kompliment eine Torheit. Der Feldwebel hat dir richtig und wahr das Lebensverhältnis Meiner Himmel erörtert. Aber du hast so ganz leise immer etwas dagegen einzuwenden gehabt; und das ist nicht recht. So Ich Selbst dir jemanden anempfehle, daß er dich belehre, mußt du ihn bloß hören und danach dein Leben einrichten. Aber so du immer mit Einwendungen etwas anderes für recht und gut darstellst, das nach Meiner ewigen Ordnung nie völlig wahr sein kann, wirst du mit dir selbst nie ins klare kommen.

3 Der Feldwebel hat dir unter anderem gesagt, wie die Liebe zu Mir beschaffen sein muß, so sie dir rechte Früchte tragen soll. Aber du meintest dann wieder anders. Und dennoch muß es so sein, wie es dir der Feldwebel einfach erklärt hat.

4 Siehe, die holde Mathilde liebst du so leidenschaftlich, daß du dich solcher Liebe kaum erwehren kannst. Aber du mußt vorderhand dennoch die Mathilde ganz aufgeben und mußt für deinen Teil ganz Mir allein angehören, wie die Mathilde für ihren Teil! Sonst könntest du samt ihr nimmer in Mein Reich einziehen.

5 So du Mathilde nicht aus Meinen Händen bekommst, kann sie dir nicht zum Heil und zur Kraft aus Mir behilflich sein, wohl aber nach und nach zum Unheil und zu bedeutender Schwäche.

6 Daher gehe hin, führe sie zu Mir und übergib sie Mir! Dann erst wirst du frei sein zur Aufnahme einer rechten Liebe aus Mir."

7 Spricht der *Offizier:* „Herr und Vater, daß ich Deinem Worte

pünktlichst nachkommen werde, versteht sich doch von selbst. Aber doch möchte ich Dich bitten, daß Du mir mit wenigen Worten noch hinzufügst, warum ich eigentlich die Mathilde zuvor Dir ganz übergeben muß, bevor sie durch Deine Hand vollends mein werden kann. Zum Weib kann ich sie hier im Geisterreich ohnehin nie nehmen, da hier nach Deinen Worten »niemand freien und sich freien lassen« kann. Zur weiteren Fortbildung in Deinem Reiche, o Herr, hast Du mir sie ja Selbst übergeben. Daß ich sie als eine Gabe aus Deiner Hand und als ein himmlisch-allerliebstes Wesen liebe, und zwar himmelweit entfernt von jedem sinnlichen Gedanken, das finde ich doch mit bestem Gewissen in der Ordnung.

8 Herr, vergib mir armem Sünder solche Fragen! Aber ich kann nicht dafür, daß ich von allem eher den Grund sehen will, bevor ich zur Handlung schreite. Ich weiß zwar klar, daß man Deinem Willen unbedingt darum nachkommen soll, weil Du allezeit das Beste Deiner Kinder willst. Aber dennoch finde ich in mir den Trieb, von allem, was ich tun soll, den Grund und das Ziel zu erforschen. Wenn es also Dein Wille wäre, mir davon etwas kundzutun, wäre mir das äußerst erwünscht!"

9 Rede *Ich:* „Mir aber nicht, Mein lieber Freund und Sohn! Denn wäre es nötig, dir davon den Grund zu sagen, hätte Ich ihn dir schon vollauf kundgetan. Für so weise wirst du Mich hoffentlich halten, daß Ich wohl einsehe, was da nötig und nicht nötig ist. Ich sage dir aber den Grund davon aus dem besten Grunde nicht. Hast du etwa dabei auch etwas einzuwenden?

10 So du eine Bürde bedeutenden Umfangs trägst und kommst damit zu einer engen Pforte, durch welche du gehen mußt, so du das Ziel des Lebens erreichen willst: sage Mir, was wirst du mit der umfangreichen Bürde auf deinen Schultern tun, um das hohe Ziel zu erreichen?"

11 *Der Offizier* macht große Augen und sagt nach einer Weile: „So ich die Bürde nicht durch die enge Pforte bringen kann, werde ich sie auf jeden Fall vor der Pforte niederlegen und mich ohne sie durchzuzwängen versuchen; denn das Ziel des Lebens steht höher als jede noch so wertvoll scheinende Bürde." — Sage Ich: „Gut, Mein Sohn! Gehe hin und tue so, so wirst du leben!"

12 Hier begibt sich *der Offizier* sogleich zu Mathilde und sagt zu

ihr: „Mathilde, der Herr will dich! So komme denn mit mir, daß ich dich in Seine heiligen Hände übergebe." — Sagt *Mathilde:* „Ich bin nur eine unwürdige Magd des Herrn, aber Sein heiligster Wille geschehe!"

13 Mit diesen Worten führt der *Offizier* Peter die Mathilde zu Mir hin und sagt: „Mein Herr, mein Gott und mein heiliger Vater, hier ist sie, die Du verlangtest! Ich übergebe sie Dir mit großer Freude meines Herzens; denn ich weiß, daß Du zu ihrem ewigen Lebensglück das Beste verfügen wirst. Dein allein heiliger Wille geschehe!"

14 Die *Mathilde* aber, voll Furcht und Liebe zu Mir, sagt: „Heiliger Vater, der Du in den Himmeln wohnst, Dein Name werde allezeit mehr und mehr erkannt und geheiligt! Dein Reich der Liebe, der Weisheit und des ewigen Lebens komme zu uns allen! Dein allein heiliger Wille werde von allen freien Geistern, Wesen und Menschen in den Himmeln wie auf allen Weltkörpern auf das pünktlichste befolgt! Gib, o heiliger Vater, allen Kindern Dein Himmelsbrot des Lebens zu essen mit reinem Munde! Vergib uns allen unsere Schwächen und Sünden, gleichwie wir allen vergeben, die uns je beleidigt haben! Lasse auch nicht zu, daß wir, mit noch allerlei Schwächen behafteten Kinder, über unsere Kräfte versucht werden! So aber ein Übel Deine Kinder zu verderben droht, da wende es ab und befreie sie von allem, was ihnen Übles zufügen könnte! Denn Dein allein ist alle Macht und Kraft ewig! Dir sei aller Ruhm, aller Preis, alle Ehre und Anbetung! Dir allein alle unsere Liebe und alles Lob ewig! Amen."

249

Der Herr über das Vaterunser. Platzstreit an der Vaterbrust
Helena über Gottes- und Bruderliebe

1 Sage *Ich* zu Mathilde und zum Offizier: „So ist es recht, solch ein Gebet gefällt Mir! Denn da ist alles vorgetragen, was jedem Menschen nötig ist, auch jedem Geiste und jedem noch so vollkommenen Engel. — Komm her, Mathilde, an Meine Brust und stärke da dein Leben! Denn siehe, aus dieser Brust ist alles hervorgegangen, was den unendlichen

Raum erfüllt. So komm auch du, Mein Töchterchen, her und trinke in starken Zügen das ewige Leben voll Liebe, Weisheit und Macht!"

2 Siehst du, Mein Sohn Peter, Mathilde hat vor Mir die beste Rede gehalten und ist daher auch am weitesten gekommen. Du aber wolltest eher weise werden, bevor dein Herz noch fähig war, die rechte Weisheit zu ertragen. Daher bist du nun ziemlich weit hinter Mathilde, obschon du ehedem vorne warst. Siehe aber, daß deine Liebe zu Mir gleich wird ihrer mächtigen Liebe, dann wirst auch du dahin gelangen, wohin nun die Mathilde gelangt ist.

3 Du, Meine holdeste Tochter, aber habe keine Furcht vor Mir darum daß Ich das allerhöchste Gottwesen bin. Denn ebendarum bin Ich der sanfteste, demütigste, freundlichste, liebevollste und allerbeste Geist und Mensch zugleich. Komme nur her und fürchte dich nicht!"

4 *Mathilde* bebet vor süßer Furcht und brennendster Liebe, kann sich aber dennoch nicht ermutigen, an Meine ihr zu heilig vorkommende Brust zu fallen. Ich aber berufe Helena und sage zu ihr, daß sie dieser Mathilde zeigen solle, wie es die Auserwählten im Himmel machen.

5 *Helena* fällt sogleich mit offenen Armen an Meine Brust und sagt: „O Du mein süßester Vater, das ist mir schon unaussprechlich abgegangen! O Du lieber Vater, meine einzige Liebe! O wie süß ist es, an dieser Deiner Brust zu ruhen und einzusaugen des Lebens höchste Kräfte!" Nach solchen Worten fällt Mir die Helena abermals an die Brust und verbeißt sich, wie man sagt, förmlich vor Liebe in diese.

6 Als *Mathilde* das sieht, sagt sie: „Aber mein Gott und Vater, hat die aber einen Mut, der dem Erzengel Michael sicher nicht eigen ist! Mit welch einer Heftigkeit sie nun tut, als ob sie ganz und gar in die allerheiligste Brust hineinsteigen wollte. Ah, das ist denn doch ein wenig zu stark! Ich möchte das freilich auch tun, wenn ich dazu nur den Mut hätte. Nein, aber die treibt mir's denn doch etwas zu bunt!"

7 Sage *Ich:* „Nun, Mathilde, so komme und tue wie diese!" — Nun läßt sich Mathilde nicht zum zweitenmale rufen und fällt ebenfalls an Meine Brust. Da aber *Helena* sich beinahe über die ganze Brust her breit macht, findet *Mathilde* etwas zu wenig Platz und sagt sanft zur Helena: „Aber liebe, holdeste Schwester, lasse mir doch auch ein Plätzchen übrig! Ich bin ja auch gleich dir hierher berufen worden."

8 Sagt darauf *Helena:* „Sieh, wer zuerst kommt, der mahlt auch zu-

erst! Wenn man zu etwas so Gutem berufen wird, darf man sich durch nichts abhalten lassen, und fehlt einem die Courage, so muß man sie von irgendwoher zur Leihe nehmen. Komm nur her, wir werden da schon beide Platz finden! Denn schau, an dieser Brust haben gar viele auf einmal Platz!"

9 Sagt *Mathilde,* die nun ihr Köpfchen an Meine linke Brustseite gelegt hat: „Jetzt ist es gut! O Gott, o Gott, welch eine süße Ruhe! Ja, wer wahrhaft ruhen will, der ruhe in Gott! O Du heilige Brust! Ach, mein Herz ist viel zu enge, um zu fassen die Fülle dieser heiligen, zu großen Empfindung! Wer könnte aber auch solcher Gnade und Liebe Tiefe je fassen und ergründen?"

10 Sagt *Helena:* „Ist auch gar nicht nötig, denn die rechte Liebe will nichts bis auf den Grund erschöpfen. Wenn wir da ergründen wollten, wie heilig und erhaben diese Brust ist, da hätten wir Ewigkeiten zu tun! Und das wäre eine noch törichtere Arbeit, als die jenes Philosophen, der das Brot zuvor in seine Atome zerlegen wollte, ehe er seinen Hunger damit zu stillen begann — dabei aber verhungerte. — Wer da fragt, was doch die Liebe sei, der liebt gewiß noch nicht richtig. Die wahre Liebe redet nicht viel, sondern ergreift ihren Gegenstand wie ein Polyp seine Beute. Hernach kommt dann auch wieder die Philosophie. — Darum mußt du jetzt bloß genießen, da dir die Gelegenheit geboten ist, sonst kommst du neben mir ein wenig zu kurz."

11 Sagt *Mathilde:* „Sorge dich nicht darum, ich verstehe schon auch, wie man lieben muß. Schau nur, daß am Ende du nicht zu kurz kommst. Ich bin auf der Erde von der Liebe ganz kurios geplagt worden, rein und unrein, habe aber nirgends eine rechte Sättigung finden können. Nun aber empfinde ich alle Sättigung in mir, und mein Herz leidet keinen Hunger mehr. So ich an der Tafel bin, verstehe ich schon zu essen, und besonders an dieser, an der zahllose Myriaden ihren belebenden Nektar saugen!"

12 Sagt *Helena:* „Nur nicht gar so poetisch, meine liebe Schwester! Denn schau, ich bin eine gemeine Person von irdischer Geburt her und verstehe mich nicht auf so hohe Ausdrücke. Und der Herr hat das nicht einmal gar zu gern. Je einfacher, desto lieber ist es Ihm, weil einer so hohen Sprache oft auch eine Art Eitelkeit zugrunde liegt. Daher nur hübsch einfach, meine holdeste Schwester, das ist dem Herrn am liebsten!"

13 Sagt *Mathilde:* „Ja, du hast ganz recht! Aber nur ein bißchen mehr Platz lasse mir noch!" — Sagt *Helena:* „Ei, liebste Schwester, hast du denn noch nicht Platz genug? Ich glaube, daß du diese ganze, heiligsüße Brust allein in Besitz nehmen möchtest? — Nun, weil du gar lieb und herzig aussiehst, mache ich noch einen kleinen Ruck. Aber hernach mußt du mich in meiner Seligkeit nicht mehr stören, liebe, holdeste Schwester!"

14 Sagt *Mathilde:* „Nein, nein, jetzt haben wir beide Platz genug. Ich bin dir sogar vielen Dank schuldig, daß du mir den Mut gemacht und den Weg gezeigt hast. Ich habe von dem, wie man eigentlich würdigst Gott lieben müsse, mir nie eine rechte Vorstellung machen können. Ich machte daher auch große Augen, als der Herr und Vater mich berief, an Seine seligkeitsvolle Brust zu kommen. Ich stellte mir solch eine Annäherung ewig unmöglich vor, aber nun sehe ich klar ein, wie bei Gott dennoch alle Dinge möglich sind. Ihm darum ewig alle meine Liebe!"

15 Sagt *Helena:* „Also für deinen Peter nichts mehr? Wie wird denn ihm die Sache schmecken? Oder sollen etwa in diesem Punkte bei Gott auch alle Dinge möglich sein?" Sagt *Mathilde:* „Aber, schönste Schwester, warum mußt du denn stets ein wenig sticheln, macht dir das denn ein Vergnügen? Ich meine, Peter wird hoffentlich selbst meinem Beispiel folgen. Denn er sieht sicher ein, daß man Gott, den alleinig wahren Vater, mehr lieben müsse als alle noch so vollkommenen Geschöpfe. Hat man den wahren, urewigen Grund der Liebe, ja die reinste und wahrste Liebe Selbst gefunden, dann ist es mit der geschöpflichen Liebe für ewig aus! Verstehst du mich?"

16 Sagt *Helena:* „O ja, das verstehe ich wohl! Aber so ganz und gar aus ist es dennoch nicht. Denn die Nächstenliebe, die Bruder- und Schwesterliebe hört darum nicht auf, weil eben in der Liebe zu Gott die Liebe des Nächsten eine vorzügliche Bedingung ausmacht. Denn so wenig man Gott lieben könnte, so man seinen Bruder haßt, ebensowenig kann man den Bruder wahrhaft lieben, so man zu Gott keine oder wenigstens eine dumme Liebe hätte, wie solche bei vielen bornierten Zeloten anzutreffen ist.

17 Ich war einmal selbst so dumm und glaubte, daß einem ein Pfaffe den Himmel zubringen könne. Als ich mich aber hernach überzeugte, welches Geistes Kinder die Pfaffen sind, hat sich auch mein Denken

geändert. Im Jahre 1848 stand ich selbst wohlbewaffnet allen Feinden der Wahrheit und Freiheit auf den Barrikaden gegenüber und fand da auch den Tod meines Leibes.

18 Also, meine lieblichste Schwester, es ist sehr recht, daß du nun Gott den Herrn, unsern heiligsten Vater so liebst, daß du darob aller geschöpflichen Liebe bar bist. Aber du mußt dabei doch so viel Besinnung behalten, daß du in solcher Liebe auch die ärmeren Brüder und Schwestern nicht vergißt, die noch lange nicht das Glück haben, an der Quelle der Liebe die belebendste Seligkeit zu genießen."

19 Sagt *Mathilde:* „Du hast wahrlich recht und bist schon sehr weise geworden. Ich hoffe, daß auch ich bald so weise werde, jetzt aber ist mein Herz zu voll von Liebe zum Herrn und die Weisheit hat nun gut ruhen bei mir."

250

Robert belehrt Peter über die rechte Liebesreifung
Beispiele vom Phönix und von der Weinkelter

1 Der *Offizier* sieht dieser Szene zu und bewundert, daß Helena eine so gebildete Sprache spricht. Er wendet sich zu Robert und sagt: „Nun, du mußt unterdessen deiner Helena schön zugeheizt haben, daß du ihr ihre frühere Lerchenfelder Proletariatssprache ordentlich hinausgebrannt hast! Denn wahrlich, sie spricht nun ein gutes und schönes Deutsch." — Spricht *Robert:* „Freund, das hat sie früher auch schon gekonnt. Sie spricht nur dann ihren Dialekt, so es ihr darum zu tun ist, jemanden um Gottes willen so recht zu demütigen. Sie ist sonst das sanfteste und vom Herrn Selbst feinstgebildete Wesen, schön wie Morgenröte und herzlich lieb wie eine Taube."

2 Sagt *der Offizier:* „Ja, das sieht ihr wohl gleich. Aber nun noch eine Frage! Ich liebe Jesus so mächtig wegen Seiner unbegreiflichen Liebe zu uns, Seinen Geschöpfen. Diese Liebe drängt mich sehr. Was soll ich denn tun, um mein Herz zufriedenzustellen?" — Sagt *Robert:* „Lasse dein Herz nur vor Liebe zerbersten, dadurch wird dein Geist frei werden, der nun noch in deinem Herzen eingeengt ist. Dann wirst

du auch frei in all deinem Wesen, was dir vor allem not tut, so du dich dem Herrn vollends nähern willst.

3 Das Herz vor der Zeit beruhigen und zufriedenstellen, heißt seinen Geist wieder schlafen legen. Ein schlafender Geist hat aber wenig Hang zum Freiwerden. Man muß hier im Gnadenbereich die Liebe ganz frei walten lassen. Was da aus ihrem Walten auch immer herauskomme, kann nur gut sein, weil die Liebe eine heilige Kraft aus Gott ist. Lasse dich daher nur drängen von der Liebe des Herrn, sie wird dein ganzes Wesen zurechtgestalten!"

4 Spricht *der Offizier:* „Freund, du hast nun freilich gut predigen, weil du die Schule schon durchgemacht hast. Aber unsereiner, der sich gerade im Glühofen der Liebe befindet, findet in einem solche Geduldszustand ein ganz unbehagliches Drängen und kann die Sache nicht so leicht ertragen. Mache lieber, daß ich Jesus umarmen kann, so hast du mir mehr geholfen als mit der schönsten Lehrpredigt. Rede die herrlichsten Worte in ein brennendes Haus und du wirst damit das Feuer nicht löschen. So du aber einen Wassereimer nimmst und begießst damit fleißig die Glut, wirst du dadurch besser deinen Zweck erreichen."

5 Sagt *Robert:* „Freund, das ist es eben, daß ich dein Feuer nicht löschen, sondern vielmehr anfachen will. Denn du mußt in diesem Feuer gleich einem Phönix zuvor völlig verzehrt werden und aus der Asche deiner Demut neu erstehen, ehe du ohne Schaden an deinem Wesen zu nehmen, dich Gott in der Fülle nähern kannst.

6 Hast du auf der Erde nie dem *Weinkeltern* zugesehen? Die Traube kommt da unter eine entsetzlich schwer drückende Presse, durch die sie ganz zerquetscht und ihr der letzte Tropfen ihres edlen Saftes genommen wird. Daß die Traube eine Empfindung hat, daran haben wenigstens wir freistehenden Geister keinen Zweifel, da alles ein Leben haben muß, und ohne bestimmte Empfindung kein Leben wäre. Mag nun unter der schweren Presse die Traube einen noch so mächtigen Druck schmerzhaft empfinden, so ist dieser dennoch für die Vermehrung ihres belebenden Geistes höchst nötig. Denn ohne diese drückende Operation würde ihr Geist nimmer frei und könnte nicht den Saft so durchsättigen, daß dann ein jeder, der den Saft zu sich nimmt, den belebenden Geist bald in seinem ganzen Wesen verspürt.

7 So du aber den Wein und dessen belebende Kraft liebst, kannst du dann ein Feind des Kelterns sein? Ich sage dir, ohne Druck geht es

nicht! Nur wenn durch den Druck auch der Geist genötigt wird, in den seelenartigen Saft überzugehen, dann erst wird die Seele selbst Leben im eigenen Besitze der Kraft und Macht. Verstehst du dieses Bild?"

8 Sagt *der Offizier:* „Ja, nun verstehe ich dich und werde mich auch danach benehmen. Ich danke dir, lieber Bruder, für diese weise und praktische Belehrung."

9 Darauf bescheide Ich Helena und Mathilde hin zu jenen Weibern, mit denen der Offizier Peter ehedem seine Anstände gehabt hatte und von denen eine Mir mit einem Reliquienkreuz aus Silber ein Präsent machen will. Die beiden begeben sich sogleich an das ihnen anvertraute Liebeswerk und machen auch die beste Ernte.

251

Peters Liebesausbruch gegenüber dem Vater Abschied vom erscheinlichen Wien

1 Unterdessen aber berufe *Ich* den Offizier zu Mir und frage ihn: „Wie ist dir nun wohl zumute?" — Der *Offizier* antwortet: „Heiliger Vater, du Urquell der reinsten Liebe! Mir ist überaus himmlisch wohl, aber ich kann es vor Liebe zu Dir nicht mehr aushalten! O lasse Dich auch von mir umarmen, mich drängt es mächtig zu Dir hin! Tue, o Vater, mit mir, was Du willst, aber wehre mir nicht, Dich, Du Liebe aller Liebe, nach dem Drange meines Herzens zu umarmen!"

2 Hier fällt Peter unaufhaltsam an Meine Brust und weint vor größter Liebe. *Ich* aber umarme ihn auch und sage: „Mein Bruder, du liebst Mich mächtig, aber Ich liebe dich noch viel mehr! Sieh, diese Erwiderung Meiner Liebe und sage Mir, bist du damit zufrieden?"

3 Sagt *der Offizier:* „O Herr und Vater, so ist es, wie man es von Dir erwarten muß! Du bist die ewige, allerreinste, von jedem Zwang endlos weit entfernte Liebe. Wie könnte man von Dir je etwas anderes erwarten als allein nur, was die reinste Liebe in Dir und aus Dir heraus schafft.

4 Du bist der alleinige Rettungsanker für alle, die auf des Lebens sturmbewegten Wogen von einer Klippe zur anderen geschleudert

werden. Und so ist auch Dein Bestreben, nach Deiner heiligen Ordnung selbst den Verderber zur rechten Erkenntnis zurückzuführen und alles zurechtzubringen, was da schon verdorben war. Du suchst stets das verlorene Schaf, Du nimmst Tag für Tag eine Unzahl von verlorenen Söhnen auf und rufst tote Lazarusse aus den Gräbern zum Leben hervor!

5 Darum ist es auch billig, daß Dich ein jedes Herz liebe über alles. Denn Du allein bist gut und überheilig, alle anderen Wesen aber nur durch die Liebe zu Dir. Liebt ein Wesen irgendetwas anderes mehr als Dich, heiliger Vater, so ist es schon schlecht; denn alle Liebe muß Dir zugewandt sein. Liebe ich ein Geschöpf des Geschöpfes wegen, ist meine Liebe schon Sünde. Liebe ich es aber allein Deinetwegen, dann ist meine Liebe Tugend und gibt dem Herzen eine bleibende Seligkeit. Du bist allein Liebe und hast uns aus Liebe und für die Liebe geschaffen. Daher gebührt Dir allein alle unsere Liebe, und wer Dich liebt, der betet Dich auch recht an!

6 Nicht umsonst sprachst Du schon durch den Mund des Propheten Jesaja: »Dieses Volk verehrt Mich mit den Lippen, aber sein Herz ist ferne von Mir.« — Nicht umsonst erteiltest Du der Sünderin Magdalena große Gnaden, denn sie hatte ihr Herz Dir zugewandt. — Und nicht umsonst riefst Du den Sünder Zachäus vom Maulbeerbaum, denn die Liebe zu Dir hieß ihn den Baum ersteigen. Du, o Vater, warst allezeit Liebe, und alle Sünder, die in ihrem Herzen Deinen Namen anriefen, sind nicht zuschanden geworden. Heulen und wehklagen aber sollen alle, die ihre Herzen von Dir abgewandt haben und sie nicht wieder zu Dir wenden wollen, was sie doch leicht könnten!"

7 Sage *Ich:* „Ganz gut, Mein lieber Bruder! Du hast den rechten Weg gefunden. Leider aber leben in dieser Stadt viele, denen dieser Weg fremd ist und noch lange fremd bleiben wird. Was da reif war, habe Ich nun geerntet. Alles andere aber ist noch unreif und muß noch auf dem Felde belassen werden.

8 Wir werden uns daher nicht länger mehr an diesem Ort aufhalten, sondern uns in eine andere Stadt verfügen, deren Namen Ich euch aber erst dann nennen werde, so wir uns in ihrer Nähe befinden."

9 Spricht *der Offizier* etwas wehmütig: „O Du lieber Vater! Diese Stadt Wien zählt mehrere Hunderttausende Einwohner, und unser werden hier sämtlich kaum etwas über tausend sein. Wenn ich dazu

noch jene bedenke, deren Staub die Asche der Friedhöfe deckt — was wird mit all denen geschehen? Es mögen darunter wohl einige sich schon lange im ewigen Lebenslicht sonnen, aber Millionen sicher nicht aus diesem Orte. Werden sie je erstehen?"

10 Sage *Ich:* „Sorge dich um diese nicht! Ich habe gar viele Diener, die diese Schafe zu weiden und zu führen haben. Es ist daher auch nicht nötig, daß gerade wir alle führen sollen, sondern nur jene, die sich bei ihren Lebzeiten auf der Erde hauptsächlich um Meinen Namen gekümmert haben — ob auf falschen oder rechten Wegen, das ist hier gleich. Wenn nur ein Glaube da war, so können wir diesen immer zurechtbringen und die Liebe erwecken. Aber wo gar kein Glaube vorhanden ist oder ein zu dicker Aberglaube, da dürfen wir zunächst nicht die Führer und sichtlichen Erwecker machen. Dazu habe Ich Millionen von Dienern, denen solche Geschäfte in die Hände gelegt werden. Aber es ist dennoch dann ein Unterschied zwischen denen, die Ich Selbst unmittelbar erwecke und führe und jenen vielen, die von Meinen Engeln und Dienern erweckt und geführt werden. Da gilt das Wort: »Viele sind berufen, aber nur wenige auserwählt!«"

252

Gleichnis vom streng-gerechten König, den die Liebe überwindet

1 Spricht *der Offizier:* „O Vater! Viel zuviel Gnade für uns arme Sünder! Wie können wir Dir je zur Genüge danken für solche Gnade? Wie sollen wir es denn anstellen, um solcher Gnade würdiger zu werden?" — Sage *Ich:* „Freund und Bruder! Ein mit Liebe zu Mir erfülltes Herz ist Mir der größte und vollkommenste Dienst, den ein Mensch Mir zu Gefallen tun kann. Ich sage dir, bei Mir kommt am Ende alles auf die Liebe hinaus!

2 Es war einmal auf der Erde ein mächtiger *König,* in all seinem Tun und Lassen unerbittlich streng und gerecht. Sein Volk gehorchte ihm aus Furcht, aber von einer Liebe zu solch einem gestrengsten Herrscher war keine Rede. Man lobte wohl seine unbestechliche Gerechtigkeit, aber dennoch scheute sich alles vor ihm und bebte, wenn er den

Richterstuhl bestieg. Wie aber dieser König beschaffen war, waren es auch seine Beamten. Sie übten das strengste Recht, aber von dem Nachlaß einer Strafe war nie die Rede.

3 Es befand sich aber in der Stadt auch ein ganz einfacher Mensch, der sich mit allerlei nützlichen Wissenschaften abgab und hie und da so manches ans Tageslicht brachte, das den Menschen Nutzen bereitete. Ein Gebot des Königs aber bestand darin, daß ein jeder Künstler oder Gelehrte seine Werke zuvor dem König zur Prüfung unterbreiten solle, damit nicht irgend etwas unters Volk käme, was ihm einen Schaden bringen könnte. Dieser Mensch aber wußte kaum, daß ein solches Gesetz besteht und brachte daher ohne Vorwissen des Königs mehrere seiner nützlichen Werke unter das Volk, das nicht unterließ, den Künstler über alle Maßen zu loben.

4 Das aber kam dem König zu Ohren, und er ließ den Künstler gefangennehmen und vor seinen Richterstuhl bringen. Nach der Diktierung der Strafe warf sich das anwesende zahlreiche Volk vor dem König nieder und bat ihn, bei diesem Manne, der durch seine Talente so viel Gutes ins Leben rief, Gnade für Recht ergehen zu lassen. Aber es half nichts, des Königs Wort war unbeugsam wie ein Fels.

5 Da das Volk durch sein dringendes Flehen nichts ausrichtete, so fing es über die Härte des Königs laut zu murren an und bedrohte ihn gar in großer Masse.

6 Da stand der einfache, zur Strafe bestimmte Mensch auf und sprach: »Großer, gerechtester König! Bevor ich in meine wohlverdiente Strafe abgeführt werde, gestatte mir einige Worte an dein aufgeregtes Volk zu richten.«

7 Der König gewährte dem der Strafe Verfallenen diese Bitte, und dieser sprach zum Volk: »Liebe Freunde und Brüder! Murret nicht über euren für euer Bestes besorgten Vater! Meint ihr, daß er seinetwegen so strenge und gerecht ist, da irrt ihr euch darin mächtig! Aus zu großer Liebe zu euch ist er in allem so streng. Ich habe euch zwar Gutes erwiesen, hätte euch aber auch Gift für Balsam verkaufen können. War es bei mir auch kein böser Wille, des Königs heilsames Gesetz zu übertreten, so war es dennoch sträfliche Fahrlässigkeit, daß ich mich nach dem Gesetze so wenig erkundigt und dadurch nicht geachtet habe des weisen Vaters Liebe und Fürsorge. Und so trifft mich die Strafe ganz gerecht. Lobet und liebet darum den weisesten König, als den für

euer Wohl ängstlich besorgten Vater, so werdet ihr ihm dadurch den besten Tribut in euren Herzen zollen!«

8 (Sich zum Könige wendend:) »Dir, du guter, weiser Vater deiner Völker, aber danke ich mit liebeerfülltem Herzen für diese gerechte Strafe. Erlaube mir, bevor ich den Kerker besteige und die verdiente Zuchtrute über meinen Schultern verkoste, den Saum deines Gewandes mit meinen Lippen zu berühren und mit den Tränen meiner großen Liebe zu dir zu benetzen!«

9 Hier steht der *König* auf, öffnet seine Arme und sagt: »Mein Sohn! In deinem Munde bewegt sich keine Schlangenzunge. Dein Auge und dessen sanfter Blick ist mir ein getreuer Bürge, daß du mich aus allen deinen Kräften liebst. Komm her in meine Arme! Die Liebe bedecket die Menge der Sünden! Mein Herz ist voll Freude, unter meinen vielen Kindern eins gefunden zu haben, das in mir den liebenden Vater erkannt hat. Weil du mir mit Liebe entgegenkamst, so sollst auch du bei mir Liebe finden! Anstatt Strafe zu leiden, sollst du mit königlichen Ehrenkleidern angetan werden und wandeln an meiner Seite!«

10 Siehe nun, du Mein lieber Bruder, geradeso ist es auch bei Mir. Jedes Meiner Worte bleibt zwar ewig unwandelbar im Bereich Meiner Ordnung und Weisheit. Aber wer durch die Liebe zu Mir kommt, dem wird alles nachgesehen. Denn bin Ich schon in der Weisheit ein Diamant, so bin Ich aber in der Liebe weicher als Wachs und lasse sehr mit Mir handeln!“

253

Was die Liebe tut, ist wohlgetan
Laß dich allein von ihr leiten!

1 Sagt *der Offizier:* „O wie herrlich süß ist es, von einem solchen Herrn abzuhängen, der zwar in der Weisheit über allen Wesen ewig unerreichbar obenansteht, der Liebe aber die höchste Freiheit einräumt und sie so stellt, daß sie gar nicht fehlen kann! Ja, das ist endlos groß, erhaben und heilig!

2 Daß Du, o Herr und Vater, mit Dir durch die Liebe hast handeln lassen, darüber findet sich ja eine Unzahl von Beispielen in der Heili-

gen Schrift. Ich will jener Beispiele des Alten Bundes gar nicht gedenken, wo Du die Sarah erhört hast, dem liebenden Jakob das Vorrecht der Erstgeburt gabst, den Joseph zum Wohltäter seiner Brüder machtest. Und darauf den Moses, der von jeher ein Sohn der Liebe war und endlich durch den Drang seines Herzens zu Dir im brennenden Dornstrauch kam und da erst vollends zum Werkzeug Deiner Liebe und Erbarmung ward.

3 Aber ich gedenke hauptsächlich des Neuen Bundes, wo Du Selbst mit Dir hast derart handeln lassen durch die Liebe, daß sich darob oft Deine Jünger und Apostel weidlich geärgert haben. Wie gerne hätten sie es gesehen, so Du bei manchen ärgerlichen Gelegenheiten Feuer und Schwefel hättest vom Himmel herabregnen lassen! Aber Du verwiesest es ihnen und heiltest, wo sie erwarteten, daß Du verwunden würdest. O Herr, eine ganze Ewigkeit ist zu kurz, um alle die Wundertaten Deiner Liebe aufzuzählen! Aber was kann man tun? Nichts, als Dich nur lieben und lieben, weil Du Selbst nur Liebe und wieder Liebe in allem bist!“

4 Sage *Ich:* „Gut, gut, Mein Bruder, Mein Sohn! Was die Liebe tut, ist wohlgetan! Laß dich daher stets allein nur von der Liebe leiten! Wohin immer diese dich ziehen wird, wirst du am rechten Orte anlangen; Mein Reich ist pur Liebe, und wo die Liebe waltet, da bin auch Ich zu Hause. Daher kommt auch niemand ohne Liebe je in Mein Reich und noch weniger unmittelbar zu Mir. Das Licht Meiner Augen durchströmt wohl die Unendlichkeit, und das ist der ewig strahlende Diamant Meiner Weisheit. Aber die Liebe ist nur da, wo Ich unmittelbar Selbst zu Hause bin körperlich und wohl unterscheidbar wesenhaft.

5 Der Sonne Licht durchdringt auch einen beinahe unmeßbaren Raum. Aber ihre Wärme genießen nur jene Weltkörper, die sich in ihrer Nähe befinden; über ihren Planetenkreis hinaus dringt keine Wärme mehr. Die Körper, die von der Sonne wollen erwärmt werden, müssen jedoch zuvor selbst Wärme in sich haben. Ein Eisklumpen nimmt keine Wärme an, außer er schmilzt zuvor zu Wasser, das da schon fähig ist, Wärme in sich aufzunehmen.

6 Was also Liebe hat, wird auch Liebe in sich finden und gewinnen wie zum vollen Eigentum. Was aber keine Liebe hat, das kann auch keine Liebe in sich aufnehmen. Hätte ein Stein kein Feuer in sich, nimmer könnte er glühend gemacht werden.

7 Bleibe also in der Liebe, da du die Liebe in dir hast — und gehe nun hin und nimm die *Mathilde-Eljah*, damit alle deine Liebe zu Mir eine ewige Nahrung habe! Denn so der Magnet als Symbol der Liebeskraft keine Nahrung hat, wird er schwach; hängt man ihm aber eine Speise an, so wird er stärker und stärker. Und so soll dir auch die Mathilde-Eljah eine stärkende Speisung sein! — Es sei!"

254

Segensbitte vor dem Speisen. Über Swedenborg
Segnung des Hauses Habsburg
Einwirkung der Geister und Engel auf die Menschen
Grundgesetz der Willensfreiheit

1 *Der Offizier* tut, was Ich ihm angeraten habe, bringt aber Mathilde-Eljah wieder zu Mir hin und sagt: „O Vater, hier ist sie, die wie ich Dich über alles liebt! Du hast sie mir zwar gegeben durch Dein heilig Wort, und ich könnte sie auch sogleich an meine Brust ziehen. Es kommt mir aber im Herzen so vor, daß ich Dich zuvor um den Segen anflehen sollte und ich Mathilde-Eljah erst dann als völlig die Meine ansehen kann, so ich sie aus Deiner Hand erhalten habe.

2 Als eine Speise für mein Herz hast Du, o lieber Vater, sie mir beschert. So bescherst Du auch allen Menschen auf Erden Speise und Trank. Die da vor Zusichnahme der Speise zu Dir in ihrem Herzen kommen und Dir danken und um Deinen besonderen Segen flehen, werden von der Speise auch wahrhaft genährt. Die aber meinen, so was sei gar nicht nötig, denen gereicht sie zu keinem Segen, weder leiblich noch geistig. Denn man kann Dich nie genug lieben und Dir danken für die Fülle Deines Segens. Darum segne uns noch einmal, o heiliger Vater!"

3 Rede *Ich:* „Mein Sohn! Um was du gebeten, ist schon geschehen! Daher sei nur ganz beruhigt, denn bei dir ist nun alles in Ordnung. Nur etliche sind noch in unserer Gesellschaft, die zwar noch nicht ganz in der Ordnung sind, aber sie haben Liebe im Herzen, und das ist gut. Es wird da nicht viel mehr brauchen, daß auch sie völlig in die rechte Ordnung kommen.

4 Dir hat das Lesen der Bücher des Weisen *Emanuel Swedenborg* sehr genützt, weil du das Gelesene zugleich auch ins Werk gesetzt hast. Aber diese hier haben weder Mein Wort, noch das, was Ich Swedenborg über Mein Wort geoffenbart habe, gelesen und müssen daher hier wie vollste Neulinge stehen. Aber wie gesagt, wir werden sie noch unterwegs zurechtbringen.

5 Wir könnten uns zwar hier in dieser Stadt noch einige Zeit aufhalten, auch das regierende Haus besuchen und es segnen für alle Zeiten, aber es fleht uns darum niemand an. Und so sei es nur einfach gesegnet durch unsere Gegenwart in dieser Stadt, wodurch es aber dennoch besser daran ist als alle anderen regierenden Häuser der ganzen Welt. Es wird zwar dieses Haus noch eine Probe zu bestehen haben, dann aber soll es zum Segen von Europa erhoben werden! — Wir sind damit hier fertig, daher machen wir uns nun auf die vorbestimmte Weiterreise nach Süden hin.“

6 Hier treten die Kaiser *Joseph, Leopold* und *Franz* zu Mir hin und bitten Mich inständig um den besonderen Segen über das Haus Österreich und über alle Völker dieses Staates. Und Ich tue das nach der weisen Bitte dieser drei einstmaligen Regenten und sage:

7 Du ergrautes Haus! Bleibe! Dein Panier sei die Liebe, Sanftmut und Geduld! Werde und bleibe fest im wahren Glauben und scheue das Licht des Geistes nicht, denn dieses Licht wird dich erheben über alle Fürsten Europas! Lasse dich nimmer von Rom betören und knechten! Denn dich setze und segne Ich zu einem Regenten, und über dich bin nur Ich und sonst niemand auf der Erde! Ich kenne kein gebietendes, alle Fürsten ins Schlepptau nehmendes und über alles herrschsüchtiges, finsterstes Rom. Nur ein demütiges, nicht mit drei Kronen gekröntes Rom, das da auf Mein Wort hielte, würde Ich kennen. Aber ein Rom, das die Vertilgung aller Brüder begehrt, die sich die Bürde der drei Kronen auf seinem Haupte nimmer wollen gefallen lassen und heller denken als der Fürst der Nacht zu Rom, ist vor Mir ein Greuel der Verwüstung an der heiligen Stätte alles Lebens aus Mir! — Mein Haus! Du hast nun schon so manches getan; tue alles, so wird deine Macht wachsen wie eine Zeder auf Libanon! Mein Segen und Meine Kraft mit dir! Es sei!“

8 Hier fallen die drei Fürsten vor Mir nieder, sagen Amen und loben und preisen Mich aus allen ihren Kräften.

[9] Sage *Ich:* „Stehet auf, Freunde! Ein jeder tue, was er kann. Ich weiß am besten, wie die Sachen nun stehen. Aber sie werden nicht lange mehr so bleiben, wie sie bisher gestanden sind. Euch dreien aber werde Ich die Macht geben, auf euer Haus in der Welt nach der freien Ordnung, nach dem freien Recht und nach der rechten Billigkeit einwirken zu können, ohne den freien Willen des jeweiligen herrschenden Regenten zu beeinträchtigen.

[10] Solches geschieht indem man bei jedem Menschen nur auf sein *Erkenntnisvermögen*, nie aber auch nur entfernt auf den *Willen* hemmend oder fördernd einwirkt; denn ein unterstützter Wille ist ebenso wie ein gehemmter als gerichtet zu betrachten. Die *Hölle* packt die Menschen beim Willen und zerrt sie ins Gericht und in den Tod! Aber von uns aus muß die vollste Freiheit des Willens auf das äußerste geachtet werden. Daher müßt auch ihr dort, wo ihr ermächtigt seid, nie auf das Wollen, sondern nur auf das Erkennen des Menschen einwirken. Der Mensch kann seine Erkenntnis noch so hoch steigern, so wird sein Wille in sich doch stets bleiben, wie er ist und war. Und so muß es sein, weil es Meine ewige Ordnung so haben will.

[11] So der Mensch aber zu einem rechten Erkennen gelangt, da wird dies ohnehin den Willen leiten, wie ein guter Reiter sein Pferd. Und der Wille wird dann mehr und mehr das zu wollen anfangen, was sein Erkennen als wahr, gut und somit zweckdienlich findet. Dadurch werden Wille und Erkenntnis einander stets befreundeter, bis sie endlich völlig eins werden, was dann die Vollendung des Menschen ergibt. Der Wille ist das Leben der *Seele*, das Erkennen dagegen liegt im ewig freien *Geiste*. Werden Geist und Seele eins, dann ist die zum ewigen Leben bedungene Freiheit durch diese geistige Wiedergeburt auch da, und der Mensch lebt dann schon in Meinem Reich, das da ist die Wahrheit und das ewige Leben.

[12] *Drei* aber sind, die solches bezeugen: Das *Wort*, die *Erkenntnis* und der *Wille*. Und diese drei müssen *eins* werden, wie Ich Selbst eins bin als Vater, Sohn und Geist. Der Vater ist das ewige Wort wesenhaft. Der Sohn ist die Aufnahme des Wortes und dadurch die ewige Weisheit Selbst. Der Geist oder Wille oder die Kraft aber geht dann aus beiden hervor und ist ebenfalls vollkommen eins mit Vater und Sohn — und das alles in dem einen Wesen, das da in Mir vor euch steht und euch belehrt.

13 Darum müßt ihr euch das wohl zu Gemüt nehmen und Meine unwandelbare Ordnung recht fassen. Sonst würdet ihr, so ihr bei einem noch auf der Welt lebenden Menschen Einfluß nehmt, bei diesem viel mehr verderben als gut machen. Jeder nur durch eine äußere, geschweige durch eine innere Gewalt gezähmte Wille ist nutzlos. Rom hat sich wie das Heidentum allerlei Zwangsmittel bedient, um den Willen der Menschen zu bändigen. Was hat es aber damit erreicht? Die kommende Auflösung und allseitig tiefste Verachtung. Was es nun auch tun mag, so wird es sich doch nimmer erholen und erheben können.

14 Also muß solches ganz besonders von unserer rein geistigen, innersten Machtsphäre aus genauest beobachtet werden. Innerlich dürfen wir nie jemandem einen Zwang anlegen, wohl aber, so es nötig ist, der Hölle einen Damm zu setzen, äußerlich: durch allerlei Übel fürs sinnliche Fleisch, durch Krieg, Hungersnot und Pestilenz, durch Mißwachs der einen und der anderen Nährfrucht. Zwar ist dies auch schon ein Gericht und seine Früchte sind nur schlecht, aber zwischen zwei Übeln wählt allemal das kleinere. Ein äußeres Gericht läßt sich wieder gutmachen, aber ein inneres nur höchst schwer oder häufig für die wahre Freiheit Meiner Himmel gar nicht.

15 Darum nehmt, wohl achtend Meine Worte, denn auch hin die Macht, die guten Geister eures Hauses zu wecken, und benützt sie nach der euch gegebenen Anweisung! Es sei!“

16 Die drei danken Mir für die ihnen erteilte Lehre und Macht und geloben vor allen Anwesenden, daß sie von solcher Gnade stets den möglichst weisen Gebrauch machen werden.

255

Schlußwort des Herrn: Haltet euch an den Geist der Liebe! Aus Liebe kommt Weisheit, aus Weisheit Liebe — die ewige Ordnung des Lebens in Gott

1 Es kommt nun wieder Mathilde-Eljah mit ihrem Peter und dankt mir noch einmal inbrünstig, daß Ich ihr ihren einstigen irdischen Lehrer nun auch im Himmelreich zum bleibenden Führer gegeben habe.

2 *Ich* aber sage: „Du bist eine gute Kost für ihn und er für dich. Aber nur laßt euch von der äußeren Form nicht mehr als vom Geiste der Liebe leiten! Denn die Form kann auch im Himmel verändert werden, je nach dem Wachstum der Liebe oder nach dem Bedürfnis einer auszuführenden Liebetat; aber die Liebe bleibt ewig unverändert. Auch gewöhnt sich der äußere Sinn bald an eine noch so schöne Form, wonach sie ihm dann gleichgültig wird. Die Liebe aber, da sie stets neue Weisheit und ein neues Wunder um das andere schafft, wird anziehender von Weile zu Weile. Haltet euch daher stets an den *inneren* Geist der Liebe, der wird euch das wahre Himmelsbrot sein und wird euch stärken stets mehr ohne Unterlaß; denn solcher Geist in euren Herzen ist Mein Geist!"

3 *Mathilde-Eljah* ist über Meine Belehrung im höchsten Grade ergriffen. Sie sagt darauf zu Peter: „Edler Bruder, hast du diese heilige Wahrheit auch gehört und begriffen?" — Spricht *Peter:* „Warum fragst du darum? Fürchtest du etwa, ich möchte irgend etwas wider des Herrn Willen tun wollen? O sorge dich nicht darum! Ich habe des Vaters heiligstes Wort tiefst in mein Herz eingegraben und lebe nun allein aus diesem Worte in mir. Es wäre mir nun unmöglich, etwas anderes zu denken und zu wollen als ganz einzig allein, was da der Herr will. Wo es mir irgend noch fehlen könnte, wirst du bei mir das Fehlende ersetzen. Und sollte dir noch irgend etwas abgehen, werde ich dir das Gleiche tun. Sollte aber uns beiden irgend etwas fehlen, werden wir vereint den heiligen Vater darum bitten. Er wird uns aus Seinem unversiegbaren Born alles geben, was uns nottun würde. Daher also ohne Sorge, liebste Mathilde, dein Peter hat alles wohl verstanden."

4 Spricht *Mathilde:* „Ja, ja, du bist doch stets mein Meister in allem, in der Weisheit wie auch in der Liebe! Du hast zwar auf der Erde zuerst durch deine Weisheit die Liebe in mir zu dir angefacht; nun aber scheint es mir, daß die große und reine Liebe in deinem Herzen in mir die Weisheit entzünden wird. Was meinst du darüber?"

5 Sagt *Peter:* „Siehe, das ist ja eben jener große Kreislauf, in dem sich alle Dinge bewegen und regen: Die Liebe erzeugt die Weisheit, und die Weisheit wieder die Liebe. Der Urgrund alles Lichts ist natürlich die Liebe als die ewige Lebenswärme der Gottheit. Ist uns aber die Wärme gegeben, so erzeugt sie dann gleichfort auch Licht in dem Grade, als sich die Wärme in uns vermehrt. Die Wärme aber vermehrt sich

wiederum durch das reicher werdende Licht. Und es geht stets das eine aus dem andern hervor, das Licht aus der Wärme und die Wärme wieder aus dem Licht!

6 Wie aber diese beiden Urelemente alles Lebens sich gegenseitig stets neu erzeugen und gebären, ernähren, kräftigen und erhalten — ebenso sind auch wir im kleinsten Maßstabe bestimmt, uns gegenseitig durch Liebe und Weisheit zu kräftigen. Das ist der Wille und die ewige Ordnung des Herrn. Sorge dich also um nichts, ich verstehe nun schon auch, durch die Gnade des Vaters ein rechtes Leben in Gott zu leben."

7 Sage darauf *Ich:* „Amen! So ist es recht, das ist des Lebens rechtes Verständnis! In diesem verbleibet alle! — Nun aber, Meine lieben Freunde alle, heißt es weiterziehen. Stellt euch in eine gewisse Ordnung! — Robert! Das alles ist noch in deinem Hause, du bist der Hausherr. Daher kommt nun wieder die Reihe an dich, die ganze große Gesellschaft zu führen. Nimm aber Freund Peter mit seiner Eljah wie auch deine Helena zu dir, sie werden dir auf dem Wege gute Dienste leisten."

256

Die heilige Gesellschaft verläßt Wien und zieht den Alpen zu Am Semmering. Der Herr über Grenzsteine und über Land und Volk der Steiermark

1 Nach diesen Worten ordnet sich alles und der Weitermarsch beginnt sogleich, und zwar auf der Straße nach Steiermark. In kurzer Zeit kommen wir an den Fuß des Berges Semmering. Die ganze Gesellschaft, die nun die Fähigkeit besitzt, die naturmäßige Erde zu sehen, macht hier Halt.

2 Es tritt Kaiser *Joseph* hervor und sagt zu Mir: „Herr, diesen Berg habe ich einigemal überfahren und habe für eine bessere Straße manches angeordnet; denn vor mir war so manche Straße zu Wagen ohne Lebensgefahr nicht zu befahren. Damals schlugen die Leute ihre Hände über dem Kopf zusammen und schrien sich darob heiser. Die weise sein Wollenden sagten: »Ja, ja, nur die Straßen schön eben, glatt und breit machen, damit der Teufel eine leichtere Mühe habe, auf solch höllischer

Straße einherzufahren!« Man sah nämlich zu meiner Zeit eine breite Straße noch sehr stark als eine zur Hölle führende an. Es gab sogar in Wien Menschen, die in einer breiten Straße keine Wohnung genommen hätten, so sie dafür auch noch bezahlt worden wären.

3 Es genügt, diese Dummheit der Menschen berührt zu haben, um anzuzeigen, welche Mühe es mich gekostet hat, die Menschheit zu geläuterteren Begriffen zu erheben. Ich will die Sache übergehen, daß sogar Priester von der Errichtung bequemer und breiter Straßen nichts hören und wissen wollten und mich samt den Straßen in die unterste Hölle verdammten. Nun aber, was sagen denn die Pfaffen und die Menschen jetzt zu den sogenannten Eisenbahnen, besonders zu dieser hier über den Berg Semmering? Wahrlich, Herr, so etwas hätte vor hundert Jahren noch keinem Menschen im Traum vorkommen können!"

4 Sage *Ich:* „Zu deiner Zeit waren die Menschen zwar wohl sehr dumm, aber sie waren gläubiger als jetzt. Sie faßten zwar alles grobmateriell auf und wußten vom Geistigen sozusagen nichts. Aber um was nun die Menschen weiser geworden sind, um das sind sie auch ungläubiger. Mir aber ist der Glaube, und wäre er noch so blind, dennoch lieber als die sogenannte Weltgelehrtheit. Denn im Glauben ist der irdische Mensch frei und hat seine Seele nicht in irgendetwas gerichtet; aber in der irdischen Wissenschaft liegt schon ein Gericht.

5 So schreien die Menschen nun nicht mehr über solche Bauten, denn sie sehen deren Natur ein. Aber dafür schreien sie desto mehr über die Teuerung und Geldnot, und der Glaube ist ganz rar geworden. Wohl weiß die Welt nun bedeutend mehr als zu deiner Zeit, aber sie ist darum nicht besser und nicht reicher geworden, weder naturmäßig noch viel weniger geistig. Daher lassen wir nun diese Straßen das sein, was sie sind und begeben uns weiter!"

6 Die Wanderung wird nun fortgesetzt, und in kurzer Zeit wird des Berges Höhe erreicht, wo das bekannte Grenzmonument steht. Hier wird wieder eine kleine Pause gemacht. Und Kaiser *Karl* tritt hervor und sagt: „Herr und Vater, siehe dieses Zeichen an! Es ist ein Werk aus meiner irdischen Zeit. Der Grund davon waren stete Grenzreibungen. Um solchen ein Ende zu machen, habe ich an besonders strittigen Punkten Grenzsteine setzen lassen. Und hie und da hat man sie dann auch mir zu Ehren gesetzt. Sage mir armem Sünder, ob ich da wohl recht gehandelt habe?"

7 Sage *Ich:* „Mein Freund, Grenzsteine sind nichts als Aushängschilder der Härte menschlicher Herzen! Es ist traurig genug, so ein Bruder dem anderen sagen muß: »Bis hieher und nicht weiter!« Aber sind die Menschen einmal vom bösen Geist der Selbstsucht besessen, da werden sanktionierte Grenzsteine eine Notwendigkeit, weil sie der unersättlichen Habgier gewisse Schranken ziehen. Auch sind Marksteine zwischen Provinzen eine Notwendigkeit geworden. Das ist aus dem Gesichtspunkt der Notwendigkeit betrachtet gut, obschon an und für sich schlecht, weil der Grund, der sie notwendig macht, schlecht ist.

8 Lebten die Menschen nach Meiner leicht verständlichen Lehre und pulsten in ihrer Brust wahre Bruderherzen, dann wären auf der ganzen Erde keine Grenzsteine vonnöten. Die Habsucht, Herrschgier, der Geiz, der Neid und der Hochmut aber sind grundböse Dinge. Daher müssen ihnen Grenzen gezogen werden, auf daß sie nicht wie ein Krebsschaden stets weiter um sich greifen. Aus dem kannst du nun leicht beurteilen, ob deine Grenzmarken gut oder schlecht waren. Sie sind beides zugleich, so wie ein Gericht und der Grund des Gerichts, nämlich das Gesetz. Aber weder das Gesetz noch das Gericht sind gut, weil beide eine Folge des Bösen des menschlichen Herzens sind.

9 Siehe, in Meinem Reiche gibt es kein Gesetz und somit auch kein Gericht mehr. Denn Gesetz und Gericht sind nur Wächter und halten das Falsche und Böse in bestimmten Schranken. In den Himmeln aber können weder Gesetze noch Gerichte Platz haben, außer das Gesetz der reinen Liebe, welches aber eigentlich die höchste Freiheit selbst ist. — Ich sehe daher Grenzsteine sehr ungern an, weil sie nichts als Denksteine der Härte und Lieblosigkeit des Menschenherzens sind. Nun weißt du, lieber Freund, alles und brauchst daher über solche Nichtigkeiten nicht weiter nachzudenken.

10 Seht dafür lieber alle hin gegen Süden — das schöne Land, das da ist wie ein Kanaan. Es heißt die *Steiermark!* Die Bewohner dieses Landes sind zum größten Teil noch sehr dumm. Denn wo der Mensch von der Not nicht zu sehr geplagt wird, gleicht er einem Faultier und kümmert sich nicht viel ums Leibliche und noch weniger ums Geistige. Und das ist eben in diesem schönen Lande der Fall: Es nährt seine wenigen Bewohner zu gut; daher sind sie träge und tun nur so viel, als gerade zur Befriedigung ihrer Haut vonnöten ist. In den Städten ist hie und da wohl etwas mehr Leben anzutreffen, dafür auch desto mehr Bosheit

und Sünde aller Art. Nur einige wenige leben in den Städten dieses Landes, derentwegen wir dies Land besuchen. Und so setzen wir unseren Weg wieder fort!“

257

Gespräche über alte und neue Zeit. Die Welt war nie gut, immer nur wenige Menschen in ihr

[1] Wir bewegen uns wieder weiter bergabwärts und erreichen den Ort Spital am Fuß des Semmering.

[2] Kaiser *Karl* tritt abermals hervor und sagt: „O Herr und Vater, der Du heilig bist, überheilig! Zu meiner Zeit war dieser Ort wirklich ein Asyl für arme Leidende. Ich selbst habe ihn öfter bei meinen Reisen nach dem Süden besucht und beschenkt. Aber mit mir hat sich bald alles verloren, und der Wohltätigkeitssinn der bemittelteren Steirer hat sich nur zu schnell in einen Gewinnsinn verwandelt. Die Leute wollten reich werden und vergaßen nur zu bald, daß der Arme nichts hat und sonach auch nicht leben kann. Es hat aber das dem Lande wenig Segen gebracht. Zu meiner Zeit war es eines der reichsten Länder des ganzen Reiches, und nun wird es bald zu den ärmsten gehören.“

[3] Sage *Ich* darauf: „Ja, da hast du nicht ganz unrecht. Es gibt wohl einige, die noch Erkleckliches leisten; aber im allgemeinen wird es nicht bald in einem Lande so viele Selbstsüchtler geben wie eben in diesem. Sein Hochlandsteil ist noch der bessere Teil, aber das Unterland ist schlecht bestellt. Gewinnsucht, Unzucht, Unglaube auf der einen, der krasseste Aberglaube auf der anderen Seite! Eigennutz, oft starre Gefühllosigkeit gegen die arme Menschheit, Geiz und Neid und stete Mißachtung des Nächsten sind so die Hauptgrundzüge dieses Landes. Darum aber besuchen wir dies kranke Völkchen, um es möglicherweise ein wenig gesünder zu machen. In der Stadt dieses Landes wird es uns nicht leiden, daher werden wir auch für die kurze Weile unseres Aufenthalts außerhalb herum unser Quartier suchen.“

[4] Sagt *Karl:* „Herr! Da schlage Donner und Blitz in diese Stadt! Das müssen ja rechte Teufel von Menschen sein! Gibt es denn keine Beamten, kein Militär, keine Polizei darinnen?“

5 Sage *Ich:* „O genug, aber wenige Menschen darunter! Die Beamten möchten nur zu bald schon große Herren sein, um mehr Geld zu bekommen. Daher sind ihre Herzen auch meistens aus Stein, und sie üben häufig ihr Amt unerbittlich strenge, auf daß man bei einer Vorrückung ihrer als tüchtige Männer gedenken möchte. Wenige nur sind mit dem zufrieden, was sie sind und was sie haben. Die meisten wollen nur steigen und steigen, und siehe, das ist ein großes Übel; da sieht ganz entsetzlich wenig Liebe und noch weniger wahre Gerechtigkeit heraus.

6 Wäre in dieser Stadt nicht so manche militärische Gewalt vorhanden, ginge es dem Beamtenstande im allgemeinen schlecht, denn er ist durchaus nicht beliebt. Soll der Beamte Segen streuen im Staat, so muß er viel Liebe haben! Hat er diese nicht, so sät er nur Unkraut und Disteln, wo er wirkt, und erzeugt Haß und Verachtung bei den Untertanen."

7 Sagt *Rudolf von Habsburg:* „Aber Herr, da sieh an die zwei breiten Straßen! Die eine fürs Fuhrwerk und die andere für die eisernen Wagen. Wie viel schönes Land nehmen sie ein, während zu meiner Zeit alle Straßen nur enge sein und über sonst unverwendbare Landesstellen gehen mußten. Ich hatte keine Staatsschulden und hatte doch auch manchen Krieg zu führen. Die aber nun auf so breiten Straßen einherfahren und ihre Sachen schnell weiterschaffen, sind nun aller Welt schuldig. Wahrlich, das begreife ich nicht!"

8 Sage *Ich:* „Das besteht einfach darin: Weil sie keine Liebe haben, so können sie auch unmöglich ein rechtes Licht haben. Wenn die Menschen lebten nach dem Bedürfnis, hätten sie alle genug. Weil sie aber dem Luxus leben und der Hoffart, so leiden sie Not und Elend und werden aller Welt Schuldner. Verstehst du diese einfache Grundwahrheit?"

9 Sagt *Rudolf:* „O Herr, leider verstehe ich sie! Es wird wohl nun die Zeit auf Erden sein, von der Du vorausgesagt hast, daß in ihr die Liebe erkalten und kein Glaube bestehen wird. Aus all den Einrichtungen, die ich bis jetzt gesehen habe, geht das nur zu klar hervor. Nichts als eitle Pracht, Hoffart und Luxus! Ein jeder will sich vor dem andern hervortun.

10 Wenn ich auf meine Zeit zurücksehe, so war da auch in der Tracht eine Ordnung. Ein jeder mußte nach der Vorschrift seinem Stande ge-

mäß sich kleiden, und dadurch war dem Hochmut und der verschwenderischen Luxuspracht sehr gesteuert. Jetzt aber hat die gegenseitige Achtung, die Liebe, der Glaube, die Barmherzigkeit aufgehört, und der kalte, gefühllose Verstand beherrscht die Herzen der Menschen überall, wohin man nur immer sein Auge wendet.

11 Zu meiner Zeit waren an den Straßen freie Herbergen eingeführt, in denen arme Reisende unentgeltlich verpflegt wurden. Jedermann hatte rechtlichen Anspruch auf die Gastfreundschaft seines Glaubensbruders, nur Juden und Heiden mußten dem Wirt einen kleinen Tribut entrichten. Der Tavernenwirt hatte das Recht, in die benachbarten Gemeinden Sammler auszusenden, die ihn reichlich mit allem versahen. Und das war gewiß eine gute Einrichtung. Jetzt ist von so etwas keine Spur mehr. Hat der Reisende kein Geld, ist er dem Hungertod verfallen. O Menschheit, wie weit vom Wege zum Himmelreich Gottes hast du dich entfernt!

12 O Herr! Ich glaube, mit diesen gegenwärtigen Menschen wird wenig mehr zu richten sein. Denn da trägt ja schon fast ein jeder das Gericht des Todes auf seiner Stirne geschrieben. Wo niemand mehr die Not seines Nächsten einsieht, wo die laute Klage des Elends überhört wird vor dem lauten Prunkgeräusch der Welt, da ist Grün und Gras beim Kuckuck. Daher meine ich, daß man da mit dieser geistig beinahe toten Menschheit keine besonderen Umstände mehr machen, sondern sie naturmäßig ganz aussterben lassen sollte durch allerlei Seuchen. Nur die wenigen Guten, die hie und da zerstreut leben, sollte man erhalten, daß durch sie dann die Erde doch wieder zu besseren Bewohnern käme."

13 Sage *Ich:* „Mein lieber Freund, du hast wohl ganz recht; es ist wahrlich ein Elend, wie es nun in der Welt aussieht! Ich sage dir, um ein bedeutendes ärger als zu Noahs und Lots Zeiten. Aber was kann man da anderes tun, als Geduld über Geduld haben? Laß sie heute alle sterben, so werden sie im Geisterreich um kein Haar besser sein als auf der Erde. Läßt du sie aber auf der Erde eine Zeitlang zappeln und sie durch ihre Torheit recht elend werden, gehen dann doch viele wieder in sich und kriechen zu Kreuze.

14 Hie und da gibt es aber auch heute noch recht wohltätige Menschen, die ihren armen Brüdern und Schwestern recht viel Gutes tun. Es waren zu deiner Zeit, mein lieber Rudolf, wohl manche gute Ein-

richtungen, aber dafür auch manche wieder recht schlechte. Und so ist es auch jetzt noch der Fall.

15 Ich sage dir: Die Welt war nie gut, sondern stets nur einige wenige Menschen in ihr! Was einmal schlecht ist, das ist und bleibt schlecht. Auf Dornen und Disteln wachsen keine Trauben und Feigen, auf Reben und Feigenbäumen aber wirst du stets edle Früchte ernten. Kümmern wir uns daher der Welt wegen gar nicht! Je toller und bunter sie ihre Sachen treibt, desto ärger wird sie sich am Ende selbst strafen. Wer hoch steigt, dem werden die Felsspitzen bald selbst erzählen, wie hoch und wie lebensgefährlich sie sind. — Wir aber besuchen jetzt nur kranke Menschen. Gehen wir daher nur wieder weiter!"

258

In Mürzzuschlag. Über das Zeitalter der Technik. Es fehlen Glaube und Liebe und darum der wahre Segen

1 Wir kommen nun gegen den Ort *Mürzzuschlag,* und alles bewundert das Gebäudewerk in diesem Ort, der von Bergen nach allen Seiten umlagert ist.

2 Sagt der gleich hinter Mir gehende *Joseph:* „Herr und Vater! Ich hatte doch auch große Meister in der Maschinenkunst in meinen Landen. Warum aber fiel damals niemandem diese Maschinenart ein, durch die der Wasserdampf zu so kräftiger Wirkung gelangt? In meinem Jahrhundert hat es sonst große Geister gegeben, aber die glückliche Benützung des Dampfes war ihm fremd geblieben. Wahrlich, wäre unter meiner Regierung auch diese Erfindung zustande gekommen, so wäre es auch mit dem reinen Christentum anders gestanden. Freilich hätte wohl der Aberglaube mir manches zu schaffen gemacht, aber dessen wäre ich noch Meister geworden. Wäre der Aberglaube einmal besiegt und das finstere Pfaffentum zu Boden gestreckt worden, so wäre es dann mit der rein geistigen Bildung schnell vorwärts gegangen.

3 Es ist wirklich selbst für Geister nicht uninteressant, zu sehen, wie ihre jüngsten Erdenbrüder Dinge erfinden, die durchaus keine Kleinigkeit sind. Dort in weiter Ferne entdecke ich soeben, wie ein langer Wagenzug pfeilschnell sich bewegt. Eine volle Tagreise hätte man zu

meiner Zeit gebraucht, um solch eine Strecke zu durchfahren. Und nun, während ich hier rede, ist die ganze Strecke schon über die Hälfte zurückgelegt. Herr, Du mußt doch auch Freude daran haben, so Deine Kindlein auf Erden aus ihrem noch unreifen Verstande so respektable Dinge zuwegebringen! Denn diese genaue Berechnung zwischen Ursache, Kraft und Wirkung ist auch etwas, das Deinem Geiste im Menschen große Ehre macht."

4 Sage *Ich:* „Mein lieber Freund! Du hast wohl recht, und Ich hätte auch eine rechte Freude daran, so die Menschen bei solchen Werken Mir die Ehre gäben und solche Werke auf den Pfeilern der Liebe erbauten. Aber es denkt von allen denen, die ein solches Werk zustande bringen, kaum einer an Mich. Die ganze Fahrerei hier ist mit so strengen Gesetzen eingeschränkt, daß nur derjenige davon Gebrauch machen kann, der sich genau ihnen unterzieht. Er muß zuerst zu der bestimmten Zeit sein Fahrgeld entrichten; ein Pfennig zu wenig schließt dich schon von der Benützung dieser Schnellfahrtgelegenheit aus. Umsonst wird kein Mensch auch nur um eine Elle weiterbefördert.

5 Was wäre es denn, so bei jedem Wagenzug ein Gratiswagen angekoppelt würde für ganz arme Menschen? Aber so was läßt diese Anstalt nicht ins Werk setzen. Siehe, so ein Gratiswagen wäre ein Segen für die Unternehmer, und ihre Aktien würden bald zu den wertvollsten zu rechnen sein. Aber Ich sage: Solange Arme nicht unentgeltlich Teil daran nehmen dürfen, wird diese Anstalt nie die langerwünschten Prozente abwerfen. Merke dir: Wo keine Liebe ist, da ist auch kein Gewinn! Denn die Liebe allein nur verschafft den rechten, ausgiebigen und bleibenden Gewinn.

7 Da aber kommt mit diesem Zuge ein guter Freund von Mir aus Graz, und mit ihm noch einer und noch einer! Diese drei müssen wir segnen. Sie werden uns natürlich nicht sehen, aber in ihrem Herzen sollen sie eine bedeutende Regung verspüren. Es sind aber auch noch drei andere drinnen, die sind auch nicht schlecht, aber doch nicht recht weder im Glauben noch in der Liebe. Aber dessenungeachtet soll ihnen unser Segen nicht vorenthalten sein. Auch ein Weib sitzt drinnen, die das Vermögen hat, Geister zu sehen. Sie würde uns auch zu sehen bekommen, so ihr Auge auf diese Seite gerichtet wäre. Es versteht sich von selbst, daß hier nur von den Augen des Gemüts die Rede ist. Auch ihr soll unser Segen zukommen!

8 Und nun, Meine Freunde, ziehen wir wieder weiter! Der für diese späte Jahreszeit ziemlich warme Wind aus Osten, auf dessen Flügeln sich Milliarden Geister wiegen in Gestalt der Wolken, soll unseren wenigen Freunden in Graz anzeigen, daß wir uns diesem Ort nahen. Zuerst werden wir nordwärts von diesem Ort auf einem Hügel unser Lager machen. In der Vollnähe soll dieser Hügel näher bezeichnet werden.

9 Wir kommen nun nach *Bruck,* einer kleinen Stadt, die aber sehr groß tut. Da werden wir gar keine Siesta machen, sondern gleich fortziehen."

10 Während wir uns nun *Frohnleiten,* einem zwar gläubigen, aber durch die Liguorianer äußerst verfinsterten Flecken nähern, haben Robert und der Offizier Peter mit ihren beiden Weibern sich vorauszubegeben, um in der Nähe des Ortes Graz für mich und die ganze Gesellschaft gewisserart Quartier zu machen.

11 Heute[1] morgen um sechs Uhr sind diese vier Personen in der Nähe von Graz angekommen. Die drei starken Schläge an die Tür bei dir, Meinem Knecht, waren das Signal der Ankunft dieser vier Gäste. Sie machten gewissermaßen einen Abstecher in die Vorstadt und in das von dir bewohnte Haus und weckten dich durch drei starke Schläge an die Türe. Von da zogen sie sogleich an den Ort ihrer Bestimmung, der aber erst bei Meiner Ankunft näher bezeichnet wird.

259

In Frohnleiten. Kirchlich vernagelte Geister

1 Wir aber befinden uns nun im Flecken Frohnleiten, allwo uns eine Menge *Geister* aus der dortigen Pfarrkirche zulaufen und uns sorgfältig ausforschen, woher wir kämen, wohin wir gingen und wer wir wären.

2 Tritt *Petrus* vor und sagt: „Wir kommen von oben her und ziehen auf eine kurze Frist nach unten, um die verlorenen Schafe und Läm-

[1] Kundgabe und Niederschrift dieses Kapitels am 4. Oktober 1850.

mer zu suchen, die Böcke zu züchtigen und die Wölfe zu verderben." — Sagen *die Geister:* „Aha, ihr seid sicher Missionare aus Rom, also vom Papst selbst für dies hochwichtigste Amt geweiht?"

3 Sagt *Petrus:* „O meine Lieben! Wir sind wohl Missionare, aber nicht von eurem blinden Papst dazu geweiht, sondern von Gott, dem Herrn Jesus Christus Selbst. Wer uns von euch folgen will, wird von uns sogleich aufgenommen für das wahre Reich Gottes. Wer uns aber nicht folgen will, der wird auf der wüsten Erde belassen werden. Frage uns aber keiner mehr, wer wir sind oder wie wir heißen! Denn wer hier nicht unbedingt dem folgt, was wir verlangen, der wird nicht angenommen werden."

4 Sagen *die Geister:* „So ihr nicht vom heiligen Papst geweiht und gesandt seid, können wir euch unmöglich folgen, denn Gott der Herr hat ihm ja alles in die Hände gelegt. Was er bindet auf Erden, das ist auch gebunden im Himmel, und was er löst auf Erden, das ist auch gelöst im Himmel. Wenn ihr also nicht vom Papst aus gesandt seid, so könnt ihr nur von der Hölle gesandt sein, von der alle Ketzer ausgehen, die auch frevelhaft sagen, sie gehen von Gott aus und Er sei ihr Vater — während doch nur der Satan ihr Vater ist. Zieht nur wieder weiter!"

5 Sagt *Petrus:* „Woher wißt ihr denn, daß der Papst von Gott dem Herrn eine so ungeheure Macht überkommen hat?" — Sagt *ein Weib* mit einem zweipfündigen Gebetbuch in der Hand: „Nun, das weiß doch die ganze Welt! Gott hat dem Petrus alle Gewalt gegeben und Petrus hernach einem Papst um den andern. Und darum ist ein jeder Papst gleich so viel wie der heilige Petrus selbst! Hat der Herr das verstanden?"

6 Sagt *Petrus:* „Das klingt sehr spaßhaft vor meinen Ohren, da ich doch selbst derselbe Petrus bin, in dessen Hände Gott der Herr die geistigen Schlüssel zum Himmelreich gelegt hat. Ich weiß nichts von einer Übergabe der mir von Gott erteilten Macht an den römischen Papst, wie ich auch nie in Rom meinen Sitz gehabt habe. Paulus, ein Apostel der Heiden, hat sich wohl längere Zeit in Rom unter der tyrannischen Regierung des Kaisers Nero aufgehalten; aber ich, der wahre und wirkliche Petrus, nie! Wie sollte ich dann einen Papst zu meinem Nachfolger ernannt und ihm alle mir von Gott Selbst eingeräumte Macht übergeben haben?"

7 Schreit *das Weib:* „Hinweg Satan! Da schaut's einmal den Kerl an! Jetzt will der sogar der heilige Petrus selber sein! Nicht genug, daß sie die Lehre Christi, die der Papst allein hat, als höllische Ketzer verwerfen — sie wollen am Ende noch der liebe Herrgott selber sein! Jetzt aber schaut nur, daß ihr weiterkommt, sonst werdet ihr mit Gewalt hinausgestäubt!"

8 Sage *Ich:* „Bruder Simon! Da ist vorderhand jede Mühe vergeblich; die brauchen noch zweihundert Jahre, bis sie etwas heller werden. Begeben wir uns daher nur wieder weiter! Nur werde Ich dich zuvor auf ein paar Augenblicke himmlisch erglänzen lassen und zulassen, daß diese Vernagelten dich erkennen. Dann aber werden wir vor ihren Augen plötzlich verschwinden. Dies Gesicht soll ihnen ein Leitstern sein, bei dessen Schimmer sie nach und nach den wahren Weg des Lebens finden sollen!"

9 In diesem Augenblick erglänzt Petrus gleich der Sonne am reinsten Mittag. Alle Geister fahren vor Schreck zusammen, wir aber verschwinden. Als die Geister wieder aufwachen und vor uns niederfallen wollen, sehen sie niemanden mehr. Da fangen sie alsbald zu weinen und zu heulen an und verwünschen ihre Blindheit.

10 Aber ein ganzes Gremium von Mönchen begibt sich, der Kirche enteilend, zu diesen Klagenden, belehrt sie auf streng päpstliche Weise und erklärt diese gesagte Erscheinung für ein Spukwerk der Hölle. — Die *Geister* aber vergreifen sich an den Mönchen und wollen sie massakrieren. Die Mönche nehmen Reißaus und fliehen in ihr Kloster. Die Geister lachen sie aus, entfernen sich dann von diesem Ort und begeben sich auf die Berge.

11 So endet diese Szene in Frohnleiten. Wir aber ziehen weiter in der Absicht, abends um sechs Uhr in die Nähe von Graz zu kommen und am sogenannten Reinerkogel Platz zu nehmen, wo die vier Vorangegangenen schon Quartier gemacht haben.

260

Eine andere Geisterszene. Der Herr mit den Seinen am Reinerkogel Heilsuchende Geister aus den Bergeshöhen

1 Auf dem Weg von Frohnleiten bis Graz machten wir jedoch noch eine kleine Rast, wo uns eine Menge von allerlei bunt durcheinandergemengten Geistern unterkommt, meist frühere Aufsichtsbeamte, Seelen verstorbener Aufseher, Grenzwächter, Polizeiknechte und Gerichtsdiener. Diese stellen sich auf und fordern von uns die Pässe, ansonsten sie uns ergreifen müßten. Man sei jetzt der Fremden wegen äußerst streng, und weil ihr Gesetz so laute, könnten sie bei Verlust ihres Amtes unmöglich anders, als das Gesetz strengstens handhaben.

2 Hier treten von Rudolf von Habsburg angefangen alle *Kaiser* ganz als Kaiser orniert vor und sagen zur Wachmannschaft: „Reisen bei euch auch Kaiser mit Pässen und Passierscheinen?“ — Hier prallt die Wache zurück vor Schreck und Entsetzen; nur *einer* fragt ganz schüchtern: „Ja, aber wieviele Kaiser regieren denn jetzt auf einmal? Um Gottes willen! Da gibt es ja beinahe mehr Kaiser als Untertanen. Ja, da ist's freilich nichts mit dem Paßabverlangen. Es könnte leicht der Kaiser von Rußland dabei sein, und da kämen wir in eine schöne Wäsche!“

3 Sagt ein *anderer:* „Aber das kommt mir doch ein bißchen verdächtig vor, daß diese großen Herren zu Fuß daherkommen.“ — Sagt *der erstere:* „Dummer Kerl! Sie werden die Bahnstrecke besehen wollen und gehen deshalb zu Fuß.“ — Sagt *ein anderer:* „Ja, so wird es sein! Aber wer wohl die anderen sind? Es müssen ihrer gut bei dreitausend sein.“

4 Sagt *der erste:* „Nur keine dumme Frage mehr! Es wird halt wo ein großer Kongreß sein und darum kommen jetzt alle Potentaten zusammen und werden sich beraten. Seid nur alle schön stille und rührt euch nicht, sonst können wir morgen alle miteinander hoch über der Erde ohne Atem in freier Luft schweben. Ich allein werde hingehen und sagen, daß die Majestäten sogleich ungehindert Ihre hohe Reise fortzusetzen geruhen wollen.“ — Die anderen ziehen sich nun zurück, nur der erste geht hin in gebeugter Stellung und macht stotternd seine obige Anrede.

5 Kaiser *Joseph* aber sagt zu ihm: „Du bist wohl bloß darum so amtsstrenge, weil dir dein Amt ein Brot verschafft! Am Gesetz selbst scheint dir wenig gelegen zu sein. Ich sage dir: Du bist ein schlechter Diener deines Herrn. Wer das Gute nicht des Guten wegen tut, ist nie eines Lohnes wert! Merke dir das! In der Zukunft beachte das Gesetz des Gesetzes und nie deines Amtsbrotes wegen, so wirst du ein rechter Diener Dessen sein, der das Recht hat, Gesetze zu geben. Und nun Gott befohlen! Sehe Er, daß Er weiterkommt!"

6 *Der Amtsdiener* entfernt sich nun, holt seine Gehilfen ein und erzählt ihnen, was zu ihm ein sehr strenger Kaiser gesagt hatte. — *Die anderen* aber sagen: „Seien wir froh, daß wir so gut davongekommen sind! Sie ziehen nun gottlob weiter." — Von diesen Geistern war auch noch keiner reif. Aber durch diesen Zusammenstoß haben sie wenigstens einen geheimen Wink erhalten, der sie nachgiebiger macht. Sie ziehen sich nun mehr auf die Berge zurück, wo sie zur Einsicht gelangen werden, daß sie sich nunmehr in der Geisterwelt befinden.

7 Nach dieser Begebenheit ziehen wir gemach unter mannigfachen Besprechungen weiter und gelangen genau um *sechs Uhr abends, den 4. Oktober 1850,* zu dem vorbestimmten Platze — um welche Zeit ihr, Meine Freunde, euch am Schloßberge befandet. Dort habt ihr durch allerlei Zeichen in Form von Sternchen, dann durch ein euch stärkendes Gefühl, durch die Ruhe der Natur, durch die ehrfurchtsvolle Stellung der Wolken wie auch durch die freundliche Beleuchtung des Hügels Meine Ankunft gut und wohl verspürbar merken können.

8 Gleich bei Meiner Ankunft fingen Massen von *Geistern* aller Art an, sich an den Hügel zu drängen. Viele darunter ganz *böser* Art, die jedoch schnell gegen Abend hin gedrängt wurden. Die Verdunklung des Plabutschberges durch schwarze Dünste benachrichtigte sogar eure Sinne davon. Ja sogar *Satana* war unter diesem Auswurf. Mehr um den Fuß des Hügels lagerten sich *bessere* Wesen und baten um eine Verbesserung ihres Loses. Als diese ihnen gewährt wurde, zogen sie dankbar ab.

9 Darauf kam vom Schöckelberg her eine ganze Legion Geister, noch sehr dem *Naturreich* angehörend. Ihre Ankunft mochtet ihr durch eine Feuerröte an der rechten Seite gegen sieben Uhr recht deutlich wahrnehmen. Diese verlangten ganz ungestüm die Erlösung vom beschwerlichen Bergdienst, was ihnen zum Teil gewährt wurde. Und sie gaben

sich zufrieden, was ihr durch das Verschwinden dieser Helle habt entnehmen können.

10 Darauf kam eine Menge Geister von der ganzen Umgebung dieses Ortes und bat um die Segnung dieser Gegend. Sie wurde ihnen auch noch vor der siebenten Stunde gewährt. Ihr habt diese Segnung mitempfangen und habt sie durch einen regenbogenfarbigen Lichtausguß übers flache Land sehr wohl merken können.

11 Der Freund And. H. W. hat auch in Gestalt von Sternchen die Anwesenheit der vielen Monarchen gesehen, die sich gegen Süden hin am Berge gelagert haben. Du, Mein Knecht, aber hast gegen Osten hin ganz auf der Höhe einen weißen Lichtschimmer gesehen. Das war *Ich* zwischen den vier Quartiermachern und den drei Aposteln.

12 Während der Nacht ist noch eine Menge unzufriedener Geister beruhigt und abgefertigt worden. Sie haben sich auch mehr zur Ruhe begeben, was für euch sichtbar die heitere Nacht zur Folge hatte wie auch den heutigen reinen Morgen und darauffolgenden Tag. Es werden sich zwar immer noch Wolken zeigen. Das sind Geister, die noch immer etwas mehr wollen, als sie schon empfangen haben. Aber ihre Liebe ist noch schwach, daher auch ihr Gewinn nicht stärker.

13 Heute, den 5. Oktober, um halb zehn Uhr, kam eine Schar *starker Geister* durch die Luft, gab Mir Ehre, Lob und Preis und errichtete Mir schnell ein erhabenes Wohnhaus. „Denn“, sagte ihr *Anführer*, „es ist nicht fein, den Herrn der Herrlichkeit auf dem schmutzigen Erdgrunde weilen zu lassen.“

14 *Ich* aber sagte zu ihnen: „Lasset ab von eurem Eifer! Ich weiß, warum Ich so handle und nun die Erde berühre mit Meinen Füßen. Zieht ein dies Gezelt! Wollte Ich eine Wohnung, stünde sie sogleich Meiner würdig da. Erbaut Mir dafür lieber in eurem Herzen ein rechtes Haus, das werde Ich dann zur Wohnung nehmen. Aber dieses luftige Taubenhaus ist Mir durchaus nicht genehm, daher reißt es sogleich wieder ab!“

15 Diese Geister taten wie ihnen geboten und fuhren dann wieder etwas unvergnügt ab. Du, Mein Knecht, hast es auch gesehen und schnell aufgezeichnet. Die violettfarbigen Wölklein zu beiden Seiten dieses Taubenhauses waren eben diese Geister, die sich darauf bald zurückzogen.

16 *Robert* macht soeben die Bemerkung, es befremde ihn sehr, daß

sich hier Massen von allerlei Geistern fortwährend an den Hügel drängen, während man in Wien sie eigens habe aufsuchen müssen, um mit ihnen irgendeine Verhandlung vornehmen zu können. Woher denn das komme?

17 *Ich* aber sage zu ihm: „Sieh, das ist ein Gebirgsland. Geister, die sich auf den Höhen der Berge lagern, haben schon eine hellere Schau und wissen, woran sie sind. Sie kommen daher scharenweise zu Tausenden und bitten um eine baldige Verbesserung ihres Zustandes. Aber es ist noch in manchen eine tüchtige Portion Selbstsucht; daher darf man ihnen nur soviel tun, als zu ihrem Heil unumgänglich nötig ist. Würde man ihnen zu viel gewähren, so würden sie übermütig und fingen allerlei Spektakel an. So aber, wenn sie mehr in Dürftigkeit gehalten werden, bleiben sie nüchtern und reifen der Vollendung schneller entgegen. Du wirst noch so manches in aller Kürze erfahren, was dir bisher noch ganz fremd war. Jetzt aber nur wieder ruhig! Es kommen schon wieder neue Scharen an!“

261

Zustrom von Dämonen und Naturgeistern. Über das Wesen der Berggeister. Jakob Lorber, dem der Herr durch seinen Engel diktiert, mit seinen Getreuen im Gesichtskreise der heiligen Gesellschaft[1]

1 Fragt *Robert:* „Woher sind denn diese und was wollen sie? O Herr und Vater, vergib mir, daß ich Dir beständig mit allerlei Fragen in den Ohren liege, aber ich kann wahrlich nicht umhin! Denn was ich da schon für allerlei Wesen gesehen habe, das geht nun schon ins beinahe Unglaubliche über. Wahrlich, hier zeigt sich Deine Macht, Würde und Herrlichkeit auf eine noch nicht dagewesene Weise! Fast überall hast Du Dich wenigstens vor meinen Augen so passiv als möglich verhalten. Alles mußten wir anderen, freilich nur nach Deinem Wort, vollziehen. Hier aber gleichen wir alle nur schaulustigem Volke, das den Künstler

[1] Kundgabe und Niederschrift dieses Kapitels am 6. Oktober 1850.

anstaunt, ohne ihn irgendwie unterstützen zu können. O Herr, sage mir doch, wie das so kommt in diesem Gebirgsland."

2 Sage *Ich:* „Mein lieber Bruder! Das rührt daher, weil Geister aus Gebirgsländern mit geringer Ausnahme stets mit einer helleren Sehe begabt sind als die mehr abgestumpften der Flachländer. Diese uns nun zu vielen Hunderttausenden umschwärmenden Geister wissen genau, daß sie sich in der Geisterwelt befinden und machen sich diesen Zustand so gut es geht zu Nutzen. Sie sind freilich wohl noch von vielen abergläubischen Dingen umgarnt, aber das macht nicht viel; denn andererseits sind sie dann auch fassungskräfiger und begreifen eher einen Wink.

3 Wo demnach so derbmaterielle Menschengeister vorkommen, dort müßt ihr Mir zuvor den Weg bahnen, weil das Allergeistigste Meiner Ordnung zufolge sich mit dem Materiellen nie sogleich unmittelbar in Berührung setzen darf. Und siehe, da eben seid ihr dann als eine Mittelstufe vonnöten. Hier, wo die Geister gar wohl wissen, was sie sind, kann Ich sogleich Selbst zweckdienlich verkehren, ohne ihnen zu schaden. Wie aber die Bewohner der Berge schon auf der Erde weit genügsamer leben als die nimmersatten Bewohner der Flachländer, ebenso sind auch die Geister, die die Berge bewohnen. So sie bitten, muß man ihnen stets etwas tun, und sie sind dann gleich zufrieden. Gäbe man ihnen aber nichts, so wäre es gefehlt. Denn das würde sie sehr traurig und am Ende doch wieder sehr ungestüm machen und ihnen alles Vertrauen nehmen.

4 Aus diesem Grunde geschieht es auch dann und wann, daß solchen Menschen auf der Erde in den Wallfahrtsorten irgendeine erbetene Gnade zuteil wird. Es ist zwar eine solche Zulassung durchaus nicht förderlich, weil sie die Flehenden nur in ihrem Aberglauben bestärkt. Aber lasse Ich so etwas gar nicht zu, verlieren sie am Ende allen Glauben, und das wäre dann noch schlimmer. Wenn man nur zwischen einem großen und einem kleinen Übel zu wählen hat, ist es doch sicherlich besser, das kleinere zu wählen. Meinst du nicht auch, Mein Bruder Robert?"

5 Sagt *Robert:* „O liebevollster Vater, das kann ja auch gar nicht anders sein. — Aber was wollten denn gestern abend die *zwölf*, die so gegen halb sechs Uhr von der Stadt zu uns heraufkamen? Einen kenne ich wohl schon, der da in Deinem Namen Brot und Wein mit sich

brachte. Das ist so ein schwaches irdisches Knechtlein von Dir und schreibt, was Du ihm durch einen Engel *in Deinem Namen* in die Feder diktierst. Aber die anderen waren mir ganz fremd."

6 Sage *Ich:* „Das waren eben die wenigen Freunde in dieser Stadt, derentwegen wir hauptsächlich von Wien aus diesen Abstecher gemacht haben[1]. Siehe, diese lieben Mich und haben einen festen Glauben, obschon sie Mich nicht sehen. Hätte Ich Mich ihnen gezeigt, so hätten sie aus Liebe zu Mir sogleich das Leben ihres Leibes am Berg gelassen. Aber das darf nicht sein, sie haben auf der Welt noch manche Arbeit in Meinem Namen zu verrichten. Und Ich habe sie lieb und lasse ihnen noch manche Zeit auf der Erde zu ihrer Vollendung.

7 Sie werden in kurzer Zeit diese unsere Handlungen der Welt kundtun. Da werden viele ihr Heil darin finden. Aber viele der reinen Weltkinder werden sich darob auch sehr ärgern, werden aber dabei zugrunde gehen naturmäßig und moralisch. Und solche werden fürder kein Licht unmittelbar aus den Himmeln irgendwo mehr finden. — Hast du aber auch die zwei Weiblein beobachtet, die da mitwaren? Sahst du ihre glühenden Herzen?"

8 Sagt *Robert:* „O ja, Herr und Vater! Das war wirklich ein Paar von solch einer Schönheit, wie ich seit Deiner irdischen Mutter Maria noch keine gesehen habe. Wahrlich, da wäre meine Helena und Peters Mathilde sozusagen nichts dagegen. Es waren auch die andern fünf himmlisch schön, aber die beiden waren gar ungemein schön und herrlich. Aber eine aus den fünfen konnte ich nicht so recht wahrnehmen; sie wandte ihr Angesicht stets von mir ab. Wer war denn die?"

9 Sage *Ich:* „Das war die irdische Mutter[2] der vier Töchter und der zwei Söhne des Ans. H. W.[3] Diese aber ist keine Bürgerin der Erde mehr, sondern eine reine Bürgerin der Himmel. Sie wandte deshalb stets ihr Gesicht von dir ab, weil ihre zu große Schönheit sogar dir hätte schädlich werden können; denn das ist ein ungemein schöner Engel! Sie wollte bei dieser Gelegenheit auch teilnehmen an der Freude ihrer Familie und fand sich durch Meine besondere Zulassung auch in dem Kreise ein."

---

[1] Die Namen der Zwölf sind: *Jakob Lorber,* Andreas Hüttenbrenner, Anselm Hüttenbrenner und dessen sechs Kinder: Wilhelmine, Julie, Alexandrine, Angelika, Peter und Felix. Dann Cölestin Hüttenbrenner und die zwei Frauen: Mathilde E. und Eleonore J. — [2] Elisabeth Hüttenbrenner, † 29. November 1848. — [3] Anselm Hüttenbrenner.

10 Sagt *Robert:* „Was waren denn hernach das für junge Böcklein, die da ganz ungebärdig auf diese Höhe kamen und einige Minuten lang herumsprangen, als wenn ihnen die ganze Welt zugehört hätte?" — Sage *Ich:* „Das waren ein paar unreife Naturseelen, die noch einige Überpuppungen werden durchmachen müssen, bis ihre Seele die volle menschliche Form überkommen wird. Derlei Wesen haben vor uns noch keine andere Bedeutung als die der Schmarotzerpflanzen auf den Ästen der Fruchtbäume. Daher kein Wort mehr über derlei Nullen eines niederen Daseins."

262

Wandergeister aus dem Sternbild des Hasen *Licht und Liebe und ihre verschiedenen Wirkungen*

1 Rede *Ich:* „Wie gefällt dir aber die große Menge von Geistern besserer Art, die uns heute schon am frühesten Morgen in großen Scharen besucht haben? Sie verlangten im Grunde nichts, als uns bloß eine stumme Aufwartung zu machen. Danach zogen sie gegen Abend hin und nahmen auf dem Berg Plabutsch über dem Murstrom eine kurze Ruhe."

2 Sagt *Robert:* „Das waren für mich ganz fremde Wesen. Sie sahen wohl wie Menschen aus, schienen aber sonst kalt und beinahe bar alles Gefühls. Was waren sie denn, und was hatte sie eigentlich hieher geführt?"

3 Sage *Ich:* „Das waren Geister aus einem andern Planeten, und zwar nicht eines Planeten dieser Erdsonne, sondern einer weit entfernten, die sich im Sternbild des sogenannten Hasen befindet. Von jener Sonne der nächste große Planet (von ihr beinahe ebensoweit entfernt wie der Merkur von der Sonne dieser Erde) ist dieser Geister Geburtswelt. Wer diese Sonne näher kennen will, lasse sich das Sternbild des Hasen weisen. In dessen linkem Ohre wird er einen ganz kleinen Stern, kaum fünfter Größe, entdecken; das ist eben jene Sonne, von deren nächststehendem Planeten diese Geister stammen. Es sind *Wander-*

geister, deren größte Seligkeit darin besteht, stets auf der Wanderschaft zu sein. So sie aber zu dieser Erde kommen, was freilich nur selten der Fall ist, so nehmen sie Ruhe und suchen Bekanntschaft mit Meinen Kindern zu machen.

4 Manchmal geschieht es, daß manche sich hier sogar wieder inkarnieren lassen. Aber in der Anwartschaft, daß sie Meine Kinder würden, gleichen sie dann neugefangenen Vögeln im Käfig. Sie haben keine Rast und keine Ruhe. Es ist ihnen beinahe unmöglich, bei irgend etwas zu bleiben. Reisen und Wandern ist ihre größte Lust. Wird ihnen diese beschränkt, sind sie dann sehr unglücklich. Daher hat auch ihr Erscheinen auf dieser Erde selten einen anderen Grund als den dir bekanntgegebenen. Nur diesmal sind sie durch eine dumpfe Ahnung, als sei Ich hier, hierhergetrieben worden. Von großer Ferne schon merkten die Weiseren unter ihnen Meine Gegenwart und sind daher hergeeilt, um Mir die Aufwartung zu machen. Darin besteht aber auch all ihr Gottesdienst, daß sie zu gewissen Zeiten Gott dem Herrn ihre Komplimente machen und Ihm bei solcher Gelegenheit einige sehr gezierte Lobesworte sagen. Im Reich des Lichts ist der *Botendienst* derjenige, der ihnen am meisten zusagt. Nun weißt du, was das für Wesen sind und was sie hier wollen."

5 Spricht *Robert:* „Ja, Herr und Vater! Aber merkwürdig ist das Zusammentreffen der Unruhe dieser Geister mit der Unruhe desselben Erdtieres, mit dessen Namen dieses Sternenbild benannt wird. Das sind, wie man sagt, so rechte ‚Springinsfelde'! Einige Gestalten waren gar nicht übel, ob es aber weibliche oder männliche waren, habe ich nicht beurteilen können, denn sie sahen einander alle so ähnlich wie auf der Erde die Sperlinge. Ähneln denn auf anderen Weltkörpern die Menschen einander ebenso wie diese Geister, oder gibt es auch bei ihnen formelle Unterschiede?"

6 Sage *Ich:* „Geister aus den Sphären der puren Weisheit sehen einander stets so ähnlich wie ein Auge dem andern. Denn ihr Urbestandelement ist ja nur das Licht, das sich mit höchst wenigen Färbungsverschiedenheiten in allem völlig gleich ist. Wie aber das pure Licht sich überall sehr ähnlich ist, so sind auch seine Produkte gleich. Nur die *Liebe* macht das endlose Mannigfache in den Formen aus; das *Licht* aber nur das höchst Einförmige. Siehe auf dieser Erde den Schnee! Dieser ist ein Produkt des puren Lichtes. Eine Flocke ist wie die andere;

nur so sich viele aneinanderhängen, wird oft eine größer als die andere. Und selbst das geschieht nur dann, wenn zwischen solch kalten Lichtprodukten etwas von irgendeiner der Liebe verwandten Wärme vorhanden ist. Mangelt diese sehr oder ganz, da fallen lauter Flockensternlein von ganz gleicher Größe und Gestalt zur Erde. Also wird auch das Eis stets dieselbe Grundform annehmen, weil dabei nur das kalte Licht als Schöpfer tätig ist.

7 Und so ist alles, was da mehr dem puren Lichte verwandt ist, in seiner Form und Beschaffenheit einförmig. Nur was mehr und mehr von der der Liebe verwandten *Wärme* in sich birgt, wird mannigfaltiger und verschiedener in der Form. — Es erzeugt wohl auch das Licht, so es sich sehr potenziert, eine Wärme; aber das ist keine gute, sondern eine böse Wärme, die nicht belebt, sondern tötet. Nur das Licht, dessen Grund die Wärme ist, ist gut; und die Wärme, die aus solchem Licht strömt, ist gut und belebend.

8 Alle reißenden und giftigen Tiere und Pflanzen sind Produkte des puren Lichtes und dessen nach *außen* wirkender Wärme. Die ist böse und bewirkt Böses bei allem, das da nicht neu gezeugt ist von der Liebe und deren nach *innen* wirkendem Licht. Aber bei den Wesen der Liebe wird solch böses Licht dann wieder in Gutes verkehrt und nimmt dadurch wieder seine Urbeschaffenheit an.

9 Aus dieser Erläuterung kannst du nun erkennen, warum diese Geister einander wie die Sperlinge gleichsehen. Sie sind aber sehr bescheiden und ihr Verlangen ist nur, fort und fort zu wandern, was da auch entsprechend dem beständigen Fortschreiten des puren Lichtes gleicht. Wie das Licht keine Ruhe hat, sondern in die unendlichen Räume weiter und weiter wandert, also auch seine Geschöpfe. Es sind aber von Mir solchem Bemühen auch Grenzen gesetzt, wo es dann heißt: „Bis hieher und nicht weiter!“ Da gibt es dann freilich oft gewaltige Kämpfe, bis solche Wesen zur Ruhe gebracht werden. — Und nun gut von dem! Diese Geister sind nun abgezogen und es kommen schon wieder Legionen anderer her.

10 Heute, als am Montag der Erde, aber werden wir nicht viel vornehmen. Auch ist mit diesen Geistern nicht viel zu machen, da sie noch sehr kühler Art sind. Nur am Abend werden wir etwas Wärme unter sie lassen, und sie werden sich dann unter heiterem Himmel wie ein leichter Tauregen auf die Fläche der Erde demütig niederlagern und

uns die Ehre geben. — Morgen, am Dienstag, werden drei Bischöfe dieser Stadt uns besuchen, da wird es gegen Abend ein bißchen feurig hergehen."

263

Drei Bischöfe von Graz auf Wolken. Ein Jesuit als Sendbote
Der herrschsüchtige Sebastian und seine zwei besseren Kollegen
Gericht über die Hochmutsrotte

1 Sagt nun Kaiser *Joseph:* „O Gott! Drei Bischöfe auf einmal, und das aus Graz auch noch dazu! Armer Hügel! Diese Last wird dein Haupt vom Angstschweiß triefen machen. O Herr, gedenke der Spektakel in den Katakomben des Doms zu Wien, und das waren bis auf meinen Migatzi noch lauter Gleichgesinnte! Das aber ist bei den Grazer Bischöfen von jeher der Brauch, daß ein Nachfolger stets ein abgesagter Feind seines Vorgängers war. Nun drei solche hund- und katzische Bischöfe mit ihren Leibgarden auf einmal! O Herr und Vater, greife jetzt nur recht tief in Deinen Schatzkasten der Gnade und Erbarmung! Sie wird uns allen im höchsten Grade vonnöten sein."

2 Sage *Ich:* „Ja, Mein lieber Freund, du dürftest zwar nicht ganz unrecht haben, aber unter den dreien gibt es nur einen Hauptreniten-ten, die anderen zwei sind ganz gute Geister. Da kommen sie schon in einer auch für Fleischesaugen ersichtlichen Wolke, deren besonders dunkle Färbung deutlich bekundet, welcher Beschaffenheit ihre Passagiere sind. Die beiden Besseren haben zwar nur eine kleine Leibgarde, die aber fest bei der Hand ist.

3 Aber der eine im Hintergrund des nächtlichen Dunkels hat eine starke Leibwache bei sich, die geradeso fühlt, denkt und will, wie er selbst. Beobachte ihn nur, wie stolz er daherfährt auf seiner dunklen Wolke, als ob er über Himmel und Erde zu gebieten hätte! Er ist nun bei drei Jahre ein Bewohner dieser Welt und weiß es, ansonsten er nicht auf den Wolken einherführe. Aber er hat von seiner ultramontanen Gesinnung noch um kein Haarbreit etwas nachgegeben. Er ist noch immer ein päpstlicher Hausprälat, und diese Würde nimmt ihm so

leicht niemand. Und in einem solchen Hochwertsgefühl fährt er nun langsam zu uns herüber und erwartet von uns die ehrerbietigste Aufnahme. Wie gefällt dir dieser Geist?“

4 Sagt *Joseph:* „Wahrlich ein nettes Exemplar von borniertester Dummheit! So ein Kerl gäbe eine sehenswerte Rarität in einem Museum ab. Nein, ist aber das ein Kerl!“

5 Sagt auch *Robert:* „Ich habe von diesem Zeloten sogar bis nach Sachsen die seltsamsten Stücke vernommen und bedauerte sehr diese Stadt und dies schöne Land, daß es von solch einem Finsterling in kirchlicher Hinsicht beherrscht und noch dümmer gemacht wird, als es ohnehin schon war. Dieser verschmitzte Kerl wußte sich bei dem Hofweibervolk einzuschmeicheln, setzte auf diesem Weg alles durch und bildete sich nach und nach zu einem förmlichen Kirchentyrannen aus. Er vergrößerte seinen Hofstaat mit vielen in diesem Lande schon lange aufgehobenen Orden, die er wieder einführte. Er hat zu dem Aufstand des Jahres 1848 nicht Geringes beigetragen, und es ist jammerschade, daß er auf der Welt den vollen Ausbruch nicht erlebt hat, denn so ein paar Katzenkonzerte hätten ihm durchaus nicht schaden können.

6 Jetzt aber schwebt er schon über uns und tut, als bemerke er uns gar nicht. Was will er denn mit seiner fortwährenden Kreuzschlagerei? Und was sollen seine roten Strümpfe, seine weiße Bischofsmütze, sein goldener Mantel und sein silberner Hirtenstab bedeuten? Auf der Erde war das wohl ein Blendwerk für blinde Menschen, aber wen will er denn hier im Geisterreiche damit breitschlagen?“

7 Sage *Ich:* „Nur eine kleine Ruhe nun, Meine lieben Kinder, Freunde und Brüder! Wir werden ihn bald hier haben, und er wird uns zu tun geben. Seht, er entsendet schon einen Dienstbaren! Aus seiner Frage werdet ihr leicht erkennen, wie der hoch über der Erde schwebende Bischof über uns denkt. Er ist da, daher jetzt aufgepaßt!“

8 Ein unverkennbarer *Jesuit* und noch ein Helfershelfer treten keck vor uns hin, und der erste fragt: „Was seid ihr denn für ein elendes Zigeunergesindel, daß ihr vor einem von Gott mit aller Macht ausgerüsteten Kirchenfürsten, so er auf den Himmelswolken segnend einherzieht, nicht einmal die Hüte abnehmt und auf eure verdammlichen Knie niedersinkt?“

9 Sage *Ich:* „Du sagst, dieser Bischof sei mit aller Macht von Gott

ausgerüstet? Wenn es so wäre, müßte Ich doch etwas davon wissen! Und ob die Wolke, auf der er schwebt, gerade eine Himmelswolke ist, auch davon sollte Ich am ersten wissen.“

10 Spricht *der Jesuit:* „Warum gerade du, Zigeunerbub? Dir wird es der große Gott gerade auf die Nase binden, du dummer Zigeuner! Weißt du denn nicht, daß alle Zigeuner von Gott schon auf der Welt für ewig verdammt sind?“ — Sage *Ich:* „Nein, Mein Lieber! Auch davon weiß Ich keine Silbe und sollte doch am allerersten davon wissen. Merkwürdig, was du doch alles weißt und Ich nicht! Sage Mir, warst du denn zugegen, als Gott diesem Bischof solch eine unbegrenzte Macht über die Erde eingeräumt hat?“

11 Sagt *der Jesuit:* „Gott erteilt solche Macht stets unsichtbar. Man muß ihre Gegenwart aus den mannigfachen Wirkungen erkennen. Gott aber wohnt im unzugänglichen Licht, und außer den heiligen ersten Engeln, die stets um Seinen Thron auf Seine Befehle harren, darf niemand sich Ihm nahen. Verstehst du die Tiefe dieser Weisheit?“

12 Sage *Ich:* „Scheint eben nicht sehr tief zu sein, deine Weisheit! Und Ich muß dir wieder gestehen, daß Ich von all dem nichts weiß. Merkwürdig! Aber das weiß Ich wohl, daß dein Bischof Sebastian ein Ochs ist und du ein Esel! Tiere, eben nicht böser Art, aber über alle Maßen dumm. Für uns alle, wie wir da sind, ist Gott sehr sichtbar und wohnt in einem durchaus sehr zugänglichen Lichte. Nur den auf der Welt noch stark im Fleisch Lebenden muß Gott wegen deren Willensfreiheit unsichtbar bleiben, solange sie nicht des Geistes volle Wiedergeburt erlangt haben. Er bleibt aber auch Geistern eures Gelichters unsichtbar, weil ihr nicht rein und wiedergeboren seid. Und Er wird es noch hübsch lange bleiben.“

13 Sagt *der Jesuit:* „In welcher Gegend seht ihr denn Gott?“ — Sage *Ich:* „Gerade in derselben, in der ihr Ihn nicht seht und noch lange nicht sehen werdet. Und so Er euch schon auf der Nase säße, werdet ihr Ihn dennoch nicht erkennen. Gehe hin zu deinem blinden Bischof und sage ihm: Hier wohnt das Heil der Menschen! So er auch ein Mensch ist, komme er her, gebe Gott die Ehre und nehme teil am Heile, sonst dürfte er samt euch allen zum Anteil des Todes gelangen! — Sage ihm: Gott der Herr braucht keinen Seine Macht ausübenden Weltsegner. Er segnet die Welt schon Selbst. Der Bischof soll nur sein eigenes Herz mit Demut segnen und nicht hochtrabend auf den Wolken

herumfahren. Sage ihm, Gott der Herr Selbst wandle nun auf der Erde umher, und es schicke sich daher nicht, daß sich ein schlechter Knecht der Wolken bedient!"

[14] Sagt *der Jesuit:* „Wer bist denn du zigeunerähnliches Wesen, daß du es wagst, dich gegen mich, einen Gottesdiener, und gegen eine kirchenfürstliche Autorität so keck zu gebärden, als ob du selbst die Kirche eingesetzt hättest? Ich frage dich, du unheimlicher Zigeuner, wer du bist und wer diese Gesellschaft?"

[15] Sagt *Joseph* geheim zu Mir: „O Herr, du lieber Vater, meine Geduld wird nun schon so dünn wie ein Spinnfaden! Sie reißt im nächsten Augenblick, so sich dieser Feind des Liebelebens in Dir nicht bald aus dem Staube machen wird."

[16] Sage *Ich:* „Lieber Freund, sei nur ruhig und ärgere dich nicht! Kannst du von einem Esel etwas anderes verlangen als das, was in seine Tätigkeitssphäre gehört? Er hat nun vernommen, was er tun soll. Will er das, so ist es gut, und will er es nicht, so wird es wohl noch ein Mittel geben, dieses Lasttier loszuwerden."

[17] Sagt *der Jesuit:* „Bekomme ich eine Antwort oder nicht?"

[18] Sage *Ich* zu ihm ziemlich gewaltig: „Nein, hebe dich, sonst wirst du gehoben werden!!"

[19] Auf diese Worte macht er ein saures Gesicht und entfernt sich zu seinem Bischof hin. Er gibt ihm, beinahe bis zur Zehenspitze gebeugt, alles kund, was er zu seinem Überdruß gesehen und gehört hat. — Sehet aber nun den *Bischof* an, was der nun für ein gelehrtes Gesicht macht, als ob er beschlösse: »Soll ich die Erde noch leben lassen oder nicht? Gibt es keine Blitze mehr, daß ich sie schleudere unter diese frevelnde Menge?« — Es fällt ihm aber nichts Brauchbares zur Rache ein, daher macht er Miene, unverrichteter Dinge weiterzuziehen.

[20] Aber nun umringen ihn die zwei anderen Bischöfe mit ihrem ganz ehrenhaft aussehenden Gefolge. Und der große, namens *Waldstein,* sagt zu ihm: „Freund, Kollege! Was ist es mit dir? Was willst du tun? Erkennst du die lichte Schar denn nicht, die da unten die Kuppe des Hügels mit ihrer Gegenwart segnend deckt? Siehst du denn nicht klar wie eine Sonne am Mittag Christus, den Herrn, drei Seiner ersten Apostel, alle Kaiser aus dem Hause Habsburg, den berühmten Erzbischof Migatzi und noch eine große Menge vollendeter Geister?"

[21] Hier wird *Bischof Sebastian* ganz glühend vor Zorn und sagt:

„Ich kenne euch beide Ketzer! Das kirchliche Verderben, das ihr in diesem Lande angerichtet, habe ich zwanzig Jahre hindurch nicht auszumerzen vermocht — und ihr wollt mich Christus kennen lehren?! Mich, der ich erfüllt bin von Seinem heiligen Geiste und die Schlüssel zum Himmel und zur Hölle in meinen Händen trage! Wer kann Christus wohl besser kennen als ich?"

22 Sagt *Waldstein:* „Freund! Ich sage dir, wenn du eine solche Rede führst, so hast du Christum nie gekannt, denn mit solch einem Hochmut wandelt der Geist des Herrn nimmer. Du bist nichts als ein herrschsüchtiger, stolzer Pfaffe und hattest dich auch mit einer schwärzesten Pfaffenrotte umgeben, um durch die Masse zu deinem Ziel zu gelangen. Aber der Herr machte dir einen gewaltigen Strich durch die Rechnung. Und du hast durch deine Mühe gerade das Gegenteil erreicht von dem, was du hast wollen, nämlich eine absolute Pfaffenherrschaft über die *ganze* Erde! Und du gibst uns vor, Alleinbesitzer des Heiligen Geistes zu sein! — O du elender Wicht! Du bist wohl im Alleinbesitz des Höllengeistes, der Lüge und Hochmut heißt; aber den Geist Christi hast du noch nie erkannt, denn du bist ja ein abgesagter Feind dieses Geistes!"

23 Auf diese energische Rede Waldsteins wird Sebastian stets glühender und ebenso sein zahlreiches Gefolge. Waldstein und Arko[1] aber senken sich nun zur Erde nieder. Als sie die Erde berühren, entsende *Ich* sogleich den Robert, daß er sie zu Mir führe. Sie gehorchen sogleich und begeben sich in tiefster Ehrfurcht zu Mir hin. Ich gehe ihnen bis zum halben Weg entgegen und führe sie Selbst auf die Kuppe des Hügels.

24 Da angelangt wollen Waldstein und Arko auf ihr Angesicht zu Boden sinken. *Ich* aber verhindere sie daran und sage: „Freunde, das ein anderesmal, nun haben wir viel wichtigere Dinge vor uns! Dieser Sebastian hat recht böse Absichten und will der Erde Übles zufügen. Heute ist Donnerstagabend; am Mittwoch ruhte er und auch wir. Heute noch will er auf der Erde der ihm angetanen Beleidigung wegen alles ihm Unterkommende verheeren. Aber Ich habe bereits schon den starken Friedensgeistern einen Wink gegeben: In dieser Nacht noch wird

[1] Graf Arko, Bischof zu Graz vor Sebastian Zängerle und Waldstein.

er geknebelt samt seinem großen Anhang zur Erde niedergeschleudert und dort gehörig abgekühlt werden."

25 Spricht *Waldstein:* „O Du heiligster Vater! Wie wird das wohl zugehen, und wie werden wir es erkennen, da wir noch sehr viel Blindheit in uns haben?"

26 Sage *Ich:* „Hebt eure Augen empor und seht die weißen Geister des Friedens, wie sie schon von allen Seiten her sich in bester Ordnung aufstellen! In Blitzesschnelle werden jene Wüteriche samt Sebastian geknebelt auf den Boden geschleudert werden. So ihr morgen die hohen Berge rings umher mit Schnee bedeckt erschauen werdet, so wißt: Da liegt Sebastian in seinem Triumph auf dem besten Zornfeuer-Abkühlungsapparate, nämlich unter der Decke, die ihm die Friedensgeister vom Norden zu einem nützlichen Präsent hergebracht haben."

27 Sagt *Waldstein:* „Also hat der Schnee auch eine geistige Bedeutung?"

28 Sage *Ich:* „O sicher! Was immer auf der Erde in Erscheinlichkeit tritt, hat durchgängig zuerst geistige Wichtigkeit, dann erst auch naturmäßige. — Nun aber gebt acht, die wilde Jagd wird sogleich beginnen!"

264

Gefangennahme Sebastians durch die Friedensgeister
Schneedecke als Sondergericht für Meuterer gegen die Gottesordnung

1 Die Bischöfe Waldstein und Arko verwundern sich sehr darüber und erheben mit ihrem ganzen demütigen Anhang ihre Augen aufwärts. Als sie kaum den Sebastian ins Auge fassen, ist er samt seinem Anhang schon ein Gefangener der Friedensgeister. Er krümmt sich wie ein getretener Wurm und schleudert einen Fluch um den andern auf das Haupt dieser Geister, die so frevelnd sich an ihm, einem Manne nach dem Herzen Gottes, vergreifen. Aber das kümmert Meine Friedensgeister nicht, und ihre Gemütsruhe läßt sie all das Toben ganz überhören. Sie handeln wie ein Uhrwerk und lassen auch nicht im geringsten mit sich handeln.

2 Bischof *Waldstein* sagt: „O Herr, das kommt mir geradeso vor,

als wenn eine Kreuzspinne die Fliegen in ihrem Netz gefangen hat. So scheinen es auch diese famosen Friedensgeister getan zu haben. Sie müssen schon früher unsichtbar ein Netz weit ausgespannt haben, sonst wäre es kaum begreiflich, wie sie mit Sebastian und dessen Anhang so plötzlich haben fertig werden können. Aber wie der nun flucht und seine Schar mit ihm!"

3 Sage *Ich:* „Ist nichts Neues von Wesen seiner Art. Hat er doch schon auf der Welt jeden in den Grund der Hölle verflucht, der nicht nach seinen Noten tanzen wollte — wie sollte er dann hier anders handeln können? O das ist ein dummböser Geist, der in größter Gemütsruhe eine Million Menschen als Ketzer auf dem Scheiterhaufen mit Wollust hätte verbrennen sehen können. Das macht ihn nun aber so wütend, weil er sich nirgends mehr Luft machen kann.

4 Seht, wie die Geister ihn nun durch die Luft gegen Obersteier hinschieben. Sie werden ihn auf einer Hochalpe versorgen; die geringeren Geister aber auch auf niederen Gebirgshöhen, als da sind der Schöckel, der Rabenwald, der Kulm und noch andere. Nun haben sie schon die Höhen erreicht. Und seht nun, wie die Rücken der Berge grau und nach und nach weißer werden. Wie gefällt euch das?"

5 Sagt *Waldstein:* „Diese Geschichte sieht wahrlich traurig und düster aus! Wie lange werden diese Geister wohl unter solch einer Kühldecke zu verbleiben haben? Etwa gar ewig?"

6 Sage *Ich:* „O mitnichten! Sobald sie zur Einsicht aus sich selbst gelangen, daß sie grundfalsch und irrig daran sind, und sich in ihren Herzen an Mich wenden, sollen sie von solch einem Gericht sogleich befreit werden, aber eher nicht um eine Sekunde! Sebastian aber wird noch unters Eis der Gletscher gebracht werden müssen, bis er gehörig abgekühlt wird. Denn der hat des Hochmuts viel in sich und ist dabei so dumm, daß er seinen Hochmut sogar für gottesverdienstlich ansieht. Mit solchen Narren ist schwer weiterzukommen, aber wir dürfen ihnen gegenüber unsere Geduld, Gnade, Liebe und Erbarmung nie auf die Seite setzen, weil sie auch unsere Brüder sind, für deren Heil wir sorgen müssen."

7 Spricht *Robert,* der auch die Gefangennehmung und Weiterbeförderung Sebastians und dessen Anhangs betrachtet hatte: „Herr, Du allgütigster, bester Vater! Ich sehe nun, so weit mein Auge reicht, alles mit Schnee bedeckt. Alle höheren Berge Steiermarks, Kärntens, Tirols,

Salzburgs sind hoch überschneit. Das kann doch unmöglich alles des Sebastians falscher Grund und Boden sein!"

8 Sage *Ich:* „Das freilich nicht. Aber solcher Narren gibt es in allen Landen gar viele. Bei diesen Geistern aber geht die Sache wie durch eine elektrische Kraftverbindung: So auch in einem verborgensten Winkel irgendein Geist erregt wird, werden im selben Augenblick alle Geister gleicher Art erregt und in besondere Tätigkeit versetzt. Ist diese Meiner Ordnung schroff zuwider, so werden dann alle solche Geister auf einmal in allen Landen gepackt und zurechtgewiesen durch taugliche Mittel. Aber mit dem Besserwerden geht es dann nicht so gleichartig und plötzlich wie mit dem Erregtwerden zum Bösen; sondern da geht es dann beinahe so, wie wenn auf einem Feld tausend Menschen in Reih und Glied durch einen Erdstoß plötzlich umgeworfen würden. Fallen werden sie sicher alle zugleich; aber mit dem Aufstehen wird es wohl schwerlich so gehen. Einige werden sich gleich wieder aufrichten. Andere hingegen, die sich mehr oder weniger beschädigt haben, werden sich mühsam erst nach und nach langsam emporrichten. Und einige, die dabei schwer verletzt wurden, werden zum Aufstehen wohl sehr viel Zeit und Mühe brauchen, ja einige werden als Totgewordene liegen bleiben. Und gerade so geht es auch bei diesen Sondergerichten! Gefangen werden sie alle auf einmal; aber frei werden sie nicht so, weil das nicht von einer äußeren Macht, sondern rein nur von ihrer eigensten Lebenskraft abhängt.

9 Also ersiehst du nun wie auf einen Schlag alle Berge voll Schnee, der da eine Kühldecke ist für zu hitzige Geister, aber der entsprechenden Bedeutung nach die erscheinliche Kraft der Friedensgeister. Wird diese Kraft dann wieder von den Geistern zurückgezogen, zerfließen die mitgefangenen Naturgeister als Wasser. Die unter diesen Naturgeistern aber gefangenen wirklichen Geister werden dann wieder frei und können tun, was sie wollen. Wenden sie sich dem Guten zu, so ist es eben gut und wohl für sie; wenden sie sich aber wieder dem Schlechten zu, nun, so ergeht es ihnen auch natürlich wieder nicht anders als schlecht."

265

Über Naturgeister und die Sternenelemente der Menschenseelen
Wie aus Gott sich auch unlautere Wesen entwickeln können
Besuch der siebzehn alten Prälaten von Rein

1 Sagt *Robert:* „Herr, das verstehe ich. Aber Du hast auch etwas von den Naturgeistern gesprochen, die dann als Wasser zerfließen. Wer und was sind eigentlich diese Geister?"

2 Sage *Ich:* „Das sind geistige Ur-Lebensfunken oder einzelne Ideen Meines Herzens. Wenn sie durch Kleingerichte gehörig vorbereitet und durch allerlei Tätigkeiten in Meiner Liebe ausgegoren sind, werden sie auch in materielle, pflanzliche und tierische Formen gehüllt. Am Ende ihres Kreisweges werden sie zu Seelen der Menschen mit aller Intelligenz, auf daß in ihnen dann Mein eigenster Liebegeist zu einem mit solchen Seelen ewig verbundenen Wesen werde.

3 Deine Seele ist auch so etwas, nur nicht von dieser, sondern von einer andern Erde. Etwas, das mit dem Fleisch deines Leibes zusammenhing, ist wohl von dieser Erde hinzugekommen; aber im ganzen gehörst du zu den Seelen der Erdenwelt, die da heißt *Uranus.*

4 Es haben wohl alle Seelen auf dieser Erde etwas aus allen Sternen in sich. Vorherrschend aber bleibt nur das, was sie aus der Natur jener Erdenwelt haben, auf der sie zuerst als vollständige Menschenseelen ausgebildet wurden. Begreifst du nun, was es mit den Naturgeistern für eine Bewandtnis hat?"

5 Spricht *Robert:* „Ja, mein Gott und Vater, diese Sache ist mir nun klar! Nur begreife ich noch immer nicht, wie aus Dir, der Du doch in allem das vollkommenste Wesen bist, auch unlautere und unvollkommene Wesen hervorgehen können; denn es kann doch nichts irgendwo dasein, was nicht aus Dir hervorgegangen wäre!" — Sage *Ich:* „Freund, diese Sache habe Ich schon bei einer früheren Gelegenheit hell gezeigt. Rufe es in dir hervor, und dir wird alles klar sein."

6 Spricht *Robert:* „Ach ja, richtig, als Du uns den Unterschied zwischen Deinen Gedanken und Ideen kundgetan hast! Ja, ja, nun weiß ich es schon: Jeder Gedanke an sich als die *Grundlinie* zu einer Idee ist rein. Aber weil man aus den Grundlinien (die für sich immer rein blei-

ben) auch unlautere Bilder formen kann, so sind solche Bilder oder Ideen schon darum mehr unlauter als die Ur- oder Grundgedanken, weil sie auch Unreines darstellen können. Was natürlich bei den Grundlinien an und für sich unmöglich ist. Eine pure Linie bleibt Linie; nicht aber eine Figur, die durch Kombination der Linien entsteht.

7 Aber, Herr! Heute ist schon Montag und wir haben außer der Bischof-Sebastianschen Geschichte nicht viel anderes gesehen und gehört. Wie wäre es denn, wenn wir einmal einem anderen Punkt einen kurzen Besuch machten?"

8 Sage *Ich:* „Du sorgst gut; aber heute werden uns siebzehn Prälaten aus dem Stift Rein besuchen, mit denen haben wir etwas abzumachen. Erst morgen werden wir für einige Stunden einen andern Ort besuchen. Nun aber verhalten wir uns alle ruhig, denn die Prälaten sind schon auf dem Weg zu uns her."

9 Sagt Bischof *Waldstein:* „Wenn sie nicht zu sehr aus der früheren Zeitperiode sind, dürfte ich wohl jemanden von ihnen kennen?" — Sage *Ich:* „Das kaum, denn diese gehören alle der ersten Periode der Entstehung dieses Stiftes an. Die deiner Zeit Angehörenden sind noch lange nicht reif, um dahin gelangen zu können, wo wir uns befinden. — Aber nun kommen sie ganz ernsten Gemüts daher. Darum wollen auch wir sie ganz ernst empfangen und ihnen zeigen, daß auch wir ein gutes Recht haben, uns auf dieser Hügelkuppe aufzuhalten.

10 Der Hügel gehörte einst diesem Stifte und war südwestlich mit kleinen Rebanlagen kultiviert, während die nördliche und östliche Seite der guten Jagd wegen bewaldet blieb. In späterer Zeit hat sich manches geändert und ist manche Besitzung aus den Händen dieses Stiftes gekommen. Diese siebzehn Prälaten aber sind in ihrer Idee noch stets im Vollbesitz alles dessen, was einst zu diesem Stift gehörte. Auf diesen Hügel waren sie sehr stolz und sahen es nicht gerne, so er von Weltlichen besucht wurde, und das wegen der Wildhege. Jetzt meinen sie, wir seien verkappte Wilddiebe, aus welchem Grunde sie willens sind, uns von dieser Höhe zu verschrecken. Gebt nun acht, die Hetze wird sogleich angehen."

11 Sagt *Robert:* „Herr, wäre für diese Helden etwa nicht die Helena wegen ihrer bekannten Wiener Schroffheit zu gebrauchen? Die könnte diesen hirsch- und rehsüchtigen Dummköpfen so recht die Wahrheit ins Gesicht schleudern." — Sage *Ich:* „Wäre hier nicht rätlich, denn

diese siebzehn verstehen das Wienerische nicht und sind ungeheure Zeloten. Sie stammen aus den Zeiten der sogenannten heiligen *Inquisition.* Man würde sie sehr böse machen, so man den in ihrem Gemüt schlummernden Eifer weckte, durch den so viele treue Seelen auf das empörendste gemartert worden sind. Was konnte man aber tun? Diese Pfaffen waren wirklich so dumm zu glauben, daß sie durch solche gräßliche Handlungen Gott einen angenehmen Dienst erweisen. Und je unerbittlicher so ein Pfaffe war, für desto heiliger hielt er sich und ward auch von allen anderen Finsterlingen dafür gehalten. — Redet daher in Gegenwart dieser siebzehn gar nichts! Verhaltet euch ganz teilnahmslos, als gäbet ihr gar nicht darauf acht, was Ich mit ihnen abmachen werde. Aber jetzt nur ruhig! Sie stehen vor uns und messen uns mit echt inquisitorischen Augen."

12 Nach dieser Rede tritt ein titulierter *Prälatus* hervor. Dieser Erzpapist mißt Mich vom Kopf bis zur Zehe verächtlichen Blickes über die linke Achsel und sagt: „Wer erlaubte euch, diese heilige Höhe zu betreten und mein Wild scheu zu machen, das ebenfalls heilig ist, weil es für die eifrigen Diener Gottes bestimmt ist? Rede, sonst gibt es Loch, Tod und Verdammnis!"

13 Sage *Ich:* „Der Herr der Welt hat das Recht, Sich niederzulassen, wo immer es Ihm beliebt, und hat nie vonnöten, die weltlichen Scheinbesitzer um gnädige Erlaubnis zu bitten. Und so hat Er Sich denn auch jetzt das Recht genommen, hier Platz zu nehmen, und das darum, weil dieser Hügel von allen in der Umgebung dieser Stadt durch schmähliche Handlungen arger Menschen am wenigsten entheiligt wurde. — Ich bin Christus, der Herr, und bin gekommen, der argen Welt ein Gericht zu geben und Meinen getreuen Bekennern Meine Gnade, Vergebung ihrer Sünden und das ewige Leben. Wer Mich erkennt, annimmt und sich an Mir nicht ärgert, der soll nicht zugrunde gehen! Wer sich aber an Mir ärgert und nicht glaubt, daß Ich bin der Erste und der Letzte, der Anfang und das Ende, das Alpha und das Omega, der wird verlorengehen. — Nun wißt ihr alles, was euch nottut. Was werdet ihr nun tun?"

14 Sagt *der Primas:* „Gib uns ein Zeichen, und wir wollen Deinen Worten glauben." Sage *Ich:* „Es gibt der Zeichen viele vor euren Augen, betrachtet sie, und sie werden euch Licht schaffen! Denn ihr seid gerade nicht böse, aber dafür sehr blind und dumm. Wißt ihr wohl

schon, daß ihr alle lange schon gestorben seid?" — Sagt der *Prälatus:* „Wie, was, wer ist gestorben? Wie, wo und wann? Lebe ich etwa jetzt nicht? Bin ich tot? Wer vermag mir denn das zu beweisen? Also Zeichen und Beweise für alles, sonst sollt ihr als Gauner und Wilddiebe eingesperrt werden!"

15 Sage *Ich:* „Nur nicht so hitzig, Meine Lieben, sonst könntet ihr Mich auch in eine Hitze bringen, bei der es euch wohl etwas zu warm werden könnte! Weil ihr aber so mächtige Furcht habt für euer Wild, das nur noch in eurer Einbildung existiert, wollen wir alle auf eine kurze Zeit diesen Hügel verlassen und auf den Berg Schöckel uns begeben. Dort werden euch auf einige Augenblicke die Augen geöffnet, damit ihr seht, ob ihr wohl noch Herren des Stiftes Rein seid, oder ob dieses nicht schon lange von einem neuen Prälaten administriert wird."

16 Sagt *der Primas:* „Was?! Auf jenen höchsten Berg von Steiermark sollen wir uns begeben, den wegen seiner Höhe und wegen der vielen Hexen und bösen Geister noch nie eines Sterblichen Fuß betreten hat?" — Sage *Ich:* „Eben darum müßt ihr dorthin, um von drei Hauptdummheiten, die eure Sehe gefangen halten, geheilt zu werden: zuerst von der Meinung, als lebtet ihr noch auf der Erde, und fürs zweite, daß der Schöckel bei weitem kein höchster Berg dieses Landes ist und dort weder Hexen noch böse Geister hausen. Darauf erst werdet ihr einsehen, daß auch dieser Hügel durchaus nicht mehr euer Eigentum ist und daß es hier kein Rotwild mehr gibt und man daher hier auch keinen Wilddieb machen kann."

17 Spricht *der Primas:* „Wie werden wir aber da hinaufkommen auf solch eine erschreckliche Höhe? Da werden wir ja mehrere Tagreisen brauchen." — Sage *Ich:* „O nein, das werden wir nicht! Zum Beweis, daß auch ihr nun nicht mehr Leibes-, sondern Geistmenschen seid, werden wir diese Reise in einem Augenblick zurücklegen. Ich sage bloß: Es sei! — Und seht, wir sind auch schon da. Nun, wie gefällt es euch hier?"

18 Sagt *der Primas* ganz verblüfft: „Ah, das ist stark! Ja, wie sind wir denn so plötzlich hierhergekommen? Wie ein Blitz sind wir vom Reinerhügel hierher übersetzt worden. Ja, jetzt fängt mir schon ein Licht an aufzugehen. Wir alle siebzehn sind wirklich schon vor vielen Jahren leiblos geworden. Aber daß uns das nicht früher eingefallen ist! Wir hätten es doch dem entnehmen können, daß dieses Stift doch nie

mehr als nur einen Prälaten gehabt hat; und wir waren unser siebzehn, die später dazugewachsen sind. Ist aber doch merkwürdig, wie man so dumm und blind sein kann! — Und jetzt merke ich wohl, daß es noch viel höhere Berge gibt als diesen Schöckel da — und von Hexen und bösen Geistern keine Spur! — Ja, wir müssen jetzt aber diesem wunderbaren Führer sehr danken! Ist er etwa auch nicht Christus, der Herr Selbst, so wird er dennoch ein sehr mächtiger Geist sein, der von Gott aus an uns gesandt ist.“ Hier fallen alle vor Mir auf ihr Angesicht und loben Gottes Kraft in Mir.

19 *Robert* aber fragt: „Herr! Was habe ich denn eigentlich mit diesen gemein?“ — Sage *Ich:* „Es sind auch Uraniden wie du und darum sehr hartnäckig. Und du mußt sie darum auch aufnehmen in dein Haus. Kennst du nun den Grund dieser Erscheinung?“

20 Spricht *Robert:* „Ja, Herr und Vater! Jetzt verstehe ich es freilich wohl. Sind etwa die früheren Geister, mit denen wir auf jener Höhe dort unten waren, auch meine Ur-Landsleute?“ — Sage *Ich:* „Nein, das gerade nicht; aber sie sind dir in der Liebe gleichartig und gehören deshalb auch in deinen Verein. Denn Ich sage dir: Du bist von nun an ein Hauptpfeiler eines neuen Vereins. Das ist ein Lohn, der allen jenen zuteil wird, die auf der Welt aus einem redlichen und guten Grunde in Meinem Weinberge gearbeitet haben.“

21 Bemerken die beiden *Bischöfe* ganz demütig: „Herr! Wir haben ja doch auch in Deinem Weinberge gearbeitet. Sollen wir hier denn nicht auch irgendein Ämtchen zu versehen bekommen?“ — Sage *Ich:* „Ihr wart zwar auch Arbeiter, aber die Welt gab euch bereits einen guten Lohn. Dieser aber arbeitete ohne weltlichen Lohn. Für seine Mühe ward er von der Welt mit dem Tode bezahlt, und das macht einen großen Unterschied zwischen euch und ihm. Er ist ein Märtyrer; seid ihr es auch? Er ist gefallen als ein Opfer seiner Liebe für die Brüder; seid es auch ihr?“

266

Bischöflicher Heiligenwahn. Gut ist Gott allein Finstere Geister und arme kranke Seelen nahen sich und finden zweckvolle Behandlung

1 Sagen die beiden *Bischöfe* zugleich wie aus einem Mund: „O Herr, da sind wir freilich gegen ihn reine Nullen, denn uns ist es nie schlecht gegangen auf der Erde. So dieser Sohn Deiner Liebe aber ein großer Geist vor Dir ist, da wird er uns doch vergeben, so wir unwissend ihm viel zuwenig Ehre bezeigt haben. Wir werden das in Zukunft schon allerreichlichst nachholen. Nur begreifen wir nicht, wie wir solcher Gnade würdig befunden wurden, in den Himmelsverein eines so großen Heiligen aufgenommen zu werden. Denn wie groß muß der sein, der stets so nahe an Deiner Seite wandelt und handelt nach Deinem Willen und in allem von Dir belehrt wird!"

2 Sage *Ich:* „Ihr wart doch recht achtbare Bischöfe und redet nun gerade, als ob ihr bei einer alten Betschwester Jahre hindurch in die Schule gegangen wärt. Wer ist denn ein Heiliger bei Mir? Gott allein ist heilig und gut; alles andere aber ist Bruder und Schwester, und der Geringste ist stets der Größte in Meinem Reich. Die Ehre aber gebührt nur Gott allein; alles andere hat sich zu erfassen nur in und durch die Liebe!

3 Nun aber lassen wir das Weitere; denn wir haben dazu eine ganze Ewigkeit vor uns. Wir sind nach irdischem Maß nun schon bei drei Stunden hier, und die siebzehn Prälaten liegen noch auf ihren Angesichtern. Nun muß ihnen geholfen werden, und wir müssen dann schnell wieder auf unseren Hügel eilen. Dort befinden sich einige unserer irdischen Freunde und verlassen nun den Hügel; aber das macht nichts: unseren Segen, der an dem Hügel haftet, haben sie dennoch empfangen. — Jetzt also an die Prälaten!

4 Stehet auf, ihr siebzehn Brüder des Stiftes Rein! Ihr habt nun neue Augen empfangen, zu schauen das rechte Licht und zu begreifen die Wahrheit. Darum kehrt das neue Licht eurer Augen nicht in den finsteren Boden, sondern beschaut das Licht alles Lichts und begreift es!"

5 Hier erheben sich *die siebzehn* und schauen ganz voll Staunens um

sich herum. — Und der *Primas* sagt als Wortführer: „Herr, Gott und Vater! Nun erst erkennen wir ganz, daß Du es bist, von dem alle Himmel und Erden voll Herrlichkeit zeugen. O Vater! Was sollen wir denn nun tun, um Deiner heiligen Nähe würdiger zu sein?" — Sage *Ich:* „Von nun an Mich lieben über alles, da eure Liebe zu Mir euer wahres, ewiges Leben ist. Und alle Brüder und Schwestern wie euch selbst, denn die Brüder- und Schwesternliebe bedingt eure Seligkeit. Je mehr ihr wahre, tätige Liebe euch gegenseitig erweist, desto seliger werdet ihr sein!

6 Alle Himmel mit ihren Seligkeiten ohne Zahl und Namen gehen aus der gegenseitigen, wahren Nächstenliebe hervor — so wie im Gegenfall auch alle Qualen und Martern der Hölle aus der Eigenliebe. Gäbe es keine Eigenliebe, so gäbe es auch keine Hölle und auf der Erde keinen Krieg, keine Hungersnot und keine Pest. Weil aber die Menschen sind voll der verderblichsten Selbstliebe — aus der die Hölle gemacht ist durch die Menschen und nicht etwa durch Mich — so müssen sie sich auch all das Üble gefallen lassen, was da hervorgeht aus der Eigenliebe und Selbstsucht.

7 Wohl ist zwar noch Satan der Fürst der Hölle, wie er auch ihr erster Gründer war, aber er hat schon lange die Macht nicht mehr, die Menschen zu verderben, denn diese sind schon seine Meister geworden. Seit die Menschen allein von ihrem freien Willen abhängen, gibt es viele unter ihnen, zu denen Satan in die Schule gehen könnte, besonders unter dem hohen römischen Klerus und den Jesuiten, vor denen sogar der Satan einen Respekt hat. Solche Wesen aber nennen sich auch ‚Diener Gottes'. Wie gefällt euch das?"

8 Sagt *der Primas:* „Herr! Erschrecklich, so etwas aus Deinem Mund zu vernehmen!" — Sage *Ich:* „Jawohl, aber es ist einmal so, und dagegen läßt sich vorderhand nicht viel tun. — Nun aber wird es halb sechs Uhr, darum kehren wir wieder auf unseren Hügel zurück.

9 Es sei! Es geschehe! — Und seht, da sind wir nun schon wieder auf dem Reinerkogel. Aber nun erhebt sich über der Stadt eine dichte Wolke, und aus allen Friedhöfen dieser Stadt steigen leichtere Nebel. Was meint ihr, was das zu bedeuten hat?" *Alle sagen:* „Herr, wir wissen es nicht. Deute uns das!"

10 Sage *Ich:* „Das schwarze Gewölk über der Stadt ist ein Gremium von wenigstens zehntausend Mönchen und anderen Pfaffen, die seit 400

Jahren sich in dieser Gegend aufhalten und zufolge ihrer Blindheit nirgends einen Ausweg finden konnten. Darunter gibt es auch einige Bischöfe, Prälaten und Pröbste. Diesen werden wir nun Flöße geben und sie sämtlich stromabwärts in die Gebiete des Schwarzen Meeres befördern. Hier würden sie gar manches Unheil zu stiften beginnen, da sie nun bei Meiner persönlichen Anwesenheit etwas wacher und sehender geworden sind. Im Meere werden sie nach etlichen hundert Jahren wohl zu sich kommen, und es wird erst dann mit ihnen etwas zu machen sein. Die leichten Nebelchen über den Friedhöfen aber enthalten ganz arme, kranke Seelen, die nach Heilung dürsten. Denen soll auch in dieser irdischen Nacht vom Mittwoch zum Donnerstag völlig geholfen werden. Ich will, daß sie uns nahen! Und seht, sie fangen an, sich gegen uns her zu bewegen."

267

Wer Arme aufnimmt, nimmt Mich auf! Heilung und Tröstung bedürftiger Seelen Die liebende Jungfrau

1 Spricht *Robert:* „Herr und Vater! Je mehr Gäste sich unter das Dach meines Hauses ziehen, desto größer wird meine Freude und Seligkeit. Nur möchte ich wieder wissen, wie diese Seelen zu mir in irgendeiner Entsprechungsverwandtschaft stehen. Sind das etwa auch Uraniden?" — Sage *Ich:* „O nein! Das sind sie nicht und brauchen es auch nicht zu sein. Das sind Arme, und als solche stehen sie dir ja wohl am allernächsten. Auch hier gilt der Grundsatz: »Wer einen Armen aufnimmt in Meinem Namen, der nimmt Mich auf«. Ich meine, Bruder Robert, darin liegt wohl ein Hauptgrund, warum Ich es zulasse, daß auch solche arme Seelchen in deinem großen Hause rechte Aufnahme finden sollen."

2 Sagt *Robert:* „O Herr und Vater, dann nur alles, was da arm ist auf der Erde, in mein Haus! Wenn in einem Hause Sonne, Mond und Sterne und die ganze Erde Platz haben, können wohl auch viele Arme Platz finden. Wo Du, o Herr, Dich Selbst schon so lange aufhältst, da hat die ganze Unendlichkeit Platz zur Genüge."

3 Nach dieser guten Bemerkung Roberts kommen mehrere Tausende von *armen Seelen,* lagern sich in gedehnten Reihen um den Hügel und bitten um Hilfe und Genesung von mannigfachen Übeln, die an der Haut ihrer Seele noch von der losen Welt her hängengeblieben sind. Die Bitte wird erhört und sogleich bekommen diese Seelen ein ganz gutes Aussehen und werden mit weißen Kleidern angetan, wovon der männliche Teil *grün* verbrämt und der weibliche *rot* verbrämt erscheint.

4 Nachdem die Armen alle so gut hergestellt sind, wird von uns aus ein *Bote* an sie gesandt mit der Weisung, sie alle auf die Höhe des Plabutschberges zu führen, wo sie Milch, Brot und Wein finden werden. Denn schwache Geister müssen zuvor mit der geistigen Milch gesättigt werden, damit sie aus solcher Kost so viel Kraft erlangen, um bald darauf Brot und Wein vertragen zu können. Der Bote aber ist einer der Einnehmer, der uns in Wien zuerst folgte. Er bringt sie alle in schneller Bewegung auf die Höhe des bezeichneten Berges, wo die Armen alles in reicher Bereitschaft antreffen, was ihnen nottut.

5 Als sie zum erstenmal im Geistesleben gesättigt sind, können sie nicht genug danken und wissen nicht, was sie dem Boten Liebes tun sollen. Dieser aber verweist sie freundlich auf Mich, den alleinigen Geber aller guten Gaben. Er zeigt ihnen an, daß Ich Selbst sie bald besuchen werde und sie da zum erstenmal Gott, den Herrn, ihren Schöpfer und Vater, sehen und von Ihm Selbst für ewig werden gesegnet werden. Als sie das vernehmen, ist es völlig aus vor Freude bei ihnen.

6 Ein Wesen aber von ungewöhnlicher Schönheit, *eine Jungfrau,* wird ganz schwermütig, als sie diese Nachricht erhält. Ihr Herz, schon auf dieser Welt stets nach Mir gekehrt, wird voll Feuer, und ihre Liebe zu Mir wird heftiger und heftiger. In äußerst sanftem Ton sagt sie zum Boten: „Edler Freund meines allergeliebtesten Jesus, ich bitte dich, führe mich hin zu Ihm! Ich lebe nur für Ihn. Er allein ist mein alles, mein Gott, mein Vater, meine Liebe!"

7 Sagt *der Bote:* „Schönste, teuerste Schwester! Siehe, ich bin nur ein Knecht des Herrn und darf nur das tun, was mir vom Herrn geboten wird. Aber ich kehre nun zum Herrn zurück und werde Ihm inständig dein Anliegen vortragen. Sei versichert, ich werde deiner nicht vergessen. Du hast dich auch in mein Herz eingegraben, und ich weiß kaum, ob du je wieder den Ausweg daraus finden wirst! Lebe unter-

dessen wohl, vielleicht sehen wir uns schon in wenigen Augenblicken wieder."

8 Hiermit verläßt *der Bote* die schwermütige Schöne und begibt sich zurück. Als er aber kaum den halben Weg herabkommt, blickt er sich um und sieht die Schwermütige ihm nahe auf der Ferse folgen. Da bleibt er stehen und sagt: „Aber meine himmlisch Schönste, was tust du? Du weißt doch, daß ich nicht mehr tun darf, als mir geboten wurde. Warum verfolgst du mich denn?" — Sagt *die Jungfrau:* „O Freund, hast du denn auch ein Gebot, mich auf meinem Wege aufzuhalten?" — Sagt der *Bote:* „Nein, das gerade nicht!" — Sagt die *Jungfrau:* „Nun, so lasse mich gehen den süßen Weg meines Herzens!"

9 Der Bote weiß darauf nichts weiteres zu erwidern und geht ganz naturmäßig seinen Weg weiter. Aber kaum ein paar hundert Schritte weiter komme Ich Selbst, diesmal ganz allein, dem Boten entgegen. Er erkennt Mich und klagt Mir sogleich seine Not mit der Schwermütigen, die ihm nachgehe.

10 *Ich* aber sage: „Hat sie dir denn nicht gesagt, daß sie dir nachwandle den süßen Weg ihres Herzens? Sie liebt Mich über alles und möchte desto eher dahin gelangen, wo Ich als der einzige Gegenstand ihrer Liebe Mich befinde. Das mußt du dir in Zukunft recht merken: Wo du solche Liebe findest, darfst du ihr nie den Weg zu Mir verwehren! Wo solch eine Liebe in einem Herzen wohnt, da wohnt auch schon die Vollendung des Geistes. Wo aber ein Geist die Vollendung in sich trägt, da trägt er auch schon Mich in sich und kann ohne Furcht und Scheu sich Meiner eigentlichsten freien Wesenheit nahen. Wer selbst zum Feuer geworden ist, darf das Feuer nimmer fürchten. Wo ist nun die Geliebte Meines Herzens?"

11 Sagt *der Bote* etwas betroffen: „O Herr! Ein paar hundert Schritte hinter mir wird sie nun wahrscheinlich klagen und weinen, weil sie sich doch nicht getraut hat, mir weiter zu folgen, obschon ich es ihr weiter nicht mehr widerraten habe." — Sage *Ich:* „Ei, Mein lieber Freund, das darfst du nicht mehr tun. Siehe, die Arme leidet nun viel, darum führe Mich augenblicklich zu ihr hin!"

12 Sagt *der Bote:* „Wohl weißt Du, o Herr, wo die Arme harrt und hast noch nie eines Führers benötigt. Aber Du hast es mir nun befohlen, und so wage ich es also zu tun."

13 Der Bote geht voran und Ich folge ihm. In einigen Sekunden Zeit

sind wir beide an Ort und Stelle. Da finden wir *die Liebste* auf ihren Knien, ihr Antlitz nach oben gekehrt und schluchzend mit gefalteten Händen betend: „O Du meine alleinige, ewige Liebe, Du mein Jesus, Du mein Gott und mein Herr! Wie lange schmachtet mein Herz schon nach Dir, und noch immer kann ich nicht zu der Gnade gelangen, Dein heiliges Angesicht zu schauen. Ich muß zwar gestehen, daß mir während der sicher schon vielen Jahre in dieser Geisterwelt nichts abgegangen ist. Ich hatte viel Freude an den guten Seelen, die sich von mir über Dich, o mein Herr, und über Dein heiliges Wort haben belehren lassen. Alle meine geliebten Schüler sind mir nun gefolgt und harren bei etlichen Tausenden auf dieser Höhe des Herrn. Alles haben wir getan, das uns nach Deinem Worte zur Anschauung Deines Angesichts bringen könnte. Im letzten Stadium fingen wir sogar zu fasten und uns förmlich zu kasteien an aus purster Liebe und Sehnsucht nach Dir, aber es war bis jetzt alles vergebens. O Vater, zeige uns doch aus Deiner großen Gnade, welche Sünden denn an uns und besonders an mir noch kleben!

14 Auf der Welt war ich eine recht angesehene Frau, ward adelig, weil mein alter Gemahl adelig war, und genoß manche Auszeichnung. Aber ich habe mir darauf nie etwas eingebildet. Einem Lehrer meiner Tochter habe ich wohl Unrecht angetan, das war ein grober Undank von mir. Denn er war ja von Dir als ein Licht vom Himmel in mein Haus gesandt und lehrte mich durch Wort und gewählte Lektüre, Dich als den heiligen Vater in der Fülle der Wahrheit zu erkennen. Wie habe ich diesen Fehler bereut, wie oft auf der Erde noch und wie oft hier!

15 Die Ewigkeit ist lang, o Herr. Gib mir nur die Gelegenheit, und ich will alle meine irdischen Fehler in Deinem heiligsten Namen gutmachen. War ich auf der Erde leider keine Jungfrau, so bin ich es aber hier, denn bis jetzt hat mich noch kein männlicher Geist anrühren dürfen. Meine Liebe zur Dir, o Vater, war meine stets mächtige Beschützerin! — O du harter Bote des Himmels, der du mich dir nicht folgen ließest, wann wirst du wiederkehren und mir Nachricht bringen von Dem, den allein ich über alles liebe!“ — Nach diesen Worten fängt sie wieder an zu weinen und verhüllt das Gesicht mit ihren Händen.

268

Die zwei Boten bei der neuen Maria
Gleichnis von den Kleingewächsen und der Eiche
Vom geistigen Zustand der Erde. Vollendung durch Gnade

[1] *Ich* aber trete nun zu ihr hin und sage: „Maria! Siehe, der Bote ist schon wieder zurückgekehrt, darum weine nicht! Der Bote ist wohl genau, aber hart ist er nicht." — Hier tut *die Angeredete* schnell ihre Hände vom Angesicht und erhebt sich vom Boden, uns beide etwas verwirrt ansehend. Nach einer kurzen Pause sagt sie schüchtern: „Nun sind zwei Boten da. Welcher bringt mir Nachricht von Dem, den ich allein liebe? Wo ist Er, der die Liebe Selbst ist? Wann werden meine Augen zur Anschauung Seines heiligsten Antlitzes gelangen?"

[2] Sage *Ich:* „Nur noch eine kleine Geduld, Meine geliebte Tochter! — Siehe, der Herr ist wie ein kluger Gärtner: der bringt die weniger schön geratenen Früchte von seinen Bäumen eher ein und legt sie in seine Kammer, daß sie dort die Vollreife erlangen. Die schönen Früchte läßt er aber am Baum hängen, daß der Süßstoff sich mehre und Geist und Leben völlig reif werde im Keim, den das Samenkorn in sich birgt. Ebenso wird auch das Kleingras der Erde in kurzer Zeit reif, aber es besteht darum auch nur eine kurze Zeit. Wenn dann des Winters Fröste und Stürme kommen, da stirbt es bald und behält nur ein schwaches Leben in der Wurzel.

[3] Die Eiche aber braucht viele Jahre, bis sie ein zum Früchtetragen fähiger Baum ist. Ist sie aber einmal in der Fülle wohlgereifter Kraft da, dann können Stürme und Fröste toben mit aller Gewalt, so trotzt sie ihnen wie mit eherner Brust. Und siehe, so bist auch du nun durch längeres Harren zu einer vollreifen Frucht geworden, und es wird dir nun leicht sein, die Nähe Gottes zu ertragen. Diese kann niemand ertragen, so er nicht zuvor in sich seinen Geist in allem völlig Gott ähnlich gemacht hat auf den von Gott Selbst gezeigten Wegen. Du aber bist mächtig geworden in der Liebe und auf diese Art nun vollreif im Geiste. Deshalb sind wir beide zu dir hergeeilt, um dich als eine köstliche Frucht einzulesen für die Speisekammer des Herrn. — Aber jetzt

wollen wir vorerst noch auf die Höhe zu deinen Jüngern und Jüngerinnen gehen und ihnen eine frohe Botschaft bringen!"

4 Spricht die *Maria:* „O lieber Freund, Deine Stimme klingt lieblich, und deine Weisheit durchleuchtet wie eine Sonne alle meine Irrsale! Wahrlich, himmlischer Freund, du allein wärest fähig, mir auf noch länger die Verzichtleistung auf den Anblick meines Herrn Jesu Christi erträglich zu machen. Wahrlich, stärkender und belebender kann fast unmöglich der Herr Selbst reden. Gar so himmlisch gut, sanft und lieb siehst du aus! Möchtest du mir nicht gestatten, daß ich dich anrühre? Mich drängt es gewaltig danach!"

5 Sage *Ich:* „Nun, so komme her und lasse dich von Mir auf die Höhe geleiten! Bei dieser Gelegenheit wirst du Mich wohl anrühren können. Meinst du denn, daß du Mir etwa minder angenehm bist als Ich dir? Denke dir nur so etwas nicht! Denn viel eher, als du Mich geliebt hast, liebte Ich dich mit aller Lebensglut Meines Herzens! Aber hier ist der Ort nicht, um dir alle Seiten Meiner Liebe darzutun. Erst auf der Höhe werden wir uns näher kennenlernen und uns unsere gegenseitige Liebe ganz eingestehen."

6 *Maria* tritt nun zu Mir ohne zu wissen, daß Ich schon der Rechte bin. Als sie Meinen Arm berührt, sinkt sie vor Wonne beinahe zusammen und sagt: „Freund, lasse ab von mir! Ich bin viel zu schwach, um deiner Liebe zu widerstehen. Du könntest mir noch alle Liebe zu Jesus, dem Herrn, nehmen und an dein Wesen hinziehen." — Sage *Ich:* „Das macht nichts, Ich und der Herr werden uns deinetwegen schon aufs beste ausgleichen!"

7 Sagt *Maria:* „Wohl wirst du das tun können. Aber meinem Herzen kann es nicht gleichgültig sein, ob ich den Herrn Selbst oder nur einen Seiner vielen großen Freunde liebe. Und doch kommt es mir so vor, daß ich außer dir beinahe kein Wesen mehr lieben könnte. Ich zwinge mein Herz zu Gott hin und finde dennoch nirgends einen Grund. Ich will dich ja nicht lieben; Gott nur will und muß ich lieben. Aber je mehr ich mich bestrebe, dich nicht zu lieben, desto glühender wird mein Herz für dich, mag Gott mit mir machen, was Er will. O du himmlischer Freund, sage doch, wie es denn ist, daß ich dich gar so lieben muß? Oh, was wird aus solcher Liebe werden!"

8 Sage *Ich:* „Sei nur ruhig und kümmere dich nicht, wie und wen du nun liebst! Es genüge dir, daß deine Liebe rein und gut ist. Jede Liebe,

die an sich rein ist, kann nicht anders als nur gut sein. Rein aber ist die Liebe, so sie nichts von Selbstliebe in sich hat. Kommt aber zur reinen Liebe nur etwas Selbstliebe, so durchsäuert diese nur zu bald die reine Liebe und macht aus ihr dann einen sehr elenden Lebensgrund.

9 Und siehe, Meine geliebte Maria, von solch einem Sauerteig ist nun die ganze Erde voll. Aus ihm entstehen lauter böse Geschwüre und Beulen, aus deren Eiter nichts als schändliches Freßgewürm sich erzeugt, oft Polypen mit tausend Saugrüsseln. Darum wirst du Trillionen Feuergeister entdecken, die mit aller Gewalt kaum zurückgehalten werden können, diese Erde samt allem, was sich in ihr, auf ihr und über ihr befindet, mit ihrem ungerechten Grimm in Asche und Staub zu verwandeln.

10 Bei den Menschen ist keine Beständigkeit mehr. Ihre Herzen sind kalt und finster geworden, weil aus dem gärenden Sauerteig ihrer Herzen sich eine böse Luft entwickelt hat, die alles wahre Leben in Gott erdrückt. Aber Ich sage dir, es wird nun auch Gott dem Herrn Selbst die Geduld bald zu kurz werden.

11 Nur einige höchst wenige trägt die Erde noch, um derentwillen Gott noch auf eine Zeitlang der gänzlichen Zerstörung dieser Erde vorbeugen will. Sobald aber diese entweder in der Freundlichkeit Gottes von der Erde abgehen oder am Ende selbst zum Sauerteig werden, was Gott nun gar nicht voraussehen will — so wird die Erde den Feuergeistern übergeben. Diese sollen dann mit dieser Sündenträgerin tun, was sie immer wollen.

12 Aus dem Staub dieser Sündenmutter aber soll dann ewig kein mitzerstörter Geist je mehr zum Leben erstehen. Der Wucher und die Besteuerung haben nun nahezu auf der ganzen Erde eine solche Höhe erreicht, daß es beinahe zur Unmöglichkeit wird, daß die arme Menschheit, bisher noch immer eine wahre Stellvertreterin Gottes und das eigentliche Volk Gottes auf der Erde, mehr bestehen kann. Gott gab der Erde gute Jahre, die Reichen aber machten sie durch ihren Wuchergeist zu schlechten und trieben mit den Nährmitteln schändlichen Wucher.

13 Ich aber werde nun eine magere Zeit über die Erde kommen lassen, daß die Armen von der Erde sterben sollen. Gott wird es wohl merken, was da die Reichen tun werden. Werden sie sich der Armut annehmen und den Wucher einstellen, dann sollen auch die Gerichte

aufgehalten und der Erde wieder gute Zeiten gegeben werden. Im Gegenfall aber soll alles ins Verderben gestürzt werden, denn es ist auch schon die Erde selbst zu einem Sauerteig geworden.

14 Wahrlich, Ich befinde Mich nun schon einige Wochen auf außerordentlichen Wegen wirkend auf dieser Erde und bekomme von Tag zu Tag mehr Ekel an deren Fleischmenschen und an dieser Erde selbst. Heute ist der Erde Donnerstag. Bis zum Samstag in der Nacht nur werde Ich Mich noch auf diesem Sündenboden aufhalten und bis dahin noch heilen und annehmen, was zu heilen und anzunehmen ist. Nach Meinem Abzug aber übergebe Ich diesen finsteren Boden Meinen mächtigen Friedensgeistern, und sie sollen darauf handeln nach ihrem Gutdünken.

15 Nun wirst du wohl einsehen, welcher Unterschied da ist zwischen der reinen, guten und der unreinen, schlechten Liebe. Ich aber sage dir nun wieder, daß deine Liebe zu Mir rein und gut ist, weil du Mich um Meiner Selbst willen liebst. Daher ist deine Liebe Gott überaus angenehm; denn so soll jede rechte Liebe geartet sein und soll nicht gleichen einem Sauerteig der Pharisäer. —

16 Wir sind nun auf die Höhe dieses Berges gelangt. Und siehe, dort vorne unter den Bäumen lagern deine Jünger und Jüngerinnen. Gehe hin und sage ihnen, daß Ich und der frühere Bote da seien, um sie vollends zu erheben zum ewigen Leben infolge der puren Gnade des Herrn!“

269

Der Herr enthüllt Sich der Liebenden
Das blinde Herz verständiger als der gebildete Verstand
Große Segnung am Berge

1 Sagt *Maria:* „O du mußt schon ein ungeheuer mächtiger Freund des Herrn sein, daß dir eine solche Gewalt eingeräumt ist! Auch ist deine Art zu belehren ganz die des Herrn; nur kommst du mir etwas strenger vor als es der Herr selbst sein dürfte. Wer sonach mit dir gut auskommt, der kommt sicher auch mit dem Herrn gut aus.“

² Sage *Ich:* „Weshalb hältst du Mich denn für strenger als den Herrn selbst?“ — Sagt *Maria:* „Weil du gewisserart ein Vergnügen zu haben scheinst, die ganze Erde in Kürze in Staub und Asche vor dir zu sehen. Strafe die reichen Wucherer und hilf im Namen des Herrn den Armen, und die Erde wird sich wieder gut gestalten!“ — Sage *Ich:* „Ja, so wird es auch geschehen; du sollst recht haben! Diesmal wird über die Wucherer ein Gericht ergehen. Diese Maulwürfe der Erde sollen durch eine Flut des Gotteszornes ersäuft werden inmitten ihrer betrügerischen Machenschaften!

³ O du, Meine Geliebte! Ich vernehme gar wohl die Klagen und das Weinen der Armut. Ich sehe die Bäcker und Müller und Fleischer ärgsten Wucher treiben. Aber sie stellen sich, als ob sie schon am nächsten Tag zu Bettlern würden. Sie tun als ob sie nicht so viel gewännen, um sich einen Löffel Suppe kaufen zu können. Meine liebe Maria, das ist ein himmelschreiendes Unrecht! Und so tun fast alle, die nun mit Lebensmitteln handeln.

⁴ Andere Reiche, die sonst noch die Dürftigen unterstützten, ziehen sich mehr und mehr zurück und suchen sich einzuschränken. Aber alle leben gut, nur die Armen müssen das Elend zehnfach empfinden. Sieh, das wird den lange schlafenden Zorn Gottes in Kürze erwecken und ein namenloses Gericht über alle Wechsler, Mäkler und Wucherer bringen, aber auch über alle Reichen, die ihr Herz und Haus den Armen gänzlich verschließen. Diesmal soll es kommen, daß die Armen Gott preisen und die Reichen allem fluchen werden, was ihnen entgegenkommen wird; aber das wird ihnen nichts helfen!“

⁵ Sagt *Maria:* „Aber liebster Freund, woher weißt du denn so genau, was der Herr tun wird? Bist du denn so erfüllt vom Geist Gottes, daß du alles das geradeso weissagst, als wenn du der Herr Selbst wärst?“ — Sage *Ich:* „Nun, jetzt gehe nur hin zu deinen Jüngern und berufe sie hieher, daß wir mit ihnen einmal in die volle Ordnung kommen.“

⁶ *Maria* geht hin und ruft den vielen Jüngern zu: „Meine lieben Brüder und Schwestern, der Herr hat unser Flehen erhört! Er hat Boten aus den Himmeln gesandt, daß sie uns hinführen in die Gefilde des Lichts, des Lebens und der Wahrheit in Gott, der das Endziel aller unserer Bestrebungen ist und unsere Liebe für ewig! Erhebt euch alle und zieht mit mir hin zu den zwei Boten!“

⁷ Alles frohlockt und zieht in guter Ordnung hin zu Mir und stellt

sich in einem weiten Kreis in siebenfacher Reihe auf. — *Maria* aber kommt wieder zu Mir und sagt: „Freund, da sind alle, und es ist meines Wissens niemand darunter, der nicht angetan wäre mit einem hochzeitlichen Gewand. Alle fühlen und denken so wie ich, denn so gut ich es verstand, habe ich sie unterrichtet und geführt bis hieher. Sie weiter zu führen wäre mir unmöglich, da mir fernerhin kein Weg mehr bekannt ist. Du bist so erfüllt von der Liebe und Kraft des Herrn, daß mich die Liebe zu dir verzehrt. So lasse uns auch von der Überfülle der Liebe des Herrn zu Seinen Kindern, die du in dir birgst, zukommen. Und enthülle uns auch den heiligen Willen des Herrn, daß wir erkennen, was uns für fernerhin zu tun übrigbleibt!"

8 Sage *Ich:* „Meine Liebe! Die Zeit drängt und der Donnerstag geht zu Ende. Der Erde Sonne hat schon lange den abendlichen Horizont verlassen. Daher werde Ich euch in aller Kürze dartun, woran ihr seid und was künftig euer Geschäft sein wird. Und so hört Mich denn:

9 Der Herr, den du so sehr liebst, den zu lieben aber du dich nun zwingen mußt, weil dein Herz Mich nimmer auslassen kann — bin eben Ich Selbst!" (Hier sinkt die Maria auf ihre Knie.) „Und eure Aufgabe ist, daß ihr Mir nun folgt auf jenen Hügel dort gen Osten, wo viele unser harren. Dort werdet ihr gesegnet und gestärkt werden mit Meiner Liebe, Gnade, Kraft und Macht!"

10 Nach diesen Worten erholt sich *Maria* ein wenig und ruft mit liebegebrochenem Herzen: „Herr! Herr! Mein Gott, mein Vater! Jetzt erst begreife ich, warum mein Herz nur für Dich so glühend ward. Als ich mittelst meines Verstandes mich bemühte, das Herz zu Gott hin zu wenden, da war das Herz verständiger und wollte von Dir nimmer ablassen. Darum sollten die Menschen stets mehr auf die rechte Bildung ihres Herzens als auf die ihres Verstandes halten. Denn so das Herz in seiner Blindheit schon mehr sieht als der gebildetste Verstand mit offenen Augen — was würde dann erst ein wohlgebildetes Herz zu schauen imstande sein! O Herr, Du Liebe der Liebe meines Herzens! Vergib es der großen Blindheit meines Verstandes, daß ich Dich damit nicht erkannt habe, da Dich doch mein Herz so leicht erkannte, als es Deine Nähe gewahrte!"

11 Sage *Ich:* „Sei nur ruhig, Meine liebe Maria! Es ist schon alles in der besten Ordnung. Stehe aber auf und sage deinen Jüngern, daß sie uns folgen sollen." — *Maria* erhebt sich sogleich mit von Freude und

Liebe erfülltem Herzen und gibt Meinen Willen schnell ihren Jüngern kund. Diese fallen auf ihre Angesichter und erheben ein starkes Lobgeschrei. Maria aber redet sie sehr weise an, und alle erheben sich vom Boden und sagen: „Heiliger Vater! Sieh uns gnädig an und nimm uns als die geringsten Deiner Diener auf!"

12 Sage *Ich* „Aller Friede sei mit euch! Eure Sorge ruht auf Meinen Schultern, und Meine Gnade und Liebe sei euer Leben ewig! Das aber sei eure Aufgabe, daß ihr Mich liebet und alle eure Brüder und Schwestern wie euch selbst! Denn Mein Gesetz für die Erde ist auch ein Gesetz für alle Himmel! — Nun aber folget Mir!"

13 Nun erheben sich alle und in wenigen Minuten sind wir an dem bekannten Punkt und werden von allen hoch begrüßt. — Als wir uns alle auf dem Reinerkogel befinden und diesen Berg bis in die Ebene herab einnehmen, segne *Ich* alle Neugewonnenen und lasse ihnen das wahrhaftige Brot und den wahren Wein aus den Himmeln verabreichen.

14 Als alle gesättigt sind, erheben sie wieder einen Lob- und Dankgesang, der sich bis zum Morgen des Freitags erhält. Beim Aufgang der irdischen Sonne versinken alle Neuangekommenen in eine tiefe Andacht und beten zu Mir in der Tiefe ihrer Herzen und hören damit erst gegen Mittag auf, in welcher Zeit eine zahllose Menge von Mönchen aller Art sich dem Hügel von allen Seiten her nahen.

270

Scharen finsterer Mönchsgeister
Auseinandersetzung über die Dreieinigkeit

1 Hier fragt Mich die neben Mir weilende *Maria,* was denn dies bedeute und wer diese vielen schwarzen Wesen seien. — *Ich* aber sage ihr: „Weißt du denn nicht, wie geschrieben steht: »Wo ein Aas ist, da sammeln sich die Adler!« Diese suchen in Mir nicht, was du gesucht hast. Sie wissen zwar, daß Ich hier bin, aber für sie bin Ich nicht, was Ich für dich bin, sondern gerade das Gegenteil! Ich bin ihnen ein Widerchrist, ein Oberster aller Ketzerei; daher suchen sie Mich zu um-

ringen und, so es möglich wäre, gänzlich zu verderben. Ich wäre ihnen also ein wohlschmeckendes Aas für den bösen Magen ihres Grimms und ihrer Herrschwut.

2 Aber schon ist gesorgt für ihre Unterkunft: Sieh empor, und du wirst große, mächtige Scharen entdecken, das sind Friedensengel. Diese werden die schwarze Brut fangen, knebeln und binden und ihre Wut sehr abkühlen. Oh, das ist eine böse, verstockte Rotte, die ganz ernst zur Ruhe gewiesen werden muß. Bei der werden noch gar viele Jahrhunderte vonnöten sein, bis es unter ihrem Dach zu dämmern anfangen wird. Fürchte dich aber nicht, sie werden nicht imstande sein, uns in die Nähe zu kommen."

3 Sagt *Maria:* „O Herr, es werden ihrer ja von Minute zu Minute mehr! Das Firmament wird schon ganz dunkel. Von der irdischen Sonne ist keine Spur mehr zu gewahren, und noch steigen sie von allen Seiten gleich unheilschweren Gewitterwolken auf. Man kann ja beinahe keine Gestalt mehr unterscheiden. Wieviele mögen ihrer denn sein?"

4 Sage *Ich:* „Daß hier zwar sehr viele böse Geister beisammen sind, ist wahr, aber ihre Zahl ist nicht mehr als etliche Siebzigtausend. Über ihnen stehen wohl über eine Million Friedensgeister, die mit diesem Gesindel in einigen Erdtagen völlig fertig werden. Sie könnten das zwar auch in einem Augenblick tun; aber das darf wegen der Ordnung nicht geschehen, derzufolge jeder Geist, mag er gut oder böse sein, im Gebrauch seines freien Willens nicht gehemmt werden darf.

5 Es gibt viele unter diesen Geistern, die etwas besser sind als die größere Zahl, und die nur so mehr im allgemeinen Schwall mitgerissen wurden. Wegen dieser nicht sehr bösgesinnten Geister, die noch geeignet sind, irgendeine Belehrung anzunehmen, muß die Gefangennahme der eigentlich Argen nicht auf einmal, sondern nur nach und nach geschehen. Es wird daher wohl einige Tage andauern, auch für die Erdenmenschen ersichtlich in Gestalt von Wolken, Schnee und Regen. Die allerärgsten werden freilich beinahe auf einmal zusammengepackt, aber mit den weniger Argen wird behutsamer vorgegangen werden.

6 Da sieh hin gen Mittag! Drei Abgeordnete kommen zu uns. Es sind drei alte Karmeliter-Mönche. Wir werden sehen, was sie von uns begehren werden. Aber merkt euch: Außer Mir, Paulus, Johannes und Petrus, die hier neben Mir stehen, darf niemand ein Wort mit ihnen

sprechen, weil da noch niemand so stark ist, daß er standhielte vor diesen. Eher könntet ihr es aushalten vor dem Satan, weil Satan schon oft bitter gewitzigt wurde, diese aber nie. Sie werden sehr weise tun, aber wir haben für ihre Hacke schon einen rechten Stiel. Sie sind uns schon ganz nahe, daher heißt es sich nun zusammenfassen!"

7 In diesem Augenblick stellen sich *die drei* keck vor Mich hin und fragen mit höhnendem Ton, wer Ich wäre. — *Ich* aber entgegne ihnen: „Ich bin gerade das, was ihr nicht seid. Nun aber frage Ich euch, wer ihr seid und was ihr so frechen Willens hier sucht und wollt?" — Sagen *die drei:* „Wir sind hier, zu erforschen, welcher Religion du bist samt deinem ganzen Gesindel. Und so stellen wir die Frage, ob du an einen dreieinigen Gott glaubst und an Seine alleinseligmachende, heilige, apostolische, katholische Kirche unter ihrem Oberhaupt, dem römischen Papst?"

8 Sage *Ich:* „Was ist das — der dreieinige Gott?" — Sagen *die drei:* „So du das nicht weißt, ist es mit dir schon aus! Weißt du denn nicht, daß Gott aus drei Personen besteht, nämlich aus dem Vater, dem Sohne und dem aus beiden zugleich hervorgehenden Heiligen Geist?" — Sage *Ich:* „Das weiß ich wohl, daß ihr solchen Glaubens seid. Ich und diese alle aber halten gerade das Gegenteil für die Wahrheit. Wir halten dafür, wie es auch ist, daß Gott nur eine *einzige* Person ist, welche Person aber in Sich selbst sozusagen aus drei Göttern besteht!" — Schreien *die drei:* „Ketzer, Ketzer, Ketzer!!!"

9 Sage *Ich:* „Warum soll denn das eine Ketzerei sein? Ist ja doch der Mensch selbst, nach dem Ebenmaß Gottes geschaffen, eine solche Dreieinigkeit in ein und derselben Person. Hat er nicht einen *Leib,* der da ausmacht seine äußere Form, eine *Seele,* die diese Form und deren Organismus belebt, und endlich in der Seele einen göttlichen *Geist,* welcher der Seele den Verstand, den Willen und jegliche Kraft gibt. Würdet ihr es nicht als krasseste Narrheit bezeichnen, so da drei Menschen herkämen und würden vor euch auf Leben und Tod behaupten, daß sie ganz vollkommen nur *ein* Mensch seien? Dies, obschon ein jeder von ihnen eine seinen Talenten entsprechende eigentümliche Verrichtung vollzöge, von welcher der zweite und der dritte keine besondere Kenntnis und auch nicht die Fähigkeit hätte, sie zu vollziehen. So ihr aber eine solche Behauptung von seiten dreier bornierter Menschen im höchsten Grad dumm finden müßtet, wie kommt es hernach, daß ihr

eine solche schreiende Torheit der unendlich weisen Gottheit aufbürdet? Würde euch nicht sogar das Tierreich auslachen, so ihr die Gottheit, vorausgesetzt, daß ihr an eine glaubt, des Wahnsinns verdächtigen möchtet mit Worten und Lehren?

10 Wie ist es aber, so ihr lehrt: »Gott ist die höchste Weisheit selbst« — stellt aber Seine Wesenheit unter dem Bilde des dicksten Unsinns euren Jüngern vor und macht auf diese Weise aus der Gottheit ein derartiges Unding, das jedem Denker zum reinsten Ekel werden muß.

11 Was seid aber dann ihr, frage Ich, die ihr eure Glaubensgenossen die Gottheit so erkennen lehrt? Seht, gerade ihr selbst seid dadurch die ärgsten Gottesleugner! Denn wer mit Feuer und Schwert einen Gott lehrt, wie es nie einen geben kann, und gewaltsam Millionen an der rechten Erkenntnis Gottes hindert, der ist kein Diener im Weinberge Gottes. Er ist nur ein feiler Knecht Satans und hilft ihm, die grünen Saaten verderben und Stoppelfelder und Wüsten bereiten, auf denen nichts als Dornen und Disteln vorkommen.

12 Wer von euch hat Gott je gesehen und mit Ihm gesprochen? Oder wer von euch kann mit gutem Gewissen sagen, daß er von Gott belehrt worden sei? Ja, ihr habt wohl das Wort Gottes gelesen, habt es aber verdreht und daraus gemacht, was ihr gewollt habt, damit es dann taugte für euren unersättlichen Geldbeutel — und das ist nun eure Nacht! Judas verriet nur einmal den Herrn, weil er sich von Satan hatte überwältigen lassen, und dieser fuhr in seinen Leib und tötete ihn. Ich aber frage euch: Ein wie großer Heiliger ist wohl Judas euch gegenüber, die ihr Gott tagtäglich vor aller Welt hundertmal verrietet? Ihr alle habt Judas in die Hölle gesetzt, der Mich nur einmal verriet und bald darauf die brennendste Reue empfand. Wohin soll Ich dann euch setzen, ihr millionenfachen Verräter Gottes! Ihr hießet Mich einen Ketzer, wer seid dann ihr millionenfachen Gottesverräter und Gottesleugner? Was wollt ihr hier?"

13 Auf diese Rede fangen die drei Sendlinge sehr zu stutzen an und keiner weiß dem andern Bescheid zu geben. Sie betrachten Mich vom Kopf bis zur Zehe und wissen nicht, was sie aus Mir machen sollen; denn Meine Worte kommen ihnen vor wie glühende Pfeile, und sie erkennen darin die tiefe Weisheit.

271

Die drei Sendlinge erwachen. Drei weitere Doktoren der Theologie scharf belehrt und bekommen eine Probearbeit

[1] In diesem Augenblick kommen noch drei andere Geister hinzu und fragen die Sendlinge, was sie so lange hier machen.

[2] *Die ersten drei* sagen: „Wir hörten die Weisheit dieses vor uns stehenden Mannes. Seine Worte drangen wie glühende Pfeile in unsere Herzen, und wir erkennen, daß in diesem Manne die Wahrheit ist. Ihr mögt tun, was ihr wollt; wir aber werden bleiben bei dieser Wahrheit." — *Die anderen drei* aber fragen: „Wie lautet denn diese?" — Und die *ersten drei* sagen: „Hier steht er vor euch, der die Wahrheit geredet hat! Wir sind nicht berufen, sie euch zu verkünden. Fragt ihn darum!"

[3] *Die drei Neuangekommenen* wenden sich nun an Mich und sagen: „Wie lautet denn hernach deine Wahrheit, von der unsere drei Brüder gar so durchdrungen sind?" — Sage *Ich:* „Es heißt in der Schrift: »Jetzt ergeht das Gericht über die Welt, und der Fürst dieser Welt wird ausgestoßen werden!« Versteht ihr diese Worte?"

[4] Sagen *die drei:* „Was gehen uns die Fürsten der Welt mehr an? Wir sind Geister und haben mit der dummen Welt nichts mehr zu tun. Tausend Fürsten der Welt können alle Tage gerichtet werden, das ist uns gleich. Wir haben erst dann mit ihnen so manches zu tun, so sie in unser Reich kommen. Wir wollten nur jene Wahrheit aus deinem Mund erfahren, die du unseren drei Brüdern kundgetan hast. Bibeltexte kennen wir selbst genug und verstehen sie auch, da wir Doktoren der Theologie sind."

[5] Sage *Ich:* „Verstündet ihr die Schrift der Wahrheit nach, so würdet ihr Mich erkennen, denn Ich Selbst bin die Wahrheit und das Leben aus der Wahrheit. Aber da in euch keine Wahrheit ist, so erkennt ihr Mich auch nicht und würdet daher auch nicht fassen, was Ich euch enthüllte. Ihr selbst aber seid des Fürsten der Welt, des Vaters der Lüge, des Betrugs und des Hochmuts. Über diesen Fürsten und alle seines Hauses aber ist gekommen und kommt noch stets ein Gericht. Daher

ist denn auch ein jeder, der in seinem Herzen der Welt dient, in ihrem Gerichte und wird hinausgestoßen werden in die äußerste Finsternis.

6 Entfernt euch daher, ihr Kinder der Welt, von Mir und sucht euch euren Gott, dem ihr gedient habt mit Leib, Seele und Geist! Denn für Mich seid ihr Fremde, und Ich habe euch noch nie erkannt. Ihr waret Diener ums Geld; auch nicht drei Worte habt ihr je gebetet aus innerem Antrieb der Liebe zu Gott. Jedes Paternoster, jedes Begräbnis als ein letzter Liebesdienst an einem Bruder mußte euch teuer bezahlt werden. Und jede Messe, die ihr für den Gott wohlgefälligsten Dienst hieltet und jedermann in diesem Sinn mit Feuer und Schwert aufdrangt, mußte euch klassenmäßig sogar teuer bezahlt werden. Dadurch aber habt ihr euch schon lange selbst euren Lohn genommen und habt sonach hier keinen mehr zu erwarten! Entfernt euch daher! Meine Zeit geht auf die Neige für diese Welt, denn sie achtet nicht mehr auf Meine Stimme, und Meine Knechte sind ihr eine Last und ein Dorn im Auge geworden.

7 O Meine auf der Welt armen Brüder! Klagt nicht! Die Zeit ist gekommen zu eurem und Meinem Jubel. Von nun an sollt ihr auch auf der Erde reich werden an allem, dafür aber werden arm werden die harten Reichen! Und so sie dann ein starkes Geheul erheben werden, werde Ich sie nicht anhören. Und so sie kommen werden zu Meinen Knechten, da werden diese hinter sich die Tür verschließen, durch die dann niemand hineingelassen wird; denn die Tür in die Wohnung Meiner Knechte ist auch zugleich eine Pforte in Mein Reich!

8 Wahrlich Ich sage euch: Vor den Fremden werden sie die Wohnung offen halten, aber vor den heimischen Brüdern wird sie verschlossen sein! Ihr seid die „Heimischen", und die Pforte wird euch nicht aufgetan werden; denn ihr habt euch allezeit nur um das gesorgt, was der Welt war. Das Reich Gottes war für euch nichts. Große Kapitalien Geldes habt ihr euch gesammelt, und ging es mit den Kursen und Zinsen nicht nach Wunsch, so habt ihr Zeter geschrien und alle eure ohnehin mageren Wohltaten an die Armen eingestellt, habt dann strenge Buße gepredigt, die Gläubigen zu reichen Opfern aufgefordert und eure gläubigen Schuldner mit Pfändungen überhäuft.

9 Eure Sorge war daher nur die Welt. Sie soll euch nun auch den Lohn geben, den ihr euch dort zu bereiten strebtet. Ja, der Welt Gericht soll auch das eurige sein! Den Lohn, den nun alle Welt ernten

wird in Bälde, sollt auch ihr ernten! Und alle noch auf der Welt Lebenden sollen ihn mit euch ernten, ob sie Geistliche oder Weltliche seien. Wer für die Motten und Würmer gesorgt hat, der soll seinen Lohn auch eben bei den Motten und Würmern suchen. Wer für seine irdischen Kinder gesorgt hat, der soll den Lohn auch von den Kindern wiedernehmen, wenn er und seine Kinder am Hungertuch nagen werden. Wahrlich, wer nicht für Meine auf der Welt armen Brüder und Schwestern mit Eifer gesorgt hat, der hat seinen Lohn schon dahin und hat bei Mir keinen mehr zu gewärtigen. Ihr drei aber seid solcher Art; daher habt ihr bei Mir nichts mehr zu bekommen. Entfernet euch von Mir, denn euch kenne Ich nicht!"

10 Sagen *die drei:* „Wer bist du denn, daß du mit uns in so gebieterischem Ton sprichst, als wenn du der Herr selbst wärst? Siehe auf! Von Millionen bist du durch alle Räume hin umringt. Es kostet uns nur einen Wink und du befindest dich im Augenblick in der härtesten Gefangenschaft!"

11 Sagen *die drei ersten* mit geängstigter Stimme: „Ihr drei Toren voll Blindheit! Seht ihr denn nicht, daß dies der Herr Himmels und der Erde selbst ist, der euch soeben traurig genug von Sich wies? Wie wollt ihr dem Allmächtigen drohen! O ihr elenden Toren, was wollt ihr tun? Seid ihr nicht sämtlich in Seiner allmächtigen Hand?! Euer Sein ist ja Sein Gedanke! So Er euch in Seinen Gedanken fallen läßt, wer wird euch dann einen Beistand geben? Im Augenblick, da Er euch fallen läßt, seid ihr auch schon nicht mehr! O ihr Toren! Er, dessen leisester Hauch zahllosen Myriaden von Welten und Engeln gebietet, ist alles in allem. Er ist die Urmacht aller Mächte, die Urkraft aller Kräfte — und ihr wagt es, vor Ihm eine Drohung auszusprechen? Anstatt daß ihr vor Ihm sogleich auf die Knie niedergefallen wäret und mit reuigsten und zerknirschten Herzen sagtet:

12 »O Herr, sänftige Deinen gerechten Zorn gegen uns und sei uns armen Sündern gnädig und barmherzig! Wir haben auf der Erde viel Arges angerichtet. Vergib es uns, denn da waren wir stockblind. Nun wir aber sehend geworden sind und solches erkennen, so können wir jetzt nichts tun, als uns an Deine Milde, Gnade und Erbarmung wenden. Waren wir auch selbst sehr unbarmherzig gegen alle unsere Brüder, so sei aber Du barmherziger gegen uns, denn Du, o Herr, weißt es ja, wie dumm und blind wir waren!« — Seht, so solltet ihr reden,

nicht aber dem Allmächtigen ins Angesicht drohen! Wer wird Ihn zur Verantwortung ziehen, so Er euch in die Hölle tausendfältig verdammte?"

13 Hier fallen *die zweiten drei* bebend vor Mir nieder, fangen jämmerlich zu heulen an und bitten um Gnade und Erbarmen. — *Ich* aber sage zu ihnen: „Erhebt euch! Denn es ziemt sich nicht für Teufel, daß sie heulen und beten aus einem Herzen, in dem keine Liebe wohnt. Tätet ihr das aus Liebe statt aus Furcht, so sollte die Hilfe für euch nicht unterwegs bleiben. Aber da euch dazu nur die Furcht vor der Strafe treibt, so hat euer Geheul vor Mir keinen Wert. Wer zu Mir den Weg durch die Liebe nicht findet, der kommt nicht zu Mir, und hätte er auch die Weisheit aller Engel!

14 Gehet aber hin zu eurer Schar, sagt ihr, was ihr gehört und gesehen habt, und Ich werde euch dann nach solch neuem Werk den Lohn geben, wie ihr ihn euch werdet verdient haben. Das aber sage Ich euch: Da es in eurer Schar viele gibt, die auf der Erde viel mit Weibern zu tun hatten und mit ihnen lebten — so ein solcher euch hören und dann sagen wird: »Wartet, ich will mich zuvor mit meinem Weibe besprechen!« — den laßt nicht mehr vor euch! Denn wer sein Weib nicht um Meines Namens willen verlassen kann, der ist Meiner ewig nicht wert! Und wer da sagt: »Laßt mir Zeit, daß ich mich berate mit meinen Freunden!«, den nehmt auch nicht mehr an; denn wem die Freunde mehr sind als Ich und der, den Ich sende, auch der ist Meiner nicht wert. — Und so denn gehet nun! Nach dem Maß eurer Ernte für Mich soll euch auch der Lohn werden!"

272

Schwierige Mission der drei Theologen. Gleichnis vom Fernrohr Missionsregeln. Der beste Weg

1 Nach Meinen Worten entfernen sich nun die zweiten drei. Zu ihrer großen Schar zurückkehrend, beginnen sie dort sogleich mit entschiedenem Ernst das ihnen gegebene Amt. Aber sie finden durchgängig eine sehr schlechte Aufnahme. Fast alles fängt an sich zurückzuziehen und verwünscht die drei Abgesandten.

2 Nur *einige wenige* sagen: „Ja, so wir das aus Seinem Munde selbst vernähmen, ginge es mit unserer Glaubensänderung sicher besser, so aber kommt uns die Sache doch sehr ketzerisch vor, und wir finden es zu gewagt, uns euch sogleich anzuschließen. Es liegt in eurer Aussage zwar viel Folgerichtigkeit, das sehen wir recht gut ein. Aber die Sache an und für sich ist zu wenig orthodox und zu undogmatisch und kann vor dem Forum des Papstes nicht auftreten und noch weniger angenommen werden."

3 Sagen *die drei Abgesandten:* „Sind wir denn etwa noch auf der Erde, wo der Papst das sichtbare Oberhaupt der Kirche ist und von vielen blinden Narren dafür gehalten wird, zu denen weiland auch wir gehörten? Wir leben nun schon geraume Zeit in der Geisterwelt und kennen kein Dogma, den Papst auch nach dem Leibestod in der Geisterwelt als das Oberhaupt der Christenheit anzusehen. Es genügt, daß wir uns auf der Erde vom Papst haben breitschlagen lassen. Hier hat der Papst ein Ende, und wir gehören allein Gott, dem Herrn Jesus Christus an. Dem aber wird es etwa doch freistehen, für die Geister so manches zu ändern und den einzelnen Lehren eine ganz andere Auslegung zu geben, da Geist und Materie sehr stark zweierlei sind. Oder meint ihr etwa im Ernst, daß sich Christus, der Herr, auch hier in Seinem Reich den dummen Anordnungen eines Papstes unterziehen wird? Wahrlich, mit solch einer wahnsinnigen Meinung wärt ihr doch auf dem vermodertsten Holzweg!"

4 Auf diese energische Rede fangen *mehrere* an, sich stark hinter den Ohren zu kratzen und sagen: „Bei Gott, ihr redet keine leeren Worte! Da ist etwas daran. Aber habt etwas Geduld, wir wollen uns zuvor mit unseren Weibern und Freunden beraten und sehen, was diese dazu sagen werden." — Sagen *die drei Abgesandten:* „Dann fahret nur ab! Denn so euch am Rat eurer Weiber und Freunde mehr gelegen ist als an der Wahrheit Gottes, da seid ihr Gottes auch nicht wert und könnt daher auch euer künftiges Wohl bei euren Weibern und Freunden suchen; aber von Gott werdet ihr keines zu erhoffen haben!"

5 Sagen die sich *Entschuldigenden:* „Aber unsere Weiber — die wir uns in der Geisterwelt genommen haben, weil uns auf der Welt der dumme Zölibat daran hinderte — und unsere sonstigen Freunde sind ja doch auch berufen, die Wahrheit zu vernehmen und so zu einem lebendigen Glauben zu gelangen. Wir gehen ja nicht deshalb allein hin,

um uns mit ihnen zu besprechen, sondern um sie vielmehr für die Wahrheit mit zu gewinnen."

6 Sagen *die drei Abgesandten:* „Da muß zuvor die Wahrheit in euch selbst sein! Ist aber die Wahrheit noch lange nicht in euch und könnt ihr dieser nicht angehören — wie wollt ihr dann eure ganz verkehrten Weiber und Freunde in die Wahrheit aus und in Gott führen? Seht, alle Wahrheit gleicht einem Fernrohr mit einer tausendmaligen Vergrößerung. Sieht man am rechten Ort damit nach den Sternen, werden die Sterne groß und hell erscheinen. Und auf einem Fleck, da man mit freiem Auge nur einen einzigen kleinen Stern zu sehen wähnte, wird man einen Nebelfleck in Millionen Sternlein aufgelöst erschauen. Sieht man aber in verkehrter Art durch das Objektivglas, so weichen alle Sterne in unermeßliche Tiefen zurück, und das Auge des Beschauers gewahrt dann sogar von den Sternen erster Größe nichts mehr. Ja, sogar die Sonne, verkehrt durch das Fernrohr besehen, wird zu einem Schimmerpunkt, daß dadurch ihr Licht tief unter alle Nullen zu stehen kommen wird.

7 So ihr aber euren Weibern und Freunden durch eure selbst noch verkehrten Fernrohre die Himmelslichter der Wahrheit wollt erschauen lassen, was werden sie dann wohl zu sehen bekommen? Niemand mag durch euch eine Wahrheit erschauen. Das große Licht der Sonne, gleichbedeutend mit dem ersten klaren Begriff von Gott, wird bei euch noch sehr in Frage gestellt, ob es wohl die Sonne und nicht den Mond darstelle. Wie soll es dann mit den zahllosen anderen Lichtern aussehen, von denen ihr unmöglich bei euren bisher verkehrten Betrachtungen eine Spur haben könnt! Tut nun, was ihr wollt! Geht! Ob ihr aber wiederkehren werdet, ziehen wir in starken Zweifel, denn wir kennen die Macht der Weiber über euch!"

8 Hier fangen *die Entschuldigenden* noch mehr zu zaudern an und einer von ihnen sagt: „Freunde, die reden wie ein Buch Gottes! Nicht mit einer Silbe könnte ich ihnen irgendeine Einwendung machen. Wie wäre es denn, so wir hierblieben und ließen die drei zu unseren Weibern und Freunden hinziehen?" — Sagt *ein anderer:* „Da haben wir unsere Weiber zum letztenmal gesehen und gesprochen!" — Sagt *der erste:* „Und was liegt daran? Ein bißchen Hölle weniger um uns her kann uns doch eher nützen. Für das schmutzige Vergnügen, das uns unsere Weiber gewähren, finden wir bald irgendeinen Ersatz. Ich bleibe

einmal! Wer noch?" — Sagt *ein anderer:* „Wenn du bleibst, da bleibe auch ich! Die anderen sollen machen, was sie wollen!"

9 Sagen *die drei Abgesandten:* „So ist es recht! Niemandem einen Zwang in Sache des Glaubens antun, den rechten Weg zeigen und die Gefahren des unrechten Weges auch! Dann sich aber um niemand mehr kümmern, sondern lieber selbst auf dem rechten Weg bleiben! Es ist besser, selbst auf den Wegen des Lichts und Lebens zu wandeln, als Tausende auf den rechten Weg hinzudrängen, dabei aber selbst in den Pfützen und Morästen herumzutaumeln. Wer etwas Schweres heben will, muß zuerst einen festen Boden haben, sonst versinkt er samt der Last. Hat er aber festen Boden gefunden, so darf er sich nur über eine Last wagen, für die seine Kräfte ausreichen, sonst wird er ihr unterliegen. Und wer einen Blinden führen will, der muß sehen, sonst werden bald beide in die Grube fallen. Was man geben will, muß man zuvor selbst haben, sonst wird das Geben eine leere Maulmacherei und Lüge. So ihr also beide bleibt, tut ihr wohl, aber bereden sollt ihr die andern nicht."

10 Die *zwei* bleiben nun. — *Die anderen* dagegen gehen ab zu ihren Weibern und Freunden, aber sie kommen da sehr übel an. Denn zuerst werden sie wegen ihres längeren Ausbleibens hart zur Rede gestellt und beschimpft. Und fürs zweite werden sie mit geschickt gestellten Gegensätzen so bearbeitet, daß sie alles, was sie von den dreien gehört hatten, bald selbst zu bezweifeln und zu belachen anfangen. Und so ist ihr zweiter Zustand ärger als ihr erster war.

11 Zwei aber haben die *drei* dennoch zu ihren Jüngern gemacht. Und die fünf beraten nun, wie sie es anstellen sollen, um auf die große Masse günstig einzuwirken. — Der *eine* meint, Wunderwerke würden sich vielleicht am wirksamsten erweisen. — Ein *zweiter* meint, es wäre dazu die Fähigkeit in hohem Grad erforderlich, solche in großartiger Form verüben zu können. Sodann gehörte dazu wohl gewissenhafte Redlichkeit und ein göttlich bester Wille, das Volk der niederen Geisterwelt nicht nur durch Blenden zu gewinnen, sondern nur rein belehren zu wollen.

12 „Das ist aber", fährt der zweite fort, „eben etwas, was der Gottheit allein möglich ist und keinem geschaffenen Geist, da ein jeder Geist beim Gelingen eines außerordentlichen Werks sich für einen kleinen Gott zu halten anfängt — und darin liegt der erste Keim des Hoch-

muts und Verderbens. Dadurch entsteht dann an Stelle des Segens ein bares Gericht für den, der es verübt hat, und auch für jene, die durch ein Wunderwerk in ihrem Erkennen und Wollen breitgeschlagen wurden.

13 Endlich geht noch ein Nachteil aus jedem nicht von Gott Selbst verrichteten Wunderwerk für den geschaffenen Geist hervor. Dieser besteht in einer unersättlichen Spektakelsucht für außerordentliche Formen sowie in der Gier, auch selbst Wunder wirken zu können. Das ist schon ein Kitzel verderbenbringenden Hochmuts und daher durchaus schlecht. Meine Freunde, so meine und erkenne ich es. Es steht euch aber frei, die Sache auch anders auszudeuten."

14 Sagt *ein dritter:* „Bruder, wir teilen da vollkommen deine Ansicht. Aber es fragt sich nur: Wie werden wir dieser Masse von Millionen mit der reinen Lehre von Gott und ihrer wahren Anwendung imponieren? Wodurch werden wir sie bewegen, daß sie unseren Worten glaubt und uns danach folgt?"

15 Sagt *ein vierter:* „Ich meine, wir bleiben einfach bei der reinen Wahrheit in Wort und Tat. Wer sich danach richten will, der wird wohl tun; wer aber das Wort nicht annimmt, geht uns weiter nichts mehr an. Der Herr der Ewigkeit soll mit ihm dann tun, was Sein allmächtiger Wille für gut findet."

16 Sagt *ein fünfter:* „Uns aber ist der Lohn nur nach dem Maße des Werkes zugemessen. Wird es gering sein, so wird auch der Lohn nicht um ein Haar größer ausfallen!" — Sagt *der vierte:* „Ei, hole der Kuckuck den Lohn! Ich will das Gute des Guten wegen tun und nie eines Lohnes wegen! Kommt irgendein Lohn heraus, werde ich ihn dankbarst annehmen; aber als Beweggrund zu einer edlen Handlung soll er mir nie dienen."

17 Sagen nun alle *anderen vier:* „Das ist sehr edel gesprochen. So wollen wir von nun an auch sämtlich handeln!" — Sagt *der fünfte:* „Aber wohl gemerkt, ohne uns darauf etwas einbilden zu wollen!"

18 Sagen alle *anderen vier:* „Wir tun, was gut und recht ist, weil es Gott Selbst so will. Alles andere geht uns nichts an."

19 Auf solche Äußerung kommen etliche dreißig herbei und wollen erfahren, was diese fünf gar so Gutes und Rechtes ihren Freunden uneigennützig erweisen wollen.

273

Gute Missionsrede der fünf. Scheu, sündenbeladen vor den Herrn zu treten. Des Herrn Gnadensonne

1 *Die fünf* merken wohl, was die dreißig herbeigezogen hat und sagen wie aus einem Munde: „Freunde! Wir alle stehen in der Luft und unsere Füße haben keinen Grund. So haben wir auch Hände, aber es gibt für sie keine Arbeit. Wir haben Augen, mit denen wir sehen könnten, so wir wollten. Aber wir legen die Hände über die Augen und machen uns dadurch blind, daß wir nichts von all den Wundern erschauen, die uns so reichlich umgeben. Ebenso haben wir auch feine Ohren, zu hören; aber wir verstopfen sie, auf daß das Wort Gottes nicht eindringe in unsere Herzen und sie reinige und belebe für Gott.

2 Suchen wir zuerst einen festen Grund zu fassen für unsere Füße, welcher Grund da ist Jesus, der Christ Selbst, im rechten Verständnis Seines Worts! Haben wir auf diesen Grund einmal unsere Füße gestellt und uns darauf heimisch zu bewegen angefangen, dann werden unsere Hände, unsere Augen und Ohren vollauf zu tun bekommen und daraus den größten Gewinn ziehen."

3 Sagen *die dreißig:* „Ja, wo ist denn hernach Jesus der Christ, der da Gott und Mensch zugleich sein soll? Erst muß Er doch da sein! Der bloße Glaube an Ihn ist eine eitle Sache. Macht es schon bei den unerfahrensten Geistern große Schwierigkeiten, den Blindglauben aufrechtzuerhalten, um wieviel schwieriger ist es bei uns, die wir doch mit vielen Erfahrungen in diese Welt eingewandert sind! Also zeiget uns Christus, und wir glauben euch dann alles!"

4 Sagen *die fünf:* „Seht hinab auf die Erde! Ihr werdet daselbst einen Hügel erblicken. Auf der Spitze dieses Hügels befindet Sich nun der Herr Jesus Jehova Zebaoth in der Mitte einer großen, überglücklichen Schar! Diese, sicher nichts anderes als Engelsgeister, drängen sich zu Ihm hin wie Kinder zu ihrem Vater, und Er redet mit ihnen, als wären sie lauter Brüder und Schwestern zu Ihm. Geht hin, überzeugt euch und kommt wieder! Dann erst werden wir mit euch von der ferneren Weisheit Gottes zu reden imstande sein."

5 Sagen *die dreißig:* „Wie aber können wir gefahrlos dorthin ge-

langen?" — Sagen *die fünf:* „Auf dem Weg zum Herrn gibt es keine Gefahren, wohl aber auf dem Weg, der den Geist vom Herrn ableitet. Daher möget ihr euch ohne Scheu und Furcht hinbegeben. Ihr habt in der finstersten Nacht, ferne vom Herrn, noch nie eine Furcht gezeigt. Wie sollte sie euch übermannen können in der Nähe Dessen, der euch das ewige Leben geben will, so ihr es nur annehmen wollt!"

6 Sagen *die dreißig:* „Ja, das wäre alles recht, so wir nur keine gar so groben Sünder wären. Aber wir sind solche, und da fragt es sich, wie wir vor Ihm bestehen werden, wenn Er es wirklich sein sollte?" — Sagen *die fünf:* „Wo sind denn die, die vor Gott sagen könnten: »Herr, wir haben nie eine Sünde vor Dir begangen und sind deshalb ganz rein! Gib uns darum den verheißenen ewigen Lohn!«"

7 Sagen *die dreißig:* „Ja, das ist wohl wahr, aber doch hat es bei uns einen gewaltigen Haken. Es gibt wohl viele, die nun die größte Seligkeit bei Gott genießen und auf der Erde sicher nicht ganz sündenfrei gelebt haben. Aber das waren doch sicher keine so groben Sünder wie wir. Und wenn sie schon gesündigt haben, da haben sie dann sicher eine rechte Buße gewirkt und sind dadurch in den Zustand der heiligmachenden Gnade gelangt, wodurch sie dann wieder zu Freunden Gottes und selig geworden sind. Wir aber sind in unseren Sünden gestorben und haben als Geister noch hier fleißig fortgesündigt. Und jetzt sollen wir also einfach vor den Herrn hintreten? Ah, das tut sich wohl in keinem Fall.

8 Wir wollen recht gern von euch lernen, unser Leben als Geister nach jener Ordnung einzurichten, wie es Gott wohlgefällig ist. Aber in solchem sündigsten Zustand vor den Herrn hintreten, hieße geradezu allen unseren Sünden die größte Sünde der Vermessenheit hinzufügen, um dann desto sicherer in die Hölle zu gelangen. Nein, nein, Freunde, das ist nichts! Entweder ist jener Mensch dort wirklich der Herr: in dem Fall könnten wir doch begreiflichermaßen unmöglich vor ihn hintreten. Ist er das aber nicht oder auch nicht ein besonderer Freund des Herrn, da wäre unser Hintritt ohnehin vergeblich. So wollen wir lieber hier in eurer Gesellschaft verbleiben, bis wir uns einmal würdiger fühlen, vor den Herrn alles Lebens hinzutreten."

9 Sagen *die fünf:* „Eure Entschuldigung macht uns rechte Freude. Tut, was ihr wollt, wir haben nur das Recht von Gott aus, nämlich zu belehren und zu raten, aber niemand je zu nötigen. Wir meinen aber,

wenn wir, die wir doch viel schlechter sind als der letzte Geist in der Nähe des Herrn, euch eurer Sünden wegen nicht verdammen, wird euch der Herr um so weniger verdammen, wenn ihr vor Ihm eure Schuld bekennt und Ihn um Vergebung bittet!"

10 Sagen *die dreißig:* „Ihr könnt uns leicht vergeben, da wir uns gegen euch nie versündigt haben. Aber anders ist es vor dem Herrn, der unsere Sünden durch und durch kennt. Wenn auf der Welt jemand einem Gläubiger viel schuldet, so hat nur dieser allein ein Recht, die Schuld zu erlassen. Der Schuldner kann jedem anderen *Menschen* gegenüber ein recht achtbarer Mann sein, aber das hebt seine Schuld zu dem *einen* Gläubiger nicht auf.

11 Man kann freilich wohl hoffen, daß der Gläubiger aus Barmherzigkeit die Schuld nachläßt, aber der Schuldner hat wenig Recht, solch eine edle Handlung zu verlangen. Er ist und bleibt so lange Schuldner, bis die Schuld abgetragen ist. Aus diesem Grund haben wir denn auch leicht reden mit euch, denn ihr seid unsere Gläubiger nicht. Der Herr aber steht uns mit einer ungeheuren Forderung vollrechtlich gegenüber. Daher dürfte es wohl um vieles schwieriger sein, mit Ihm zu reden."

12 In diesem Augenblick stehe *Ich* vor den dreißig, und zwar auf dem bekannten Hügel, auf den sie, ohne es zu gewahren, samt ihren Lehrern gezogen worden sind. Die *dreißig* erkennen Mich sogleich und beben vor großer Angst zusammen. — *Ich* aber sage zuerst zu den dreien: „Ihr habt eure Aufgabe gut gelöst im Kleinen, es soll euch deshalb auch ein Mehr anvertraut werden. Auch ihr beide, die ihr euch zuerst den dreien angeschlossen habt, seid fähig, mit ihnen Meine Geschäfte im gleichen Maß zu besorgen. Ihr dreißig aber seid zwar starke Schuldner zu Mir, aber da ihr treuherzig eure Schuld einbekannt habt, so erlasse Ich sie euch ganz! Geht aber nun auch mit den fünfen und bearbeitet Meinen Weinberg, und Ich werde euch dann geben, was da rechtens sein wird. Seid ihr damit wohl zufrieden?"

13 Sagen *die dreißig:* „O Herr, Gott, Schöpfer und Vater aller Wesen! Wie endlos groß muß Deine Liebe und Erbarmung sein, daß Du uns arge Sünder sogar fragst, ob wir mit dem zufrieden seien! O Du bester Vater! Wir sind schon damit zufrieden, daß Du uns nicht in die Hölle geworfen hast, wie wir es tausendmal verdient hätten. Wie sollten wir mit einer noch größeren Gnade nicht zufrieden sein! Für

jeden Tautropfen auf unsere dürstenden Herzen Dir, heiligster Vater, alle unsere Liebe, allen unseren Dank!

14 Welcher Himmel wiegt wohl den Wert auf, daß unsere blöden, sterblichen Augen Dich, ewig heiliger Vater, geschaut haben, und daß unsere Ohren vernommen haben den erhabensten Klang Deiner Vaterstimme! Wir sind dadurch schon jetzt so hoch belohnt, daß wir diesen hohen Lohn ewig nie durch unsere künftige Tätigkeit werden abdienen können. Gib, o Vater, uns nur das nötigste tägliche Brot, und wir haben dann alles, was sich unsere Herzen nur immer wünschen können. Dein allein heiliger Wille geschehe!"

15 Sage *Ich* zu Robert: „Bruder, wenn solche Gäste zu uns kommen, dann darf es an Brot und Wein nicht fehlen! Geh und bringe davon ein rechtes Maß, daß sie alle gestärkt werden zu ihrem Amt. Diese vielen Millionen sollen ihnen anvertraut sein, die nun schon über die meisten Länder der nördlichen Erde sich auszubreiten beginnen."

16 *Robert* schafft sogleich Brot und Wein herbei, und Ich Selbst teile es unter diese (im ganzen) fünfunddreißig Personen aus. Mit dankerfülltem Gemüt verzehren sie es und loben über die Maßen Meine große Güte, Liebe, Gnade und Erbarmung.

17 Sage *Ich:* „Wahrlich, ein solcher Sünder, der wahre Buße im Herzen tut und sich demütigt, ist Mir um vieles lieber als neunundneunzig Gerechte, die der Buße nicht bedürfen. Denn der Gerechte ist gerecht aus Furcht und scheut sich aus Furcht zu fehlen. Der Sünder aber wird gerecht durch die Buße der Liebe zu Mir!"

18 Unter Lobpreisungen ziehen die *fünfunddreißig* nun wieder ab, geleitet von Meinem Segen, und machen sich voll Mutes an das ihnen anvertraute Werk. — Es treten aber auch die *ersteren drei* zu Mir hin in der tiefsten Achtung und sagen: „Herr, auch wir, so Du uns für tüchtig ansähest, möchten in Deinem allmächtigen Namen zum Wohl unserer Brüder tätig sein. Wenn es Dein heiliger Wille wäre, so lasse uns unseren Brüdern nachziehen!"

19 Sage *Ich:* „Meine Freunde! Ich meine, daß euch ja bei Mir auch nichts abgeht. Wartet nur! So Ich euch rufen werde, werdet ihr auch in Fülle zu tun bekommen. Jetzt aber haben wir auf diesem Hügel noch andere Dinge abzumachen. Der irdische Freitag geht zu Ende, der Sabbat ist im Anzug, und da wird es noch manches zu schlichten geben.

20 Die fünfunddreißig Boten beginnen die Hände an ihr Werk zu

legen, es wird deshalb schon sehr unruhig in den Regionen des unteren Gewölkes. Seht euch vor, denn diese dunklen Geister werden bald ihr arges Werk beginnen, aber es ist schon vorgesorgt, daß sie sich nicht zu verderblich erheben. Über ihnen harren Milliarden der überaus mächtigen Friedensgeister und werden gar wohl verstehen, die Unruhigsten sogleich zur Ordnung zu bringen. Die Berge werden euch bald erzählen, wie es mit diesen Unholden stehen wird. Habt aber keine Furcht, denn in allen Geistern, die sich außerhalb Meiner Ordnung befinden, ist keine Kraft und nicht die geringste Macht vorhanden."

21 Die drei geben sich nun völlig zufrieden und loben Meine Liebe, Güte, Weisheit und Macht. — *Robert* kommt auch für diese drei mit einer Portion Brot und Wein zur Stärkung zum ewigen Leben. Sie getrauen sich aber nicht, es zu nehmen, bis Ich es ihnen förmlich gebiete. — Als sie das Brot und den Wein verzehrt haben, fühlen sie sich gewaltig gestärkt und preisen Mich über alle Maßen.

274

Rote Kriegsgeister und blaugraue Maulhelden

1 Nach der Beendigung solchen Lobes bricht nun der Sabbat an. Es naht sich eine Menge *rotgekleideter Geister* von der Nordgegend dem Hügel, und sie tragen eine rote und eine weiße Fahne.

2 *Robert* fragt Mich: „Herr, das ist eine ganz neue Erscheinung. Was soll mit diesen Geistern geschehen? Bei Deinem heiligsten Namen, da geht es ja beinahe zu wie in dem bekannten »Tausend und eine Nacht«! Was führt denn diese Roten daher mit ihren Fahnen?"

3 Sage *Ich:* „Das sind lauter Kriegslustige! Wie es auf der Erde Menschen beiderlei Geschlechts gibt, denen Krieg das größte Vergnügen ist, ebenso gibt es auch hier Geister, die außer dem Wesen des Kriegs keine Seligkeit kennen. Wenn es auf der Erde recht kriegerisch zugeht, sind diese Geister am glücklichsten. Sie gewinnen dadurch zwar nichts, aber sie verstehen sich sehr wohl darauf, in den Gemütern der Völker Kriegslust anzufachen. Die mit der weißen Fahne sind defensiv kriegerisch gesinnt und die mit der roten offensiv. — Sie haben auch in Er-

fahrung gebracht, daß Ich Mich persönlich wesenhaft auf der Erde befinde und kommen hier her, um sich bei den Geistern zu erkundigen, ob Ich etwa ein Gericht über die Erde verhängen wolle. Denn ihnen ist alles willkommen, was da irgendein bedeutendes Spektakel abgäbe.

4 Du siehst aber auch, wie sich diesen Kriegslustigen andere Geister in *dunkelblaugrauen,* schmutzigen Gewändern nahen. Das sind rechte Maulhelden. Ihre Lust besteht darin, die neugierigen Spektakelsüchtigen bis zum Blau- und Grauwerden anzulügen, nicht selten mit einer solchen Beredsamkeit, daß manche von ihnen am Ende sogar selbst glauben, was sie gelogen haben. Diese Geister sind zwar nicht böser Art; sie sind nur sogenannte Spaßmacher. Sie können zwar niemandem einen bedeutenden Schaden zufügen, obschon gerade auch keinen Nutzen. Von diesen Geistern werden nun die Kriegsrufer weidlichst angesetzt werden, und das wird dann eine Hauptthetze abgeben. Es werden auch einige Wahrheitsfreunde von Mittag herbeikommen und werden die Kriegslustigen belehren, daß sie von diesen Blaugrauen angelogen wurden. Die Kriegsgeister werden dann Genugtuung verlangen, und das wird der Augenblick sein, in dem wir ihnen auf einem bestimmten Weg beikommen können.“

5 Sagt *Robert:* „Ah, das ist aber denn doch komisch! Da möchte ich dabei sein, um zu hören, wie die Blaugrauen die Roten werden anlaufen lassen.“ — Sage *Ich:* „Das ist dein Geschäft, und Ich habe dich darauf eigens aufmerksam gemacht. Begib dich daher mit dem Peter hinab und nehmt beide eure Weiber mit. Sucht irgend jemanden zu gewinnen als Friedensrichter unter den Parteien, so sie recht zu streiten beginnen, denn es wird am Ende unter ihnen ganz heiß und stürmisch werden.“

6 *Robert und Peter* begeben sich nun schnell hinab und kommen gerade zu der ersten Begegnung. — Ein *Roter* eilt den Blaugrauen entgegen und sagt: „Freunde! Wir haben vernommen, daß sich der allmächtige Geist des berühmten Nazaräers namens Jesus (hier erschrecken die Blaugrauen ein wenig) in dieser Gegend persönlich aufhält mit einer großen Menge anderer Machtgeister. Könnt ihr uns diese Gegend nicht näher bezeichnen und sagen, was etwa dieser Machtgeist nun über die böse Menschheit der Erde zu unternehmen im Schilde führt? Wir haben auf unserer Wanderung vernommen, daß er über ganz Europa den Krieg in erbittertster Art will entstehen lassen. Wenn ihr da etwas Ver-

läßliches wißt, teilt es uns mit. Denn wir haben das dann sogleich der ganzen Welt zu hinterbringen, auf daß sie sich gehörig vorbereiten kann."

7 Sagt *ein Blaugrauer:* „Ja, ja, der große Machtgeist befindet sich hier in dieser Gegend in Gesellschaft von Millionen Geistern, die alle ungeheuer mächtig sein müssen. Wo gerade der Punkt ist, wissen wir wohl nicht anzugeben, weit von hier ist er in keinem Fall. Aber seht nur einmal aufwärts, und ihr werdet die Luft voll Geister erschauen!"

8 Die Roten tun das und erstaunen über das zahllose Heer. — *Der Blaugraue* fährt fort: „Von einem europäischen Krieg haben wir zwar noch nicht viel vernommen, dafür aber von einem allgemeinen Weltkrieg über alle Länder der Erde. Dieser Krieg wird wie eine Noahische Sündflut bis auf etliche wenige Menschen und Tiere alles vertilgen, was da lebt und atmet; denn die Menschheit ist zu toll und zu böse geworden!"

9 Über diese Nachricht machen alle *Roten* überaus heitere Gesichter und sagen: „Ja, ja, so wird es gewiß werden, und der Hebel für den Beginn dürfte wohl die politische Spiegelfechterei zwischen Österreich und Preußen sein. Werden nun die beiden Mächte ganz armiert dastehen, dann werden sie, sich an Rußland stützend, gemeinschaftlich über die Republiken in Europa sich werfen und werden daraus feste Monarchien bilden. Wird ihr Unternehmen aber scheitern, dann ist der Weltkrieg fertig — ein unübersehbarer Kampf zwischen der Sklaverei des Absolutismus und der unbedingten Freiheit des reinen Weltbürgertums. Da wird die Nacht mit dem Licht so lange ringen, bis sie ganz untergehen wird und dem Licht am Ende der volle Sieg zuteil wird. Was meint ihr dazu?"

10 Sagen *die Blaugrauen:* „Ja, ihr sollt recht haben! Aber wir haben noch etwas anderes vernommen." — „Was denn, was denn?" fragen *die Roten* hastig, „vielleicht noch etwas Ärgeres als einen Weltkrieg?"

11 Sagen *die Blaugrauen:* „Oh, ganz gewiß! Wir haben von glaubwürdigen Geistern vernommen, daß der Machtgeist im Ernst vorhat, das allgemeine Weltengericht in der ganzen Unendlichkeit ergehen zu lassen, und daß dazu schon alle möglichen Vorkehrungen getroffen werden." — Hier fahren *die Roten* vor Entsetzen zurück und schreien: „Nein, das ist nicht möglich! Um des allmächtigen Gottes willen! Ihr meint doch nicht etwa das Gericht, vor dem Sonne und Mond verfin-

stert werden und alle Sterne vom Himmel auf diese Erde fallen werden wie die Schneeflocken im Winter?“

12 Sagen *die Blaugrauen:* „Ja, dasselbe Gericht soll nun im Anzug sein und damit die Auflösung aller Natur!“ — Sagen *die Roten:* „Wo und von wem habt ihr das vernommen? Hat etwa der große Machtgeist Selbst so etwas jemandem anvertraut, oder haben das etwa Seine Geister verkündet? Sind vielleicht gar schon Posaunen vernommen worden?“

13 Sagen *die Blaugrauen:* „Das gerade noch nicht, soviel wir wissen. Aber eine Menge anderer Geister hat uns darüber bedeutende Winke gegeben, und es dürfte daher wohl etwas daran sein.“ — Hier machen die Roten sehr verdutzte Gesichter und vergessen ganz des Kriegs. — Fragen *die Blaugrauen* die Roten: „Warum erschreckt ihr denn bei solcher Kunde so sehr, da ihr doch bei der Nachricht eines Weltkrieges ganz heitere Gesichter gemacht habt? Geniert euch denn das verheißene Weltengericht, das der große Machtgeist Jesus halten wird, wie er es selbst vorhergesagt hat bei seinen Leibeslebzeiten auf dieser Erde im Angesicht der Stadt Jerusalem?“

14 Sagt *ein Roter:* „Ja, Freunde, das geniert uns ungeheuer, denn nach solch einem Gericht hören alle Welten auf. Keine Menschen werden mehr den Erdboden betreten, und von einem ergötzlichen Krieg wird dann sicher keine Rede mehr sein. Was sollen wir aber dann anfangen? Kriege sind ja unser Leben! Ohne Kriege gibt es auch überhaupt kein Leben, keinen Gewinn und kein Vergnügen. Dieser bevorstehende Weltkrieg wäre sonach der letzte, der auf dieser Erde Boden zustande käme?“

15 Sagen *die Blaugrauen:* „Ganz gewiß! Wenn keine Menschen mehr existieren werden, wer soll denn hernach noch einen Krieg führen? Selbst wenn auch nach dem Weltkrieg etliche dreißig Menschen und vielleicht noch weniger am Leben bleiben und die Erde noch etliche fünfzig Jahre erhalten werden möchte, so kann auf ihr schon darum kein Krieg mehr stattfinden, weil die wenigen Menschen Land genug besitzen werden. Sie werden daher nicht nötig haben, sich wegen des Besitzes gegenseitig weiter zu bekriegen. So aber die wenigen Übriggebliebenen dazu noch im Licht Gottes sein werden und nach Dessen Geboten sehr leicht leben — weil dann viele tausende Versuchungen,

die die Menschheit nun wider das Gottesgesetz zu handeln anfachen, von selbst hinwegfallen —, wer soll dann noch an einen Krieg denken?

16 Und das halten wir für überaus gut. Denn selbst aus einem glücklichsten Krieg ist noch nie ein Glück für die Menschheit hervorgegangen. Daher ist ein ewiges Ende aller Kriege über alles zu erwünschen. Ob dagegen das allgemeine Weltengericht auch so segensreiche Folgen haben wird wie das gänzliche Aufhören der Kriege, das ist eine andere Frage. Wenigstens dürften dabei so kriegslustige Helden, denen das größte Unglück der Menschheit Vergnügen schafft, eben nicht am besten bestehen.“

17 Fragen ganz heftig *die Roten:* „Und warum denn? Sind denn die Kriegshelden nicht stets die verdienstlichsten Menschen auf der Erde gewesen? Machen nicht sie allein den Ruhm aller Völker aus? Sind Ordenszeichen und Siegestrophäen nichts in euren Augen? Nur ruhmgekrönte Helden leben in der Geschichte und in der Erinnerung der Völker ewig fort! Alles andere aber vergeht wie eine Tagesfliege und lebt in keines Menschen Erinnerung mehr.“

18 Sagen *die Blaugrauen:* „Und was habt ihr Helden nun davon, so ihr etwa noch im Gedächtnis schwacher Erdmenschen gleich matten Schattenbildern ein paar Jahrhunderte länger fortbesteht als ein anderer armer Teufel? Auch ihr werdet vergessen werden! Und wenn der Krieg alles zerstören wird, werden da wohl die Geschichtsbücher bleiben? Und so sie auch bleiben, sagt, wer sie dann lesen wird, wenn alles Leben aufhört? Hier im Geisterreich aber hat ohnehin jeder Unterschied aufgehört, und wo er besteht, da ist die Hölle! So ihr aber auch hier Standesunterschiede sucht, seid ihr Geister der Hölle und habt Zeit, euch von uns zu entfernen! Sonst dürfte es geschehen, daß ihr von uns entfernt werdet.“

19 Hier werden *die Roten* vor Ärger ganz stumm. Nur die unter der weißen Fahne stehenden treten hervor und sagen: „Wir sind keine Krieger aus Lust, sondern aus Not. Wir sind pure Verteidiger und rufen den Krieg nicht. Wenn er uns aber geboten wird, dann verstehen wir freilich, dem Feind die Stirn zu bieten. Gelten deshalb etwa unsere Auszeichnungen und Helden hier auch um nichts mehr als ein gewöhnlicher, verdienstloser Mensch?“

20 Sagen *die Blaugrauen:* „Das ist hier vollkommen eins. Ihr seid um nichts besser als die anderen, denn ihr seid ebenso ruhmsüchtig wie eure

Gegner. Auch ihr erwartet die Kriegssucher mit brennender Gier, um euch mit ihnen messen zu können. Was ist da wohl für ein Unterschied, und wer von beiden ist da wohl der Verdienstvollere? Wir meinen, ein Unterschied ist da beinahe gar nicht bemerkbar, denn da ist ein Teufel wie der andere.“

21 Hier fahren auch die mit der weißen Fahne vor Zorn auf und wollen die Blaugrauen zu massakrieren beginnen. Aber hier treten *Robert* und der Peter vor, drängen die Roten auf gute hundert Schritte zurück und bedrohen sie. Jedoch darauf werden die Roten gemeinschaftlich erst so recht kriegstoll.

275

Robert und Peter bearbeiten die Spaßmacher Diese bekennen ihre Schwäche und entschuldigen sich Menschen- und Gottesgericht. Ein Bote von oben

1 *Die Roten* getrauen sich nichts zu unternehmen, da sie nun erfahren haben, daß die beiden eine besondere Kraft haben, die sie unwiderstehlich zurückgedrängt hat. Dafür treten sie eng zusammen und halten Rat, was sie nun tun sollen, um ihrem Grimm ein wenig Luft zu machen.

2 Unterdessen aber wenden sich *Robert* und *Peter* an die *Blaugrauen* und sagen: „Freunde, wie wir jetzt erfahren haben, seid ihr dem Reich Gottes näher als ihr meinen möchtet. Es geht euch zwar noch so manches ab, das ihr aber leicht gewinnen könntet. Und seht, dies besteht darin, daß ihr fürder keine Lust mehr daran haben sollt, jemanden anlaufen zu lassen, wie ihr es mit diesen roten Geistern gemacht habt. Seht, es ist für den Blinden genug des Elends, daß er blind ist. Wozu daran Lust haben, sich aus ihrer Blindheit einen nichtssagenden Spaß bereiten zu wollen, der am Ende zu allerlei Ärgernissen, die sicher in der Nächstenliebe nicht gegründet sind, Anlaß geben könnte. Also weg mit dem, was weiseren Geistern, wie ihr es seid, nicht ziemt!

3 Seht, die Folge eines oft noch so harmlosen Scherzes, den man sich gegen einen etwas Schwachsinnigen erlaubt hat, kann nicht selten recht bitter sein. Der Gefoppte merkt es am Ende, wird darüber erbost und

denkt dann darüber nach, wie er sich rächen könnte. Er findet bald einen Weg dazu und handelt dann rücksichtslos; denn wenn ein Esel einmal toll wird, bringt er selbst den Tiger zum Weichen. So etwas erbittert dann wieder das Gemüt der früheren Spaßmacher. Und die Folge davon ist? Wir brauchen sie euch nicht zu zergliedern, denn ihr seid selbst so klug, daß ihr sie in ihrer oft endlosen Ausdehnung übersehen könnt. Daher laßt das in Zukunft und wendet euch dafür ganz zum Herrn, den ihr recht wohl kennt, und ihr sollt von Ihm in Sein Reich aufgenommen werden!"

4 *Die Blaugrauen* danken den beiden für diese freundliche Zurechtweisung. Sie fragen aber zugleich, was sie nun den roten Geistern tun sollen, da sie diese mit dem Weltkrieg und mit dem allgemeinen Weltengericht doch etwas zu stark haben anlaufen lassen.

5 Sagen *die beiden:* „Das war freilich etwas stark. Aber da dies bei diesen Kriegssuchern doch einen gewissen moralischen Eindruck gemacht hat, kann man es vorderhand dabei bewenden lassen. Bei nächster Gelegenheit wird sich das schon wieder gut machen lassen. Sie aber jetzt aufzuklären, könnte sehr üble Folgen haben. Es wird nun auch in Wahrheit ein starker Krieg über die Erde zugelassen und wird hie und da zum Teil moralisch, zum großen Teil auch naturmäßig wüten. Ebenso wird sich auch ein besonders starkes Gericht über die Großen und die allzu selbstsüchtigen Reichen ergießen. Auch werden hie und da große irdische Eruptionen stattfinden, und so wird sich eure Fopperei für den Sinn dieser Geister bewahrheiten. — Aber nun zieht euch zurück und tut das, was wir euch angeraten haben, so werdet ihr einen großen Vorteil für euer Leben ernten. Ihr seid näher dem Reich Gottes, als ihr meint. Tut nach der heiligen Ordnung Gottes, und ihr werdet ins Reich alles Lebens eingehen. Wir waren auch, wie ihr nun seid; der Herr aber hat uns erhoben, und wir sind nun bei Ihm für ewig. Folget uns, und auch ihr sollt von Ihm nicht verstoßen werden! Denn wahrlich, in Seinem Hause gibt es viele Wohnungen!"

6 Sagen *die Blaugrauen:* „Wir waren stets ehrliche Bürger in unserem Leibesleben und nun als des Leibes entledigte Geister. Nur diese Schwachheit hatten wir alle, daß wir gern Kasperladen ausübten, freilich stets entfernt von irgendeiner bösen Absicht. Unseres Wissens ist aus unseren Späßen auch nie etwas Übles hervorgegangen. Hatte sich auch nur ein Schein von einem Schaden gezeigt, haben wir ihn sicher

wieder gut gemacht. Bei manchen stark eingebildeten Leuten haben unsere Wortwitze sogar eine gute moralische Wirkung zuwege gebracht. So manche hoch aufgetriebenen Blasebälge sind dadurch ihrer überflüssigen Hochluft entledigt worden, wodurch sie hernach recht artige und freundliche Menschen geworden sind. Wir wollten durch unsere Scherze auch nicht einen noch so geringen Menschen entehren. Unsere Sache war nur, einen erheiternden Spaß auszuführen — darnach aber auch so manche zu alberne Dummheiten jener vielen Menschen sanft durchzugeißeln.

7 Und so erhoffen wir denn, daß Gott der Herr, welcher der menschlichen Seele auch den Heiterkeitssinn eingepflanzt hat, mit uns doch nicht gar zu scharfrichterlich umgehen werde. Sagte ja auch der weise Apostel Paulus im Namen Gottes, daß man mit den Heiteren heiter sein solle und weinen mit den Weinenden. Hatte einer auch vor unserer Tür geweint, so wußten wir ihm seine Tränen bald zu trocknen, entweder durch eine Unterstützung oder durch unsere stets heitere Laune. Wir finden an uns wohl gerade nichts, was man mit gutem Gewissen loben könnte, aber ebenso auch nichts, was da von Grund aus zu verdammen wäre.

8 Wir erhoffen daher von Gott dem Allgerechten wennschon keinen Lohn, so doch auch keine ewige Verdammnis. Ob wir so zu reden hier ein Recht haben, ist freilich eine andere Sache. Aber das glauben wir trotz der Höllenpredigten unserer Pfaffen allezeit, daß Gott der Herr kein so unerbittlicher Richter sein wird wie die Richter auf der Welt. Diese richten schonungslos nach dem Buchstaben des Gesetzes und kennen weder Gnade noch Erbarmung. Bei Gott aber dürfte es doch bei völliger Besserung einer sündigen Seele etwas gnädiger hergehen."

9 Sagt *Robert:* „Allerdings! Jedes Gericht des Herrn ist ein Weg zur Besserung und Vollendung des Geistes, nur der Menschen Gericht gebiert Verderben und den Tod der Seele. Folgt uns daher nur auf die Höhe dieses Hügels! Dort sollt ihr es vom Herrn Selbst erfahren, wie gar verschieden Seine Gerichte von jenen der Menschen sind. Die Gerichte des Herrn sind ein Balsam zur Heilung aller Wunden, die je einer Seele geschlagen worden sind! Seid daher nur ohne Furcht, denn euch erwartet ein sanfter Richter und keine mit scharfer Ladung versehene Schützentruppe."

10 Sagen *die Blaugrauen:* „Ihr lieben Freunde, wenn es so ist, folgen

wir euch sogleich ganz unbedingt. Aber wir möchten doch auch erfahren, wer denn die zwei wunderschönen Damen sind, die wir mit euch kommen sahen. Sie besprechen sich untereinander ganz stille; mit euch aber sahen wir sie noch nicht ein Wörtchen wechseln. Das kommt uns etwas sonderbar vor. Am Ende sind das so ein paar himmlische Spione, die es sich zum Geschäft machen, uns zu bespitzeln, falls uns etwa irgendein unrechtes Wort über die Lippen geflossen wäre? Das wäre eine verzweifelte Bescherung!"

11 Sagt *Robert:* „Habt vor diesen beiden Wesen keine törichte Angst! Sie sind unsere von Gott uns für ewig angetrauten Weiber und begleiten uns überall auf unseren Wegen, die wir im Namen des Herrn zu machen haben. Von einer Spitzelei kann hier keine Rede sein, weil doch der Herr allwissend, allsehend und allhörend ist, und auch wir als Seine Boten jeden Geist, mit dem wir zu tun haben, durchschauen können. Wir wissen daher ganz genau, wie es mit all seinen Gesinnungen, Gedanken, Worten und Werken bestellt ist, obwohl wir noch lange nicht zu den vollendeten Geistern gehören.

12 Aus dem könnt ihr klar entnehmen, daß man im Reich Gottes durchaus keine Denunzianten braucht und keine Ohrenbeichte, um hinter die geheimsten Gedanken, Wünsche und Triebe noch so gesinnungsverschiedener Geister zu gelangen. Sähen wir, daß ihr untüchtig wäret zum Gottesreiche, würden wir euch ebensowenig bereden wie jene roten Geister, die noch große und bittere Lebensproben durchmachen müssen, bis sie fähig werden, ins Reich Gottes aufgenommen zu werden. Da wir aber in euch die Fähigkeit ersehen, fordern wir euch auf, daß ihr uns zum Herrn hinfolgen sollt, tun euch aber keinen Zwang an.

13 Ihr könnt immer tun, was ihr wollt. Wollt ihr mit uns ziehen, dann ohne allen Zwang. Wollt ihr lieber verbleiben, steht es auch frei. Aber so ihr uns folgen wollt, müßt ihr euch gleich dazu bequemen, denn die Zeit fängt zu drängen an. In dieser Nacht noch geschieht unser Abzug von hier, daher hätten wir jetzt nur wenig oder gar keine Zeit mehr, uns für nichts und wieder nichts mit euch noch länger abzugeben. Kommt daher sogleich oder bleibt!"

14 Sagen *die Blaugrauen:* „Wir gehen mit euch ohne weitere Bemerkungen! Der Herr wird uns gnädig und barmherzig sein. Aber da kommt soeben ein Bote von oben herab, den müssen wir doch noch ab-

warten. Er könnte vielleicht wichtige Dinge zu hinterbringen haben, denn seinen Augen ist ein gewisser Ernst zu entnehmen. Er naht sich uns mit schnellen Schritten und wird gleich bei uns sein." — Sagt *Robert:* „Ja, *den* Boten müssen wir freilich noch abwarten. Der wird uns wohl das Wichtigste zu berichten haben!"

15 *Der Bote* tritt nun in die Mitte der Blaugrauen und sagt: „Seid guten Mutes, denn ihr habt den Weg zum Heil gefunden! Eure Gewänder sollen lichtblau und eure Herzen beständig werden in der Liebe zu Gott dem Herrn und zu euren Brüdern und Schwestern. Werdet frei in allem! Tut Gutes jedermann! Niemand sei euch zu gering, niemand zu groß, denn im Gottesreich herrscht die vollste Gleichberechtigung aller Stände, aller Nationen. Folgt daher uns ohne Furcht und Zaudern!"

276

Die Lichtblauen bestaunen die Macht des Boten, ohne sein wahres Wesen zu erkennen
Gottesvorstellung und Gotteserkenntnis der Menschen und Geister

1 Sagen die nun mit *lichtblauen Gewändern Angetanen,* die nicht begreifen, wie ihre Kleider sich so plötzlich haben verändern können: „Freund, es ist sonderbar: was du sagst, das geschieht! Dein Wort erging über unsere Kleider, und wir konnten nicht einmal merken, wann sie eigentlich umgewandelt wurden. — Auch unsere Gesinnung hat sich ganz geändert, und wir sehen nun manches bis auf den Grund ein. Du mußt ein überaus mächtiger Freund des Herrn sein. Die beiden früheren Freunde, die mit den beiden Weibern zu uns kamen, waren wohl auch mächtig, denn jene kriegslustige rote Schar haben sie so zurückgedrängt, daß sich jene uns darauf nimmer nahen konnten. Aber Dinge durch ein leichtes Wort zauberisch verwandeln, das gehört auf ein anderes Blatt!

2 Sage, liebster Freund, mit welcher sonderbaren Macht tust du solch ein Wunder? — Siehe, wir glaubten auf der Welt nicht eben zu fest an die Wunder Christi, wohl aber an Seine Lehre, die wahrlich

rein göttlicher Art ist. Aber nun werden uns auch alle Seine Wunderwerke einleuchtend; das ist schon rein göttlich. Nur möchten wir auch einsehen, wie denn so etwas möglich ist."

3 Sagt *der Bote:* „Ich kann euch darüber vorderhand keine andere Erklärung geben als diese: »Bei Gott sind alle Dinge möglich!« Wer aber Gott über alles liebt und dadurch mit Gott eins ist, dem ist dann wie Gott Selbst auch alles möglich. Sagte nicht Christus auf der Welt: »Um was immer ihr den Vater in Meinem Namen bitten werdet, das wird euch gewährt werden!« Alle Macht besteht einzig nur in der Liebe. Auch die endlose Macht Gottes besteht nur in dessen unbegrenzter Liebe. Und so kann ein jeder Geist durch die Liebe allein zu einer ebenso großen Macht gelangen, wie da ist seine Liebe in Gott und zu Gott. Ohne diese aber gibt es weder ein Leben noch irgendeine Macht desselben! Habet ihr das wohl verstanden?"

4 Sagen die nun *Lichtblauen:* „Herrlicher Freund, wer sollte deine Worte nicht verstehen, sie fließen ja wie Balsam in unsere Herzen. Wir bitten dich, führe uns nur sogleich zu Jesus, dem Herrn, hin auf diese Höhe! Wir brennen vor Liebe und Begierde, Ihn zu sehen und mit Ihm vielleicht auch ein paar Wörtlein zu wechseln — wenn Er auch im Geiste so ist, wie Er auf der Erde war, nämlich voll Liebe und größter Sanftmut!"

5 Sagt *der Bote:* „Aber als Er aus dem Tempel die Käufer und Verkäufer trieb und den Taubenkrämern und Wechslern ihre Buden umstieß, da war Er eben nicht von der größten Sanftmut beseelt. Auch damals nicht, als Er den fruchtleeren Feigenbaum verfluchte und den heuchlerischen Pharisäern ihre Schandtaten vorhielt. Was meint ihr dazu?"

6 Sagen *die Lichtblauen:* „O Freund! Da war Er besonders sanft und nachgiebig. Wir, im Besitze Seiner Macht, hätten da eine ganz andere Wirtschaft angerichtet. Die Kerls hätten braten müssen wie ein kälberner Schlegel am Ostersonntag. Was aber den fruchtlosen Feigenbaum betrifft, so stellte der Herr Jesus ohnehin nur ein Sinnbild auf, wahrscheinlich von der römisch-katholischen Kirche, die ja auch voll lauter heidnischer Zeremonienblätter ist, hinter denen keine Frucht bemerkbar ist. Also nur zu Ihm hin auf Gnade und Ungnade! Er muß Sich von uns über Hals und Kopf lieben lassen."

7 Sagt *der Bote:* „Nun denn, auf eure Verantwortung hin wollen

wir also unser Glück versuchen." — Sagen *die Lichtblauen:* „Nur zu! Wir werden dich schon verantworten, denn wir fürchten uns nicht vor Ihm!"

8 Auf diese Äußerung der Lichtblauen, deren Zahl dreißig Mann ist nebst einer zahlreichen Dienerschaft, wird nun hurtig der Hügel erstiegen. Als wir oben durch die vielen Reihen von Geistern guter Art im bekannten Baumrondo ankommen, stehen die drei Apostel, die Kaiser und etliche Bischöfe da und machen eine tiefe Verbeugung vor uns. Da fragen *die Lichtblauen* den vermeintlichen Boten: „Freund, vor wem verneigen sich denn diese Geister? Am Ende sehen sie schon irgendwo Christus, den Herrn, den wir in unserer Unwürdigkeit noch nicht sehen können? Zeige uns wenigstens die Stelle, von welcher Er herkommt, daß wir uns sogleich vor Ihm niederwerfen und Ihm im Staub unserer Nichtigkeit die Ehre geben!"

9 Sagt der vermeintliche *Bote:* „Wahrscheinlich werden diese den Herrn sehen und zugleich kennen, weshalb sie sich so verneigen vor Ihm. Denn es gibt sehr viele, die den Herrn sehen und sprechen oft viele Tage und manchmal sogar Jahre lang, aber weil ihr Herz noch blind ist, erkennen sie Ihn nicht. Diese fragen dann auch und sagen: »Oh, wenn wir doch nur einmal das Glück hätten, den Herrn Jesus zu sehen, dann verlangten wir keine andere Seligkeit mehr! Wir würden uns im Staube vor Ihm aus Demutstiefe wälzen und Ihn preisen mit allen Psalmen Davids und hohen Liedern Salomons!« Das sagen sie dem Herrn ins Gesicht, den sie wohl sehen und sprechen, aber nicht kennen, und harren immer Seiner, während sie doch mit ihren Nasen hundert Male an Ihn gestoßen sind.

10 Aber was nützt das Sehen allein, so das Erkennen nicht dabei ist? Das Erkennen ist aber zumeist darum sehr erschwert, weil das menschliche Herz in seinen Tiefen noch so manchen Hochmutsbrocken birgt. Es findet sich sehr schwer darein, die Gottheit sich etwas menschlicher vorzustellen, während nach der gewöhnlichen Ansicht die Gottheit etwas ganz Außerordentliches sein muß. Wenn sie auch schon der Form nach aussehe wie ein vollkommenster Mensch, soll sie aber nach dem Erwarten und Einbilden der Menschen wenigstens glänzen wie eine Sonne.

11 Der Mensch kann sich die Gottheit nur als etwas ungeheuer Außerordentliches vorstellen. Die Ursache davon ist die Anschauung

der Materiewelt in all ihren Verhältnissen, sowohl der Masse wie der Größe und ihrer Einrichtung nach. Der gestirnte Himmel zeugt von einem überriesenhaft großen Gottwesen, die Sonne von Seinem Licht, die Erde von Seiner Macht und Stärke. Auch der Papst und alle geistlichen Vertreter aller Konfessionen verkünden Ihn als etwas, das der Mensch sich kaum zu denken getrauen dürfe. Am Ende kommt noch der Hochmut des eigenen Herzens und dessen Weltverstand dazu, der sich eines unansehnlichen Gottes schämt, nicht gern in einer angesehenen Gesellschaft den Namen Jesus ausspricht und noch weniger dessen Göttlichkeit fest behauptet.

12 Und so kommt es denn besonders hier im Geisterreiche wie auch dann und wann auf der Erde vor, daß der Herr Selbst lange mit sonst weisen Geistern wie auch mit Menschen auf der Erde umgeht, aber sie erkennen Ihn nicht aus den angeführten Gründen. Die Erdenmenschen verlangen mehr noch als die Geister, große Wunder, denn kleine taugten ja nicht für ihren großen Gott. Wenn schon von Gott die Rede ist, heißt es nur: Großer, allmächtiger Gott, Schöpfer der Unendlichkeit, Weltenlenker, Vater der Äonen und dergleichen. Wenn nun Jesus den Menschen auf der Erde zuweilen als ein ganz gewöhnlicher, manchmal dem Anschein nach sogar mit manchen Schwächen behafteter Mensch entgegenkommt, wohl sehr weise spricht, mit ihnen ißt und trinkt, aber keine Wunder wirkt — da erkennt Ihn sicher niemand, obschon Er bis an das Weltende bei den Seinen zu bleiben versprach.

13 Nur im Kleide der Armut kommt der Herr oft zu Seinen Kindern auf die Erde. Aber sie erkennen Ihn nicht, weil ihre Begriffe von Gott schon Hochmut sind — gleichwie ein Adeliger sich's wohl gefallen läßt, wenn ein Hochadeliger von sechzehn Ahnen und darüber über ihn herrscht. Man unterstelle ihn aber nur einem Unadeligen, und sein Gehorsam und Respekt haben ein Ende erreicht. So geht es auch mit der Gottheit bei den vom Hochmut Aufgeblähten. Hat der Herr vor ihren Augen nichts ihren hohen Forderungen Gemäßes an sich und nichts Wunderähnliches, gehen Seinem Erscheinen nicht Feuer, Sturmwind, Blitz und Donner voran — dann ist es mit Seiner Gottheit aus.

14 Ja, Ich sage euch, es ist dem Herrn auf der Welt seit achtzehnhundert Jahren schon oft widerfahren, daß Er sogar von sonst ganz gottergebenen Menschen hinausgeprügelt worden ist. Daher wird es denn auch stets schwerer, daß sich der Herr den Menschen auf der Erde

nähert. Kommt Er in Seiner harmlosesten Weise, mag Ihn niemand erkennen. Was soll man dann tun, daß man erkannt werden möchte?

15 Seht, im Himmelreich ist nur der der Erste und Vorzüglichste, der von allen der Geringste und der Unbedeutendste zu sein scheint. Wie soll bei solcher ewigen Ordnung Gottes Er selbst von dieser Regel eine Ausnahme machen wollen? Fragt euch nun selbst, ob bezüglich der Gotteserkenntnis nicht auch bei euch derselbe Fall vorhanden ist. Ihr seht Christus, den Herrn, vielleicht schon geraume Zeit, mögt Ihn aber nicht erkennen, weil Er euch viel zu wenig göttlich vornehm aussieht."

16 Hier erst fangen *die Lichtblauen* den Boten schärfer zu betrachten an und sagen: „Du wirst es doch nicht etwa selber sein? Ah, das wäre wirklich sehr fatal! Wenn du es wärest, was dann mit uns Sündern? Aus deinen Worten aber könnten wir fast entnehmen, daß, o Gott, es wirklich so wäre!"

277

Vom wahren Wesen Gottes
Die Liebe wirkt in engen aber klaren Kreisen

1 Sagt *der Bote:* „Diese ängstliche Verwunderung ist schon wieder eine Folge eurer allerhöchsten Begriffe von Gott. Aber diese Begriffe taugen nicht zum wahren Leben aus und in der Liebe! Was geht euch denn das Unendliche des göttlichen Wesens an? Haltet euch nur an die Liebe, die alles, was sie einmal angezogen hat, in *engen* Kreisen um sich versammelt haben will.

2 Die Liebe ist ein Feuer, das sammelt und nicht zerstreut. Das Licht aber, das von der hellen Flamme der Liebe ausgeht, wallt freilich in geraden Strahlen ewigfort weiter und kehrt nicht zurück, außer die Liebe Gottes hat ihm Schranken gesetzt, an denen es sich stößt und den Rückweg zu seinem Ursprung antritt. So ihr aber die Gottheit nach der Ausdehnung Ihres Lichtausströmens beurteilt und dadurch wahre ‚Lichtreiter' seid — auf den Flügeln des Geistes die weiten Räume durchfliegend und das Dasein der großen Gottheit suchend — bleibt euch freilich die wahre Erkenntnis des eigentlichen Gottwesens ewig

fern. Ihr müßt endlich vor der endlosen Gottesgröße erliegen und vermögt euch nimmer aufzurichten in eurem Herzen, mit dem ihr allein schauen und fassen mögt das wirkliche Wesen Gottes, eures Vaters. Steht aber dann ein Wesen wie Ich vor euch und sagt: »Ich bin es, den ihr so lange vergeblich im Unendlichen gesucht habt!« — so erschreckt ihr und fahrt wie ohnmächtig zusammen. Die Ursache ist: weil ihr das Wesen, das sich euch als die wahre Gottheit in Ihrem Ursein vorstellt, noch immer mit den Unendlichkeitsaugen angafft und euer Gemüt von neuem mit eurer eitlen Einbildung ins Endlose auszutreiben beginnt.

3 Es ist wohl recht, daß ein Geist oder ein Mensch das Gottwesen betrachtet in den Werken; aber er soll sich von ihnen nicht verschlingen lassen! — Seht, in der ersten Zeit der Erde haben die Menschen ihre Lust gehabt, riesenhafte Bauten aufzuführen. Ein Nimrod baute Babylon und einen über die Berge ragenden Turm. Eine Semiramis ließ Berge abtragen. Ein Ninus erbaute das große Ninive. Die alten Pharaonen überschwemmten Ägypten mit den kolossalsten Bauten und Bildern. Die Chinesen erbauten eine Mauer von vielen Hunderten Meilen Länge. Wollte man nun solche Erbauer sich ebenso groß vorstellen, wie da ihre Werke waren, müßte man doch von jedem heller Denkenden für einen Narren gehalten werden. Seht, diese Urbaumeister der großen Gebäude der Erde waren als Menschen um nichts größer als ihr. Nur ihre Kräfte verstanden sie ins Große auszudehnen und wirksam zu machen.

4 So aber schon die kleinen, geschaffenen Menschen große Werke zuwege bringen und dabei selbst nicht um ein Haar größer werden, warum soll denn dann die Gottheit in Ihrem Urwesen ebenso groß sein wie Ihre Bauten? Es heißt doch: »Gott schuf den Menschen nach Seinem Ebenmaße«. Warum soll dann Gott ein Riese und die nach Seinem Maß geschaffenen Menschen pure atomistische Tierlein sein, die zu Trillionen einen Tautropfen bewohnen können?

5 War denn Christus, der doch in aller Fülle Gott und Mensch zugleich war, ein Riese, als Er auf der Erde das Werk der Erlösung vollzog? Er war der Gestalt nach durchaus kein solcher, obschon Seine Werke von für euch nie meßbarer Größe waren. Und seht, derselbe durchaus nicht riesenhafte Jesus steht auch jetzt vor euch! Nur Sein Geist, der aus Ihm strömt wie das Licht aus der Sonne, wirkt ewig in

der ganzen Unendlichkeit mit ungeschwächter Kraft. Aber dieser Geist geht euch nichts an, so ihr bei dem Urquell euch befindet und ihr beim Herrn alles Geistes seid. Darum faßt Ihn nach Seiner *Liebe* und nicht nach Seinem ausströmenden Lichte, dann seid ihr wahrhaft Seine Kinder, wie Er euer aller Vater ist!

6 Wäre es von den Astronomen nicht dumm, wollten sie die Sonne bemessen nach der Reichweite ihrer Lichtstrahlen? Diese dringen fort und fort durch die Tiefen des ewigen Raumes, und ihr Maß wird stets größer von Sekunde zu Sekunde. Mit welchem Maßstab wäre solch eine törichte Bemessung wohl möglich? Daher messen die Sternkundigen die Sonne selbst, da ihr Maß ein stetiges und bleibendes ist.

7 So tut auch ihr! Mich, wie Ich nun vor euch stehe, meßt mit dem rechten Maß der Liebe in euren Herzen und habt keine läppische Furcht vor Mir, der Ich doch ganz euer Maß habe und euch liebe aus aller Kraft Meines Herzens! Dann seid ihr Mir angenehm und könnt so über alle Maßen selig sein im engen Kreis der Liebe, außer dem es für euch nirgends eine wahre Seligkeit geben kann. Habt ihr Mich wohl verstanden oder ist euch noch irgend etwas dunkel geblieben?"

8 Sagen nun die selig *Staunenden:* „O Herr, wie ganz anders bist Du doch, als wir Dich uns vorgestellt haben! Ja, so kann und muß man Dich aus dem freiesten Herzen über alles lieben! Wer Dich nicht erkennt, wie Du bist, trägt in seiner Blindheit Fegfeuer und Hölle in sich. Wer Dich aber erkennt, wie wir nun, bei dem hat sich mit einem Schlag alles in den Himmel der Himmel verwandelt.

9 Aber wer kann dafür, daß die Menschen auf der Erde gar so dumme Begriffe von Dir haben? Am meisten trägt dazu wohl die Lehre Roms bei. Diese lehrt einen Gott, vor dem man wohl die scheußlichste Angst, nie aber eine Liebe zu Ihm haben kann. Man wird dabei wohl voll von aller Hölle und ihren Schrecken, aber von Liebe kann da keine Rede sein. Wo die Furcht das Zepter führt, da ist die Liebe fern.

10 Jetzt begreifen wir alles auf ein Haar. Die Liebe webt und wirkt nur in engen, aber sehr klaren Kreisen. Nur so erwärmt sie den Großen wie den Kleinen, den Künstler und den Weisen. Wahrlich, sie allein ist alles in allem! Sie ist die wirkliche Sonne; alles andere ist nur Schein und wesenloses Abbild. O Herr, wie gut bist Du!"

278

Ort der wahren Glückseligkeit — im Menschenherzen
Der Weg zum Himmel drei Spannen lang

1 Rede *Ich:* „Ja, so ist es! Nur auf dem engen Pfad und am engen Plätzchen ist jedes Menschen wahres Glück und wahre Seligkeit zu erreichen! Wer es auf breiten Straßen sucht und der Meinung ist, die Seligkeit sei nur am großen Platz voll Glanzes zu suchen, der findet sie nimmer. Nur der Hochmut baut breite Straßen des Verderbens und errichtet große Plätze, aber diese bedingen weder materiell noch geistig das Glück der Menschen.

2 Ihr habt auf der Welt oft gesehen, wie sich die Großen auf Kosten der Kleinen und Armen mästen. Wer aber ward noch glücklich durch Gold, Silber und Edelsteine? Ich sage euch: Niemand! Ruhmsucht und Habgier finden viel zuwenig Sättigung und trachten Tag und Nacht zu noch mehr Glanz und Ruhm und Reichtümern zu gelangen. Wer unzufrieden ist, der ist auch nicht glücklich und kann es auch nie werden. Ein großer und breiter Platz braucht viel, bis er voll wird, und selbst dann genügt er dem Besitzer nicht mehr. Dieser strebt nun nach Erweiterung und der Anfüllung des Platzes, und so treibt da ein verderblicher Keil den andern. Es ist nicht möglich, daß solche Menschen je an ein Ziel gelangen können, wo sie einmal ein wahres, bleibendes Glück fänden.

3 Was macht denn eigentlich das größte Unglück aller Höllengeister aus? Es ist das Streben nach dem Unendlichen! Die Unendlichkeit aber hat keine Rückwand und keine Grenzen. Daher ist es leicht begreiflich, daß ein von der Hölle erfüllter Geist unmöglich zu einer Glückseligkeit gelangen kann. Wer die Seligkeit im Unendlichen sucht, kann sie unmöglich je finden! Je weiter er dringt, eine desto endlosere Kluft ersieht er vor sich, über die er ewig nicht gelangen wird.

4 Mein Reich ist daher in eines jeden Menschen kleines *Herz* gelegt. Wer da hineinkommen will, muß also in sein eigenes Herz eingehen und sich da ein Plätzchen der Ruhe gründen, die da heißt Demut, Liebe und Zufriedenheit. Ist er damit in der Ordnung, ist auch sein Glück für ewig gemacht. Er wird dann bald sehr viel mehr finden, als

er je erwartet hatte. Denn ein kleines Häuschen ist gewiß leichter mit allem Nötigen einzurichten als ein großer Palast, der noch immer leer aussieht, wenn sich auch schon tausende Einrichtungsstücke darin befinden.

5 Ihr müßt euch daher auch von Meinen Himmeln keine zu breiten Gedanken, sondern ganz enge und kleine Vorstellungen machen, dann werdet ihr darinnen die wahre Glückseligkeit finden. — Ein Herz voll Liebe zu Mir und zu den Brüdern und Schwestern, sowie ein tätigkeitslustiger und tätigkeitsvoller Sinn, das wird jedem von euch die wahre, ewige Seligkeit begründen.

6 So sollt ihr euch Meine Himmel auch nicht irgendwo als recht weit entfernt vorstellen, sondern ganz nahe. Der ganze Weg beträgt höchstens drei Spannen Maß: die Entfernung vom Kopf bis ins Zentrum des Herzens! Habt ihr diese kleine Strecke zurückgelegt, so seid ihr auch schon drinnen. Denkt ja nicht, daß wir etwa eine Auffahrt über alle Sterne hinauf und hinaus machen werden, sondern eine Niederfahrt nur in unser Herz. Da werden wir unsere Himmel und das wahre, ewige Leben finden!“

279

Des Herrn schlichte, doch machtvolle Rede
Über den kurzen Himmelsweg
Kopfverstand und Herzenserkenntnis
Gleichnis vom Obstpflücken

1 Sagen *die Lichtblauen:* „Daß Du es bist — der wahrhaftige und ewige Gott, Herr und Schöpfer aller Himmel, Sonnen und Erden, darüber haben wir nun keinen geringsten Zweifel mehr. Denn man darf Dich nur reden hören, und alle Bedenken schwinden gleich wie Nebel im Licht der Sonne. Wie Du Selbst auf der Erde unnachahmlich für jeden geschaffenen Geist gesprochen hast, so sprichst Du nun auch vor uns. In Deiner prunklosen Redeweise sprudeln Ströme der tiefsten Wahrheit und göttlichen Liebeweisheit gleich den mächtigsten Quellen hervor!

2 Wie herrlich ist die Darstellung des Weges in Dein Reich! Nur geht

es uns dabei wie einst Nikodemus, der auch nicht wußte, als Du, o Herr, von der Wiedergeburt mit ihm sprachst, was er aus ihr machen solle. Der Weg vom Kopf bis ins Zentrum des Herzens wäre wahrlich kurz, aber wie ihn antreten? Die Sache klingt trotz der darin verborgenen Weisheit sehr rätselhaft, und wir möchten hier auch mit Nikodemus fragen: »Herr, wie können wir mit unseren Füßen in unseren eigenen Leib, ja sogar ins Zentrum unseres Herzens hineinsteigen?« Es wäre vielleicht doch leichter, in den allerletzten Stern Deiner endlosen Schöpfungen zu gelangen als in unser eigenes Herz hinein.

3 Da müssen wir Dich, o Herr, schon um eine nähere Beleuchtung anflehen, wie es auch öfter Deine Apostel auf der Erde getan haben. Denn auch ihnen kamen nicht selten Deine weisesten Lehren wie spanische Dörfer vor, bei denen sich kein Fremder auskennt. Wo ist da der Eingang und wie mag der Bauplan aussehen? Herr, erkläre uns diese Sache ein wenig näher!"

4 Sage *Ich:* „Daß ihr solches nicht versteht, daran schuldet nur euer noch sehr nach Irdischem riechender Sinn. So gescheit aber solltet ihr doch schon sein, daß da von keinem naturmäßigen Gehen mit den Füßen die Rede sein kann, sondern nur von einer reingeistigen Reise im Gemüt. Nikodemus war noch ein irdisch-materieller Mensch, und es war daher begreiflich, daß er mit seinen Begriffen den Mutterleib als Notwendigkeit ansah, um aus ihm zum zweiten Mal wiedergeboren werden zu können. Ihr aber seid nun schon selbst völlig aller groben, irdischen Materie bar — wie mögt ihr als Geister gar so materiell denken?

5 Habt ihr an euch denn nie eine doppelte Art geistiger Tätigkeit entdeckt, nämlich eine im Kopf und eine andere im Herzen? Seht, im *Kopf* sitzt der Seele kalt berechnender Verstand und sein Handlanger, die Vernunft, die am seelischen Verstandesleib gleicht einem weit ausgreifenden Arm voll Augen und Ohren. Der Verstand verlängert diesen Arm stets mehr und will mit ihm am Ende die ganze Unendlichkeit an sich reißen. Dies eitel-tolle Bestreben aber ist an sich eben jene gefährliche, Tod und Gericht bringende Eigenschaft der Seele, die da mit dem Wort Hochmut bezeichnet wird. Im *Herzen* aber ruht die Liebe als ein Geist, aus Meines Herzens Geist genommen. Dieser Geist hat aber so wie Mein eigener ohnehin schon alles zahllosfältig in sich, was die Unendlichkeit vom Größten bis zum Kleinsten enthält.

6 Wenn nun der hochtrabende Verstand, das Eitle seiner törichten Bemühung einsehend, seinen vorbezeichneten Arm — der da ist seine Vernunft oder sein Vernehmvermögen — anstatt mit ihm das Unerreichbare erreichen zu wollen, demütig zurückzieht und in das Herz (als die Wohnung Meines Geistes im Menschen) leitet — so macht er die bezeichnete drei Spannen lange Reise. Man gelangt auf solchem Wege zum wahren, ewigen Leben, zu der wahren, seligen Ruhe und findet da alles beisammen, was die ganze Unendlichkeit enthält.

7 Dieses endlose Innenreich wird freilich erst Teil um Teil offenbar gleich dem Gewächs aus dem kleinen Keim, der im Zentrum des Samenkorns verborgen ist. Ob aber aus diesem Geistkeim früher oder später, reicher oder minder reich die Saat Meiner Werke zu voller Reife aufgehen wird, hängt lediglich von der Stärke der Liebe zu Mir und zum Nächsten ab. Denn die Liebe des Herzens zu Mir ist gleich dem Licht und der Wärme der Sonne, und die Liebe zum Nächsten ist der notwendig fruchtbare Regen. So aber Sonne und Regen in rechter Ordnung miteinander wirken, wird jede Saat bestens gedeihen und in Bälde zur Reife gelangen.

8 Ich will euch zum besseren Verständnis noch ein leicht faßliches Bild geben: Es verhält sich mit dieser Sache so, wie wenn ein Vater seine Kindlein im Sommer in seinen Garten ausführte, der voll ist von Bäumen mit reifen Früchten belastet. Die Kinder voll Begierde möchten gleich auf die Bäume steigen, die Früchte hastig abpflücken und im Übermaße essen. Der weise Vater aber sagt zu den unerfahrenen Kindlein: »Bleibt nur schön bei mir! Würdet ihr mit euren schwachen Kräften auf die Bäume steigen und euch die Früchte nehmen, so würdet ihr leicht vom Baum herabfallen, euch Hände und Füße brechen oder gar zu Tod fallen. Ich und meine Knechte aber sind groß und stark und wissen, wie die Früchte zu ernten sind. Wartet daher ruhig! Ich selbst werde sie von den hohen Bäumen herabholen und sie in euren Schoß legen, so werdet ihr sie ganz ohne alle Mühe genießen können. Werdet ihr aber einmal selbst groß und stark sein, dann werdet ihr auch selbst Meister der hohen Bäume werden.« — Versteht ihr dieses Bild?“

9 Sagen *die Lichtblauen:* „Dank Dir, heiligster und bester Vater, ewig Dank! Nun ist uns alles sonnenklar, und wir wissen nun nichts mehr, worüber wir noch um eine Aufhellung bitten möchten.“

280

Entsprechungsbedeutung von Brot und Wein Wissen und Tun. Ein Auftrag an die Lichtblauen

1 Sage *Ich:* „Nun ihr das begriffen habt, müßt ihr auch danach handeln, ansonsten ihr von Meiner Lehre keinen Nutzen ernten werdet! Ich werde euch nun ein rechtes Brot und einen rechten Wein geben lassen. Das Brot ist auch hier *wie* Mein Leib und Wein *wie* Mein Blut. Diese Nahrung wird euch stärken, und ihr werdet hinfort keinen Tod mehr schmecken, sondern das ewige Leben wird in euch sein." — (Zu Robert): „Du, Bruder Robert, aber gehe und schaffe abermals Brot und Wein her!"

2 *Robert* geht im Wäldchen einige Schritte gegen Süden und findet auf einer freien Stelle ein ganzes Eimerfäßchen voll besten Weines, daneben eine Menge Trinkgläser und bei fünfzig Laibe schönsten Weizenbrotes. Als Robert solche Menge himmlischer Stärkmittel ersieht, beruft er Helena und seinen neuen Gehilfen Peter und dessen Weib, daß sie ihm helfen, alles an die rechte Stelle zu befördern. Die Gerufenen kommen zwar sogleich, aber alle vier sind nicht imstande, das Vorhandene auf den rechten Fleck hinzuschaffen.

3 Das sehen auch die Geister der Kaiser, die sich bis jetzt über mannigfache Einrichtungen der Himmel mit den Aposteln besprachen. Sie eilen schnell hinzu und helfen Robert, alles hinzuschaffen und wetteifern dann in der Bedienung der lichtblauen Geister, die mit dankbarstem Behagen das Brot essen und den Wein in vollen Zügen trinken.

4 *Ich* aber sage darauf zu den Monarchen: „Meine lieben Freunde und Brüder! Es ist wohl löblich und gut, sich von Mir und Meinem Reiche zu besprechen. Aber noch schöner und besser ist es, sich in den Geschäften der Himmel wacker zu üben. Das Wissen geht natürlich dem Geschäft voraus. Weiß man aber einmal, was man zu tun hat, dann muß man handeln! Und es ist dann schon eine kleine gute Handlung besser als ein großes Wissen ohne Handlung. Denn aus einer noch so kleinen Handlung wird etwas zum Vorschein kommen. Der Handlung folgt stets ein Werk, aber dem puren Wissen folgt nichts, so es nicht ins Handeln übergeht.

5 Was nützte es einem Töpfer, so er noch so ausgezeichnet in seiner Kunst bewandert wäre, aber nie einen Lehm auf die Drehscheibe nähme, um seine Wissenschaft ins Werk zu übertragen? So ist auch der Glaube eine Wissenschaft des Herzens: Solange sie nicht ins Werk gesetzt wird, ist sie wie tot, nur das vollbrachte Werk gibt ihr erst Leben. Und so macht es Mir nun rechte Freude, daß ihr ohne Geheiß in einem guten Dienst tätig geworden seid. Wahrlich Ich sage euch allen: Auch ein Trunk frischen Wassers, den ihr einem Durstigen gereicht habt, wird von Mir hoch angerechnet werden, denn Ich sehe weniger auf das Wissen als auf das Handeln!

6 Wer einmal etwas Rechtes weiß und nicht danach handelt, ist sogut ein Sünder wie der, welcher zwar das Rechte wohl erkennt, aber es dennoch nicht will, weil es mit seiner Bequemlichkeit nicht im Einklang steht. — Man muß sich daher, um ein rechter Bürger Meines Reiches zu sein, über die Trägheit allzeit hinaussetzen und das Recht nach der rechten Wissenschaft üben; dann ist man erst das, was man nach Meiner ewigen Ordnung werden und sein soll."

7 (Zu den Lichtblauen): „Und da ihr nun hinreichend gestärkt seid, so begebt euch noch einmal hinab in die Tiefe und weckt dort, was noch zu wecken ist. Sucht die erhitzten Gemüter zu besänftigen, auf daß noch möglicherweise ein Krieg unter den Erdenmenschen vermieden wird. Bei nur einigem Gelingen dieses Werks soll euch ein großer Lohn erwarten in Meinen Himmeln, in die ihr leicht gelangen könnt, da Ich Selbst euch den nie verfehlbaren Weg dahin gezeigt habe."

8 Seht euch aber vor, daß ihr jenen feuerroten Geistern überall zuvorkommt, denn sie werden sich nun alle Mühe geben, den Krieg zwischen den Regenten anzufachen. Ihr werdet zwar nicht alles verhindern können. So ihr aber in Meinem Namen recht tätig seid, doch sehr vieles, das die Menschheit in großes Elend stürzen würde. Nach vollbrachtem Werk aber begebt euch wieder hierher auf diese Stelle! Da wird euch ein Bote erwarten, der euch beim Eingehen in Mein Reich in Meinem Namen hilfreiche Hand bieten wird. Und nun macht euch an das Werk — es sei!"

9 Sagt beim Abgang noch *einer* von den Lichtblauen: „O Herr und Vater! Wenn es uns aber in der Folge wieder hungern und dürsten sollte, — denn wir können doch nicht wissen, wie lange wir zu tun haben — woher werden wir dann Brot und Wein nehmen?"

10 Sage *Ich:* „Da frage Robert und seinen Gefährten, wie lange es schon ist, daß sie so wie ihr mit Brot und Wein gespeist wurden, und ob es sie bisher je gehungert und gedürstet hat. Wer einmal Mein Brot gegessen und Meinen Wein getrunken hat, den wird es weder hungern noch dürsten in Ewigkeit! Denn Mein Brot ist eine wahrhafte lebendige Speise, die, nährend Seele und Geist, sich im Magen deiner Seele stets von neuem wieder erzeugt. Ebenso ist auch Mein Wein ein rechter Trank, dem kein Durst mehr folgt. Daher könnt ihr ganz getrost hinausziehen, denn von nun an wird euch nimmer hungern und dürsten."

11 Auf diese Versicherung hin gehen die *Lichtblauen* nun vollen Muts an ihr Werk. Ob sie viel ausrichten werden, steht wohl sehr in Frage, da die vielen roten Geister schon überall vollste Tätigkeit zur Erreichung ihres Zwecks zu entwickeln begannen; aber mildern können sie die Sache dennoch um ein sehr Bedeutendes.

12 Sage *Ich:* „Es muß nun eine große Züchtigung kommen über alle, die es ganz verlernt haben, Mich in der Not wie allezeit anzurufen, und anzuerkennen den Wert des Menschen, der von Mir nicht in die Welt gesetzt wurde, um sich wegen des Glanzes eines Thrones totschießen zu lassen. Diesmal soll dem Volke, wenn es nüchtern handelt, für alle Zeiten der Sieg eingeräumt werden. Dann erst kommt Mein Reich in die Welt. Sollte aber das Volk grausam handeln, was Ich weder vorsehen noch vorbestimmen will, so wird es schwer zum endlichen Sieg gelangen."

281

Aufbruch in das Himmelreich im gereiften Herzen Roberts

1 Nun tritt *Robert* zu Mir und sagt: „O Herr, was sollen wir nun tun? Alles, was sich uns genaht hat, ist bis auf weiteres abgefertigt worden. Die gestärkten einstmaligen Erdenpriester und die lichtblauen Geister tun schon emsig, was ihnen anbefohlen war. Ich sehe keine neuen Scharen mehr, die sich uns näherten. Müßig sein ist für mich aber kaum erträglich; daher bitte ich Dich, o mein Gott und Vater, gib mir doch etwas zu tun!"

2 Sage *Ich* darauf: „Freund und Bruder, Tätigkeit ist zwar das eigentliche Hauptwesen des Geistes. Dann und wann aber ist es auch gut, daß er ein wenig ruht. Denn in der Ruhe sammeln sich die erschöpften Kräfte der Seele, die da ein Organ des Geistes ist, zu neuer Tätigkeit. Daher ist auch euch eine kleine Ruhe vonnöten, auf daß ihr euch alle stärkt zu großen neuen Tätigkeiten in Meinem Reich. Der Sabbat geht zu Ende. Was hier nötig zu schlichten war, haben wir geschlichtet und haben somit auf dieser Erde ein Tagewerk vollbracht. Dort seht hin gegen Osten! Das bekannte Tor, das du nicht öffnen konntest, steht offen, und alle die früheren Freunde erwarten uns schon mit größter Sehnsucht. Daher, Meine lieben Freunde, Brüder und Kinder, werden wir uns zum Abzug von diesem irdischen Hügel anschicken und eingehen durch jene Pforte in Mein Reich, das nun als ein neuer Verein hervorgegangen ist aus Deinem Herzen, Mein lieber Bruder *Robert Uraniel!*

3 Und da wir nun alle neu gestärkt sind, so treten wir in guter Ordnung den Weg an. Wie ihr aber seht, brauchen wir nicht die dazwischen liegenden Täler und Hügel zu übersteigen. Auf der geraden Bahn, die Ich nun dahin aus lauter Licht gestaltet habe, werden wir uns fortbewegen und das scheinbar weit abstehende Tor in Bälde erreichen. Du *Uraniel* aber, als oberster Inhaber und Leiter dieses Vereins, gehe voran mit deinem Gehilfen und deinem und seinem Weib! Ich aber werde mit den drei Brüdern dir nachgehen. Mir folgen dann zunächst alle Monarchen und Bischöfe, und diesen die große Volksschar beiderlei Geschlechts.

4 Nach Meiner Weisung ordnet euch nun und tretet den neuen Weg an, den Ich vorerst für euch, und nach euch für viele weitere gebaut habe. Unser Segen sei zuteil den Guten dieser Erde! — Und nun vorwärts, es sei!“

282

Roberts Staunen über die neue Himmelsgegend
Seine künftige Aufgabe. Gnadenbrücke und Gnadenhügel

1 Die Reise beginnt, und nach kurzem wird das Tor erreicht. Dort erwarten uns viele Tausende und loben Mich ob Meiner großen Güte, Gnade, Liebe und Erbarmung und Meines gerechten Gerichts, nach dem jedem durch das Wort der ewigen Ordnung der Richter in die eigene Brust gelegt ist.

2 *Robert* tritt zu Mir zurück und sagt: „O heiliger Vater! Wir stehen nun vor dem Eingang. Unabsehbare Reihen breiten sich strahlenförmig jenseits des Tores über die himmlischen Gefilde aus und aus ihrem Munde tönt Dir *ein* Lob! Alles ist voll des Lichts und des höchsten himmlischen Glanzes. Im tiefsten Hintergrund zeigt sich etwas wie eine Stadt, aber infolge ihres zu mächtigen Glanzes ist es mir nicht möglich, ihre Form näher wahrzunehmen. O Vater, was ist das wohl für eine Gegend? Was für ein Land, gegen das selbst Gegenden der Sonne, die ich gesehen habe auf meiner Reise mit Sahariel, sich wie eine trübe Nacht gegen den hellsten Tag ausnehmen? Welch unbeschreibliche Herrlichkeiten wallen uns da entgegen! Das muß der Himmel höchster sein!"

3 Sage *Ich:* „Ja, so ist es! Zugleich ist es aber auch das dritte Stockwerk deines Hauses, das du gleich im Anfang deiner Entwicklung in diesem Reich zuerst äußerlich geschaut und bald darauf als dein Eigentum in Besitz genommen hast. Ebenso stellt diese Gegend auch den *Verein* dar, den du aus deinem wohlwollenden Herzen gegründet und nach Meiner Ordnung gestaltet hast. In diesem wirst du nun ewig als Oberhaupt wirken und sorgen, daß darin alles in der besten Ordnung vor sich geht. Zugleich aber sollst du auch von diesem Verein aus eine machtvolle Aufsicht über den Teil der Erde führen, der dir als stammesverwandt am nächsten liegt. Die beiden Orte, die wir nun auf der Erde betreten haben, sollen dir vor allem stets ein Augapfel bleiben. In Wien, wo du irdisch Übles überkamst, übe Gutes und Edles! Das zweite Land, das wir zuletzt betraten, benütze als Läuterungsanstalt für unlautere Geister, von wo immer sie herkommen.

4 Die *Brücke*, die Ich nun von jenem niederen Hügel bis hierher gesetzt habe, soll bleiben! Wer sich auf ihr hierher bewegen wird, soll nicht zurückgewiesen werden! Auf den *Hügel* stelle fortan eine Wache, auf daß jeder, der als Geist in gutem Sinn diesen Hügel betritt, einen Freund finde und einen rechten Wegweiser. Naturmenschen aber, die noch im Fleisch auf der materiellen Erde wandeln, sollen auf diesem Hügel Stärkung im Glauben finden und sollen in der Liebe erweckt werden, jedoch ohne Gericht und ohne Band. Kranke sollen Linderung ihrer Schmerzen, die Guten und Gläubigen aber siebenmal ihre Gesundheit wiedergewinnen.

5 So die Menschen uns in der Folge auf besagtem Hügel ein Erinnerungszeichen errichten wollten, sollen sie daran nicht gehindert, aber auch nicht unterstützt werden. Denn jedes äußere Denkmal an eine himmlische Erscheinung auf der Welt wird nur zu bald zu einem Platz der Gewinnsucht und des Betrugs umgewandelt. Will aber schon jemand ein Denkmal setzen, soll er daran auch nicht gehindert werden. Denn die Sinai's, Tabor's und Ölberge sollen zum steten Angedenken den irdischen Menschen als das belassen werden, wozu sie von Mir bestimmt wurden. Und nun treten wir ein in das wahre Reich des ewigen Lebens!“

283

Die erreichte höchste Himmelssphäre
Robert und Peter mit drei Freunden begleiten den Herrn zum heiligen Jerusalem
Die Stadt der Städte und die Sonne der Sonnen

1 Alle gehen nun hinein, und jeden durchdringt des Lebens höchstes Wonnegefühl. Die überweit gedehnte Gegend ist voll kleiner, niedlicher Wohnhäuser, und es wird jedem das seinige gezeigt und ihm zum vollen Eigentum übergeben. Sogleich ergreifen alle mit höchster Freude ihren neuen himmlischen Grund und Boden, der allenthalben bestens hergerichtet ist.

2 Nur *Robert-Uraniel* und dessen Gehilfe sehen kein Haus für sie

in Bereitschaft und fragen Mich, wo sie denn für gewöhnlich wohnen werden.

[3] *Ich* aber sage zu Robert: „Siehe, dies alles ist ja dein Haus! Du bist da überall zu Hause und dein Freund mit dir. Sonst aber hast du deine Wohnung dort in jener Stadt, in der Ich Selbst beständig zu wohnen pflege. Es ist dies das neue himmlische Jerusalem, die Stadt deines Gottes, deines Herrn, deines Vaters und im Geist der Liebe deines Bruders. Von dort aus wirst du stets dein eigenes Haus bestellen, und von Mir aus wirst du dazu reichlich mit allen Mitteln versehen werden.

[4] Folge Mir nun, nachdem alle, Kleine und Große, hier bestens versorgt sind, hin in jene Stadt! So du aber von den Mitgekommenen jemand mitnehmen willst, steht es dir frei. Ich sehe wohl, daß du alle mit dir ziehen möchtest, aber das tut sich jetzt noch nicht. Aber Joseph, Leopold und Rudolf den Ersten nimm mit! Ihre Wohnungen befinden sich hier zunächst der Hauptstraße. Diese berufe, und sie sollen sich mit uns nach der Stadt der Himmel begeben!"

[5] Robert beruft *die drei.* Sie treten sogleich aus ihren Häusern, deren innere Einrichtung sie nicht genug rühmen können, und machen sich mit uns auf den Weg nach der Stadt. Robert aber fragt Mich, wo jene Geister seien, die mit den Erzvätern vor uns in dies Reich eingegangen sind.

[6] *Ich* aber zeige ihm die Gegend nach Mittag hin und sage: „Dort wirst du sie alle treffen, denn auch sie wohnen in deinem Hause. Die Erzväter aber wohnen in eigenen Großhäusern, die du mit der Weile alle wirst kennenlernen. Denn solcher Häuser wie dein neues gibt es in Meinem Reich endlos viele. Du wirst ewig mit deren Bekanntwerden zu keinem Ende gelangen. In Meinem großen Hause jedoch wirst du sie zu sehen bekommen nach dem Maße der himmlischen Bedürfnisse. Kennst du aber diesen Geist, der uns nun auf der Straße entgegeneilt?"

[7] Sagt *Robert:* „Das ist ja der berühmte Cado, welcher der Satana so unverdauliche Brocken zum Verschlucken gab!" — Sage *Ich:* „Ja, derselbe ist es! Diesem gib nun zuerst die Wache auf dem Hügel, denn er hat viel Kraft und Mut. Aber über ein irdisches Jahr soll keiner auf Erden Wache halten und somit auch Cado nicht!"

[8] In diesem Augenblick tritt *Cado* vor uns hin und sagt: „Herr, ich habe meine Bestimmung schon vernommen und beeile mich, ihr getreu nachzukommen!" — *Robert* küßt ihn und sagt: „Sei gut, gerecht und

strenge, denn die Erde liegt sehr im Argen!" Cado verneigt sich und eilt nach dem Ort seiner ersten Bestimmung.

9 Wir aber gehen auf der geradesten Straße, die aussieht wie ein sieben Klafter breites Goldband, in das wie aus feinster Seide die Farben des Regenbogens herrlich eingewebt sind, der heiligen Stadt zu. Die ist für keinen noch im Fleisch steckenden Geist beschreibbar, denn ihre Herrlichkeit, ihre Größe und das Maß der in ihr herrschenden Seligkeiten ist unendlich. Aber die Gestalt erscheint von außen her wie ein Mensch, in begrenzter Form, obschon das Innere eines jeden Hauses unendlich ist gleichwie das Innere des Keims eines jeden Samenkorns unendlich ist, und wie da in aller Mannigfaltigkeit noch reichhaltiger ist das Herz des Geistes.

10 Robert, sein Gehilfe Peter, ihre Weiber, Joseph, Leopold und Rudolf sind voll Staunens über die Herrlichkeit der Stadt. Je näher wir kommen, desto herrlicher wird ihre Gestalt, und von allen Seiten her strahlt ihnen die größte Liebfreundlichkeit entgegen.

11 *Robert* — da er über der Stadt der herrlichsten Sonne aller Sonnen ansichtig wird, von der das Licht in alle Unendlichkeit ausgeht — fragt Mich in aller Liebe, was denn das für eine Sonne sei, deren Licht viel heller strahle als das der Natursonne, dabei aber so lieblich anzusehen sei wie das Licht des Morgensterns.

12 Und *Ich* sage zu ihm: „Siehe, diese Sonne bin Ich im Grunde Selbst! Es gibt noch zwei Himmelssphären, gegen Abend hin einen puren ‚Weisheitshimmel' und gegen Mittag hin einen ‚Liebe-Weisheitshimmel'. Die Bewohner dieser beiden Himmel sehen Mich nur als eine Sonne, und zwar diese, die du nun in der Mitte über der Stadt leuchten siehst.

13 Nur hier im allerhöchsten Himmel bin Ich außerhalb der Sonne, obschon auch in der Sonne. Außerhalb dieser bin Ich, wie ihr alle Mich nun unter euch seht. In der Sonne aber bin Ich pur geistig in der Kraft Meines Willens, Meiner Liebe und Weisheit. Ich Selbst bin im Grunde des Grundes diese Sonne, aber dennoch ist ein Unterschied zwischen Mir und ihr. Ich bin der Grund, und diese Sonne ist gleich einer Ausstrahlung Meines Geistes, der von hier und aus Mir alle Unendlichkeit in ungeschwächter Kraft durchströmt und allenthalben Meine ewige Ordnung schafft.

14 Nun aber seht hin auf die großen Scharen, die uns aus der Stadt

entgegeneilen und uns ersichtlich ihre höchste Liebfreundlichkeit entgegentragen." — Sagt *Robert:* „O Herr, ich vergehe vor Wonne und Liebe, wenn ich Dich anschaue! Du bist bei uns, und das ist alles Dein Werk. Herr, was sind wir denn, daß Du uns so endlos gnädig bist? O Gott, o Gott! Wie groß, herrlich und heilig bist Du!"

284

Rudolfs Vergleich zwischen himmlischen und irdischen Verhältnissen
Die himmlische Stadt
und ihre Bedeutung als Nährquelle der ganzen Unendlichkeit

1 Tritt Kaiser *Rudolf* zu Mir, preist Mich aus vollem Herzen und sagt: „O wie ganz anders sind doch die Dinge und Verhältnisse dieser Geisterwelt als jene kleinlichen auf der Erde! Was hat man sich auf der Welt alles eingebildet zu sein, und war im Grunde gar nichts! Solange ein Mensch, ob Kaiser oder Bettler, im Kleid des Todes wandelt und in der Welt vergänglich ist, kann sein Dasein nichts als eine Null bedeuten. Ich war auf der Welt ein großer Kaiser, als aber der Tod über mich kam, was war ich dann? Nichts als eine Handvoll Staub und Asche! Hier aber bin ich doch nicht um ein Haar mehr als ein geringster Bürger dieses ewigen Reiches, dieser Gottesstadt. Trotzdem dünke ich mich erhabener als stünde ich auf der Welt als ein mächtigster Regent, vor dem Erde und Meere erbeben!

2 Wie lange hat der irdische Dünkel selbst nach dem Abfall Meines Leibes mich noch berückt. Einem Freien aus der Wahrheit ward es vorbehalten, den schon morsch gewordenen Fels aus dem harten Schlaf zu rütteln. Der Fels zerstob, und ich stehe nun hier in all meiner Nichtigkeit vor Dir, o Herr, wie ein neugeborenes Kind und staune eine neue Welt an und ihre heiligen Verhältnisse. Aber um wie vieles hat dieses Kind voraus vor allen noch so weisen und mächtigen Herrschern der Erde! Mir kommt hier alles so groß und erhaben und überaus bedeutungsvoll vor. O Herrlichkeiten ohne Namen und Zahl! O Vater, wie groß und heilig bist Du!"

3 Sage *Ich:* „Ja, du hast recht! Auf der Erde müssen Unterschiede

sein, sonst wäre sie nicht, was sie sein muß. Hier aber ist alles gleich. Da gibt es keinen Rang außer dem, daß ihr alle Meine Kinder seid und Ich euer aller Vater und Herr. Aber dessenungeachtet gibt es auch hier Unterschiede, und niemand soll von dem etwas verlieren, was er redlich auf der Erde besessen hat. Du warst auf der Erde ein rechter Kaiser. Und siehe, du wirst wieder Kaiser werden, aber über ein sehr größeres Reich als auf der Erde. Hier wirst du gesetzt werden über eine ganze Sonne, in der eine Trillion Erden Platz hätte. In der Stadt, und zwar in deinem Hause wirst du deine künftige Bestimmung näher kennenlernen.

4 Nun aber stehen wir schon am Tor. Daher laßt uns beim Harfenklang einziehen!"

5 Wir betreten nun die Stadt: eine Stadt voll Lichtes und Lebens, in der ewig keine Not herrscht, weil alles in höchster Überfülle vorhanden ist und ewig sein muß. Denn aus dieser Stadt bezieht alle Unendlichkeit ihre Nahrung naturmäßig und geistig.

6 *Robert* und *alle* staunen über die Lieblichkeit der Wohnungen, deren es hier eine solche Anzahl gibt, daß sie von niemand mehr gezählt werden kann. Denn die Wohnungen der Stadt Gottes nehmen wohl einen Anfang, aber dahinter nimmer ein Ende. Wohl ist im Anfang diese Stadt so gestellt, daß sie ein vollkommenes Viereck bildet, aber hinter diesem dehnt sie sich endlos aus und hat nirgends und nimmermehr ein Ende.

7 Nach langem Staunen sagt *Robert:* „Ja, jetzt verstehe ich es erst so ein wenig tiefer, was das heißt: »Kein Auge hat je gesehen, kein Ohr gehört, und in keines Menschen Sinn ist es gekommen, was der Herr denen bereitet hat, die Ihn lieben.« Hätten die Menschen der Erde auch nur eine leiseste Ahnung von dem, was sie hier erwartet! Tausendmal sterben wäre ihnen lieber, als ein auch nur minutenlanges Leben auf der Erde. Aber des Herrn große Liebe und Weisheit verbirgt solches vor den Augen der Sterblichen, auf daß sie ihre Probe durchmachen und eine rechte Festigung ihres Geistes erlangen, ohne die es ihnen unmöglich ist, eine solche Wonnefülle zu ertragen.

8 O Herr, nun begreife ich auch, daß hier manchmal Geister meinesgleichen auf die erklärlichste Weise ihrer sterblichen Brüder ein wenig vergessen und sich ihnen nur sehr selten zeigen. Wer könnte über solcher Wonnefülle der bösen Erde noch gedenken, so er nicht von Dir,

o Herr und Vater, zuweilen ermahnt würde, sich zur rechten Zeit auch der noch sterblichen Brüder auf Erden zu entsinnen!"

285

Das Vaterhaus in der himmlischen Stadt
Die Herrlichkeit seiner Räume und Bewohner
Dazu im Gegensatz des Herrn Schlichtheit

1 Sagt *Robert* weiter: „O Herr und Vater voll Liebe, Sanftmut und Geduld! Was ist das für ein gar so herrlicher Palast, der gerade uns gegenüber gegen Morgen hin steht?" — Sage *Ich:* „Das ist Mein höchsteigenes Haus! Aber darin gibt es gar viele Wohnungen, von denen nun auch du eine beziehen wirst für ewig. Und ihr alle, die ihr nun mit Mir seid, werdet auch darinnen wohnen. Diese Wohnungen werden euch gewiß sehr gefallen."

2 Sagt Kaiser *Joseph:* „Was? Bei Dir, in Deiner nächsten Nähe, heiligster Vater, sollen wir sein? Das wäre zuviel Seligkeit für uns arme Sünder. Wir sind schon mit einem letzten Winkel in dieser Stadt völlig und überselig zufrieden!" — Sage *Ich:* „Mein lieber Bruder! Siehe, es steht ja geschrieben: »Wo Ich bin, da werden auch die sein, die Mich lieben über alles.« Ihr aber liebt Mich nun über alles und habt Mich in euren Herzen stets mehr geliebt als ihr glaubtet. Und so müßt ihr auch dort wohnen, wo Ich Selbst wohne, und mit Mir wirken in ewiger Gemeinschaft. Ihr werdet viele in Meinem Hause antreffen, denn es ist gar groß und zählt sehr viele Wohnungen. Betreten wir es nun! Die drei Brüder gehen voran!"

3 Wir treten nun in eine große *Vorhalle* des Hauses. Der Boden ist aus reinstem, durchscheinendem Gold. Zu beiden Seiten stehen zwölf Säulen, welche die Decke der Vorhalle tragen. Die Säulen leuchten wie die Sonne und spielen im höchsten Glanze alle Farben des Regenbogens. Ihre Masse ist reinster Diamant. Die Wände der Vorhalle sind aus Porphyr, die Decke ist Smaragd und die Stufen zum ersten Stock (das Haus hat drei Hauptstockwerke) sind aus reinstem Rubin mit Gold gerändert und führen in gerader Steigung zu einer großen Tür, die niemand außer Mir öffnen kann.

4 Alle, die da mit sind, können über die höchste Pracht dieser Halle nicht genug staunen. *Joseph* sagt: „Brüder, wären wohl alle Kaiser und Könige der Erde, so sie alle Schätze aufböten, imstande, solch eine Vorhalle mit irdischem Material zu erbauen? O Gott, welch eine namenlose Pracht und unbeschreibliche Majestät!

5 Der Herr Selbst aber bleibt dennoch stets gleich in Seiner höchsten Schlichtheit. Wie Er auf der Erde einst die Menschen lehrte und ihnen die Wege des Lebens zeigte, so wandelt Er auch hier in Seinen Himmeln. Kein Leuchten und kein glänzender Hofstaat von Myriaden Engeln umgibt Ihn. Wir sind hier fast Seine einzige Begleitung. Draußen auf den Gassen geht es freilich wohl bunt zu. Aus Millionen Kehlen erschallen die lieblichsten Lobpreisungen unter dem harmonischen Klang wohlklingender Harfen. Die ganze Himmelsluft ist durch und durch erfüllt von Gesängen. Man sollte beinahe glauben, alle diese Himmel seien bloß Gesang und die reinste Harmonie.

6 In der Stadt geht es höchst lebendig zu, aber hier beim Herrn aller Herrlichkeiten, bei dem allmächtigen Schöpfer und Vater der Unendlichkeit ist es bis auf die Pracht des Hauses ganz einfach. Keine Hofdienerschaft, keine glänzende Begleitung, kein dem Herrn der Ewigkeit gebührender Empfang ist irgendwo bemerkbar. Fangen doch wir ein bißchen Lärm zu schlagen an, daß die vielen Bewohner dieses Hauses auf die Ankunft des Herrn aufmerksam gemacht werden!“

7 Sage *Ich:* „Lasset das gut sein, liebe Brüder! Die Bewohner wissen gar wohl, was sie bei Meiner Ankunft zu tun haben. Ihr seid auf der Erde das Lärmen gewöhnt und denkt, es müsse daher auch hier bei Meiner Ankunft ein ungeheurer Lärm geschlagen werden. Dessen bedarf es jedoch hier durchaus nicht! Wenn nach irgendeinem auf Erden und in deren geistigen Regionen vollbrachten Werke Mir bei Meiner Ankunft ganz im stillen die Herzen Meiner süßen Kindlein entgegenpochen voll Liebe, Dank und Leben, dann ist für Mich des feierlichsten Lärmens schon in Überfülle vorhanden. So wir die Gemächer betreten, werden sie uns schon entgegenkommen und uns grüßen auf die lieblichste Weise aller Himmel.“

8 Ich öffne nun die Tür, und Meine Freunde fallen auf den Stufen auf ihre Angesichter nieder. *Robert* sagt mit bebendem Herzen: „O Vater, das ist zuviel auf einmal für einen geschaffenen Geist, für ein winziges Lebensatom in Deiner Unendlichkeit! Dieses Licht, diese

Herrlichkeit und die überhimmlisch schönen Engel, die mit tränenfeuchten Augen ihre unendlich schönen, weichen Arme nach Dir und uns ausstrecken! Wir sind ja gegen sie förmlich gestaltlos bei all unserem auch schon etwas himmlischen Aussehen!"

9 Hier sieht sich Robert nach Helena um, um zwischen ihr und den Bewohnern Meines Hauses einen Vergleich zu machen. Helena aber ist schon mit der Schönheit Meiner Kinder versehen. *Robert* erschrickt da ordentlich und sagt: „O Herr, was ist denn mit der Helena geschehen und mit der Mathilde Eljah? Sie sind ja auch schon so schön, daß ich sie mir gar nicht mehr anzusehen getraue."

10 Sage *Ich:* „Erhebet euch alle und verwundert euch nicht so sehr, denn ihr selbst seid ja nun auch schon so gestaltet!" Hier erheben sich die sieben, beschauen sich und kennen sich selbst kaum mehr vor Schönheit. *Robert* sagt voll Staunens: „Bin ich es denn wohl?" — Sage *Ich:* „Ja, du bist es! — Aber nun gehen wir in das erste Gemach!"

286

Eintritt ins Innere. Robert als neuer Erzengel und Himmelsfürst Seine Demut und Weisheit. Roberts Würdezeichen

1 Wir treten nun ins *erste Gemach,* in dasselbe, wohin die verschlossen gewesene Tür führt, zu der man auf den Rubinstufen zuerst gelangt.

2 Robert und sein Gehilfe Peter sind sprachlos vor lauter Verwunderung. Beide aus dem Uranus abstammend (was aber Peter aus gutem Grund noch nicht weiß), sind sie natürlich große Freunde von Bauwerken, besonders von so riesenhaft großen. Sind aber solche noch dazu mit entsprechender Pracht und Majestät versehen, so ist das für sie etwas ganz Außerordentliches. Beide haben ihre Augen auf die hohen Galerien und die kunstvollsten Säulen geheftet und merken von der herrlich liebevollsten, großen Himmelsgesellschaft kaum etwas, die in Robert einen neuen Erzengel und den Vorsteher eines neuen großen Vereins begrüßt.

3 Hier stößt *Helena* Robert ein wenig an und sagt: „Aber, liebster

Robert, verschaue dich doch nicht gar zu sehr! Da sieh, wie du empfangen wirst!“ Auf diesen kleinen Anstoß kommt Robert wieder zu sich und sieht, wie ihm die schönsten Liebeengel auf einem rotstrahlenden Polster eine herrliche *Krone* überbringen und ein *Zepter* aus durchsichtigem Gold, das einen Glanz von sich wirft wie eine aufgehende Sonne; und zuletzt auch ein *Schwert*, das von einer unverlöschbaren Flamme umflossen ist.

4 Die *Überbringer* dieser Würdezeichen verneigen sich nun vor Robert Uraniel und sagen freundlich: „Hier, liebster, herrlichster Bruder, empfange den gerechten Lohn, den dir der Vater schon von Anbeginn der Welt bereitet hat! Um der Lehre Christi wegen bist du auf Erden ein Märtyrer geworden. Wohl hättest du das vermeiden können, aber du wolltest es nicht, und so warst du ein Märtyrer wegen des guten Sinnes der reinen Lehre *Jesu*, unseres Gottes, unseres liebevollsten und heiligsten Vaters von Ewigkeit.

5 Du glaubtest zwar auf der Erde nicht, daß Jesus, zu Bethlehem geboren — von dir ‚der Weise aus Nazareth‘ genannt — Gott der Herr Selbst gewesen sei. Aber du liebtest diesen Weisen dennoch ganz besonders und sahst Seine Göttlichkeit in deinem Herzen wohl, obschon dein Verstand damit nicht übereinstimmen wollte. Und *diese* Liebe behielt dir Seine Liebe und Gnade, die dich nun zu einem großen Fürsten der Himmel macht. Daher nimm nun Krone, Zepter und Schwert, Zeichen der Kraft, Macht, Liebe, Weisheit und Gerechtigkeit, und werde ein weiser Regent deines neuen Vereins! Der Herr hat dich gesegnet und will es so!“

6 *Robert*, ganz verblüfft über diese Erscheinung, sagt aus seiner Demutstiefe: „Meine lieben himmlischen Freunde und Freundinnen! Hättet ihr mir statt dieser königlichen Würdezeichen die eines Schuhputzers überbracht, ich hätte sie mit der größten Rührung meines Herzens angenommen; aber diese um keinen Preis der Himmel! Trägt der Herr und König Himmels und aller Welten keine Krone, kein Zepter und kein Schwert, wie soll ich das als ein armer Sünder? Da sehet hin! Es stehen neben mir drei Kaiser, die schon von der Erde her gewohnt sind, Kronen zu tragen. Denen reicht die Insignien hin, diese werden nicht eitler durch sie. Ich aber könnte am Ende eitler werden, und das wäre wahrlich weder Gewinn für mich, noch für euch und den Verein oder für das Gottesreich in meinem Herzen. Das letztere ist mein rech-

tes Haus, dem ich vorzustehen habe in der Ordnung und im Namen des Herrn und Vaters. Darum lasset ab von dem, was mir ewig nicht gebührt!"

7 Sagen *die Überbringer:* „Freund, es ist des Herrn Wille! Willst du dich diesem widersetzen?" — Sagt *Robert,* auf Mich hindeutend: „Mein Herr und mein Gott hat noch nichts gesagt! So Er es mir sagen wird, dann will ich es wohl tun, aber ohne Sein Wort nichts! Denn Er ganz allein ist mir alles, ohne Ihn sind mir alle Himmel nichts! Es steht geschrieben: »Ihr müsset alle von Gott belehrt sein. Wen Er als Vater nicht erzieht, der taugt nicht für die Himmel und kommt nicht zum Sohne, der da ist des Vaters ewiges Reich!«"

8 Kommen *die Träger* der Würdezeichen zu Mir und sagen: „Vater, was sollen wir nun tun? Er nimmt diese Auszeichnungen nicht an!" — Sage *Ich:* „Will er Mir gleich bleiben, so lasset ab davon! Denn hier gibt es ewig keine Nötigung, sondern die vollste, unbedingte Freiheit. Dieser Bruder aber ist kein Alltagsgeist. Wie ihn gibt es wenige, daher müssen wir ihn schon auch etwas gelten lassen. Legt diese Würdezeichen in sein Gemach! So es nötig sein wird, wird er sie schon gebrauchen. Nun aber bringt für die drei irdischen Regenten ihre eigenen Kronen, Zepter, Schwerter und Purpur! Es sei!"

287

Die drei Kaiser erhalten ihre Reichs-Würdezeichen
Bedeutung der letzteren
Große Bestimmung der Bürger des höchsten Himmels

1 Sogleich werden die Reichs-Würdezeichen herbeigeschafft. Auf rotstrahlenden Polstern werden sie den dreien vorgehalten, daß sie diese nehmen zum Zeichen der Verherrlichung dessen, was sie auf Erden wohlberufen waren. Aber auch die Kaiser weigern sich entschieden, in Meinem Haus und an Meiner Seite Würdezeichen zu tragen, da doch Ich als ein König aller Könige und als vollkommenster Herr aller Herrlichkeit weder Krone noch Zepter und noch weniger Schwert und Purpur trüge.

2 *Ich* aber sage zu ihnen: „Meine lieben Freunde! Von einem ständigen Tragen dieser Zeichen ist ja keine Rede; aber annehmen und haben müßt ihr sie dennoch. Es gibt hier sehr verschiedenartige Verhältnisse und Aufgaben des Lebens, oft die großartigsten Besuche aus den zahllosen Weltgebieten und sehr viele Sendungen in verschiedene Welten und Sonnen. Ebenso in die zwei unermeßlichen unteren Himmel und sonderlich in ihre zahllosen Vereine, sowie Sendungen in die zahllosen Geisterregionen der Welten aller Art und Maß ohne Zahl. Für solche Gelegenheiten müssen von hier abgesandte Erzengel mit Würdezeichen versehen sein und sie als deutliches Merkmal dafür tragen, daß sie selbst den mächtigsten Sieg über sich erfochten haben und nun mit Mir Herren sind über die ganze Unendlichkeit.

3 Bei Sendungen auf die *Erde,* wo Meine Kinder erzogen werden, ist das freilich nicht nötig. Denn diese müssen in möglichst großer Einfachheit erzogen werden, weshalb sie von hier aus mit nichts Strahlendem aus ihrer ohnehin mühsam gehaltenen Demut geweckt werden dürfen. Ganz anders bei Geistern, die Bewohner großer *Mittelsonnen* sind, schon im größten Licht und Glanz geboren werden und in Wohnungen leben, gegen die alles, was ihr sogar hier seht, wie eine ärmliche Hütte dasteht. Da heißt es dann auch, so es nötig ist, in höchster Pracht und höchstem Glanz auftreten.

4 Und seht, bei solchen nicht zu seltenen Fällen braucht ihr dann solche Würdezeichen, durch die ihr den betreffenden Geistern kundtut, daß ihr Fürsten aus den höchsten Himmeln und gleichsam Brüder des allerhöchsten Gottgeistes seid. Unter dem Tritt eurer Füße müssen Sonnengebiete erbeben und eures Mundes Stimme muß gleichen dem Donner jener Gewitter, die auf den Sonnenwelten die Flammengemüter ihrer mächtigen Bewohner im tiefsten Respekt erhalten. Ihr werdet nun wohl begreifen, warum euch hier solche Zeichen eingehändigt werden.

5 Die *Krone* ist ein Zeichen, daß ihr der Seele nach, die da ist euer geläuterter Leib, Meine Kinder — und dem Geiste nach, der aus Meinem Herzen stammend Mein Ich in euch ist, Meine Brüder seid. Das *Zepter* zeigt an, daß ihr, da ihr Mein Ich in euch traget, mit Mir gleiche Regenten der Unendlichkeit seid für ewig. Das *Schwert* aber ist ein Zeichen der Macht und Gewalt, die euch von Mir für immer eingeräumt ist. Und der *Purpur* endlich bezeugt, daß euer Äußerstes wie

Innerstes pur Liebe ist, und ihr gleich Mir überall nur durch die Macht der Liebe alles ordnen und beherrschen wollt. Und so mögt ihr nun ohne alles Bedenken diese Wahrzeichen annehmen!"

6 Sagt *Rudolf:* „O Herr und Vater voll Güte, Liebe und Erbarmung! Wir drei sind nun wohl so ausgezeichnet worden, daß wir Dir ewig nie genügend werden danken können. Aber meine anderen irdischen Kinder sind, obschon in diesen höchsten Himmel aufgenommen, dennoch außerhalb dieser Stadt gestellt worden und können unmöglich ebenso glücklich sein wie wir. Wäre es nicht tunlich, daß auch sie hierher kommen dürfen und uns gleichgestellt werden?"

7 Sage *Ich:* „Mein Bruder, du sorgst dich etwas zu spät. Blick dich nur nach der Tür um, durch die wir hereingekommen sind, und du wirst sie alle sehen mit den gleichen Abzeichen bekleidet! Sie kommen voll Wonne, Mir dafür zu danken. Zwischen ihnen und euch dreien ist nur der Unterschied, daß sie diese Zeichen ein wenig früher als ihr in ihren majestätischen Wohnungen bekommen haben, daher sie diese auch schon tragen, während ihr sie noch nicht angenommen habt. Wie gefällt euch das?" — Sagt *Rudolf:* „O Herr und Vater, ich finde keine Worte, Dir meinen Dank auszudrücken! Sie haben also auch die gleiche Bestimmung mit uns?"

8 Sage *Ich:* „Ganz natürlich! Alle Bewohner Meines allerhöchsten Himmels haben die gleiche übergroße Bestimmung. Freilich haben die am meisten zu tun, die in Meiner nächsten Nähe in Meinem eigenen Hause wohnen, gleichwie auch diejenigen Lebensnerven des Menschen in fortwährend größter Tätigkeit sein müssen, die dem Herzen zunächstliegen."

9 Rudolf und alle danken Mir nun aus allen Kräften. *Ich* aber berufe Robert und sage zu ihm: „Mein lieber Bruder! Gehe mit den drei Brüdern Petrus, Paulus und Johannes, die den Hausbrauch schon kennen, und bestelle dort einen guten Tisch! Du verstehst Mich, was Ich meine. Nehmt aber den größten, denn wir werden sehr viele sein, die daran teilnehmen."

288

Herrlichkeit der Kinder Gottes. Die Speisehalle des Herrn
Der große Urgarten der Schöpfung
Tätigkeit der Vollendeten in fortschreitendem Erkennen der Liebe

1 *Robert Uraniel* fragt, ob er seinen Freund Peter und die beiden Weiber auch mitnehmen solle. — Sage *Ich:* „Hast du denn nicht ehedem vernommen, daß hier für jedermann die vollkommenste Freiheit besteht? Wozu dann solche Fragen? Hier kannst du tun, was du nur immer willst, und es ist alles recht getan. Denn es kommt niemand hierher als nur ein solcher, der seinen irdischen Weltwillen ganz aus sich hinausgeschafft und dafür für ewig den Meinen in sich vollkommen aufgenommen hat. Da du solches getan hast, bist du hier und kannst unmöglich etwas anderes wollen, als was Ich Selbst will. Nun aber besteht nirgends und niemals eine höhere und vollkommenere Freiheit, als wie da ist die Meines eigenen Willens. Da du diesen nun völlig inne hast, wie solltest du da bei irgendeinem Handeln beschränkt sein können?

2 Ohne die unbedingte höchste Freiheit wäre Ich und alle, die mit Mir völlig eins geworden sind, ein reiner Wahn, und die vollste Glückseligkeit Meiner Kinder wäre eine Lüge. Daher kannst du dich hier ganz so benehmen, als wärst du der vollkommene Herr im Hause. Und andere mögen dies ebenfalls tun, denn hier in Meinem Hause bestehen keine Rangstufen. Hier ist alles vollkommen Bruder und Schwester, und Ich allein bin euer aller Herr und Vater. Dem Geiste wie der innersten Wahrheit nach aber bin Ich auch euer Bruder. Nun weißt du alles. Daher handle und frage nicht wieder!"

3 *Robert* nimmt nun Peter, Helena und Eljah mit und begibt sich mit Petrus, Paulus und Johannes in das nächste Gemach. Er kann sich hier wiederum vor lauter Verwunderung gar nicht zurechtfinden und sagt zu Petrus: „Freund, Bruder! Du trittst so ganz unbefangen da hinein und scheinst alle die zahllosen Herrlichkeiten dieser großen Halle Gottes gar nicht zu berücksichtigen. Das ist wirklich merkwürdig! Schau, für mich wäre diese Halle ein Gegenstand ewigen Betrachtens und Studierens."

4 Sagt *Petrus:* „Du irrst dich, lieber Bruder, so du von mir denken würdest, daß mir die Gewohnheit diese Werke alltäglich und weniger beachtenswert gemacht hätte. Gerade das Gegenteil! Aber ich betrachte alles mit einer gewissen Ruhe meines Geistes und verkünde des Herrn Lob in meinem *Herzen.* Du aber bist hier noch ein Neuling, kennst den rechten Hausbrauch noch nicht und bist auch sonst eines sehr lebendigen und feurigen Geistes. Daher ist bei dir sogleich alles in Flammen. Wenn du aber mit der Weile das große Haus des ewigen Vaters und dessen liebevollsten Hausbrauch näher wirst erkannt haben, dann wirst du mein Benehmen sicher ganz in Ordnung finden.

5 Übrigens gefällst du mir überaus wohl deines Eifers wegen! Denn dein Geist ist ganz wie der unseres Bruders Paulus, der ebenso wie du noch immer voll Feuers und stets der gleiche Flammengeist ist. Aber ich bin deshalb ein nicht minder begeisterter Liebhaber für alles, was da ist des Herrn; nur erscheine ich dabei ruhiger und mache außer mir weniger Lärm, aber dafür in meinem Herzen desto mehr.

6 Doch jetzt zur Tat! Siehe dort den großen Tisch aus reinstem, durchsichtigem Gold. Diesen werden wir in die Mitte dieses Saales rücken und ihn dann reichlichst bestellen mit Brot und Wein und mit allerlei himmlischen Früchten, die wir dort an der Mittagswand im großen Schrank in Überfülle antreffen werden."

7 Auf diese Rede des Petrus gibt sich Robert zufrieden. Und alle begeben sich zur Tat und bestellen den Tisch in wenigen Augenblicken. Als *Robert* die herrlichen Früchte aller Art ersieht, sagt er: „Wahrlich, was auf allen besseren Weltkörpern sicher als edelstes Obst vorkommt, ist hier in höchster Reife und Überfülle vorhanden. Die Ananas unserer Erde ist hier die mir allein bekannte Frucht."

8 Sagt *Petrus:* „Hast du denn auf der Erde nie Trauben gesehen, nie Feigen und Pfirsiche und keine Melonen? Derlei gibt es hier auch. Da komme her ans Fenster und besieh dir den großen Garten. Du wirst darin alle erdenklichen Fruchtgattungen ersehen, die du je auf der Erde entweder in der Natur oder im Bilde gesehen hast."

9 *Robert* erblickt durchs Fenster einen ungeheuer großen Garten in vollster Üppigkeit. Wie versteinert bleibt er stehen und sagt: „Höre, Bruder! Das wird doch ein Garten aller Gärten der ganzen Unendlichkeit sein! Welch eine unabsehbare Ausdehnung! Welche Ordnung und welch reichste Fülle von zahllosen Arten der edelsten und seltensten

Früchte! Wahrlich, aus diesem Garten könnte die ganze Erde mit einer einmaligen Ernte wenigstens auf tausend Jahre versorgt werden! Aber wer kann denn diese beinahe grauenerregende Menge verzehren?"

10 Sagt *Petrus:* „Die ersten Konsumenten sind wir. Die zweiten alle die Bewohner dieser Stadt, die wahrlich gegen Osten hin kein Ende hat. Und die dritten Konsumenten sind die zwei unteren Himmel. Durch diese hinab dann auch die ganze Geisterwelt und durch sie die ganze Naturwelt. Denn es ist ein Mustergarten für die ganze Unendlichkeit! Kennst du dich jetzt aus?"

11 Sagt *Robert:* „Ja, Bruder, so habe ich es mir gleich gedacht. Aber jetzt möchte ich nur die Arbeiter kennen, die solch einen Garten bestellen im Namen des Herrn." — Sagt *Petrus:* „Das alles tut der Herr Selbst durch Seinen allmächtigen Willen. Er will es, und es ist da. Eine Weiterverpflanzung geschieht dann wohl durch eigens dazu bestimmte Geister und Engel, denen die Befruchtung aller Weltkörper anvertraut ist.

12 Aber diese Geister und Engel bleiben auch nicht immer bei diesem Geschäft, sondern werden von Weile zu Weile durch neue ersetzt. Den Abgelösten wird dann sogleich wieder eine andere Bestimmung zuteil. Von einer Einförmigkeit der Tätigkeit ist in den Himmeln nie die Rede, überall herrscht freieste, mannigfaltigste Abwechslung. Wozu jemand Lust hat, mit dem beschäftigt er sich, solange es ihm Freude und Seligkeit bereitet. Freut ihn dann irgendeine Beschäftigung nicht mehr sehr, hat er sogleich eine große Auswahl vor sich und kann sich wählen, was er nur immer will. Das wird doch Freiheit in Übergenüge abgeben?"

13 Sagt *Robert:* „Bei Gott ja! Das heiße ich ein freies Leben! O Erde, von solch grenzenloser Freiheit hat dir wohl sicher nie etwas geträumt! — Aber was geschieht nun? Der Tisch ist bestellt. Sollen wir etwa ein Zeichen geben?" — Sagt *Petrus:* „Freund, das war noch ein sehr irdischer Gedanke von dir! Meinst du denn, der Herr und die anderen Bewohner dieses Hauses wissen nicht, ob wir mit unserer Arbeit zu Ende sind?"

14 Sagt *Robert:* „Ja, der Herr weiß es ganz sicher, aber wie erfahren das die anderen Bewohner dieses heiligen Hauses?" — Sagt *Petrus:* „Siehe, dafür ist hier schon eine Einrichtung getroffen: In jedem der zahllos vielen Gemächer dieses Hauses befindet sich in allen drei Haupt-

stockwerken eine sogenannte Weisungstafel. Auf dieser Tafel wird vom Herrn aus angezeigt, was da zu geschehen hat, und ein jeder Bewohner richtet sich dann seligst augenblicklich danach.

15 Eine gleiche Einrichtung ist auch in allen andern Himmeln getroffen, nur in einem nach wohlberechneten Verhältnisse minderen Grade als hier im Hause des Vaters. Du wirst das alles noch genauer kennenlernen. Glaube mir: hier lernt man nie aus! Man bleibt ein Schüler in Ewigkeit, denn unsere Vollendung besteht nur in der Liebe und in der Empfänglichkeit für die stets wachsende Gnade des Vaters. Aber im Wissen und im Erfahrungenmachen bleiben wir ewig Jünger des Herrn. Der Herr allein ist allwissend; wir aber nur insoweit, als es der Herr will und für gut und zweckdienlich findet.

16 Daher gibt es hier neben großartigem Wissen der Geister dennoch ein fortwährendes Fragen und Erklären der Erscheinungen und Dinge aller Art. Auch du wirst sicher damit ewig nie zu einem Ende gelangen. Am leichtesten kommt man zurecht, so man sich stets mehr in der Liebe zu festigen sucht als im Wissen; denn die Liebe befriedigt, aber das Wissen ewig nimmer!“

289

Roberts innere Beziehung zu den habsburgischen Kaisern Erbthrone und Wahlthrone. Staatspolitische Winke des Petrus

1 Sagt *Robert:* „Das aber ist eben vom Herrn so weise eingerichtet. Denn gäbe es gar nichts mehr, darnach man fragen könnte, würde einem Geiste mit der Weile das Dasein vollkommen unerträglich. Aber so ist man selbst als ein vollendeter Geist auch hier im Hause des Herrn, wo ein Wunder das andere verdrängt, im Wissen äußerst beschränkt. Ja man begreift sogar das nicht, was einem sozusagen auf der Nase sitzt. Und das ist gut, weil dadurch Herz und Geist in immerwährender Tätigkeit erhalten bleiben.

2 So habe ich schon einigemale nachgedacht, was ich eigentlich mit den römisch-deutschen und österreichischen Kaisern zu tun habe. Wie komme ich in ihre und sie in meine Gemeinschaft? Ich kann mir für

meinen Verein wohl solche Geister denken, die entweder in meine irdische Lebensperiode fallen, meiner Denkweise waren und in Österreichs Staaten bei der Gelegenheit in die Geisterwelt kamen, als ich in Wien nach diesseits befördert wurde. Aber wie die Regenten Österreichs in meinen Verein kommen, mit denen ich doch nie eine Verbindung hatte, da die meisten lange vor mir auf der Erde ihre Herrschaft ausgeübt haben — und neben ihnen auch so manche römische Bischöfe —, das ist mir ein Rätsel! So sie allenfalls mich in ihren Verein aufgenommen hätten, ließe sich das erklären. Aber daß ich sie in meinen Verein aufnehme, und daß sie gewisserart zu mir kamen, das begreife, wer will! Begreifst vielleicht du den Grund, mein liebster Freund und Bruder?"

3 Sagt *Petrus:* „Der Grund davon ist ganz einfach: Siehe, du warst stets der Dynastie der Habsburger von der Wurzel an ein Feind. Ihr allein schriebst du alle Übelstände Europas zu. Mit solch einem Groll aber hättest du nimmer ein Bewohner dieses Reichs der reinsten Liebe werden können. Der Herr verschaffte dir daher Gelegenheit, dich mit deinen ‚Gegenfüßlern' auszusöhnen, ihren Wert anzuerkennen und sie als echte Brüder in dein Herz aufzunehmen. Darum kamen sie auch in dein Haus!"

4 Sagt *Robert:* „Ja so, jetzt verstehe ich den Grund freilich. Richtig! Die von Rudolf errichtete Erbfolge der Kaiserwürde war mir ein ‚Greuel der Verwüstung' beinahe sämtlicher Menschenrechte. Denn bei einer erblichen Herrscherwürde werden alle anderen Geister zurückgesetzt, so sie auch tausendmal weiser wären als der, welcher auf dem Thron sitzt. Der weiseste Mann im Reich muß schweigen und wird vom Regenten, der sich erbrechtlich für einen Salomo hält, nicht anerkannt und zum Wohle der Völker gebraucht. Siehe, solche und noch andere Gründe haben mich stets mit Groll gegen die Habsburger erfüllt. Und es regte sich alles in mir, so ich des herrschsüchtigen Rudolf gedachte, der sogar fortherrschen wollte in seinen spätesten Nachkommen, womöglich bis ans Ende der Welt.

5 Nun ist mir freilich ein anderes Rechtslicht aufgegangen. Ich ersehe klar und deutlich, daß ein mittelmäßiges Erbkaiserreich doch um vieles besser ist als das beste Wahlreich, bei dem die zur Kaiserwahl Berechtigten allezeit Feinde dessen werden, den das Los aus ihrer Mitte auf den Thron setzte. Es mag wohl der Herr Selbst gewollt haben, daß die

Wahlreiche aufgehört und dafür die Erbreiche den Anfang genommen haben.

6 Ob aber nun nicht ein sehr nahes Ende der Erbdynastien und ihrer Reiche kommt? Etwas hat der Herr Selbst erst jüngsthin in Seinen heiligen Reden durchleuchten lassen. Was meinst du über diesen Punkt?“

7 Sagt *Petrus:* „Mein Freund, das kümmert uns hier wohl wenig! Die Menschen in ihrem irdisch-politischen Verband und ihren staatlichen Verhältnissen sind frei und können sich diese einrichten, wie sie wollen. Nur so sie eine gerechte Obrigkeit haben, sollen sie dieser gehorchen und eins sein mit ihr, so werden sie Ruhe und Frieden haben. Alle Bürger eines Staates sollen dem Regenten im Falle der Not auch bereitwillig zur Hand stehen, so werden sie ein glücklich Volk sein und reich in allen Dingen auf Erden. Aber ein Volk, das bei allen bitteren Vorkommnissen, die es aus eigenem Verschulden treffen, die Schuld auf den Regenten schiebt, wird von Glück wenig mehr zu erzählen haben. Wo immer die Völker mit ihren Regenten zu hadern angefangen haben, bekamen bald dessen Feinde Gelegenheit zum Lachen.

8 Tun sie das, so müssen sie sich dann selbst zuschreiben, so über sie böse Zeiten kommen. Der Herr läßt solche Zeiten zwar nie als ein Gericht Seines Willens über die Menschen kommen. Aber Er tritt auch nicht hindernd entgegen, sondern läßt die Menschen jene Früchte ernten, die sie ausgesät haben.

9 Denn die Menschen der Erde sind freiesten Willens. Ja sogar die Erde liegt in ihren Händen. Beleidigen sie diese, so wird diese sie auch strafen wie zu den Zeiten Noahs. So aber Menschen sich an den Herrn wenden und Ihn bitten um eine *gute* Regierung, um Ruhe, Frieden und gute Ordnung — dann greifen auch wir in die Zügel des Regenten und leiten dann ihn und sein Volk auf den Weg, auf dem allein Glück erreicht werden kann. Darum sollen die Menschen ihren Regenten nie grollen und sie gar hassen, da auch sie Menschen sind. Sie sollen sie lieber segnen und den Herrn bitten, daß Er sie als ihre irdischen Herrscher lenke und segne. Dann werden sie glücklich sein in Hülle und Fülle. — Nun, habe ich recht geredet oder nicht?“

290

Roberts politischer Eifer
Petrus über völkische Selbsthilfe und Gotteshilfe
Der Vater weiß, wann es Zeit ist

1 Sagt *Robert:* „O ja, du hast ganz recht. Jeder Mensch für sich tut wohl daran, wenn er seiner vorgesetzten Obrigkeit gehorcht in weltlichen Dingen und sich friedfertig verhält bei allen Lagen des irdischen Lebens. Aber was sollen die armen Menschen machen, wenn ihre Herrscher aus Furcht, Thron und Glanz zu verlieren, bei ihren Untergebenen auch die Sphäre des *Geistes* angreifen? Wenn sie dieselben fesseln und der Seele und dem Geist die Sehe verfinstern, die reine Lehre des Herrn auf Erden in ein Götzentum verwandeln und dadurch die Menschheit mit aller Blindheit schlagen? Was sollen da solche geknechtete Menschen tun, so die herrschsüchtigen Kronträger für die vom Herrn Selbst erweckten Geister Scheiterhaufen, Galgen oder mindestens harte Kerker errichten?

2 Soll den Menschen auch da aus den Himmeln kein Recht zuständig sein, sich der Geistesmörder zu entledigen? Ist auch solch ein Handeln wider die Ordnung der Himmel, muß man folgerichtig doch annehmen, daß es dem Herrn einerlei ist, ob der Mensch auf der Welt ein Fetischdiener, ein finsterer Heide oder ein reiner Christ ist. Wenn aber das der Fall ist, sehe ich die ganze Erlösungsgeschichte, alle Wahrheiten der Propheten und die reine Wunderlehre des Lebens aus dem Munde Gottes nicht ein. Denn da hätte die Menschheit lieber in ihrer Urnacht verbleiben sollen. Millionen von Menschen, die sich Christen nennen, haben von Christus dem Herrn und von Seiner Lehre nicht den leisesten Begriff. Der Papst ist ihr Gott und der Regent sein Handlanger. Beide sorgen nach Kräften für die Verfinsterung der Menschen, um jeden Funken Geistes in ihren Untertanen zu ersticken. Sage, Freund, haben die sich noch irgendwo vorfindenden helleren Gesellschaften auch da keinen Funken Recht, sich gegen solche geistige Tyrannei zu erheben und sie zu vernichten?“

3 Sagt *Petrus:* „So sie es vermögen, warum nicht? Können sie aber so etwas nicht, wird ihnen ihr Versuch bitter zu stehen kommen, und

sie werden dann in der Folge noch zehnfach mehr geknechtet als früher. Ich sage dir, es bleibt ewig bei dem, daß Menschen für sich allein gar nichts tun können. Tun sie dennoch etwas, so machen sie nur, daß ihr Zustand verschlimmert, nie aber gebessert wird. Ganz etwas anderes ist es, wenn eine reinere Gesellschaft von Menschen den Herrn um Hilfe und Schutz anfleht. Da legt dann der Herr Selbst die Hand ans Werk, und mit der Tyrannei hat es dann für immer ein Ende. Nur die Allmacht kann jede andere Macht schlagen! Des Menschen Ohnmacht aber vermag nichts ohne den Herrn. — Im übrigen weiß der Herr genau, wie weit Er eine Tyrannei fortkommen lassen kann.

4 Ich sage dir: Der Herr mißt eines jeden Zeit. Und so ist auch aller Tyrannen Zeit genauest bemessen. Es fehlt oft nur der letzte Tropfen, fällt dieser, dann ist die Zeit zu Ende. Darum sorge dich nicht mehr um die Verhältnisse der Erde! Der Herr versteht sie am besten zu leiten und zu schlichten.

5 Wie oft habe ich schon von besseren Erdenmenschen den Wunsch vernommen, der Herr möchte dem *Papsttum* doch endlich einmal ein Ende machen. Aber der Herr säumt noch immer, und Er weiß es gar wohl, warum Er das tut. Daß Er aber nicht mehr lange säumen wird, dessen kannst du völlig versichert sein. Rom meint wohl einem Phönix gleich zu sein, der sich selbst verbrennt und dann aus seiner Asche wieder herrlicher denn früher ersteht. Aber diesmal wird es am Ende bei der Asche verbleiben. Und so wird es nun auch manchen anderen ergehen auf der Erde! Verstehst du das?"

6 Sagt *Robert:* „Ja, nun erst bin ich in allem klar unterwiesen. — Aber nun kommt der Herr. Darum nichts mehr weiter von dem!"

7 *Robert* geht mit der ganzen Gesellschaft Mir entgegen und sagt: „Herr! Vater! Wie Du es befohlen hast, steht alles in Bereitschaft."

8 Sage *Ich:* „Mein lieber Bruder, das habe Ich schon gesehen. Aber so Ich nicht Selbst gekommen wäre, hättest du Mich und die große Gesellschaft noch hübsch lange warten lassen und wärest nicht gekommen, Mir vor der Gesellschaft zu sagen: »Herr und Vater komme, es ist alles bereit!«"

9 Sagt *Robert:* „Herr, das habe ich ohnehin gewollt, aber Bruder Petrus hat mich davon abgehalten!" — Sage *Ich:* „Ei, ei, wenn du auf eine kleine Hausprobe gestellt wirst, darfst du nicht gleich so nachgiebig sein!"

10 Sagt die *Helena:* „Siehe, ich habe dir noch mit den Augen gewinkt! Aber du legtest den Finger auf den Mund, daß ich hier schweigen solle, wo der erste Bruder des Herrn das Wort führt! Ihr habt dann recht lange über Verschiedenes gesprochen, bis nun der liebe Vater von Selbst gekommen ist, ohne von euch Weisen gerufen worden zu sein. Es geschieht euch schon recht, so euch der Herr ein wenig putzt!"

11 Sage *Ich:* „Nun, nun, liebste Tochter Helena, es ist schon alles wieder in Ordnung. Robert ist gerecht, da er dem Bruder Petrus folgte. Bruder Petrus ist ebenfalls gerecht, denn er weiß, was er bei solchen Gelegenheiten zu tun hat. Und du bist auch gerecht, weil du Mich durch deinen Robert wolltest hereinrufen lassen. Ich Selbst aber bin noch nie ungerecht gewesen, und so haben wir alle uns nichts mehr vorzuwerfen. Daher werden wir nun das Mahl einnehmen. Geht und beruft die Gesellschaft! Und du, Bruder Petrus, öffne alle Türen, die in diesen Speisesaal führen!"

291

Großes Himmelsmahl und Himmelskonzert im Vaterhause
David als Musikleiter und Tonschöpfer
Himmelsort anderer Musikmeister

1 Als dies alles geschehen, bewegen sich ganze Prozessionen von allen Seiten her in den großen Speisesaal. In kurzer Weile stehen viele Tausende im Saal, und noch immer ziehen neue Prozessionen von abermals Tausenden herein. Robert und die ganze bedeutende Gesellschaft zunächst bei Mir fängt an, große Augen zu machen, als der zahlreiche Zuzug noch immer kein Ende nehmen will. Und *Robert* fragt Mich ganz leise: „Aber um Deines allmächtigen Namens willen! Der Saal ist schon ganz angestopft mit Menschen und noch ist kein Ende zu ersehen! Wo werden sie denn Platz finden? Wir haben den größten Tisch so reich als möglich bestellt, aber was wird er bieten für diese ungeheure Volksmenge?"

2 Sage *Ich:* „Sei nur ruhig! Hast du doch auch auf der Erde schon vernommen, daß friedlicher Schafe viele Platz haben in einem Stall. So werden auch die Bewohner Meines Hauses am Ende hinreichenden

Platz finden!" — Sagt *Robert* ganz erstaunt: „Was? Diese alle sind bloß Bewohner dieses einen Hauses? Ja, wie viele wohnen denn eigentlich hier? Es müssen ja Millionen sein! Ah, noch immer kein Ende! — Aber was merke ich nun? Der Saal wird ja stets größer und größer, oder kommt es mir bloß so vor? Nun fangen sich auch die Galerien zu füllen an! Jetzt erst wird ein Ende des Zuges durch die offenen Türen ersichtlich! O Herr, wieviele befinden sich nun in diesem großen Saal?"

3 Sage *Ich:* „So du die Zahl wissen willst: Es sind ihrer *zwölfmalhunderttausend!* Aber das sind bei weitem nicht alle, die Mein Haus bewohnen. Mehr als zehnmal soviel sind in wichtigen Geschäften abwesend und haben auf den verschiedenen Welten und Sonnen in all den Himmeln und deren zahllos vielen Vereinen zu tun. Verstehe aber wohl: Diese Genannten sind ausschließlich nur Bewohner Meines Hauses, das Ich Selbst bewohne, und wo Ich sorge für Meine Kinder.

4 Du siehst aber, daß diese Stadt allein nur in ihrem Hauptteil eine übergroße Menge herrlichster Häuser hat. Ein jedes Haus steht frei und hat um sich einen schönsten Garten, wohlbestellt mit allerlei Fruchtbäumen und anderen Gewächsen, die den höchsten Wohlgeruch ausströmen. Solche Häuser sind alle vollauf bewohnt, und die Bewohner sind ebenfalls Meine Kinder und besuchen Mich in Meinem Hause, wann sie wollen. Ich habe eine große Freude an ihnen, und sie sind alle voll der reinsten Liebe zu Mir und den Brüdern, die in Meinem höchsteigenen Hause wohnen.

5 Weiter ersiehst du eine große *Vorstadt* gegen Osten, die nimmer ein eigentliches Ende hat. Diese Vorstadt ist ebenfalls voll Gebäuden aller Art, wie sie auf den Weltkörpern in bester Form zu finden sind. Hier wirst du vollendete Geister aus allen Welten der Unendlichkeit antreffen, die ebenfalls überselig sind nach der Art ihrer Liebe und inneren Vollendung. Zugleich befinden sich aber auch in einem jeden Haus dieser großen Vorstadt eine Türe und eine Brücke, mittelst der die seligen Bewohner auf jene Weltkörper schauen und gelangen können, die sie in ihrem Fleisch bewohnt haben.

6 In den Häusern der *Hauptstadt* aber ist diese Einrichtung so getroffen, daß jeder Bewohner durch zwölf innerhalb des Gemachs angebrachte Türen in *alle* Weltkörper der ganzen Unendlichkeit gelangen und wieder zurückgelangen kann im Augenblick, so der Bewohner es will. Aber solche Türen zu den Weltkörpern sind in jedem Hause nur

in den Gemächern zu ebener Erde angebracht, niemals auch in einem höheren Stockwerk. Daher hat denn auch jedes Gemach eines höheren Stockwerks ein entsprechendes zu ebener Erde. Das Wunderbare solcher Einrichtung aber wirst du erst in der Folge genauer kennenlernen, je nachdem sich dein Innerstes mehr und mehr entfalten wird.

7 Nun aber siehe, während dieser Unterredung haben sich die Zwölfmalhunderttausend am großen Tisch geordnet und mehrere kleinere Tische sind ebenfalls nachträglich bestellt und besetzt worden — und du merkst doch sicher kein Gedränge!“

8 Spricht *Robert:* „Überaus wunderbar! Aber der große Tisch hat auch eine Länge bekommen, die man nach Meilen messen müßte. O Herr, Du bester, heiliger Vater! Auch die kleineren Tische sind stundenlang geworden! Und der Saal hat nun eine Länge, Höhe und Breite, daß man ganz London und Paris bequem hineinstellen könnte. Wahrlich, das hört schon auf, ein Saal zu sein; das ist vielmehr eine ganze Welt!“

9 Sage *Ich:* „Ja, Mein Bruder, hier geben wir's denn auch ein wenig großartiger als auf der Erde am Reinerkogel! Was meinst du?“ — Sagt *Robert:* „O Vater, Du bist zu gütig und gnädig! Ein Funke dieses Lichts auf die Erde gebracht, würde sie so erglänzen machen, daß die Sonne daneben zum finsteren Klumpen würde! — Aber haben die Geister auf den zwei hohen Galerien über uns auch Tische und Speise und Trank?“

10 Sage *Ich:* „Ganz sicher! Mein Haus hat, wie du von außen bemerkt haben wirst, drei Stockwerke. Von jedem kann man auf die mit dem Stockwerk gleichlaufende Galerie dieses Speisesaals gelangen, der die Höhe von allen drei Stockwerken hat. Dies ist aber nicht der einzige Saal in diesem Hause. Es gibt deren noch gar viele, die alle für die verschiedenartigen Zwecke eingerichtet sind. Du wirst sie nach und nach alle kennenlernen. Jetzt aber sehen auch wir, daß wir einen guten Platz am großen Tisch bekommen!“

11 Sagt *Robert:* „Herr, so irgendein kleines Katzentischchen wäre mir lieber! Denn dort am großen Tisch sieht wohl nirgends mehr von einem günstigen Plätzchen etwas heraus.“ — Sage *Ich:* „Hast auch recht! Da ist gerade noch ein freier, ziemlich umfangreicher Tisch. Diesen versorge! Und wir werden alle, die wir von der *Erde* hierher gekommen sind, an ihm Platz nehmen. Von diesem Tisch aus übersehen

wir auch gut alle Gäste und können auch von ihnen am besten bemerkt werden."

12 Robert und sein Gehilfe richten sogleich den Tisch zurecht. Und Ich, die Monarchen und noch einige andere nebst Robert, dessen Gehilfe Peter und die zwei Weiber, setzen uns dazu und essen und trinken von allem, was sich auf dem Tisch befindet. Nach dem Essen erheben sich alle die vielen Gäste und stimmen Mir ein großes Loblied an, das Robert überaus gut gefällt.

13 Nachdem das liebliche Lied, von zarten Liebesworten überströmt, zu Ende ist, beginnt erst ein allerwahrstes Himmelskonzert von den Galerien herab zu ertönen. Den Anfang macht eine herrliche Kantate mit Begleitung vieler reinst gestimmter Harfen, deren Ton aber hellsanft klingt, daß auf der Erde wohl kein Toninstrument einen Ton in solcher Reinheit hervorzubringen vermöchte. Das Ähnlichste wäre noch der Ton einer Äolsharfe, so ein reiner und gleichmäßiger Wind der reinen Saiten harmonische Punkte zu ertönen nötigt.

14 Robert weiß sich vor lauter Wonne nicht zu helfen, und die zwei Weiber weinen vor Rührung. *Helena* sagt ganz zerknirschten Gemüts: „O Gott, o Gott! Ist das doch eine ergreifende Musik, daß man dabei ganz zerfließen könnte! Jeder Ton dringt entzückend zum Herzen. Robert, das klingt ein bißchen anders als eine noch so schöne Oper im Theater und unendlich besser als eine türkische Musik!"

15 Sagt *Robert* lächelnd: „Jetzt geh! Wie kann man bei dieser herrlichen Symphonie auch nur einer irdischen, besonders einer türkischen, gedenken!" — Sagt *Helena:* „Du hast wohl recht! Meine Art und Weise ist schon so: wenn ich etwas Allerherrlichstes recht herausheben will, setze ich diesem scherzhaft stets das allerletzte derselben Art entgegen. Und ich meine, daß so etwas nicht unrecht ist!" — Sagt *Robert:* „Ja, du hast schon recht! Aber jetzt stille, denn bei dieser Musik kann man nicht genug Herz und Ohr sein!"

16 Fragt Mich leise der Kaiser *Joseph:* „O Herr und Vater, von wem ist denn diese Kantate komponiert?" — Sage *Ich:* „Siehst du dort auf einem Vorsprung den Musikleiter nicht?" — Sagt *Joseph:* „O ja, lieber Vater, aber wie er heißt und wer er auf der Erde war, weiß ich nicht." Sage *Ich:* „Das ist *David,* der einstige König in Israel. Dieser ist hier ein Hauptleiter der Musik und zugleich der auserlesenste Schöpfer solcher Tonwerke, die Mir stets ein großes Vergnügen machen."

17 Sagt *Joseph:* „Ja, das will ich aber auch ein Tonwerk heißen! Es klingt in der Gesamtheit wie eine größte Gesangs- und Instrumentalsymphonie. Schon ein jeder einzelne große Ton klingt wie eine ganze, leise durchgeführte Sonate. — Wenn ich auf der Erde je etwas entfernt Annäherndes vernommen habe, wäre es das harmonische Tönen der sogenannten Mundtrommeln mit den feinsten Silberzungen. Im Grunde besitzen auch diese nur einen bestimmten Hauptton, aber innerhalb dieses entfalten sich gleich Liebesgeistern in den zartesten Schwingungen alle möglichen Melodien und Modulationen. So kommt es mir auch hier vor. Die Haupttöne bieten harmonisch die Hauptkantate, aber ein jeder einzelne Hauptton ist belebt von den wunderherrlichsten Sonaten.

18 Ich möchte aber noch etwas von Dir erfahren: Wo befinden sich jene Musikmeister, die vor und zu meiner Zeit auf der Erde wirklich das Herrlichste in der Musik geleistet haben, z. B. ein Händel, Bach, Gluck, Mozart, Haydn und noch einige andere, deren Namen weniger bekannt sind?" — Sage *Ich:* „So du in den ersten und zweiten Himmel bei Gelegenheit kommst, wo du ebenfalls die großartigsten Herrlichkeiten antreffen wirst, da wirst du dort jene Geister finden. — Nun aber gib acht! Es kommt nun ein anderer Teil des Konzerts."

292

Orgelkonzert mit Tonbildern
Geheimnisse des Ton- und Formenwesens
Grundgesetz aller Kräfte-Offenbarung: Kraft und Gegenkraft

1 Joseph mit den anderen einstigen Kaisern und Robert, sein Gehilfe und die beiden Weiber passen nun gespannt auf, was da kommen möge.

2 Nach einer Weile ertönen die mächtigen Akkorde einer Orgel. Und wie die Akkorde melodisch sich ineinander verschlingen, werden im freien Raum die wunderherrlichsten *Formen* ersichtlich, ungefähr in der Art, wie man auf der Erde auf dem Weg der Kamera obskura Bilder schafft. Ein Unterschied bestünde darin, daß diese nur Abbilder

von schon daseienden Gegenständen wiedergeben kann, während hier stets neue Formen geschaffen werden, weil in den Tönen stets neue Kombinationen zutage treten. Natürlich bringen schon dagewesene Tonkombinationen auch stets dieselben Formen wieder zum Vorschein. Diese Tonbilder aber sind hier überaus hell und wechseln stets in den lebhaftesten Farben und ergreifend schönsten Formen miteinander ab. Dadurch wird nicht nur das Ohr und das Gemüt auf erbaulichste Weise entzückt, sondern auch das Auge und der mit ihm zusammenhängende Verstand der Seele, der gleichsam das Auge der Seele ist.

3 Nun fragt Mich *Robert:* „Aber wie ist das? Bei der ersten Kantate haben wir keine solchen Formen und Bilder gesehen; erst jetzt beim großen, harmonischen Tönen der Orgel kommen sie zum Vorschein." — Sage *Ich:* „Weil das in Meiner ewigen Ordnung so eingerichtet ist, daß da nichts ohne eine Vorwirkung, Nachwirkung und Gegenwirkung entstehen kann. Die Danksagungshymne von Seiten der Gäste war eine Vorwirkung. Die große Kantate von den Galerien war die Nachwirkung. Und das große Präludium auf der Orgel ist die Gegenwirkung — weil die Töne anderer Art sind und zugleich dieses Präludieren die Gegenthemen der früheren Hymne wie der nachfolgenden Kantate vorführt. Diese Gegensätze stoßen sich, und wo sie sich berühren, werden sie auch sichtbar und machen ersichtlich, was sie sind und sagen.

4 Auch auf der Erde hat die freilich unvollkommene Musik eine ähnliche Wirkung. Die Zuhörer werden in ihrem Gemüt oft unwillkürlich in ganz fremde Regionen versetzt. Es kommt ihnen dann vor, als ob sie da oder dort wären. Das bewirken die *Formen,* die durch verschiedene Tonkombinationen in der Seele erzeugt werden und die Seele dann geistig in solche Regionen versetzen. Würde sich nun der Orgelspieler in ganz neuen Tonkombinationen bewegen, denen keine entsprechende Vor- und Nachwirkung voranging, so würden diese Bilder alsbald aufhören, und ihr würdet dann nur herrliche Töne vernehmen, ohne die daraus hervorgehenden Formen.

5 Zwar entwickelt ein jeder Ton eine bestimmte Form, aber diese wird erst dann sichtbar, so sie sich an eine vorangehende Form gewisserart anlehnen kann. Es ist mit den Lichtbildern ungefähr derselbe Fall. Wenn sich ihnen kein Gegenstand in den Weg stellt, durch den sie aufgehalten werden, fliehen sie unsichtbar und unaufhaltsam ins Un-

endliche hinaus. Mein Auge kann wohl alles schauen, aber nicht so das Auge eines geschaffenen Geistes, das selbst nicht sein könnte, so es an Mir nicht einen Stützpunkt hätte. Nur ein Erstes kann ein Erstes sehen, ein Zweites nur ein Zweites — und das Zweite ein Erstes nur dann, wenn das Erste die Gestalt eines Zweiten angenommen hat.

6 So könntet ihr *Mich* als ein rein göttliches Wesen nie sehen. Da Ich aber ein Zweites, Geschöpfliches, angenommen habe, so könnet ihr Mich sehen insoweit Ich ein vollkommenes, bleibendes Zweites aus Mir Selbst geworden bin.

7 So wird es auch sein, so ihr in einen der zwei unteren Himmel kommen werdet. Solange ihr nicht das Element dieser Himmel annehmt, werdet ihr stets unsichtbar verbleiben. Hingegen werdet ihr dennoch alles sehen, was sich dort vorfindet, da ihr als Bewohner des obersten Himmels gegenüber einem zweiten und dritten Himmel ein Erstes seid. Sagt Mir nun, ob ihr das alles wohl verstanden habt?"

8 Sagt *Robert:* „Herr und Vater, daß es so ist, sehen wir nun klar ein, freilich urgründlich noch lange nicht. Denn mit den nötigen Gegensätzen oder Objekten, die zur Sichtbarmachung von etwas Erstem erforderlich sind, will es sich mir noch nicht so ganz zusammenreimen. Ein Erstes muß doch notwendig etwas ganz Gediegenes sein, sonst könnte aus ihm nie ein Zweites hervorgehen. Nun fragt es sich, warum dies Erste aus dem von ihm ausgehenden Zweiten zu seiner eignen Offenbarung ein Objekt bilden muß, um einem gegenüberstehenden Zweiten sichtbar zu werden?"

9 Sage *Ich:* „Das liegt als ewige Ordnung in einer jeden ersten, einfachsten Grundkraft. Jede Kraft ist unauflösbar in der Art ihres Grundseins. So ist es klar, daß sie in sich und aus sich heraus fortbestehen muß. Die Kraft ist sonach stets da, ob sie sich äußert oder nicht. Solange sich aber eine Kraft nicht äußern kann, besteht sie in sich selbst nur als eine stumme Kraft und ist in ihrem Bestand nach außen hin, als ob sie gar nicht da wäre. Soll die Kraft aber nach außen wirkend auftreten, muß ihr ein Gegensatz gestellt werden. Und dieser Gegensatz kann kein anderer sein als eine Gegenkraft, durch welche die erste in ihrem ruhigen Fortfluß gestört wird. Wo ein solcher störender Konflikt geschieht, wird sowohl die eine wie die andere Kraft ersichtlich. Die erste geht aber dabei unfehlbar in eine zweite über und umgekehrt die zweite in die erste. Erst auf diese Weise werden die beiden

Kräfte einander wahrnehmbar und somit auch in der Art ihrer Tätigkeit ersichtlich.

10 Einige Bilder sollen euch diese wichtige Sache näher beleuchten. Betrachtet das einer *Sonne* entströmende Licht. Denkt euch die Sonne, wie sie ist in ihrem Sein und Bestehen. Gäbe es aber in der ganzen Unendlichkeit kein der Sonne verwandtes Auge, das sich als sekundäre Kraft der Sonne gegenüberstellte und das Licht auffinge, durch das die Sonne im Auge ihresgleichen bildet und dadurch in eine sekundäre Kraft übergeht: Wäre da die Sonne nicht so gut wie gar nicht vorhanden? Hat sich aber ein Auge gebildet, in dem die Sonne sich gewisserart selbst wiederfindet, so tritt die Sonne als Primitivkraft dem Auge gegenüber in ein erscheinliches Dasein. Schließt sich das Auge, so ist das Auge für die Sonne wie gar nicht da, und auch die Sonne selbst hat fürs Auge das erscheinliche Dasein verloren.

11 Ich will dir doch noch ein anderes Bild geben. Stelle dir einen starken *Riesen* vor! Versetze ihn in einen leeren Raum, in dem sich kein Gegenstand vorfindet, an dem der Riese seine Kraft erproben könnte. Stelle ihm eine Fliege als Gegenkraft so vor, daß er sie mit seinen Händen nicht erreichen kann. In diesem Fall wird die Fliege in einer gleichen Kraft wie der Riese dastehen und wird den Riesen zu einem Zweikampf herausfordern können, so sie einen Stützpunkt hat. Hat aber auch der Riese einen solchen Stützpunkt, werden ihm Millionen Fliegen nichts anhaben können. Und so muß jede Kraft erst eine *Gegenkraft* finden, sonst kann sie sich nicht äußern und in die Erscheinlichkeit treten. Eine Kraft muß sich an der andern versuchen, sonst ist sie wie gar nicht da.

12 Wenn auf der Erde in einem fort nur *ein* Wind ginge, käme es nie zu einem Regen. Kommt aber diesem einen Wind ein anderer entgegen, werden dadurch sogleich Verdichtungen in der Luft entstehen, die als Nebelchen und am Ende als regenschwere Wolken ersichtlich werden. Die Wolken aber zeigen den Wind nicht, solange der Wind pur Wind bleibt. Hat aber einmal der Wind aus sich die Wolken geschaffen und hat sich mit ihnen bekleidet, da machen dann freilich die Wolken den Wind sichtbar und zeigen durch ihre Bewegung seinen Zug an. Ich meine nun, Freunde und Brüder, diese Sache sollte euch klar geworden sein."

13 Sagt *Robert:* „Ja, Herr und Vater, nun sind wir darüber ganz

vollkommen im reinen, aber es hat dazu etwas gebraucht! — Nun aber verlassen die Gäste wieder diesen Saal. Wohin werden sie sich jetzt begeben, und was werden sie tun?"

14 Sage *Ich:* „Sie gehen dankbar und höchst selig in ihre Wohngemächer zurück. Dort aber werden sie auf den Tafeln schon finden, was sie zu tun haben werden. Mit der Weile werdet ihr alle das schon genau kennenlernen. Gehen wir aber nun hinab in die Gemächer zu ebener Erde! Dort werde Ich euch die *Türen* zeigen, durch die ein jeder Geist auf dem kürzesten Weg in alle naturmäßigen Welten gelangen kann. Dort in der abendlichen Ecke dieses Saals befindet sich eine Wendeltreppe. Wir werden auf ihr leicht in die ebenerdigen Gemächer gelangen, in die von außen her kein Eingang führt. Und so begeben wir uns denn nun wohlgemut hinab! Es sei!"

293

Mahnruf an die Kinder der Erde
Unterschiede zwischen irdischem und himmlischem Leben
Gleichnis von den abgefallenen Baumfrüchten und vom Töpfer
Der ewige Tod

1 Sagt *Robert* und alle anderen mit ihm: „O Du lieber, heiliger Vater! Es ist nicht auszusprechen, wie unendlich selig wir sind! Du Selbst führst uns und zeigst uns die endlosen Wunderwerke Deiner allmächtigen Liebe! Du erklärst uns mit Deinem heiligsten Munde Deine Werke so wohlverständlich, daß wir uns selbst verwundert sagen müssen, wie es doch möglich sei, Dinge zu begreifen, die für Millionen noch ganze Ewigkeiten ein unauflösbares Rätsel verbleiben werden.

2 O unbegreifliche Dummheit der Menschen auf Erden! Das Gold der Himmel, das Gold des Lebens achten sie nicht und treten es mit Füßen! Dafür aber führen sie Kriege um den Kot der Straßen, und um des Unflates wegen zerfleischen sie sich. Hierher, ihr armen Sünder und stockblinden Teufel alle! Da lernt Demut und Herablassung von Dem, dessen Mundes leisester Hauch euch im Augenblick samt eurer sündigen Erde ins reinste Nichts verwehen könnte.

[3] Aber ihr sagt: »Was sollen wir? So wir auch bitten und beten, wird es mit uns doch nicht anders! Wir sehen nichts und vernehmen nichts. Unser Flehen wird von der Luft verzehrt, und wir starren in die Unendlichkeit fruchtlos hinein und staunen trost- und weisheitslos die unerforschlichen Werke Gottes so an wie die Kälber ein neues Stalltor. Wir sorgen uns daher nur noch darum, was unserem Leibe nottut. Um alles andere kümmere sich, wer da will. Der Mensch muß etwas zu essen und zu trinken haben und einen Rock und eine Wohnung; das ist nötig, und alles andere ist entbehrlich.«

[4] Jawohl, entbehrlich für euch Erdwürmer, die ihr alle gleicht dem reichen Jüngling im Evangelium. Auch dieser bat den Herrn um die Erteilung des Gottesreichs. Als aber der Herr zu ihm sprach: »Trenne dich von deinen Erdengütern, überlasse sie den dürftigen Kindern der Welt und folge Mir!«, — da brach ihm das Herz, und er kehrte sofort zu seinen süßen Erdengütern zurück. Er ließ Gott ziehen und kümmerte sich nur um seine Erdengüter. Hernach ward er härter als früher — was der Herr deutlich zu verstehen gab, indem Er bemerkte, wie schwierig es für Liebhaber der Erdengüter sei, ins Reich Gottes einzugehen.

[5] Hierher also, ihr Geister der Erde! Hierher in eurem Herzen! Da werdet ihr Schätze und Reichtümer finden in solch endloser Fülle, daß sie keine Ewigkeit je verzehren wird. Hierher, ihr Ehrsüchtigen, in der rechten Demut eurer Herzen! Da ist eine rechte und ewig stets zunehmende Ehre aller Ehren zu Hause. — Was sind all eure Würden gegen ein Wort Dessen, der durch Seine Macht und Weisheit den unendlichen Raum erfüllt hat mit Wunderwerken ohne Zahl und Maß!

[6] Oh, bedenkt den Unterschied zwischen unserem vollendeten, ewigen Leben in beständiger Gesellschaft des allmächtigen Vaters und Schöpfers aller Himmel und Welten — und eurem vergänglichen Leben, das vom Morgen bis zum Abend dauert. Wie könnt ihr hängen an einem Leben, das eher den Namen Tod als Leben verdient? Das irdische Leben ist ja nur ein fortwährendes Sterben schon von der Wiege an. Dieses wahre, himmlische Leben aber ist ein stetes Lebendigerwerden in Gott, dem heiligen Vater. Und dies wahre Leben ist euch doch gar so nahe. Ihr könntet es in jedem Augenblick ergreifen für ewig. Aber ihr seid blind, und eure Erdenliebe verblendet die Sehe eures Herzens! Darum wähnt ihr das Reich des ewigen Lebens ferne von euch, wäh-

rend es euch doch sozusagen auf der Nase sitzt. Auch wir sind euch so nahe, und ihr wähnt uns ferne von euch. Oh, wie blind seid ihr doch!

7 Des Herrn Knechte auf Erden kennen uns, sehen uns und unterreden sich mit uns, wann sie wollen. Sie haben das Auge und Ohr ihres Herzens offen, weil sie nicht geblendet sind von der Last des reichen Jünglings im Evangelium. Ihr andern aber, so euch der Herr beruft, da kommen euch Tränen in die Augen, mit denen ihr die öde Welt gar so gern beschaut. Oh, der Herr schenkte uns Tausende solcher Welten, so wir sie nur annähmen. Aber wer wird nach einem gemalten Stück Goldes greifen, so er einen tausendmal größeren, gediegenen Goldklumpen zum ewigen Eigentum hat?

8 Steigt mit uns an der Hand des allmächtigen Vaters hinab in die Tiefe der Schöpfung, und schaut mit den Augen des Herzens den kühnsten Brückenbau von einer Welt zur anderen, von einem Himmel zum anderen und von einem Herzen zum anderen! Und ihr werdet, obschon noch in sterbliches Fleisch eingehüllt, mit uns Wonne und Seligkeit fühlen und durch sie eure Seele beleben. — O Herr, warum dürfen denn wir gar so selig sein, und Millionen Brüder sind blind und taub?“

9 Sage *Ich:* „Freund und Bruder! Jedes wahre Leben hat das in sich, daß es unmöglich anders als nur überaus selig sein kann. Ein Leben aber, das der Tod wie ein Scherge einen armen Sünder zum Hochgericht führt, kann nur als völlig geblendet noch irgendeine Lust empfinden. Würdest du es aber entblenden, so würde es zurückschaudern im Erkennen, wohin es sein Begleiter führt. Darum ist es einesteils besser, daß die Menschen der Erde blind und taub sind; denn so mögen sie doch das spannenlange, von Tod zu Tod gleitende Leben mit einiger Scheinruhe genießen.

10 Ich sage euch: Für viele Millionen folgt ihrem Scheinleben ewig kein weiteres Leben mehr. Denn so gut es ein ewiges Leben gibt, ebenso gibt es auch einen ewigen Tod. Es gibt Bäume auf der Erde, auf denen herrliche Früchte in kurzer Zeit reif werden und keine Blüte vergeblich geblüht hat. Aber es gibt auch Bäume, die zwar reichlich blühen und viele Früchte ansetzen; wenn jedoch solche Bäume saftarm sind und ihre unschmackhaften Früchte lange auf ihren Zweigen behalten müssen, bis sie die erwünschte Reife erhalten, so fallen wegen Mangel an Nahrung und wegen zu langer Reifungsfrist dreiviertel davon vom Baum, bevor sie die Reife erlangen können. Und Ich sage

euch: Für die Wiederbelebung solch unreif herabgefallener Früchte ist wenig heilsames Kraut gewachsen. Wenn ein Teil solcher Früchte etwa kurz vor der Vollreifezeit vom Baum fällt, kann man sie sammeln und abliegen lassen, und sie werden dadurch wenigstens eine Notreife erlangen. Aber Früchte, die bald nach der Blüte wegen Mangel an Nahrung von den Zweigen fielen, für die gibt es kein Heilmittel mehr.

11 Ich will damit aber nicht sagen, daß *Kinder*, die bald nach der leiblichen Geburt sterben, nicht das ewige Leben erlangen können; denn mit der irdischen Geburt und Reife hat dieses Gleichnis nichts zu tun. Hier handelt es sich um solche Seelen, die auf der Erde in Meinem Gnadenlicht schon überaus schön geblüht und im Anfange gierig den Saft des Lebens eingesogen haben. Als aber dann die notwendige Zeit der Probung kam, verschlossen sie hart ihre Nährorgane und wollten nimmer das freilich herb schmeckende Salz des Lebens einsaugen. Die Folge davon aber war alsbald die volle Abtrennung von den sie nährenden Zweigen und damit der zu jeder Wiederbelebung unfähige Tod. Lassen wir daher solche Früchte taub und blind ihr kurzes Leben genießen, es dauert noch immer lange genug für ihre volle Nichtigkeit!"

12 Sagt *Robert:* „Aber so wahr die Sache immer sein wird, kommt sie mir dennoch ungefähr so vor wie ein Gesetz bei den Chinesen und Japanern, vermöge dessen kein Elternpaar mehr als sechs bis sieben Kinder aufziehen darf. Alle über diese gesetzliche Zahl Geborenen müssen ersäuft oder auf eine sonstige Art ums Leben gebracht werden."

13 Sage *Ich:* „Mein Freund, das verstehst du noch nicht! Siehe, ein Töpfer formt aus Lehm einen Topf auf seiner Scheibe. Der Topf aber, schon über die Hälfte geformt, mißrät ihm eines zufälligen Umstandes wegen. Was tut da der Töpfer? Er schlägt den halbfertigen Topf zusammen, nimmt den Lehm von der Scheibe und vermengt ihn mit anderem frischem Lehm. Er gibt ihn dann wieder auf die Scheibe und fängt ein anderes, minder heikles Gefäß daraus zu formen an, das ihm auch wohl gelingt. So geht zwar wohl der Stoff nicht verloren, aber die eigentümliche *Individualität* des zuerst begonnenen Werkes ist für ewig vollkommen dahin. Kurz, das erste Ich ist völlig zerstört, und das ist im eigentlichsten Sinn der *ewige Tod,* den keine Liebe und keine Erinnerung ans Ursein wiederbeleben kann. Wo aber dies nimmer geschehen kann, da kann auch ewig an keine vollkommene end-

liche Vollendung mehr gedacht werden. An der Beibehaltung der Urindividualität aber liegt gar unaussprechlich viel, denn ohne sie kann die Kindschaft Gottes nie erreicht werden. Denn eine *Zweitzeugung* wird ewig keine Erstzeugung mehr."

294

Der ewige Tod, sein Grund und sein Wesen
Schicksal der ihm in der dritten Hölle Verfallenen
Gerichtsandrohungen und Langmut des Herrn

1 Sagt *Robert,* schon knapp an der Wendeltreppe stehend: „O liebevollster, weisester Vater! Es fehlt uns an Worten, Dir für solch eine Aufklärung nach Gebühr zu danken. Man kann sich also im Zustande des ‚ewigen Todes' lebend und glücklich sogar in irgendeinem Himmel befinden, nur ist dabei das eigentliche Ur-Ich nicht mehr vorhanden. Oh, das ist ja doch Gnade über Gnade von Dir! Wir verstanden unter dem Ausdruck ‚ewiger Tod' festweg die Hölle, aus der ewig kein Ausweg mehr führt. Und, so es schon einen gibt, weil bei Dir doch alle Dinge möglich sind, so, dachten wir, kann dieser unmöglich anders als nur ein höchst beschwerlicher sein. Nun aber bekommt die Sache ein ganz anderes Gesicht. Dank Dir und Liebe für diese herrliche Belehrung!"

2 Sage *Ich:* „Es macht mir besondere Freude, daß ihr das alles so wohl aufnehmt. Aber die Gnade bei der Gabe des ewigen Todes an ein verunglücktes Wesen der Welt ist nicht gar so groß, wie ihr meint. Denn es wäre für manchen die Hölle auf zehnmalhunderttausend Erdjahre mit *beibehaltener* Erstzeugung besser als der eigentliche ewige Tod. Ist aber mit der Hölle dritten Grades auch die Erstzeugung für ewig in *Verlust* geraten, dann ist sie freilich noch schlimmer als der pure ewige Tod für sich allein.

3 Soviel Ich aber merke, begreifet ihr nun wohl, was eigentlich der ewige Tod an und für sich ist. Aber das eigentliche Übel dieses Zustands seht ihr noch nicht ein. So muß Ich euch hier beim Hinabsteigen über diese Wendeltreppe noch einiges hinzufügen. Und so höret!

4 Wer als das, was er uranfänglich war, wegen Verkehrtheit seiner Liebe sich im ersten oder zweiten Grad der Hölle befindet, kann nach vielen bittersten Erfahrungen dennoch wieder das werden, was er uranfänglich war. Sein Bewußtsein wird ihm belassen, seine Erinnerung bleibt ihm, und er kann zur Vollendung gelangen.

5 Aber so der Mensch durch die Mir unerträglichste Lauheit weder kalt noch warm ist, sich um nichts kümmert, weder um etwas Gutes noch um etwas Böses, — oder es ist ihm das eine wie das andere, so daß er einmal kaltblütig die größten Greuel und so auch manchmal etwas Gutes ausüben kann — dem also gleich ist Gott oder Teufel, Tag oder Nacht, Leben oder Tod, Wahrheit oder Lüge: *der* ist dem eigentlichen ewigen Tode verfallen. Und er befindet sich damit in der alleruntersten Hölle, aus der in ein- und derselben *Urwesenheit* kein Herauskommen mehr denkbar ist.

6 Der Grund solch eines Zustandes ist der konzentrierteste Hochmut, der alle Grade der Selbstsucht und Eigenliebe durchgemacht hat und sich in solch hochgradiger Verdichtung gewisserart selbst erdrückt und so um das Urleben des Geistes gebracht hat. Und eben darin besteht der eigentliche ewige Tod, der das Schlimmste alles Schlimmen ist, weil da das eigentliche Sein ein völliges Ende nimmt.

7 Solch eine Seele ist dann gänzlich verdorben. Ihre erste Gesamtheit muß durch des Feuers Gewalt in ihre einzelnen Urlebensfunken aufgelöst und darauf, mit ganz neuen gemengt, auf langen Wegen durch die Pflanzen- und Tierwelt eines anderen Planeten in einem ganz fremden Sonnengebiet in eine höchst untergeordnete Form eines Menschen übertragen werden. Auf diese Weise bleibt dann von der Urwesenheit solch einer Seele verzweifelt wenig mehr übrig. Und das ist das eigentlich Schlimmste, denn solch eine Seele kann dann unmöglich mehr je zu Meiner Anschauung gelangen, weil sie dann bloß nur Seele *ohne* Meinen Geist in ihr ist und bleibt.

8 Die Sache ist ungefähr so, wie da auch ein unreifer, fauler Apfel in einen Schimmel und Schwamm übergehen kann. Aus solchem aber kann kein Apfel mehr werden, im besten Falle noch eine Schmarotzerpflanze. Und diese hat wohl wenig Ähnlichkeit mehr mit dem Urbaum und mit der Urfrucht. Sagt Mir, ob ihr das wohl vollkommen verstanden habt?“

9 Sagen *alle* wie ein Mann: „Herr und Vater, jetzt ist uns alles

vollkommen klar! Es ist zwar über den Zustand solch einer selbstischen Verlorenheit nicht viel Erfreuliches zu erwähnen; aber dessenungeachtet sieht doch immer Deine große Liebe und Erbarmung heraus, und bei Dir sind ja alle Dinge möglich. Es kann daher nach freilich undenkbar langen Zeiträumen doch auch für diese Wesen ein Stündchen kommen, in dem sie sich und Dich mehr und mehr urzuständlich zu erkennen und zu lieben anfangen und von da fortschreiten in der Erkenntnis wie in der Liebe.

10 Wie oft hast Du durch den Mund Deiner Propheten und Knechte den Kindern der Welt alle erdenklichen Gerichte als schlimme Folgen ihrer bösen Handlungen prophezeien lassen. So sich aber dann nur einige wenige Besseren an Dich in ihrem Herzen wandten, da zogst Du wieder Deine scharfe Zuchtrute zurück. Du segnetest wieder den Erdkreis und schlugst dann für die Besserung der Bösen einen ganz anderen Weg ein, als den Du durch Deine Propheten hattest anzeigen lassen. Jonas und Jeremias geben dafür das untrüglichste Zeugnis. In allen guten Verheißungen hast Du noch allezeit das Wort gehalten. Aber in den Androhungen von Strafen nur dann, so die Menschen Dich gänzlich aus den Augen gelassen haben.“

11 Sage *Ich:* „Ja, ihr habt vollkommen recht, so ist es auch! Der Grund, daß Ich angedrohte Gerichte oft nicht erfolgen lasse, liegt hauptsächlich darin, daß wirklich erfolgte Strafen die Menschen selten bessern, sondern meist nur verschlimmern. Und so lasse Ich denn, so sich nur einige wenige Gerechtere gläubig an Mich wenden, die Drohungen gerne in Segnungen umwandeln. Deshalb aber lasse Ich auch die Strafen und Gerichte nur bedingungsweise androhen. Finden sie Herzen, welche die Bedingungen nur einigermaßen erfüllen, so tut es sich dann schon wieder. Und Ich segne dann für wenige Gute auch viele Schlechte mit, damit sie nicht Gelegenheit bekommen sollen, noch schlechter zu werden, wie das gewöhnlich bei Kriegen der Fall ist. Denn Kriege sind stets die beste Nahrung für den unersättlichen Wuchergeist und die beste Schule der Grausamkeit teuflischen Hochmuts.

12 Es ist freilich leider oft der Fall, daß die sanfte Mahnstimme Meiner Engel an den starren Ohren der Weltmenschen ungehört vorübergleitet und Ich dann genötigt bin, die Stimme der Teufel unter die tauben Menschen fahren zu lassen. Findet aber die Stimme aus den Himmeln nur irgendein kleines Gehör, lasse Ich gerne die Stimme der

Teufel verstummen. Denn ein Vater bleibt doch stets der sanfteste Richter und schlägt nicht sogleich drein, wenn er auch schon die Zuchtrute drohend erhebt. Es ist besser, Jahrzehnte lang zu drohen und durch die Finger sehen, als ein Jahr lang zu strafen. Denn die Pflanzen auf unserer Erde sind von zartester Art und müssen mit großer Schonung behandelt werden. Die Geburtsstätte der Kinder Meines Herzens ist eine andere als die Meiner anderen Wesensteile. Ihr müßt euch stets vor Augen halten, daß eben die kleine Erde jene Geburtsstätte der Kinder Meines Herzens ist!

13 Aber nun sind wir vollends auf dem Boden des ebenerdigen Gemachs und wollen da sogleich die nötigsten Beobachtungen machen. Besehet die vier großen Wände! An jeder Wand erseht ihr drei *Türen.* Durch diese Türen könnt ihr zu all den Welten und Himmeln und deren Vereinen gelangen, die sich in der ganzen Unendlichkeit befinden; nur zu diesem höchsten und innersten Himmel nicht, in dem ihr nun seid. — Kommt nun gen Norden; da wollen wir in aller Kürze den Anfang machen."

295

Die drei Türen der Nordwand
Endlose Weiten des Schöpfungsraums
Blick in den Mittelgürtel der Sonne und in den Mond
Das Walten der Engel in den Schöpfungsgebieten

1 Rede *Ich* weiter: „Robert, öffne die erste Tür, und wir wollen dann einen Blick hinaustun und sehen, was da den Strahlen unserer Augen begegnen wird."

2 *Robert* öffnet die erste der drei Türen und fährt vor großer Verwunderung förmlich zurück. Nach kurzer Weile sagt er: „O Herr! O Freunde! Das ist wahrlich zu viel auf einmal für das Auge eines geschaffenen Geistes! Ich ersehe den *Mond* der Erde, wie er leibt und lebt, am hohen Firmament. Er ist im Vollicht und sieht ungemein lieblich aus. Und im tiefen Hintergrund erblickte ich noch eine Menge sehr hell leuchtender *Sterne.* Die Plejaden, den Orion und den großen Hund erkannte ich sogleich. Auch die Milchstraße war hell ersichtlich,

aber nicht als Schimmerdunst, sondern wie ein breites Band voll herrlichster Sternbilder. O Freunde! Von hier aus so etwas zu erschauen, gewährt eine unbeschreibliche Lust im Hinblick auf Dich, o Herr, der Du die Unendlichkeit so herrlich erfüllt hast mit glänzenden Werken Deiner Liebe, Weisheit und Macht!

3 Der große, unendliche *Raum* aber zwischen den Weltkörpern ist nicht unausgefüllt. Ich erblickte da *Geister* in großer Schnelligkeit hin und her schweben, von denen einige mir sehr nahe kamen und mich herzlichst begrüßten. Ah, da sieht es wirklich im höchsten Grade tätig aus! Und das ist eben meine Lust, Tätigkeit zu sehen und selbst nach Kräften solche zu üben."

4 Alle drängen sich nun auf einen großen *Balkon,* der sich vor jeder Tür befindet. Von hier beschauen sie den ganzen gestirnten Himmel und besprechen sich mit Geistern, die umherschweben und dem Balkon nahekommen, was sie um so lieber tun, da sie Mich darauf gewahren.

5 *Robert* fragt Mich, ob er, wenn er über das Geländer hinausstiege, auch so frei umherschweben könnte. — Sage *Ich:* „Versuche es, vielleicht geht es!"

6 *Robert* besieht sich die Tiefe unter ihm, weicht schnell vom Geländer zurück und sagt: „Herr, das werde ich wohl bleiben lassen, denn unter uns ist eine große Tiefe! Wie kommt denn das? Wir sind doch zu ebener Erde heraus auf den Balkon getreten und sollten nun meinen, daß wir uns noch zu ebener Erde befinden. Aber bei dieser unendlichen Tiefe unter uns, die zahllose Fixsternweiten ausmacht, wird von ebener Erde unmöglich die Rede sein können. Auf welch einem Grunde steht denn hernach Dein Haus, o Herr und Vater, erbaut? Unter dem Balkon hört die Wand auf, und man ersieht nichts als die endlos weite Schöpfungstiefe. Da kenne ich mich nicht im geringsten aus!

7 Ja, das gäbe schon wieder Tausende von Fragen aller Art! Zum Beispiel: Wir sind doch, als wir von der Erde hier in dieser Stadt ankamen, ebenerdig in Dein heiliges Haus getreten und haben da von keinem Balkon etwas bemerkt. Nun sind wir im selben Hause zu ebener Erde, und siehe da: das Zimmer, so groß und herrlich wie der Saal über uns, hat zwölf Türen, durch die man auf die Aussichtsbalkone gelangt, von denen zuvor nicht die leiseste Spur zu sehen war. Und man entdeckt da nun ferner, daß dieses Haus gleich einem Welt-

körper frei im Äther umherschwebt — während man dabei von einer weiteren Stadt, die doch eine endlose Ausdehnung hatte, nicht ein Häuschen mehr erblicken kann! Auch gingen in gleicher Linie drei ganz gleiche Tore an einer und derselben Wand in dieses rätselhafte Freie hinaus — und siehe da, ich sehe sie nicht mehr. Herr und Vater! Wer das aus dem Grunde begreift, der muß, wie man sagt, ein Kind guter Eltern sein.

8 Himmel hin, Himmel her! Aber das geht in meinen Sinn nicht ein! Ist das bloß eine geistige Art Phantasie oder eine Art geistigen Dioramas oder etwa eine Art geistig-optischer Täuschung? Wirklichkeit kann das unmöglich sein! Entweder ist der Himmel wahr, und das Geschaute muß dann nur Illusion sein — oder das Geschaute ist wahr und der Himmel eine Illusion. O Herr und Vater, da bitte ich Dich wohl im Namen aller um eine schnelle Aufklärung!

9 Es sind mir beim Eintritt in die Geisterwelt wohl auch oft sonderbare Erscheinungen aufgestoßen, hauptsächlich in meinem ersten Haus. Aber ich konnte sie nach und nach fassen, weil sie mit meinem Innersten korrespondierend in Erscheinlichkeit traten. Aber hier bin ich ja mein Allerinnerstes selbst, hinter dem sich sicher nichts noch Innerlicheres mehr bergen kann. Woher dann diese seltsame Erscheinung?"

10 Sage *Ich:* „Nur Geduld, mein lieber Freund! Mit der Weile wird dir schon alles klar werden, obschon du hernach ewigfort noch endlos vieles ebensowenig begreifen wirst wie dieses Leichte hier. Nun aber treten wir wieder ins Gemach und tun da einen Blick durch die *zweite* Türe!"

11 Alle treten nun schnell zurück, und Kaiser *Rudolf* fragt Mich: „Herr und Vater! Was die von Bruder Robert angeführten Wißtümlichkeiten betrifft, so haben sie mich im Grunde gar nicht bekümmert. Denn ich dachte mir: Unbegreiflich ist es wohl, und die Bestandverhältnisse kontrastieren hier auf eine wunderbarste Weise. Darüber halte ich mich aber nicht auf. Denn solange ich den Vollgrund einer Sache nicht begreife, bleibt sie für mich im stets gleich hohen Interesse. Sehe ich aber einmal etwas ein, ist das Hauptinteresse auch schon dahin, denn nur das unbegreiflich Wunderbare nimmt alle unsere Aufmerksamkeit voll in Anspruch. Das Natürliche aber wird ganz gleichgültig, da wir es verstehen, wie es ist und geschieht. Nur das Unbegreifliche ist und bleibt stets interessant.

12 Also mich juckt es nicht so wie Bruder Robert, die Gründe all dieser Wunder einzusehen. Nur möchte ich gerne wissen, wer doch jene Geister sind, die vor uns im freien Äther gespielt haben. Daß sie in ihrer Art auch sehr glücklich sein müssen, habe ich aus der Freundlichkeit ihrer Gesichter wahrgenommen. Aber wer sie eigentlich sind und was ihre Bestimmung ist, kann Dir, o Herr und Vater, ganz allein bekannt sein."

13 Sage *Ich:* „Das sind im Geschäft stehende Engel dieses obersten Himmels. So ihr dazu mit der erforderlichen Weisheit werdet ausgerüstet sein, werdet auch ihr von Zeit zu Zeit in ihr Geschäft treten. Sie stehen für die Erhaltung aller Welten und sind deren oberste Leiter und Führer. Siehe, solch ein munterer Engel ist nicht selten Herr und Regent eines ganzen Sonnengebiets. Um aber solch eine Regentschaft antreten zu können, muß er vorher freilich sehr vieles kennenlernen und muß viele Schulen durchmachen. Unser Cado, ein sehr begabter Geist, hat bereits auf der Erde zu dienen und zu regieren angefangen. Er macht seine Sache gut und versteht die verschiedenen Geister in vollem Respekt zu erhalten; deshalb bekommt er auch einen stets größeren Wirkungskreis.

14 Im Anfang wird jedem nur ein kleiner Kreis zugewiesen. Ist er in diesem treu und vollauf tätig, wird er dann bald über Größeres gesetzt. Auch *Cado* war anfangs nur ein kleiner Kreis aus kaum zwei kleinen Ländern zur Leitung und Überwachung anvertraut. Und nun streckt er sein Zepter schon über halb Europa aus und wird, wenn er so fortfährt, bald die ganze Erde unter der Macht seines Willens haben. Hat er bei der Erde bewiesen, daß er mit der ihm verliehenen Macht umzugehen versteht, wird er dann die Sonne zur Leitung bekommen; endlich mit ihr das ganze Planetentum und so fort, bis er ein Herr eines ganzen Sonnengebietes ist. — Verstehst du nun, wer die Geister sind, die draußen vor uns vorüberschwebten?"

15 Spricht Kaiser *Rudolf:* „Ja, Herr und Vater! Aber ich halte von dieser Würde eben nicht gar viel. Denn solch ein Engel hat ja dann nie eine Weile, hierher zu kommen, um da von seinen großen Anstrengungen ein wenig auszuruhen." — Sage *Ich:* „Ah, da sorge dich um etwas anderes! Ein jeder solcher Engel hat Millionen unter sich, die seinen Willen vollbringen. Und er kann, so oft er will, hierher kommen und von Mir Selbst fernere Verhaltungsmaßregeln und dazu

nötige Stärkungen einnehmen. Beim ehedem abgehaltenen großen Mahl hast du viele gesehen, die nun schon wieder an den Orten ihrer Tätigkeit weilen.

16 Aber nun einen Blick durch diese zweite Tür. Sie ist schon offen, und so treten wir denn hinaus! Da stehen wir auf dem *zweiten Balkon!* Was seht ihr hier?"

17 Alle staunen über die Maßen, denn sie sehen hier das wunderherrliche Land des *Mittelgürtels der Sonne* und können sich nicht genug verwundern über dessen Herrlichkeit. Sie sehen auch Menschen, aber für jetzt noch in solch weiter Ferne, daß sie deren Formen nicht wohl wahrnehmen können; denn für diese wären sie im ganzen noch zu wenig festen Herzens.

18 Es tritt nun Robert wieder zu Mir und sagt: „O mein heiligster Vater, Bruder Rudolf hat im Grunde wahrlich nicht unrecht! Auch ich sehe nun ein, daß bei solchen Erscheinungen alles Fragen vollkommen eitel sein muß. Hier gibt es ja des Wunderbaren noch um vieles mehr als bei der früheren Tür. Mit den Fragen würde man da in alle Ewigkeit nicht fertig. Deshalb ist es besser, die Sache der Himmel seligst zu genießen und dabei in Geduld abzuwarten, bis es Dir genehm sein wird, uns darüber ein helleres Licht geben zu wollen. — Aber die Menschen da! Ich kann zwar ihre Formen nicht näher wahrnehmen; aber so viel merke ich schon, daß sie ungeheuer schön sein müssen."

19 Sage *Ich:* „Siehe, das ist die Sonne mit ihren eigentlichen Bewohnern. Die etwas Dunkleren sind noch in der Materie; die Lichteren aber sind Geister und hausen ebenfalls in der Sonne. Später wirst du alles vollkommen kennenlernen, jetzt wäre es noch etwas zu früh. Gesehen haben wir nun, was die zweite Tür verschließt. Begeben wir uns daher zur dritten Tür dieser Nord-Wand!"

20 Wir treten wieder ins Gemach und da in die dritte, schon offenstehende Tür. Auf dem Balkon dieser Tür stehend, sehen wir eine natürlich erleuchtete Welt ganz nahe dem dritten Aussichtsbalkon. Es kann von ihr (wie früher bei der Sonne) nur ein kleiner Landstrich auf einmal übersehen werden. — *Robert* fragt sogleich, was das eigentlich für eine Welt sei, ob vielleicht ein dunklerer Teil der Sonnenwelt?

21 Sage *Ich:* „O nein, das ist der Erde *Mond.* Siehe dessen düsteres Land und dort in einiger Ferne eine kleine Gruppe zwerghafter menschlicher Wesen! Es sind das die eigentlichen Einwohner der von

der Erde stets abgewandten Mond-Seite. Ihre größte Lust sind ihre Weibchen, die sie aus purer Liebe und Zärtlichkeit zumeist auf ihren Schultern umhertragen. Über ihnen sehet ihr ganz muntere Geister umherschweben. Das sind die Seelen verstorbener Mondmenschlein! Ihre Freude ist, ihren noch sterblichen Brüdern Gutes zu tun und sie vor mannigfachen Gefahren zu schützen. Hauptsächlich richten sie ihr Augenmerk darauf, daß die sehr materiellen Geister, welche die der Erde stets zugewandte *kahle* Seite des Mondes bewohnen, nicht zu den Bewohnern der vegetativen Seite des Mondes gelangen können, wo sie diesen in ihr Haus, das in einer unterirdischen Höhle besteht, bedeutende Gefahren bringen würden.

22 Für jetzt wißt ihr genug von der Einrichtung dieses kleinen Weltkörpers. Auf den Wegen der euch zukommenden Beschäftigungen werdet ihr alles durch und durch kennenlernen. Daher wollen wir uns auch nicht länger mit der Besichtigung dieser kleinen Welt abgeben, sondern uns sogleich in die erste Tür an der abendlichen West-Wand begeben und von dort wieder eine neue Betrachtung der Außenwelt machen."

296

Die abendliche Westwand. Blick durch die erste Tür
Eine Planetar-Mittelsonne, Mutter zahlreicher Planetarsonnen
Einrichtung des geistigen Dioramas

1 Alle treten nun wieder ins Gemach. Die erste Tür an der abendlichen West-Wand steht schon offen, ohne daß sie jemand mit der Hand geöffnet hätte. Das ist für unseren Robert schon wieder Anlaß zur Frage um die mechanische Einrichtung, durch welche diese Türen wie von selbst geöffnet werden.

2 *Ich* aber sage zu ihm: „Freund, kannst du dir noch immer keinen Begriff von der Allmacht Meines Willens machen?" — Sagt *Robert:* „O vergib mir, bester Vater! Siehe, bei Deiner so großen Freundlichkeit und Herablassung vergißt man oft ganz, daß Du allmächtig bist. Aber nun ist schon alles wieder in der schönsten Ordnung!"

3 Nun treten wir in die Tür, und vor den Blicken der neuen Bewohner des himmlischen Jerusalems dehnen sich unabsehbare *Ländereien* aus. Große Ströme durchfluten diese unermeßlich weiten Länder, und ihre Gewässer strahlen stärker als alles Licht der Erdsonne auf einen Punkt zusammengedrängt. Große, prachtvoll bestellte Gärten werden nach und nach bei Gewöhnung an das starke Licht der Ströme ersichtlich, und in der Mitte erglänzen die großartigsten Prachtgebäude, in denen die Menschen dieser Lichtwelt zu wohnen pflegen. Über den Lichtströmen aber sieht man mächtig strahlende Menschengestalten schweben, deren Formen unbeschreiblich schön sind. Robert und noch einige halten sich die Hand vor die Augen, weil sie den zu mächtigen Lichtglanz nicht ertragen können, und fragen Mich, was denn das für eine Welt sei.

4 Sage *Ich:* „Das ist eine *Mittelsonne,* um die in weiten Kreisen Millionen von kleineren Planetarsonnen bahnen. Ihre anziehende Kraft ist so groß, daß sie alle die Millionen Planetarsonnen samt ihren Planeten in den vorgezeichneten Bahnen erhält. Was ist aber alle solche Kraft gegen die Kraft eines der geringsten Meiner Kinder! Ich sage euch: Sonnenalle sind ein Spielzeug in den Händen Meiner Kinder! Nun wißt ihr, was ihr hier schaut, und so wollen wir den Balkon wieder verlassen und zur *zweiten Tür* dieser abendlichen West-Wand übergehen."

5 Sagt *Robert:* „Herr und Vater! Ein bißchen möchte ich denn doch einen Begriff haben, wie denn das möglich ist, daß man hier von jeder Tür einen eigenen großen Weltkörper ersieht — und doch steht eine Tür von der andern nur wenige Schritte ab! Wie können solche Weltkolosse auf einem Raum von wenigen Schritten nebeneinander bestehen? Herr, ich bändige meine Geduld, was ich nur immer kann, aber es nützt leider nichts. Ich muß da ein kleines Lichtlein bekommen, sonst werde ich sogar hier im Reiche des vollkommensten Lebens krank."

6 Sage *Ich:* „Nun krank sollst du denn doch nicht werden, weil hier eine Krankheit rein unmöglich ist. Und dann auch, weil Ich dir nun doch darüber ein kleines Lichtlein geben will! Und so höre denn! Du hast schon ehedem von einem geistigen ‚Diorama' etwas erwähnt. Und es ist dies auch in Wahrheit solch ein geistiges Diorama, das freilich auf anderen optischen Grundsätzen beruht als ein irdisches.

[7] Siehe, jede dieser Türen ist gewisserart ein geistiger *Hohlspiegel.* Wird die Tür aufgemacht, ersiehst du das, was einer ewigen Ordnung nach in deinem eigenen Herzen in kleinster, dabei aber doch vollendetster Form wohnt. Trittst du nun vor einen dieser Hohlspiegel, erblickst du den höchst vergrößerten Widerschein dessen, was nach einer entsprechenden Ordnung sich aus *deinem* Vorrat auf der reinen Fläche gewisserart abspiegelt. Der Spiegel ist hier aber nicht etwa ein Glas, sondern eine reinste Himmelsluft. Sie ist so geglättet, daß sie für den rechten Bedarf eine hellste Wand bildet, an der das widerstrahlt, was bei der ihr eigenen Konstruktion der Ordnung nach von ihr aufgenommen werden kann.

[8] Auf der Erde gibt es freilich nichts Ähnliches. Nur die sogenannte Fata Morgana wäre einigermaßen in Betracht zu ziehen als auch eine Luftspiegelung. Aber sie steht dennoch diesen Spiegelungen hier himmelweit nach, denn sie nimmt jedes Objekt auf, das sich ihr vorstellt; diese Spiegelung in Meinem Haus aber nur, was ihr entspricht. — Etwas ähnlicher wäre wohl die verschiedene Farbenstrahlung durch ein Prisma, wo eine bestimmte Fläche bei gleicher Wendung nur eine bestimmte Farbe zurückwirft. Was aber solch ein Prisma mit den formlosen Farben tut, das bewirkt der Spiegel hier mit den Formen, die aus dem Herzen der vor ihm stehenden Engelsgeister auf seine Fläche überstrahlen und seiner eigens gearteten Fläche zur Widerstrahlung entsprechen.

[9] So Ich nun will, daß dieser oder auch ein anderer Spiegel nicht mehr da ist, so wirst du durch solch eine Tür nur das sehen, was natürlicherweise Mein Haus umgibt, das nach allen Seiten hin frei in der Mitte der großen Stadt steht. Denn das gewöhnliche Schauen beruht hier auf denselben Grundsätzen wie das Sehen auf der Erde, nur natürlich in der höchst reinsten Potenz.

[10] Da aber solch ein Spiegel durchaus keine feste Wand bildet, so ist da die Einrichtung getroffen, daß ein jeder Geist notwendig in Gedankenschnelle auch alsbald auf jenen wirklichen Weltkörper hingelangen kann, den er im Spiegel ersieht. Das geschieht auf dem Weg eines himmlisch-geistigen Rapports. Wie aber dieser bewerkstelligt wird, das, Mein lieber Freund, wird dir alles mit der Weile klar werden. Nun, wie sieht es jetzt mit deiner Krankheit aus? Meinst du etwa noch, daß dich ein Ungeduldsfieber packen wird?“

11 Sagt *Robert:* „O Herr und Vater, Du Liebe aller Liebe! Ich bin nun wieder um tausend irdische Unterrichtsjahre weiser und verständiger. Dir allein alle unsere Liebe und Anbetung ewig!" — Sage *Ich:* „Nun denn, so es dir jetzt leichter ist ums Herz, da gehen wir sogleich in die zweite Tür. Seht, sie ist schon eine Weile geöffnet!"

297

Blick durch die zweite Tür der Westwand
Eine Mittelsonne höheren Ranges
Herrlichkeit der Städte und Bauwerke
Gebilde des Instinkts oder wahrer Weisheit?

1 Alle bewegen sich nun in diese zweite Tür in der Abendwand und erschauen da eine zweite *Mittelsonne* höheren Ranges, um die ganze Sonnengebiete, gleich den Planeten um ihre Planetarsonne, in übergroßen Bahnen kreisen.

2 Hier heben *alle* die Hände empor und schreien: „O Herr, o Herr! Zurück mit uns! Das ist nicht mehr zu ertragen! Das ist ja ein Licht, welches das der früheren Mittelsonne ums Trillionenfache übertreffen muß. Wir ersehen hier kein Ende und können auch keine Formen mehr wahrnehmen. O Gott, Du allmächtigster Herr der Unendlichkeit! Welch ein massenhaftes Licht! Welch eine Leuchtkraft!"

3 Sage *Ich:* „Schaut nur eine Weile hinein, und ihr werdet eure jungen Augen schon daran gewöhnen und werdet dann auch Formen entdecken!" — Sagt *Robert:* „Es wäre alles recht, wenn man es nur aushalten könnte! Das ist ja eine derartige Lichtstärke, daß sie die Erde im schnellsten Augenblick in ein vollstes Nichts auflösen müßte. Unsere Augen sind doch schon ziemlich an Licht stärksten Kalibers gewöhnt worden. Aber da ist es mir rein unmöglich, auch nur eine Sekunde lang hineinzusehen. Wenn Du nicht eine Blende vor unsere Augen schaffst, werden wir sicher nicht imstande sein, jemals dieses erschrecklich starke Licht anzuschauen."

4 Sage *Ich:* „Ei, ei, daß du doch allemal eine Sache besser verstehen willst, als Ich sie verstehe! Blicke in das Licht nur einige Sekunden lang

und du wirst dich dann überzeugen, ob es durchaus nicht zu ertragen sei. Denn siehe, ihr müßt euch hier auch das stärkste Licht zu schauen angewöhnen. Es geschieht dann und wann, daß Ich Selbst im Licht der Gottheit in Mir erscheine, gegen das all dies Licht eine reinste Nacht ist. Wie könntest du dann Mich in solchem Lichte schauen, so dich schon dieses geringe so belästigt? Darum nur mutig hineingeschaut, es wird sich schon alles geben!"

5 Auf diese Worte fängt *Robert* an, mit anfangs stark blinzelnden Augen in diese große Mittelsonne hineinzusehen und sagt nach einer Weile: „Vater, ich danke Dir für solche große Gnade! Jetzt sehe ich schon Formen, aber sie halten sich noch nicht, denn des Lichtes Macht wischt sie noch von Zeit zu Zeit weg. Aber sie kommen doch als stets die gleichen immer wieder zum Vorschein. Oh, das muß eine überaus wunderbare Welt sein! Wahrlich, so eine Welt ist auch schon ein Himmel, denn da muß es sich ganz herrlich leben lassen, so man einmal das Licht gewöhnt ist.

6 Ah, jetzt entdecke ich eine ungeheuer große *Stadt* mit großartigsten, wundervollen Bauwerken. Sie hat Ähnlichkeit mit Deiner heiligen Stadt aller Städte der ganzen Unendlichkeit. Merkwürdig! So weit meine Augen reichen sehe ich Gärten und die herrlichsten, in einem mir ganz fremden Baustil erbauten Paläste. Ungeheure Arkaden ziehen sich nach allen Richtungen hin, auf diesen stehen die herrlichsten Säulen und über diesen prangen Paläste von unbeschreiblicher Pracht. Oh, oh, das ist überherrlich!"

7 Nun beginnen auch alle anderen anhaltender in das Licht dieser zweiten Mittelsonne zu schauen und entdecken nach und nach auch das, was Robert geschaut hat. Ja, einige sehen noch mehr. Sie gewahren eine herrliche *Pflanzenwelt,* eine Menge der merkwürdigsten *Tiere* aller Art, und in den Gärten lustwandelt eine Menge unbeschreiblich schön gestalteter *Menschen.* Aus ihren munteren Bewegungen läßt sich wahrnehmen, daß sie äußerst glücklich und zufrieden sein müssen.

8 Besonders bemerkt solches die *Mathilde Eljah,* die sagt, „O Gott, welch ein nie vergleichbarer Unterschied zwischen solch einer Welt und unserer Erde! Da ist alles ein vollkommener Himmel, auf der Erde aber im Vergleich zu dieser Welt alles eine barste Hölle. Oh, das müssen überaus gute und weise Menschen sein! Auf dieser Welt wird es sicher keinen Tod geben. Es scheint darauf auch nichts zu altern.

Allenthalben strahlt ewiger Frühling und jede Gestalt strotzt in aller Fülle der heitersten Jugend. O Gott, o Vater! Welch eine Welt! — Auch die Tiere sehen überaus gutmütig aus und wandeln wie die frommsten Lämmer miteinander.

9 O Herr, es muß doch für jedes Deiner Kinder eine hohe Lust sein, Regent solch einer Welt zu werden. Ja, Dir Selbst muß es große Freude machen, diese lichtvollsten Gefilde zu betreten. Nein, da dürfte ich nicht lange hineinsehen! Das könnte mich so schwach machen, daß ich diese Welt betreten und mit diesen wunderschönsten Menschen nähere Bekanntschaft machen müßte."

10 Sagt *Peter:* „Du kannst die Geschichte ja versuchen, wirst aber wohl schlecht auf deine Rechnung kommen. Diese Wesen dürften dich als einen Geist aus dem obersten Himmel wohl durchaus nicht sehen können, weil sie doch mehr oder weniger noch von der Materie ihrer Welt umfangen sind. Ich habe begründete Mutmaßung, daß diese Menschen gar keinen Tod haben, d. h. keine Verwandlung. Sie werden so, wie du sie nun erschaust, schon von ihrem ersten Entstehen an ein ihnen zusagendes, ewiges Leben beginnen. Ihre Werke zeigen zwar, daß unter ihnen sehr viel Weisheit zu Hause ist, aber als Regel möchte ich das gerade auch nicht annehmen. Denn es gibt auch auf der Erde Tiere aller Art, die Dinge zuwege bringen, welche ihnen ein noch so weiser Künstler nie nachmachen wird. Wäre es aber folgerichtig, so man solchen Tieren eine salomonische Weisheit zumuten möchte? Ebenso kann das auch bei diesen Menschen der Fall sein. Sie können gar leicht mehr Instinkts- als Weisheitsmenschen sein, und in solchem Fall würden dann wir bei ihnen eben nicht viel Anziehendes finden. Was sagst du dazu?"

11 Sagt die *Eljah:* „Ja, du dürftest da nicht ganz unrecht haben. Nur nach der großen Mannigfaltigkeit des Vorkommenden scheint es doch, daß diese Menschen sich mehr in einer wirklichen Weisheit befinden als in einem noch so ausgebildeten Instinkte. Solche Bauten allerkühnsten Baustils und diese herrlichen Gartenanlagen geben hinreichenden Beweis, daß bei diesen vom mächtigsten Licht umflossenen Menschen mehr als ein purer Instinkt zu Hause ist." — Sagt *Peter:* „Ja, in dieser Hinsicht magst du auch nicht unrecht haben! Aber ich bleibe doch so ziemlich fest bei meiner Ansicht."

12 Sage *Ich:* „Ihr habt in wechselweiser Beziehung beide recht! —

Aber da Ich schon die *dritte* Tür eröffnet habe, verlassen wir nun diese zweite und treten sogleich in die schon geöffnete ein."

298

Die dritte Tür zeigt eine All-Mittelsonne
Ordnung der Sonnensysteme, Größe und Lichtstärke der Sonnen
Feuergeister der All-Mittelsonne in ihrer Tätigkeit

1 Alle treten nun in die dritte Tür der Westwand. Aber sobald sie einen Blick hinausgeworfen haben, kehren sie sich sogleich wieder um, denn das hier entgegenstrahlende Licht ist wieder unvergleichbar mächtiger als das in der früheren Tür.

2 *Robert* und mehrere andere sagen: „O Herr, o Gott, o Vater! Unsere Augen, die nun das Licht der früheren Sonne schon ganz leicht haben ertragen können, vermögen dies unbeschreiblich mächtige Licht nicht mehr auszuhalten. Das Licht der früheren Sonne war doch ein ruhiges, obschon anfangs auch unerträglich stark. Dieses Licht aber gleicht mächtigst wallenden Flammen und sticht übergewaltig in die Augen! Was ist das wohl für ein Licht? Ist das etwa auch wieder eine *Mittelsonne?*"

3 Sage *Ich:* „Allerdings, und das wieder die einer *höheren* Ordnung. Damit ihr aber das recht begreift, müßt ihr euch die *Ordnung der Sonnensysteme* so vorstellen:

4 Die vielen Millionen *Planetarsonnen,* um die sich Planeten wie eure Erde bewegen, machen mit ihrer gemeinsamen Mittelsonne ein *Sonnengebiet* aus. Dessen Mittelsonne ist stets so groß, daß sie den körperlichen Inhalt ihrer um sie bahnenden Sonnen samt deren Planeten manchmal ums Hundertfache oder gar ums Tausendfache, ja manchmal auch ums Millionfache übertrifft; denn es gibt größere und kleinere Gebiete. Je größer aber ein Sonnengebiet, desto größer muß auch seine Mittelsonne in allen Teilen sein gegenüber der gesamten Fülle ihrer Nebensonnen, um diese trotz der größeren Entfernungen in den bestimmten Bahnen zu erhalten. Je mehr sich die Anzahl und die Entfernung der Nebensonnen vergrößert, desto größer muß auch das

Volumen einer solchen Mittelsonne sein, um Meister all der sie umbahnenden Planetarsonnen zu sein.

5 Viele solche nun näher beschriebenen Sonnengebiete aber haben dann wiederum eine gemeinsame *Gebiets-Mittelsonne* und bahnen, von ihnen getragen, in unvergleichbar größeren Kreisen um diese gemeinsame höhere Mittelsonne, die natürlich wieder verhältnismäßig vielfach größer sein muß als alle ihre Sonnengebiete zusammengenommen — deren oft viele Tausende um eine solche zweite Mittelsonne kreisen, wie wir in der zweiten Westtüre eine gesehen haben. — Alle solche Sonnengebiete samt ihrer Mittelsonne geben dann ein *Sonnenall.*

6 Und wieder haben viele Tausende solcher Sonnenalle einen gemeinsamen Mittelpunkt oder eine noch höhere Mittelsonne, die im gleichen Verhältnis wieder oft ums Vieltausendfache größer ist in ihrem Raumgehalt als alle sie umbahnenden Sonnenalle. Und solch eine *All-Mittelsonne* ist eben diese, die wir nun sehen.

7 Wie sich aber die Größen solcher Mittelsonnen steigern, also steigert sich auch ihr *Licht.* Ihr könnet das Verhältnis ungefähr so annehmen: Ist z. B. eine Planetarmittelsonne so groß, daß ihr Durchmesser eine volle Billion irdischer Meilen beträgt, so zählt der Durchmesser einer Sonnengebiets-Mittelsonne das Millionfache des Durchmessers einer Planetarmittelsonne, also eine volle Trillion irdischer Meilen. Und eine solche All-Mittelsonne, wie wir sie nun in dieser dritten Tür schauen, wächst dann wieder, je nachdem sie mehr oder weniger viele Sonnenalle beherrscht, ums Millionfache, manchmal sogar ums Billionfache im Verhältnis der notwendigen Größe wie auch des Lichts. Sie kann dann wohl eine Quadrillion, manchmal sogar eine Quintillion irdischer Meilen im Durchmesser fassen.

8 Sonnen dieser Art haben schon ein eigenes Feuerlicht und sind zur Bewohnung durch materielle Wesen auf ihren für euch unermeßbar weiten Oberflächen nicht geeignet. Dafür wohnen aber desto mehr *Feuergeister* ganz behaglich in solch unermeßlich ausgedehntem Feuermeer und haben da ihre Wohnungen und Herrschgebiete. Wohl bewohnen auch *Körpermenschen* solch eine Sonne, aber nicht die äußerste Oberfläche, sondern eine mehr innere Sphäre. Denn alle Sonnen bestehen aus *mehreren Sonnen,* die sich innerhalb der äußeren Sonne ungefähr so befinden wie der Planet Saturn innerhalb seiner Ringe.

9 Nun aber bemüht euch, auch das Licht dieser Sonne zu ertragen;

denn ihr müßt in der Folge unendlich stärkeren Lichtern standhalten, um endlich auch Mein eigenstes Gottlicht ertragen zu können. Versucht es nur, es wird schon gehen! Der Anfang ist stets schwer."

10 Auf diese Aneiferung wenden sich alle wieder nach dieser Sonne hin und versuchen, ob dies wohl möglich sei.

11 *Robert,* dessen Augen sehr empfindlich sind, wendet sich an die stets anwesenden drei Apostel und sagt: „Liebe Freunde! Wie macht ihr es denn eigentlich, daß ihr so ungehindert in dieses Licht schauen könnt? Ich weiß zwar, daß dieses mächtige Licht meinen Augen durchaus keinen Schaden bringen kann, dennoch vermag ich es vor zu großer Lichtstärke nicht zwei Sekunden lang anzuschauen. Es macht mir gerade keinen Schmerz, aber die ungeheuer stechende Lichtstärke verwehrt meinen Augen, ihre Majestät länger als eine flüchtige Sekunde anzugaffen. Sagt, liebe Brüder, wie ihr es so ganz eigentlich macht, stört euch ein solches Licht nicht im geringsten?"

12 Sagt *Paulus:* „Mein lieber Bruder, ich sage dir nichts als das: Sei festen Willens, dann geht alles! Solch eines Lichtes ungeheure Stärke empfinden auch wir gleich wie du. Aber unser Wille hat bei solchen Gelegenheiten jene entschiedene Kraft, die es mit jeder Lichtstärke aufnehmen kann. Mit alleiniger Ausnahme der Lichtstärke in der innersten Gottheit des Herrn Selbst, die auch wir nie länger als drei kurze Augenblicke ertragen können. Du mußt demnach nicht so sehr bemüht sein, deine Sehe, sondern vielmehr deinen Willen zu stärken; dann wird dich kein Licht mehr behindern. Versuche das, und du wirst dich davon überzeugen."

13 Sagt *Robert:* „Will sehen, wie weit ich die Sache treiben kann." Hier setzt Robert fest an und beginnt ganz glühenden Angesichts in das Sonnenlicht hineinzustarren. Nach einer Weile sagt er: „Brüder, ihr habt vollkommen recht! Nicht im Auge, sondern an meines Willens schwacher Entschiedenheit lag es.

14 Ich schaue nun auch dieses Licht mit großer Leichtigkeit an und habe darob eine große Freude; denn ich beginne nun, durch klarste Ätherflammen eine ungeheure Wunderwelt zu entdecken und sehe weitgedehnte Wohngebäude, in denen wahrscheinlich die vom Herrn bezeichneten Feuergeister wohnen. Merkwürdigerweise besteht ein solches Gebäude eigentlich aus einer Unzahl von symmetrisch errichteten ungeheuer hohen Türmen, die untereinander mit unzählbar vielen Ar-

kaden verbunden sind. Und nun ersehe ich auch menschenähnliche Wesen auf den Arkaden umherwandeln. Ihre Bewegung ist ungemein schnell. Das geht ja wie Blitze hin und her! Haben denn diese Geister so dringende Geschäfte, weil sie gar so hin und her rennen, als ob sie so ein wenig besessen wären?"

15 Sagt *Paulus:* „Ja, mein Freund, auf solch einer Sonne gibt es kurios viel zu tun, was du freilich noch nicht zu fassen imstande bist. Aber aus diesen übergroßen und weitgedehnten Gebäuden kannst du schon den Schluß ziehen, daß in dieser Sonne gar viel vor sich gehen muß, daher auch die große Emsigkeit dieser Geister! Siehe, auf dieser ungeheuren Sonne brennt das allerreinste Gas, und dieses muß stets in Überfülle vorhanden sein in den großen untersonnischen Gasometern. Und so ersiehst du hier vor uns nichts anderes als eine große ‚Gasbereitungsanstalt', deren es auf dieser Sonne Trillionen gibt. Auch auf der Erde bereiten gewisse Geister im Inneren der feuerspeienden Berge brennbares Gas und zünden es auch an, wenn es einmal in rechter Menge vorhanden ist. Das Gas selbst aber besteht im Grunde aus einfachsten Naturgeistern, die eine solche Läuterung durchmachen müssen, ehe sie in eine schon bestimmtere Wesenheit übergehen können. Auf der Erde aber sieht alles rüde und roh aus, was hier in der geordnetsten Weise verrichtet wird. — Nun weißt du vorderhand genug. Darum schließt euch zusammen, denn wir werden uns sogleich südwärts wenden."

299

Erste Tür der Südwand
Allgewaltiges Licht einer Haupt- und Urmittelsonne
Deren Riesenverhältnisse. Dort lebende Wesen als Sonnenballwerfer

1 Sage *Ich* darauf: „Ja, so ist es! Sieh hin, Robert, die erste Tür an der südlichen Wand ist bereits geöffnet. Der noch bei weitem mächtigere Lichtglanz, der durch diese Tür dringt, bekundet, daß wir es hier mit einer für dich noch kaum begreifbar größeren Sonne als die zuletzt geschaute zu tun bekommen. Dort werden wir uns auch am

Schluß der Ordnung materieller Schöpfungen Meines Willens und Meiner Weisheit befinden."

2 Alle gehen nun mit einer förmlichen Furcht in diese Tür (mit Ausnahme des Paulus, Petrus und Johannes, denen all das schon durch und durch bekannt ist). — Als wir in die Tür kommen, kehren sich anfangs alle hell aufschreiend um und beteuern die volle Unmöglichkeit, in dieses Licht auch nur einen kürzesten Blick mehr wagen zu können; denn dieses Licht komme ihnen trillionenmal stärker vor als das Licht der früheren All-Mittelsonne.

3 Sage *Ich:* „Ja, das kann Ich euch durchaus nicht in Abrede stellen. Aber es wird sich bei dieser letzten Haupt- und Urmittelsonne ebenso tun wie bei den früheren. Nur festen Willen, Mut und Beharrlichkeit! Nun, Freund Robert, hast auch du keinen Mut?"

4 Sagt *Robert:* „O Herr, es wird sich hier kaum tun! Der Glanz ist zu stechend! Man wird hier förmlich zurückgeworfen. Aber ich will es in Deinem allerheiligsten Namen versuchen. Ich werde anfangs die Augen völlig schließen und sie erst nach und nach öffnen. Vielleicht wird es dann gehen." — Sage *Ich:* „Tue, wie es dir rätlich dünkt! Aber besser ist es, wenn du gleich volloffenen Auges in dieses Licht zu schauen beginnst. Ein paar Minuten Kampf, und du hast auch dieses mächtigste allen materiellen Lichts überwunden."

5 Sagt *Robert:* „Gut, es soll geschehen! Was Du, o Herr und Vater, anordnest, muß ewig das Beste und Zweckdienlichste sein. Und nun aufgeschaut, meine lichtscheuen Augen! Jetzt wird ein tüchtiger Lichtsturm euch zu schaffen machen." Mit diesen Worten kehrt er sich schnell um und schaut, anfangs stark blinzelnd, in das Licht.

6 Nach einer Weile spricht *Robert* hocherfreut auch über diesen Sieg: „Vater, Dir Dank, Ehre und alle Liebe! Auch dieses größte Licht gehorcht nun meinen ganz kleinen Augen. So sind denn bei Dir, heiligster Vater, im vollsten Ernst sogar die unmöglich scheinenden Dinge möglich! O Menschen auf der armseligen Erde! Euer Auge erblindet beim Anblick eurer kleinen Erdsonne, deren Licht nicht die dezillionste Stärke von einem Funken dieses Lichtes hat. Was würdet ihr sagen, so ihr nur solch einen kleinsten Funken in eurem Naturzustande zu Gesicht bekämt? Ich sage euch: Ein Funke würde genügen, um die ganze Erde im Augenblick ins Nichts zu verwandeln.

7 O Herr und Vater! Wie ist solch eine über aller menschlichen Be-

rechnung stehende Steigerung des Lichts möglich? Ein Kubikzoll Licht aus dieser Sonne hat im Grunde schon mehr Lichtkraft als das Licht der ganzen irdischen Sonne auf den gleichen Kubikzoll zusammengedrängt! Das ist doch eine unbegreifliche Proportion — und dennoch ist es so! Jetzt sehe ich schon geraume Weile ganz leicht in dieses Licht, aber es will durch die Angewöhnung meiner Augen nicht schwächer werden. Ist das doch eine Kraft des Lichtes! Wie groß muß diese Sonne sein und welch einen großen Zweck ihres ungeheuren Daseins mag sie haben?"

8 Sage *Ich:* „Das ist eine *Haupt- und Urmittelsonne,* um die sich genau sieben Millionen Sonnenall-Alle drehen und bewegen. Sie ist auch genau um eine Million Mal größer als alle die sieben Millionen zusammen. Ihr Durchmesser beträgt bei zwei Oktillionen irdischer Wegmeilen. Das Licht in größter elektro-magnetischer Schnelligkeit, auf die Sekunde vierzigtausend deutsche Wegmeilen gerechnet, hätte viele tausend Trillionen Jahre der Erde zu tun, um von einem Pol zum andern dieser Sonne zu gelangen!"

9 Hier fahren alle vor Entsetzen zusammen. *Robert* sagt ganz zerknirscht: „Und solch ein Sonnenkoloß ist auch von Dir erschaffen! Von Dir, der Du hier so ganz herablassend von diesen Größen redest, als hättest Du es bloß mit einer Handvoll Erbsen zu tun!"

10 Sage *Ich:* „Ja, Mein lieber Bruder! Nicht nur diese, sondern noch zahllose andere, die noch um vieles größer sind als diese, die geradeswegs die kleinste unter allen ist." — Sagt *Robert:* „Ich küsse Dir Deine Hände, o Gott! Das zu denken ist wohl keinem geschaffenen Geiste möglich!" — Sage *Ich:* „Doch, doch, frage nur einen von Meinen drei Brüdern; sie werden es dir schon sagen, ob so etwas möglich ist oder nicht."

11 Sagt *Robert:* „Ja, ja, bei Dir ist alles möglich. Aber daß das trotzdem etwas so ungeheuer Großes ist, daß darob ein jeder Geist bis in sein Innerstes erbeben muß, das kann weder Petrus noch Paulus noch der tiefstweise Bruder Johannes in Abrede stellen. Viele tausend Trillionen Jahre hätte das schnellste Licht zu tun, um von einem Pol zum andern zu gelangen? O Herr, o Gott, welch eine schauderhafte Größe! Wie weit muß denn hernach so eine Sonne von unserer Erde abstehen, um von ihr aus nur als ein leuchtender Punkt gesehen zu werden?" — Sage *Ich:* „Eine Dezillion Meilen genügt, um sie bis zum scheinbaren

Durchmesser der Venus zusammenzudrücken. Eine weitere Rechnung sei dir selbst zu einem Vergnügen!“

12 Sagt *Robert* und auch *Peter* mit ihm: „O Herr, mit solchen Berechnungen werden wir beide uns weder Kopf noch Herz zerbrechen! Es sei, wie es ist nach Deinem heiligsten Willen; denn solche Größen verschlingen zu sehr all unser Denk- und Begriffsvermögen.“

13 Sagt *Robert* allein weiter: „Nun, o Herr und Vater, beginne ich auch in dieser Sonne eine Menge großer *Menschwesen* zu entdecken! Sie müssen durch und durch überglühend sein. Aber von irgendeiner Art von Gebäuden entdecke ich nirgends etwas. Mit großer Hast wallen diese entsetzlich großen Wesen in den mächtigsten Flammen herum und scheinen bei solch einer sicher sehr heißen Tätigkeit überaus guten Muts zu sein. Einige erheben sich ziemlich hoch über das Lichtmeer und schleudern sehr stark glühende *Bälle* in die Unendlichkeit hinaus. Eine sonderbare Belustigung dieser Wesen! Sie scheinen nicht gar zu mathematisch zu berechnen, wohin sie ihre himmlischen Granaten werfen. Die Geschichte scheint ganz dem Zufall überlassen zu sein. Es könnte daher so ein Granatchen auch hierher so eine Reise unternehmen. Wahrlich, der erste möchte ich trotz meiner nun rein geistigen Beschaffenheit gerade nicht sein, der solch eine Kopfvisite bekäme! Diese Bälle dürften auch hübsch umfangreich sein, denn mit Kleinigkeiten werden sich diese Riesen kaum abgeben. Wie groß etwa im Verhältnis unserer Erde so ein Feuermensch dieser Sonne aller Sonnen doch ist?“

14 Sage *Ich:* „Wird hübsch groß sein, Mein lieber Robert! Eine jede Kugel, die du von ihnen wegschleudern siehst, ist größer als die Sonne der Erde, manche wohl auch kleiner.“

15 Sagt *Robert:* „Ganz gehorsamster Diener! Diese Leutchen schnellen auf diesem Weltkörper so mir nichts, dir nichts Sonnen in die weite Unendlichkeit hinaus! Bravo, es kommt immer besser! Wenn demnach so ein Menschchen auf der Erde stünde, die für seine zarten Füße bloß ein kleinstes Sandkörnchen wäre, müßte es für ihn ein wahrer Spaß sein, die ganze Sonne samt allen ihren Planeten, Monden und Kometen bequem in seine Westentasche zu stecken. Ich meine, mit diesen Leutchen wird unsereiner wohl nie Bruderschaft zu trinken imstande sein. Herr, Du lieber Vater! Du mußt mir's schon vergeben, so ich bei solchen Anlässen ein wenig humoristisch werde. Aber man kann sich dessen nicht enthalten, wenn man diese Größen mit der Größe der Erde

vergleicht. Wohin aber fallen dann diese glühenden Kügelchen, die diese Menschlein so in die Unendlichkeit hinausschnellen?"

16 Sage *Ich:* „Die meisten fallen wieder zurück auf den Boden dieser Sonne, hie und da aber auch einige in den endlosen Raum und werden dort in irgendeiner Raumestiefe zu Sonnen im Gebiet einer Mittelsonne." — Sagt *Robert:* „Aber da könnte doch auch irgendwann eine einmal in die Nähe der Erde geraten, wovon aber in den Geschichtsbüchern nichts zu finden ist."

17 Sage *Ich:* „Mein Freund! Fürs erste hast du noch lange nicht alle solche Bücher auf der Erde gelesen. Und fürs zweite sind solche Erscheinungen von den gleichzeitig lebenden Völkern auch nicht getreu genug aufgezeichnet worden und erhielten sich bloß durch Überlieferung unter den noch wenig gebildeten Völkerhorden. Es sind aber dennoch schon mehrere solche Kügelchen als außerordentliche Kometen von der Erde aus gesehen worden. Und es wird nicht zu lange mehr dauern, daß ein Gast durch das Gebiet der fernsten Planeten der Erdsonne eine Reise machen und sogar am hellen Tage gesehen werden wird.

18 Es sind aber noch keine dreitausend Jahre her, als ein solcher Sonnenkomet durch das Gebiet der Saturn- und Uranusbahn zog und auf die Erde ein so starkes Licht warf, daß neben ihm die Sonne ganz mattleuchtend aussah. Freilich dauerte dieses Phänomen in seinem Vollglanz nur einige Tage und konnte wegen der zu großen Schnelligkeit dieses Passanten nicht länger beobachtet werden. Vor kaum einigen hundert Jahren ging wieder ein solcher Gast hindurch und konnte auch am hellen Tage gesehen werden. Alle Tage, Mein Freund, aber kann so etwas nicht statthaben. Wie und warum solches geschieht, wirst du alles in der Folge kennenlernen. Betrachte aber nun diese Sonne noch eine kleine Weile, da wirst du noch so manches entdecken, was dich doch wundernehmen wird."

300

Weitere Arbeit der Feuerriesen auf der Haupt- und Urmittelsonne Ausgeburt einer großen All-Mittelsonne Hülsenschale der großen Weltengesamtheiten

1 *Robert* betrachtet noch eine Weile diese Sonne aufmerksam und sagt dann: „Ich kann schauen, wie immer ich mag, so komme ich dennoch auf keinen Grund! Eine Lichtwoge drängt die andere. Die Feuerriesen scheinen eher in diesem Lichtmeer herumzuschwimmen als sich auf irgendeinem festen Boden umherzubewegen. Ich möchte nur sehen, woher sie ihre Glühkugeln nehmen und wie diese so mathematisch rund geformt werden, als hätte sie ein Kunstdrechsler abgedreht.

2 Aha! Was geschieht nun dort in ziemlicher Ferne von hier? Mehrere Feuerriesen richten ein ungeheuer großes Rohr in die Höhe. Dieses hat ohnehin eine überaus große Mündung, aber die Riesen ziehen sie noch mehr auseinander. Das ganze Rohr muß aus einer sehr dehnbaren Masse sein, sonst ließe es sich schwerlich so auseinanderdehnen. Jetzt scheint es die rechte Weite zu haben. Tausend! Das muß nach irdischem Maße eine ungeheure Weite haben, weil diese Riesen zu mehreren Hunderten nun um das Rohr stehen, wobei zwischen ihnen eine ziemliche Strecke leer ist, in der noch gut zwanzig solcher Riesen Platz hätten. Was da nun geschehen wird? Nun sehe ich, daß die Riesen ihren Mund öffnen, dem verschiedenartige Lichtformen entströmen. Was bedeutet das wohl?"

3 Sage *Ich:* „Das ist die Sprache dieser Wesen. Sie geben nun einander zu verstehen, daß jetzt bald eine Zentralsonne, die ganze Sonnenalle in sich trägt, ausgeboren wird. Du wirst sie auch bald aus der weiten Mündung steigen sehen. Gib nur acht!"

4 *Robert* schaut hin und ersieht nun auch einen mächtigen Lichtball aus dem großen Rohr emporsteigen und sich dann mit großer Schnelligkeit in gerader Richtung von der Oberfläche der Sonne hinwegbewegen. — Über solche Erscheinung hoch staunend, sagt *Robert:* „Freunde, das ist im vollen Ernst nichts Kleines! Wir sahen nun mit unseren unsterblichen Augen die Erstehung einer Mittelsonne, die ihresgleichen nicht die kleinste sein dürfte. Sie ist bestimmt, als eine All-

Mittelsonne zu dienen, um die in Zeiten der Zeiten sich Trillionen Welten bewegen und aus der diese Licht, Wärme, Leben und Nahrung schöpfen werden. Ach, ist das eine große Erscheinung! Aber wohin wird diese Sonne gesetzt werden? In welchem Gebiet wird sie ihren großen Kreislauf beginnen? O Herr! Das sind Dinge, vor denen sogar den größten Erzengeln ehrfurchtsvoll grauen muß! Hier sieht man buchstäblich, wie neue Schöpfungen unter Deinen Blicken entstehen als große Wohnungen für Milliarden freier Wesen, die sie einst bewohnen werden. O Herr, das ist zu groß für uns winzige Geisterlein!

5 Aber nun möchte ich, damit doch ein bißchen Ordnung in mein Denken kommt, nur noch wissen, wie das auseinanderzuklauben ist: Diese Wesen werfen in einem fort kleine Planetarsonnen aus. Solch eine Sonne aber, wie diese nun durch das Rohr getriebene All-Mittelsonne, gebiert dann mit der Zeit auch wieder sowohl Mittelsonnen unterer Ordnung, und diese wieder in noch ferneren Zeiten unter ihnen stehende Gebietsmittelsonnen, und diese endlich etliche Millionen Planetarsonnen. Wie unterscheiden sich dann jene ordnungsmäßig ausgeborenen Planetarsonnen von diesen von hier ausgeworfenen?“

6 Sage *Ich:* „Siehe, jeder solche Komplex von Sonnen- und Weltuniversen, die sich in weitesten Kreisen um eine Urmittelsonne bewegen, ist in tiefster Ferne von all den Sonnenuniversen mit einer festen *Hülse* umfangen, durch die kein materielles Wesen dringen kann. Diese Hülse besteht aus einer diamantartigen, durchsichtigen Materie und ist nach innen höchst spiegelglatt. Alles Licht nun, das von den zahllos vielen Sonnen hinausgeht und von keiner Erde noch Sonne aufgefangen wird, wird dann von dieser Hülse aufgefangen und wieder zurückgeworfen. Da aber solch eine Hülse mit der Zeit auf ihrer inneren Spiegelfläche dennoch matter werden und dadurch ihren Dienst nicht vollauf verrichten könnte, werden eben von dieser Urmittelsonne stets solche Lichtbälle mit entsprechender Macht hinausgeschleudert, daß sie mit der Zeit bis zu der besprochenen Hülsenfläche gelangen. Dort werden sie dann zur Reinigung jener Hülse verwendet. Die dortigen Reiniger aber sind wieder eigens dazu bestimmte große und mächtige Geister, die in großer Anzahl vorhanden sind. Denn siehe: Alles, was da geschieht in der ganzen Unendlichkeit, geschieht durch Meine Geister und großen Engel. Meine Kinder aber sind die Größten und Mächtigsten unter allen.“

7 Sagt *Robert:* „Herr, da bin ich sicher kein Kind von Dir! Denn bei Deinem heiligsten Namen, ich komme mir nun ganz entsetzlich klein vor und denke, daß es unter und über mir nichts noch kleineres geben kann. Ich darf an diese nun geschauten Größen gar nicht denken, sonst werde ich noch zu einem pursten Nichts. Am Ende kommt noch die sicher dezillionenmal Dezillionen Sonnen und andere Welten in sich fassende *Hülse* hinzu, gegen die diese Sonne in gar keinem Größenverhältnis steht, und ist auch noch dazu bewohnt von mächtigen Geisterheeren! O Herr, o Vater! Da bleibt mein Verständnis still wie der Tod.

8 Ich habe mir in meiner Beschränktheit die ganze Unendlichkeit kaum größer als solch eine Hülsenglobe vorgestellt. Du aber sagtest, daß es im unendlichen Raum zahllos viele solcher Hülsen gebe! O Herr, das geht ins Fabelhafteste alles Fabelhaften. Ich meine, an dieser nun eingenommenen Kost werden meine Gedanken auf ewig genug zu verdauen haben. Hier kann man nichts mehr tun und sagen als: »Herr Gott Zebaoth! Groß bist Du und groß sind die Werke Deiner Hände! Darum bist Du aber auch ganz allein alles in allem, und alles ist in Dir und aus Dir, Du bester, ewiger, heiliger Vater! Wir, Deine Kindlein aber sind nur groß in Deiner Liebe, die da ist unser Leben. Für uns selbst aber sind wir die pursten Nullen vor Dir, o heiligster Vater!«"

9 Sage *Ich:* „Schön, schön von dir, Mein lieber Freund Robert, daß du nun solches fühlst! — Aber dessenungeachtet mußt du dich doch noch mit der ganzen Gesellschaft auch in die *zweite* Tür dieser Südwand begeben, wo du noch Größeres schauen wirst. Und so machen wir uns wieder weiter auf den Weg, denn die Tür steht bereits offen und harrt unseres Eintritts. Gehen wir nun weiter! Es sei!"

301

Ausblick durch die zweite Mittagstür: Das Gesamtbild der materiellen Schöpfung Der große Schöpfungsmensch als verlorener Sohn Dessen Wesen und Bestimmung. Gottes endloses Schöpfertum

1 Alle begeben sich darauf mit großer Wißbegierde in die zweite Mittagstür. Als sie da angelangen, sagen *alle:* „Ah, da ist gut hinausschauen! Denn da haben unsere Augen mit keinem gar so mächtigen Lichte mehr zu kämpfen. Bei diesen zwei letzten Sonnen war es gar nicht mehr auszuhalten! Es fragt sich bloß, was wir hier eigentlich sehen? Es ist ein matt schimmernder Hintergrund, ungefähr so, wie auf der Erde die Milchstraße schimmert in einer heiteren Sommernacht. Aber was dahinter verborgen sein soll, möchten wir nun erfahren, so es Dir, o liebevollster Vater, genehm wäre." — Sage *Ich:* „Darum sind wir ja hier! — Tretet aber nur recht weit auf den Balkon hinaus, weil ihr sonst das ganze Bild nicht völlig übersehen könnt."

2 Nun gehen alle bis an den Rand des großen Balkons. *Robert* überschaut zuerst das große Schimmerbild und sagt: „Übermerkwürdig! Das ist ja eine vollkommene *Menschengestalt!* Die Knie etwas vorgebogen. Die Hände hängen nachlässig herab. Und das Haupt, mit langen Absalomshaaren versehen, schaut wie das eines Trauernden, nach vorwärts geneigt in die bodenlose Tiefe hinab. Die Lenden sind mit einer zerrissenen Schürze zur Not bedeckt. Kurz, die ganze Gestalt macht auf mich einen wehmütigen Eindruck! — Die ungeheure Größe könnte einen auf die Idee führen, als sei dies die Außengestalt des allwirkenden Geistes aus Dir, o Herr! Aber die Trauergestalt sagt mir, daß dies unmöglich der Fall sein kann. Auch müßte in Deinem Geiste, o Herr, ein Leben verspürbar sein. Von so etwas ist aber bei dieser Großgestalt keine Spur zu entdecken. Es ist wahrlich nur wie ein Phosphorbild, durch Deine Allmacht, o Herr, ans unermeßliche Firmament hingehaucht. Dies alles wird seinen wichtigen Grund haben, den freilich außer Dir wohl niemand kennen wird! Herr, bitte, erläutere uns dieses Bild!"

3 Sage *Ich:* „Ich möchte es wohl, aber du hast eine noch zu große

Achtung vor materiellen Größen und möchtest bei nur einiger Erklärung doch ein wenig zu sehr fiebern. Und es wäre mir leid, dich hier in Meinem Reiche krank zu machen. Frage dich daher, ob du das Allerungeheuerste aus dem Reich der Materie ertragen kannst oder es dir getraust, dann will Ich sogleich euch dieses Bild ein wenig näher enthüllen."

4 Sagt *Robert:* „Herr und Vater voll der höchsten Liebe! Jetzt ist schon alles eins. Ich bin schon in diesen Größen drinnen, und mein Gemüt ist damit gehörig breitgeschlagen. Jetzt ertrage ich gleichwohl noch einige Dutzend solcher Hülsengloben, in deren jeder meinetwegen dezillionenmal Dezillionen Sonnen kreisen sollen wie sie wollen."

5 Sage *Ich:* „Nun gut, so sieh näher hin und sage Mir, was du nun erschaust!" — Sagt *Robert:* „Ich ersehe nun die ganze ungeheure Gestalt, die nun beinahe alle Tiefen des endlosen Raumes auszufüllen scheint, wie sie aus lauter kleinsten, glitzernden Sandkörnchen dicht aufeinandergestreut besteht. Die Zahl dieser Glitzerpunkte ist offenbar unendlich oder doch eine solche, die kein geschaffener Geist sich mehr vorstellen kann. Die ganze Gestalt nimmt sich nun um vieles besser aus, denn dieses Glitzern verleiht ihr einen eigentümlichen Majestätsnimbus! Aber nun fragt es sich abermals, was dieses alles besagt?"

6 Sage *Ich:* „Nun, so vernehmt denn alle das große Geheimnis! Dieser Mensch in seinem ganzen Gehalt ist der urgeschaffene Geist, den die Schrift *Luzifer* (Lichtträger) nennt. Er ist noch immer im Vollbesitz seines großen Selbstbewußtseins, aber nicht mehr im Besitz seiner Urkraft. Er ist gefangen und gerichtet in allen seinen Teilen. Nur ein Weg steht ihm stets frei, und das ist der zu Meinem Vaterherzen. Für jeden anderen aber ist er gerichtet und so gut wie tot und vermag keinen Fuß und keine Hand auch nur um ein Haarbreit weiter zu bewegen.

7 Das aber, was dir wie glitzernde Sandkörnchen vorkommt, sind lauter Hülsengloben, in deren jeder dezillionenmal Dezillionen Sonnen und dazu noch ums Millionfache mehr Planeten, Monde und Kometen enthalten sind. — Die Entfernung einer solchen Hülsenglobe von der andern aber beträgt in einer runden Zahl durchschnittlich fast stets eine Million Durchmesser einer Hülsenglobe. Daß sie hier so dicht aneinandergereiht erscheinen, macht die scheinbar große Entfernung. Mehr aber noch das, daß du auch jene im Hintergrund dieses Bildes befindlichen und auf diese Art überhaupt alle Hülsengloben erblickst,

aus denen dieser ganze Leib besteht. Es ist ungefähr so, wie man von der Erde aus den gestirnten Himmel sieht: Für das Auge erscheint er auch wie eine gewölbte Fläche, die mit dicht aneinandergereihten Sterngruppen übersät ist, während in Wirklichkeit oft zwei dicht nebeneinander stehende Sternlein sich eigentlich hintereinander befinden und gut mehrere Trillionen Meilen voneinander abstehen können.

8 Daß aber dieser Geist nun in sich so, wie gezeigt, in lauter feste Globen gesondert ist, das ist sein *Gericht*. Und sein Leben, das dadurch in beinahe endlos viele abgeschlossene Teile getrennt ist, ist somit auch als kein Ganzes, sondern als ein höchst geteiltes anzusehen. Denn nur in jeder Globe ist Leben, außerhalb derselben aber kein anderes als nur das Meines ewig unwandelbaren Gottwillens. Jede Globe steht fest und kann ihr Standverhältnis gegen ihre Nachbargloben nicht um eine Haarbreit ändern.

9 Zu allerunterst in der linken kleinen Zehe aber ersiehst du einen etwas rötlich glitzernden Punkt. Das ist eben jene Globe, in welcher sich naturmäßig eure Erde und all das Sonnenwerk, das wir bis jetzt geschaut haben, befindet.

10 In ebendiese Globe, und darin nur auf den Punkt *Erde* ist das gesamte Leben dieses größten urgeschaffenen Geistes nun gebannt. Will er sich dort demütigen und zu Mir wiederkehren, soll sein Urleben wieder freigegeben werden, und dieser große Mensch wird dann wie von einem ganz freiesten Leben durchweht sein. Will aber dieser Urgeist Meiner Schöpfung in seinem hochmütigen Starrsinn verharren, so mag diese Ordnung, wie sie nun bestellt ist, auch für ewig verbleiben. Oder wenigstens so lange, bis die ganze Materie sich in ein neues, endlos vervielfachtes Seelen- und Geisterleben aufgelöst haben wird.

11 Diese letztere Ordnung wird aber auch dann fortbestehen, so der urgeschaffene große Geist eine rechte Umkehr machen würde. Er kann nunmehr nur als ein ganz einfacher Geist gedemütigt umkehren und muß dann frei aus sich seine Urtotalität für ewig fahren lassen, wofür ihm freilich eine unermeßbar größere, aber wie jedem anderen Menschengeiste nur ganz einfache zuteil würde.

12 Das Hülsen- und Schotenwerk aber, das ohnehin bloß aus Meinem ewig festen, unwandelbarsten Willen besteht, wird dann — entledigt alles nun in ihm enthaltenen Seelen- und Geisterlebens — als feste Unterlage bleiben, und als ein ewiges Denkmal unseres großen

Wirkens, an das sich dann neue reingeistige Schöpfungen reihen sollen. — Robert und all ihr anderen, saget, ob ihr das nun wohl ordentlich begriffen habt?"

13 *Robert* und *alle* anderen getrauen sich kaum zu atmen vor lauter Ehrfurcht. Nur Robert allein sagt nach einer Weile höchsten Staunens: „O Herr, o Gott, o heiligster Vater! Ich komme mir jetzt vor wie ein in sich selbst endlos vernichtetes Nichts. O guter Vater! Laß uns erst ein wenig wieder zu uns selbst kommen, bevor Du uns etwa noch zu einer andern Tür führst! Denn das, was wir hier nun gesehen und gehört haben, hat uns alle zu sehr vernichtet, als daß wir nun imstande wären, noch etwas weiteres zu schauen und zu begreifen. O Gott, wie groß und erhaben bist Du doch! Nein, das erträgt kein geschaffener Geist! O Gott, o Gott, o Herr, o Vater!"

302

Verhältnis materieller und geistiger Größe
Gleichnis vom künstlichen Riesenkorn und natürlichen Weizenkörnlein
Durch die dritte Mittagstür
erstrahlt das Licht einer neuen Schöpfung der ewigen Liebe

1 Sage *Ich:* „Groß ist alles, was ihr nun geschaut habt, für alle hier in Meinem ewigen Reich noch jungen Bewohner, die noch zu wenig in ihres Lebens eigene Gemächer haben schauen können. Werden sie aber einmal mit ihrem innersten Leben, das ist mit Meiner Liebe in ihnen, vertrauter, dann wird ihnen alles, was der gerichteten Materie angehört, ganz klein vorkommen. Denn ein kleinster Funke Meiner Liebe übertrifft alle diese Materien in einem nie berechenbaren Verhältnis sowohl in der wirklichen Größe wie auch in der Beschaffenheit. — Ein kleines Bild soll euch diese Sache anschaulich machen.

2 Seht, ein Künstler in der Bildnerei betrachtete auf der Welt durch ein gutes Mikroskop ein Weizenkorn und bildete es dann aus einer eigenen Masse in sehr vergrößertem Maßstabe von Pore zu Pore ab, so daß er dadurch ein wahres Riesenweizenkorn vor sich hatte, das an Größe das Original um mehrere Millionen übertraf. Er stellte dieses

riesige Produkt seiner Kunst zur Schau und erklärte dabei den künstlichen Bau seines Weizenkorns. Da kam ein *weiser Mann* hinzu, dieses künstliche Riesenkorn zu betrachten. Als er es beschaut und den Künstler belobt hatte, sagte er weiter: »Freund! Ihr habt neben dem großen künstlichen Korn auch mehrere natürliche. Welches dünkt euch in Wahrheit größer zu sein — euer künstliches oder ein natürliches in seiner Winzigkeit?« — Spricht der *Künstler:* »Freund! So eure Augen messen können, da vergleicht eines mit dem anderen und ihr werdet gar leicht selbst euch Bescheid zu geben imstande sein!« — Worauf der *Weise spricht:* »Wohlan, so hört denn! Ein jedes der kleinen Weizenkörner ist endlos größer als euer künstliches. Denn in jedem kleinen Korn wohnt im Keimeshülschen *Gottes* Kraft, die aus jedem Korn zahllos viele Körner zu schaffen imstande ist, die zusammengenommen euer totes Riesenkorn in allem endlos übertreffen. Denn alles, was *in sich* nicht groß ist, weil ohne Leben, ist höchst klein, und wäre es dem Raumumfang nach auch größer als eine ganze Welt. Das Kleinste aber, das Gottes Kraft und Leben in sich birgt, ist größer als eine ganze tote Unendlichkeit!«

3 Was dieser Weise dem Künstler sagte, dasselbe sage Ich auch euch. Diese materielle Schöpfung ist wahrlich groß, und wer ihrer achtet in gerechter Weise, wird eine große Freude an ihr haben. Aber in eines jeden Menschen Herzen liegt endlos Größeres als alles, was ihr nun seht. Denn das wird nimmer größer als es ist. Ihr aber werdet ewig in eurem Herzen wachsen an Liebe, Erkenntnis und Weisheit. Ihr könnt nun schon diesen großen Schöpfungsmenschen überschauen und ihn berechnen und verstehen. Er aber ist tot und vermag das nimmer. Dazu wißt ihr auch noch, daß dieses große Bild aus euch selbst hier widerstrahlt. So aber das alles *in* euch und nicht außer euch ist, wie groß müßt dann ihr sein, da solches in eurem Herzen Platz hat? Wundert euch daher nicht zu sehr über solche Größen! Denn ihr müßt wissen, daß es vor Mir nichts Großes geben kann außer allein die Liebe in den Herzen Meiner Kinder zu Mir, ihrem Vater!

4 Wäre solch eine Schöpfung für Mich groß genug, möchte Ich ewig keiner zweiten mehr gedenken. Aber ihr seht, das große Bild hat seine Grenzen, ohne die es kein Bild wäre. Außerhalb des Bildes aber seht ihr nichts als einen unendlichen, für diesen Großmenschen leeren Raum — der für *uns* aber nicht leer, sondern schon ziemlich gefüllt ist.

[5] Kommt nun in die *dritte Tür* der Mittagsseite und ihr sollt das sogleich mit euren eigenen Augen schauen! Die Tür steht bereits offen, und ihr erseht schon bei der Annäherung ein liebliches Licht euch entgegenströmen. Aus dem könnt ihr schließen, daß dieses Licht euch aus einer *zweiten Schöpfung* Meiner Liebe entgegenkommt und nicht mehr aus Meiner ersten, deren Licht den Flammen Meines Zornfeuers entströmt und nichts schafft als Gericht über Gericht. Schaut euch sonach den Beginn der zweiten, wahrhaft endlos großen Schöpfung an und sagt, was ihr alles seht und fühlt!"

303

Ausblick durch die dritte Mittags-Tür
Der große, herrliche Lichtmensch der neuen Schöpfung

[1] Alle eilen nun in die dritte Mittags-Tür und sehen da wieder einen endlos großen Menschen von allersanftest und lieblichst strahlendem Licht umflossen. Nur aus der Gegend des *Herzens* dringt ein mächtiges Licht hervor, das aber das Auge nicht beleidigt, sondern in ihm ein überaus wonniges Gefühl hervorruft. Unter dem linken Fuße aber ist in einer halb liegenden, mit dem Kopf abwärts gewandten Stellung eine ganz kleine *Menschengestalt* zu ersehen, die jener in der zweiten Tür geschauten ganz ähnlich ist und hier von einem höchst matten rötlichen Schimmer umgeben ist.

[2] Robert fragt natürlich sogleich, was dies alles vorstelle. — Und *Ich* sage: „Da hast du die erste und die zweite Schöpfung nebeneinander! Der große *Lichtmensch* stellt die neue Schöpfung dar, einen neuen Himmel und eine neue Erde. Hier befindet sich die *Erde* nicht mehr in der kleinsten Fußzehe wie bei der ersten, materiellen Schöpfung, sondern im Zentrum des *Herzens* dieser neuen Schöpfung. Das mächtige Licht aus der Gegend des Herzens entstammt der neuen Erde, die ein ewiges Wohnhaus Meiner Liebe und aller Meiner Kinder bleiben wird.

[3] Wenn du diesen übergroßen Menschen voll hellsten Lichtes genauer betrachtest, wirst du leicht entdecken, daß auch er aus zahllos

vielen herrlichsten Sternen besteht, sein Gewand sowohl wie sein ganzer Leib. Jeder dieser Sterne ist um unberechenbar vieles größer als der ganze, in der zweiten Tür gesehene Mensch mit all seinen zahllosen Hülsengloben. Denn diese Sterne sind Vereine, bewohnt von seligsten Geistmenschen, von denen jeder kleinste tausendfach größer und mächtiger ist als jener erste Mensch, dessen Bild du hier im geistigen Verhältnis zu diesem zweiten Himmelsmenschen unter dessen kleinster Fußzehe gleich einem gekrümmten Würmchen ersiehst. Er ist gegen die wirkliche Größe dieses zweiten Menschen kaum das, was da ist ein irdisches Sandkorn gegen die Größe des ganzen Hülsenglobenmenschen.

4 Dieser zweite Mensch aber stellt im Grunde des Grundes Mich Selbst in Meiner Wirkung auf einem schon vollbestellten Acker dar.

5 Du siehst aber, daß auch die Form dieses zweiten Menschen notwendig eine Begrenzung haben muß, sonst könntest du daraus keinen Menschen erschauen. Was ersiehst du aber über diese Form hinaus, die in all ihren Teilen pur Leben ist?“

6 Sagt *Robert* ganz zerknirscht: „Herr und Vater! Ich sehe Licht und Licht, so weit das Auge reicht!“ — Sage *Ich:* „Das ist alles Mein Geist, Meine Macht, Meine Liebe! — Hier werden noch Myriaden solcher Großmenschen den geräumigsten Platz finden, denn alle Meine Kinder müssen ja auch Raum haben, um *ihre* Schöpfungen unterbringen zu können.

7 Nun aber, Meine lieben Kindlein und Brüderchen, wissen wir für die erste Stunde eures Seins in Meinem Hause genug! Daher werden wir auch die drei Türen gegen *Osten* jetzt *nicht* öffnen, denn ihr würdet noch nicht ertragen, was diese verschließen. Wenn ihr aber einmal mit allen Einrichtungen Meines Vaterhauses vertrauter sein werdet, dann werdet ihr auch den Inhalt dieser drei Türen gen Osten beschauen können.

8 So viel aber sage Ich euch dennoch in aller Kürze, daß die erste das gesamte *Geisterreich* der Erde und dann auch das aller anderen Sonnen, Erden und Monde jeder einzelnen Hülsenglobe enthält. — Die zweite Tür zeigt im Vordergrund den ersten oder untersten *Weisheitshimmel* unserer Erde und im Hintergrund dieselben Himmel der Welten aller Hülsengloben. — Im gleichen Verhältnis enthält die dritte Tür den zweiten oder *Liebe-Weisheitshimmel*, zuvorderst der Erde und im

Hintergrund den aller Hülsengloben. — Für den dritten und obersten, reinen *Liebehimmel* aber, in dem ihr euch befindet und ewig befinden werdet, findet sich hier keine Tür, weil wir uns ohnehin in demselben befinden. In den unteren Himmeln aber befindet sich in eines jeden Engelsgeistes Wohnung auch eine Tür in den dritten Himmel. Diese ist jedoch sehr schwer und manchmal auch gar nicht zu eröffnen, was oft im untersten Himmel und ganz besonders in dem anderer Welten der Fall ist.

9 Nun aber wisset ihr vorderhand genug und beinahe alles, was ein jeder Engelsgeist dieses obersten aller Himmel wissen muß. Die sonderheitliche, von ewig steigendem Interesse begleitete Einsicht ins einzelne aber nimmt hier erst ihren Anfang und dauert ewig fort, stets auch größere Seligkeiten nach sich ziehend.

10 Begeben wir uns nun wieder hinauf in den großen Saal, von wo aus ihr dann mit Meinen Brüdern euch in der großen Stadt umsehen und euch frei nach jeglicher Lustliebe eurer Herzen vergnügen könnt.

11 Mich aber werdet ihr stets daheim antreffen.

12 Zugleich werden euch die drei Brüder eure für ewig bleibenden Wohnzimmer und ihre Einrichtung zeigen und zuweisen — dir, Bruder Robert, vor allem auch eine geheime Tür, durch die du allezeit zu deinem Verein gelangen kannst, wann immer du willst. Dort ordne und richte alles in Meinem Namen vollkommen ein und sei all deinen Untergebenen ein rechter Führer und Bruder!

13 Genießt von nun an ein jeder von euch die vollste Freiheit und vergnügt euch an allem, daran euer Herz Wohlgefallen findet! Denn hier herrscht die vollste Freiheit, da gibt es für den Geist kein Gesetz mehr und somit auch ewig keine Sünde!

14 So geschehe denn nun, was Ich von Ewigkeit angeordnet habe!“

15 Nach diesen Worten begeben wir uns alle hinauf in den Saal, wo uns eine große Menge seligster Brüder und Schwestern auf das freundlichste begrüßen. Hier erst nimmt dann auch die himmlische Geselligkeit ihren Anfang. Und alle verfügen sich nach und nach seligst und glücklich in ihre ewigen, wunderbar herrlichen Wohngemächer und bringen Mir ein großes Lob dar.

16 Das aber ist die in umständlichster Fülle gezeigte Führung eines großen Geistes in der Geisterwelt.

17 Wohl dem, der sie mit redlichem Herzen betrachtet und sein Le-

ben darnach einrichtet! Er wird dereinst auch diesen Weg zu machen haben, so er redlichen Herzens ist. Hat er ihn schon auf Erden getreu getan, wird er dereinst nur einen sehr kurzen Weg zu wandeln haben.

18 Jeder aber lese das Kundgegebene mit dem *Herzen* und nicht mit dem Kopf, so wird er dadurch in seinem Leben zu einem großen Segen gelangen, und der Tod wird weichen aus seinen Lenden. Wer es aber lesen wird mit dem puren Verstand, der wird darin seinen Tod finden, aus dem er schwerlich je wieder erwachen wird.

19 Damit ist diese Schilderung aus dem Geisterreiche beendet. Wohl denen, die sich daran nicht stoßen werden! — Amen, Amen, Amen!

Dir, o Herr und Vater, ewigen Dank für diese übergroße Enthüllung, deren wir armen, sündigen Menschen nicht im geringsten wert sind! O Herr, segne alle, die sie mit gläubigem und freudigem Herzen aufnehmen! Amen!

J. Lorber

— Ende —

Inhaltsverzeichnis

Sachverzeichnis

(Die ersten Ziffern bedeuten die Kapitel, die zweiten den Abschnitt)

Personenverzeichnis

(Die ersten Ziffern bedeuten die Kapitel, die zweiten den Abschnitt)

Werke Jakob Lorbers:

DAS GROSSE EVANGELIUM JOHANNIS

10 Bände je 450 Seiten

In diesem Werke besitzen wir nach der Verheißung Joh. 14, 26 eine eingehende, fast Tag für Tag behandelnde Schilderung der dreijährigen Lehrtätigkeit des Herrn.

DIE HAUSHALTUNG GOTTES

3 Bände je 450 Seiten

Das Wesen Gottes. Die Urschöpfung der Geisterwelt. Die Entstehung der materiellen Weltenschöpfung. Die Erschaffung des Menschengeschlechtes und die Urgeschichte der Menschheit bis zur vorderasiatischen Erdkatastrophe, der Sündflut, und viele andere Themen behandeln diese Bände. Sie bieten in diesem Rahmen die Grundanschauung der geistigen Erklärung der Welt, die jedem zeigen, was er als Mensch ist, wo er herkommt und wo ihn sein wahres Lebensziel hinweist.

BISCHOF MARTIN

540 Seiten

Eine äußerst lehrreiche Schilderung der geistigen Weiterentwicklung eines in menschlicher Unvollkommenheit aus dem irdischen Leben Geschiedenen.

DIE GEISTIGE SONNE

2 Bände je 530 Seiten

Dieses große Lehrwerk von den Zuständen des Jenseits verleiht Einsicht in das innere Blickfeld von zehn verschiedenen Geistwesen. Wir erhalten Einblicke in die Geheimnisse der Naturschöpfung von der Erde bis zu den Zentralsonnen, sowie in die jenseitigen Sphären bis zum himmlischen Jerusalem.

DIE NATÜRLICHE SONNE

4. Auflage, 320 Seiten

Dieses Buch gibt erstmalig eine genaue Beschreibung des Wesens und der Gestalt unseres Tagesgestirns sowie seiner Bewohner und ihrer Lebensverhältnisse. Die alte Lehre von der feuerflüssigen Gestalt der Sonne erweist sich in diesem Werk eindeutig als Irrtum. Über diese Schilderung der rein äußerlichen Verhältnisse auf der Sonne hinaus gibt das Buch eine gewaltige Enthüllung der Liebe Gottes.